Tandem MATHS CM1

Mettre en œuvre la méthode en simple niveau

Fichier ressources

Direction d'ouvrage

Christophe Gilger
Conseiller pédagogique

Catherine Grosjean
Conseillère pédagogique

Carole Cortay
Conseillère pédagogique

Sonia Dulout
Professeure des écoles – Maitre formatrice

Johan Jacquier
Professeur de mathématiques

Vincent Lobry
Professeur des écoles – Maitre formateur

Pénélope Schmit
Professeure des écoles – Maitre formatrice

Cet ouvrage est conforme à la nouvelle orthographe
www.orthographe-recommandee.info

Nathan

SOMMAIRE

PARTIE 1 Fonctionnement général de la méthode

PARTIE 2 Progressions et programmations

PARTIE 3 Fiches pédagogiques et matériel à photocopier

Calculer

Apprendre à chercher

Pictos du Fichier ressources

- ▶ Activité utilisant les **cartes de vérification des prérequis** du module concerné.
- ▶ Activité utilisant une fiche téléchargeable sur le site **tandem.nathan.fr**.
- ▶ Activité utilisant les **cartes Missions** du module concerné.
- ▶ Renvoi à l'une des **vidéos** pour comprendre et réviser.
- ▶ Activité utilisant le **manuel**.
- ▶ Activité décrite dans le **fichier ressources**.

Conception de la couverture et de la maquette intérieure : Julie Lannes
Mise en pages et schémas : STDI
Illustrations : Thierry Manes
Iconographie : Juliette Barjon
Édition : Marion Jacquemart, Bleuenn Jaffres

Crédits photographiques
71 g Aurimages/Gianni Dagli-Orti ; 71 d D hiero : Photo12/Alamy/Kumar Sriskandan ; **127 de g à d** BSIP/IMA ; GAMMA RAPHO/Gilles MARTIN/JACANA ; SPL France/ DR. JOHN BRACKENBURY ; SPL France/GERD GUENTHER ; **179** RMN-Grand Palais/ Centre Pompidou, MNAM-CCI/Philippe Migeat ; **263** NATURIMAGES/Pierre-Yves SABAS ; **320** Droits Réservés ; **324** Droits Réservés ; **335** Portraits de gauche à droite et de haut en bas : 1 Ph. Coll. Archives Larbor ; 2 SHUTTERSTOCK ; 3 Ph. Coll. Archives Larbor ; 4 Lemmage/Costa ; 5 PHOTO12.COM/ALAMY/Niday Picture Library ; 6 Coll. Archives Larbor ; 7 Coll. Archives Larbor ; 8 Droits Réservés ; 10 Nasa ; 11 AURIMAGES/ Dagli-Orti ; 12 Coll. Archives Larbor ; 13 Droits Réservés ; 15 AKG-Images/SPL ; 16 Droits Réservés ; 17 Ph. Jeanbor Coll. Archives Larbor ; 18 / Coll. Archives Larbor ; 20 Coll. Archives Larbor ; 21 ISTOCK ; **432** ISTOCK
Les images non créditées proviennent de Adobe Stock.
Les prises de vue en classe © Éditions Nathan

LES VERSIONS NUMÉRIQUES

1. Se procurer la version numérique de votre Fichier ressources

Si vous avez acheté la version papier du fichier ressources, vous pouvez télécharger la version numérique du fichier ressources. Cette version numérique est disponible dans la bibliothèque numérique Biblio Manuels.

Cette version numérique est réservée aux enseignant-es ayant acheté le fichier ressources papier.

Dans cette version numérique, vous retrouvez la totalité du fichier ressources à feuilleter. Vous avez **accès à toutes les ressources en contexte** (fiches à photocopier, cartes missions, mémo, évaluations...). Ainsi, par exemple, si vous allez dans les pages de **programmation** (pp. 16 à 57), vous pouvez accéder pour chaque séance **à tous les supports utilisés dans la séance**. Vous pouvez alors les consulter, les imprimer s'ils sont imprimables, etc.
De plus, si vous vous êtes procuré le **manuel numérique *Tandem*** destinée aux enseignant-es, vous pouvez alors **naviguer de l'un à l'autre**. Ainsi, si le fichier ressources fait référence à une page du manuel, vous pouvez accéder à cette page en cliquant dessus depuis le fichier ressources numérique.

Voici les instructions pour accéder à votre fichier ressources numérique, que vous pouvez utiliser en ligne ou hors ligne à tout moment.

1. Rendez-vous sur la fiche produit du fichier ressources numérique sur le site Nathan.
https://ecole.nathan.fr/BBM-fichier-ressources-tandem-CM1

2. Cliquez sur « Télécharger votre manuel numérique ».
Puis connectez-vous ou créez votre compte.

Offre adoptant/prescripteur :
Consultation/Téléchargement gratuit

Télécharger votre manuel numérique

3. Validez l'attestation sur l'honneur. **Vous attestez avoir acheté la version papier du fichier ressources.** (Ne tenez pas compte du texte indiqué.)

ATTESTATION SUR L'HONNEUR

J'atteste sur l'honneur que mes élèves sont bien équipés du et que j'enseigne bien dans la discipline concernée.

J'atteste que ma classe est équipée en manuel selon les critères définis ci-dessous :

- **Primaire :** 50% des élèves de la classe
- **Collèges / Lycées Généraux :** 100% des élèves d'une même classe pour une discipline donnée sont équipés du manuel papier ou numérique
- **Lycées Techniques & Professionnels :** un minimum de 12 élèves par classe

En validant cette attestation, je certifie l'exactitude des données fournies. Ces informations feront, le cas échéant, l'objet de contrôles.

Valider

4. Vous recevrez quelques minutes plus tard un email de confirmation avec **vos identifiants de connexion et les instructions d'accès** à Biblio Manuels.

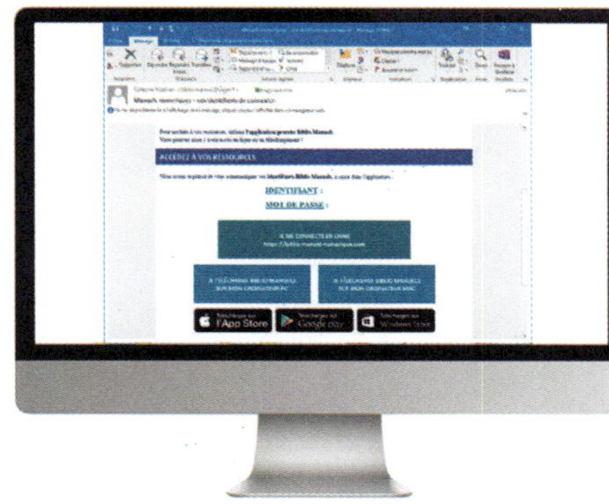

Pour consulter et utiliser

5. Depuis l'email reçu, cliquez sur « Je me connecte en ligne » pour aller dans Biblio Manuels.
Connectez-vous grâce **au login et au mot de passe que vous avez reçus par email**.

6. Votre ouvrage apparait dans votre bibliothèque. Cliquez sur le visuel pour ouvrir votre fichier ressources.

Pour consulter et utiliser hors ligne (sans connexion Internet)

5. Depuis l'email reçu, cliquez sur « Je télécharge Biblio Manuels sur mon PC » (ou sur mon MAC selon votre équipement). Procédez à l'installation puis lancez Biblio Manuels depuis votre ordinateur et connectez-vous grâce **au login et au mot de passe que vous avez reçus par email**.

6. Votre ouvrage apparait dans votre bibliothèque. Cliquez sur « Télécharger » sous le visuel de votre ressource.

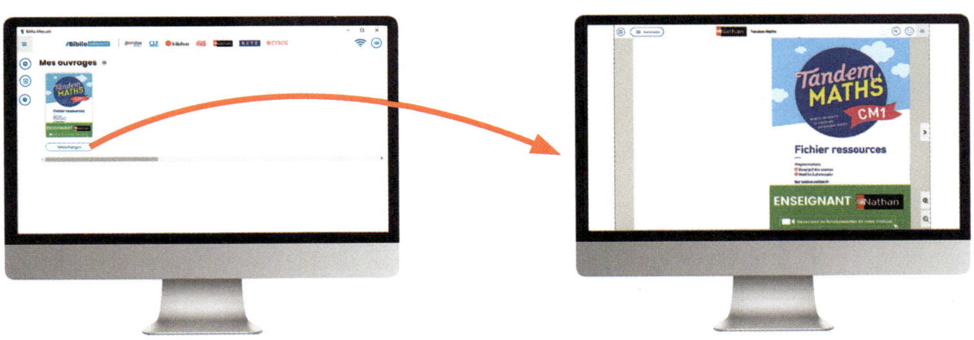

7. Pour télécharger votre fichier ressources numérique sur une clé USB personnelle, rendez-vous dans le menu de Biblio Manuels ≡ et sélectionnez « Copier sur clé USB ».

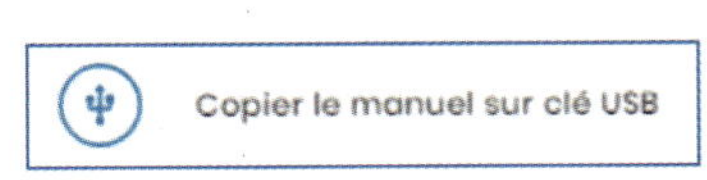

2. Se procurer la version numérique du manuel

Si vous avez équipé vos élèves de manuels papier, vous pouvez télécharger la version numérique du manuel destinée aux enseignant-es. Cette version numérique est disponible dans la bibliothèque numérique Biblio Manuels.
Les instructions sont exactement les mêmes que précédemment. Voici l'adresse pour accéder au manuel numérique enseignant-e sur le site Nathan.
https://ecole.nathan.fr/BBM-manuel-ens-tandem-CM

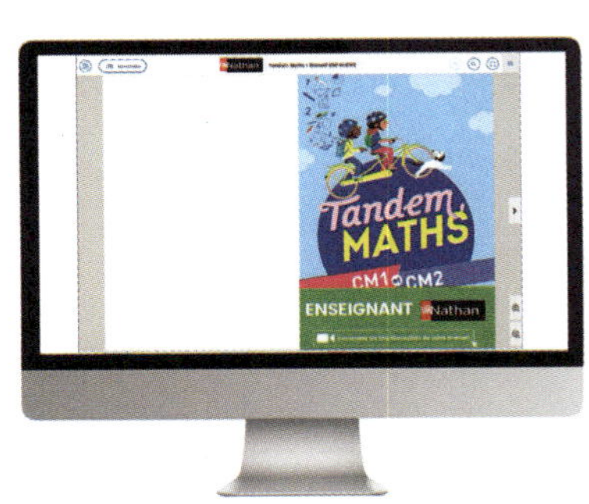

Vous devrez attester sur l'honneur que vos élèves sont équipés du manuel *Tandem*.

A Les outils de la méthode

Tandem est une méthode pensée pour le double niveau, mais elle peut également être utilisée en simple niveau. En effet, le manuel double niveau permet d'avoir une vision globale sur les deux premières années du cycle 3 et de s'adapter au mieux à ses élèves en différenciant selon le profil de sa classe.

• Les cartes d'autoévaluation des prérequis

Ces cartes permettent de vérifier que l'élève dispose des prérequis nécessaires à l'entrée dans chaque module. La mise en œuvre de ces cartes est prévue en autonomie.

Les cartes d'autoévaluation sont **vendues avec les cartes missions**. Elles sont aussi **téléchargeables sur le site** tandem.nathan.fr. Elles sont également à projeter via le **manuel numérique**.

• Les cartes missions

Les cartes missions constituent le **cœur de la méthode** et proposent des situations de recherche qui vont permettre aux élèves de **construire de nouvelles notions**.
Les modalités de travail sont variées : en individuel, en binôme ou en groupe. D'un format A5, **ces cartes prennent moins de place qu'un manuel sur la table**, laissent la possibilité de travailler en groupe, favorisent les déplacements et les échanges dans la classe. Certaines cartes s'appuient sur du **matériel à photocopier**. Ce matériel est présent dans ce fichier ressources, à la fin du descriptif de chaque module.

Vous pouvez soit les **acheter**, soit les **télécharger et les imprimer** à partir du site tandem.nathan.fr. Elles sont également à projeter via le **manuel numérique**. Vous trouverez également sur ce site tous les contenus du CM2, que vous pouvez utiliser avec votre classe si vous le souhaitez.

• Le manuel double-niveau pour s'entrainer et faire le bilan

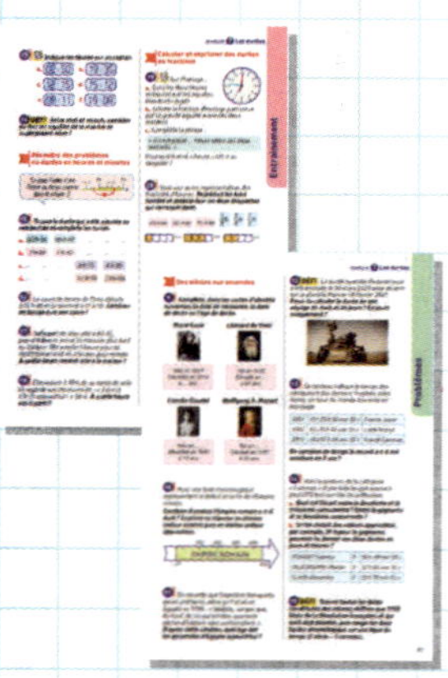

Le manuel permet d'avoir un **large choix d'exercices et de problèmes**, et **garantit la possibilité de différenciation** selon le profil de votre classe. Les exercices ne sont pas estampillés par niveau, permettant ainsi à l'enseignant-e une plus grande souplesse dans sa gestion des groupes de niveau. Cependant, ils sont classés par compétences et reprennent les objectifs des missions du CM1 et du CM2.

Tous les **corrigés des exercices sont disponibles** sur le site tandem.nathan.fr. Ces corrigés ont été prévus pour faciliter **l'autocorrection** (reprise de l'exercice du manuel en face de la réponse pour faciliter le repérage).

• Les jeux

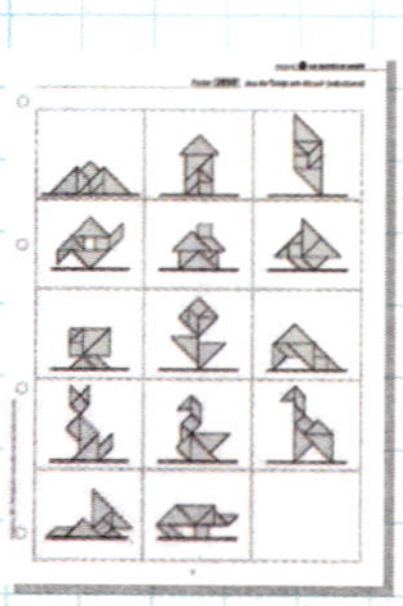

Chaque module propose des **jeux pour s'entrainer en fin d'apprentissage** ou **en décalé** dans le temps pour remobiliser les savoirs.

Les jeux sont décrits dans votre **fichier ressources** et peuvent être accompagnés de **fiches à photocopier** à la fin de chaque module.

• Les mémos

Les mémos sont à coller dans le cahier de leçons de maths. Ils permettent de revoir la leçon avant une évaluation, notamment grâce à des **questions autocorrectives** (leçons à manipuler).

Les mémos sont disponibles en version modifiable et imprimable (.odt, .doc, .pdf) sur le site tandem.nathan.fr.

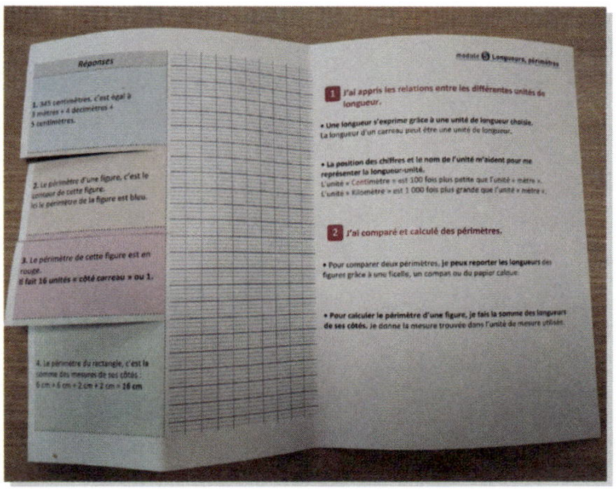
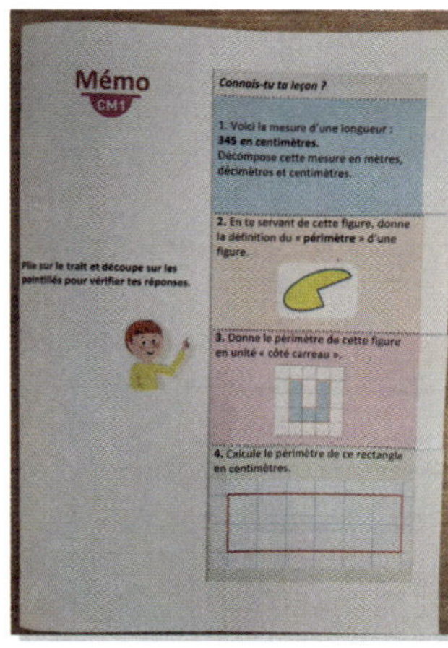

• Les vidéos Mémo

24 vidéos sont proposées avec la méthode sur les deux années. Elles ont pour but d'**accompagner des savoir-faire spécifiques** plus faciles à montrer qu'à décrire. Les vidéos permettent également de voir et revoir une technique pour se l'approprier. Elles peuvent être proposées en classe entière, au moment de la trace écrite ou pour réviser ses leçons à la maison.

Liste des QR codes des vidéos.

Les vidéos sont disponibles :
- en haute définition sur le site tandem.nathan.fr ;
- en libre accès sur la chaine Youtube de Nathan primaire ;
- dans le manuel numérique.

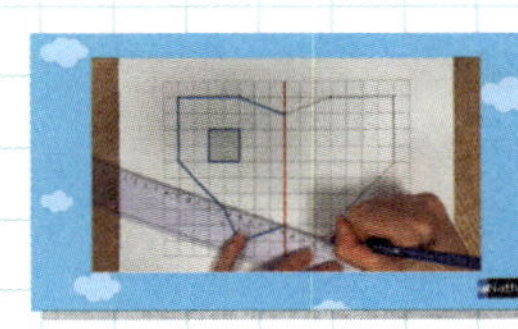

• Les évaluations

Une évaluation par module est prévue et reprend toutes les compétences étudiées dans les cartes missions (modules 1 à 15, Apprendre à chercher). Pour évaluer les compétences en **calcul**, des évaluations de formes un peu différentes permettent de vérifier les acquis deux fois par période : **29 questions pour relever le défi**.

Les évaluations sont disponibles sur le site **tandem.nathan.fr** en version modifiables et imprimables (.odt, .doc, .pdf).

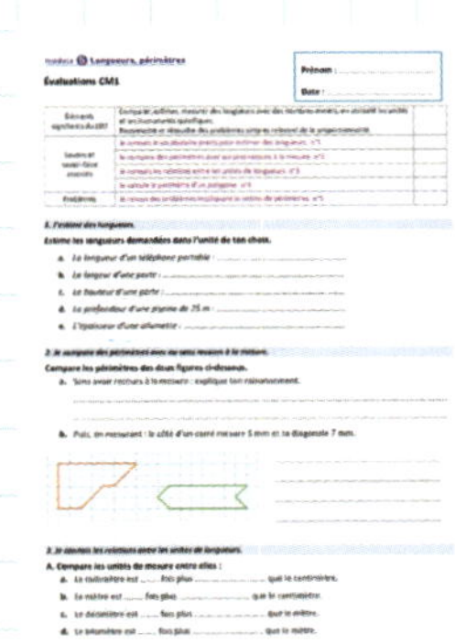

Toutes les ressources du site tandem.nathan.fr sont accessibles via la version numérique du fichier ressources. Voir pages 4 et 5.

• En complément, un cahier d'entrainement

Un cahier d'entrainement permet d'organiser encore plus facilement les entraine-ments en autonomie. Il propose :
- 3 pages d'exercices pour les modules 1 à 15,
- 2 pages d'exercices de calcul pour chaque période,
- 6 pages d'énigmes et de défis,
- 14 pages interdisciplinaires.

B Mettre en œuvre la méthode

> Nous proposons deux situations « MATHS en vie » pour chaque module afin que les CM1 ne fassent pas la même situation l'année suivante. Vous pouvez vous entendre avec votre collègue de CM2 pour répartir les deux situations entre le CM1 et le CM2.

Dans les domaines **Nombres, Grandeurs et Mesure, Espace et Géométrie**, ***15 modules d'apprentissage*** sont proposés, reprenant les entrées des programmes tels qu'ils ont été revus en aout 2020. Chaque module suit une **progression des apprentissages sur deux années** du cycle, le CM1 et le CM2, et s'organise de la même manière :
– une **autoévaluation** des prérequis à l'aide de **cartes « Vérifie ce que tu sais déjà »**, afin de s'assurer que l'élève réactive les notions nécessaires à l'acquisition des nouveaux savoirs mis en jeu dans le module ;
– une **situation de référence « MATHS en vie », dans le manuel**, qui permet d'ancrer les apprentissages du module dans le réel ou dans le quotidien des élèves, de leur donner du sens, de les rendre explicites, et qui permet aussi aux élèves de se projeter dans les compétences abordées dans le module ;
– des **cartes missions**, qui permettent de construire les compétences par la **manipulation**, la **verbalisation**, l'application et d'aller peu à peu vers l'**abstraction** ;
– des **exercices d'entrainement, des problèmes, des jeux, dans le manuel**, en lien avec les nouveaux apprentissages réalisés grâce aux différentes missions.
La partie ***Calculer*** est dédiée **au calcul sous toutes ses formes** : calcul mental, calcul en ligne, calcul posé.
La résolution de problèmes, qui fait partie intégrante de chaque module d'apprentissage à toutes les étapes (découverte de la notion, construction des savoirs et entrainement), fait également l'objet d'un **apprentissage explicite et structuré, sur un temps spécifique** au début de chaque période. Dans la partie ***Apprendre à chercher***, il s'agit de découvrir des stratégies pour apprendre à résoudre des problèmes.

Les grandes étapes d'apprentissage d'un module

> Cette phase permet à l'enseignant-e de vérifier que l'élève dispose des prérequis nécessaires à l'entrée dans le module, et à l'élève de remobiliser des connaissances antérieures. Il peut ainsi s'appuyer sur ce qu'il sait déjà pour aborder de nouvelles notions.

1. Vérification des prérequis et réactivation des savoirs antérieurs

20 min — Temps différencié

Temps 1	Réalisation des exercices en autonomie
Temps 2	Autocorrection et analyse
Temps 3	Exercices de remédiation avec possibilité d'étayage

Temps 1 Réalisation des exercices

Au recto de la carte « Vérifie ce que tu sais déjà », l'élève dispose de plusieurs exercices rapides, le plus souvent sous forme de QCM, qu'il fait en autonomie.

Temps 2 Autocorrection et analyse

Une fois les exercices terminés, l'élève retourne la carte et s'autocorrige en s'appuyant sur les réponses fournies. Il est alors guidé pour savoir quels exercices de remédiation il va devoir faire en cas de non-réussite.

Temps 3 **Exercices de remédiation**

Chaque élève fait les exercices vers lesquels il a été guidé au temps 2. Ils lui permettent d'asseoir les prérequis indispensables à la compréhension des étapes suivantes du module. En cas de réussite totale (ou si les exercices de remédiation sont terminés avant la fin du temps imparti), un défi est proposé.

2. La situation de référence (25 min)

Temps 1	Appropriation collective de la situation
Temps 2	Recherche individuelle ou en groupe
Temps 3	Analyse des stratégies et des hypothèses de résolution

Temps 1 **Appropriation collective**

Le pas à pas étant caché, les élèves lisent individuellement le petit texte de présentation, les bulles et décryptent les illustrations. La situation est ensuite explicitée collectivement : *« De quoi parle-t-on ? Que devons-nous chercher à faire ? »*
La situation est commune aux deux niveaux, mais le questionnement est différencié. On s'appuiera sur le questionnement du niveau concerné.

Temps 2 **Recherche**

Individuellement, chaque élève prend connaissance du pas à pas et essaie de l'exécuter avec les stratégies dont il dispose. Certains pas à pas sont réalisables entièrement mais avec des stratégies non expertes, d'autres ne le sont pas puisque les élèves ne disposent pas encore des savoirs ou des savoir-faire nécessaires. Un temps de travail par petits groupes permet aux élèves de confronter leurs stratégies. Une trace est alors conservée pour être utilisée au moment du retour sur cette situation en fin de module. À ce moment-là, les élèves seront amenés à résoudre de nouveau la situation.

Temps 3 **Analyse**

Oralement et en classe entière, on procède à l'analyse des stratégies mises en œuvre au sein des groupes d'élèves. Cela permet de mettre en avant les savoirs déjà acquis nécessaires à l'accomplissement expert de la tâche, mais aussi et surtout, d'expliciter ceux qu'il reste à construire. L'enseignant-e cite alors les objectifs des missions d'apprentissage qui vont suivre, de manière à aider chaque élève à se projeter dans la suite du module.

L'objectif de cette phase est de donner du sens aux apprentissages du module. Ancrée au réel, la situation de référence « MATHS en vie » confronte les élèves à un problème qu'ils ne sont pas encore en capacité de résoudre de manière experte. Les savoirs et savoir-faire permettant cette résolution experte sont identifiés. En fin de module, un retour sur cette situation de référence permet de prendre conscience du chemin parcouru et des apprentissages réalisés.

3. Les Missions d'apprentissage (45 min)

Les missions, dont le nombre varie en fonction des modules, constituent le cœur des apprentissages. Chacune d'elles, par la situation déclenchante qu'elle propose, vise un objectif précis et s'appuie sur le triptyque « **MANIPULER – VERBALISER – ABSTRAIRE** » :
– **MANIPULER**, car chaque situation nécessite la manipulation de matériel, d'objets mathématiques et/ou de nombres ;
– **VERBALISER**, car une grande place est accordée à la parole des élèves : la mise en mots des savoirs et des procédures mais aussi des difficultés rencontrées permettant à chacun de devenir acteur de ses apprentissages et de mieux s'approprier les différents concepts mathématiques ;
– **ABSTRAIRE**, par des temps de mise en commun visant à construire collectivement et conserver une trace mathématique des savoirs et des procédures mises en jeu.

Temps 1	Appropriation individuelle puis collective de la mission
Temps 2	Recherche individuelle
Temps 3	Confrontation en binômes
Temps 4	Mise en commun et trace écrite provisoire
Temps 5	Exercices individuels d'appropriation

Temps 1 Appropriation de la situation

La mission se situe au recto de la « carte mission ». Il s'agit d'une situation de recherche accompagnée d'un pas à pas permettant aux élèves, seuls et/ou en binômes, d'être guidés vers la réussite des tâches proposées. Tout d'abord, ils s'approprient la situation, le matériel utile et se questionnent : *« Quel problème dois-je résoudre ? »* Ensuite, un temps de verbalisation collectif permet une problématisation de la situation afin que chaque élève puisse entrer efficacement dans la tâche.

Temps 2 Recherche individuelle

Une phase individuelle de recherche est nécessaire car elle permet à chaque élève de mobiliser ses acquis et de résoudre seul-e la mission, en s'appuyant sur le pas à pas qui doit être suivi scrupuleusement. Il peut être intéressant d'utiliser un cahier de recherche afin de garder des traces qui pourront servir de référence lors des entrainements. L'enseignant-e, dans cette phase de recherche et de manipulation, n'intervient que pour ramener les élèves vers le pas à pas ou les aider à effectuer les manipulations.

Temps 3 Confrontation en binômes

Cette phase permet les échanges entre pairs, amène les élèves à justifier leurs choix, et à exprimer leurs difficultés. Chaque binôme peut s'appuyer sur le texte *Prépare-toi à présenter ta mission à tes camarades* pour construire sa réponse. L'enseignant-e profite de ce temps pour observer les élèves et organiser sa mise en commun : choix des stratégies ou des erreurs intéressantes à discuter, etc.

Temps 4 Mise en commun et trace écrite provisoire

C'est une phase orale et collective, essentielle dans l'apprentissage, car elle permet aux élèves de verbaliser leurs stratégies, de prendre conscience de ce qu'ils savent ou savent faire désormais. L'enseignant-e guide les échanges, mais laisse largement la parole aux élèves *« Comment avez-vous fait pour... ? Comment vous y êtes-vous pris pour... ? »*. Les stratégies inefficaces ou erronées sont débattues afin de faire comprendre aux élèves comment utiliser leurs erreurs pour progresser.
Une trace écrite provisoire est construite avec les élèves. Elle leur servira de référence lorsqu'ils auront à résoudre une situation mobilisant les mêmes compétences. Elle peut prendre différentes formes : carte mentale, texte... Elle est gardée sur le support habituel de la classe (affiche, document numérique, cahier de trace...).

Temps 5 Exercices individuels d'appropriation

Au verso de la « carte mission », sont proposés des exercices d'appropriation des notions qui viennent d'être construites. Ils ne présentent volontairement pas de difficultés particulières et peuvent servir d'évaluation formative pour l'enseignant-e qui pourra, dans une autre séance, proposer un parcours d'entrainement adapté aux réussites et aux difficultés qu'il aura repérées. Pendant ce temps de travail individuel, l'enseignant-e peut observer ses élèves, les faire verbaliser de manière individuelle, étayer le cas échéant. Un temps de correction collective peut éventuellement être envisagé.

4. Le parcours d'entrainement

45 min — Temps différencié

Suite à l'analyse des réussites et des difficultés des élèves lors des exercices d'appropriation, l'enseignant-e pourra proposer un entrainement en appui sur les exercices du manuel ou du cahier d'entrainement : des parcours différenciés peuvent être proposés, en fonction des besoins des élèves. Ils se font en autonomie sur une durée de 30 minutes. Il y a autant de temps d'entrainement que de missions proposées dans chaque module. L'enseignant-e peut aussi proposer des problèmes en lien avec chaque mission sur ces temps.
Il peut être intéressant de mettre en place un système d'entraide ou d'autocorrection. À certains moments, l'enseignant-e peut proposer de l'étayage lorsqu'il/elle n'est pas occupé-e avec un autre groupe. Une correction collective peut être envisagée si nécessaire, mais uniquement ciblée sur des exercices qui ont posé des difficultés au plus grand nombre. Une correction individuelle permet à l'enseignant-e de faire un point précis pour chaque élève, et à chaque élève d'avoir un feedback toujours utile sur ses erreurs.

Ces temps d'entrainement permettent aux élèves de s'exercer, de mémoriser et d'utiliser la ou les stratégies efficaces retenues par le groupe classe lors de la mise en commun en fin de mission. L'enseignant-e observe les productions des élèves, prend note des difficultés éventuelles afin de mettre en place les actions appropriées au niveau de la remédiation, sur les temps de rebrassage ou en APC par exemple.

5. L'institutionnalisation et le retour sur la situation de référence

30 min

Lorsque toutes les missions ont été effectuées, un temps de synthèse permet d'institutionnaliser les savoirs et savoir-faire mis en jeu au fur et à mesure des missions.

Temps 1	Retour sur les traces écrites provisoires
Temps 2	Institutionnalisation et bilan du module
Temps 3	Retour sur la situation de référence

Temps 1 Retour sur les traces écrites provisoires

Les élèves sont amenés à relire les traces provisoires qui ont été réalisées tout au long des missions et à verbaliser les savoirs et savoir-faire mis en jeu. Une trace peut être notée au fur et à mesure au tableau.

Temps 2 Institutionnalisation et bilan du module

Chaque module fait l'objet d'un bilan organisé par mission qui se trouve dans le manuel. Les connaissances et les savoir-faire y sont décrits. Un exemple d'exercice résolu permet de donner du sens. L'enseignant-e peut l'utiliser en procédant à une lecture collective et à l'explicitation des points clés, ou décider de se référer à un autre bilan du module, anticipé par ses soins ou reprenant les traces provisoires réalisées à l'issue de chaque mission. Des mémos sont proposés sur le site compagnon **tandem.nathan.fr**.

Temps 3 Retour sur la situation de référence

Fort de ses nouvelles compétences, le groupe classe fait un retour sur les procédures dégagées lors du travail mené sur la situation de référence « MATHS en vie ». Les élèves les analysent, les écartent ou les valident. Ils utilisent les procédures expertes apprises lors des missions d'apprentissage pour résoudre, en petits groupes ou individuellement, le problème posé dans la situation de référence.

6. L'évaluation sommative

30 min

Les évaluations sont en format modifiable sur le site compagnon **tandem.nathan.fr**. Les exercices sont classés par compétences, en adéquation avec l'organisation de la méthode. Ils ne contiennent pas de pièges, ni dans la forme ni dans le contenu, afin d'évaluer la compétence sans ajouter de difficulté de compréhension, notamment pour les élèves fragiles.

Ces temps permettent aux élèves de remobiliser des savoirs antérieurs, de revenir sur leurs erreurs et/ou de remédier à des difficultés rencontrées aux différents moments de l'apprentissage. Trois types de dispositifs sont proposés.

7. Régulation / Rebrassage 30 min

a Un temps de régulation s'appuyant sur les réussites et les difficultés relevées pendant l'évaluation (30 min)

Il se fait dans les jours qui suivent l'évaluation sommative, après analyse des difficultés éventuelles relevées. L'enseignant-e peut prendre un groupe en étayage et laisser les autres en autonomie (l'entraide et le tutorat peuvent être ici mobilisés).

b Un temps de rebrassage en fin de période (60 min)

À chaque fin de période, le temps d'une séance complète est consacré au rebrassage des notions vues dans la période. Le choix est laissé à l'enseignant-e de piocher dans les exercices du manuel ou du cahier d'entrainement, ou de privilégier la résolution de problèmes. C'est un temps commun mais qui peut être différencié en termes d'exercices et de modalités de travail : un groupe en étayage, un groupe en autonomie sur des exercices en autocorrection, etc.

c Un temps de rebrassage en début de période, en appui sur des jeux (60 min)

Proposés dans le manuel, à l'issue des bilans, ces jeux ont pour objectif la mémorisation et l'entrainement. En début de période, ils permettent de reprendre en douceur tout en maintenant les acquis. Il est également possible de les utiliser à tout moment, ensemble ou en autonomie, en fonction des habitudes de la classe.

Calculer : pour un apprentissage différencié et progressif du calcul

1. Une progression sur 5 périodes

L'organisation des apprentissages en calcul sur l'année articule le **calcul mental**, le **calcul en ligne** et le **calcul posé**.
Calcul mental et **calcul en ligne** sont proposés de **façon décrochée**, à raison de 15 minutes par jour (soit 36 heures annuelles) : sur ces quinze minutes alternent des temps d'apprentissages et des temps d'entrainement, au fil de la semaine.
Les temps dédiés au **calcul posé** sont prévus dans les séances quotidiennes de mathématiques (voir la programmation pp. 16 à 57), à raison de 5 heures par période (soit 25 heures annuelles), organisées en tranches de 30 minutes (ou 15 minutes). Ces 30 minutes peuvent être des temps d'apprentissages dirigés ou des temps d'entrainement en autonomie.
La même organisation se répète à l'identique, avec quelques adaptations (par exemple pour la première semaine de classe de septembre), d'une période à l'autre.
Nous proposons une programmation spiralaire avec des temps de rebrassage réguliers, ainsi que des jeux pour réactiver. Des **rituels** du type « **Journal du nombre** » ou « **Compte est bon** » sont également proposés dans le fichier ressources.
La programmation en calcul est coordonnée avec celle des nombres.

2. Organisation des temps d'apprentissage et d'entrainement

Nous nous appuyons sur des périodes types de 7 semaines. Sur l'année, nous prévoyons **36 h pour le calcul mental et en ligne** et **25 heures pour le calcul posé** et les **défis « 29 questions »**. Les deux progressions sont menées en parallèle.

a Le calcul mental et en ligne

L'organisation est **hebdomadaire** : 4 × 15 minutes par semaine.
Séance 1 : un temps d'apprentissage. La manière de mener le temps d'apprentissage est décrite p. 362 de ce fichier. Le calcul spécifique à aborder est indiqué dans la programmation située pp. 59 à 67. Un bilan de ce qu'il faut retenir est proposé dans le manuel (texte sur fond orange).
Séances 2 et 3 : des temps d'**entrainement** en autonomie (exercices dans le manuel ou dans le cahier d'entrainement) avec autocorrection possible (en fonction des habitudes de l'enseignant-e).
Séance 4 : un temps de rituels pour aider à la **mémorisation** et à l'**automatisation,** pour faire du lien avec les nombres : jeux, calculs plus ludiques type opérations à trous, pyramides, carrés magiques, utilisation de la calculatrice pour des problèmes de tâtonnement... (exercices dans le manuel et dans le cahier d'entrainement), le compte est bon, le journal du nombre... (détaillés dans le fichier ressources, voir pages 363 à 378).
Pour chaque période, un ou deux défis « **29 questions** » permettent de rebrasser régulièrement les acquis.

b Le calcul posé

Les temps dédiés au **calcul posé** sont prévus dans les séances de mathématiques (voir la programmation pp. 16 à 57), à raison de 5 heures par période (soit 25 heures annuelles), organisées en tranches de 30 minutes (ou 15 minutes).
Pour chaque compétence, les apprentissages sont organisés de la même manière :
– **un temps d'apprentissage** (voir le guidage pas à pas pages 379 à 392) : il comprend l'enseignement des techniques et des procédures en appui sur la **manipulation** et la **confrontation de procédures** émanant des élèves ;
– un **test** (détaillé en fin de chaque séance) et une observation de la part de l'enseignant-e permettant un guidage vers le parcours adapté parmi les deux proposés ;
– **des temps d'entrainement sur un parcours personnalisé en autonomie de 30 minutes** (ou 2 × 15 minutes), en appui sur les exercices du manuel ou du cahier d'entrainement.
Le sens des opérations et le travail sur les ordres de grandeurs font partie intégrante du travail en calcul et des temps de travail sont proposés dans chaque période.

Apprendre à chercher : pour un apprentissage explicite et structuré de la résolution de problèmes

Dans les programmes, la résolution de problèmes fait partie intégrante des trois domaines des mathématiques. C'est pourquoi, on retrouve au sein de chaque module, des problèmes liés aux notions abordées et ce, à divers niveaux : découverte de la notion, construction des savoirs et entrainement.
Mais la résolution de problèmes doit également faire l'objet d'un **enseignement explicite et structuré.** Un **temps d'apprentissage spécifique d'une semaine** lui est donc dédié **en début de chaque période**, permettant un réinvestissement au sein de chaque module. Cet apprentissage est rassemblé dans la partie ***Apprendre à chercher*** qui met en œuvre :
– un enseignement structuré s'appuyant sur une typologie simplifiée, et articulant progression et programmation. Au travers de différentes situations ciblées, les élèves seront amenés à faire des analogies entre des énoncés de problèmes. La **construction d'automatismes** pour résoudre ces problèmes simples est engagée à travers une **démarche de questionnement** qui clarifie l'usage d'une **modélisation en barres** unique ;
– un enseignement explicite de la modélisation en barres permettant de construire une progressivité et des repères forts dans l'apprentissage : de la manipulation de matériel concret, à la représentation schématisée vers la modélisation et l'abstraction. La **verbalisation** soutient le passage de l'énoncé à la modélisation en barres afin de construire le sens et la compréhension des situations. Cette démarche a pour

Progression annuelle en CM1

domaine	module	PÉRIODE 1	PÉRIODE 2	PÉRIODE 3	PÉRIODE 4	PÉRIODE 5
NOMBRES 24 h	1 Les nombres entiers	Missions révisions			Missions 1 2	
	2 Les fractions simples	Missions 1 2 3	Mission 4			
	3 Les fractions décimales		Missions 1 2 3			
	4 Les nombres décimaux			Missions 1 2 3		
GRANDEURS ET MESURES 23 h	5 Longueurs, périmètres	Missions 1 2				
	6 Les aires			Mission 1	Mission 2	
	7 Les durées					Missions 1 2
	8 Les angles				Missions 1 2	
	9 Contenances, volumes, masses				Mission 1	Mission 2
GÉOMETRIE 24 h	10 Relations et propriétés géométriques		Missions 1 2 3			
	11 Les figures planes			Missions 1 2 3		
	12 La symétrie axiale					Missions 1 2
	13 Les solides					Missions 1 2
	14 Repérage et déplacements					Missions 1 2
PROPORTIONNALITÉ 6 h	15 La proportionnalité	Mission 1	Missions 2 3			
CALCULER 25 h (5 h par période)		• Addition et soustraction des nombres entiers	• Addition, soustraction et multiplication des nombres entiers	• Division des nombres entiers	• Addition et soustraction des nombres décimaux	• Multiplication et division des nombres décimaux
APPRENDRE À CHERCHER 20 h (4 h par période)	Partie-Tout					
	Partage équitable et groupement					
	Comparaison					
	Transformation					
	Rebrassage					
Total 122 h	Missions : 49	22 h 30	25 h	23 h 30	22 h 30	28 h 30
Régulation/Rebrassage – 10 h		3 h 30	1 h	2 h	2 h 30	1 h
Calcul mental – 36 h		7 h	7 h	7 h	7 h	8 h
Évaluations/Défis – 12 h		2 h	2 h	2 h 30	3 h	2 h 30
Total 180 h		35 h	35 h	35 h	35 h	40 h

Programmation par période et par séance

Dans la version numérique du fichier ressources
Allez à la séance de votre choix et accédez directement à toutes les ressources associées

Pictos du Fichier ressources

- Activité utilisant les **cartes de prérequis « Vérifie ce qu'tu sais déjà »** du module concerné.
- Activité utilisant les **cartes Missions** du module concerné.
- Activité utilisant le **manuel**.
- Activité utilisant une fiche téléchargeable sur le site tandem.nathan.fr.
- Activité décrite dans le **fichier ressources**.
- Renvoi à l'une des **vidéos** pour comprendre et réviser.

Période 1

CM1

Semaine 1	Jour 1	60' Balade mathématique	Fichier ressources p. 68
	Jour 2	15' Présentation de la méthode	
		45' *Calculer* **Test de rentrée** 29 questions pour relever le défi	Fiche téléchargeable
	Jour 3	15' *Calculer* **Test de rentrée** Correction	Manuel p. 186
		45' **Mission** Révision 1 **Nombres**	Cartes Missions, Fichier ressources p. 73
	Jour 4	30' Révision 1 **Nombres** Entrainement	Manuel p. 12-13
		30' *Calculer* **Apprentissage** Ordre de grandeur d'une addition ou d'une soustraction	Manuel p. 186

CM1

Semaine 2 • Apprendre à chercher	Jour 1 p. 401	60' ***SITUATIONS DE PARTIES-TOUT*** Entrée dans la modélisation et mise en commun	Fiche 1
	Jour 2 p. 404	10' Réactivation	
		20' Trois problèmes pour comprendre	Fiche 1
		15' Correction de la fiche mission 1	
		15' Appropriation du bilan	p. 234
	Jour 3 p. 406	15' Exercices « À toi de créer »	p. 235
		15' Correction des exercices « À toi de créer »	p. 235
		30' Entrainement	p. 235, 238-239
	Jour 4 p. 407	60' Ateliers d'entrainement différencié Évaluation	p. 235, 237, 238-239
Semaine 3	Jour 1	45' **Mission** Révision 2 **Nombres**	p. 75
		15' **M5 *Longueurs, périmètres*** Vérification des prérequis	
	Jour 2	30' Révision 2 **Nombres** Entrainement	p. 13-14
		30' ***Calculer*** **Apprentissage** Fiche 1 : Additionner, soustraire des nombres entiers (séance 1)	p. 383
	Jour 3	30' **M5 *Longueurs, périmètres*** Situation de référence	p. 58-59 p. 171
		30' ***Calculer*** **Apprentissage** Fiche 1 : Additionner, soustraire des nombres entiers (séance 2)	p. 383
	Jour 4	45' **M5 *Longueurs, périmètres*** Mission 1	p. 173
		15' ***Calculer*** **Entrainement dirigé** Poser une addition et une soustraction	p. 186-187

CM1

Semaine 4	Jour 1	30' **M5 *Longueurs, périmètres*** Entraînement Mission 1	p. 60
		30' ***Calculer*** 29 questions pour relever le défi n° 1	
	Jour 2	45' **M5 *Longueurs, périmètres*** Mission 2	p. 175
		15' ***Calculer*** Correction des 29 questions n° 1	
	Jour 3	30' **M5 *Longueurs, périmètres*** Entraînement Mission 2	p. 60
		30' **M1 *Les nombres entiers*** Rebrassage	p. 12
	Jour 4	30' **M5 *Longueurs, périmètres*** Synthèse, retour sur la situation de référence	p. 177
		30' **Géométrie** Révisions	
Semaine 5	Jour 1	30' **M5 *Longueurs, périmètres*** Évaluation	
		30' ***Calculer*** **Jeux** Travailler sa mémoire	p. 367-368
	Jour 2	45' **M2 *Les fractions simples*** Vérification des prérequis, situation de référence	p. 22-23 p. 97
		15' ***Calculer*** **Entraînement** Poser une addition et une soustraction	p. 186-187
	Jour 3	45' **M2 *Les fractions simples*** Mission 1	p. 99
		15' ***Calculer*** **Entraînement** Poser une addition et une soustraction	p. 186-187
	Jour 4	30' **M2 *Les fractions simples*** Entraînement Mission 1	p. 24
		30' **Géométrie** Révisions	

CM1

Semaine 6	Jour 1	45' **M2 *Les fractions simples*** Mission 2	p. 101
		30' ***Calculer* Entrainement** Poser une addition ou une soustraction	p. 186-187
	Jour 2	30' **M2 *Les fractions simples*** Entrainement Mission 2	p. 25
		30' **M2 *Les fractions simples*** Rebrassage Mission 1 et Mission 2	p. 24-26
	Jour 3	45' **M15 *La proportionnalité*** Vérification des prérequis, situation de référence	p. 168-169 p. 339
		15' ***Calculer* Entrainement** Poser une addition ou une soustraction	p. 186-187
	Jour 4	45' **M15 *La proportionnalité*** Mission 1	p. 341
		15' ***Calculer* Jeux** Travailler sa mémoire	p. 367-368
Semaine 7	Jour 1	30' **M15 *La proportionnalité*** Entrainement Mission 1	p. 171
		15' ***Calculer* Entrainement** Poser une addition ou une soustraction	p. 186-187
	Jour 2	45' **M2 *Les fractions simples*** Mission 3	p. 103
		15' ***Calculer* Entrainement** Poser une addition ou une soustraction	p. 186-187
	Jour 3	30' **M2 *Les fractions simples*** Entrainement Mission 3	p. 26
		30' **M2 *Les fractions simples*** Rebrassage Mission 1, Mission 2, Mission 3	p. 24-27
	Jour 4	60' **Rebrassage, régulation, jeux**	

Programmation par période et par séance

Dans la version numérique du fichier ressources
Allez à la séance de votre choix et accédez directement à toutes les ressources associées.

Pictos du Fichier ressources

- ▶ Activité utilisant les **cartes de prérequis « Vérifie ce qu'tu sais déjà »** du module concerné.
- ▶ Activité utilisant les **cartes Missions** du module concerné.
- ▶ Activité utilisant le **manuel**.
- ▶ Activité utilisant une fiche téléchargeable sur le site tandem.nathan.fr.
- ▶ Activité décrite dans le **fichier ressources**.
- ▶ Renvoi à l'une des **vidéos** pour comprendre et réviser.

Période 2

CM1

Semaine 1	Jour 1	30' Jeux des modules 2, 5 et 15 au choix	
		30' ***Les fractions simples*** Révisions	manuel p. 24 à 27
	Jour 2	45' **M2 *Les fractions simples*** Mission 4	cartes Missions, fichier ressources p. 105
		15' ***Calculer*** **Jeux** sur les tables de multiplication	fichier ressources p. 443-445
	Jour 3	30' **M2 *Les fractions simples*** Entrainement Mission 4	manuel p. 27-28
		30' ***Calculer*** **Jeux** sur les tables de multiplication	fichier ressources p. 370-371
	Jour 4	30' **M2 *Les fractions simples*** Synthèse, retour sur la situation de référence	fichier ressources p. 107
		30' ***Calculer*** Déterminer l'ordre de grandeur d'une multiplication	manuel p. 210

CM1

Semaine 2 • Apprendre à chercher	Jour 1 p. 414	60' **SITUATIONS DE PARTAGE ÉQUITABLE ET DE GROUPEMENT** Entrée dans la modélisation et mise en commun	Fiche 1
	Jour 2 p. 416	10' Réactivation	
		20' Trois problèmes pour comprendre	Fiche 1
		15' Correction de la fiche mission 1	
		15' Appropriation du bilan	p. 240
	Jour 3 p. 418	15' Exercices « À toi de créer »	p. 241
		15' Correction des exercices « À toi de créer »	p. 241
		30' Entrainement	p. 241, 243-245
	Jour 4 p. 419	60' Ateliers d'entrainement différencié Évaluation	p. 241, 243, 244-245
Semaine 3	Jour 1	30' M2 *Les fractions simples* Rebrassage (avant évaluation)	
		30' *Calculer* Fiche 2 : Multiplier des nombres entiers (séance 1)	p. 385
	Jour 2	30' M2 *Les fractions simples* Évaluation	
		30' *Calculer* Fiche 2 : Multiplier des nombres entiers (séance 2)	p. 385
	Jour 3	45' M10 *Relations et propriétés géométriques* Vérification des prérequis, situation de référence	p. 106-107 p. 253
		15' *Calculer* **Entrainement** Savoir poser une multiplication	p. 211
	Jour 4	45' M10 *Relations et propriétés géométriques* Mission 1	p. 255
		15' *Calculer* **Entrainement** Savoir poser une multiplication	p. 211-212

CM1

Semaine	Jour	Activité	Ressources
Semaine 4	Jour 1	30' *Calculer* **Entrainement dirigé** Savoir poser une multiplication	p. 211
		30' **M10 *Relations et propriétés géométriques*** Entrainement Mission 1	p. 108-109
	Jour 2	45' **M10 *Relations et propriétés géométriques*** Mission 2	p. 257
		15' *Calculer* **Entrainement** Savoir poser une multiplication	p. 211-212
	Jour 3	30' **M10 *Relations et propriétés géométriques*** Entrainement Mission 2	p. 110
		30' *Calculer* 29 questions pour relever le défi n° 2	
	Jour 4	15' *Calculer* Correction des 29 questions n° 2	
		45' *Calculer* **Entrainement** Savoir poser une multiplication	p. 211-212
Semaine 5	Jour 1	45' **M10 *Relations et propriétés géométriques*** Mission 3	p. 259
		15' **M3 *Les fractions décimales*** Vérification des prérequis	
	Jour 2	30' **M10 *Relations et propriétés géométriques*** Entrainement Mission 3	p. 113-114
		30' **M3 *Les fractions décimales*** Situation de référence	p. 34-35 p. 119
	Jour 3	30' **M10 *Propriétés et relations géométriques*** Synthèse, retour sur la situation de référence	p. 261
		30' **M15 *La proportionnalité*** Mission 2 (recto)	p. 343
	Jour 4	15' **M15 *La proportionnalité*** Mission 2 (verso)	p. 343
		30' **M10 *Propriétés et relations et géométriques*** Évaluation	

CM1

Semaine 6	**Jour 1**	45' **M3 *Les fractions décimales*** Mission 1	p. 121
		15' ***Calculer*** **Entrainement dirigé** Savoir poser une multiplication	p. 211-212
	Jour 2	30' **M3 *Les fractions décimales*** Entrainement Mission 1	p. 36
		30' **M15 *La proportionnalité*** Entrainement Mission 2	p. 171
	Jour 3	45' **M3 *Les fractions décimales*** Mission 2	p. 123
		15' ***Calculer*** **Entrainement** Savoir poser une multiplication	p. 211-212
	Jour 4	30' **M3 *Les fractions décimales*** Entrainement Mission 2	p. 37 à 39
		30' **Géométrie** Révisions	
Semaine 7	**Jour 1**	45' **M3 *Les fractions décimales*** Mission 3	p. 125
		15' ***Calculer*** **Entrainement** Savoir poser une multiplication	p. 211-212
	Jour 2	30' **M3 *Les fractions décimales*** Entrainement Mission 3	p. 39
		30' **M15 *La proportionnalité*** *Rebrassage*	p. 170 à 172
	Jour 3	30' **M3 *Les fractions décimales*** Synthèse, retour sur la situation de référence	p. 127
		30' ***Calculer*** **Jeux** Travailler sa mémoire	p. 367-368
	Jour 4	60' Régulation, rebrassage	

Programmation par période et par séance

Dans la version numérique du fichier ressources
Allez à la séance de votre choix et accédez directement à toutes les ressources associées.

Pictos du Fichier ressources

- ▶ Activité utilisant les **cartes de prérequis « Vérifie ce qu'tu sais déjà »** du module concerné.
- ▶ Activité utilisant les **cartes Missions** du module concerné.
- ▶ Activité utilisant le **manuel**.
- ▶ Activité utilisant une fiche téléchargeable sur le site tandem.nathan.fr.
- ▶ Activité décrite dans le **fichier ressources**.
- ▶ Renvoi à l'une des **vidéos** pour comprendre et réviser.

Période 3 — CM1

Semaine	Jour	Séance	Ressources
Semaine 1	Jour 1	30' **Jeux** des modules 2, 5 et 15 au choix	
		30' ***Les fractions décimales*** Révisions avant évaluation	Manuel p. 36 à 41
	Jour 2	30' **M3 *Les fractions décimales*** Évaluation	Fiche téléchargeable
		30' ***Calculer*** **Révisions :** addition, soustraction et multiplication	Manuel p. 186-187, 211-212
	Jour 3	45' **M15 *La proportionnalité*** Mission 3	Cartes Missions, fichier ressources p. 345
		15' ***Calculer*** **Révisions :** addition, soustraction et multiplication	Manuel p. 186-187, 211-212
	Jour 4	30' **M15 *La proportionnalité*** Entrainement Mission 3	Manuel p. 171-172
		30' ***Calculer*** Déterminer l'ordre de grandeur d'une division	Manuel p. 228

CM1

Semaine 2 • Apprendre à chercher	Jour 1 p. 426	60' ***SITUATIONS DE COMPARAISON*** Entrée dans la modélisation et mise en commun	Fiche 1
	Jour 2 p. 428	10' Réactivation	
		20' Trois problèmes pour comprendre	Fiche 1
		15' Correction de la fiche mission 1	
		15' Appropriation du bilan	p. 246
	Jour 3 p. 430	15' Exercices « À toi de créer »	p. 247
		15' Correction des exercices « À toi de créer »	p. 247
		30' Entrainement	p. 249, à 251
	Jour 4 p. 431	60' Ateliers d'entrainement différencié Évaluation	p. 247, 249, 250-251
Semaine 3	Jour 1	45' **M11 *Les figures planes*** Vérification des prérequis, situation de référence	p. 120-121 p. 271
		15' ***Calculer*** **Jeux** Travailler sa mémoire ou autres jeux de calcul	p. 366 à 372
	Jour 2	45' **M11 *Les figures planes*** Mission 1	p. 273
		15' ***Calculer*** **Jeux** Travailler sa mémoire ou autres jeux de calcul	p. 366 à 372
	Jour 3	30' **M11 *Les figures planes*** Entrainement Mission 1	p. 122 à 124
		30' **M3 *Les fractions décimales*** Rebrassage	p. 36 à 40
	Jour 4	45' **M11 *Les figures planes*** Mission 2	p. 275
		15' ***Calculer*** **Entrainement** Déterminer l'ordre de grandeur d'une division	p. 228

CM1

Semaine 4	Jour 1	30' ***Calculer*** 29 questions pour relever le défi n° 3	
		30' **M11 *Les figures planes*** Entrainement Mission 2	p. 124 à 126
	Jour 2	45' **M11 *Les figures planes*** Mission 3	p. 277
		15' ***Calculer*** Correction des 29 questions n° 3	
	Jour 3	30' ***Calculer*** **Apprentissage** Fiche 3 : Diviser des nombres entiers (séance 1)	p. 387
		30' **M11 *Les figures planes*** Entrainement Mission 3	p. 125-126
	Jour 4	30' **M11 *Les figures planes*** Synthèse, retour sur la situation de référence	p. 279
		30' ***Calculer*** **Apprentissage** Fiche 3 : Diviser des nombres entiers (séance 2)	p. 387
Semaine 5	Jour 1	30' **M11 *Les figures planes*** Évaluation	
		30' ***Calculer*** **Entrainement** Diviser deux nombres entiers	p. 229
	Jour 2	45' **M4 *Les nombres décimaux*** Vérification des prérequis, situation de référence	p. 46-47 p. 143
		15' ***Calculer*** **Entrainement** Diviser deux nombres entiers	p. 229
	Jour 3	45' **M4 *Les nombres décimaux*** Mission 1	p. 145
		15' ***Calculer*** **Entrainement** Diviser deux nombres entiers	p. 229
	Jour 4	30' **M4 *Les nombres décimaux*** Entrainement Mission 1	p. 48
		30' ***Calculer*** **Jeux** de calcul au choix	p. 366 à 372

CM1

Semaine 6	Jour 1	45' **M4 *Les nombres décimaux*** Mission 2	p. 147
		15' ***Calculer* Entrainement dirigé** Diviser deux nombres entiers	p. 229
	Jour 2	30' **M4 *Les nombres décimaux*** Entrainement Mission 2	p. 49
		30' **M15 *La proportionnalité*** Révisions	p. 170 à 175
	Jour 3	45' **M4 *Les nombres décimaux*** Mission 3	p. 149
		15' ***Calculer* Entrainement** Diviser deux nombres entiers	p. 229
	Jour 4	30' **M4 *Les nombres décimaux*** Entrainement Mission 3	p. 39-40
		30' **M4 *Les nombres décimaux*** Synthèse, retour sur la situation de référence	p. 151
Semaine 7	Jour 1	45' **M6 *Les aires*** Vérification des prérequis, situation de référence	p. 68-69 p. 185
		15' ***Calculer* Jeux** de calcul au choix	p. 366 à 372
	Jour 2	45' **M6 *Les aires*** Mission 1	p. 187
		15' **M4 *Les nombres décimaux*** Révisions avant évaluation	p. 48 à 51
	Jour 3	30' **M6 *Les aires*** Entrainement Mission 1	p. 70
		30' **M4 *Les nombres décimaux*** Évaluation	
	Jour 4	60' Régulation, rebrassage	

Programmation par période et par séance

Dans la version numérique du fichier ressources
Allez à la séance de votre choix et accédez directement à toutes les ressources associées.

Pictos du Fichier ressources

- ▶ Activité utilisant les **cartes de prérequis « Vérifie ce qu'tu sais déjà »** du module concerné.
- ▶ Activité utilisant les **cartes Missions** du module concerné.
- ▶ Activité utilisant le **manuel**.
- ▶ Activité utilisant une fiche téléchargeable sur le site tandem.nathan.fr.
- ▶ Activité décrite dans le **fichier ressources**.
- ▶ Renvoi à l'une des **vidéos** pour comprendre et réviser.

Période 4

CM1

Semaine 1	Jour 1	30' **Jeux** des modules des périodes 1 à 3 au choix	
		30' **M15 *La proportionnalité*** Révisions	Manuel p. 170-171
	Jour 2	30' **M15 *La proportionnalité*** Synthèse, retour sur la situation de référence	Fichier ressources p. 347
		30' ***Calculer* Apprentissage** Fiche 4 : Additionner, soustraire deux nombres décimaux (séance 1)	Fichier ressources p. 389
	Jour 3	30' ***Calculer* Apprentissage** Fiche 4 : Additionner, soustraire deux nombres décimaux (séance 2)	Fichier ressources p. 389
		30' ***Calculer* Entrainement** Additionner et soustraire deux nombres décimaux	Manuel p. 196
	Jour 4	30' **M15 *La proportionnalité*** Évaluation	Fiche téléchargeable
		30' ***Calculer* Jeux** Travailler sa mémoire ou autres jeux de calcul	Fichier ressources p. 366 à 372

CM1

Semaine 2 • Apprendre à chercher	Jour 1 p. 438	60' ***SITUATIONS DE TRANSFORMATION*** Entrée dans la modélisation et mise en commun	Fiche 1
	Jour 2 p. 441	10' Réactivation	
		20' Trois problèmes pour comprendre	Fiche 1
		15' Correction de la fiche mission 1	
		15' Appropriation du bilan	p. 252
	Jour 3 p. 443	15' Exercices « À toi de créer »	p. 253
		15' Correction des exercices « À toi de créer »	p. 253
		30' Entrainement	p. 253, 256-257
	Jour 4 p. 444	60' Ateliers d'entrainement différencié Évaluation	p. 253, 255, 256-257
Semaine 3	Jour 1	45' **M6 *Les aires*** Mission 2	p. 189
		15' ***Calculer*** **Entrainement** Additionner et soustraire deux nombres décimaux	p. 196
	Jour 2	30' **M6 *Les aires*** Entrainement Mission 2	p. 70-71
		30' ***Calculer*** **Entrainement** Additionner et soustraire deux nombres décimaux	p. 196
	Jour 3	30' **M6 *Les aires*** Synthèse, retour sur la situation de référence	p. 191
		30' ***Calculer*** **Entrainement dirigé** Additionner et soustraire deux nombres décimaux	p. 196
	Jour 4	30' **M6 *Les aires*** Évaluation	
		30' ***Calculer*** 29 questions pour relever le défi n° 4	

CM1

Semaine 4	Jour 1	45' **M8 *Les angles*** Vérification des prérequis, situation de référence	p. 88-89 p. 219
		15' ***Calculer*** Correction des 29 questions n° 4	
	Jour 2	45' **M8 *Les angles*** Mission 1	p. 221
		15' ***Calculer*** **Entrainement dirigé** Additionner et soustraire deux nombres décimaux	p. 196
	Jour 3	30' **M8 *Les angles*** Entrainement Mission 1	p. 90
		30' ***Fractions simples et décimales*** Problèmes au choix	p. 30-31, 42-43
	Jour 4	45' **M8 *Les angles*** Mission 2	p. 223
		15' ***Calculer*** **Jeux** Travailler sa mémoire	p. 367-368
Semaine 5	Jour 1	30' **M8 *Les angles*** Entrainement Mission 2	p. 91
		30' ***Nombres décimaux*** Problèmes au choix	p. 54
	Jour 2	30' **M8 *Les angles*** Synthèse, retour sur la situation de référence	p. 225
		30' ***Calculer*** **Jeux** Travailler sa mémoire ou autres jeux de calcul	p. 366 à 372
	Jour 3	30' **M8 *Les angles*** Évaluation	
		30' **Révisions de géométrie** Mission 10 et Mission 11	p. 108 à 122
	Jour 4	45' **M1 *Les nombres entiers*** Vérification des prérequis, situation de référence	p. 10-11 p. 81
		15' ***Calculer*** **Jeux** Travailler sa mémoire ou autres jeux de calcul	p. 441 à 446

CM1

Semaine 6	Jour 1	45' **M1 *Les nombres entiers*** Mission 1	p. 83
		15' ***Calculer* Révisions** Diviser deux nombres entiers	p. 229
	Jour 2	30' **M1 *Les nombres entiers*** Entrainement Mission 1	p. 14
		30' ***Calculer*** 29 questions pour relever le défi n° 5	
	Jour 3	45' **M1 *Les nombres entiers*** Mission 2	p. 85
		15' ***Calculer*** Correction des 29 questions n° 5	
	Jour 4	30' **M1 *Les nombres entiers*** Entrainement Mission 2	p. 15
		30' ***Calculer* Révisions personnalisées** Calculer avec nombres entiers	p. 186, 211, 228
Semaine 7	Jour 1	30' **M1 *Les nombres entiers*** Synthèse, retour sur la situation de référence	p. 87
		30' **Révisions** de géométrie Problèmes au choix M10/M11	p. 116 à 130
	Jour 2	30' **M9 *Contenances, volumes, masses*** Vérification des prérequis, situation de référence	p. 96-97 p. 233
		30' **M1 *Les nombres entiers*** Évaluation	
	Jour 3	45' **M9 *Contenances, volumes, masses*** Mission 1	p. 235
		15' ***Calculer* Rebrassage** des périodes 1 à 4	
	Jour 4	30' **M9 *Contenances, volumes, masses*** Entrainement Mission 1	p. 98
		30' Rebrassage, régulation	

ambition de faciliter les échanges entre les élèves et avec l'enseignant-e, et de faire émerger différentes stratégies de résolution afin d'amener les élèves vers des procédures de plus en plus expertes.

1. Une progression sur quatre périodes

Chaque période présente l'enseignement d'une situation issue de la typologie :
- période 1 : situations de partie-tout ;
- période 2 : situations de partage équitable et regroupement ;
- période 3 : situations de comparaison ;
- période 4 : situations de transformation.

Lors de la première séance de la période 1, l'outil de modélisation en barres est **construit avec les élèves**. Un **questionnement-type** est institutionnalisé pour guider l'élève dans la compréhension fine de l'énoncé afin qu'il se représente la situation sous-jacente et renseigne correctement l'outil de modélisation retenu. Celui-ci, repère fort de la méthode, sera alors utilisé au fil des autres périodes et évoluera en fonction des situations.
Des **problèmes à étapes** (composition de plusieurs problèmes basiques), des **défis** et des **problèmes atypiques** sont proposés pour chaque période.
La période 5 ne comporte pas de nouveaux apprentissages afin de bénéficier d'un temps long de **rebrassage** et d'**entrainement**. La **banque de problèmes** située en fin de manuel permet à l'enseignant-e de mettre en place des séances en fonction des besoins de ses élèves.

Dans la banque de problèmes du manuel (pages 258 à 261), la colonne de gauche est toujours destinée aux CM1, la colonne de droite est destinée aux CM2.

2. Organisation générale des temps d'apprentissage et d'entrainement

Chaque semaine d'apprentissage est organisée de la même manière.
Séance 1 : un temps de **découverte de la typologie** étudiée dans la période, suivi de la **mise en place de la modélisation en barres** grâce à la **manipulation** de bandes de papier.
Séance 2 : un temps d'**apprentissage** pour construire la démarche de résolution à travers trois énoncés de problèmes de la fiche élève, suivi de la **construction du Bilan** (éventuellement en appui sur celui du manuel).
Séance 3 : un temps d'**appropriation** et d'**entrainement** de la démarche de questionnement/verbalisation et de la modélisation avec les exercices « À toi de créer » et « Entraine-toi » du manuel.
Séance 4 : un temps de **différenciation** organisé en fonction des besoins des élèves. L'enseignant-e pourra par exemple revenir sur la démarche avec un groupe d'élèves, les autres élèves étant répartis sur d'autres types problèmes (« Pour aller plus loin », « Problèmes à étapes », « Problèmes atypiques »).

3. Une large place donnée aux problèmes atypiques

Nous proposons quatre pages entièrement consacrées aux **problèmes atypiques dits aussi problèmes de recherche ou problèmes ouverts**. Le cahier d'entrainement propose également des défis et des énigmes. Leur résolution n'est pas directement accessible aux élèves de primaire avec les outils mathématiques usuels dont ils disposent et nécessite de mettre en œuvre des démarches de résolution qui s'appuient sur un schéma, une manipulation, un arbre, des essais-erreurs, des tâtonnements...
Ces problèmes, permettant d'engager les élèves dans des nouvelles situations, ludiques, motivantes, exigeantes, seront proposés en parallèle des problèmes prototypiques (basiques) et complexes (à étapes). On développera ainsi les capacités de créativité, d'organisation et de coopération des élèves.
On pourra envisager deux **organisations possibles** :
- soit une résolution individuelle en autonomie, l'enseignant-e pouvant apporter une aide ponctuelle ;
- soit une résolution en petits groupes, aboutissant alors à une synthèse commune et des échanges sur les stratégies.

Ce type de support permettra à chaque enseignant-e de mettre en œuvre des défis et rallyes mathématiques dans sa classe.

Programmation par période et par séance

Dans la version numérique du fichier ressources
Allez à la séance de votre choix et accédez directement à toutes les ressources associées

Pictos du Fichier ressources

- ▶ Activité utilisant les **cartes de prérequis « Vérifie ce que tu sais déjà »** du module concerné.
- ▶ Activité utilisant les **cartes Missions** du module concerné.
- ▶ Activité utilisant le **manuel**.
- ▶ Activité utilisant une fiche téléchargeable sur le site tandem.nathan.fr.
- ▶ Activité décrite dans le **fichier ressources**.
- ▶ Renvoi à l'une des **vidéos** pour comprendre et réviser.

Période 5 – CM1

Semaine	Jour	Séance	Ressources
Semaine 1	Jour 1	60' **Jeux** des modules des périodes 1 à 4 au choix	
	Jour 2	45' **M9 *Contenances, volumes, masses*** Mission 2	cartes Missions, fichier ressources p. 237
		15' ***Calculer* Entrainement** Déterminer l'ordre de grandeur d'une division	manuel p. 229
	Jour 3	30' **M9 *Contenances, volumes, masses*** Entrainement Mission 2	manuel p. 99
		30' ***Calculer* Apprentissage** Fiche 5 : Diviser deux nombres entiers, diviseur à plusieurs chiffres (séance 1)	fichier ressources p. 391
	Jour 4	30' ***Calculer* Apprentissage** Fiche 5 : Diviser deux nombres entiers, diviseur à plusieurs chiffres (séance 2)	fichier ressources p. 391
		30' **Nombres** Révisions	manuel M1 à M4

CM1

Semaine 2	Jour 1	30' **M9 *Contenances, volumes, masses*** Synthèse, retour sur la situation de référence	p. 239
		30' ***Apprendre à chercher*** Rebrassage	p. 258 à 261
	Jour 2	30' **M9 *Contenances, volumes, masses*** Évaluation	
		30' ***Apprendre à chercher*** Rebrassage, problèmes atypiques	p. 239, 245, 251, 257, 258 à 261
	Jour 3	45' **M12 *La symétrie axiale*** Vérification des prérequis, situation de référence	p. 134-135 p. 287
		15' ***Calculer* Entrainement** Diviser deux nombres entiers	p. 229
	Jour 4	45' **M12 *La symétrie axiale*** Mission 1	p. 289
		15' ***Calculer* Entrainement** Diviser deux nombres entiers	p. 229
Semaine 3	Jour 1	30' **M12 *La symétrie axiale*** Entrainement Mission 1	p. 136
		30' ***Calculer*** 29 questions pour relever le défi n° 6	
	Jour 2	45' **M12 *La symétrie axiale*** Mission 2	p. 291
		15' ***Calculer*** Correction des 29 questions n° 6	
	Jour 3	30' **M12 *La symétrie axiale*** Entrainement Mission 2	p. 137
		30' **Nombres** Révisions	p. 12 à 56
	Jour 4	30' **M12 *La symétrie axiale*** Synthèse, retour sur la situation de référence	p. 293
		30' ***Apprendre à chercher*** Rebrassage, problèmes atypiques	p. 239, 245, 251, 257, 258 à 261

CM1

Semaine 4	Jour 1	30' **M15 *La proportionnalité*** Révisions	p. 170-171
		30' **M12 *La symétrie axiale*** Évaluation	
	Jour 2	45' **M7 *Les durées*** Vérification des prérequis, situation de référence	p. 78-79 p. 199
		15' ***Calculer* Jeux** Travailler sa mémoire ou autres jeux de calcul	p. 366 à 372
	Jour 3	45' **M7 *Les durées*** Mission 1	p. 201
		15' ***Calculer* Jeux** Travailler sa mémoire	p. 441 à 446
	Jour 4	30' **M7 *Les durées*** Entrainement Mission 1	p. 80
		30' ***Calculer* Entrainement dirigé** Diviser deux nombres entiers	p. 229
Semaine 5	Jour 1	45' **M7 *Les durées*** Mission 2	p. 203
		15' ***Calculer* Jeux** Travailler sa mémoire ou autres jeux de calcul	p. 366 à 372
	Jour 2	30' **M7 *Les durées*** Entrainement Mission 2	p. 81
		30' ***Calculer* Entrainement dirigé** Diviser deux nombres entiers	p. 229
	Jour 3	45' **M7 *Les durées*** Mission 3	p. 205
		15' ***Calculer* Jeux** Travailler sa mémoire ou autres jeux de calcul	p. 366 à 372
	Jour 4	30' **M7 *Les durées*** Synthèse, retour sur la situation de référence	p. 207
		30' ***Apprendre à chercher*** Rebrassage, problèmes atypiques	p. 239, 245, 251, 257, 258 à 261

CM1

Semaine	Jour	Séance	Ressources
Semaine 6	Jour 1	30' **M7 *Les durées*** Évaluation	
		30' ***Apprendre à chercher*** Rebrassage, problèmes atypiques	p. 239, 245, 251, 257 à 261
	Jour 2	45' **M13 *Les solides*** Vérification des prérequis, situation de référence	p. 144-145 p. 303
		15' ***Calculer*** Jeux de calcul	p. 366 à 372
	Jour 3	45' **M13 *Les solides*** Mission 1	p. 305
		15' ***Calculer*** Jeux de calcul	p. 366 à 372
	Jour 4	30' **M13 *Les solides*** Entrainement Mission 1	p. 146
		30' ***Calculer*** 29 questions pour relever le défi n° 7	
Semaine 7	Jour 1	45' **M13 *Les solides*** Mission 2	p. 307
		15' ***Calculer*** Correction des 29 questions n° 7	
	Jour 2	30' **M13 *Les solides*** Entrainement Mission 2	p. 147
		30' ***Apprendre à chercher*** Rebrassage, problèmes atypiques	p. 239, 245, 251, 257, 258 à 261
	Jour 3	30' **M13 *Les solides*** Synthèse, retour sur la situation de référence	p. 309
		30' **Révisions nombres** M1, M2, M3 ou M4 au choix	
	Jour 4	45' **M14 *Repérage et déplacements*** Vérification des prérequis, situation de référence	p. 156-157 p. 321
		15' ***Calculer*** **Rebrassage** sur toutes les opérations	

CM1

Semaine 8	Jour 1	45' M14 ***Repérage et déplacements*** Mission 1	p. 323
		15' ***Calculer*** **Rebrassage** sur toutes les opérations	
	Jour 2	30' M14 ***Repérage et déplacements*** Entrainement Mission 1	p. 158
		30' M13 ***Les solides*** Évaluation	
	Jour 3	45' M14 ***Repérage et déplacements*** Mission 2	p. 325
		15' ***Calculer*** **Rebrassage** sur toutes les opérations	
	Jour 4	30' M14 ***Repérage et déplacements*** Entrainement Mission 2	p. 159
		30' M14 ***Repérage et déplacements*** Synthèse, retour sur la situation de référence	p. 327

Programmation pour les enseignant-es à mi-temps

Nous souhaitons proposer une répartition « temps partagé » afin d'aiguiller les enseignant-es qui se complètent en mi-temps au service d'une même classe. Les enseignant-es à temps complet qui souhaitent découper leur semaine en deux pourraient aussi l'utiliser !

Il nous semble préférable que l'enseignant-e en charge des modules relatifs aux **Nombres** soit également en charge de ceux relatifs à la **Proportionnalité** et au **Calcul posé**. Intimement imbriqués, ces enseignements nécessitent une coordination difficilement compatible avec un partage, même si tout reste possible… Cet-te enseignant-e est également en charge des **défis calcul** et du **module 7** sur les durées pour faciliter la répartition horaire.

L'enseignant-e en charge des modules de **Géométrie** s'occupe alors de ceux relatifs aux **Grandeurs et Mesures** et de l'enseignement des stratégies de résolutions de problèmes intitulé « **Apprendre à chercher** ».

Nous choisissons donc cette répartition dans notre proposition.

Se pose alors la question du **calcul mental et en ligne**…

Plusieurs possibilités peuvent être envisagées :
- **possibilité 1 :** l'un-e peut traiter le calcul mental et l'autre le calcul en ligne : ce choix n'est pas évident mais possible, il demande une grande coordination entre les deux enseignant-es ;
- **possibilité 2 :** la prise en charge totale du calcul mental et en ligne pour l'un-e des deux enseignant-es. Ce principe remet en question le quart d'heure quotidien préconisé sur Eduscol mais reste possible, cet-te enseignant prenant alors 3 h de mathématiques par semaine et l'autre 2 h.

Progression annuelle pour les enseignant-es à mi-temps

	ENSEIGNANT 1			ENSEIGNANT 2		
	Nombres	Proportionnalité/Durées	Calcul Posé	Géométrie	Grandeurs et Mesures	Problèmes
PÉRIODE 1	**1 Les nombres entiers** **Révision** M1 Révision M2 Révision **2 Les fractions simples** **Missions 1 2**	**15 La proportionnalité** **Mission 1**	Additionner et soustraire des nombres entiers	**10 Relations et propriétés géométriques** **Missions 1 2**	**5 Longueurs, périmètres** **Missions 1 2**	Apprendre à chercher Partie-tout
PÉRIODE 2	**2 Les fractions simples** **Missions 3 4** **3 Les fractions décimales** **Missions 1 2**		Multiplier des nombres entiers	**10 Relations et propriétés géométriques** **Mission 3** **11 Les figures planes** **Missions 1 2 3**		Apprendre à chercher Partage équitable et groupement
PÉRIODE 3	**3 Les fractions décimales** **Mission 3** **4 Les nombres décimaux** **Missions 1 2**	**15 La proportionnalité** **Mission 2**	Diviser deux nombres entiers (diviseur à 1 chiffre)	**12 La symétrie axiale** **Missions 1 2**	**6 Les aires** **Missions 1 2**	Apprendre à chercher Comparaison
PÉRIODE 4	**4 Les nombres décimaux** **Mission 3** **1 Les nombres entiers** **Missions 1 2**	**15 La proportionnalité** **Mission 3**	Additionner et soustraire des nombres décimaux	**13 Les solides** **Mission 1**	**8 Les angles** **Missions 1 2**	Apprendre à chercher Transformation
PÉRIODE 5	**Rebrassage**	**7 Les durées** **Missions 1 2**	Diviser deux nombres entiers (diviseur à plusieurs chiffres)	**13 Les solides** **Mission 2** **14 Repérage et déplacements** **Missions 1 2**	**9 Contenances, volumes, masses** **Missions 1 2**	**Rebrassage**

Programmation mi-temps par période et par séance

Enseignant-e 1

		Période 1	
Semaine 1	Jour 1	30' Balade mathématique	p. 68
		30' *Test de rentrée* 29 questions pour relever le défi	
	Jour 2	15' Présentation de la méthode	
		45' **Mission Révision 1 Nombres**	p. 73
Semaine 2	Jour 1	30' Révision 1 ***Nombres*** Entrainement	p. 12-13
	Jour 2	30' ***Calculer*** **Apprentissage** Fiche 1 : Additionner, soustraire des nombres entiers (séance 1)	p. 383
Semaine 3	Jour 1	45' **Mission Révision 2 Nombres**	p. 75
		15' ***Calculer*** **Test de rentrée** Correction	
	Jour 2	30' Révision 2 **Nombres** Entrainement	p. 13-14
		30' ***Calculer*** **Apprentissage** Fiche 1 : Additionner, soustraire des nombres entiers (séance 2)	p. 383
Semaine 4	Jour 1	45' **M2 *Les fractions simples*** Vérification des prérequis, situation de référence	p. 22-23 p. 97
		15' ***Calculer*** **Jeux** Travailler sa mémoire	p. 367-368
	Jour 2	45' **M2 *Les fractions simples*** Mission 1	p. 99
		15' ***Calculer*** **Entrainement** Poser une addition et une soustraction	p. 186-187

Semaine 5	Jour 1	30' **M2 *Les fractions simples*** Entrainement Mission 1	p. 24
		30' ***Calculer*** 29 questions pour relever le défi n° 1	
	Jour 2	45' **M2 *Les fractions simples*** Mission 2	p. 101
		15' ***Calculer*** Correction des 29 questions n° 1	
Semaine 6	Jour 1	30' **M2 *Les fractions simples*** Entrainement Mission 2	p. 25
		30' ***Calculer*** **Entrainement dirigé ou étayage** Poser une addition ou une soustraction	p. 186-187
	Jour 2	45' **M15 *La proportionnalité*** Vérification des prérequis, situation de référence	p. 168-169 p. 339
		15' ***Calculer*** **Jeux** Travailler sa mémoire	p. 367-368
Semaine 7	Jour 1	60' **M2 *Les fractions simples*** Rebrassage, jeux	p. 108
	Jour 2	45' **M15 *La proportionnalité*** Mission 1	p. 341
		15' ***Calculer*** **Entrainement dirigé ou étayage** Poser une addition ou une soustraction	p. 186-187

Période 2

Semaine 1	Jour 1	60' **Jeux** des modules 2, 5 et 15 au choix	
	Jour 2	30' **M15 *La proportionnalité*** Entrainement Mission 1	p. 171
		30' ***Calculer*** **Apprentissage** Fiche 2 : Multiplier deux nombres entiers (séance 1)	p. 385

Semaine	Jour	Activité	Ressources
Semaine 2	Jour 1	45' **M2 *Les fractions simples*** Mission 3	p. 103
		15' ***Calculer*** **Jeux** de calcul	p. 366 à 372
	Jour 2	30' **M2 *Les fractions simples*** Entrainement Mission 3	p. 26
		30' ***Calculer*** **Apprentissage** Fiche 2 : Multiplier deux nombres entiers (séance 2)	p. 385
Semaine 3	Jour 1	45' **M2 *Les fractions simples*** Mission 4	p. 105
		15' ***Calculer*** **Entrainement** Savoir poser une multiplication	p. 211
	Jour 2	30' **M2 *Les fractions simples*** Entrainement Mission 4	p. 27
		30' ***Calculer*** **Entrainement** Savoir poser une multiplication	p. 211
Semaine 4	Jour 1	30' **M2 *Les fractions simples*** Synthèse, retour sur la situation de référence	p. 107
		30' ***Calculer*** **Entrainement** Savoir poser une multiplication	p. 212
	Jour 2	30' **M2 *Les fractions simples*** Évaluation	
		30' ***Calculer*** 29 questions pour relever le défi n° 2	
Semaine 5	Jour 1	45' **M2 *Les fractions décimales*** Vérification des prérequis, situation de référence	p. 34-35 p. 119
		15' ***Calculer*** Corrections des 29 questions n° 2	
	Jour 2	45' **M3 *Les fractions décimales*** Mission 1	p. 121
		15' ***Calculer*** **Jeux** de calcul	p. 366 à 372

Semaine 6	**Jour 1**	30' M3 ***Les fractions décimales*** Entrainement Mission 1	p. 36
		30' ***Calculer*** **Entrainement** Savoir poser une multiplication	p. 211-212
	Jour 2	45' M3 ***Les fractions décimales*** Mission 2	p. 123
		15' ***Calculer*** **Entrainement** Savoir poser une multiplication	p. 211-212
Semaine 7	**Jour 1**	30' M3 ***Les fractions décimales*** Entrainement Mission 2	p. 37
		30' ***Calculer*** 29 questions pour relever le défi n° 3	
	Jour 2	30' M2 ***Les fractions simples*** Régulation, rebrassage	
		30' ***Calculer*** Correction des 29 questions n° 3 et **Jeux** de calcul	p. 366 à 372

Période 3

Semaine 1	**Jour 1**	60' **Jeux** des modules des périodes 1 et 2 au choix	
	Jour 2	30' ***Calculer*** **Apprentissage** Fiche 3 : Diviser des nombres entiers (séance 1)	p. 387
		30' M3 ***Les fractions décimales*** Rebrassage missions 1 et 2	p. 36-37
Semaine 2	**Jour 1**	45' M3 ***Les fractions décimales*** Mission 3	p. 125
		15' ***Calculer*** **Jeux** de calcul	p. 366 à 372
	Jour 2	30' M3 ***Les fractions décimales*** Entrainement Mission 3	p. 39
		30' ***Calculer*** **Apprentissage** Fiche 3 : Diviser des nombres entiers (séance 2)	p. 387

Semaine	Jour	Activité	Ressources
Semaine 3	Jour 1	30' M3 ***Les fractions décimales*** Synthèse, retour sur la situation de référence	p. 127
		30' *Calculer* **Jeux** Travailler sa mémoire	p. 367-368
	Jour 2	45' M15 ***La proportionnalité*** Mission 2	p. 343
		15' *Calculer* **Entrainement** Diviser deux nombres entiers	p. 229
Semaine 4	Jour 1	30' M15 ***La proportionnalité*** Entrainement Mission 2	p. 171
		30' M3 ***Les fractions décimales*** Évaluation	
	Jour 2	30' *Calculer* 29 questions pour relever le défi n° 4	
		30' *Calculer* **Entrainement dirigé** Diviser deux nombres entiers	p. 229
Semaine 5	Jour 1	45' M4 ***Les nombres décimaux*** Vérification des prérequis, situation de référence	p. 46-47 p. 143
		15' *Calculer* Correction des 29 questions n° 4	
	Jour 2	45' M4 ***Les nombres décimaux*** Mission 1	p. 145
		15' *Calculer* **Jeux** de calcul	p. 366 à 372
Semaine 6	Jour 1	30' M4 ***Les nombres décimaux*** Entrainement Mission 1	p. 48
		30' *Calculer* **Entrainement** Diviser deux nombres entiers	p. 229
	Jour 2	45' M4 ***Les nombres décimaux*** Mission 2	p. 147
		15' *Calculer* **Jeux** de calcul	p. 366 à 372

Semaine 7	Jour 1	30' M4 ***Les nombres décimaux*** Entrainement Mission 2	p. 49
		30' ***Calculer*** 29 questions pour relever le défi n° 5	
	Jour 2	30' ***Calculer*** Correction des 29 questions n° 5, Rebrassage	
		30' **M3 *Les fractions décimales*** Régulation, rebrassage	

Période 4

Semaine 1	Jour 1	60' **Jeux** des modules des périodes 1 à 3 au choix	
	Jour 2	30' ***Calculer*** **Apprentissage** Fiche 4 : Additionner, soustraire des nombres décimaux (séance 1)	p. 389
		30' **M4 *Les nombres décimaux*** Révisions	p. 48 à 50
Semaine 2	Jour 1	45' **M4 *Les nombres décimaux*** Mission 3	p. 149
		15' ***Calculer*** **Jeux** de calcul	p. 366 à 372
	Jour 2	30' **M4 *Les nombres décimaux*** Entrainement Mission 3	p. 51
		30' ***Calculer*** **Apprentissage** Fiche 4 : Additionner, soustraire des nombres décimaux (séance 2)	p. 389
Semaine 3	Jour 1	30' **M4 *Les nombres décimaux*** Synthèse, retour sur la situation de référence	p. 151
		30' ***Calculer*** 29 questions pour relever le défi n° 6	
	Jour 2	45' **M15 *La proportionnalité*** Mission 3	p. 345
		15' ***Calculer*** Correction des 29 questions n° 6	

Semaine	Jour	Activité	Ressources
Semaine 4	Jour 1	30' **M15** ***La proportionnalité*** Entrainement Mission 3	p. 171
		30' **M4** ***Les nombres décimaux*** Évaluation	
	Jour 2	45' **M1** ***Les nombres entiers*** Vérification des prérequis, situation de référence	p. 10-11 p. 81
		15' ***Calculer*** **Entrainement** Poser une addition et une soustraction à retenues	p. 196
Semaine 5	Jour 1	30' **M4** ***Les nombres décimaux*** Régulation, rebrassage	
		30' ***Calculer*** **Entrainement** Poser une addition et une soustraction à retenues	p. 196
	Jour 2	45' **M1** ***Les nombres entiers*** Mission 1	p. 83
		15' ***Calculer*** **Entrainement** Poser une addition et une soustraction à retenues	p. 196
Semaine 6	Jour 1	30' **M1** ***Les nombres entiers*** Entrainement Mission 1	p. 14
		30' ***Calculer*** 29 questions pour relever le défi n° 7	
	Jour 2	45' **M1** ***Les nombres entiers*** Mission 2	p. 85
		15' ***Calculer*** Correction des 29 questions n° 7	
Semaine 7	Jour 1	30' **M1** ***Les nombres entiers*** Entrainement Mission 2	p. 15
		30' **M15** ***La proportionnalité*** Révisions	p. 170-171
	Jour 2	30' ***Calculer*** **Jeux** de calcul	p. 366 à 372
		30' **M1** ***Les nombres entiers*** Rebrassage	

Période 5

Semaine 1	Jour 1	60' **Jeux** des modules des périodes 1 à 4 au choix	
	Jour 2	30' **M15 *La proportionnalité*** Révisions	p. 170-171
		30' ***Calculer* Apprentissage** Fiche 5 : Diviser deux nombres entiers, diviseur à plusieurs chiffres (séance 1)	p. 391
Semaine 2	Jour 1	30' **M1 *Les nombres entiers*** Révisions	p. 14-15
		30' ***Calculer* Apprentissage** Fiche 5 : Diviser deux nombres entiers, diviseur à plusieurs chiffres (séance 2)	p. 391
	Jour 2	30' **M1 *Les nombres entiers*** Synthèse, retour sur la situation de référence	p. 87
		30' ***Calculer* Entrainement** Diviser deux nombres entiers	p. 229
Semaine 3	Jour 1	30' **M1 *Les nombres entiers*** Évaluation	
		30' **M15 *La proportionnalité*** Synthèse, retour sur la situation de référence	p. 347
	Jour 2	45' **M7 *Les durées*** Vérification des prérequis, situation de référence	p. 78-79 p. 199
		15' ***Calculer* Entrainement** Diviser deux nombres entiers	p. 229
Semaine 4	Jour 1	45' **M7 *Les durées*** Mission 1	p. 201
		15' ***Calculer* Jeux** Travailler sa mémoire	p. 366 à 372
	Jour 2	30' **M7 *Les durées*** Entrainement Mission 1	p. 80
		30' **M1 *La proportionnalité*** Évaluation	

Semaine	Jour	Activité	Ressources
Semaine 5	Jour 1	30' **M1 *Les nombres entiers*** Régulation, rebrassage	
		30' **M1 à M4** Régulation, rebrassage	
	Jour 2	45' **M7 *Les durées*** Mission 2	p. 223
		15' ***Calculer*** **Rebrassage dirigé** des compétences CM1	p. 187, 196, 211, 212, 229
Semaine 6	Jour 1	30' ***Calculer*** **Rebrassage dirigé** des compétences CM1	p. 187, 196, 211, 212, 229
		30' **M7 *Les durées*** Entrainement Mission 2	p. 81
	Jour 2	45' **M7 *Les durées*** Mission 3	p. 225
		30' **M15 *La proportionnalité*** Régulation, rebrassage	
Semaine 7	Jour 1	15' ***Calculer*** **Rebrassage** dirigé des compétences CM1	p. 187, 196, 211, 212, 229
		45' ***Calculer*** **Jeux** de calcul	p. 443 à 446
	Jour 2	30' **M7 *Les durées*** Synthèse, retour sur la situation de référence	p. 229
		30' **M1 à M4 *Les nombres*** Rebrassage	
Semaine 8	Jour 1	30' ***Calculer*** **Rebrassage** dirigé des compétences CM1	p. 187, 196, 211, 212, 229
		30' **M7 *Les durées*** Évaluation	
	Jour 2	30' **M1 à M4** Régulation, rebrassage	
		30' **M7 *Les durées*** Régulation, rebrassage	

Programmation mi-temps par période et par séance

Enseignant-e 2

		Période 1	
Semaine 1	Jour 1 p. 401	60' ***SITUATIONS DE PARTIES-TOUT*** Entrée dans la modélisation et mise en commun	Fiche 1
	Jour 2 p. 404	10' Réactivation	
		20' Trois problèmes pour comprendre	Fiche 1
		15' Correction de la fiche mission 1	
		15' Appropriation du bilan	p. 234
Semaine 2	Jour 1 p. 406	15' Exercices « À toi de créer »	p. 235
		15' Correction des exercices « À toi de créer »	p. 235
		30' Entrainement	p. 235, 238-239
	Jour 2 p. 407	60' Ateliers d'entrainement différencié Évaluation	p. 235, 237, 238-239
Semaine 3	Jour 1	15' **Géométrie** Révisions	
		45' **M5 *Longueurs, périmètres*** Vérification des prérequis, situation de référence	p. 58-59 p. 171
	Jour 2	45' **M5 *Longueurs, périmètres*** Mission 1	p. 173
		15' ***Apprendre à chercher*** Entrainement	p. 235, 238

Semaine 4	Jour 1	30' **Géométrie** Révisions	
		30' **M5 *Longueurs, périmètres*** Entrainement Mission 1	p. 60
	Jour 2	45' **M5 *Longueurs, périmètres*** Mission 2	p. 175
		15' ***Apprendre à chercher*** Entrainement ou problèmes atypiques	p. 235, 238-239
Semaine 5	Jour 1	30' **M5 *Longueurs, périmètres*** Entrainement Mission 2	p. 62
		30' **M5 *Longueurs, périmètres*** Synthèse, retour sur la situation de référence	p. 177
	Jour 2	45' **M10 *Relations et propriétés géométriques*** Vérification des prérequis, situation de référence	p. 106-107 p. 253
		15' **M5 *Longueurs, périmètres*** Jeux	p. 178
Semaine 6	Jour 1	45' **M10 *Relations et propriétés géométriques*** Mission 1	p. 255
		15' **M5 *Longueurs, périmètres*** Jeux	p. 178
	Jour 2	30' **M10 *Relations et propriétés géométriques*** Entrainement Mission 1	p. 108
		30' **M5 *Longueurs, périmètres*** Évaluation	
Semaine 7	Jour 1	45' **M10 *Relations et propriétés géométriques*** Mission 2	p. 257
		15' ***Apprendre à chercher*** Rebrassage, problèmes atypiques	p. 235, 238-239
	Jour 2	30' **M10 *Relations et propriétés géométriques*** Entrainement Mission 2	p. 110
		30' **M5 *Longueurs, périmètres*** Correction de l'évaluation et régulation	

Période 2

Semaine 1	Jour 1 p. 426	60' ***SITUATIONS DE PARTAGE ÉQUITABLE ET DE GROUPEMENT*** Entrée dans la modélisation et mise en commun	Fiche 1
Semaine 1	Jour 2 p. 428	10' Réactivation	
		20' Trois problèmes pour comprendre	Fiche 1
		15' Correction de la fiche mission 1	
		15' Appropriation du bilan	p. 240
Semaine 2	Jour 1 p. 430	15' Exercices « À toi de créer »	p. 241
		15' Correction des exercices « À toi de créer »	p. 241
		30' Entrainement	p. 241, 244-245
Semaine 2	Jour 2 p. 431	60' Ateliers d'entrainement différencié Évaluation	p. 241, 243, 244-245
Semaine 3	Jour 1	45' **M10 *Relations et propriétés géométriques*** Mission 3	p. 259
		15' ***Apprendre à chercher*** Entrainement	p. 241, 245
Semaine 3	Jour 2	30' **M10 *Relations et propriétés géométriques*** Entrainement Mission 3	p. 112
		30' **M10 *Relations et propriétés géométriques*** Synthèse, retour sur la situation de référence	p. 261

Semaine 4	Jour 1	45' **M11 *Les figures planes*** Vérification des prérequis, situation de référence	p. 120-121 p. 271
		15' ***Apprendre à chercher*** Problèmes atypiques	p. 245
	Jour 2	45' **M11 *Les figures planes*** Mission 1	p. 273
		15' ***Apprendre à chercher*** Entrainement ou problèmes atypiques	p. 241, 244-245
Semaine 5	Jour 1	30' **M11 *Les figures planes*** Entrainement Mission 1	p. 122 à 124
		30' **M10 *Relations et propriétés géométriques*** Évaluation	
	Jour 2	45' **M11 *Les figures planes*** Mission 2	p. 275
		15' **M10 *Relations et propriétés géométriques*** Jeux	p. 262
Semaine 6	Jour 1	30' **M11 *Les figures planes*** Entrainement Mission 2	p. 124
		30' **M10 *Relations et propriétés géométriques*** Correction de l'évaluation et régulation	
	Jour 2	45' **M11 *Les figures planes*** Mission 3	p. 277
		15' **M10 *Relations et propriétés géométriques*** Jeux	p. 262
Semaine 7	Jour 1	30' **M11 *Les figures planes*** Entrainement Mission 3	p. 125
		30' **M11 *Les figures planes*** Synthèse, retour sur la situation de référence	p. 279
	Jour 2	30' **M11 *Les figures planes*** Évaluation	
		30' **Jeux** sur les modules des périodes 1 et 2	

Période 3			
Semaine 1	Jour 1 p. 426	60' ***SITUATIONS DE COMPARAISON*** Entrée dans la modélisation et mise en commun	Fiche 1
	Jour 2 p. 428	10' Réactivation	
		20' Trois problèmes pour comprendre	Fiche 1
		15' Correction de la fiche mission 1	
		15' Appropriation du bilan	p. 246
Semaine 2	Jour 1 p. 430	15' Exercices « À toi de créer »	p. 247
		15' Correction des exercices « À toi de créer »	p. 247
		30' Entrainement	p. 247, 250-251
	Jour 2 p. 431	60' Ateliers d'entrainement différencié Évaluation	p. 247, 249, 250-251
Semaine 3	Jour 1	45' **M6 *Les aires*** Vérification des prérequis, situation de référence	p. 68-69 ; p. 185
		15' ***Apprendre à chercher*** Problèmes atypiques	p. 251
	Jour 2	45' **M6 *Les aires*** Mission 1	p. 187
		15' ***Apprendre à chercher*** Entrainement ou problèmes atypiques	p. 247, 250-251

Semaine 4	Jour 1	30' **M6 *Les aires*** Entrainement Mission 1	p. 70
		30' ***Apprendre à chercher*** Entrainement ou problèmes atypiques	p. 247, 250-251
	Jour 2	45' **M6 *Les aires*** Mission 2	p. 189
		15' **M11 *Les figures planes*** Jeux	p. 280
Semaine 5	Jour 1	30' **M6 *Les aires*** Entrainement Mission 2	p. 70
		30' **M11 *Les figures planes*** Correction de l'évaluation et régulation	
	Jour 2	30' ***Apprendre à chercher*** Entrainement ou problèmes atypiques	p. 247, 250-251
		30' **M6 *Les aires*** Synthèse, retour sur la situation de référence	p. 191
Semaine 6	Jour 1	45' **M12 *La symétrie axiale*** Vérification des prérequis, situation de référence	p. 134-135 p. 287
		15' **M6 *Les aires*** Jeux	p. 192
	Jour 2	45' **M12 *La symétrie axiale*** Mission 1	p. 289
		15' ***Apprendre à chercher*** Entrainement ou problèmes atypiques	p. 247, 250-251
Semaine 7	Jour 1	30' **M12 *La symétrie axiale*** Entrainement Mission 1	p. 136
		30' **M6 *Les aires*** Évaluation	
	Jour 2	45' **M12 *La symétrie axiale*** Mission 2	p. 291
		15' **M6 *Les aires*** Jeux	p. 192

Période 4

Semaine 1	Jour 1 (p. 438)	60' ***SITUATIONS DE TRANSFORMATION*** Entrée dans la modélisation et mise en commun	Fiche 1
Semaine 1	Jour 2 (p. 441)	10' Réactivation	
Semaine 1	Jour 2 (p. 441)	20' Trois problèmes pour comprendre	Fiche 1
Semaine 1	Jour 2 (p. 441)	15' Correction de la fiche mission 1	
Semaine 1	Jour 2 (p. 441)	15' Appropriation du bilan	p. 252
Semaine 2	Jour 1 (p. 443)	15' Exercices « À toi de créer »	p. 253
Semaine 2	Jour 1 (p. 443)	15' Correction des exercices « À toi de créer »	p. 253
Semaine 2	Jour 1 (p. 443)	30' Entrainement	p. 253, 256-257
Semaine 2	Jour 2 (p. 444)	60' Ateliers d'entrainement différencié Évaluation	p. 253, 255, 256-257
Semaine 3	Jour 1	30' **M12 *La symétrie axiale*** Entrainement Mission 2	p. 137
Semaine 3	Jour 1	30' **M6 *Les aires*** Correction de l'évaluation et régulation	
Semaine 3	Jour 2	30' ***Apprendre à chercher*** Entrainement	p. 253, 256
Semaine 3	Jour 2	30' **M12 *La symétrie axiale*** Synthèse, retour sur la situation de référence	p. 293

Semaine	Jour	Séance	Ressources
Semaine 4	Jour 1	45' **M8 *Les angles*** Vérification des prérequis, situation de référence	p. 88-89 p. 219
		15' ***Apprendre à chercher*** Problèmes atypiques	p. 257
	Jour 2	45' **M8 *Les angles*** Mission 1	p. 221
		15' ***Apprendre à chercher*** Entrainement ou problèmes atypiques	p. 253, 256-257
Semaine 5	Jour 1	30' **M8 *Les angles*** Entrainement Mission 1	p. 90
		30' **M12 *La symétrie axiale*** Évaluation	
	Jour 2	45' **M8 *Les angles*** Mission 2	p. 223
		15' **M12 *La symétrie axiale*** Jeux	p. 294
Semaine 6	Jour 1	30' **M8 *Les angles*** Entrainement Mission 2	p. 91
		30' **M8 *Les angles*** Synthèse, retour sur la situation de référence	p. 225
	Jour 2	45' **M13 *Les solides*** Vérification des prérequis, situation de référence	p. 144-145 p. 303
		15' **M12 *La symétrie axiale*** Correction de l'évaluation	
Semaine 7	Jour 1	45' **M13 *Les solides*** Mission 1	p. 305
		15' **M8 *Les angles*** Jeux	p. 226
	Jour 2	30' **M13 *Les solides*** Entrainement Mission 1	p. 146
		30' **M8 *Les angles*** Évaluation	

Période 5

Sem. 1	Jour 1	60' ***Apprendre à chercher*** Entrainement Banque de problèmes	p. 258 à 261
	Jour 2	60' ***Apprendre à chercher*** Entrainement Banque de problèmes	p. 258 à 261
Sem. 2	Jour 1	60' ***Apprendre à chercher*** Entrainement Banque de problèmes	p. 258 à 261
	Jour 2	60' ***Apprendre à chercher*** Entrainement Banque de problèmes	p. 258 à 261
Semaine 3	Jour 1	45' **M13 *Les solides*** Mission 2	p. 307
		15' **M8 *Les angles*** Correction de l'évaluation	
	Jour 2	30' **M13 *Les solides*** Entrainement Mission 2	p. 147
		30' Jeux des modules des périodes précédentes au choix	
Semaine 4	Jour 1	30' **M13 *Les solides*** Problèmes	p. 152
		30' **M13 *Les solides*** Synthèse, retour sur la situation de référence	p. 309
	Jour 2	45' **M9 *Contenances, volumes, masses*** Vérification des prérequis, situation de référence	p. 96-97 p. 233
		15' **M13 *Les solides*** Jeux	p. 310
Semaine 5	Jour 1	45' **M9 *Contenances, volumes, masses*** Mission 1	p. 235
		15' **M13 *Les solides*** Jeux	p. 310
	Jour 2	30' **M9 *Contenances, volumes, masses*** Entrainement Mission 1	p. 98
		30' **M13 *Les solides*** Évaluation	

Semaine 6	**Jour 1**	45' **M9 *Contenances, volumes, masses*** Mission 2	p. 237
		15' **M13 *Les solides*** Jeux	p. 310
	Jour 2	30' **M9 *Contenances, volumes, masses*** Entrainement Mission 2	p. 99
		30' ***Apprendre à chercher*** Problèmes atypiques	p. 257-261
Semaine 7	**Jour 1**	30' **M9 *Contenances, volumes, masses*** Problèmes	p. 102
		30' **M9 *Contenances, volumes, masses*** Synthèse, retour sur la situation de référence	p. 239
	Jour 2	30' **M14 *Repérage et déplacements*** Vérification des prérequis, situation de référence	p. 156-157 p. 321
		30' **M14 *Repérage et déplacements*** Mission 1	p. 323
Semaine 8	**Jour 1**	30' **M14 *Repérage et déplacements*** Entrainement Mission 1	p. 158
		30' **M14 *Repérage et déplacements*** Mission 2	p. 325
	Jour 2	30' **M14 *Repérage et déplacements*** Entrainement Mission 2	p. 161
		30' **M14 *Repérage et déplacements*** Synthèse, retour sur la situation de référence	p. 327

Progression annuelle des apprentissages en calcul

	CALCUL MENTAL ET EN LIGNE	CALCUL POSÉ
PÉRIODE 1	• Test de rentrée (29 questions pour relever le défi) • Sens de l'addition et de la soustraction • Ajouter 10, 100, 1 000 • Ajouter 8, 9, 11, 12 • Utiliser des stratégies pour additionner • Soustraire 10, 100, 1 000 • Soustraire 9, 11	• Additionner et soustraire deux nombres entiers
PÉRIODE 2	• Trouver le complément à la dizaine ou à la centaine supérieure • Utiliser des stratégies pour soustraire (1) • Sens de la multiplication • Connaitre les tables de multiplication • Multiplier un nombre entier par 10, 100, 1 000 • Utiliser des stratégies pour multiplier • Utiliser les décompositions multiplicatives d'un nombre	• Multiplier deux nombres entiers
PÉRIODE 3	• Sens de la division • Reconnaitre combien de fois un nombre est contenu dans un autre • Utiliser la division euclidienne • Calculer des quotients simples avec reste • Rebrassage/Régulation • Trouver des multiples d'un nombre • Connaitre les multiples de 25 et 50	• Diviser deux nombres entiers (diviseur à 1 chiffre)
PÉRIODE 4	• Calculer la somme de deux fractions ayant le même dénominateur • Ajouter un nombre entier et un nombre décimal • Trouver le complément d'un nombre décimal au nombre entier supérieur • Rebrassage/Régulation • Connaitre les critères de divisibilité par 2, 5 et 10 • Calculer des doubles, des triples • Calculer des moitiés et des quarts	• Additionner et soustraire deux nombres décimaux
PÉRIODE 5	• Multiplier par 11 • Multiplier un nombre décimal par 10, 100, 1 000 • Diviser un nombre entier par 10, 100, 1 000 • Rebrassage	• Diviser avec deux nombres entiers, diviseur à plusieurs chiffres

Programmation par période et par séance du calcul mental et en ligne

		Période 1
Semaine 1	Jour 1	Jour de rentrée, pas de séance prévue
	Jour 2	Test de rentrée
	Jour 3	Correction du test
	Jour 4	**Apprentissage** Ordre de grandeur d'une addition et d'une soustraction
Semaine 2	Jour 1	**Apprentissage** (1) (idées d'organisation, voir p. 362) Le sens de l'addition et de la soustraction
	Jour 2	**Apprentissage** (suite)
	Jour 3	**Découverte du journal du nombre** (voir p. 363) Commencer avec le nombre 1 425
	Jour 4	**Découverte du compte est bon** (voir p. 364) Nombres cibles et calculs simples 101 avec 50, 2 et 1 19 avec 10, 6, 4 et 1 *101 = 50 × 2 + 1* *19 = 10 + 6 + 4 − 1*
Semaine 3	Jour 1	**Apprentissage** (fiche-type p. 362) calcul mental Ajouter 10, 100, 1 000 1 934 + 100
	Jour 2	**Entraine-toi ! (1)** p. 179
	Jour 3	**Entraine-toi** ! (2) p. 179
	Jour 4	**Le compte est bon +/–** 35 avec 50, 5, 10, 7 98 avec 75, 7, 1, 4, 25 et 10 *50 – 5 – 10 et 75 + 25 – 10 + 7 + 1* *ou 75 + 25 – (10 – 7 – 1)*

Semaine 4	Jour 1	**Apprentissage** (fiche-type p. 362) calcul mental Ajouter 8, 9, 11, 12, … 1 087 + 9 789 + 12
	Jour 2	**Entraine-toi ! (1)** p. 179
	Jour 3	**Entraine-toi ! (2)** p. 179
	Jour 4	**Problèmes*** p. 179
Semaine 5	Jour 1	**Apprentissage** (fiche-type p. 362) calcul en ligne Utiliser des stratégies pour additionner 65 + 28 43 + 15 + 27
	Jour 2	**Entraine-toi ! (1)** p. 184
	Jour 3	**Entraine-toi ! (2)** p. 184
	Jour 4	**Le journal du nombre** 2 500
Semaine 6	Jour 1	**Apprentissage** (fiche-type p. 362) calcul mental Soustraire 10, 100, 1 000 628 – 10 5 042 – 100
	Jour 2	**Entraine-toi ! (1)** p. 180
	Jour 3	**Entraine-toi ! (2)** p. 180
	Jour 4	**Le compte est bon +/–** 890 avec 500, 100, 250, 500, 10 909 avec 500, 100, 9, 250, 250 *890 = 500 + 500 – 100 – 10* *890 = 500 + 500 – (100 + 10)* *909 = 500 + 250 + 250 – 100 + 9* *909 = 500 + 250 + 250 – (100 – 9)*
Semaine 7	Jour 1	**Apprentissage** (fiche-type p. 362) calcul mental Soustraire 9, 11, … 2 784 – 9 2 784 – 11
	Jour 2	**Entraine-toi !** p.180
	Jour 3	**Problèmes** p. 180
	Jour 4	**Maintenant, va plus loin !** p. 181

* Utilise tes connaissances dans des problèmes

Période 2

Semaine 1	Jour 1	**Apprentissage** (fiche-type p. 362) calcul mental Trouver le complément à la dizaine, à la centaine supérieure 4 259 pour aller à 4 300
	Jour 2	**Entraine-toi ! (1)** p. 181
	Jour 3	**Entraine-toi ! (2)** p. 181
	Jour 4	**Problèmes** p. 181
Semaine 2	Jour 1	**Apprentissage** calcul en ligne Utiliser des stratégies pour soustraire (1) 176 – 45 204 – 23
	Jour 2	**Entraine-toi !** p. 184
	Jour 3	**Problèmes** p. 185
	Jour 4	**Maintenant, va plus loin !** p. 185
Semaine 3	Jour 1	**Apprentissage** (1) Le sens de la multiplication
	Jour 2	**Apprentissage** (suite)
	Jour 3	**Le journal du nombre** 3 048
	Jour 4	**Le compte est bon +/-** 553 avec 5, 2, 250, 250, 50 789 avec 500, 9, 8, 250, 50, 3 *553 = 250 + 250 + 50 + 5 – 2* *789 = 500 + 250 + 50 – 8 – 3*
Semaine 4	Jour 1	**Apprentissage** calcul mental Connaitre les tables de multiplication Utiliser la table de Pythagore
	Jour 2	**Entraine-toi !** p. 197
	Jour 3	**Problèmes** p. 198
	Jour 4	**Maintenant, va plus loin !** p. 198

* Utilise tes connaissances dans des problèmes

Semaine 5	Jour 1	**Apprentissage** calcul mental Multiplier un nombre entier par 10, 100, 1000 49 × 100 et 6 003 × 10
	Jour 2	**Entraine-toi !** p. 201
	Jour 3	**Problèmes** p. 201
	Jour 4	**Maintenant, va plus loin !** p. 201
Semaine 6	Jour 1	**Apprentissage** calcul en ligne Utiliser des stratégies pour multiplier 74 × 5 et 2 × 56 × 5
	Jour 2	**Entraine-toi !** p. 208
	Jour 3	**Problèmes** p. 208
	Jour 4	**Maintenant, va plus loin !** p. 209
Semaine 7	Jour 1	**Apprentissage** calcul en ligne Utiliser les décompositions multiplicatives d'un nombre 25 × 24 et 16 × 125
	Jour 2	**Entraine-toi !** p.209
	Jour 3	**Problèmes** p. 209
	Jour 4	**Maintenant, va plus loin !** p. 209

* Utilise tes connaissances dans des problèmes

Période 3

Semaine 1	Jour 1	**Apprentissage** (1) Le sens de la division
	Jour 2	**Apprentissage** (suite)
	Jour 3	**Journal du nombre** $\frac{8}{3}$
	Jour 4	**La compte est bon +/−/×** 218 avec 10, 25, 3, 8, 7 291 avec 25, 3, 9, 4, 10 *218 = 3 × 7 × 10 + 8* *291 = 25 × 4 × 3 − 9*
Semaine 2	Jour 1	**Apprentissage** calcul mental Reconnaitre combien de fois un nombre est contenu dans un autre Dans 42, combien de fois 6 ? et Dans 45, combien de fois 6 ?
	Jour 2	**Entraine-toi !** p. 203
	Jour 3	**Problèmes** p. 203
	Jour 4	**Maintenant, va plus loin !** p. 203-204
Semaine 3	Jour 1	**Apprentissage** calcul en ligne Utiliser la division euclidienne 29 par 4 et 133 par 5
	Jour 2	**Entraine-toi !** p. 226
	Jour 3	**Problèmes** p. 226
	Jour 4	**Maintenant, va plus loin !** p. 226-227

Semaine 4	Jour 1	**Apprentissage** calcul mental Calculer des quotients simples avec reste 38 : 6 et 49 : 8
	Jour 2	**Entraine-toi !** p. 220
	Jour 3	**Problèmes** p. 221
	Jour 4	**Maintenant, va plus loin !** p. 221
Semaine 5	Jour 1	**Journal du nombre** $\frac{24}{5}$
	Jour 2	**Le compte est bon +/×** 86 avec 9, 5, 6, 8, 4, 2 101 avec 6, 1, 3, 7, 7, 8 *6 × 8 + 4 × 5 + 9 × 2 et 3 × 1 + 6 × 7 + 8 × 7*
	Jour 3 Jour 4	Rebrassage/Régulation Organisation laissée au choix de l'enseignant-e
Semaine 6	Jour 1	**Apprentissage** calcul en ligne Trouver des multiples d'un nombre Débat autour de : Comment reconnaitre les multiples de 2, 5, 10 ? Et des autres nombres ?
	Jour 2	**Entraine-toi ! (1)** p. 205
	Jour 3	**Entraine-toi ! (2)** p. 205
	Jour 4	**Maintenant, va plus loin !** p. 206
Semaine 7	Jour 1	**Apprentissage** calcul en ligne Connaitre les multiples de 25 et de 50 Lister les multiples de 25 et de 50
	Jour 2	**Entraine-toi !** p. 205
	Jour 3	**Journal du nombre** $\frac{19}{7}$
	Jour 4	**Le compte est bon +/×** 102 avec 3, 3, 4, 9, 25 118 avec 2, 2, 2, 3, 3, 25 *25 × 3 + 9 × (3 + 4) 25 × 2 × 2 + 3 × 3 × 2*

* Utilise tes connaissances dans des problèmes

Période 4

Semaine 1	Jour 1	**Apprentissage** calcul en ligne Calculer la somme de deux fractions ayant le même dénominateur $\frac{4}{10} + \frac{11}{10}$ et $\frac{12}{100} + \frac{23}{100}$
	Jour 2	**Entraine-toi (1) !** p. 193
	Jour 3	**Entraine-toi (2) !** p. 193
	Jour 4	**Le journal du nombre** $\frac{357}{100}$
Semaine 2	Jour 1	**Apprentissage** calcul mental Ajouter un nombre entier et un nombre décimal 36 + 1,8 30 + 1,8
	Jour 2	**Entraine-toi (1) !** p. 188
	Jour 3	**Entraine-toi (2) !** p. 188
	Jour 4	**Le compte est bon +/-/×** 148 avec 3, 5, 7, 10, 50 582 avec 2, 4, 8, 10, 100 *(50 × 3) + (7 + 5) – 10 (2 + 4) × 100 – (10 + 8)*
Semaine 3	Jour 1	**Apprentissage** calcul mental Trouver le complément d'un nombre décimal au nombre entier supérieur 4,3 pour aller à 5 et 4,56 pour aller à 5
	Jour 2	**Entraine-toi !** p. 188
	Jour 3	**Problèmes** p. 189
	Jour 4	**Maintenant, va plus loin !** p. 189

Semaine 4	Jour 1	**Le journal du nombre** 2,47
	Jour 2	**Le compte est bon +/−/×** 82 avec 2, 3, 5, 7, 25 403 avec 1, 3, 9, 25, 25 *(3 × 7 × 5) − (25 + 2)* *(25 + 25) × (9 − 1) + 3*
	Jour 3 Jour 4	Rebrassage/Régulation Organisation laissée au choix de l'enseignant-e
Semaine 5	Jour 1	**Apprentissage** calcul mental Connaitre les critères de divisibilité par 2, 5, 10 Quels nombres sont divisibles par 2, 5 et/ou 10 ? 24 30 75 48 280
	Jour 2	**Entraine-toi !** p. 222-223
	Jour 3	**Problèmes** p. 223
	Jour 4	**Maintenant, va plus loin !** p. 223
Semaine 6	Jour 1	**Apprentissage** calcul mental Calculer des doubles et des triples Quel est le double et le triple de 17 ? de 103 ?
	Jour 2	**Entraine-toi !** p. 199
	Jour 3	**Problèmes** p. 199
	Jour 4	**Maintenant, va plus loin !** p. 199
Semaine 7	Jour 1	**Apprentissage** calcul mental Calculer des moitiés et des quarts Quels sont la moitié et le quart de 36 ? de 120 ?
	Jour 2	**Entraine-toi !** p. 218
	Jour 3	**Problèmes** p. 219
	Jour 4	**Maintenant, va plus loin !** p. 219

* Utilise tes connaissances dans des problèmes

Période 5

Semaine 1	Jour 1	**Apprentissage** Multiplier par 11 7×11 puis 11×32
	Jour 2	**Entraine-toi !** p. 204
	Jour 3	**Problèmes*** p. 204
	Jour 4	**Maintenant va plus loin !** p. 205
Semaine 2	Jour 1	**Apprentissage** Multiplier un nombre décimal par 10, 100, 1 000 $4{,}51 \times 10$ et $78{,}9 \times 100$
	Jour 2	**Entraine-toi !** p. 213
	Jour 3	**Problèmes** p. 213
	Jour 4	**Maintenant va plus loin !** p. 214
Semaine 3	Jour 1	**Apprentissage** Diviser un nombre entier par 10, 100, 1 000 7 946 : 100 et 968 : 1 000
	Jour 2	**Entraine-toi !** p. 230
	Jour 3	**Problèmes** p. 230
	Jour 4	**Maintenant va plus loin !** p. 230-231
Semaines 4 à 8		Il s'agit d'un temps de révision de l'année d'apprentissage en calcul mental et calcul en ligne. **NB : Nous avons fait le choix de placer des semaines de rebrassage en fin de CM1 pour deux raisons : permettre un temps conséquent de révision avant le CM2 et permettre de faire un parallèle cohérent entre les programmations de Calcul et de Nombres tout au long de l'année.** L'organisation de la période est ainsi laissée au choix de l'enseignant-e qui peut utiliser différents supports : – le manuel : exercices d'entrainement, problèmes, « Maintenant, va plus loin ! » qui n'auraient pas été faits ou auraient été échoués ; – le fichier ressources : les jeux (tables, ordre de grandeurs, travail autour de la mémoire) ; – le site institutionnel : calcul@tice ; – le journal du nombre ; – le compte est bon ; – des défis calculs…

Une balade mathématique pour débuter l'année

Nous prévoyons, dans le cadre de notre programmation, dès le début de l'année scolaire, de réaliser une balade mathématique avec vos élèves.

Le principe

Initiée par Célestin Freinet, la balade mathématique vise à éveiller le regard des élèves sur les mathématiques qui sont autour d'eux et à donner du sens aux apprentissages réalisés dans cette discipline. Si nous la plaçons lors de la première période, c'est pour engager une certaine dynamique en mathématiques et amener les élèves à faire du lien entre les apprentissages en classe et la vie de tous les jours. Cette activité pourra être reproduite à d'autres moments de l'année, ou bien on profitera de déplacements tels qu'une visite au musée ou le trajet de la piscine pour prolonger cette première expérience.

Il s'agira de récolter des photos sur lesquelles figurent des éléments mathématiques de toutes natures :

- des formes et des solides : polygones, pavés, cubes, boules...
- des propriétés géométriques : parallèles, perpendiculaires...
- des nombres : décimaux, fractions, numéros, entiers...
- des grandeurs : longueurs, masses, durées, prix...
- des pourcentages
- des tableaux, des graphiques, des histogrammes...
- des données de plusieurs types, organisées : tarifs, horaires d'ouverture des magasins sur la semaine...

Pour quelles activités ?

Les photos collectées serviront de point d'appui à l'enseignant-e lorsque sera abordé une nouvelle notion afin de l'ancrer dans le réel, dans le même esprit que les situations de référence que nous proposons. Elles pourront également être utilisées dans de nombreuses activités et notamment :

- l'écriture d'énoncés de problèmes à partir des données ;
- la recherche d'informations dans un tableau (horaires de bus par exemple) ;
- la rédaction de consignes à partir d'une photo (recherche simple d'informations, de formes ou propriétés géométriques) ;
- des activités de catégorisation de photos où les élèves vont les classer selon des critères mathématiques, libres ou imposés par l'enseignant-e en fonction d'un objectif ciblé.

Quelle organisation ?

Vous pouvez d'abord faire un repérage afin de déterminer un parcours suffisamment « riche ». En ville comme à la campagne, les lieux ne manqueront pas. Lors d'une balade mathématique, les élèves avaient exprimé l'idée, à partir d'un champ de maïs, que l'agriculteur avait utilisé des maths pour calculer la surface de son champ, savoir de combien de graines il avait eu besoin, calculer ce que ça lui coutait, ce que ça lui rapportait... C'est l'occasion d'inventer alors de nombreux problèmes. Si de prime abord, on peut douter de l'intérêt de certains lieux, une fois le regard éveillé, on se rend compte que notre environnement regorge d'éléments mathématiques.
Quelques lieux possibles :
- l'école elle-même et la cour de récréation ;
- une rue commerçante ;
- un supermarché du quartier ;
- la place du village, les arrêts de bus...

On prévoira des appareils photo numériques, tablettes ou smartphone de récupération (il y en a de nombreux, oubliés dans les tiroirs des familles), 4 à 5 pour une classe. Il est important de limiter le nombre de photos permises à chaque élève afin qu'elles soient prises avec un certain discernement.

Le thème de la sortie est à adapter selon les objectifs de l'enseignant-e :
- libre pour une première sortie ;
- ciblé sur un domaine mathématique (décimaux, solides, angles...) pour un travail spécifique.

Avant la sortie, on pourra établir une liste avec les élèves de tous les éléments sur lesquels ils devront porter leur attention. On pourra lancer le débat comme suit : ***« Selon vous qu'est-ce qui est mathématique dans la vie de tous les jours ? »***. Cela permettra aussi d'échanger sur l'utilité de cet enseignement à l'école.

De retour en classe

Les photos seront collectées par l'enseignant-e. On peut organiser un échange collectif autour de ce recueil afin d'éliminer certaines photos non pertinentes et, éventuellement, engager d'ores et déjà une première activité de classement selon les domaines mathématiques.

Cette banque ainsi constituée, et qui s'étoffera tout au long de l'année, sera alors mobilisée par l'enseignant-e et les élèves afin d'offrir une entrée à la fois nouvelle, ludique, mais aussi concrète permettant de faire des mathématiques en lien avec le vécu.

À noter que le travail sur des vraies grandeurs (distances, masses, prix...) contribuera à la construction des ordres de grandeur chez les élèves et leur permettra d'avoir un regard critique sur les résultats de leurs exercices et problèmes et remettre en question, soit leur procédure, soit leur calcul.

Des ressources pour prolonger la réflexion

Le collectif « La classe Dehors » propose des pistes pour enseigner dehors et notamment des témoignages d'enseignants qui font des sorties mathématiques : https://classe-dehors.org/

Le site M@ths en-vie recense de nombreux retours d'expériences et des activités à mettre en œuvre en classe : https://mathsenvie.fr

Nos choix didactiques sur la construction du nombre

De la fraction simple aux nombres décimaux : où placer les nombres entiers ?

1. Progressivité des apprentissages dans le domaine du nombre

Après un temps court de révision des acquisitions du cycle 2, nous choisissons de débuter la partie « Nombres » par les apprentissages autour des « Fractions simples » pour finir avec l'étude des « Nombres entiers ». Pour éclairer ce choix, nous nous appuyons sur l'aspect didactique de la constitution des ensembles de nombres et leur construction historique, mais aussi sur les repères de progressivité qui préconisent une entrée dans les fractions tôt dans l'année de CM1.
On aborde souvent la notion de nombres par ce qui semble le plus évident : les nombres entiers. Nous bousculons temporairement cet ordre afin de mieux appréhender une des difficultés des élèves de cycle 3 pour qui le nombre entier n'est pas un nombre décimal...

2. Apports didactiques

- Tous les nombres que nous rencontrons, jusqu'au lycée tout au moins, se nomment les **nombres réels** (oui, oui, il y a des nombres imaginaires mais le rêve est réservé aux plus grands !). Pour être honnête, il n'en serait pas question ici, si parmi eux, l'on ne faisait pas connaissance avec l'un de ses représentants les plus mystérieux, le fameux nombre Pi (π).
- Réduisons un peu plus notre ensemble de nombres pour nous concentrer cette fois sur les nombres que l'on appelle « **les rationnels** », mot bien savant pour désigner les nombres qui peuvent s'écrire sous la forme d'une écriture fractionnaire.
Une petite pause s'impose ! Il est très fréquent, chez nos élèves, de faire l'amalgame entre nombre et écriture. C'est d'ailleurs de cet abus de langage que sont issues plusieurs erreurs. Il convient ainsi de bien distinguer « écriture fractionnaire » et « fraction », tout comme nous faisons la distinction entre « nombre décimal » et « écriture décimale ». Une écriture fractionnaire désigne un nombre écrit sous la forme $\frac{a}{b}$, a et b étant des nombres quelconques (b étant non nul), tandis qu'une fraction est une écriture fractionnaire particulière dont les nombres a et b sont des entiers (b étant non nul). Ainsi, à l'exception de Pi, tous les nombres connus au cycle 3 sont des nombres rationnels et peuvent « prendre la forme » d'une écriture fractionnaire. En début de cycle 3, la fraction est entendue comme représentant un partage et c'est ainsi qu'on l'aborde. Dans les modules dédiés, nous verrons que l'on peut tout à fait concilier cette approche et la construction future du « nombre fraction »...
- Resserrons encore les mailles du filet pour voir apparaitre maintenant des écritures fractionnaires bien connues : les **fractions décimales**, fractions dont le dénominateur est une puissance de 10 ! Vous l'aurez compris, la fraction décimale est la forme

fractionnaire d'un nombre décimal… Par conséquent, si l'on doit définir la notion de nombre décimal, ce sont les nombres qui peuvent s'écrire sous forme d'une fraction décimale. On perçoit ici toute l'importance de cette étape de la construction du nombre. D'un point de vue des ensembles de nombres, ces deux notions sont équivalentes, on parle donc (à tord ou à raison) d'ensemble des nombres décimaux qui dans la pratique représente tout autant le nombre exprimé sous sa forme de fraction décimale que sous sa forme d'écriture décimale.

- Enfin, si l'on poursuit une dernière fois notre zoom sur les nombres, viennent les **nombres entiers**. Ils sont comme de petites briques qui ont permis la construction d'ensembles qui les dépassent… Naturellement (sans mauvais jeu de mots !), on les définit comme ceux qui permettent de dénombrer (et non compter) une collection d'objets, les moutons par exemple…

Pour fixer ces inclusions successives, on représente souvent les ensembles de nombres sous la forme d'un diagramme que les mathématiciens prennent plaisir à nommer : diagramme patate !

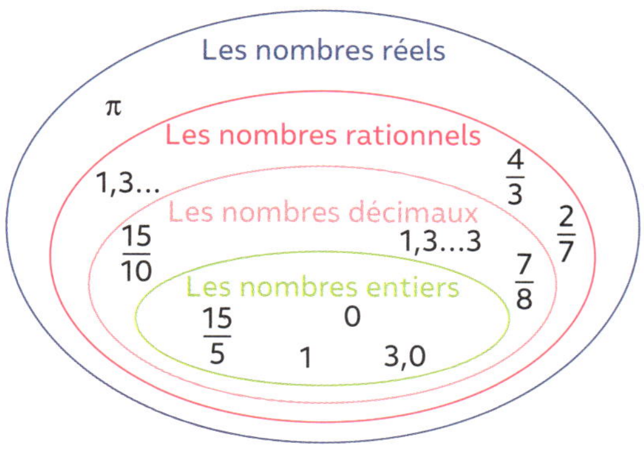

π est le nombre Pi.

- Dans la justification de nos choix de progressivité, celui des ensembles de nombres est donc le premier : **nous partons ainsi de l'ensemble le plus large, « les nombres rationnels », contenant tous les autres, pour petit à petit réduire cet ensemble « aux nombres décimaux » puis « aux nombres entiers ».**

Historiquement, les premiers nombres apparus sont bien les nombres entiers, avec pour objectif de pouvoir dénombrer. On estime à environ 20 000 ans av. J.-C. leur apparition comme en témoigne un os découvert en Tchécoslovaquie marqué d'encoches groupées en « paquets de 5 ».

Leur étude principale, ainsi que celle du système décimal, est faite aux cycles 1 et 2. Très rapidement (notons que tout est relatif puisqu'il faudra attendre l'invention de l'écriture tout de même et près de 20 000 ans !), les nombres rationnels ou fractions sont à leur tour introduits. Différentes traces de leurs écritures chez les Babyloniens ou chez les Égyptiens seront découvertes et plus tard encore, Pythagore pensera même que ces nombres peuvent régir l'Univers…

Tablette économique sumérienne : compte de chèvre et de moutons (Mésopotamie vers 2350 av. J.-C.).

Numération égyptienne à partir de 1600 av. J.-C. (temple de Karnak, Louxor, Haute Égypte).

Les fractions sont le domaine du cycle 3, de leur découverte en CM1, de leur étude sous forme de fraction partage en CM1 et CM2 et, enfin, de leur avènement comme nombre en 6e.

• Pour les nombres décimaux, disons plutôt les écritures décimales, du domaine également du cycle 3, l'avènement sera long et parsemé d'embuches (n'y voyons aucun parallèle avec le chemin suivi par nos élèves !). La forme connue de l'écriture décimale ne sera ainsi définitive que lors du XVIIe siècle après de multiples tentatives (objets d'une mission de CM1). **C'est l'Histoire avec un grand H qui détermine cette fois la progressivité des apprentissages des nombres** : entiers, rationnels, fractions décimales, écriture décimale ! On ne saurait faire l'économie de respecter cette démarche sans risquer de perdre le sens de cette construction.
Dans la méthode, nous avons donc repris cette conception du nombre de l'entier vers l'écriture décimale, avec un postulat moindre : il n'est pas nécessaire d'avoir élargi la numération entière aux grands nombres pour développer sa construction vers l'écriture décimale. Il nous a semblé en effet plus pertinent d'aborder très tôt dans l'année la découverte de la fraction (partage s'entend) en s'appuyant sur la compréhension du système décimal jusqu'aux milliers, tout à fait suffisante dans cette optique et pour la découverte du nombre décimal et de son écriture. **Ce choix est conforté par les repères de progressivité de 2016 puis 2020 qui préconisent très tôt l'introduction des fractions et des décimaux au cycle 3 et s'appuie également sur les documents d'accompagnement présents sur Eduscol.**

• Précisons également que le triptyque « Manipuler, Verbaliser, Abstraire » prend tout son sens dans la construction du nombre, jusqu'à l'écriture décimale. Nous nous attacherons tout au long de ces modules à le décliner. Dans la manipulation pour commencer, nécessaire à la découverte des fractions par exemple. Dans la verbalisation, en binôme et lors les mises en commun qui rythment chaque mission. Et dans l'abstraction qui ponctue chaque module et vient institutionnaliser les connaissances acquises.

• Deux autres choix didactiques, plus spécifiques liés aux nombres décimaux, méritent d'être précisés également. Le premier concerne le **tableau de numération** :

Classe des unités $\times 1$						**Écriture décimale**
Centaines $\times 100$	Dizaines $\times 10$	Unités $\times 1$	Dixièmes $\times \frac{1}{10}$	Centièmes $\times \frac{1}{100}$	Millièmes $\times \frac{1}{1\,000}$	
5	7	3	6	9		573,69

Ce tableau a été introduit au cycle 2 pour les nombres entiers jusqu'aux milliers. Il reprend le principe de numération décimal et s'appuie sur la décomposition canonique $573 = 5 \times 100 + 7 \times 10 + 3 \times 1$. C'est cette décomposition qui permet de compléter le tableau et de mieux appréhender un nombre.
Ainsi le tableau de numération peut et doit être adapté aux nombres décimaux en appui sur la décomposition canonique d'un nombre décimal :
$573{,}69 = 5 \times 100 + 7 \times 10 + 3 \times 1 + 6 \times \frac{1}{10} + 9 \times \frac{1}{100}$.
Nous faisons le choix de ne pas inscrire la « virgule » dans le tableau de numération mais de lui adjoindre une colonne supplémentaire contenant l'écriture décimale du nombre placé. D'une part, la « virgule » n'est en aucun cas essentielle dans le tableau pour y inscrire le nombre et/ou le comprendre, comme en témoigne sa décomposition canonique : on élargit ici aux dixièmes et centièmes comme nous élargirons plus tard aux millions et milliards. D'autre part, l'introduction de la « virgule » ou de tout autre « séparation » équivalente a pour conséquence pour beaucoup de nos élèves d'alimenter leur perception du nombre décimal comme juxtaposition de deux nombres entiers séparés par « une virgule ». Les erreurs qui en découlent seront détaillées dans le module dédié mais elles ont en grande partie justifié ce choix.

• Le second est du même ordre. **Nous tenons à distinguer « numération orale » et « numération écrite », et réservons la virgule à l'écriture décimale écrite exclusivement**. Ainsi, le nombre en écriture décimale sera bien inscrit 573,69 tandis que lors des phases orales, nous tenons à ce qu'il soit prononcé « cinq-cent-soixante-treize unités et soixante-neuf centièmes » ou même « 57 369 centièmes ». Ce choix permet de comprendre le nombre décimal dans son ensemble mais aussi de favoriser la compréhension de mécanismes de comparaison par exemple : oraliser les deux nombres 3,57 c.a.d. « trois-cent-cinquante-sept centièmes » et 3,6 c.a.d. « trente-six dixièmes ou trois-cent-soixante centièmes » permet de mieux appréhender leur comparaison, à l'inverse de « 3 virgule 57 » et « 3 virgule 6 » qui conduisent inévitablement vers la comparaison trompeuse de « 57 » et « 6 »...

MISSION RÉVISION 1

Réviser les nombres entiers

DURÉE

45 min

MATÉRIEL

- Tableau de numération
- Moutons

COMPÉTENCES

- Chercher
- Raisonner
- Communiquer

M1 • R1

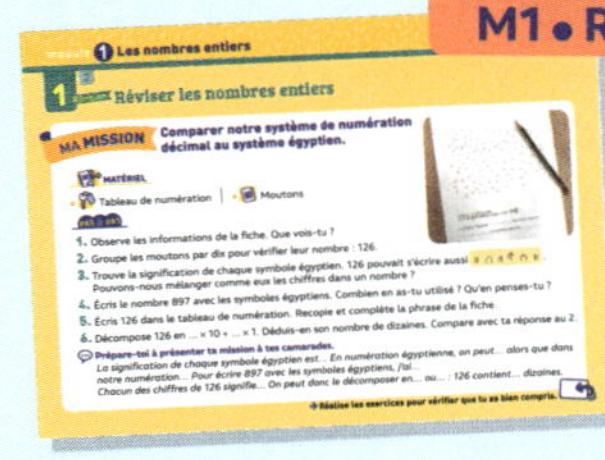

pp. 12-13

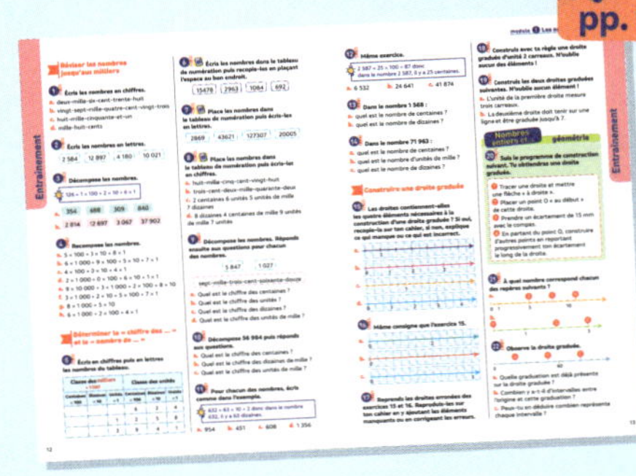

OBJECTIFS

- Mieux comprendre notre système de numération.
- Différencier le « chiffre des … » du « nombre de … ».

PRINCIPE DE LA MISSION

- Cette première mission a pour finalité le **renforcement du principe de notre système de numération décimale**, préalable à tous les apprentissages dans le domaine des nombres en CM1 et en CM2. L'angle historique permet de **comparer notre système de position à un système additif d'écriture des nombres : la numération égyptienne**. Le fonctionnement des deux systèmes permet de rappeler les propriétés du nôtre : **chaque chiffre possède une valeur différente en fonction de la position qu'il occupe**. La **différence entre « le chiffre des … » et le « nombre de … »** est aussi abordée en s'appuyant sur les décompositions, canonique et non canonique, du nombre 126.

5 min Appropriation collective

Individuellement, les élèves découvrent le matériel et la consigne de la mission sans aborder le pas à pas. Puis ils échangent sur ce qu'ils ont compris :

> *De quel matériel disposez-vous ? Que représente l'image ? Vous souvenez-vous du tableau de numération ? Que devez-vous faire ?*

L'enseignant-e conclut :

> *Lors de cette mission, vous allez vous remémorer le fonctionnement de notre système d'écriture des nombres et vous rappeler la différence entre « le chiffre des … » et « le nombre de … ».*

15 min Recherche individuelle et confrontation en binôme

D'abord, les élèves regroupent les moutons par 10. Ils obtiennent 12 groupes et 6 moutons isolés et vérifient ainsi que l'image contient bien 126 moutons.

On aborde ensuite le parallèle entre l'écriture égyptienne et la nôtre : les élèves trouvent la valeur de chaque symbole égyptien (1 groupe de 100, 2 groupes de 10 et 6 unités seules) puis, en observant que le mélange des symboles ne change pas le nombre, déduisent que : *« Dans le système égyptien, on peut mélanger les symboles, mais pas dans le nôtre. »*

Ils se remémorent ainsi le principe de position.

On demande ensuite l'écriture égyptienne de 897 pour mettre en lumière la grande quantité de symboles nécessaires. On termine par la décomposition canonique du nombre 126 permettant de nommer la valeur de chaque chiffre avec l'aide du tableau de numération puis on demande sa décomposition sous une forme non canonique : $12 \times 10 + 6 \times 1$, ce qui permet de différencier « le nombre de » dizaines (ici 12, correspondant au nombre de paquet de 10 de la question 2) du « chiffre des » dizaines de la question précédente (ici 2).

10 min Mise en commun et trace écrite provisoire

L'enseignant-e s'assure d'abord que tous les élèves ont identifié 12 groupes de 10 moutons et 6 moutons isolés. Ensuite, on fait le parallèle entre l'écriture égyptienne et la nôtre pour montrer les deux propriétés qui fondent notre système : *« Chaque chiffre possède une valeur qui dépend de sa position dans l'écriture du nombre »* et *« 10 symboles, nos chiffres connus, sont nécessaires pour écrire tous les nombres (ce qui est plus simple qu'une numération dans laquelle les symboles s'ajoutent) »*.
On rappelle ensuite la valeur de chaque chiffre en s'appuyant à la fois sur le tableau de numération et sur la décomposition canonique de 126. Enfin, en s'aidant des deux décompositions (canonique et non), on montre la différence entre les deux dénominations : *« 1 × 100 + 2 × 10 + 6 × 1 permet de donner la valeur de chaque chiffre »* tandis que *« 12 × 10 + 6 × 1 permet de déterminer le nombre de dizaines »*. On peut aussi confirmer en reformulant la décomposition canonique : *« Une centaine est équivalente à 10 dizaines, il y a donc 10 + 2 dizaines dans 126. »*

Réponses possibles

La signification de chaque symbole égyptien est : *ᘓ représente 100 (une centaine), ∩ représente 10 (une dizaine), et I représente 1 (une unité)*. En numération égyptienne, on peut *mélanger les symboles car on les additionne pour obtenir la valeur du nombre* alors que dans notre numération *on ne peut pas, la position de chaque chiffre est essentielle pour comprendre sa valeur*. Pour écrire 897 avec les symboles égyptiens, j'ai *utilisé beaucoup de symboles*. Chacun des chiffres de 126 signifie : *1 est le chiffre des centaines, 2 est le chiffre des dizaines et 6 est le chiffre des unités*. On peut donc le décomposer en *1 × 100 + 2 × 10 + 6 × 1* ou *en 12 × 10 + 6 × 1* : 126 contient *12* dizaines.

▶ Trace provisoire possible

Je retiens de la MISSION 1

- Notre numération est une numération de position, c'est-à-dire que l'ordre des chiffres dans un nombre est important. En fonction de sa position dans le nombre, chaque chiffre prend une valeur différente.
- Un nombre peut se décomposer de différentes manières.
  Ex. : 126 = 1 × 100 + 2 × 10 + 6 × 1 → Le chiffre des centaines est 1, celui des dizaines 2 et celui des unités est 6.
  Ou 126 = 12 × 10 + 6 × 1 → Dans le nombre 126, il y a 12 dizaines : le nombre de dizaines est 12.
  Ou 126 = 126 × 1 → Dans le nombre 126, il y a 126 unités : le nombre d'unités est 126.
- Le tableau de numération est un outil intéressant pour se repérer.

Classe des milliers			Classe des unités		
Centaines × 100 × 1 000	Dizaines × 10 × 1 000	Unités × 1 × 1 000	Centaines × 100	Dizaines × 10	Unités × 1
			1	2	6

15 min Exercices d'appropriation

Exercices proposés	Observations	En cas de difficultés Sélection d'exercices du manuel
Exercice 1 : dans cet exercice, on réinvestit le procédé de la mission sur un nouvel exemple.	*« L'élève est-il capable de décomposer et/ou de recomposer un nombre ? »*	**Exercices 3 - 4 p. 12**
Exercices 2-3 : dans ces exercices, on décompose un nombre de différentes façons et on différencie le « chiffre des … » et le « nombre de … » en s'appuyant sur ces décompositions et sur le tableau de numération.	*« L'élève maitrise-t-il l'outil "tableau de numération" ? »* *« L'élève est-il capable de s'appuyer sur les décompositions pour différencier le "chiffre des …" du "nombre de …" ? »*	**Exercices 5 - 6 - 7 - 8 p. 12** « Le chiffre des » : **Exercices 9 - 10 p. 12** « Le nombre de » : **Exercices 11 - 12 - 13 - 14 pp. 12-13**
Pour réviser	*« L'élève est-il capable de lire et d'écrire des nombres entiers jusqu'aux milliers ? »*	**Exercices 1 - 2 p. 12**

Aide / différenciation

Cette première mission propose un **Prépare-toi** détaillé. On peut manipuler **le matériel de numération ou un abaque** pour représenter les moutons ; cette étape peut constituer un intermédiaire dans la formalisation des notions évoquées.

MISSION RÉVISION 2

Redécouvrir la droite graduée

DURÉE

45 min

MATÉRIEL

- Pas de matériel particulier

COMPÉTENCES

- Chercher
- Raisonner
- Communiquer

M1 • R2

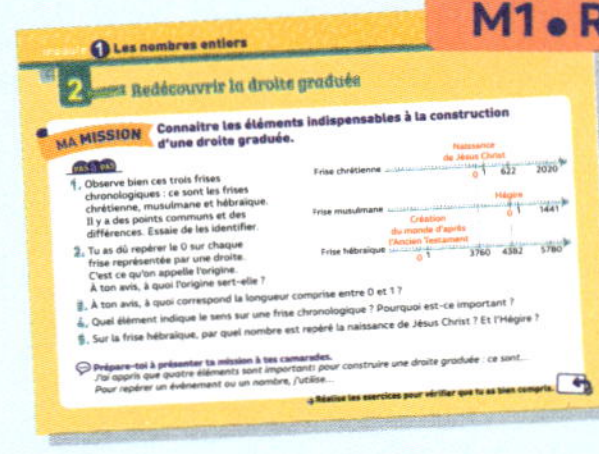

pp. 13-14

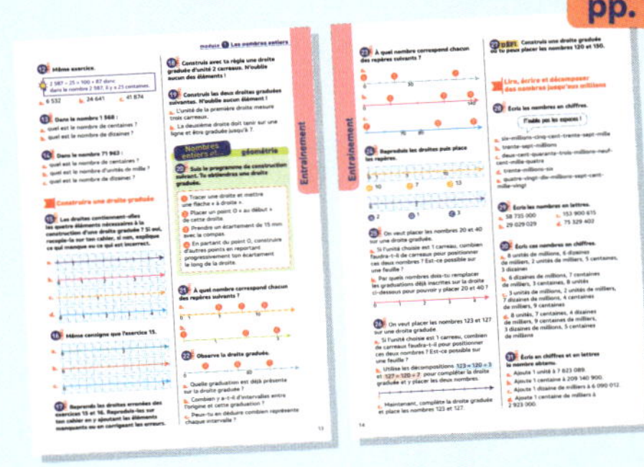

OBJECTIFS

- Connaitre les éléments indispensables à la construction d'une droite graduée.
- Lire et placer un repère sur une droite graduée.

PRINCIPE DE LA MISSION

- Une fois le principe du système décimal réactivé dans la mission précédente, **on installe la construction de la droite graduée et son fonctionnement**. Cette mission est nécessaire pour les constructions à venir du programme de cycle 3 : c'est un **prérequis de chaque étape de la construction des nombres, de la fraction au nombre décimal**. On s'appuie une fois encore sur l'aspect historique en faisant le **parallèle entre la frise chronologique**, plus familière, **et la droite graduée**. Plus précisément, on aborde ici trois frises chronologiques (chrétienne, musulmane et hébraïque) dont les origines et les unités sont différentes, ce qui permet de mesurer l'importance de ces deux éléments lorsqu'on utilisera des droites graduées pour repérer les nombres. Dans le pas à pas de la mission est abordée exclusivement l'identification des quatre éléments (droite, origine, sens, unité) tandis que dans les exercices d'appropriation, on va plus loin en abordant la lecture d'un repère et la méthode de construction d'une droite graduée.

5 min Appropriation collective

Individuellement, les élèves découvrent le matériel et la consigne de la mission sans aborder le pas à pas. Puis ils échangent sur ce qu'ils ont compris :

> *De quel matériel disposez-vous ?*
> *Que représente l'image que vous avez sous les yeux ?*
> *Que devez-vous faire ?*

L'enseignant-e conclut :

> *Lors de cette mission, vous allez découvrir ou redécouvrir la droite graduée qui va vous être utile dans tous les modules consacrés aux nombres.*

15 min Recherche individuelle et confrontation en binôme

Dans un premier temps, les élèves sont invités à observer les trois frises chronologiques qui leur sont présentées. À ce stade, on n'attend pas d'eux qu'ils soient capables d'identifier les points communs et les différences qui existent entre elles dans leur exhaustivité. Chaque élément sur lequel on attire leur attention est détaillé ensuite : le premier élément est « le zéro », qu'on appelle l'origine. On attend alors que les élèves constatent que ces trois frises ont une origine différente, chacune repérée par un évènement. De même, le repère « 1 » est présent sur chacune d'entre elles. On attend alors que les élèves établissent le parallèle avec la durée d'une année. Ensuite, on traite du sens identifié sur chaque frise par une flèche

« au bout de la droite ». Enfin, la notion de repère est introduite par la correspondance entre deux évènements indiqués sur les deux premières frises (naissance de Jésus Christ et Hégire) et leur repère sur la frise hébraïque.

10 min Mise en commun et trace écrite provisoire

On revient sur chaque élément identifié tout au long de la mission et on éclaircit leur fonction. En premier lieu est évoquée l'origine, qui permet de déterminer « à partir de » quand nous avons mesuré le temps. L'enseignant-e pourra faire remarquer que sur les différentes frises, l'origine est attachée à un évènement particulier (naissance de Jésus Christ, Hégire, « création du monde »). Cet élément demeure toutefois insuffisant car on mesure le temps avec une « unité » de durée, ici l'année et que, elle aussi est propre à chacune (par exemple, 365 jours pour l'année chrétienne, 354 jours pour l'année musulmane). On insiste alors pour que chaque élève prenne conscience de l'importance de ces deux éléments pour construire une frise. De même, on évoque le sens (d'écoulement du temps) représenté par la flèche. Une fois ces trois éléments repérés et compris pour construire une frise chronologique, on fait le parallèle avec la droite graduée mathématique : *« Pour construire une droite graduée, nous avons besoin d'une droite (le support), d'un sens (qui indique l'ordre croissant des nombres), d'une origine (le zéro qui permet d'indiquer à partir d'où on va graduer) puis d'une unité (qui permet de graduer la droite régulièrement). »* On peut alors revenir sur la dernière question de la mission et évoquer le repérage sur une droite graduée : chaque évènement (chaque point, chaque graduation) permet de repérer un nombre.

Réponses possibles

« J'ai appris que quatre éléments sont importants pour construire une droite graduée : ce sont *la droite (le support), le sens (la flèche), l'origine (le zéro) et l'unité (distance que l'on reporte pour graduer)*. Pour repérer un évènement ou un nombre, j'utilise *la graduation correspondant au nombre sur lequel il se trouve*.

▶ Trace provisoire possible

Je retiens de la MISSION 2

Une droite graduée est composée de quatre éléments indispensables :
- une droite ;
- une origine ;
- un sens marqué par une flèche ;
- une unité que l'on reporte autant de fois que nécessaire.

L'origine

15 min Exercices d'appropriation

Exercices proposés	Observations	En cas de difficultés Sélection d'exercices du manuel
Exercices 1 et 2a : dans ces exercices, on vérifie que les élèves connaissent les quatre éléments constitutifs d'une droite graduée.	*« L'élève est-il capable d'identifier les quatre éléments constitutifs d'une droite graduée ? »*	**Exercices 15 - 16 - 17 p. 13**
Exercice 2b : on vérifie que les élèves se repèrent sur une droite graduée.	*« L'élève est-il capable de lire ou de placer un repère sur une droite graduée ? »*	Lire : **Exercices 21 - 22 - 23 pp. 13-14** Placer : **Exercices 24 - 25 - 26 p. 14**
Exercice 3 : dans cet exercice, on découvre sous la forme d'un programme de construction la méthode pour construire une droite graduée d'unité donnée.	*« L'élève est-il capable de construire une droite graduée ? »*	**Exercices 18 - 19 - 20 p. 13**

Aide / différenciation

Le vocabulaire utilisé ici peut constituer un obstacle. Les élèves pourront être guidés dans leurs recherches vers les **« indices » laissés sur les frises**. Dans les exercices d'appropriation, on pourra aussi dans un premier temps continuer à **établir le parallèle avec la frise chronologique**.

Fiche-outil MISSION RÉVISION 1 Tableau de numération

Classe des milliers			Classe des unités		
Centaines ×100 000	Dizaines ×10 000	Unités ×1 000	Centaines ×100	Dizaines ×10	Unités ×1

Classe des milliers			Classe des unités		
Centaines ×100 000	Dizaines ×10 000	Unités ×1 000	Centaines ×100	Dizaines ×10	Unités ×1

Classe des milliers			Classe des unités		
Centaines ×100 000	Dizaines ×10 000	Unités ×1 000	Centaines ×100	Dizaines ×10	Unités ×1

Classe des milliers			Classe des unités		
Centaines ×100 000	Dizaines ×10 000	Unités ×1 000	Centaines ×100	Dizaines ×10	Unités ×1

Fiche MISSION RÉVISION 1 Moutons

Pour nous, il y a 126 moutons.
Pour les égyptiens d'Égypte antique, il y en a 𓍢∩∩||||||

Le symbole 𓍢 représente . . . . , le symbole ∩ représente . . . . , et le symbole | représente . . . .

module **1**

Les nombres entiers

Progression des apprentissages dans le module

SÉANCE 1	• Rebrassage
SÉANCE 2	• Vérification des prérequis • Situation de référence « Les maths en vie »
SÉANCE 3	• MISSION 1 Lire, écrire et décomposer les nombres jusqu'aux millions
SÉANCE 4	• Entrainement mission 1
SÉANCE 5	• MISSION 2 Comparer, ranger, encadrer les nombres jusqu'aux millions
SÉANCE 6	• Entrainement mission 2
SÉANCE 7	• Synthèse • Retour sur la situation de référence
SÉANCE 8	• Évaluation sommative

CM2

• En CM2, voici les deux missions qui seront travaillées en continuité de celles réalisées en CM1. Si vous le souhaitez, ou si une programmation de cycle le prévoit, vous pouvez donc aller plus loin et les proposer à vos élèves. Se référer alors au site compagnon sur lequel vous trouverez leur descriptif.

MISSION 3

Lire, écrire et décomposer des nombres jusqu'aux milliards

MISSION 4

Comparer, ranger, encadrer les nombres jusqu'aux milliards

Compétences LSU et BO

Utiliser et représenter les grands nombres entiers, des fractions simples, les nombres décimaux.

• Connaitre les unités de la numération décimale pour les nombres entiers (unités simples, dizaines, centaines, milliers, millions, milliards) et les relations qui les lient.

• Composer, décomposer les grands nombres entiers, en utilisant des regroupements par milliers.

• Comprendre et appliquer les règles de la numération décimale de position aux grands nombres entiers (jusqu'à 12 chiffres).

• Comparer, ranger, encadrer des grands nombres entiers, les repérer et les placer sur une demi-droite graduée adaptée.

Lexique

- **Million :** groupement d'un million d'unités ou de dix centaines de milliers ou de cent dizaines de milliers ou de mille milliers. 1 million = 1 000 000 unités ; 1 million = 10 × 100 000 = 100 × 10 000.
- **Décomposer un nombre entier :** c'est l'écrire en montrant les différentes unités qu'il contient. Il y a plusieurs décompositions possibles, en voici quelques-unes : 2 436
= 2 000 + 400 + 30 + 6
= (2 × 1 000) + (4 × 100) + (3 × 10) + (1 × 6)
= (2 × 1 000) + (4 × 100) + 36
= (2 × 1 000) + 436
= (24 × 100) + 36 = (243 × 10) + 6
= (24 × 100) + (3 × 10) + (1 × 6)…
- **Comparer deux nombres :** chercher quel est le plus petit et quel est le plus grand.

Le symbole < signifie « est plus petit que » ou « est inférieur à ». Le symbole > signifie « est plus grand que » ou « est supérieur à ».

- **Ranger des nombres :**
– dans l'ordre croissant : les écrire du plus petit au plus grand ;
– dans l'ordre décroissant : les écrire du plus petit au plus grand.
- **Graduer** une droite avec des nombres entiers, c'est **placer** ces nombres sur la ligne graduée en respectant la valeur du pas choisi.
- **Encadrer un nombre :** le placer entre deux nombres entiers, l'un plus petit que lui, l'autre plus grand. On peut encadrer un nombre de plusieurs manières différentes selon le type d'encadrement demandé.

Apports didactiques

- Au cycle 2, les élèves ont construit l'essentiel de leurs connaissances sur les nombres entiers : principes de la numération décimale, régularités de la suite écrite, comparaison des nombres, lecture et écriture. Au cycle 3, ces connaissances doivent être entretenues et étendues à des nombres plus grands (au-delà du million). L'étude des grands nombres permet d'enrichir la compréhension de notre système de numération (numération orale et numération écrite) et de mobiliser ses propriétés lors de calculs.
- La compréhension des systèmes de désignation écrite (chiffrée) et orale des nombres entiers naturels ainsi que les relations qui les lient sont les objectifs principaux. Ceci conditionne en effet à la fois l'interprétation que les élèves peuvent faire de l'écriture d'un nombre (combien de paquets de 100 jetons peut-on faire avec 3 846 jetons ?), ainsi que la compréhension des techniques de calcul posé des différentes opérations et celle des écritures à virgule de nombres décimaux.
- L'utilisation de matériels divers (paquets de 10, 100, 1 000, compteurs, dizaines, centaines, milliers matérialisés pour illustrer…) peut être encore nécessaire à certains élèves pour étudier la numération et comprendre les mécanismes en jeu dans la production des suites régulières des nombres.
- La valeur des chiffres ou de groupes de chiffres en fonction de leur position est à mettre en relation avec le calcul par le biais des décompositions du type : 3 846 = (3 × 1 000) + (8 × 100) + (4 × 10) + 6 ou 3 846 = (38 × 100) + 46.
- Dans un second temps, l'essentiel du travail doit être consacré à l'explicitation de la procédure utilisée pour comparer les grands nombres. Des activités sont proposées aux élèves pour leur permettre de prendre conscience de la procédure et de l'expliciter, en s'attachant à sa compréhension.

Difficultés rencontrées par les élèves

1 Désignation orale des nombres ou lecture des nombres : une pratique régulière est nécessaire pour surmonter les difficultés classiques du type : cinq-mille écrit 51000 ou quatre-mille-huit écrit 40008.

2 Écriture des nombres en chiffres : les erreurs apparaissent lorsque le nombre comporte des zéros intermédiaires, qu'il ne faut pas oublier. Ex. : 260 030.

3 Distinction entre « chiffre de… » et « nombre de… ». Elle doit être utilisée en faisant référence soit à la valeur du chiffre dans l'écriture soit à des formulations exprimant « combien il y a de centaines dans… » ou « combien de fois 100 dans… ».

AUTOÉVALUATION, SITUATION DE RÉFÉRENCE

DURÉE

45 min

MATÉRIEL

- Pas de matériel particulier

COMPÉTENCES

- Chercher
- Raisonner
- Représenter
- Communiquer

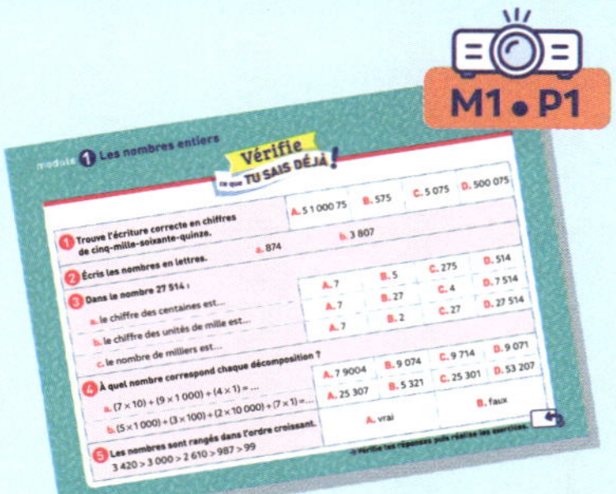

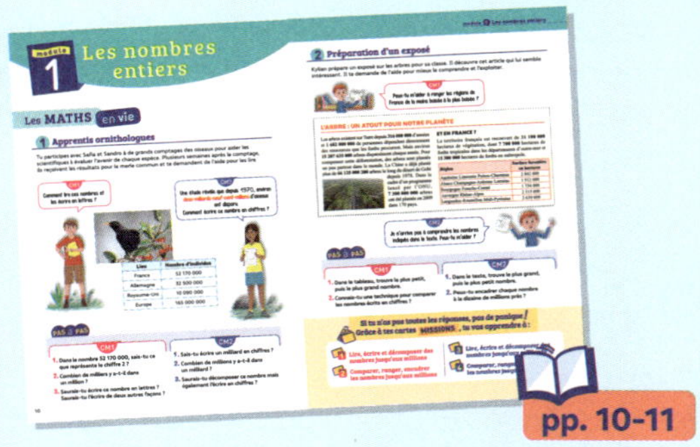

Autoévaluation

10 min Autoévaluation formative, autocorrection

Exercices 1 et 2 : passer de l'écriture en chiffres à l'écriture en lettres et inversement.
Exercice 3 : connaitre la signification de chaque chiffre dans un nombre, distinguer « nombre de… » et « chiffre des… ».
Exercice 4 : écrire le nombre correspondant à une décomposition.
Exercice 5 : comparer et ranger des nombres.

10 min Remédiation ou Défi

Exercices 1 et/ou 2 : mettre cette lecture en relation avec le tableau des nombres et/ou le matériel de la classe. Revenir sur la signification des chiffres en fonction de leur position. Insister sur l'importance des espaces qui marque les différentes classes et sur les zéros intercalés qu'il ne faut pas oublier.
Exercices 3 et/ou 4 : revoir les nombres avec différents points de vue : écriture, décomposition, valeur des chiffres.
Exercice 5 : revenir sur la notion de comparaison des nombres. Faire expliciter et justifier les procédures. Rappeler l'utilisation des symboles comme moyen d'expression pour rendre compte de la comparaison.
Défi : on demande de trouver le plus possible de nombres différents de 4 chiffres que l'on peut écrire avec les chiffres 4, 8, 6 et 5. Mutualiser les réponses et les stratégies utilisées. Les élèves peuvent échanger des arguments à propos de la validité de ces solutions et des erreurs identifiées.

Situations de référence

Organisation

Deux situations sont proposées dans le manuel CM1-CM2 ; elles sont communes au CM1 et au CM2. Vous pouvez ainsi vous organiser avec les autres enseignants qui utilisent la méthode : une année, tous les élèves de CM1 et CM2 font la situation 1 par exemple, l'année d'après, tous les élèves font la situation 2. Ainsi, les élèves feront deux situations de référence différentes s'ils ont la même méthode deux années de suite.

1 Apprentis ornithologues

5 min Appropriation collective de la situation

« De quoi parle-t-on ? Qu'allons-nous chercher ?

Il faut aider l'apprenti ornithologue à lire les nombres inscrits dans le tableau pour connaitre le nombre de merles dénombrés dans chaque pays, puis écrire ces nombres en lettres.

10 min Recherche PAS à PAS

Dans le pas à pas, les élèves s'interrogent sur les différentes désignations possibles des nombres et les relations qui les lient.
Ils tentent de lire les nombres supérieurs au million et d'en donner leur traduction littérale.
Ils s'appuient sur leurs connaissances des nombres entiers : principes de la numération décimale, régularités de la suite écrite.
Ils cherchent à trouver la signification de la valeur des chiffres au-delà des milliers pour pouvoir interpréter et décomposer les nombres.
Cette étape fait apparaitre la nécessité d'enrichir la compréhension de notre système de numération (orale et écrite) et d'étendre les connaissances à des nombres plus grands que les milliers.

10 min Analyse collective et explicitation des apprentissages à venir

L'enseignant-e revient sur les stratégies utilisées par les élèves pour lire et écrire en lettres les nombres. Certains auront probablement réussi à le faire : la lecture des nombres devient simple au-delà de cent, car systématique. Cependant, l'introduction de cette nouvelle unité, le million, nécessite de comprendre que 1 million, c'est 1 000 milliers.
Pour lire et écrire des grands nombres, les élèves vont être amenés à étudier et à comprendre les règles de la numération, à s'interroger sur les différentes désignations possibles des nombres et les relations qui les lient.

2 Préparation d'exposé

L'activité amènera les élèves à s'interroger sur les stratégies pour comparer, ranger et encadrer les grands nombres.
Elle fera apparaitre que les procédures déjà connues jusqu'aux milliers peuvent être étendues à des nombres plus grands.
Pour donner du sens à cette étude, on peut recenser à l'oral et collectivement dans quelles situations de la vie courante on parle ou on utilise les grands nombres : dans le domaine de l'astronomie (distance des planètes par rapport au soleil), la finance, la géographie (nombre d'habitants, superficie), l'économie (le tourisme), l'histoire (l'apparition des premiers êtres vivants)…

Aide / différenciation

Après une phase d'appropriation de la situation, les élèves peuvent d'abord trouver le plus petit et le plus grand nombre. Certains auront probablement réussi à ranger les nombres dans l'ordre croissant, ils pourront expliciter leurs stratégies.

MISSION 1

Lire, écrire et décomposer les nombres jusqu'aux millions

DURÉE

45 min

MATÉRIEL

- Matériel de la classe en base 10
- Tableau de numération

COMPÉTENCES

- Chercher
- Représenter
- Raisonner
- Communiquer

M1 • M1

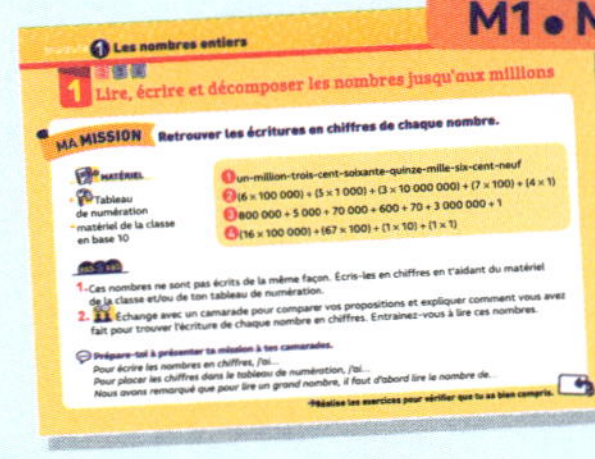

pp. 14-15

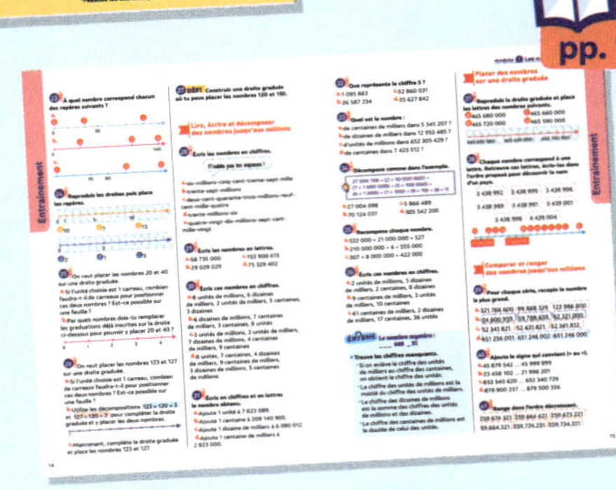

OBJECTIFS

Retrouver les écritures en chiffres de chaque nombre à partir d'une décomposition ou d'une écriture littérale.

- Désigner les nombres par une écriture chiffrée.
- Connaitre le principe de la numération jusqu'aux millions.
- Savoir écrire, nommer et décomposer les nombres jusqu'à un million et plus.

PRINCIPE DE LA MISSION

- Jusqu'à présent, les élèves ont utilisé les nombres entiers jusqu'aux milliers. Cependant, le million ne leur est pas inconnu, au moins oralement. Il s'agit donc de donner du contenu à ce mot et d'en faire comprendre la signification. Dans cette mission, les élèves s'interrogeront pour **comprendre le fonctionnement de la numération au-delà des milliers et connaitre plusieurs caractérisations du million**. Ils apprendront à désigner de différentes façons les nombres jusqu'à un million et plus.

5 min Appropriation collective

Individuellement, les élèves découvrent la consigne de la mission sans aborder le pas à pas. Puis ils échangent sur ce qu'ils ont compris de la mission :

« Que devez-vous faire ? De quel matériel disposez-vous ?

L'enseignant-e conclut :

« Les nombres ne sont pas écrits de la même manière, vous allez les retrouver et les écrire tous en chiffres. Vous disposez du matériel de la classe si vous le souhaitez.

15 min Recherche individuelle et confrontation en binôme

Dans un premier temps, les élèves vont lire les différentes écritures des nombres donnés et en proposer une écriture chiffrée. Ils pourront s'appuyer sur leurs connaissances des nombres entiers (principes de la numération décimale, régularités de la suite écrite pour comprendre les différentes écritures) et compléter leur tableau de numération avec la classe des millions. Pour certains élèves, il sera nécessaire de disposer du matériel pour visualiser et prendre conscience des relations qui existent entre les différentes désignations. Ils vont chercher à trouver la signification de la valeur des chiffres au-delà des milliers pour pouvoir interpréter les différentes désignations et écrire ces nombres en chiffres.

15 min Mise en commun et trace écrite provisoire

Lors de la mise en commun, les élèves verbalisent leurs stratégies pour comprendre et désigner les nombres par une écriture chiffrée. Les réponses sont vérifiées et validées par la manipulation du matériel et l'utilisation du tableau de numération qui est complété par la classe des millions.

L'enseignant-e veillera à faire expliciter les différentes désignations et amènera les élèves à réfléchir sur la valeur des chiffres.
Le nombre 1 est écrit en lettres. On s'appuie sur les mots repères que l'on entend : million, mille.
Les nombres 2 et 3 proposent deux décompositions, l'une indique la valeur positionnelle des chiffres, l'autre donne sa correspondance en nombre.
Le nombre 4 propose aussi une décomposition mais qui est plus complexe à comprendre car elle utilise des regroupements. L'échange permettra d'aller plus loin dans la réflexion et de construire les connaissances des unités de numération jusqu'aux millions.

Réponses possibles

« Pour écrire les nombres en chiffres, nous avons *complété notre tableau de numération en ajoutant la classe des millions*. Pour y placer les chiffres, nous avons compris qu'*un million s'écrit 1 000 000* et que comme pour les autres classes, on continue les *groupements par 10*. Il est important de *regrouper les chiffres par trois* avec un espace qui marque les différentes classes et il ne faut pas oublier les zéros intercalés. Nous avons remarqué que pour lire un grand nombre, il faut *d'abord annoncer le nombre de millions, puis le nombre de milliers et enfin le nombre d'unités simples*.

▶ Trace provisoire possible

Je retiens de la MISSION 1

- Un million s'écrit en chiffres : 1 000 000.
  C'est mille milliers ou 1 000 × 1 000,
  c'est aussi 10 fois « cent mille » ou 10 × 100 000…
- Comme pour les autres classes, on continue les groupements par 10 pour la classe des millions.
- On peut s'aider du tableau de numération étendu à la classe des millions.
- Pour lire un grand nombre, il faut d'abord annoncer le nombre de millions, puis le nombre de milliers et enfin le nombre d'unités simples.
- Pour écrire un grand nombre, il faut regrouper les chiffres par trois en commençant par les unités simples avec un espace entre chaque classe. Attention, il ne faut pas oublier les zéros intercalés.
- Pour comprendre un grand nombre, il y a plusieurs décompositions possibles :
  1 375 609 = 1 × 1 000 000 + 3 × 100 000 + 7 × 10 000 + 5 × 1 000 + 6 × 100 + 9 ;
  ou 1 000 000 + 300 000 + 70 000 + 5 000 + 600 + 9
  ou (1 375 × 1 000) + 609 ;
  ou 1 unité de million + 3 centaines de milliers + 7 dizaines de milliers + 5 unités de milliers + 6 centaines + 9 unités.

10 min Exercices d'appropriation

Exercices proposés	Observations	En cas de difficultés Sélection d'exercices du manuel
Exercice 1 : cet exercice permet de vérifier si les élèves savent lire et désigner oralement des grands nombres. La lecture des grands nombres revêt un aspect systématique, fondé sur un découpage et l'utilisation de mots clés : mille, millions.	*« L'élève est-il à l'aise avec la lecture des grands nombres ? »*	Revenir avec l'élève sur la signification des espaces et la désignation orale des classes. Manipuler et placer deux étiquettes avec les mots mille et million(s).
Exercice 2 : on vérifie si l'élève sait passer de l'écriture en chiffres à l'écriture en lettres et inversement.	*« L'élève est-il capable d'écrire les grands nombres en chiffres ou en lettres ? »*	Exercices 29 - 30 p. 14
Exercice 3 : cet exercice permet de vérifier si les élèves ont compris la place des chiffres dans le nombre et s'ils donnent de l'importance aux espaces qui marquent les différentes classes pour faciliter la lecture des nombres en chiffres.	*« L'élève a-t-il compris le principe de notre système de numération ? »*	Exercices 28 - 36 p. 14
Exercice 4 : on vérifie la maitrise des relations qui lient les unités de numération.	*« L'élève a-t-il pris conscience des relations qui existent entre les différentes désignations ? »*	Exercices 32 - 33 p. 15
Exercice 5 : on vérifie si l'élève sait décomposer un nombre selon un exemple donné.	*« L'élève a-t-il compris les différentes décompositions possibles d'un nombre ? »*	Exercices 34 - 35 p. 15

Aide / différenciation

Pour certains élèves, il sera nécessaire de **disposer du matériel et du tableau** de numération pour visualiser et prendre conscience des relations qui existent entre les différentes désignations. Ils pourront assimiler la signification de la valeur des chiffres au-delà des milliers et ainsi pouvoir lire, écrire et décomposer les grands nombres.

MISSION 2

Comparer, ranger, encadrer les nombres jusqu'aux millions

DURÉE

45 min

MATÉRIEL

- Étiquettes nombres et droite graduée

COMPÉTENCES

- Raisonner
- Représenter
- Communiquer

M1 • M2

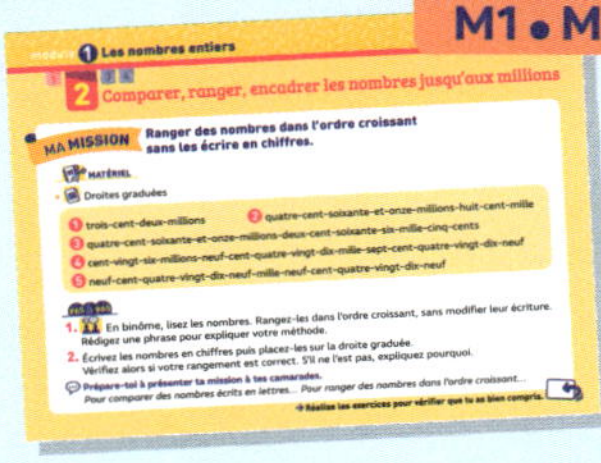

pp. 15-16

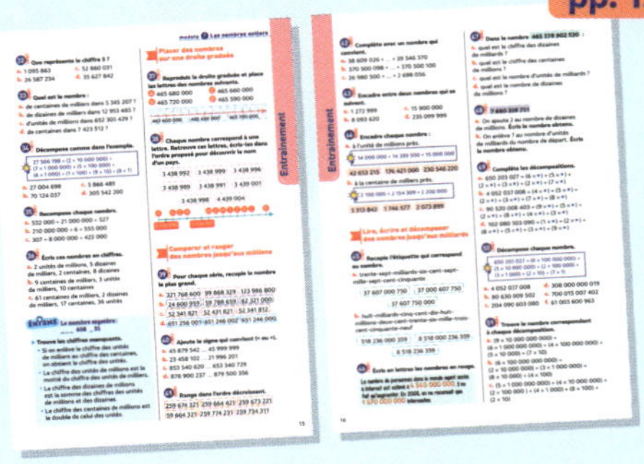

OBJECTIFS

- Ranger des nombres dans l'ordre croissant sans les écrire en chiffres.
- Mettre en évidence des moyens de comparer des nombres donnés sous forme littérale ou par leur écriture chiffrée pour les ranger, les encadrer et les placer sur une demi-droite graduée.

PRINCIPE DE LA MISSION

- Le travail de comparaison des grands nombres n'est pas réellement nouveau : les observations faites en cycle 2 et les stratégies mises en évidence pour comparer des nombres inférieurs au million peuvent être prolongées. Cette activité permettra donc d'approfondir et de développer les connaissances sur les nombres supérieurs au million. Il sera nécessaire d'**insister sur la valeur de chaque chiffre en fonction de sa position** et d'**avoir recours à des encadrements entre les dizaines les plus proches, les centaines les plus proches ou les milliers les plus proches**.

5 min Appropriation collective

Individuellement, les élèves découvrent la consigne de la mission sans aborder le pas à pas. Puis ils échangent sur ce qu'ils ont compris de la mission :

« Que devez-vous faire ? »

L'enseignant-e conclut :

« Les nombres sont écrits en lettres. Vous devez les ranger dans l'ordre croissant, c'est-à-dire du plus petit au plus grand, sans les écrire en chiffres. Vous expliquerez votre démarche en une phrase sur votre cahier. Puis vous utiliserez d'autres stratégies de comparaison pour vérifier et valider votre rangement. »

15 min Recherche et confrontation en binôme

Les élèves vont utiliser différentes stratégies de comparaison. D'abord, ils s'appuieront sur l'oral, sur le fait que l'on entend ou non les mots « million » et « mille », et sur la comparaison des nombres qui précèdent d'abord « million » puis en cas d'égalité, celles qui précèdent « mille ».
Ensuite, ils vérifieront leur rangement en écrivant les nombres en chiffres et mettront en évidence une stratégie de comparaison à partir de l'écriture chiffrée des nombres.
Enfin, ils auront recours à des encadrements en utilisant la ligne graduée comme moyen de vérification.

15 min Mise en commun et trace écrite provisoire

Échanger sur les stratégies lors de la mise en commun :
La présence de certains mots est significative de la taille des nombres : quasiment tous les nombres donnés ont des millions, le mot « mille » est présent dans un seul nombre, donc celui-ci est plus petit.
La comparaison pour les autres nombres s'effectue grâce aux mots qui précèdent d'abord le mot « million » puis, en cas d'égalité, à ceux qui précèdent « mille ».

Faire expliciter la stratégie de comparaison des nombres en écriture chiffrée :
Attention, la stratégie de comparaison des nombres qui consiste à compter le nombre de chiffres est une stratégie qu'il ne faut pas encourager car elle ne sera plus valable avec les nombres décimaux.
Il est important de privilégier la valeur des chiffres en fonction de leur position pour comparer des nombres.
On peut aller plus loin en faisant un rappel des mots « croissant » et « décroissant », et proposer de ranger rapidement sur ardoise quatre nouveaux nombres dans l'ordre décroissant.

Faire encadrer et placer les nombres sur une droite graduée :
Les élèves peuvent s'appuyer sur leur classement pour placer les nombres. Il sera donc important de faire verbaliser la détermination du placement en s'appuyant sur les repères de la ligne graduée et l'encadrement de chaque nombre entre deux dizaines de millions consécutives. On pourra également approfondir la notion d'encadrement en proposant sur ardoise d'encadrer chaque nombre entre deux centaines de millions consécutives, deux centaines de milliers consécutives, deux milliers consécutifs… Puis ensemble, formuler une synthèse pour encadrer un grand nombre.

Réponses possibles

« Pour *comparer des nombres écrits en lettres*, il faut s'appuyer sur *les mots* que l'on entend comme *mille* et *millions*…
Pour *ranger les nombres dans l'ordre croissant*, nous avons étudié la valeur des chiffres *en fonction de leur position.* »

▶ Trace provisoire possible

Je retiens de la MISSION 2

- Pour comparer des nombres écrits en lettres, il faut s'appuyer sur les mots clés : million, mille, cent.
- On peut ranger les nombres dans l'ordre croissant, on les écrit du plus petit ou plus grand ; ou dans l'ordre décroissant, on les écrit du plus grand au plus petit.
- Pour ranger des nombres écrits en chiffres, il faut s'intéresser à la valeur de chaque chiffre. Je compare les chiffres des deux nombres en commençant par le rang le plus élevé. Je m'arrête quand je rencontre deux chiffres différents.
- Pour encadrer et placer un nombre sur une ligne graduée adaptée, il faut chercher le nombre inférieur et le nombre supérieur terminés par un ou plusieurs zéros.

10 min Exercices d'appropriation

Exercices proposés	Observations	En cas de difficultés Sélection d'exercices du manuel
Exercices 1 et 2 : ces exercices permettent de vérifier si les élèves savent comparer et ranger des grands nombres, s'ils utilisent à bon escient les symboles comme moyen d'expression pour rendre compte de la comparaison.	*« L'élève est-il capable de comparer et ranger des grands nombres ? »*	Exercices 39 - 40 - 41 p. 15
Exercice 3 : on vérifie si l'élève sait se repérer et placer des nombres sur une ligne graduée.	*« L'élève est-il capable de placer des grands nombres sur une ligne graduée ? »*	Exercices 37 - 38 p. 15
Exercice 4 : on vérifie si l'élève sait intercaler et encadrer des nombres jusqu'aux millions.	*« L'élève est-il à l'aise avec les notions : intercaler et encadrer ? »*	Exercices 42 - 43 - 44 p. 16

Aide / différenciation

L'appui sur **la désignation orale, le découpage en classes de 3 chiffres et le tableau de numération** peuvent être utilisés comme supports d'aide pour comparer les nombres. On peut ajouter l'utilisation d'**une ligne graduée** afin de visualiser et de vérifier le placement des nombres. L'élève peut utiliser les symboles pour rendre compte de son classement.

SYNTHÈSE, RETOUR SUR LA SITUATION DE RÉFÉRENCE

DURÉE

30 min

MATÉRIEL

- Pas de matériel particulier

COMPÉTENCES

- Raisonner
- Communiquer

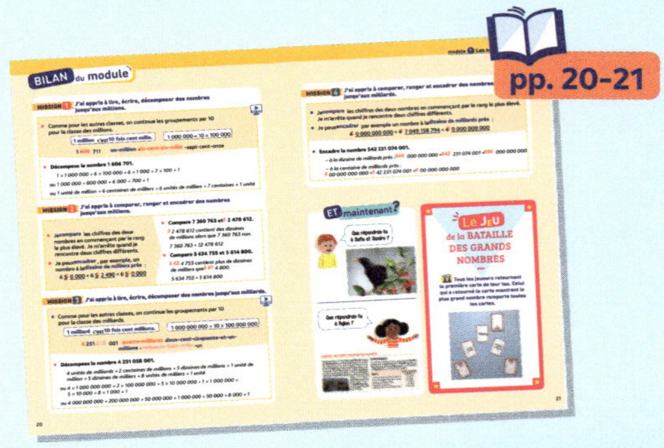

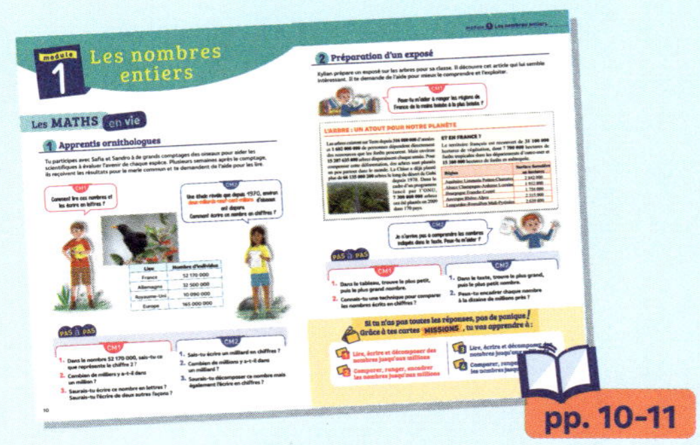

15 min Retour sur les traces écrites provisoires des missions

Les élèves reviennent d'abord sur leur compréhension et les caractérisations du million. Ils sont capables de lire, écrire et décomposer des nombres jusqu'aux millions. Une carte mentale effectuée au tableau au fur et à mesure de la verbalisation des élèves, à partir de l'exemple de 2 nombres, peut illustrer les compétences acquises lors des missions.

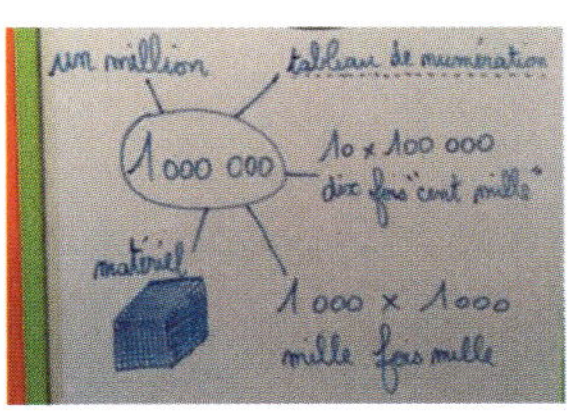

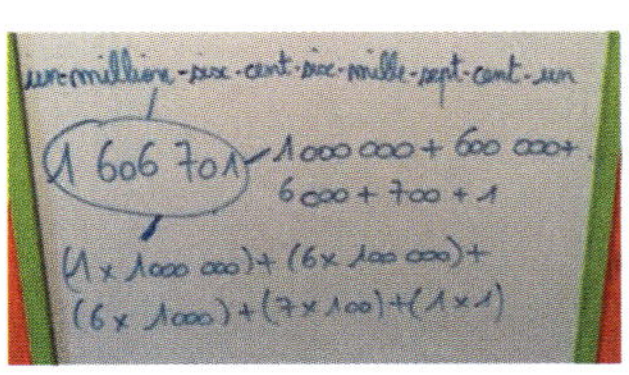

Les élèves ont également appris à comparer, ranger et encadrer les nombres jusqu'aux millions.
En s'appuyant sur l'activité vécue, l'enseignant-e demandera aux élèves de synthétiser une procédure pour comparer et ranger les nombres. Il pourra faire un rappel des mots « croissant » et « décroissant ».
Pour terminer, les élèves seront invités à encadrer le nombre donné dans l'exemple pour faire rappeler la signification et la procédure visée lorsqu'on veut encadrer un nombre à la dizaine de milliers.

5 min Mémo

Au choix de l'enseignant-e, la leçon peut être constituée de la carte mentale proposée, des bilans du manuel et/ou d'une leçon collée dans un cahier dédié (leçon rédigée par l'enseignant-e, qui peut être inspirée des propositions présentes dans le fichier ressources).

10 min Retour sur la situation de référence

1. Apprentis ornithologues

On rappelle que l'objectif était de lire les nombres dans le tableau et de les écrire en chiffres.
On attend des élèves qu'ils mobilisent leurs compétences acquises lors des missions et qu'ils manifestent leur compréhension de notre système de numération en désignant les nombres sous leurs formes littérales et écrites. On peut aller plus loin en leur demandant de décomposer les nombres.

2. Préparation d'un exposé

L'objectif était d'acquérir des stratégies de comparaison pour pouvoir ranger les grands nombres dans l'ordre croissant ou décroissant. On attend des élèves qu'ils explicitent que la procédure de comparaison déjà connue jusqu'aux milliers peut être étendue à des nombres plus grands. On reviendra également sur les stratégies utilisées pour encadrer les nombres à la dizaine de milliers près.

▶ Corrections

Un élève peut exposer sa solution au reste du groupe qui valide ou non en justifiant.
1 754 000 < 1 912 000 < 2 515 000 < 2 639 000 < 2 842 000.
Bourgogne Franche-Comté
< Alsace Champagne-Ardenne Lorraine
< Languedoc-Roussillon Midi-Pyrénées
< Aquitaine Limousin Poitou-Charentes.

Pour faire un lien avec la géographie, on peut situer ces régions sur une carte.
1 750 000 < 1 754 000 < 1 760 000.
1 910 000 < 1 912 000 < 1 920 000.
2 510 000 < 2 515 000 < 2 520 000.
2 630 000 < 2 639 000 < 2 640 000.
2 840 000 < 2 842 000 < 2 840 000.

JEU

DURÉE
30 min

COMPÉTENCES
▶ Raisonner
▶ Communiquer

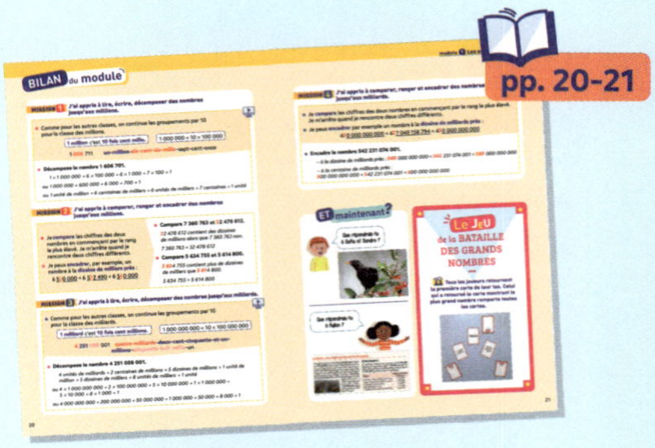

DIFFÉRENCIATION

- Un seul jeu est proposé ici. La première série de cartes relève plutôt du **CM1** : nombres jusqu'aux millions. La seconde série de cartes relève du **CM2** : nombres jusqu'aux milliards.
Elles pourront cependant toutes deux être proposées aux élèves selon leur niveau, vous permettant ainsi de différencier ce temps.

Le JEU de la Bataille des grands nombres

ORGANISATION 2 à 4 joueurs

MATÉRIEL jeux de cartes à imprimer

RÈGLE DU JEU

Chacun pose son tas devant lui, face non visible. Les joueurs retournent la première carte de leur tas. Celui qui a retourné la carte montrant le plus grand nombre remporte toutes les cartes. En cas d'égalité, il y a « bataille » : les joueurs posent une nouvelle carte sur la première, celui qui a la carte avec le plus grand nombre remporte le tout. Le gagnant est celui qui remporte toutes les cartes du jeu, ou qui a le plus de cartes en sa possession lorsque le jeu s'arrête.

Variante pour un seul joueur : dans la mesure où dans chacune des séries de 10 cartes, ce sont seulement 20 nombres différents qui sont repris, on peut demander aux élèves de retrouver les 3 cartes qui vont ensemble car c'est le même nombre qui est écrit dessus sous une forme différente.

Fiche-outil MISSION 1 Tableau de numération

Classe des			Classe des milliers			Classe des unités		
....	....	....	Centaines × 100	Dizaines × 10	Unités × 1	Centaines × 100	Dizaines × 10	Unités × 1

Classe des			Classe des milliers			Classe des unités		
....	....	....	Centaines × 100	Dizaines × 10	Unités × 1	Centaines × 100	Dizaines × 10	Unités × 1

Classe des			Classe des milliers			Classe des unités		
....	....	....	Centaines × 100	Dizaines × 10	Unités × 1	Centaines × 100	Dizaines × 10	Unités × 1

trois-cent-deux-millions

quatre-cent-soixante-et-onze-millions-huit-cent-mille

quatre-cent-soixante-et-onze-millions-deux-cent-soixante-six-mille-cinq-cents

cent-vingt-six-millions-neuf-cent-quatre-vingt-dix-mille-sept-cent-quatre-vingt-dix-neuf

neuf-cent-quatre-vingt-dix-neuf-mille-neuf-cent-quatre-vingt-dix-neuf

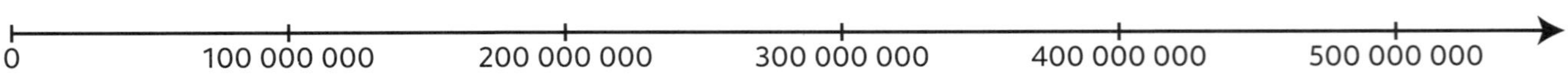

Exercice 3

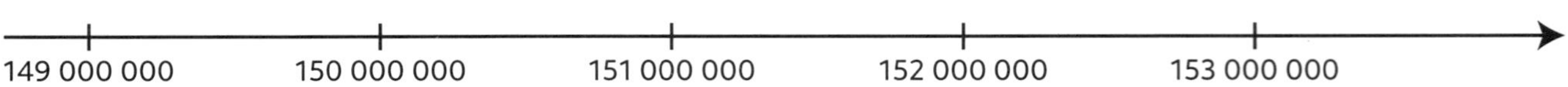

trois-cent-deux-millions

quatre-cent-soixante-et-onze-millions-huit-cent-mille

quatre-cent-soixante-et-onze-millions-deux-cent-soixante-six-mille-cinq-cents

cent-vingt-six-millions-neuf-cent-quatre-vingt-dix-mille-sept-cent-quatre-vingt-dix-neuf

neuf-cent-quatre-vingt-dix-neuf-mille-neuf-cent-quatre-vingt-dix-neuf

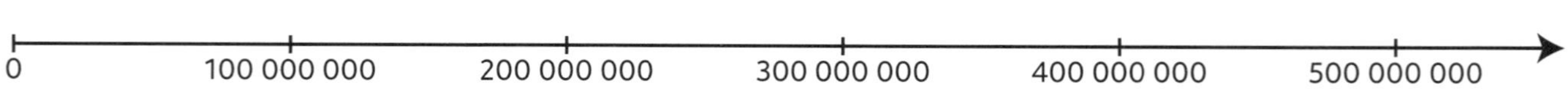

Exercice 3

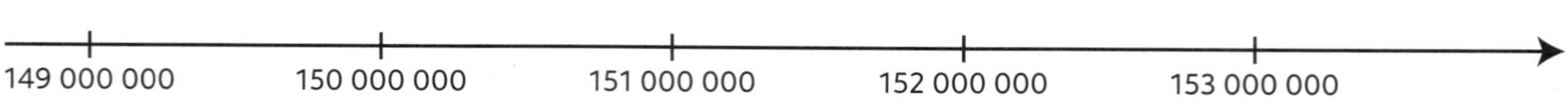

Fiche **JEUX** **Bataille des grands nombres CM1 • 2 fiches à photocopier par jeu**

124 845 621	**85 412 304**	**204 940 680**
9 840 009	**406 050 007**	**54 000 000**
3 000 854	cent-vingt-quatre-millions-huit-cent-quarante-cinq-mille-six-cent-vingt-sept	quatre-vingt-cinq-millions-six-cent-douze-mille-trois-cent-quatre
deux-cent-huit-millions-neuf-cent-quarante-mille-six-cent-quatre-vingt	neuf-millions-huit-cent-quarante-mille-neuf-cents	400 000 000 + 6 000 000 + 50 000 + 700
trois-cent-cinquante-millions-quatre-mille-huit-cent-cinquante-et-un	50 000 000 + 4 000	80 000 000 + 500 000 + 40 000 + 600

Fiche JEUX Bataille des grands nombres CM1 • 2 fiches à photocopier par jeu

3 000 000 + 8 000 + 500 + 4	300 000 000 + 50 000 + 4 000 + 800 + 50 + 1	2 × 100 000 000 + 4 × 1 000 000 + 9 × 1 000 + 6 × 100 + 8 × 10
3 × 100 000 000 + 2 × 20 000 000 + 4 × 1 000 000 + 8 × 100 000 + 4 × 10 000 + 5 × 1 000 + 6 × 100 + 2 × 10 + 1 × 1	8 × 10 000 000 + 4 × 100 000 + 1 × 10 000 + 2 × 1 000 + 3 × 100 + 4 × 1	4 centaines de millions + 6 unités de millions + 5 centaines de milliers + 7 unités
9 × 1 000 000 + 8 × 100 000 + 4 × 10 000 + 9 × 1 000	6 × 100 000 000	cinquante-quatre-millions
5 dizaines de millions + 4 unités	9 dizaines de milliers + 7 milliers + 9 centaines + 8 dizaines + 5 unités	4 centaines de milliers + 5 dizaines de milliers + 6 centaines + 5 dizaines + 9 unités
3 dizaines de millions + 8 centaines + 5 dizaines + 8 unités	350 004 851	6 centaines de millions

Fiche **JEUX** **Bataille des grands nombres CM2 • 2 fiches à photocopier par jeu**

26 124 845 621	**85 412 304**	**3 204 940 680**
10 009 840 009	**406 050 308 007**	**543 000 000 000**
3 989 000 854	vingt-six-milliards-cent-vingt-quatre-millions-huit-cent-quarante-cinq-mille-six-cent-vingt-sept	quatre-vingt-millions-quatre-cent-douze-mille-trois-cent-quatre
trois-milliards-deux-cent-quatre-millions-six-cent-quatre-vingt	dix-milliards-huit-cent-quarante-millions – neuf - mille-neuf	400 000 000 000 + 6 000 000 000 + 50 000 000 + 300 000 + 8 000 + 700
quatre-milliards-trois-cent-cinquante-millions-quatre-mille-huit-cent-cinquante-et-un	4 000 000 000 + 300 000 000 + 50 000 000 + 400 000	20 000 000 000 + 80 000 000 + 500 000 + 40 000 + 600

Fiche JEUX Bataille des grands nombres CM2 • 2 fiches à photocopier par jeu

500 000 000 000 + 40 000 000 + 3 000 000	8 × 10 000 000 + 5 × 1 000 000 + 8 × 100 000 + 1 × 10 000+ 2 × 1 000 + 3 × 100 + 4 × 1	3 × 1 000 000 000 + 2 × 10 000 000 + 4 × 1 000 000 + 9 × 100 000 + 4 × 10 000 + 6 × 100 + 8 × 10
3 000 000 000 + 900 000 + 80 000 + 9 000 + 800 + 50 + 4	6 × 100 000 000 000	2 dizaines de milliards + 4 centaines de millions + 6 unités de millions + 5 dizaines de milliers + 7 unités
4 × 10 000 000 000 + 6 × 1 000 000 000 + 1 × 100 000 000 + 2 × 20 000 000 + 4 × 1 000 000 + 8 × 100 000 + 4 × 10 000 + 5 × 1 000 + 6 × 100 + 2 × 10 + 1 × 1	4 dizaines de milliards + 3 centaines de millions + 9 dizaines de milliers + 7 milliers + 9 centaines + 8 dizaines + 5 unités	4 centaines de milliards + 5 dizaines de millions + 4 centaines de milliers + 5 dizaines de milliers + 6 centaines + 5 dizaines + 9 unités
1 × 10 000 000 + 9 × 1 000 000 + 8 × 100 000 + 4 × 10 000 + 9 × 100	2 054 000 000	5 centaines de milliards + 10 dizaines de milliards + 3 milliards
2 unités de milliards + 5 dizaines de millions + 4 unités de millions	six-cent-milliards	3 unités de millions + 8 centaines + 5 dizaines + 8 unités

module 2

Les fractions simples

Progression des apprentissages dans le module

SÉANCE 1	• Vérification des prérequis • Situation de référence « Les maths en vie »
SÉANCE 2	• MISSION 1 Partager une unité et nommer une fraction de cette unité
SÉANCE 3	• Entrainement mission 1
SÉANCE 4	• MISSION 2 Lire, écrire, représenter une fraction
SÉANCE 5	• Entrainement mission 2
SÉANCE 6	• Rebrassage mission 1 et mission 2
SÉANCE 7	• MISSION 3 Décomposer des fractions
SÉANCE 8	• Entrainement mission 3
SÉANCE 9	• MISSION 4 Utiliser une droite graduée pour mieux comprendre les fractions
SÉANCE 10	• Entrainement mission 4
SÉANCE 11	• Synthèse • Retour sur la situation de référence
SÉANCE 12	• Rebrassage
SÉANCE 13	• Évaluation sommative

CM2

• En CM2, voici la mission qui sera travaillée en continuité de celles réalisées en CM1. Si vous le souhaitez, ou si une programmation de cycle le prévoit, vous pouvez donc aller plus loin et la proposer à vos élèves. Se référer alors au site compagnon sur lequel vous trouverez son descriptif.

MISSION 3
Comprendre la notion d'égalité de fractions

Compétences LSU et BO

Utiliser et représenter les grands nombres entiers, **les fractions simples**, les nombres décimaux.

- Connaitre diverses désignations des fractions : orales, écrites.
- Repérer et placer des fractions sur une demi-droite graduée adaptée.
- Encadrer une fraction par deux nombres entiers consécutifs.
- Comparer deux fractions de même dénominateur.
- Écrire une fraction sous forme de somme d'un entier et d'une fraction inférieure à 1.

Lexique

- **Unité :** grandeur qui sert d'étalon à un partage équitable.
- **Fraction :** la fraction $\frac{b}{a}$ est le nombre manquant de l'équation $a \times ? = b$.
- **Fraction partage :** représentation du nombre fraction sous la forme d'un partage équitable d'une unité.
- **Dénominateur :** c'est le nombre total de parts égales qui partagent l'unité. On l'écrit sous la barre de fraction.
- **Numérateur :** c'est le nombre de parts que l'on sélectionne. On l'écrit au-dessus de la barre de fraction.

Apports didactiques

- La notion de fraction est apparue très tôt. Beaucoup de civilisations l'ont introduite dans leur écriture, à l'instar des Babyloniens ou des Égyptiens.

 $= \frac{15}{60}$  $= \frac{1}{3}$

- Par fraction, en début de cycle 3, il faut entendre « **fraction partage** ». Elle sert essentiellement à représenter le partage équitable d'un objet, d'une quantité. Le numérateur représente le nombre de « parts que l'on prend » et le dénominateur « le nombre total de parts égales qui composent l'unité ». La manipulation de la fraction partage occupe une place importante tant en CM1 qu'en CM2.
- Comme détaillé dans la présentation générale de la numération, la fraction en tant que nombre à part entière sera introduite en fin de cycle 3. Un premier glissement vers ce statut de nombre intervient lors du placement sur une droite graduée et dans l'écriture d'égalités de fractions.
- Rappelons succinctement que l'ensemble des fractions s'appelle les rationnels. C'est l'ensemble des nombres qui contient tous les nombres connus au cycle 3.
- Il convient de veiller à ne pas ancrer une seule représentation de l'unité dans l'esprit des élèves. Il est nécessaire d'en varier la forme, la taille, etc. très tôt, en multipliant les représentations, comme des pizzas, des cakes, des segments, des surfaces carrées, des disques… De même, les fractions supérieures à 1 doivent être abordées très rapidement afin de ne pas associer irrémédiablement la fraction à une quantité inférieure à 1.
- Les fractions simples seront abordées sous la forme $\frac{a}{b}$ mais aussi sous la forme $q + \frac{r}{b}$, où q est un nombre entier et $\frac{r}{b}$ une fraction « résiduelle » inférieure à 1.
Cette décomposition, issue de la division euclidienne de a par b, permettra la lecture et le placement sur la droite graduée, la comparaison de fractions et l'encadrement d'une fraction entre deux nombres entiers consécutifs.

Difficultés rencontrées par les élèves

1 Interprétation erronée de la barre de fraction : la barre est considérée comme un séparateur entre deux entiers. Ainsi des erreurs peuvent apparaitre :
- dans la comparaison de fractions :

→ $\frac{3}{5}$ est confondu avec $\frac{5}{3}$ puisque 3 et 5 sont présents dans les deux fractions.

→ l'élève peut penser que $\frac{3}{5} < \frac{5}{9}$ car $3 < 5$ et $5 < 9$.

- dans le calcul avec des nombres en écriture fractionnaire (mimé sur celui avec des écritures décimales) :

→ $\frac{1}{4} + \frac{1}{4}$ est confondu avec $\frac{2}{8}$ puisque $1 + 1 = 2$ et $4 + 4 = 8$.

2 Difficulté à concevoir et à représenter une fraction > 1.

→ $\frac{5}{3}$ est interprété comme $\frac{5}{6}$.

 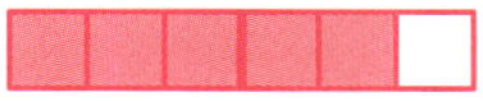

3 Difficulté à identifier l'unité, une partie, le nombre total de parts : c'est souvent le cas lors de fractions supérieures à 1 (exemple ci-dessus).
Cette difficulté est également en jeu lors de la représentation erronée de $\frac{2}{8}$ ci-contre.

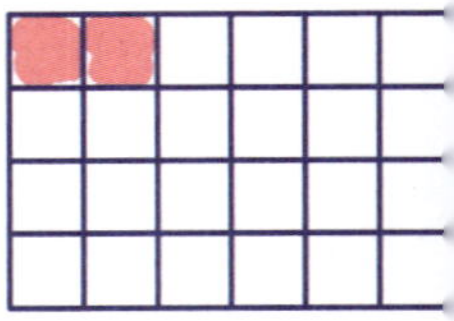

4 Difficulté à concevoir qu'un nombre rationnel possède une infinité d'écritures fractionnaires et/ou de représentations.

→ Ces quatre représentations peuvent être associées à des fractions différentes car elles ne représentent pas pour l'élève la « même quantité ».

AUTOÉVALUATION, SITUATION DE RÉFÉRENCE

DURÉE
45 min

MATÉRIEL
- Guide-âne

COMPÉTENCES
- Chercher
- Raisonner
- Communiquer

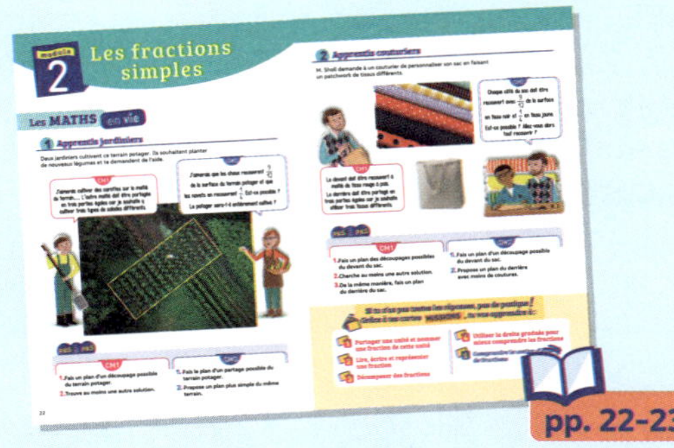

Autoévaluation

10 min Autoévaluation formative, autocorrection

Exercices 1, 2 et 3 : maitriser les notions de partage, de partage équitable.

Exercices 4, 5 et 6 : connaitre des expressions autour des fractions dans le langage courant.

10 min Remédiation ou Défi

Exercices 1, 2 et 3 : la notion de partage équitable est définie pour aider les élèves à distinguer équitable/non équitable, à partir de quantités dénombrables (entrée différente du partage d'une unité).
Exercice 4 : la notion de quart d'heure est illustrée à l'aide d'une horloge pour aider les élèves à se créer une image mentale, le lien est proposé avec la demi-heure.
Exercice 5 : on revient sur la notion de demi avec le partage d'une unité de deux façons différentes, ici un cake.
Défi : on demande de partager de façon optimum un gâteau en 3 coups de couteau. Le partage en 4 parts égales avec 2 coups de couteau est naturel. Le 3e doit pouvoir partager encore chaque part en 2 pour être optimum. Si l'on conserve le même plan de coupe, le problème n'est pas soluble. Il faut donc découper de façon transversale… 8 parts en trois coups de couteau !

Situations de référence

Organisation

Deux situations sont proposées dans le manuel CM1-CM2 ; elles sont communes au CM1 et au CM2. Vous pouvez ainsi vous organiser avec les autres enseignants qui utilisent la méthode : une année, tous les élèves de CM1 et CM2 font la situation 1 par exemple, l'année d'après, tous les élèves font la situation 2. Ainsi, les élèves feront deux situations de référence différentes s'ils ont la même méthode deux années de suite.

1 Apprentis jardiniers

5 min Appropriation collective de la situation

« De quoi parle-t-on ? Que devons-nous chercher à faire ?

« Il faut aider le jardinier à partager équitablement le terrain en deux moitiés, en demis. Ce partage doit être équitable : les deux moitiés doivent être identiques. Il faut trouver plusieurs solutions. Il faut ensuite partager une des deux moitiés en trois parts égales.

10 min Recherche PAS à PAS

Les élèves tentent de faire un plan comme indiqué dans le pas à pas. Ils doivent comprendre l'intérêt de représenter le terrain par une surface rectangulaire par exemple. Plusieurs découpages de l'unité choisie sont possibles (horizontal, vertical, diagonal). Cette première partie est à la portée des élèves. Le partage équitable d'une des deux moitiés en trois parties égales se révèle plus difficile. Certains élèves tenteront un découpage « à main levée » tandis que d'autres essaieront d'utiliser leurs instruments. Devant la difficulté de partage, certains élèves auront anticipé ou corrigé leur représentation pour que cela « tombe juste ». On n'attend pas ici l'utilisation du guide-âne. **Cette étape fait alors apparaitre la nécessité de connaitre et de savoir représenter de manière précise la notion de tiers.**

10 min Analyse collective et explicitation des apprentissages à venir

L'enseignant-e revient sur les stratégies utilisées par les élèves pour partager en demis, ce qu'ils ont probablement réussi à faire, et met en évidence la difficulté verbalisée par les élèves de partager en 3 parts égales la seconde moitié. Il insiste sur la précision nécessaire de ce partage, quel que soit le rectangle à partager (en reprenant éventuellement l'exemple d'élèves dont le terrain était adapté à ce partage) et en profite pour verbaliser les apprentissages nécessaires.

2 Apprentis couturiers

La situation des couturiers est semblable à celle des jardiniers. Le devant du sac est partagé en demi et l'arrière en tiers.

Aide / différenciation

Afin de débuter la réflexion, on peut **fournir une représentation déjà préparée du terrain** sous forme de rectangle avec carreaux ou pas et/ou aux dimensions choisies ou pas suivant le degré de difficulté souhaité. De la même façon, on peut fournir **une représentation des deux faces du sac**. On peut aussi proposer de représenter les différents découpages sur du calque pour superposer les couches et mieux visualiser la complémentarité ou l'égalité des fractions.

MISSION 1

Partager une unité et nommer une fraction de cette unité

DURÉE

45 min

MATÉRIEL

- Pas de règle graduée
- 20 bandes de 12 cm par 2 cm, roses par exemple
- 20 bandes de 10 cm par 2 cm, vertes par exemple (à garder pour la mission 4)

COMPÉTENCES

- Chercher
- Raisonner
- Communiquer

M2 • M1

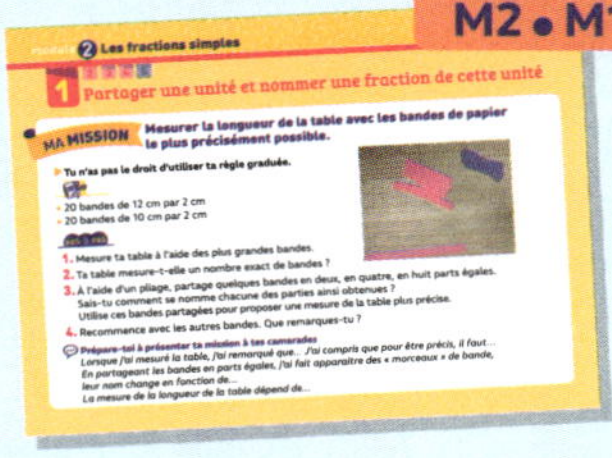

pp. 24-25

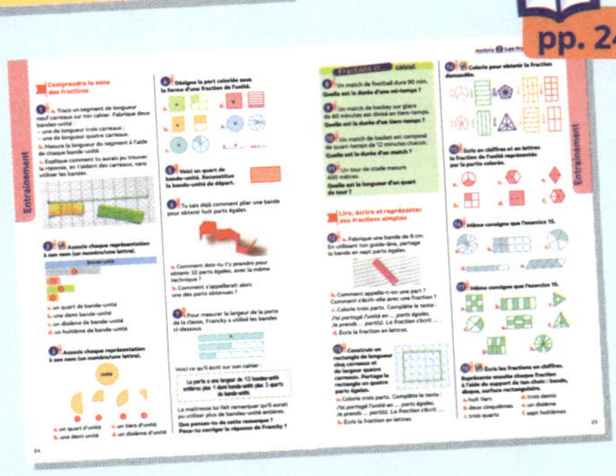

OBJECTIF

- Partager une unité et nommer une fraction de cette unité.

PRINCIPE DE LA MISSION

- Jusqu'à présent, les élèves n'ont rencontré que des nombres entiers. En mesurant précisément la longueur de leur table à l'aide de bandes-unité fournies, ils seront contraints d'**utiliser des mesures non entières par la manipulation des bandes-unité et de leur partage en parts égales par pliages successifs**. L'enseignant-e **introduit ainsi la notion d'unité et de fraction de cette unité** (ici demi, quart, huitième). Dans cette mission 1, nous parlons uniquement de la désignation orale des fractions. Leur écriture usuelle et le vocabulaire associé seront développés dans la mission 2.

5 min Appropriation collective

Individuellement, les élèves découvrent le matériel et la consigne de la mission sans aborder le pas à pas. Puis ils échangent sur ce qu'ils en ont compris :

« De quel matériel disposez-vous ? Pourquoi y a-t-il deux sortes de bandes ? À quoi vont-elles servir ? Que devez-vous faire ?

L'enseignant-e conclut :

« Lors de cette mission, vous allez mesurer votre table à l'aide de bandes de papier en étant le plus précis possible et sans règle graduée.

15 min Recherche individuelle et confrontation en binôme

Dans un premier temps, les élèves vont mesurer leur table à l'aide des bandes et s'apercevoir que « cela ne tombe pas juste ». Il se peut que la mesure de la table soit un multiple de l'une, voire de l'autre des bandes. Dans ce cas, proposer la mesure de la largeur ou bien celle du cahier. Certains vont découper (ou plier de manière non équitable) la dernière bande à la « bonne dimension ». Il est important alors de leur faire remarquer que cela ne se traduit pas à l'oral autrement que par « un bout » et que ce n'est pas suffisamment précis mathématiquement.

Cette partie de bande ne peut pas être traduite par un « nom ». Il faut les diriger alors vers la partie 3 du pas à pas. Pour les guider, une fois les mesures effectuées, la trame du « Prépare-toi » permet de structurer la réponse et d'utiliser le vocabulaire réactivé lors de l'autoévaluation (moitié, demi…).

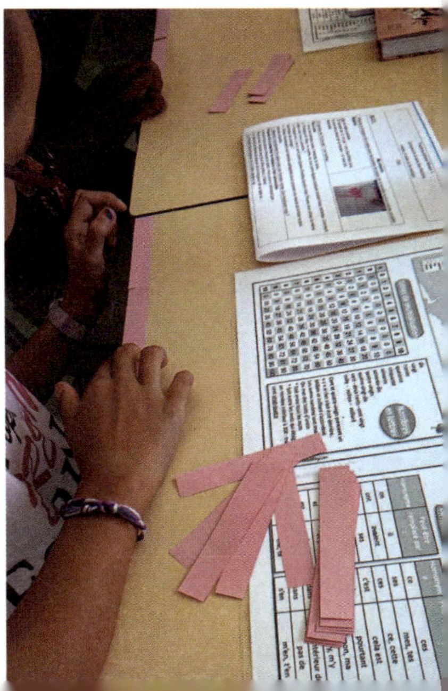

10 min Mise en commun et trace écrite provisoire

Lors de la mise en commun, l'enseignant-e doit insister sur la notion de parts équitables et écarter les tentatives de mesure avec des bouts pliés ou coupés aléatoirement. Il peut aider à l'introduction du vocabulaire (demi, quart, huitième) si nécessaire. Il doit aussi insister sur la notion d'unité en faisant expliciter le fait que la mesure de la table est dépendante de cette unité choisie.

Réponses possibles

« Lorsque j'ai mesuré la table, j'ai remarqué que les *bandes entières ne permettaient pas d'obtenir une mesure précise*. J'ai compris que pour être précis, il fallait *partager les bandes en parts égales en les pliant*. En partageant les bandes en parts égales, j'ai fait apparaitre des « morceaux » de bande, leur nom change en fonction *du nombre de parts égales obtenues : lorsqu'on plie en deux, on obtient des demi-bandes, en quatre, des quarts de bandes*…
La mesure de la longueur de la table dépend de *la longueur de la table mais aussi de la longueur des bandes au départ* (donc de l'unité de mesure).

▶ Trace provisoire possible

Je retiens de la MISSION 1

- On peut mesurer une longueur à l'aide de bandes-unité, la mesure dépend alors de l'unité de départ choisie.
- On peut partager une bande-unité en parts égales par pliage. Ces parts portent un nom en fonction du nombre de parts totales composant la bande-unité entière. Nous connaissons à présent : les demis lorsque la bande-unité est partagée en 2, le quart en 4, le huitième en 8…

15 min Exercices d'appropriation

Exercices proposés	Observations	En cas de difficultés Sélection d'exercices du manuel
Exercice 1 : cet exercice permet de vérifier si les élèves ont compris la manipulation des bandes-unité et leur partage par pliage à des fins de mesure.	*« L'élève est-il à l'aise avec la manipulation ? »*	Exercices 1 - 5 - 6 p. 24
Exercice 2 : cet exercice est moins guidé dans le partage nécessaire. On entre ici dans une phase plus abstraite.	*« L'élève a-t-il acquis la notion de parts équitables et l'a-t-il associée à celle de fraction ? »*	Exercices 2 - 3 - 4 p. 24
Exercice 3 : cet exercice permet de glisser progressivement vers la représentation mathématique de la fraction partage et d'y associer sa dénomination orale sans passer par la manipulation.	*« L'élève est-il capable d'abstraire cette notion ? »*	Exercices 4 - 5 - 7 p. 24

Aide / différenciation

L'appui sur la manipulation est primordial ici et peut être maintenu autant de temps que nécessaire. À ce stade de l'acquisition de la notion de fraction, il est très important que les élèves puissent s'appuyer, en cas de besoin, sur **des bandes, des disques unités ou même des cubes** afin de visualiser les parties égales qui constituent l'unité par pliage, découpage ou calque.

MISSION 2

Lire, écrire, représenter une fraction

DURÉE

45 min

MATÉRIEL

- Guide-âne
- Unités à partager
- Crayons de couleur ou feutres

COMPÉTENCES

- Chercher
- Raisonner
- Communiquer

M2 • M2

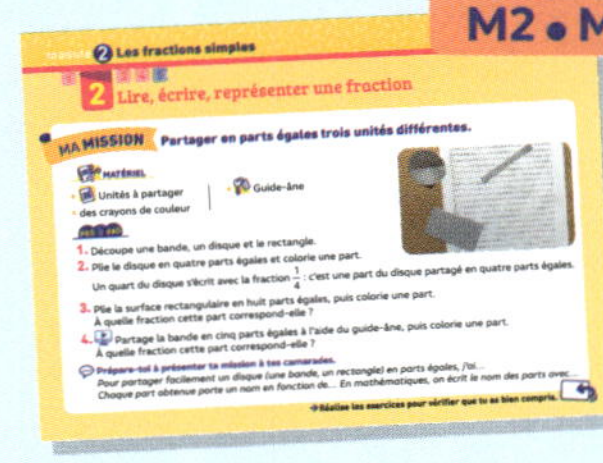

https://ecole.nathan.fr/video_guide_ane

pp. 25-26

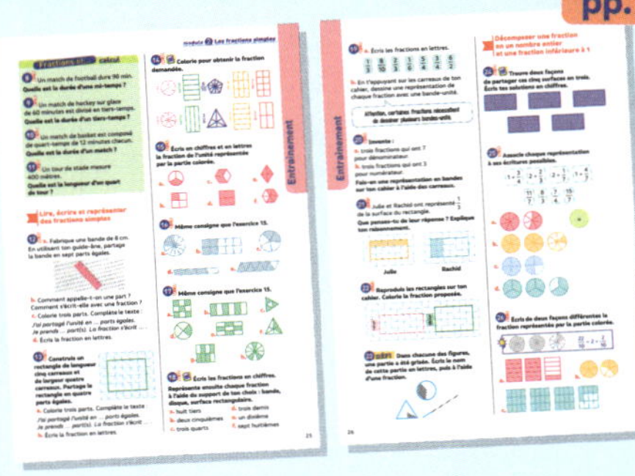

OBJECTIFS

- Partager une unité en parts égales et faire le lien entre ce partage et l'écriture mathématique de la fraction correspondante.
- Représenter une fraction sur un support unité, à l'aide de ses outils (pliage ou guide-âne).

PRINCIPE DE LA MISSION

- Dans la mission précédente, les élèves ont appris à nommer oralement certaines fractions à partir d'un partage de bande-unité. Dans cette mission, **nous généralisons les noms donnés aux fractions et faisons le lien avec leur écriture mathématique sous la forme $\frac{a}{b}$**. Lors de la mise en commun, le vocabulaire « **numérateur** » et « **dénominateur** » sera introduit par l'enseignant-e.

5 min Appropriation collective

Individuellement, les élèves découvrent le matériel et la consigne de la mission sans aborder le pas à pas. Puis ils échangent sur ce qu'ils ont compris :

De quel matériel disposez-vous ?
Que représentent les différentes formes ?
Quel est l'outil à votre disposition ?
Que devez-vous faire ?

L'enseignant-e conclut :

Lors de cette mission, vous allez apprendre à partager les différentes unités pour pouvoir représenter une fraction, et découvrir un nouvel outil : le guide-âne.

15 min Recherche individuelle et confrontation en binôme

Cette mission est centrée sur la manipulation. Dans un premier temps, les élèves doivent partager un disque en 4 parts égales, par pliage. Cette situation permet d'introduire l'écriture de la fraction $\frac{1}{4}$ mais pas encore le vocabulaire « numérateur » et « dénominateur ». Les élèves vont pouvoir faire le lien entre « nombre de parts égales qui composent l'unité » et « nombre du bas » dans l'écriture fractionnaire puis entre « nombre de parts sélectionnées » et « nombre du haut ». Il est important de leur faire remarquer ces correspondances. On reproduit ensuite ce procédé avec la surface rectangulaire pour obtenir la fraction $\frac{1}{8}$. Ces deux étapes sont un réinvestissement de la technique de pliage pour obtenir un partage équitable. Ensuite, on introduit un nouvel outil, le guide-âne (très utile pour des partages dont le pliage n'est pas simple voire impossible), qui sera utilisé à plusieurs reprises tout au long de ce module. L'enseignant-e peut guider certains élèves dans sa manipulation, en faire la démonstration devant le groupe ou bien montrer la vidéo correspondante. On fait également dans cette situation le lien avec l'écriture mathématique sous forme de fraction.

10 min Mise en commun et trace écrite provisoire

Lors de la mise en commun, l'enseignant-e doit insister une nouvelle fois sur la notion de partage équitable et affirmer son lien avec l'écriture fractionnaire. Il fait verbaliser la correspondance entre la notation et la signification de chaque nombre. Il introduit à cette occasion le vocabulaire expert de la fraction, à savoir le numérateur (nombre de parts que l'on prend) et le dénominateur (nombre de parts égales qui partagent l'unité) en s'appuyant sur les réponses apportées par les élèves.

Réponses possibles

« Pour partager facilement un disque (une bande, un rectangle) en parts égales, j'ai *réutilisé la technique du pliage mais également l'outil « guide-âne » qui est plus approprié lorsqu'on veut partager une bande en 5 par exemple*. Chaque part obtenue porte un nom en fonction du *nombre de parts égales qui constituent l'unité (des quarts, des huitièmes, des cinquièmes) et du nombre de parts que l'on sélectionne*. En mathématiques, on écrit le nom des parts avec *une écriture qui comporte une barre horizontale. Le nombre « du haut » indique le nombre de parts sélectionnées et celui « du bas » le nombre de parts égales qui partagent l'unité*.

▶ Trace provisoire possible

Je retiens de la MISSION 2

- Une unité peut être représentée avec différents supports : disque, bande, surface rectangulaire :

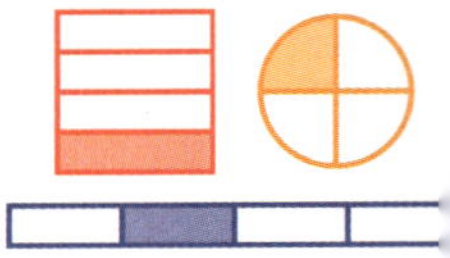

- On peut partager une unité en parts égales grâce au pliage ou avec l'outil « guide-âne ». Chaque part de l'unité porte alors un nom en fonction du nombre de parts égales obtenues (demi, tiers, quart, cinquième, dixième…) :

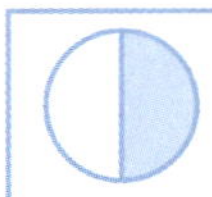				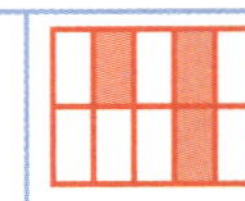
un demi	un tiers	un quart	deux cinquièmes	trois dixièmes
$\frac{1}{2}$	$\frac{1}{3}$	$\frac{1}{4}$	$\frac{2}{5}$	$\frac{3}{10}$

- En mathématiques, on écrit une fraction pour représenter les parts :

$$\frac{\text{nombre de parts que l'on prend}}{\text{nombre de parts égales totales qui forment l'unité}}$$

15 min Exercices d'appropriation

Exercices proposés	Observations	En cas de difficultés Sélection d'exercices du manuel
Exercices 1, 2 et 3 : ces exercices permettent de savoir si l'élève est capable de manipuler les outils (pliage et guide-âne) pour partager une unité donnée en parts égales et y associer son écriture mathématique sous forme de fraction.	*« L'élève est-il capable de partager une unité et d'associer la fraction correspondante ? »*	Exercices 12 - 13 p. 25 Défi 23 p. 26
Exercice 4 : cet exercice permet de vérifier que l'élève sait donner l'écriture fractionnaire en observant une représentation d'une fraction.	*« L'élève est-il capable de déterminer l'écriture fractionnaire correspondant à une représentation ? »*	Exercices 15 - 16 - 17 - 21 pp. 25-26
Exercice 5 : cet exercice permet de vérifier que l'élève sait compléter ou construire une représentation d'une fraction à partir de son écriture fractionnaire.	*« L'élève est-il capable de représenter une fraction sur un support imposé ou de son choix ? »*	Exercices 14 - 18 - 19 - 22 pp. 25-26

Aide / différenciation

Cette fois encore on peut autoriser aussi longtemps que nécessaire **la manipulation** : on peut fournir aux élèves qui en ressentent le besoin **la planche de représentations « usuelles »** des différentes fractions, déclinées sous différentes formes d'unités et différents partages. **Pour l'utilisation du guide-âne,** la classe peut visionner **la vidéo sur le site tandem.nathan.fr ou** s'appuyer sur **le document d'accompagnement Eduscol** disponible ici : https://ecole.nathan.fr/eduscol_guide_ane

MISSION 3

Décomposer des fractions

DURÉE

45 min

MATÉRIEL

- Ardoise
- Craies ou feutres d'ardoise ou crayons de couleur

COMPÉTENCES

- Chercher
- Raisonner
- Communiquer

M2 • M3

pp. 26-27

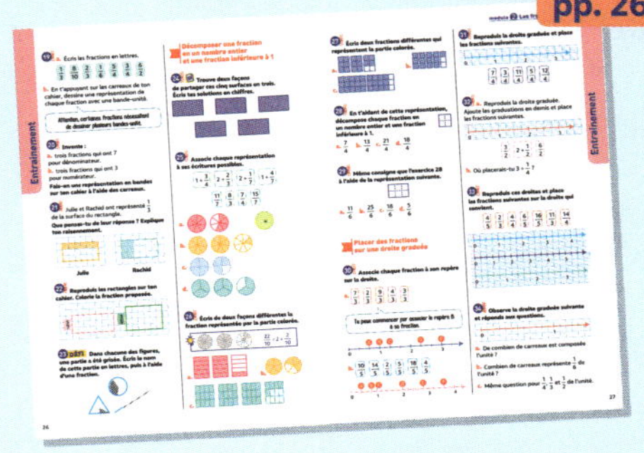

OBJECTIFS

- Comprendre qu'une fraction peut être supérieure à 1.
- Décomposer une fraction en un nombre entier et une fraction inférieure à 1.

PRINCIPE DE LA MISSION

- Pour cette mission, les élèves abordent les fractions supérieures à 1. Pour cela, on leur demande de partager un ensemble d'unités, ici 9 pizzas carrées ou rectangulaires entre 4 personnes. La part obtenue par chacun sera supérieure à l'unité. Ainsi, on cherche à **faire apparaitre la fraction obtenue sous deux formes : sous la forme d'une fraction simple puis sous la forme d'un nombre entier et d'une fraction inférieure à 1**.

5 min Appropriation collective

Individuellement, les élèves découvrent le matériel et la consigne de la mission sans aborder le pas à pas. Puis ils échangent sur ce qu'ils ont compris :

De quel matériel disposez-vous ?
Que devez-vous faire ?

L'enseignant-e conclut :

Lors de cette mission, vous allez devoir proposer deux représentations différentes de ce que mange chaque personne lorsqu'on partage les 9 pizzas en 4 portions égales.

15 min Recherche individuelle et confrontation en binôme

On attend des élèves deux méthodes différentes de partage. Dans un premier temps, on attend qu'ils représentent les 9 pizzas sous une forme adaptée au partage en 4 (rectangulaire, carrée ou en bandes). La notion de fraction acquise à ce stade les conduit naturellement à partager chaque pizza en quatre, ce qui les mènera à la forme $\frac{9}{4}$ lorsqu'ils proposeront une écriture mathématique de la représentation. Ce n'est que dans un second temps qu'ils vont se questionner sur l'autre forme. Il est important de relancer les élèves qui se contenteraient d'une seule réponse : *« On vous demande de dessiner deux façons... »* On attend alors qu'ils prennent conscience de l'inutilité de partager l'ensemble des pizzas en quatre, et qu'ils distribuent d'abord des pizzas entières avant de devoir partager la dernière pizza en quatre, ce qui les mènera cette fois à la forme $2 + \frac{1}{4}$.

On attend enfin que les élèves puissent préciser que cette portion est supérieure à 2 (pizzas) et qu'il existe donc des fractions plus grandes que 1.

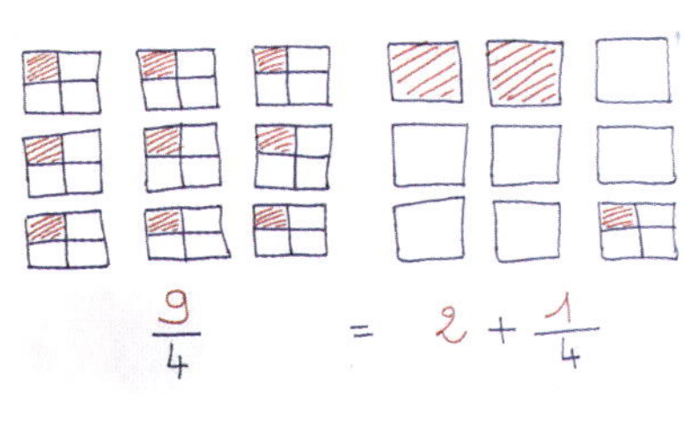

10 min Mise en commun et trace écrite provisoire

Lors de la mise en commun, les élèves échangent sur les deux représentations possibles du partage des 9 pizzas en 4 portions égales. L'enseignant-e insiste sur l'équivalence entre ces deux représentations, qui peut ne pas être naturelle pour certains élèves.

Les écritures mathématiques $\frac{9}{4}$ et $2 + \frac{1}{4}$ sont ensuite associées aux représentations.

L'enseignant-e formalise alors que la fraction $\frac{9}{4}$ peut s'écrire sous la forme d'un nombre entier et d'une autre fraction en précisant (ou en faisant remarquer dans l'échange) que cette fraction est plus petite que l'unité. De cette décomposition, on constate également que cette écriture amène la remarque suivante : $2 + \frac{1}{4} > 1$, donc $\frac{9}{4} > 1$. Il existe donc des fractions supérieures à 1.

Réponses possibles

Pour partager neuf pizzas entre quatre personnes, j'ai *trouvé deux solutions : tout d'abord, on peut partager chaque pizza en quatre parts égales. On peut aussi distribuer équitablement les pizzas entières jusqu'à ce que cela ne soit plus possible et ensuite partager la dernière pizza en parts égales*. Les deux manières d'écrire ce que chacun mange sont $\frac{9}{4}$ *et* $2 + \frac{1}{4}$.

Chaque personne mange *une part de chaque pizza partagée en 4, ce qui fait 9 parts ou 2 pizzas entières et 1 part de la dernière pizza*, ce qui signifie qu'*une fraction peut être décomposée en un nombre entier et une fraction inférieure à 1*.

▶ Trace provisoire possible

Je retiens de la MISSION 3

- Une fraction peut s'écrire sous différentes formes : sous la forme d'une fraction simple ou sous la forme d'un nombre entier et d'une fraction inférieure à 1.
  Ex. : $\frac{9}{4}$ et $2 + \frac{1}{4}$.
- On peut partager équitablement plusieurs unités.
- Une fraction peut être plus grande que 1.

15 min Exercices d'appropriation

Exercices proposés	Observations	En cas de difficultés Sélection d'exercices du manuel
Exercice 1 : cet exercice permet de reproduire la démarche globale de la mission et d'en vérifier sa compréhension.	*« L'élève est-il capable de trouver deux méthodes de partage, avec l'aide éventuelle de la manipulation ? »*	**Exercices 24 – 25 p. 26**
Exercice 2 : cet exercice est un premier pas vers l'abstraction ; la détermination de la décomposition s'appuie sur une représentation de la fraction.	*« L'élève est-il capable de déterminer la décomposition d'une fraction à partir d'une de ses représentations ? »*	**Exercices 26 – 27 pp. 26-27**
Exercice 3 : cet exercice va plus loin vers l'abstraction, on demande de décomposer une fraction sans représentation donnée.	*« L'élève est-il capable de déterminer la décomposition d'une fraction sans avoir forcément recours à une représentation donnée ? »*	**Exercices 28 – 29 p. 27**

Aide / différenciation

Afin de faciliter pour certains élèves la compréhension du partage et notamment de l'égalité entre les deux écritures, on peut proposer de **découper puis de recomposer les parts sur un support** :
On peut également mettre à disposition des élèves **des briques** (carrés 2 × 2 et 1 × 1) qui serviront à la manipulation.

MISSION 4

Utiliser une droite graduée pour mieux comprendre les fractions

DURÉE

45 min

MATÉRIEL

- Bandes-unité de 10 cm « recyclées » de la mission 1
- Guide-âne
- Droites à observer et à construire (photocopie A3)

COMPÉTENCES

- Chercher
- Raisonner
- Communiquer

M2 • M4

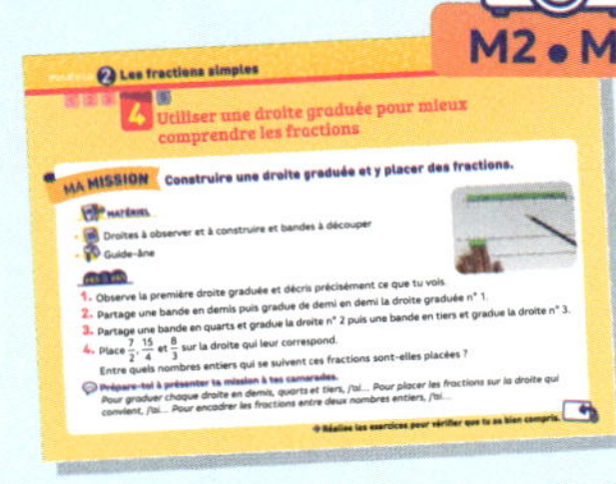

pp. 27-28

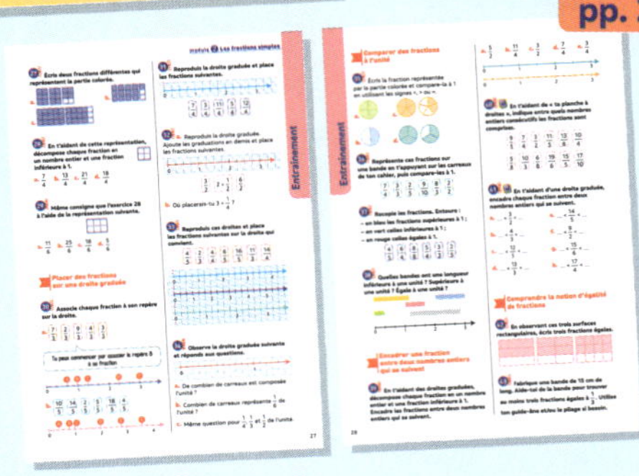

OBJECTIFS

- Graduer une droite en reportant l'unité entière puis l'unité partagée.
- Comparer des fractions à 1 et les encadrer entre 2 nombres entiers consécutifs.

PRINCIPE DE LA MISSION

- **On introduit ici la représentation des fractions sur une droite graduée.** L'essentiel (construction, vocabulaire) a été réactivé lors de la mission de révision des nombres entiers en début de période. **On apprend à graduer chaque unité en la partageant en parts égales.** Pour cela, on généralise la méthode du report de l'unité : le report d'une fraction de l'unité. On construit d'abord les graduations d'unité en unité puis on partage chaque unité en parts égales (en demis, en quarts puis en tiers de bande-unité). On revient ensuite sur le placement de fractions sur une droite graduée et on y lit les informations de comparaison à 1 et d'encadrement.

5 min Appropriation collective

Individuellement, les élèves découvrent le matériel et la consigne de la mission sans aborder le pas à pas. Puis ils échangent sur ce qu'ils ont compris :

« De quel matériel disposez-vous ? À quoi vont servir les bandes ? Le guide-âne ? Les droites proposées ? Que devez-vous faire ?

L'enseignant-e conclut :

« Lors de cette mission, vous allez apprendre à graduer une droite en demis, quarts, tiers puis à y placer des fractions. Vous en déduirez si elles sont inférieures ou supérieures à 1 et vous les encadrerez entre deux nombres entiers qui se suivent.

15 min Recherche individuelle et confrontation en binôme

Les élèves observent la droite modèle et la décrivent. C'est l'occasion de réactiver le vocabulaire : sens, origine, unité. On attend qu'ils établissent le lien entre l'unité de la droite et la bande-unité pour graduer les demi-droites proposées. Ils partagent ensuite la bande-unité en demi, par pliage, afin de reporter la demi-unité et ainsi graduer la droite n° 1 en demis. Ils utilisent cette droite pour y placer les fractions demandées $\frac{1}{2}$, $\frac{2}{2}$, $\frac{3}{2}$ et $\frac{4}{2}$. Certains élèves constatent les égalités $\frac{2}{2} = 1$ et $\frac{4}{2} = 2$. Ce procédé est reproduit ensuite pour graduer en quarts, par pliage de l'unité (respectivement en tiers en utilisant le guide-âne pour partager l'unité) les droites n° 2 (respectivement n° 3). Puis, on propose de placer des fractions $\frac{7}{2}$, $\frac{15}{4}$ et $\frac{8}{3}$ en identifiant la droite adaptée et d'en déduire un encadrement entre deux nombres entiers consécutifs par lecture directe sur les droites. Les élèves doivent faire le lien entre placement des fractions et sens croissant de la droite graduée et entre placement d'une fraction et situation entre deux nombres entiers consécutifs.

10 min Mise en commun et trace écrite provisoire

L'enseignant-e revient d'abord sur le vocabulaire expert de la droite graduée (origine, unité, sens), préalable à la bonne compréhension de la méthode par reports de fractions de l'unité. On insiste ainsi sur l'étape qui consiste à graduer en plaçant les différentes fractions : *« Vous avez reporté … fois la demi-unité, vous pouvez donc indiquer sur ce repère la fraction … demi(s). »* On fait apparaitre ici la réponse à la question 4 : *« Pour placer la fraction $\frac{7}{2}$, on utilise la droite graduée en demis et on compte 7 graduations à partir de l'origine. »* De même, on valorise les remarques du type $\frac{2}{2} = 1$ ou $\frac{6}{3} = 2$. Enfin, on revient sur l'utilisation de la droite graduée en demandant : *« Comment peut-on utiliser ces droites pour encadrer une fraction entre deux nombres entiers ? »* On pourra à ce propos faire le lien avec la mission précédente et la décomposition.

Réponses possibles

Pour graduer chaque droite en demis, quarts et tiers, j'ai *reporté les fractions de l'unité (que j'ai partagée par pliage pour les demis et les quarts ou à l'aide du guide-âne pour les tiers)*. Pour placer les fractions sur la droite qui convient, j'ai *« compté » les demis, les tiers, les quarts en partant de l'origine en respectant le nombre de parts indiqué au numérateur*. Pour encadrer une fraction entre deux nombres entiers qui se suivent, j'ai *repéré l'unité entière qui précède la fraction sur la droite et celle qui la suit*.

▶ Trace provisoire possible

Je retiens de la MISSION 4

- Une droite graduée se construit par reports d'une unité. On peut ensuite la graduer plus précisément en partageant l'unité en parts égales.
- Pour placer des fractions sur une droite graduée, on observe son dénominateur pour déterminer la droite qui convient puis on compte le nombre de parts donné par le numérateur.
- On peut encadrer une fraction entre deux nombres entiers consécutifs.

15 min Exercices d'appropriation

Exercices proposés	Observations	En cas de difficultés Sélection d'exercices du manuel
Exercices 1 et 3b : ces exercices permettent de savoir si l'élève est capable de comparer des fractions à 1 en s'aidant d'une droite graduée.	*« L'élève est-il capable de comparer à 1 une fraction avec ou sans droite graduée ? »*	**Exercices 35 - 36 - 37 - 38 p. 28**
Exercice 2 : cet exercice permet de savoir si l'élève est capable de graduer une droite et d'y placer des repères fractionnaires en utilisant le support Seyes.	*« L'élève est-il capable de graduer une droite et d'y placer des fractions en prenant appui sur des carreaux ? »*	**Exercices 31 - 32 - 34 p. 27**
Exercice 3a : cet exercice permet de savoir si l'élève est capable d'identifier la droite graduée adaptée pour y placer un repère. Il dispose de 2 droites graduées, une en sixièmes et l'autre en cinquièmes.	*« L'élève est-il capable de choisir une droite graduée adaptée pour placer des fractions ? »*	**Exercices 30 - 33 p. 27**
Exercice 3c : cet exercice permet de savoir si l'élève est capable d'encadrer des fractions entre deux nombres entiers consécutifs en s'aidant d'une droite graduée.	*« L'élève est-il capable d'encadrer une fraction avec l'aide d'une droite graduée ? »*	**Exercices 39 - 40 - 41 p. 28**

Aide / différenciation

Pour aider les élèves à construire les droites graduées proposées dans le manuel, on peut cette fois encore leur proposer **la manipulation** en leur fournissant ou en leur faisant construire **les bandes-unité**. Pour tous les exercices de comparaison ou d'encadrement, les élèves ont accès à **l'outil « planche à droites »**. On peut les guider si besoin dans la sélection des droites nécessaires à la réussite des différents exercices.

SYNTHÈSE, RETOUR SUR LA SITUATION DE RÉFÉRENCE

DURÉE

30 min

MATÉRIEL

▶ Guide-âne

COMPÉTENCES

▶ Raisonner
▶ Communiquer

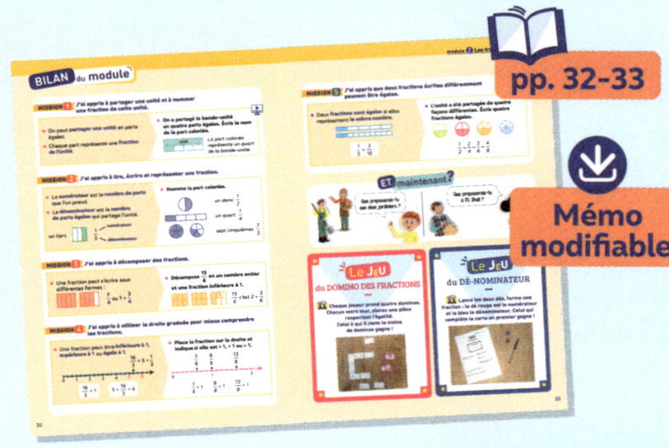

15 min Retour sur les traces écrites provisoires des missions

Les élèves reviennent sur le passage de la désignation orale à la fraction représentée puis écrite mathématiquement. Ils expliquent comment décomposer une fraction et comment la représenter sur une droite graduée. Ils reviennent sur la comparaison à 1 puis sur l'encadrement entre deux nombres entiers consécutifs.
On peut faire remarquer aux élèves que ces différentes manipulations et représentations sont complémentaires : une décomposition peut aider à représenter sur une droite graduée tandis que cette dernière peut être utile à un encadrement.

5 min Mémo

La trace écrite définitive peut être rédigée à partir d'une photo du tableau ou bien distribuée. Une version modifiable est disponible sur le site tandem.nathan.fr.
Au choix de l'enseignant-e, la leçon peut être constituée de la carte mentale proposée, des bilans du manuel et/ou d'une leçon collée dans un cahier dédié (leçon rédigée par l'enseignant-e, qui peut être inspirée des propositions présentes dans le fichier ressources).

10 min Retour sur la situation de référence

On rappelle que l'objectif était de partager le terrain en deux parties égales (les demis) puis l'une des moitiés en tiers. On a alors été confrontés à un partage approximatif ou à l'aide d'instruments peu adaptés (la règle graduée ou le carreau du cahier). On rappelle alors l'ensemble des notions et des outils découverts (le guide-âne).

▶ **Phase active**

On attend des élèves l'utilisation du guide-âne pour partager le terrain (ou le devant du sac) en demis et l'une des moitiés (ou le derrière du sac) en tiers. On pourra insister sur le fait qu'il n'y a pas qu'une seule proposition de partage.

Solutions possibles pour la situation n° 1

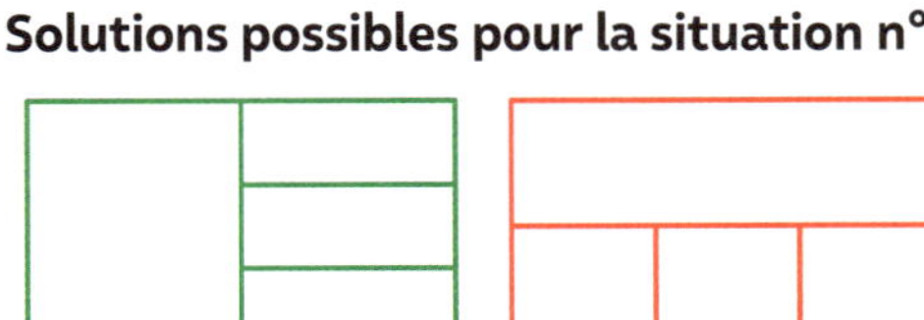

Conclusion

Un élève expose sa solution au reste du groupe.

JEUX

DURÉE

30 min

COMPÉTENCES

- Raisonner
- Communiquer

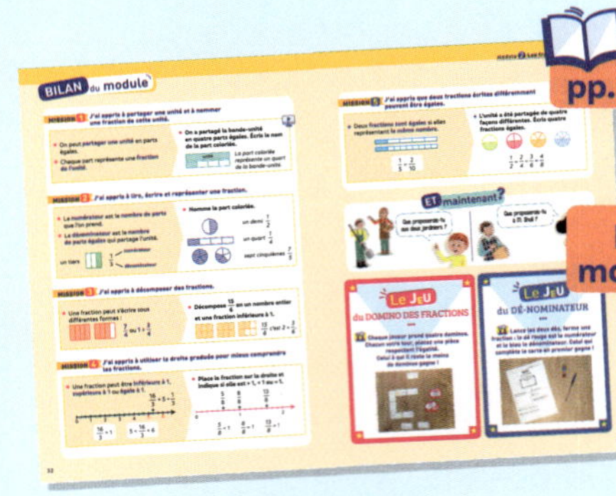

pp. 32-33

Mémo modifiable

DIFFÉRENCIATION

- Deux jeux sont proposés, l'un relevant plutôt du **CM1 (à gauche)** et l'autre du **CM2 (à droite)**. Ils pourront cependant tous deux être proposés aux élèves selon leur niveau, vous permettant ainsi de différencier ce temps.

Le JEU du Domino des fractions

Niveau 1 : fractions inférieures ou égales à 1 désignées en lettres ou en chiffres et représentées de différentes façons

Niveau 2 : fractions inférieures, égales ou supérieures à 1 représentées sous forme d'une écriture fractionnaire ou d'une représentation

ORGANISATION 2 à 4 joueurs

MATÉRIEL les pièces de dominos découpées, si possible plastifiées

RÈGLE DU JEU *comme un jeu de dominos classique*

Distribuer 6 dominos à chaque joueur ; les dominos restants constituent la pioche. Celui qui a un double commence (les deux fractions indiquées sur la carte sont équivalentes). Les joueurs posent chacun à leur tour une pièce. S'ils ne peuvent rien placer, ils piochent une pièce et passent leur tour. Le premier s'étant débarrassé de toutes ses pièces gagne.

Le JEU du Dé-nominateur

ORGANISATION 2 à 4 joueurs

MATÉRIEL • 2 dés par groupe (6 faces ou plus, ou dés vierges avec nombres souhaités)
• des fiches élèves à compléter, en nombre suffisant pour chaque joueur

RÈGLE DU JEU

Le premier joueur lance les deux dés successivement : le premier dé indique le dénominateur, le second, le numérateur. Tous les élèves écrivent la fraction obtenue sur leur fiche et la complètent.
Deux possibilités : l'enseignant-e a donné un temps limité et les élèves doivent compléter un maximum de rubriques pendant cette durée ; ou le premier qui a complété toutes les rubriques annonce la fin du tour.
Les joueurs marquent 1 point par réponse correcte (le groupe doit valider les réponses de chacun).

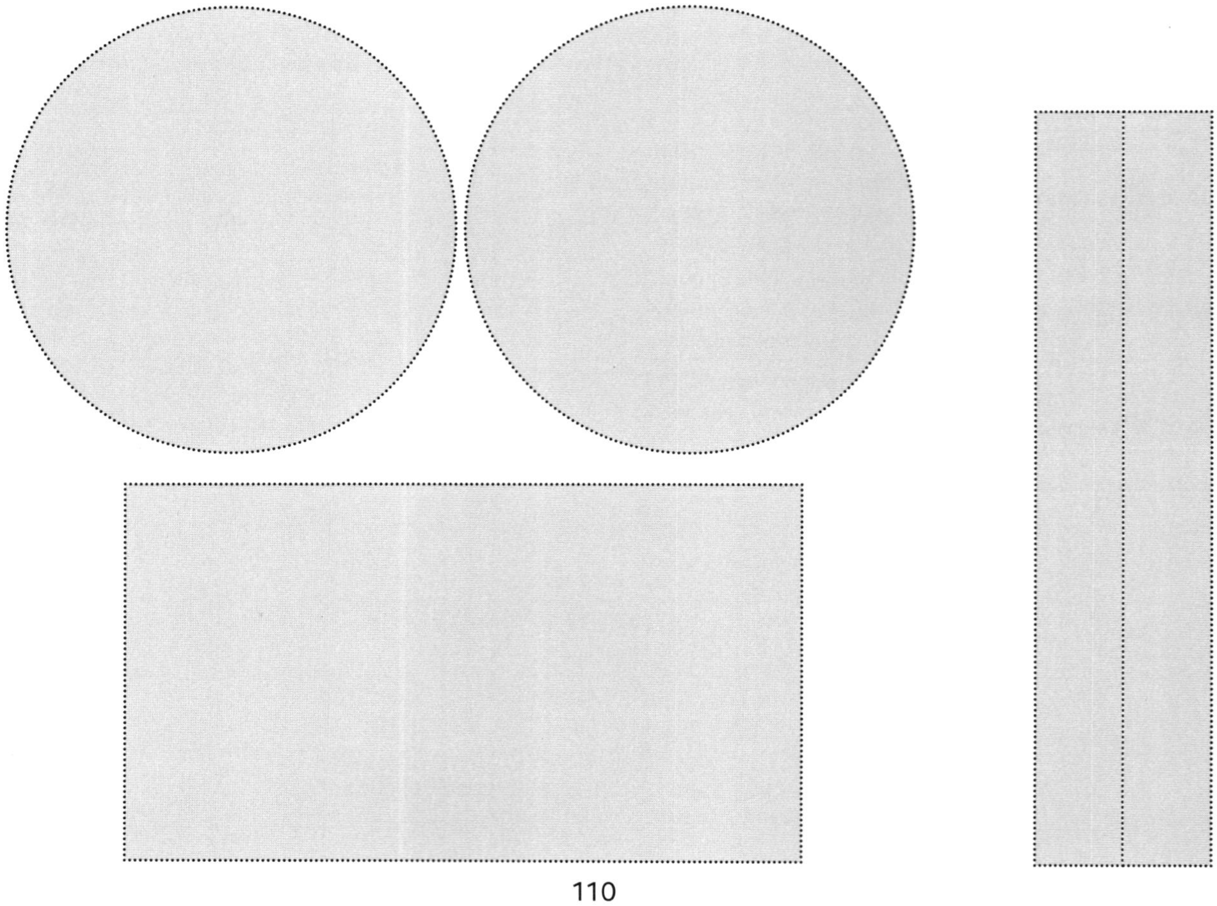

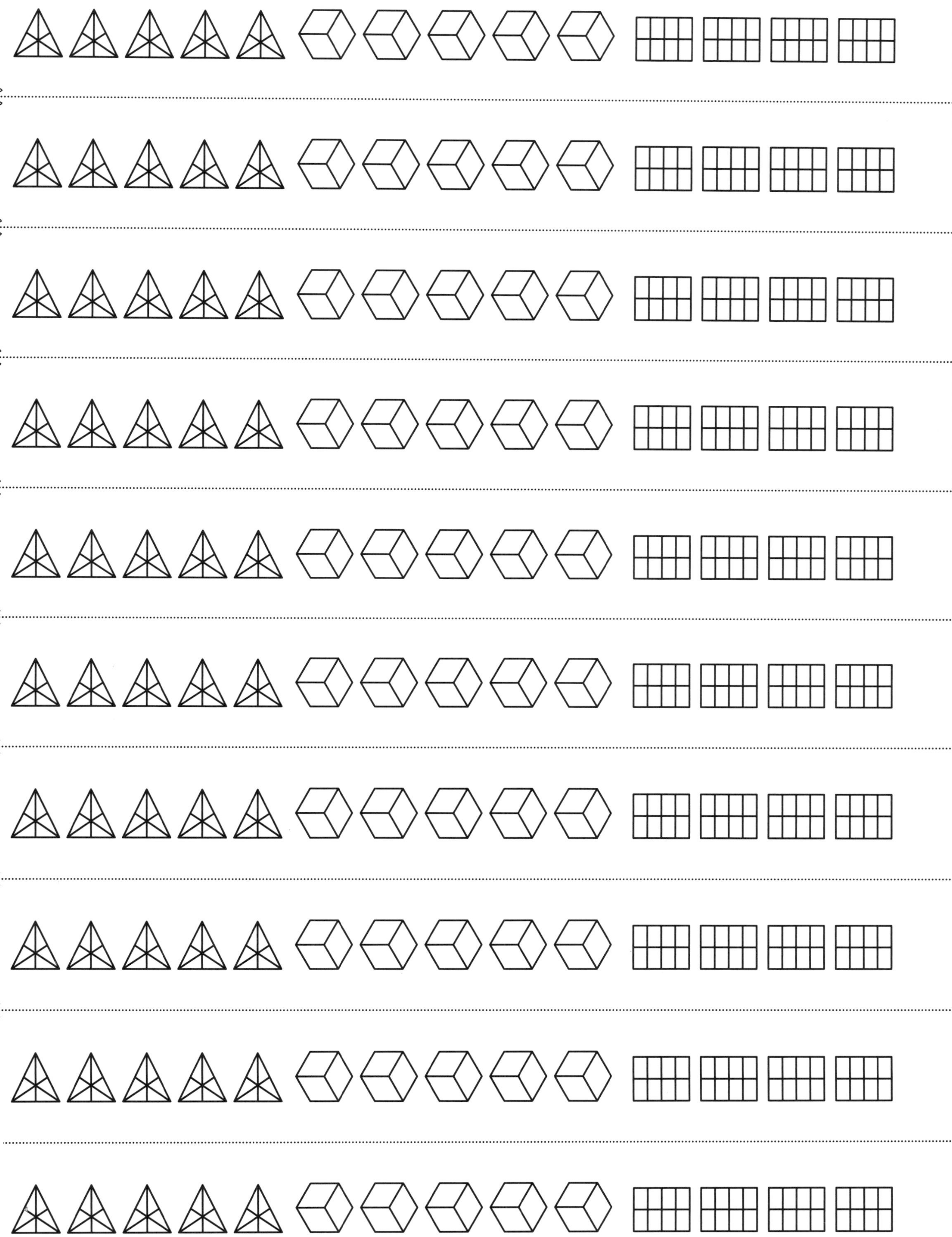

Fiche MISSION 4 Droites à observer et à construire (photocopie A3)

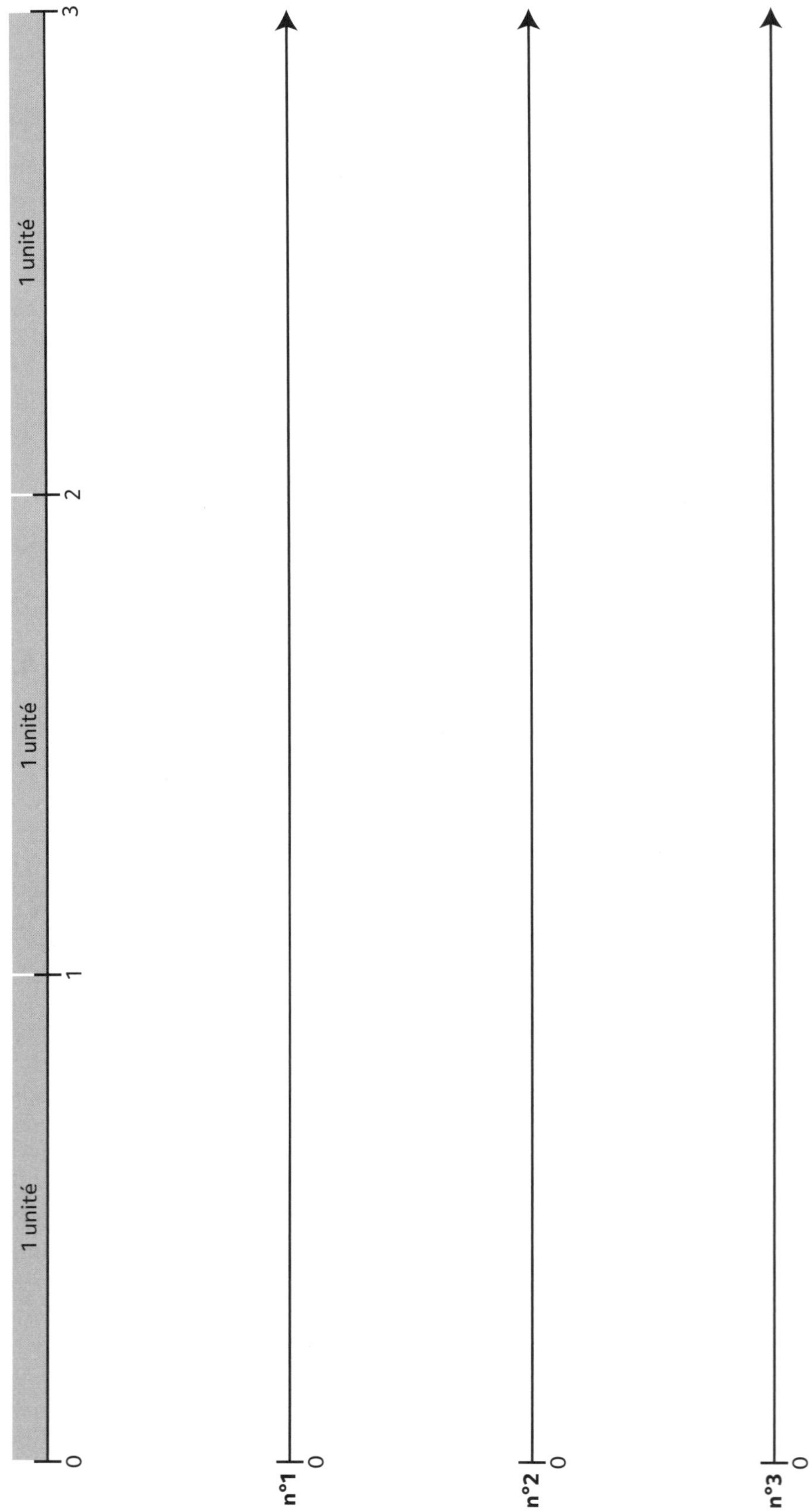

Fiche JEUX Domino des fractions • niveau 1

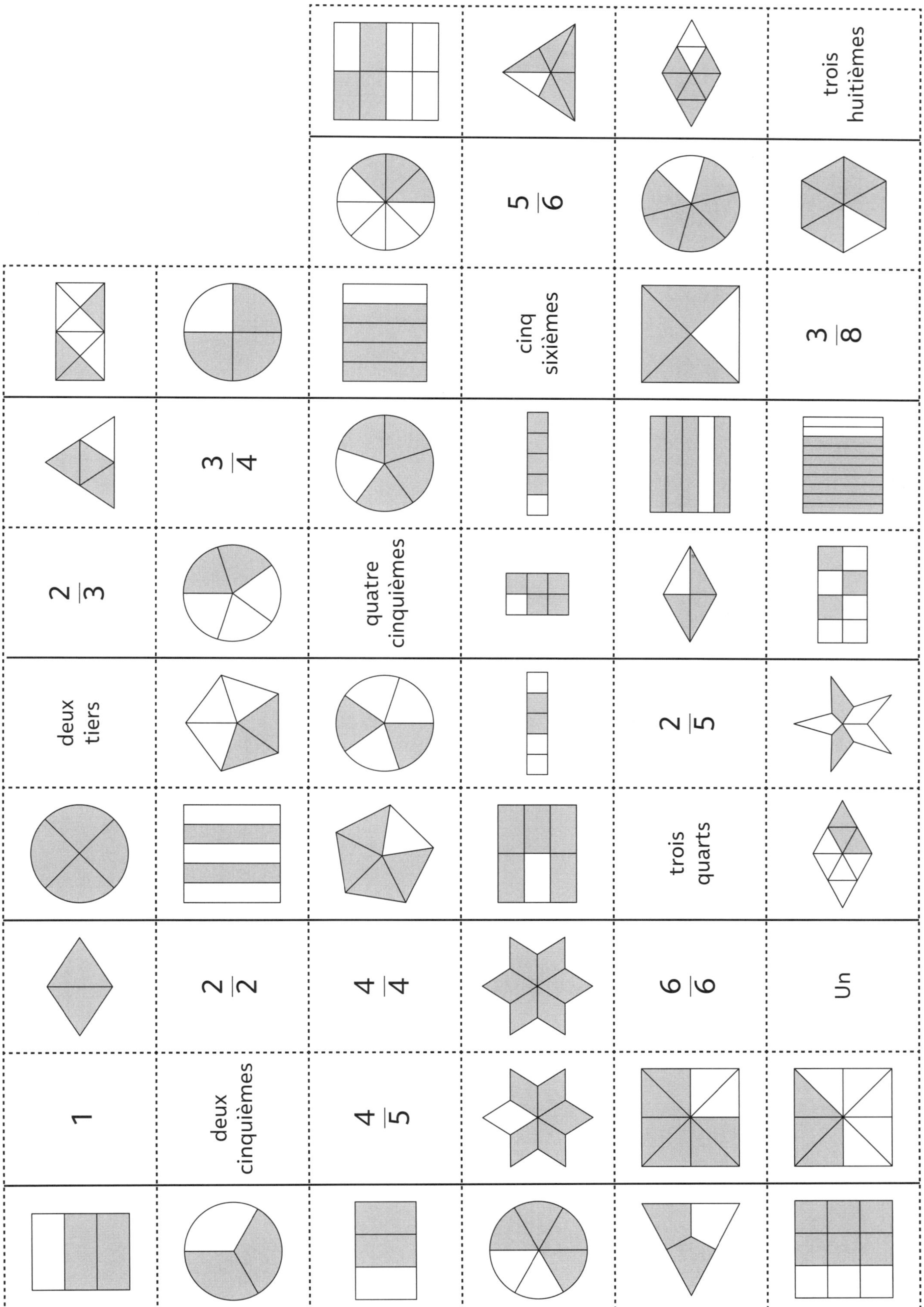

Fiche JEUX Domino des fractions • niveau 2

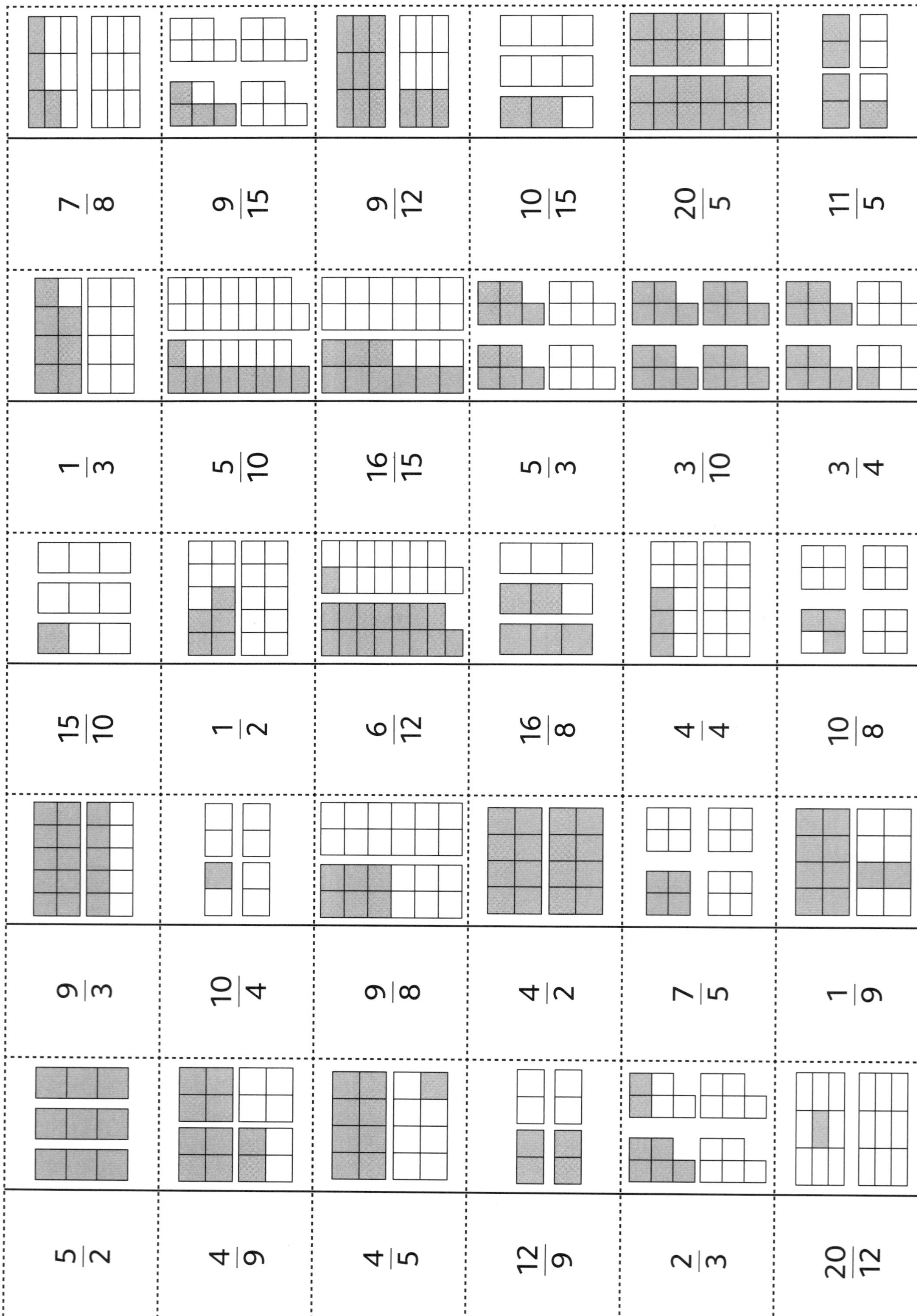

Le JEU du Dé-nominateur

◆◆◆

Fraction obtenue

....
―――――
....

1 Propose une représentation.

2 Écris la fraction en lettres.

....

3 Compare-la à 1.

....

4 Décompose-la sous la forme d'un entier et d'une fraction inférieure à 1.

....

5 Indique entre quels nombres entiers elle se trouve.

.... < .... < ....

6 Trouve une autre fraction égale à la fraction obtenue.

....

module 3

Les fractions décimales

Progression des apprentissages dans le module

SÉANCE 1	• Vérification des prérequis
SÉANCE 2	• Situation de référence « Les maths en vie »
SÉANCE 3	• MISSION 1 Lire, écrire, représenter des fractions décimales jusqu'aux centièmes
SÉANCE 4	• Entrainement mission 1
SÉANCE 5	• MISSION 2 Décomposer des fractions décimales
SÉANCE 6	• Entrainement mission 2
SÉANCE 7	• MISSION 3 Comparer, ranger, encadrer des fractions décimales
SÉANCE 8	• Entrainement mission 3
SÉANCE 9	• Synthèse • Retour sur la situation de référence
SÉANCE 10	• Évaluation sommative
SÉANCE 11	• Rebrassage

CM2

• En CM2, voici la mission qui sera travaillée en continuité de celles réalisées en CM1. Si vous le souhaitez, ou si une programmation de cycle le prévoit, vous pouvez donc aller plus loin et la proposer à vos élèves. Se référer alors au site compagnon sur lequel vous trouverez son descriptif.

MISSION 4

Lire, écrire, représenter des fractions décimales jusqu'aux millièmes

Compétences LSU et BO

Utiliser et représenter les grands nombres entiers, des fractions simples, **les nombres décimaux**.

- Connaitre les unités de la numération décimale (unités simples, dixièmes, centièmes, millièmes) et les relations qui les lient.
- Connaitre et utiliser diverses désignations orales et écrites d'un nombre décimal (fractions décimales).
- Écrire une fraction décimale sous forme de somme d'un entier et d'une fraction inférieure à 1.
- Repérer et placer des fractions décimales sur une demi-droite graduée adaptée.
- Encadrer une fraction décimale par deux nombres entiers consécutifs.
- Comparer deux fractions décimales de même dénominateur.

Lexique

- **Fraction décimale :** fraction dont le numérateur est un nombre entier et dont le dénominateur est une puissance de 10 (1, 10, 100…).

Un nombre décimal est une fraction décimale écrite sous sa forme décimale.

Apports didactiques

- La fraction décimale est apparue au Moyen Âge avec les travaux de mathématiciens arabes tels qu'Al-Uqlidisi, qui sera le premier à proposer d'écrire les nombres à l'aide de fractions décimales, et Al-Kashi, qui, cinq cents ans plus tard, développera l'arithmétique des fractions décimales. Ce système évoluera en Occident, à la fin du Moyen Âge, comme facilitateur de calcul : la fraction décimale devient le deuxième maillon de la chaine de numération qui conduit à l'écriture décimale !
- L'étude approfondie des fractions décimales peut paraitre anecdotique si on les considère comme un cas particulier des fractions simples. **Cette étude s'avère néanmoins primordiale pour l'élargissement de la numération entière à la partie décimale.** En effet, on examine ici le cas particulier des fractions dont les dénominateurs sont des puissances de 10. On y exploite ainsi les particularités liées au système décimal en les élargissant à la partie fractionnaire : « *un dixième, c'est l'unité partagée en 10 parts égales et un centième en 100 parts égales* » mais aussi un « *dixième de dixième fonctionne de manière similaire à la dizaine de dizaine mais pour partager* ». Les élèves s'en convaincront grâce à la représentation d'un centième sous la forme d'un carré-unité 10 × 10, très semblable à la représentation de la centaine.
- Toutes les manipulations autour des fractions décimales sont des étapes qui permettront ultérieurement de mieux comprendre le nombre décimal. La décomposition en un nombre entier et une fraction inférieure à 1 est à ce titre fondamentale : par ex., la décomposition de $\frac{15}{10}$ en $1 + \frac{5}{10}$ évoluera en 1,5 dans le module suivant et permettra de comprendre les notions de partie entière et de partie décimale. Aussi, la décomposition de $\frac{53}{100}$ en $\frac{5}{10} + \frac{3}{100}$, qui nécessite l'utilisation de l'égalité $\frac{50}{100} = \frac{5}{10}$, facilitera la comparaison de 0,53 et de 0,6 (53 centièmes étant inférieur à 6 dixièmes). On peut enfin insister sur l'utilisation du vocabulaire « dixièmes, centièmes, millièmes » associé à la fraction correspondante.

Difficultés rencontrées par les élèves

En tant que maillon intermédiaire entre la fraction simple et l'écriture décimale, on retrouve ici grand nombre des difficultés liées à l'une ou l'autre de ces deux notions.

1 Difficulté à se représenter les fractions décimales :
- représentation de fractions décimales plus grandes que 1 :

→ $\frac{12}{10}$ est confondu avec $\frac{10}{12}$.

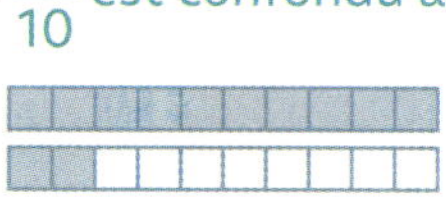

- confusion entre les dixièmes et les centièmes :

→ $\frac{2}{10}$ est représenté à la place de $\frac{2}{100}$.

2 Difficulté à calculer avec les fractions décimales :
- généralisation des opérations sur les entiers aux fractions décimales :

→ $\frac{23}{10} + \frac{54}{10}$ est confondu avec $\frac{23+54}{10+10}$.

- non-prise en compte des numérateurs différents :

→ $\frac{24}{10} + \frac{3}{100}$ est confondu avec $\frac{27}{10}$.

Certaines difficultés sont propres aux fractions décimales.

3 Liens dixièmes, centièmes, millièmes :
- difficulté à intégrer que $\frac{2}{10} = \frac{20}{100}$.
- difficulté à composer et à décomposer :

→ comprendre que $\frac{127}{100}$, c'est aussi $1 + \frac{2}{10} + \frac{7}{100}$.

4 Comparaison directe des numérateurs sans tenir compte du dénominateur :

→ $\frac{53}{100}$ est pensé comme nombre supérieur à $\frac{6}{10}$ car 53 > 6.

AUTOÉVALUATION, SITUATION DE RÉFÉRENCE

DURÉE

45 min

MATÉRIEL

- Guide-âne (voir Fiche outil Module 2)
- Droite graduée en dixièmes (format A3)

COMPÉTENCES

- Chercher
- Raisonner
- Communiquer

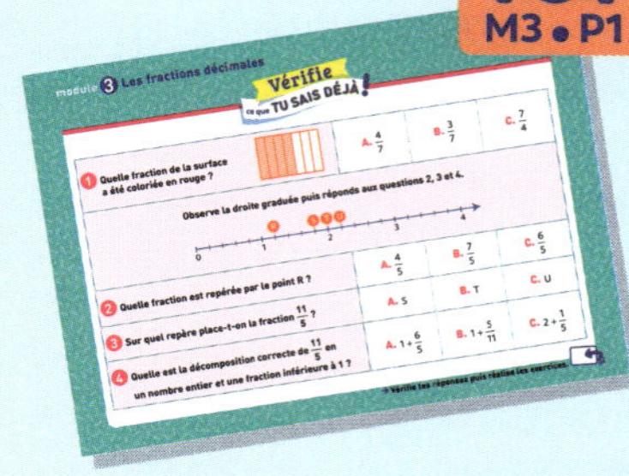

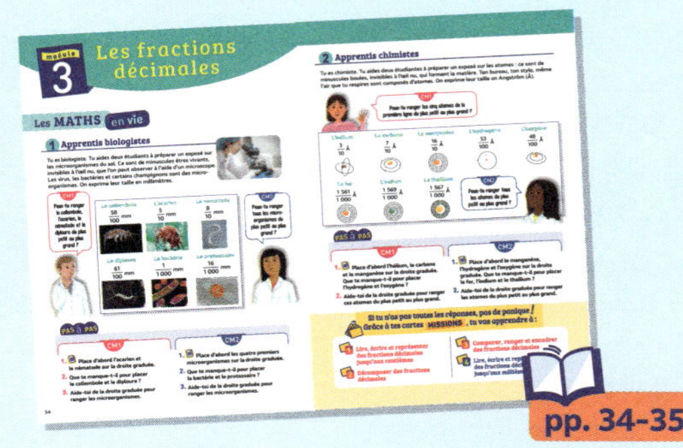

Autoévaluation

12 min Autoévaluation formative, autocorrection

Exercice 1 : maitriser la fraction partage.
Exercices 2 et 3 : lire et placer une fraction sur une droite graduée.
Exercice 4 : décomposer une fraction en un nombre entier et une fraction inférieure à 1.

8 min Remédiation ou Défi

Exercice 1 : on réactive la signification de numérateur et dénominateur. On demande d'écrire des fractions représentées sur différents supports.
Exercices 2 et 3 : on propose un pas à pas pour comprendre le fonctionnement d'une droite graduée.
Exercice 4 : une représentation en bande permet de visualiser le nombre d'unités contenues dans $\frac{11}{5}$. On propose un pas à pas pour décomposer $\frac{13}{5}$.
Défi : on attend 5 solutions différentes pour représenter le partage $\frac{3}{4}$ / $\frac{1}{4}$. Après avoir trouvé différents découpages possibles de l'unité en 4 parts égales, on joue sur le placement des couleurs.

Situations de référence

Organisation

Deux situations sont proposées dans le manuel CM1-CM2 ; elles sont communes au CM1 et au CM2. Vous pouvez ainsi vous organiser avec les autres enseignants qui utilisent la méthode : une année, tous les élèves de CM1 et CM2 font la situation 1 par exemple, l'année d'après, tous les élèves font la situation 2. Ainsi, les élèves feront deux situations de référence différentes s'ils ont la même méthode deux années de suite.

1 Apprentis biologistes

5 min Appropriation collective de la situation

« De quoi parle-t-on ?
Que devons-nous chercher à faire ?

Il faut aider les étudiants à ranger la taille des quatre premiers microorganismes de la plus petite à la plus grande.
Les mesures sont données sous la forme d'une fraction avec un dénominateur 10 ou 100.

10 min Recherche PAS à PAS

Les élèves doivent utiliser une droite graduée en dixièmes pour ranger les microorganismes. D'abord, ils placent l'acarien et le nématode. Les deux tailles, exprimées en dixièmes, ne posent pas de difficultés particulières.
La question suivante induit de partager l'unité en 100 parts égales : il faut repartager à priori chacune des parts existantes en 10 parts égales. Il n'est pas évident que l'ensemble des élèves établissent le lien. D'autre part, l'inutilité d'effectuer cette opération sur l'ensemble de la droite graduée n'est pas naturelle pour tous ; les deux fractions étant $\frac{58}{100}$ et $\frac{61}{100}$, graduer entre $\frac{5}{10}$ et $\frac{7}{10}$ suffit.
La nécessité de comprendre le lien entre dixièmes et centièmes et l'intérêt d'utiliser la droite graduée pour ranger des fractions apparaissent. On cherche aussi à introduire les décompositions du type $\frac{58}{100} = \frac{5}{10} + \frac{8}{100}$.

10 min Analyse collective et explicitation des apprentissages à venir

On rappelle la signification du dénominateur : « dixièmes » comme partage de l'unité en 10 parts égales et « centièmes », en 100 parts égales, en s'appuyant sur le placement des fractions sur la droite graduée. On met aussi en lumière la difficulté de partager l'unité en centièmes. On peut insister sur la réussite des élèves qui ont fait le lien entre centièmes et dixièmes de dixièmes et justifier la nécessité de construire ce savoir. On peut aussi valoriser la procédure de ceux qui auraient utilisé instinctivement la décomposition de $\frac{58}{100}$ en $\frac{50}{100} + \frac{8}{100}$ ou même en $\frac{5}{10} + \frac{8}{100}$ pour ne graduer que le nécessaire.

2 Apprentis chimistes

La situation des chimistes est semblable à celle des biologistes, mais l'unité utilisée ici, l'angström, est inconnue des élèves.
On ordonne 5 atomes dont la taille est donnée en dixièmes ou en centièmes. Certains ont ici une taille supérieure à l'unité.

Aide / différenciation

En dehors de la fiche, le **guide-âne** peut également être proposé si on choisit de donner une droite non graduée en dixièmes.

MISSION 1

Lire, écrire, représenter des fractions décimales jusqu'aux centièmes

DURÉE

45 min

MATÉRIEL

- Recette et verre doseur

COMPÉTENCES

- Chercher
- Raisonner
- Communiquer

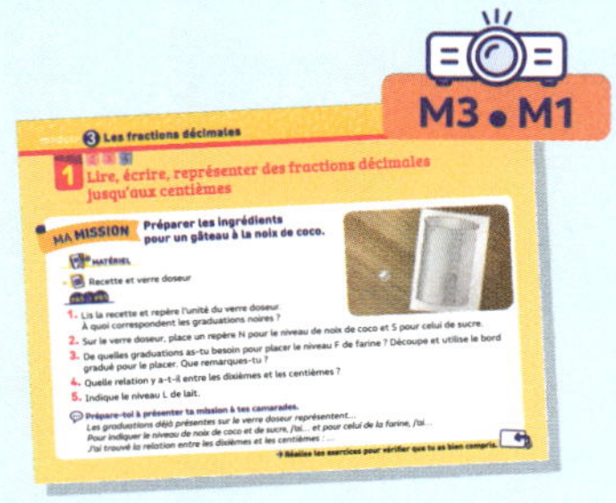

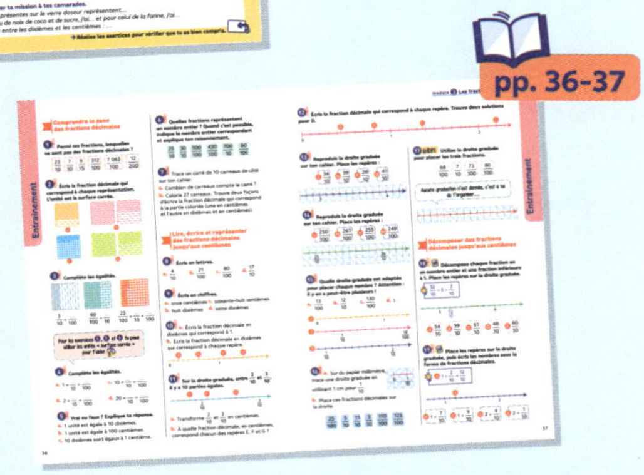

OBJECTIFS

- Construire les dixièmes et les centièmes.
- Définir une fraction décimale.

PRINCIPE DE LA MISSION

- Dans le module précédent, les élèves ont découvert puis appris à manipuler les fractions simples. Dans cette mission, on utilise ces connaissances au service du **cas particulier des fractions décimales**. On les étudie et on les définit **par le biais de la droite graduée** (représentée par un verre doseur), en dixièmes puis en centièmes. On aborde aussi leurs **spécificités liées au système décimal**, à savoir les liens qui les unissent : $1 = \frac{10}{10} = \frac{100}{100}$ et $\frac{1}{10} = \frac{10}{100}$.
Notons que l'égalité générale entre deux fractions ne sera détaillée qu'en CM2.

5 min Appropriation collective

Individuellement, les élèves découvrent le matériel et la consigne de la mission sans aborder le pas à pas. Puis ils échangent sur ce qu'ils ont compris :

> *Que devez-vous faire ? De quel matériel disposez-vous ? Que représente l'objet sur la feuille ? À quoi peuvent servir les traits sur la feuille ?*

L'enseignant·e conclut :

> *Lors de cette mission, vous allez utiliser le verre doseur reproduit sur la feuille A4 pour représenter le niveau de chaque ingrédient nécessaire à la recette. Les quantités d'ingrédients sont indiquées à l'aide de fractions.*

15 min Recherche individuelle et confrontation en binôme

La mission débute par l'observation du matériel à disposition et notamment du verre reproduit sur la feuille A4. On attend des élèves qu'ils identifient les graduations des « dixièmes », au regard des acquis sur les fractions simples. Ils doivent placer les repères des fractions $\frac{2}{10}$ et $\frac{4}{10}$. L'étape suivante introduit les fractions en « centièmes ». On les guide vers l'utilisation du bord de la feuille sur lequel un dixième a été partagé en 10 parts égales : en centièmes !
Les élèves peuvent alors positionner le niveau correspondant à la fraction $\frac{40}{100}$ et constater qu'il correspond à $\frac{4}{10}$. À cette étape, certains élèves éprouveront la nécessité de graduer tout le verre jusqu'à la fraction $\frac{40}{100}$ avant d'effectuer cette constatation. Ils doivent ensuite établir ce lien de manière formelle en donnant les égalités $\frac{4}{10} = \frac{40}{100}$ et $\frac{1}{10} = \frac{10}{100}$. Cette nouvelle connaissance est utilisée pour placer $\frac{84}{100}$, en s'aidant du bord gradué.

10 min Mise en commun et trace écrite provisoire

On revient d'abord sur les graduations déjà présentes et on réaffirme le principe des fractions : l'unité a été partagée en 10 parts égales, chaque graduation représente donc un « dixième ». L'enseignant-e s'appuie sur les acquis des fractions simples pour les transposer aux fractions décimales,

et ainsi faire placer les fractions $\frac{2}{10}$ et $\frac{4}{10}$. On explicite l'égalité $\frac{40}{100} = \frac{4}{10}$, qui nécessite la compréhension de l'égalité $\frac{1}{10} = \frac{10}{100}$. Il est possible d'insister en en faisant détailler d'autres : $\frac{2}{10} = \frac{20}{100}$, $\frac{3}{10} = \frac{30}{100}$, etc.

La démarche des élèves n'ayant pas gradué l'ensemble des 10ᵉ est mise en lumière. On la retrouve alors pour placer le repère de la fraction $\frac{84}{100}$.

Était-il nécessaire de graduer tout le verre jusqu'à $\frac{84}{100}$?
Où est située approximativement cette fraction ?

L'enseignant-e apporte enfin le vocabulaire en définissant (après avoir questionné ou pas le groupe) la notion de fraction décimale :

Ce sont les fractions qui ont un dénominateur égal à 10, 100…

Réponses possibles

Les graduations déjà présentes sur le verre doseur représentent *des dixièmes car l'unité a été partagée en 10 parts égales*.
Pour indiquer le niveau de noix de coco et de sucre, j'ai *dénombré 2 graduations (respectivement 4 graduations) à partir du 0*. Et pour celui de la farine, j'ai *partagé encore les graduations en 10 grâce aux graduations du bord de la feuille (seulement celles entre $\frac{4}{10}$ et $\frac{5}{10}$)*.
J'ai trouvé la relation entre les dixièmes et les centièmes, c'est $\frac{1}{10} = \frac{10}{100}$.
Les centièmes sont des dixièmes de dixièmes.

▶ Trace provisoire possible

Je retiens de la MISSION 1

- Certaines fractions ont un dénominateur égal à 10 ou à 100, elles s'appellent des fractions décimales.
- $1 = \frac{10}{10} = \frac{100}{100}$ et $\frac{1}{10} = \frac{10}{100}$.
- Pour placer ces fractions sur une droite graduée, nous pouvons partager l'unité en dixièmes ou centièmes (des dixièmes de dixièmes).

15 min Exercices d'appropriation

Exercices proposés	Observations	En cas de difficultés Sélection d'exercices du manuel
Exercice 1 : cet exercice permet de généraliser la découverte des fractions décimales à celles supérieures à 1 et de vérifier le lien entre unités, dixièmes et centièmes. Il est attaché au contexte de la mission.	*« L'élève est-il capable d'identifier une fraction décimale écrite mathématiquement ou représentée ? »* *« L'élève a-t-il fait le lien entre l'unité, les dixièmes, les centièmes ? »*	**Exercices 2 - 3 - 7 p. 36** (basés sur la représentation) OU **Exercices 1 - 4 - 6 p. 36** (exercices plus formels)
Exercice 2 : cet exercice formalise le lien entre droite graduée et 10ᵉ (ou 100ᵉ) en se détachant du contexte de la mission.	*« L'élève est-il capable de lire et placer une fraction en 10ᵉ (respectivement en 100ᵉ) sur une droite graduée ? »*	**Exercices 10 - 12 - 13** **pp. 36-37**
Exercice 3 : cet exercice permet de renforcer le lien entre 10ᵉ et 100ᵉ au travers de la droite graduée.	*« L'élève est-il capable de lire et placer une fraction en 10ᵉ ou 100ᵉ sur une droite graduée ? »*	**Exercices 11 - 14 - 15** **pp. 36-37**

Aide / différenciation

Cette séance étant déjà basée sur la manipulation, on peut proposer si besoin dans les exercices d'appropriation de **revenir à l'outil « bord gradué »**. On peut aussi proposer le recours aux **planches de représentations** pour montrer le lien entre unités, dixièmes, centièmes : à l'aide de carrés-unités ou de bandes-unités.

MISSION 2

Décomposer des fractions décimales

DURÉE

45 min

MATÉRIEL

▶ Performances au 100 m

COMPÉTENCES

▶ Chercher
▶ Raisonner
▶ Communiquer

M3 • M2

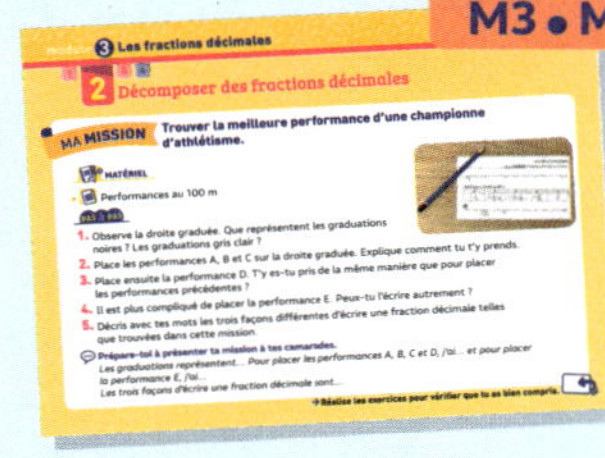

pp. 37 à 39

OBJECTIFS

- Décomposer des fractions décimales sous la forme d'un nombre entier et d'une fraction décimale inférieure à 1.
- Faire le lien entre différentes représentations des fractions décimales.

PRINCIPE DE LA MISSION

- Dans la mission 1, les élèves ont découvert la notion de fraction décimale. Cette étude est poursuivie en manipulant différentes écritures de ces nombres. En s'appuyant de nouveau sur la droite graduée en 100e entre $11 + \frac{5}{10}$ et 12 étant indiqué, ils vont devoir composer / décomposer les différentes écritures (représentant des performances athlétiques) afin de les placer correctement. On attend ainsi qu'ils soient capables de **manipuler les 3 écritures les plus utilisées des fractions décimales : la fraction décimale, la décomposition en un nombre entier et une fraction décimale inférieure à 1 et la décomposition canonique**.

5 min Appropriation collective

Individuellement, les élèves découvrent le matériel et la consigne de la mission sans aborder le pas à pas. Puis ils échangent sur ce qu'ils ont compris :

« Que devez-vous faire ? De quel matériel disposez-vous ? Que diriez-vous de la droite graduée fournie ? Comment sont exprimées les performances listées ?

L'enseignant-e conclut :

« Lors de cette mission, vous allez devoir placer sur la droite graduée les performances d'une athlète. Ces performances ne sont pas toutes exprimées de la même manière.

15 min Recherche individuelle et confrontation en binôme

Les élèves observent le matériel mis à disposition et en particulier la droite graduée. L'origine n'est pas présente, elle « débute » à $11 + \frac{5}{10}$ et 12 étant indiqués. On attend des élèves qu'ils associent les graduations noires aux dixièmes et les gris clair aux centièmes. Il s'agit ensuite de placer les premières fractions décimales en réinvestissant les acquis des fractions simples. L'objectif est qu'ils puissent verbaliser que « $11 + \frac{7}{10}$, c'est 7 dixièmes après 11, c'est-à-dire 2 graduations après $11 + \frac{5}{10}$. » De même, ils placent $11 + \frac{8}{10} + \frac{1}{100}$ en indiquant qu'elle est située « $\frac{8}{10}$ et $\frac{1}{100}$ après 11 ». Puis les élèves sont confrontés à la difficulté de positionner la fraction « $\frac{99}{100}$ après 11 ». Il apparait alors intéressant d'utiliser l'écriture : $11 + \frac{9}{10} + \frac{9}{100}$. L'enseignant-e les guide dans cette démarche en rappelant les égalités du type $\frac{1}{10} = \frac{10}{100}$. La dernière performance $\frac{116}{10}$ nécessite également

d'avoir recours à l'égalité $1 = \frac{10}{10}$ ou $10 = \frac{100}{10}$.
On conclut en demandant une explicitation des différentes écritures d'une fraction décimale.

Il est possible de s'appuyer sur le nombre $\frac{116}{10}$.

10 min Mise en commun et trace écrite provisoire

On rappelle d'abord les différentes égalités :
$1 = \frac{10}{10} = \frac{100}{100}$ et $\frac{1}{10} = \frac{10}{100}$ qui ont permis l'identification des graduations noires et gris clair et la compréhension des différentes écritures. Ces égalités permettent aux élèves de composer et de décomposer les fractions décimales. Ils verbalisent les formes différentes avec lesquelles les performances ont été exprimées : pour les performances A à C, on insiste sur la forme décomposée en « un nombre entier et des fractions décimales en 10e et 100e ». Pour la performance D, on remarque que, cette fois, la partie fractionnaire n'est exprimée qu'avec une seule fraction : la performance est de la forme « nombre entier plus fraction inférieure à 1 ». L'enseignant-e peut expliciter les liens entre les deux formes. La dernière écriture n'est pas décomposée, il s'agit donc de faire cette décomposition. On formalise enfin les trois formes différentes.

Réponses possibles

Les graduations représentent *les dixièmes pour les noires et les centièmes pour les gris clair (les dixièmes sont partagés en 10)*.
Pour placer les performances A, B, C et D, j'ai *utilisé les écritures décomposées* : $11 + \frac{7}{10}$ et $11 + \frac{9}{10} + \frac{9}{100}$.
Et pour placer la performance E, j'ai *décomposé mais cette fois sous la forme d'un entier et d'une fraction décimale en 10e*.
Les trois façons d'écrire une fraction décimales sont : *sous forme d'une seule fraction, sous forme d'un nombre entier et d'une fraction inférieure à 1 ou sous forme d'un nombre entier et d'une fraction en dixièmes et d'une fraction en centièmes*.

▶ Trace provisoire possible

Je retiens de la MISSION 2
Pour placer une fraction décimale sur une droite graduée, on peut l'exprimer sous la forme d'un nombre entier et d'une fraction décimale inférieure à 1 ou sous la forme d'un nombre entier et d'une fraction en dixièmes et d'une fraction en centièmes.

15 min Exercices d'appropriation

Exercices proposés	Observations	En cas de difficultés Sélection d'exercices du manuel
Exercice 1 : cet exercice permet de vérifier que l'élève est capable de placer des fractions sur une droite graduée en choisissant l'écriture facilitante.	*« L'élève est-il capable de décomposer une fraction décimale en s'appuyant sur la droite graduée ? »*	Exercices 18 - 21 - 26 pp. 37-38
Exercices 2-3 : ces exercices permettent de guider les élèves vers une décomposition plus formalisée avec l'appui de la droite graduée.	*« L'élève est-il capable de décomposer en 10e et/ou en 100e en formalisant la décomposition ? »*	
Exercice 4 : cet exercice permet de vérifier si l'élève est capable de recomposer une fraction.	*« L'élève est-il capable de recomposer une fraction décimale ? »*	Exercices 19 - 22 - 27 pp. 37 à 39
Pour aller plus loin	*« L'élève est-il capable de manipuler les écritures de fractions décimales de manière abstraite ? »*	Exercices 24 - 25 - 28 - 29 pp. 38-39

Aide / différenciation

Afin de favoriser le passage entre les différentes écritures, on peut proposer également de s'appuyer sur des représentations usuelles des fractions décimales comme **des carrés-unités**.

MISSION 3

Comparer, ranger, encadrer des fractions décimales

DURÉE
45 min

MATÉRIEL
- Nombres et droite graduée
- De la colle ou de la pâte à fixer

COMPÉTENCES
- Chercher
- Raisonner
- Communiquer

M3 • M3

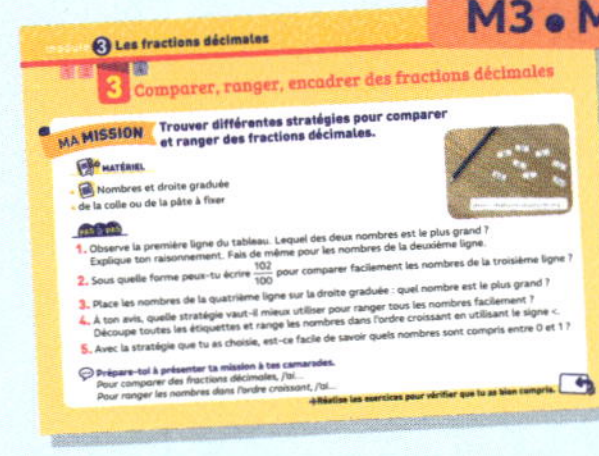

pp. 39-40

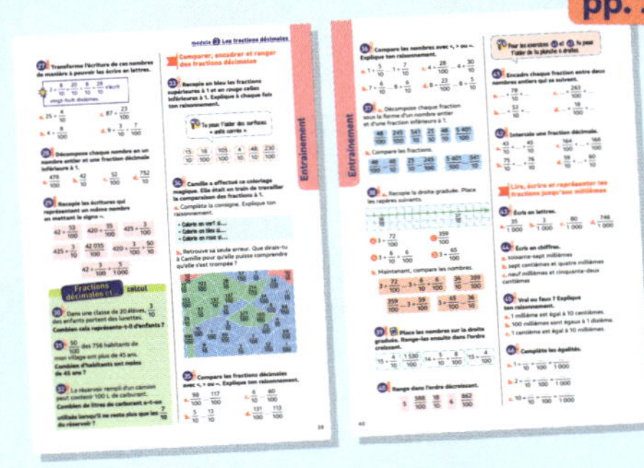

OBJECTIF

- Comparer, ranger, encadrer des fractions décimales en utilisant différentes stratégies.

PRINCIPE DE LA MISSION

- Dans les missions 1 et 2, les élèves ont appris à manipuler les fractions décimales sous différentes formes, à les décomposer et à les recomposer. Cette nouvelle mission s'appuie sur ces éléments pour **découvrir les différentes stratégies utiles à la comparaison, le rangement et l'encadrement des fractions décimales**. On aborde ainsi, pas à pas, différentes méthodes de comparaison en s'aidant essentiellement de la droite graduée pour les justifier.

5 min Appropriation collective

Individuellement, les élèves découvrent le matériel et la consigne de la mission sans aborder le pas à pas. Puis ils échangent sur ce qu'ils ont compris :

« De quel matériel disposez-vous ? Qu'est-ce qui est écrit sur les différentes étiquettes ? Que devez-vous faire ? »

L'enseignant-e conclut :

« Lors de cette mission, vous allez apprendre à comparer des fractions décimales écrites sous plusieurs formes, en vous aidant particulièrement de la droite graduée mais pas seulement. »

15 min Recherche individuelle et confrontation en binôme

Pour la première comparaison, on propose aux élèves d'utiliser une méthode expérimentée avec les fractions simples, la comparaison à l'unité. Ils comparent $\frac{13}{10}$ et 9 dixièmes puis $\frac{97}{100}$ et $\frac{102}{100}$. On n'attend pas ici, même si cela peut être évoqué, qu'ils s'appuient sur l'« oralisation » des nombres pour effectuer ces deux comparaisons de fractions décimales dont les dénominateurs sont égaux. La seconde comparaison s'appuie sur des fractions décimales sous deux formes différentes : $\frac{102}{100}$ et $1 + \frac{1}{100}$. Les élèves peuvent au choix décomposer $\frac{102}{100}$ en $1 + \frac{2}{100}$ et ainsi remarquer que $1 + \frac{2}{100}$ est supérieur à $1 + \frac{1}{100}$ (« Il y a $\frac{1}{100}$ de plus. ») ou bien exprimer $1 + \frac{1}{100}$ sous la forme $\frac{101}{100}$. Cette seconde stratégie fait appel à l'« oralisation » et pourra faire l'objet d'un débat d'efficacité lors de la mise en commun. La dernière stratégie, familière des élèves, les invite à placer les fractions sur la droite graduée fournie et introduit la réponse à la question suivante concernant la stratégie de rangement des fractions décimales.

10 min Mise en commun et trace écrite provisoire

On revient d'abord sur la comparaison à l'unité qui permet d'effectuer les deux premières comparaisons $\frac{13}{10} > 1$ tandis que 9 dixièmes est inférieur à 1.
De même, $\frac{97}{100} < 1$ et $\frac{102}{100} > 1$. On remarque que l'« oralisation » des fractions décimales permet de les comparer également : « treize dixièmes est supérieur à neuf dixièmes » ; il est ainsi aisé de comparer deux fractions décimales qui ont le même dénominateur. Pour la seconde stratégie, l'enseignant-e proposera les deux méthodes au débat : la décomposition de $\frac{102}{100}$ ou bien la recomposition de $1 + \frac{1}{100}$. On peut alors réinvestir l'« oralisation » découverte lors de la première question. Enfin, on aborde l'intérêt de l'utilisation de la droite graduée. L'enseignant-e insiste sur le côté « universel » de cette méthode, à la fois pour comparer deux fractions mais aussi pour les ranger. Cette stratégie offre également un accès « visuel » à l'encadrement et à la comparaison à l'unité : l'enseignant-e revient alors sur la stratégie utilisée à la question 1. On remarque que les comparaisons des nombres 2 à 2 peuvent être utilisées mais que ce travail est plus fastidieux.

Réponses possibles

« Pour comparer des fractions décimales, j'ai utilisé différentes stratégies. Par exemple, *on peut les comparer à l'unité*, on peut *les décomposer ou les recomposer pour qu'elles aient la même forme*, ou on peut *les placer sur une droite graduée*.
Pour ranger les nombres dans l'ordre croissant, j'ai *utilisé la stratégie de la droite graduée en y plaçant les fractions et en lisant le rangement dans le sens croissant (dans le sens de la flèche)*.

▶ Trace provisoire possible

Je retiens de la MISSION 3

- Comme pour tous les nombres, il est possible de comparer deux fractions décimales en utilisant le signe < ou >.
- Il est possible aussi de ranger des fractions décimales dans l'ordre croissant ou décroissant en utilisant la droite graduée qui les ordonne par ordre croissant dans le sens de la flèche.
- On peut également encadrer une fraction décimale entre deux nombres entiers consécutifs.
- On peut aussi utiliser la décomposition sous la forme d'un nombre entier et d'une fraction décimale inférieure à 1 pour comparer une fraction décimale à l'unité ou deux fractions décimales entre elles.

15 min Exercices d'appropriation

Exercices proposés	Observations	En cas de difficultés Sélection d'exercices du manuel
Exercice 1 : cet exercice permet de réinvestir les stratégies de comparaison utilisées dans la mission.	*« L'élève est-il capable de choisir une stratégie adaptée à la comparaison de fractions décimales ? »*	Exercices 33 - 35 - 36 - 38 pp. 39-40 OU Exercices 34 - 35 - 37 - 38 pp. 39-40
Exercices 2-3 : ces exercices permettent d'aborder l'encadrement d'une fraction décimale entre deux nombres entiers consécutifs.	*« L'élève est-il capable d'encadrer une fraction décimale entre deux nombres entiers consécutifs ? »*	Exercice 41 p. 40
Exercice 4 : cet exercice permet de ranger des fractions décimales en s'aidant de leur placement sur une droite graduée.	*« L'élève est-il capable d'ordonner des fractions décimales ? »*	Exercices 39 - 40 p. 40
Pour aller plus loin	*« L'élève est-il capable d'utiliser ses connaissances sur les fractions décimales pour intercaler un nombre ? »*	Exercice 42 p. 40

Aide / différenciation

Il n'est pas souhaitable ici que les élèves s'appuient sur les représentations des fractions décimales autres que **la droite graduée** mais cela reste un outil de remédiation.

SYNTHÈSE, RETOUR SUR LA SITUATION DE RÉFÉRENCE

DURÉE

30 min

MATÉRIEL

- Droites graduées
- Guide-âne
- Outil loupe

COMPÉTENCES

- Chercher
- Raisonner
- Communiquer

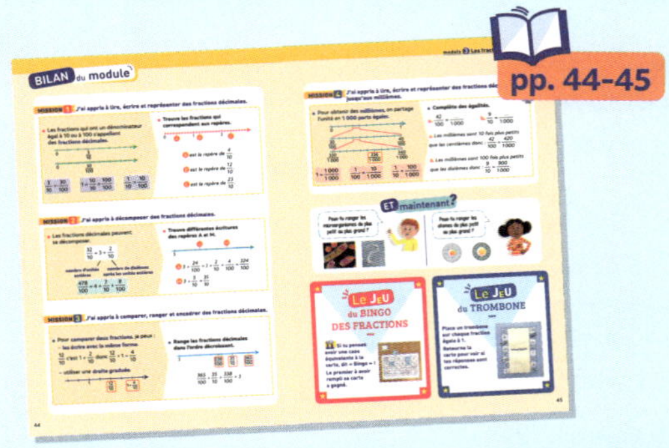

pp. 44-45

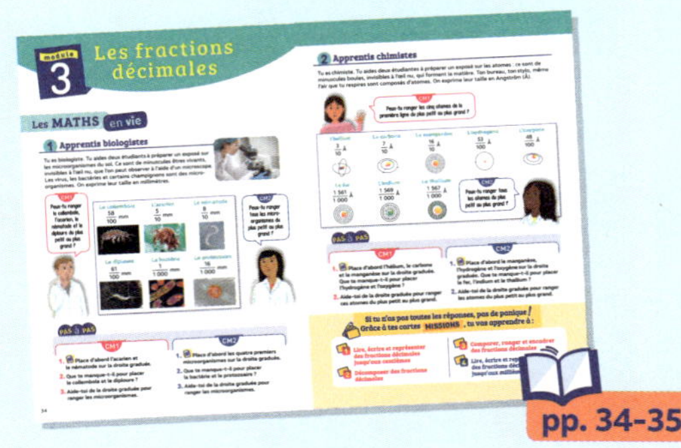

pp. 34-35

15 min Retour sur les traces écrites provisoires des missions

Les élèves définissent une fraction décimale : fraction dont le dénominateur est 10, 100… On insiste sur les différentes représentations de ces fractions (carré 10×10 et droite graduée notamment) et sur les liens tels que $1 = \frac{10}{10} = \frac{100}{100}$ mais aussi $\frac{1}{10} = \frac{10}{100}$. On écrit les différentes décompositions d'une fraction décimale.

$$\frac{247}{100} = 2 + \frac{4}{10} + \frac{7}{100} = 2 + \frac{47}{100} = \frac{24}{10} + \frac{7}{100}.$$

La droite graduée et les décompositions sont des supports pour la comparaison et l'encadrement. Comme pour les fractions simples, on peut au fur et à mesure compléter une carte mentale issue de la fraction décimale $\frac{247}{100}$. Pour les CM2, on insèrera l'outil loupe en complément.

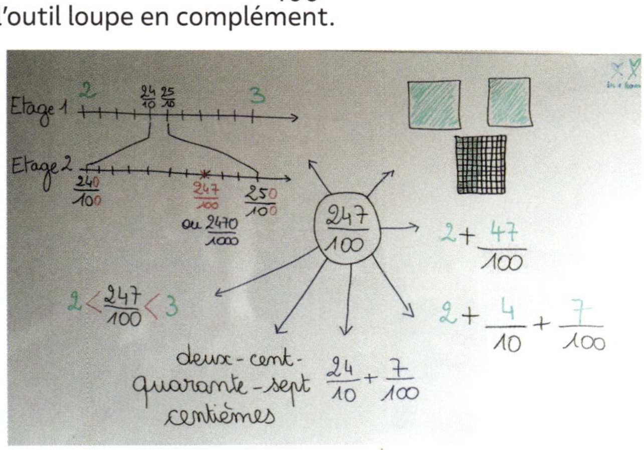

5 min Mémo

10 min Retour sur la situation de référence

L'objectif était de ranger les tailles des microorganismes dans l'ordre croissant.
Pour contourner la difficulté de positionner les fractions décimales en 100e sur la droite graduée, on rappelle l'intérêt de décomposer ces fractions.
Ex. : $\frac{58}{100} = \frac{5}{10} + \frac{8}{100}$. On rappelle aussi que la lecture sur la droite graduée permet de ranger « facilement » des nombres.

Phase active

Les élèves doivent positionner les fractions décimales sur la droite graduée. On repart de leur tentative en début de module et on complète. On attend l'utilisation des décompositions pour faciliter ce travail qu'ils n'avaient pas su faire initialement. On attire leur attention sur la non-nécessité de partager tous les dixièmes en centièmes.

Solutions possibles pour la situation n° 1

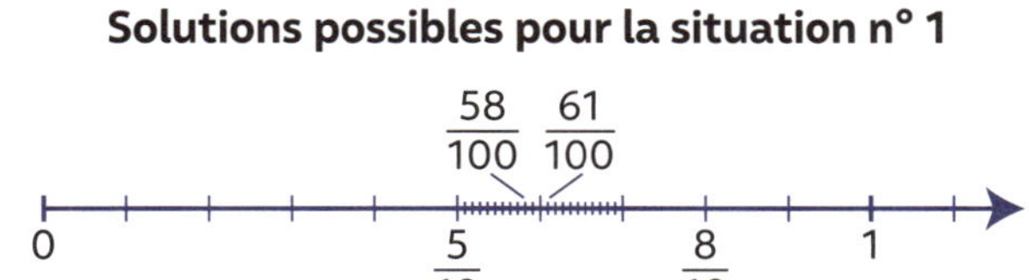

L'acarien $\frac{5}{10}$ mm

Le collembole $\frac{58}{100}$ mm

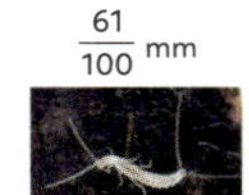
Le diploure $\frac{61}{100}$ mm

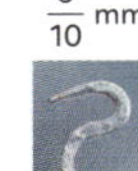
Le nématode $\frac{8}{10}$ mm

Conclusion

Un élève expose sa solution au reste du groupe.

JEUX

DURÉE

30 min

COMPÉTENCES

- Chercher
- Raisonner
- Communiquer

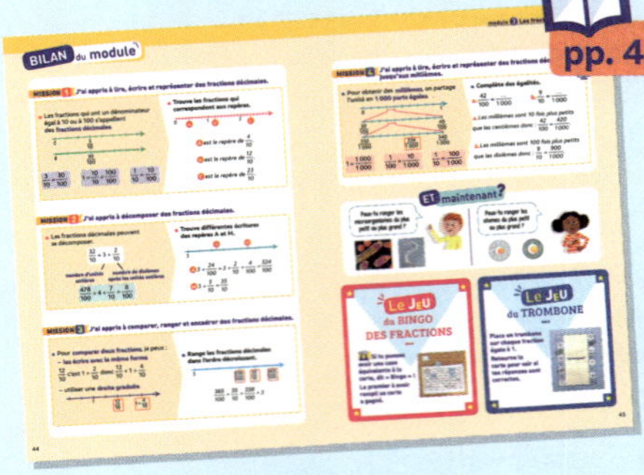

pp. 44-45

DIFFÉRENCIATION

- Deux jeux sont proposés, l'un relevant plutôt du **CM1 (à gauche)** et l'autre du **CM2 (à droite)**. Ils pourront cependant tous deux être proposés aux élèves selon leur niveau, vous permettant ainsi de différencier ce temps.

Le JEU du Bingo des fractions

ORGANISATION 2 à 4 joueurs + 1 élève meneur du jeu

MATÉRIEL • grilles de bingo imprimées sur du papier de couleur • cartes à piocher

RÈGLE DU JEU *comme un jeu de bingo classique*

Les grilles de jeu sont réparties entre les joueurs (une en moins pour 3 joueurs). Le meneur pioche une carte et la montre. Le premier joueur qui pense avoir l'équivalent sur sa grille dit « bingo ». Si sa proposition est correcte, il pose la carte sur sa grille, sinon un autre joueur peut à son tour dire « bingo » et la récupérer. Le premier à avoir complété sa grille gagne la partie.

Le JEU du Trombone

ORGANISATION individuelle et autocorrective ou en binôme pour favoriser les interactions

MATÉRIEL • fiches autocorrectives imprimées en recto verso • des pinces à linge ou des trombones

RÈGLE DU JEU

Sur le recto, l'élève place un trombone sur la réponse qu'il pense correcte. Au verso, l'emplacement du trombone lui permet de valider sa réponse.
Plusieurs compétences sont proposées : trouver les fractions égales à 1, trouver les fractions supérieures à 1, etc.

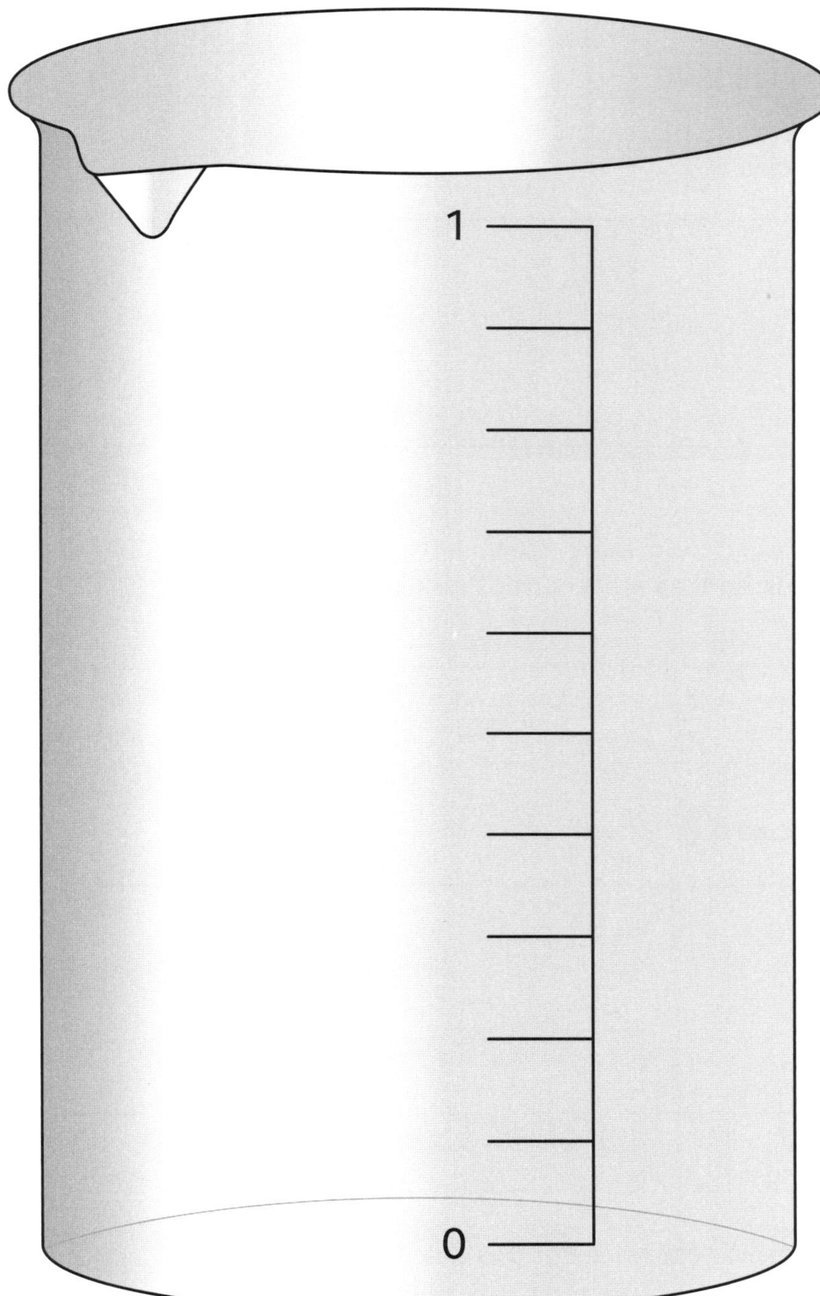

Recette du gâteau à la noix de coco

$\frac{2}{10}$ de noix de coco

$\frac{4}{10}$ de sucre

$\frac{40}{100}$ de farine

$\frac{84}{100}$ de lait

Performances en secondes aux 100 m

A	B	C	D	E
$11 + \frac{7}{10}$	$11 + \frac{8}{10} + \frac{1}{100}$	$11 + \frac{6}{10} + \frac{4}{100}$	$11 + \frac{99}{100}$	$\frac{116}{10}$

Exercice 1

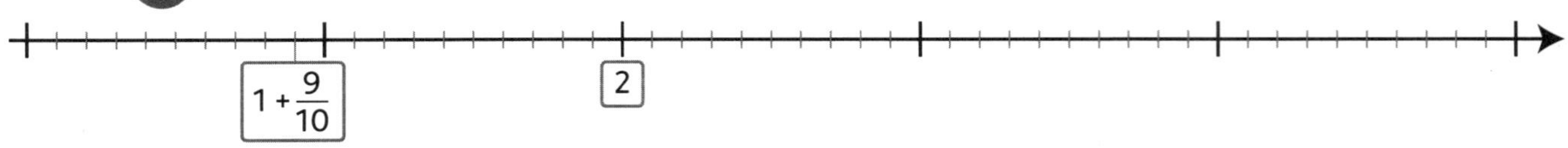

Performances en secondes aux 100 m

A	B	C	D	E
$11 + \frac{7}{10}$	$11 + \frac{8}{10} + \frac{1}{100}$	$11 + \frac{6}{10} + \frac{4}{100}$	$11 + \frac{99}{100}$	$\frac{116}{10}$

Exercice 1

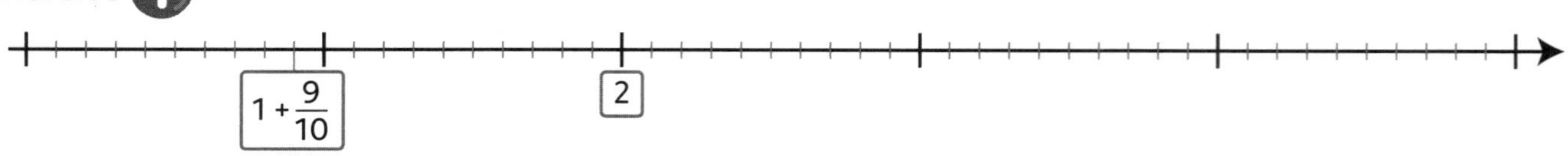

Performances en secondes aux 100 m

A	B	C	D	E
$11 + \frac{7}{10}$	$11 + \frac{8}{10} + \frac{1}{100}$	$11 + \frac{6}{10} + \frac{4}{100}$	$11 + \frac{99}{100}$	$\frac{116}{10}$

Exercice 1

1re ligne	$\frac{13}{10}$	9 dixièmes
2e ligne	$\frac{97}{100}$	$\frac{102}{100}$
3e ligne	$\frac{102}{100}$	$1 + \frac{1}{100}$
4e ligne	$\frac{9}{10} + \frac{8}{100}$	$\frac{99}{100}$

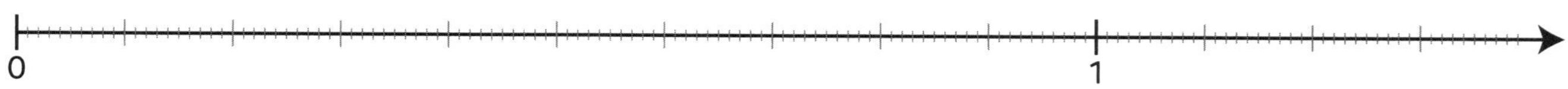

1re ligne	$\frac{13}{10}$	9 dixièmes
2e ligne	$\frac{97}{100}$	$\frac{102}{100}$
3e ligne	$\frac{102}{100}$	$1 + \frac{1}{100}$
4e ligne	$\frac{9}{10} + \frac{8}{100}$	$\frac{99}{100}$

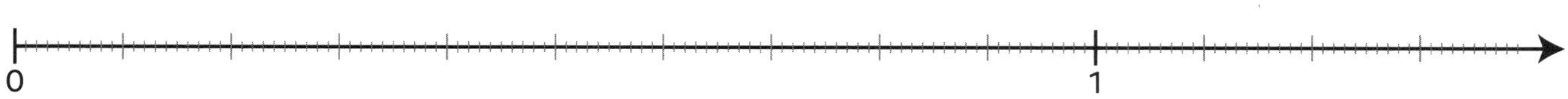

1re ligne	$\frac{13}{10}$	9 dixièmes
2e ligne	$\frac{97}{100}$	$\frac{102}{100}$
3e ligne	$\frac{102}{100}$	$1 + \frac{1}{100}$
4e ligne	$\frac{9}{10} + \frac{8}{100}$	$\frac{99}{100}$

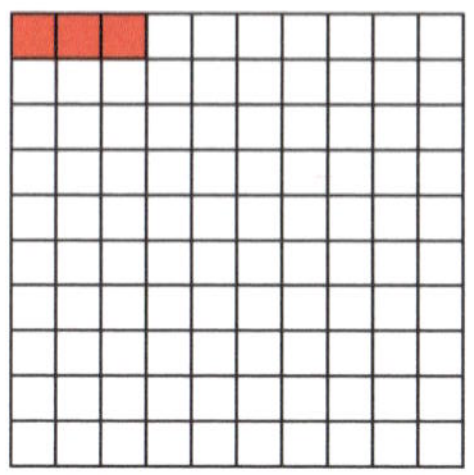	$\frac{3}{100}$	204 centièmes	$2 + \frac{4}{100}$	$\frac{34}{10}$	$\frac{340}{100}$
$\frac{432}{100}$	$4 + \frac{3}{10} + \frac{2}{100}$	4 unités	$\frac{400}{100}$	324 centièmes	$\frac{32}{10} + \frac{4}{100}$
Je suis < 1.	Je suis entre 0 et 1.	$\frac{20}{10} + \frac{4}{100}$	Je suis entre 2 et 3.	340 centièmes.	Mon chiffre des dixièmes est 4.
Je suis aussi un nombre entier.	400 centièmes.	Je suis > 4.	Mon chiffre des centièmes est 2.	Mon chiffre des dixièmes est 2.	$3 + \frac{24}{100}$

Fiche JEUX Bingo des fractions • 4 grilles

3 centièmes	$3 + \frac{4}{10}$	432 centièmes	34 dixièmes	3 centièmes	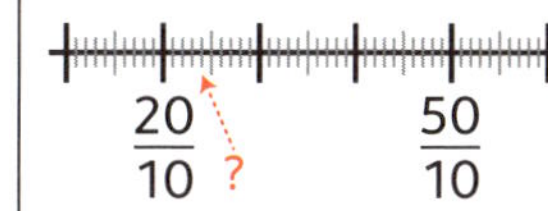
$\frac{40}{10}$	$3 + \frac{2}{10} + \frac{4}{100}$	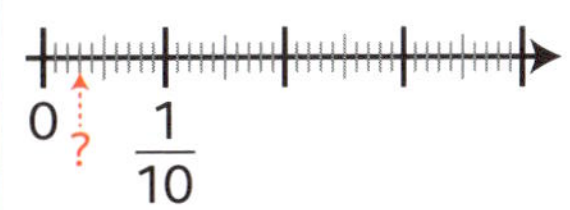	$\frac{324}{100}$	$4 + \frac{32}{100}$	$\frac{40}{10}$
$4 + \frac{32}{100}$	$\frac{204}{100}$	40 dixièmes	432 centièmes	$3 + \frac{2}{10} + \frac{4}{100}$	$\frac{204}{100}$
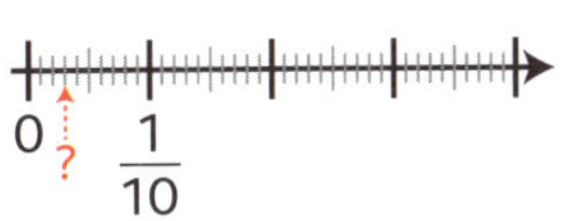	34 dixièmes	$\frac{324}{100}$	$3 + \frac{4}{10}$	40 dixièmes	

Fractions supérieures à 1

Place une pince à linge ou un trombone sur chaque fraction supérieure à 1.
Retourne la carte pour voir si tes réponses sont correctes.

$\frac{6}{10}$	$\frac{2}{1\,000}$
$\frac{23}{10}$	$\frac{100}{10}$
$\frac{7}{100}$	$\frac{3}{10}$
$\frac{56}{1\,000}$	$\frac{900}{1\,000}$
$\frac{204}{100}$	$\frac{500}{100}$
$\frac{107}{10}$	$\frac{1}{100}$
$\frac{1\,001}{1\,000}$	$\frac{99}{100}$
$\frac{42}{1\,000}$	$\frac{5\,000}{1\,000}$

Fractions égales à 1

Place une pince à linge ou un trombone sur chaque fraction égale à 1.
Retourne la carte pour voir si tes réponses sont correctes.

$\frac{4}{10}$	$\frac{1\,000}{100}$
$\frac{53}{100}$	$\frac{1\,000}{1\,000}$
$\frac{10}{10}$	$\frac{1}{100}$
$\frac{4}{1\,000}$	$\frac{1}{1\,000}$
$\frac{200}{100}$	$\frac{10}{1}$
$\frac{100}{100}$	$\frac{1}{10}$
$\frac{100}{10}$	$\frac{10}{1\,000}$
$\frac{10}{100}$	$\frac{100}{1\,000}$

Fiche JEUX Jeu du trombone (1) • À photocopier en recto verso

Fractions égales à 1.

Si tes pinces à linge ou tes trombones sont sur les cases « 1 », alors tu as trouvé les bonnes réponses !

1	
	1
	1

Fractions supérieures à 1

Si tes pinces à linge ou tes trombones sont sur les cases « > 1 », alors tu as trouvé les bonnes réponses !

> 1	> 1
> 1	> 1
	> 1
	> 1
> 1	

Fiche JEUX Jeu du trombone (2) • À photocopier en recto verso

$\frac{175}{1\,000}$		$\frac{1\,705}{100}$
$1 + \frac{705}{1000}$		$\frac{1\,705}{1\,000}$
$\frac{17}{100} + \frac{5}{1\,000}$		$17 + \frac{5}{10}$
$\frac{175}{100}$	**Fractions équivalentes à** $\mathbf{1 + \frac{7}{10} + \frac{5}{1\,000}}$	$\frac{17}{10} + \frac{5}{1\,000}$
175	Place une pince à linge ou un trombone sur chaque fraction égale à 1. Retourne la carte pour voir si tes réponses sont correctes.	$\frac{170}{100} + \frac{5}{1\,000}$
$\frac{1\,705}{10}$		$\frac{1}{10} + \frac{7}{100} + \frac{5}{1\,000}$
$1 + \frac{70}{100} + \frac{5}{1\,000}$		$\frac{75}{1\,000}$
$\frac{705}{100}$		$\frac{175}{10}$

$\frac{4}{10}$		$\frac{54}{10}$
$\frac{4}{1\,000}$		$\frac{1}{100}$
$\frac{2\,300}{1\,000}$		$\frac{1}{10}$
$\frac{500}{100}$	**Fractions inférieures à 1**	$\frac{45}{10}$
$\frac{101}{100}$	Place une pince à linge ou un trombone sur chaque fraction inférieure à 1. Retourne la carte pour voir si tes réponses sont correctes.	$\frac{99}{100}$
$\frac{100}{10}$		$\frac{1\,000}{1\,000}$
$\frac{4}{10}$		$\frac{5\,002}{1\,000}$
$\frac{1\,005}{1\,000}$		$\frac{35}{100}$

Fiche JEUX Jeu du trombone (2) • À photocopier en recto verso

Fractions inférieures à 1.

Si tes pinces à linge ou tes trombones sont sur les cases « < 1 », alors tu as trouvé les bonnes réponses !

	< 1
< 1	< 1
< 1	
< 1	
	< 1
< 1	

Fractions équivalentes à

$$1 + \frac{7}{10} + \frac{5}{1\,000}$$

Si tes pinces à linge ou tes trombones sont sur les cases « J », alors tu as trouvé les bonnes réponses !

☺	☺
☺	
☺	
	☺

$\frac{1\,930}{1\,000}$		$\frac{21}{10}$
$\frac{2\,020}{1\,000}$		$\frac{12}{10}$
$\frac{199}{100}$		$1 + \frac{12}{10}$
$\frac{1}{10}$	**Fractions comprises entre 1 et 2**	$\frac{1}{10} + \frac{2}{100}$
$\frac{12}{100}$	Place une pince à linge ou un trombone sur chaque fraction égale à 1. Retourne la carte pour voir si tes réponses sont correctes.	$1 + \frac{2}{10}$
$\frac{12}{1\,000}$		$\frac{135}{100}$
$1 + \frac{43}{100}$		$\frac{21}{10}$
$1 + \frac{75}{1\,000}$		$\frac{120}{10}$

$\frac{327}{10}$		$\frac{3\,275}{1\,000}$
$\frac{32}{10} + \frac{7}{100} + \frac{5}{1\,000}$		$\frac{32}{10} + \frac{75}{1\,000}$
$\frac{327}{10} + \frac{75}{1\,000}$		$3 + 2 + 7 + 5$
$3 + \frac{275}{1\,000}$	**Fractions équivalentes à $3 + \frac{2}{10} + \frac{7}{100} + \frac{5}{1\,000}$**	$\frac{3\,275}{10}$
$3\,275$	Place une pince à linge ou un trombone sur chaque fraction égale à 1. Retourne la carte pour voir si tes réponses sont correctes.	$\frac{327}{100} + \frac{5}{1\,000}$
$\frac{5\,723}{1000}$		$3 + \frac{275}{10}$
$3 + \frac{275}{100}$		$3 + \frac{27}{100} + \frac{5}{1\,000}$
$\frac{3\,275}{100}$		$32 + 75$

Fiche JEUX Jeu du trombone (3) • À photocopier en recto verso

Fractions équivalentes à
$3 + \frac{2}{10} + \frac{7}{100} + \frac{5}{1\,000}$

Si tes pinces à linge
ou tes trombones sont sur
les cases « J », alors tu as trouvé
les bonnes réponses !

**Fractions comprises entre
1 et 2**

Si tes pinces à linge ou tes
trombones sont sur les cases
« J », alors tu as trouvé
les bonnes réponses !

module 4

Les nombres décimaux

Progression des apprentissages dans le module

SÉANCE 1	• Vérification des prérequis • Situation de référence « Les maths en vie »
SÉANCE 2	• MISSION 1 Associer les différentes écritures d'un nombre décimal
SÉANCE 3	• Entrainement mission 1
SÉANCE 4	• MISSION 2 Construire le tableau de numération avec la partie décimale
SÉANCE 5	• Entrainement mission 2
SÉANCE 6	• MISSION 3 Comparer, ranger, encadrer des nombres décimaux
SÉANCE 7	• Entrainement mission 3 • Synthèse • Retour sur la situation de référence
SÉANCE 8	• Révisions
SÉANCE 9	• Évaluation sommative

CM2

• En CM2, voici la mission qui sera travaillée en continuité de celles réalisées en CM1. Si vous le souhaitez, ou si une programmation de cycle le prévoit, vous pouvez donc aller plus loin et la proposer à vos élèves. Se référer alors au site compagnon sur lequel vous trouverez son descriptif.

MISSION 4

Élargir le principe de numération jusqu'aux millièmes

Compétences LSU et BO

Utiliser et représenter les grands nombres entiers, des fractions simples, **les nombres décimaux**.

- Connaitre les unités de la numération décimale (unités simples, dixièmes, centièmes, millièmes) et les relations qui les lient.
- Comprendre et appliquer aux nombres décimaux les règles de la numération décimale de position (valeurs des chiffres en fonction de leur rang).
- Connaitre et utiliser diverses désignations orales et écrites d'un nombre décimal (fractions décimales, écritures à virgule, décompositions additives et multiplicatives).
- Repérer et placer un nombre décimal sur une demi-droite graduée adaptée.
- Comparer, ranger des nombres décimaux.
- Encadrer un nombre décimal par deux nombres entiers, par deux nombres décimaux.
- Trouver des nombres décimaux à intercaler entre deux nombres donnés.

Lexique

- **Nombre décimal :** nombre qui peut s'écrire sous la forme d'une fraction décimale (on peut accepter comme définition : nombre dont la partie décimale est « finie »).

- **Virgule :** symbole qui joue le rôle d'indicateur de l'unité. La virgule est située à droite du chiffre des unités.
- **Écriture décimale :** écriture d'un nombre décimal avec utilisation de la virgule.

Apports didactiques

- À la fin du Moyen Âge, au moment où les fractions décimales commencent à être utilisées en Occident, une première écriture décimale est introduite par Simon Stevin : $89_{⓪}5_{①}3_{②}2_{③}$. La recherche d'une écriture simplifiée, facilement manipulable dans les calculs, amène de nombreuses tentatives. Napier introduit la virgule à la fin du XVIIe siècle. Si les nombres décimaux (écrits alors sous la forme de fractions décimales) sont très anciens, l'écriture décimale, elle, plus longue à se mettre en place, a tout de même conduit à une perte de sens et engendré des confusions.
- D'abord, la virgule est perçue comme un séparateur, avec d'un côté la partie entière et de l'autre la partie décimale. Ainsi, dans le nombre 5,82, la partie entière est 5, la partie décimale n'est pas 82 mais bien 0,82 comme l'atteste le retour à l'écriture originelle $\frac{582}{100} = 5 + \frac{82}{100} = 5 + 0{,}82$. Cette conception erronée est renforcée par des exemples du quotidien : « 5 euros 82 » est utilisé pour désigner 5,82 €.

- Pour éviter ce type d'erreur, nous faisons le choix de l'écriture décimale perçue comme un tout et non partitionnée entre partie entière et partie décimale. Ainsi, nous distinguons numération écrite et numération orale en insistant sur le fait qu'on écrit 5,82 mais qu'on dit 582 centièmes ou 5 unités et 82 centièmes. Cette conception facilite entre autres les comparaisons. $3{,}82 < 3{,}9$ peut ne pas paraitre logique pour les élèves dans la mesure où $82 > 9$. Il est toujours possible de « rajouter un zéro » pour justifier que $82 < 90$ mais nous préférons justifier en oralisant « 382 centièmes est inférieur à 390 centièmes » ou « 3 unités, 8 dixièmes et 2 centièmes est inférieur à 3 unités et 9 dixièmes ».
- Aussi, dans le tableau de numération, la virgule peut, à mauvais escient, prendre une place de séparateur, voire de « mur de l'unité ». Rappelons qu'un nombre décimal n'a pas besoin de virgule pour s'écrire et que l'écriture décimale peut tout à fait s'envisager « hors du tableau » afin de ne pas entretenir l'amalgame par cet outil : c'est cette direction que nous choisissons de suivre dans ce manuel.

Difficultés rencontrées par les élèves

1 Une définition mal comprise :

- les nombres entiers ne sont pas reconnus comme nombres décimaux :
  → 123 n'est pas compris comme un nombre décimal car il n'a pas de virgule.
- difficulté à passer de l'écriture fractionnaire à l'écriture décimale :
  → 7 centièmes ou $\frac{7}{100}$ est confondu avec 0,007 car dans 100 il y a 2 zéros.

2 Le nombre décimal perçu comme une juxtaposition de 2 nombres entiers :

- vision erronée de la partie décimale :
  → la partie entière de 25,17 est 25 mais la partie décimale est donnée comme 17 alors qu'il s'agit de 0,17.
- erreur dans la construction de suites de nombres, en appui sur la partie supposée décimale :
  → 2,7 ; 2,8 ; 2,9 est complété par 2,10. Dans cet exemple, on ne construit la suite que sur la partie supposée décimale.
- erreur de comparaison :
  → 3,57 est donné comme supérieur à 3,6 car $57 > 6$.

3 Le transfert des règles de calcul sur les entiers vers les décimaux. Cette partie sera détaillée dans le module « Calculer ».

AUTOÉVALUATION, SITUATION DE RÉFÉRENCE

DURÉE
45 min

MATÉRIEL
- Droite graduée en 100e
- Outil loupe

COMPÉTENCES
- Chercher
- Raisonner
- Communiquer

M4 • P1

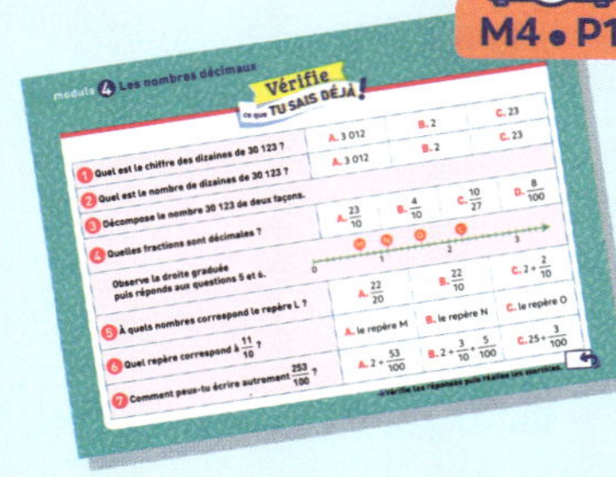

pp. 46-47

Autoévaluation

12 min Autoévaluation formative, autocorrection

Exercices 1, 2 et 3 : connaitre le principe du système décimal (chiffre des…, nombre de…, décompositions).
Exercice 4 : reconnaitre des fractions décimales.
Exercices 5 et 6 : lire et placer des fractions décimales sur une droite graduée.
Exercice 7 : décomposer un nombre décimal.

8 min Remédiation ou Défi

Exercices 1, 2 et 3 : le principe de position est rappelé en appui sur le tableau de numération. Les décompositions du type 30 123 = 3 012 × 10 + 3 permettent de différencier nombre de dizaines et chiffre des dizaines.
Exercice 4 : on guide l'élève vers la définition d'une fraction décimale (bilan mission 1 p. 44) et la proposition d'exemples.
Exercices 5, 6 et 7 : on utilise la décomposition d'une fraction décimale pour la placer sur la droite graduée. On en déduit sa position sur la droite graduée.
On propose de décomposer et de placer $\frac{42}{10}$.
Défi : on propose aux élèves de représenter $\frac{126}{100}$ d'au moins 3 façons différentes. On attend d'eux qu'ils mobilisent la représentation en carré 10 × 10, différentes décompositions, le placement sur une droite graduée, les écritures en lettres…

Ex. : $\frac{126}{100} = \frac{100}{100} + \frac{20}{100} + \frac{6}{100} = 1 + \frac{2}{10} + \frac{6}{100} = \frac{12}{10} + \frac{6}{100}$.
126 centièmes, 1 unité et 26 centièmes

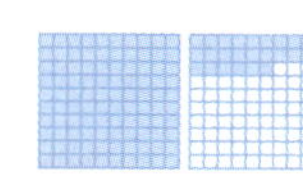

Situations de référence

Organisation

Deux situations sont proposées dans le manuel CM1-CM2 ; elles sont communes au CM1 et au CM2. Vous pouvez ainsi vous organiser avec les autres enseignants qui utilisent la méthode : une année, tous les élèves de CM1 et CM2 font la situation 1 par exemple, l'année d'après, tous les élèves font la situation 2. Ainsi, les élèves feront deux situations de référence différentes s'ils ont la même méthode deux années de suite.

1 Apprentis laborantins

5 min Appropriation collective de la situation

« De quoi parle-t-on ?
Que devons-nous chercher à faire ?

« Il faut aider le laborantin à vérifier que les analyses de M. Martin sont dans la norme. Ça signifie que chaque catégorie doit avoir un "niveau normal" et être comprise entre les deux valeurs indiquées en dessous sur la feuille d'analyse.

10 min **Recherche** PAS à PAS

Les élèves sont confrontés à l'écriture décimale et doivent lire le taux d'hémoglobine 1,91. L'enseignant-e pourra éventuellement lever l'obstacle de l'unité indiquée (g/cL), information non utile à l'objectif fixé. À priori, cette écriture des nombres est inconnue. Les élèves pourront fournir une première interprétation en déterminant un nombre proche. À ce stade, on attend la réponse « 2 » mais certains utiliseront peut-être la troncature « 1 », plus accessible. Par la lecture des normes indiquées sur la fiche de résultats, on cherche petit à petit à préciser la signification du nombre. Certains élèves peuvent faire le lien entre 1,2 et sa décomposition $1 + \frac{2}{10}$ puis entre 1,91 et $1 + \frac{91}{100}$.

L'interprétation des différents taux rend nécessaire la lecture de l'écriture décimale ainsi que la détermination des règles de comparaison.

10 min **Analyse collective et explicitation des apprentissages à venir**

L'enseignant-e revient sur les difficultés des élèves : lire et interpréter le nombre en écriture décimale. Il s'appuie sur les réponses des élèves à la question *« Connais-tu un nombre proche de ce taux ? »*

Les réponses « 1 » ou « 2 » sont l'occasion de soulever le débat : *« Que signifient la virgule et les chiffres situés à droite ? »* L'enseignant-e verbalise alors les futurs apprentissages : *« À quoi correspond cette écriture d'un nombre ? »*, *« Que signifie-t-elle ? »*, *« Comment alors comparer ces nombres ? »*.

2 Départ en vacances

La situation des vacanciers est semblable à celle des laborantins. Ici, les élèves doivent comparer les nombres décimaux entre eux.
On compare les prix du SP95 de trois stations. Certains prix sont en dixièmes, d'autres en centièmes d'euros.

Aide / différenciation

Les **interactions en classe entière** lors de l'analyse collective peuvent favoriser un début de compréhension de l'écriture décimale et aider les élèves à concevoir cette écriture comme une autre écriture des fractions décimales.

MISSION 1

Associer les différentes écritures d'un nombre décimal

DURÉE

45 min

MATÉRIEL

- Pas de matériel particulier

COMPÉTENCES

- Chercher
- Raisonner
- Communiquer

M4 • M1

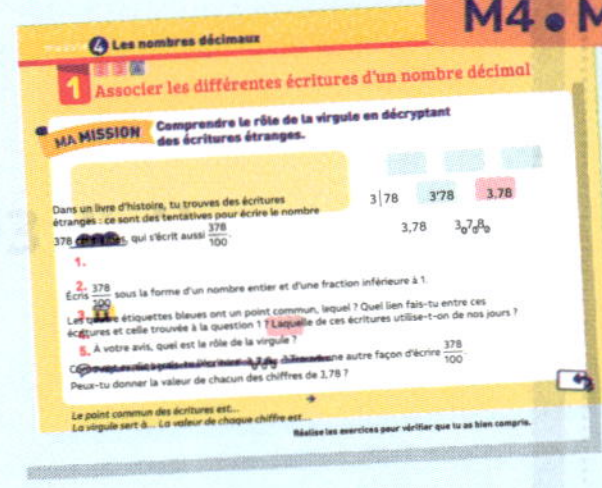

p. 48

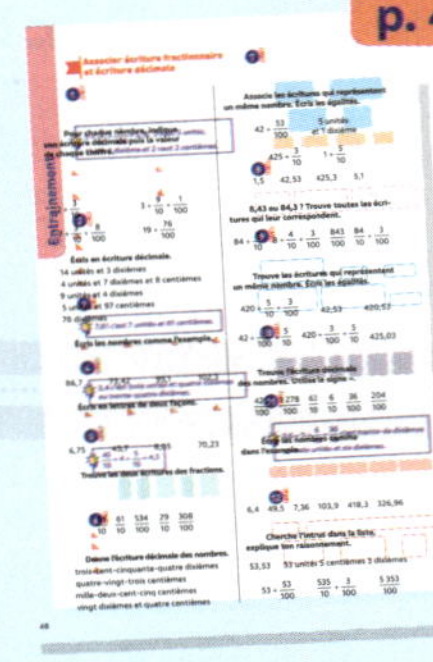

OBJECTIFS

- Comprendre l'écriture décimale d'un nombre décimal.
- Faire le lien entre l'écriture sous forme de fraction décimale et l'écriture décimale.

PRINCIPE DE LA MISSION

Précédemment, les élèves ont manipulé les fractions décimales : fraction décimale unique, décomposition en un nombre entier et une fraction décimale inférieure à 1, décomposition canonique. On **construit ici le lien entre ces trois écritures et l'écriture décimale**. En découvrant des tentatives historiques pour simplifier l'écriture des fractions décimales, les élèves comprennent que l'écriture décimale n'est pas un nombre « à part » mais bien une nouvelle écriture d'un nombre qu'ils connaissent déjà. On définit ainsi le **nombre décimal** comme **un nombre pouvant s'écrire sous la forme d'une fraction décimale et dont l'écriture usuelle est l'écriture décimale**. Cette mission fondamentale permet de généraliser les connaissances sur les fractions décimales. Le tableau de numération n'est pas introduit ici (il le sera en mission 2) afin de favoriser la compréhension du rôle de la virgule qui pourrait être biaisée par son utilisation prématurée.

5 min Appropriation collective

Individuellement, les élèves découvrent le matériel et la consigne de la mission sans aborder le pas à pas. Puis ils échangent sur ce qu'ils ont compris :

« *Que devez-vous faire ? Qu'est-ce qui est inscrit sur les différentes étiquettes ?*

L'enseignant-e conclut :

« *Lors de cette mission, vous allez découvrir une nouvelle façon d'écrire les fractions décimales.*

15 min Recherche individuelle et confrontation en binôme

L'objectif est de comprendre les différentes tentatives historiques pour écrire différemment $\frac{378}{100}$.

D'abord, on demande aux élèves de décomposer $\frac{378}{100}$ sous la forme $3 + \frac{78}{100}$. Cette étape ne doit pas poser de difficulté mais l'enseignant-e guidera les élèves perturbés par la formulation « un nombre entier et une fraction décimale inférieure à 1 ». On introduit ensuite quatre écritures historiques mimétiques : « 3|78 », « 3'78 », « 3.78 » et « 3,78 » en faisant chercher leur point commun, et leur lien avec $3 + \frac{78}{100}$. On attend des élèves qu'ils perçoivent le rôle des symboles « | », « ' », « . » et « , » et fassent un parallèle avec l'addition : « ces symboles représentent le + ». On les guide alors vers l'écriture contemporaine utilisant la virgule.

Pour finir, on fait le lien entre l'écriture décimale et la décomposition canonique de $\frac{378}{100}$ c'est-à-dire $3 + \frac{7}{10} + \frac{8}{100}$. Pour cela, on introduit une dernière écriture historique : $3_{⓪}7_{①}8_{②}$. Les élèves sont amenés à faire le parallèle entre cette écriture et la position de chaque chiffre, et par conséquent à les nommer : « 7 est le chiffre des dixièmes, 8 celui des centièmes. »

10 min Mise en commun et trace écrite provisoire

On explique l'importance de l'égalité $\frac{378}{100} = 3 + \frac{78}{100}$ car elle constitue un prérequis fondamental à la compréhension de l'écriture décimale. On revient ensuite sur les quatre symboles utilisés dans l'histoire pour tenter de simplifier l'écriture. Leur rôle de « connecteur » (et non de « séparateur » !) entre la partie entière et la partie décimale devra apparaitre clairement pour les élèves, même si cette notion n'est introduite explicitement qu'en mission 2. Une fois ce rôle évoqué, l'enseignant-e aide à la reformulation pour amener les élèves au rôle « **d'indicateur ou de marqueur de l'unité** ». Pour cela, on s'appuie sur la dernière écriture historique, qui permet de comprendre la signification de chaque chiffre : $3_{\textcircled{0}}7_{\textcircled{1}}8_{\textcircled{2}}$ signifie que « 7 est le 1er chiffre et 8 le 2e chiffre après les unités… », « c'est aussi $\frac{7}{10}$ et $\frac{8}{100}$ ». Les indices sont donc une indication de la position de chaque chiffre en partant de l'unité ! Enfin, l'enseignant-e insiste sur le fait que cette écriture se lit « 3 unités et 78 centièmes » ou « 378 centièmes » (et non pas « 3 virgule 78 ») puis conclut par la définition d'un nombre décimal :

> *C'est un nombre que l'on peut écrire sous la forme d'une fraction décimale.*

Réponses possibles

Le point commun des écritures est *le symbole utilisé pour remplacer le « + »*. La virgule sert à *indiquer (ou à marquer) le chiffre des unités*. La valeur de chaque chiffre est *3 unités pour le chiffre 3*, *7 dixièmes pour le chiffre 7* et *8 centièmes pour le chiffre 8*.

▶ Trace provisoire possible

Je retiens de la MISSION 1

- La virgule est un symbole utilisé pour indiquer le chiffre des unités dans l'écriture décimale d'un nombre.
- Les nombres décimaux peuvent s'écrire de différentes manières. Ils ont :
  - une écriture sous forme de fraction décimale,
  - une écriture sous forme d'un nombre entier et d'une fraction inférieure à 1,
  - une écriture sous forme d'un nombre entier et de fractions en dixièmes et en centièmes,
  - une écriture décimale (avec une virgule).

  Ex. : $\frac{378}{100} = 3 + \frac{78}{100} = 3 + \frac{7}{10} + \frac{8}{100} = 3{,}78$.
- 3,78 s'écrit avec une virgule, c'est son écriture décimale, mais se lit 378 centièmes ou 3 unités et 78 centièmes.

15 min Exercices d'appropriation

Exercices proposés	Observations	En cas de difficultés Sélection d'exercices du manue
Exercice 1 : cet exercice permet de vérifier si l'élève fait le lien entre la décomposition en un nombre entier et une fraction inférieure à 1 et l'écriture décimale.	*« L'élève est-il capable d'associer les trois écritures suivantes : la fraction décimale, la décomposition en un entier et une fraction décimale inférieure à 1 et l'écriture décimale ? »*	Exercices 7 - 8 - 9 - 10 p. 48
Exercice 2 : cet exercice permet de vérifier si l'élève fait le lien entre l'écriture décimale et la lecture (l'oralisation) du nombre décimal.	*« L'élève est-il capable de passer de l'écriture décimale à l'écriture en lettres ou inversement ? »*	Exercices 2 - 3 - 4 - 6 p. 48
Exercice 3 : cet exercice permet de vérifier si l'élève fait le lien entre l'écriture canonique et la valeur des chiffres.	*« L'élève est-il capable de donner la valeur de chaque chiffre dans l'écriture décimale ? »*	Exercices 1 - 5 - 11 p. 48
Pour aller plus loin	*« L'élève est-il capable d'associer les quatre écritures d'un même nombre décimal ? »*	Exercice 12 p. 48

Aide / différenciation

Il peut être intéressant de proposer des exercices ritualisés très courts du type « **dictées de nombres** », donnés à l'oral ou à l'écrit : par exemple, on donne 145 centièmes, les élèves écrivent 1,45. **L'outil tableau** pourra être utilisé par la suite pour les élèves les plus fragiles mais seulement une fois la mission 2 effectuée.

MISSION 2

Construire le tableau de numération avec la partie décimale

DURÉE
45 min

MATÉRIEL
▶ Tableau de numération

COMPÉTENCES
▶ Chercher
▶ Raisonner
▶ Communiquer

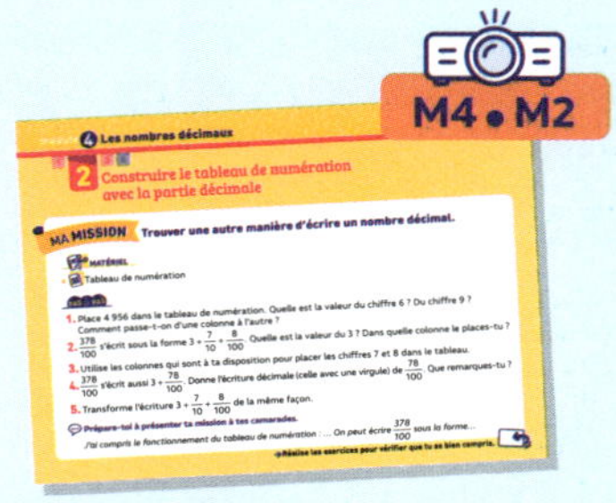

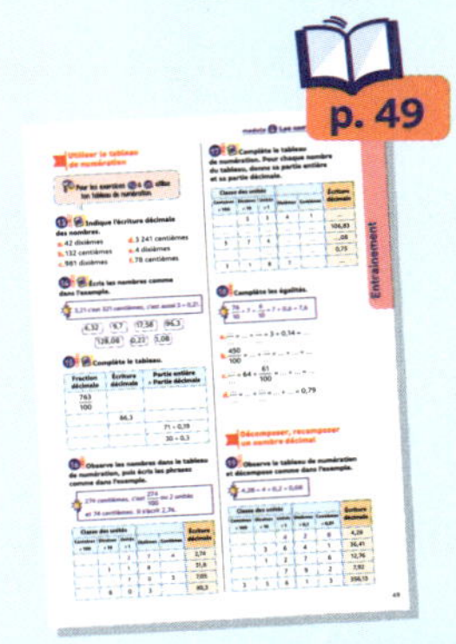

OBJECTIFS

- Construire le tableau de numération avec la partie décimale et la colonne écriture décimale.
- Utiliser les différentes représentations d'un nombre en écriture décimale.

PRINCIPE DE LA MISSION

- Après avoir découvert l'écriture décimale, les élèves apprennent à **compléter puis** à **utiliser le tableau de numération**. On rappelle son principe pour les nombres entiers avant de l'élargir à la partie décimale. La mission s'appuie sur les connaissances des fractions décimales, la décomposition canonique en particulier et la « virgule », comme marqueur de l'unité. La décomposition en partie entière et partie décimale est également introduite. On renforce le lien entre la notion de nombre décimal et ses différentes écritures et décompositions associées en utilisant le nombre $\frac{378}{100}$ commun avec la mission 1.

5 min Appropriation collective

Individuellement, les élèves découvrent le matériel et la consigne de la mission sans aborder le pas à pas. Puis ils échangent sur ce qu'ils ont compris :

« *Que devez-vous faire ?*
De quel matériel disposez-vous ?
Vous souvenez-vous du tableau de numération ?

L'enseignant-e conclut :

« *Lors de cette mission, vous allez compléter le tableau de numération que vous connaissez déjà pour les nombres entiers, pour pouvoir écrire et lire les nombres décimaux.*

15 min Recherche individuelle et confrontation en binôme

En plaçant 4 956, les élèves se remémorent le fonctionnement du tableau de numération avec les nombres entiers : le « coefficient » 10 permet de passer d'une colonne à l'autre et l'association chiffre / valeur (unité et centaine ici). On l'élargit pour y inscrire les nombres décimaux. On utilise la décomposition canonique de la fraction décimale $3 + \frac{7}{10} + \frac{8}{100}$ pour placer d'abord les « 3 unités » puis introduire la colonne des dixièmes pour y placer le chiffre 7 et celle des centièmes pour y placer le chiffre 8. On complète les titres des deux colonnes « dixièmes » et « centièmes » avec la fraction décimale correspondante. Enfin, on introduit la décomposition partie entière / partie décimale d'un nombre décimal à l'aide de la décomposition $3 + \frac{78}{100}$ que les élèves sont invités à écrire 3 + 0,78.

10 min Mise en commun et trace écrite provisoire

On réactive le vocabulaire et le fonctionnement du tableau de numération sur les nombres entiers d'abord. On peut introduire un exemple supplémentaire si besoin. Ensuite, l'enseignant-e veille à ce que le chiffre 3 associé à la valeur des unités soit bien inscrit en tout premier et à ce que les élèves verbalisent cette action : *« On commence par compléter le tableau avec le chiffre 3, qui représente les unités. »* Le reste des colonnes est alors complété en attirant l'attention sur la colonne intitulée « écriture décimale » (3,78) qui ne sera introduite qu'une fois le nombre $3 + \frac{7}{10} + \frac{8}{100}$ placé dans le tableau. On remarque que la virgule n'est pas inscrite dans le tableau, elle n'est pas nécessaire dans la mesure où chaque colonne possède sa propre valeur ! On termine par la décomposition $3 + \frac{78}{100}$ pour institutionnaliser le vocabulaire de partie entière / partie décimale. L'enseignant-e insiste pour que les élèves n'associent pas le nombre 78 à la partie décimale mais bien la fraction $\frac{78}{100}$ ou son écriture décimale 0,78. On met ici en lumière l'égalité $3 + \frac{78}{100} = 3 + 0{,}78 = 3 + 0{,}7 + 0{,}08$.

Réponses possibles

J'ai compris le fonctionnement du tableau de numération : *pour passer d'une colonne à l'autre, on multiplie ou on divise par dix la valeur de chaque chiffre du nombre.* J'ai *ajouté la colonne des dixièmes et celle des centièmes.*

On peut écrire $\frac{378}{100}$ sous la forme $3 + \frac{78}{100}$ *ou* $3 + 0{,}78$.

Trace provisoire possible

Je retiens de la MISSION 2

- Un nombre décimal est formé d'une partie entière (le nombre d'unités entières) et d'une partie décimale (plus petite que 1). Ex. : dans 5,32 on dit que 5 est la partie entière et 0,32 (ou $\frac{32}{100}$) la partie décimale.
- Les nombres décimaux peuvent s'écrire dans un tableau de numération comme celui-ci :

Classe des milliers ×1 000			Classe des unités ×1					Écriture décimale
Centaines ×100	Dizaines ×10	Unités ×1	Centaines ×100	Dizaines ×10	Unités ×1	Dixièmes ×0,1	Centièmes ×0,01	
					5	3	2	5,32

15 min Exercices d'appropriation

Exercices proposés	Observations	En cas de difficultés Sélection d'exercices du manuel
Exercice 1 dans cet exercice, on vérifie si l'élève sait compléter le tableau pour déterminer une écriture décimale.	*« L'élève est-il capable de remplir le tableau de numération ou de l'utiliser pour déterminer une écriture décimale ? »*	Exercices 13 - 16 p. 49
Exercice 2 dans cet exercice, on vérifie si l'élève sait déterminer la décomposition partie entière / partie décimale d'un nombre donné sous forme d'écriture décimale en s'aidant du tableau de numération. **Exercice 3** cet exercice est similaire au précédent mais avec des nombres décimaux donnés avec différentes écritures.	*« L'élève est-il capable de se servir du tableau pour déterminer la partie entière et la partie décimale d'un nombre décimal donné avec différentes écritures ? »*	Exercices 14 - 15 - 17 - 18 p. 49
Exercice 4 dans cet exercice, on vérifie si l'élève sait décomposer un nombre décimal sous sa forme canonique.	*« L'élève est-il capable de décomposer / recomposer un nombre en écriture décimale ? »*	Exercices 19 - 20 - 23 pp. 49-50 OU Exercices 21 - 22 - 24 p. 50

Aide / différenciation

Pour les élèves prêts à davantage d'abstraction, on peut dans un second temps s'affranchir du tableau pour résoudre les **exercices 19 à 25** pp. 49-50. On peut aussi introduire le fait qu'un nombre entier est un nombre décimal. Cette équivalence peut être difficile à comprendre. **Le retour à la décomposition « nombre entier + fraction inférieure à 1 »** peut aider. On peut expliquer que 123 s'écrit $123 + \frac{0}{10}$.

MISSION 3

Comparer, ranger, encadrer des nombres décimaux

DURÉE

45 min

MATÉRIEL

- Tableau de numération
- Étiquettes à découper et droite graduée

COMPÉTENCES

- Chercher
- Raisonner
- Communiquer

M4 • M3

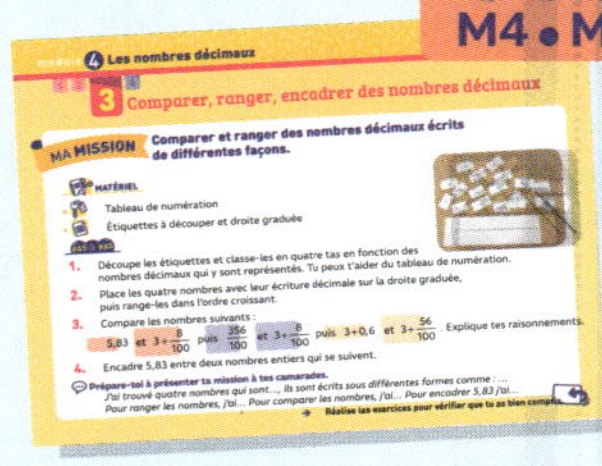

pp. 50-51

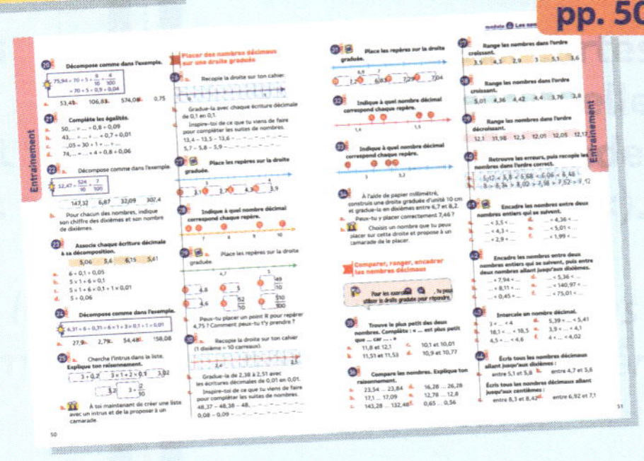

OBJECTIFS

- Comparer des nombres décimaux (sous différentes écritures) en utilisant différentes stratégies.
- Ranger, encadrer des nombres décimaux.

PRINCIPE DE LA MISSION

- Cette dernière mission de CM1 sur les nombres décimaux est un réinvestissement de l'ensemble des savoirs et savoir-faire acquis tout au long des trois modules de numération (des fractions aux décimaux). Elle repose sur le même principe de comparaison que celui sur les fractions décimales, les stratégies employées sont alors adaptées à l'écriture décimale. Les élèves sont amenés à **comparer des nombres décimaux écrits sous les différentes écritures connues** jusqu'alors **en identifiant les différentes écritures d'un même nombre** d'abord puis **en utilisant la plus pertinente pour en comparer deux**. On demande enfin de **les ranger puis d'encadrer l'un d'eux**.

5 min Appropriation collective

Individuellement, les élèves découvrent le matériel et la consigne de la mission sans aborder le pas à pas. Puis ils échangent sur ce qu'ils ont compris :

« *Que devez-vous faire ? De quel matériel disposez-vous ? Qu'y a-t-il sur les étiquettes ? Quelle est l'utilité du tableau de numération et de la droite graduée ?* »

L'enseignant-e conclut :

« *Lors de cette mission, vous allez apprendre à adapter les stratégies de comparaison découvertes sur les fractions décimales aux nombres décimaux.* »

15 min Recherche individuelle et confrontation en binôme

Les élèves classent les nombres proposés, volontairement ressemblants, en 4 groupes. On attend qu'ils associent : écriture décimale, fraction décimale, décomposition partie entière / partie décimale et décomposition canonique d'un même nombre.

Ils placent ensuite les 4 nombres sur la droite graduée en s'aidant de l'écriture de leur choix mais l'enseignant-e veille à ce que ce soit l'écriture décimale qui figure comme repère. Ensuite, ils effectuent différentes comparaisons :

5,83 est comparé à $3 + \frac{8}{100}$ en utilisant par exemple l'écriture $5 + \frac{83}{100}$ qui permet d'utiliser la procédure de comparaison des parties entières ;

$\frac{356}{100}$ est comparé à $3 + \frac{8}{100}$ en choisissant les écritures $3 + \frac{56}{100}$ et $3 + \frac{8}{100}$ qui permettent de comparer cette fois les parties décimales $\frac{56}{100}$ et $\frac{8}{100}$; 3 + 0,6 est comparé à $\frac{356}{100}$ grâce à la droite graduée ou bien en s'aidant des décompositions $3 + \frac{6}{10}$ et $3 + \frac{5}{10} + \frac{6}{100}$.

Le tableau de numération et/ou la droite graduée peuvent être utilisés à tout moment pour guider ou étayer les justifications.

Pour terminer cette mission, le rangement de ces 4 nombres est effectué en s'appuyant sur la droite graduée, qu'on utilise également pour donner un encadrement de 5,83 entre 5 et 6.

10 min Mise en commun et trace écrite provisoire

L'enseignant-e insiste sur la notion de nombre décimal en précisant que tous les nombres présents sont des nombres décimaux qui possèdent différentes écritures. On s'appuie sur le classement effectué par les élèves. Ensuite, on échange sur la méthode pour placer un nombre en écriture décimale sur une droite graduée grâce aux décompositions. L'étape suivante consiste en une reformulation des différentes méthodes utilisées par les élèves pour comparer les nombres. On insiste ici sur la diversité des méthodes et sur les erreurs intéressantes qui ont pu être commises (comme 3,6 est inférieur à 3,56 car 6 < 56, on peut repasser ici par l'oralisation « 360 centièmes et 356 centièmes » ; on comprend l'intérêt d'éviter de lire les nombres avec le mot « virgule »). Parmi ces méthodes, celle de la droite graduée pour ordonner une série de nombres ou encadrer un nombre entre deux autres est mise en avant.

Réponses possibles

J'ai trouvé quatre nombres qui sont [5,83] [3,56] [3,08] [3,6] ; ils sont écrits sous différentes formes comme : *écriture décimale, fraction décimale, décomposition partie entière / partie décimale et décomposition partie entière + dixièmes + centièmes*. Pour ranger les nombres, j'ai *utilisé la droite graduée pour lire l'ordre croissant dans le sens de la flèche*. Pour comparer les nombres, j'ai *utilisé différentes stratégies : comparer les parties entières si elles sont différentes, comparer les parties décimales si les parties entières sont identiques, lire les comparaisons sur la droite graduée*… Pour encadrer 5,83 j'ai *utilisé la droite graduée : le repère est situé entre 5 et 6*.

▶ Trace provisoire possible

Je retiens de la MISSION 3

Comme tous les nombres, on peut comparer, ranger et encadrer des nombres décimaux.

Nous avons appris à :

- placer des nombres décimaux sur une droite graduée,
- comparer des nombres décimaux en utilisant différentes stratégies,
- ranger des nombres écrits avec leur écriture décimale dans l'ordre croissant,
- encadrer un nombre décimal.

15 min Exercices d'appropriation

Exercices proposés	Observations	En cas de difficultés Sélection d'exercices du manuel
Exercice 1 : dans cet exercice, on vérifie que l'élève sait utiliser la droite graduée pour ordonner des nombres décimaux.	*« L'élève est-il capable de placer des nombres décimaux sur une droite graduée ? »* *« L'élève est-il capable de ranger des nombres décimaux ? »*	**Exercices 26 à 34 pp. 50-51** **Exercices 37 - 38 - 40 p. 51**
Exercice 2 : dans cet exercice, on vérifie que l'élève réinvestit les différentes stratégies de comparaison de nombres décimaux.	*« L'élève est-il capable de comparer des nombres décimaux ? »*	**Exercices 35 - 36 p. 51**
Exercice 3 : dans cet exercice, on vérifie que l'élève sait utiliser la droite graduée pour encadrer des nombres décimaux.	*« L'élève est-il capable d'encadrer un nombre décimal entre deux nombres entiers consécutifs, entre deux nombres allant aux dixièmes ? »*	**Exercices 41 - 42 p. 51**
Pour aller plus loin	*« L'élève est-il capable d'intercaler un nombre décimal entre deux autres ? »*	**Exercices 43 - 44 p. 51**

Aide / différenciation

Pour faciliter le réinvestissement des stratégies de comparaison, on peut laisser à disposition de l'élève les **traces écrites proposées lors de la mission 3** sur les fractions décimales. À l'inverse, on peut demander à l'élève de s'affranchir du tableau de numération s'il s'en sent capable.

SYNTHÈSE, RETOUR SUR LA SITUATION DE RÉFÉRENCE

DURÉE

30 min

MATÉRIEL

- Droite graduée en 100^{e}
- Outil loupe

COMPÉTENCES

- Chercher
- Raisonner
- Communiquer

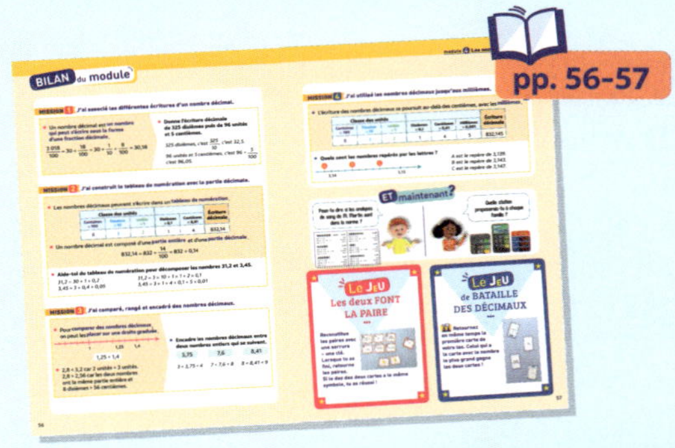

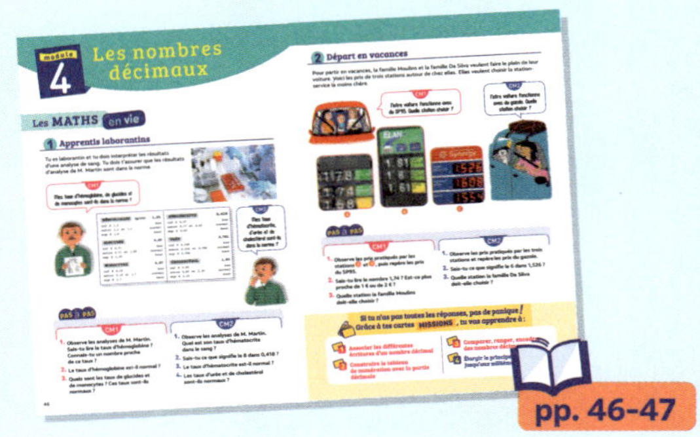

15 min Retour sur les traces écrites provisoires des missions

Les élèves reviennent sur le lien fraction décimale / écriture décimale. On rappelle la définition d'un nombre décimal, nombre qui peut s'écrire sous la forme d'une fraction décimale, et l'emploi de la virgule comme indicateur de l'unité. On reformule les connaissances sur les fractions décimales à l'aide de l'écriture décimale : les différentes décompositions fractionnaires et leurs équivalents en écriture décimale, l'identification partie entière / partie décimale et le placement sur une droite graduée. Les décompositions non canoniques permettent de mieux comprendre les règles de comparaison.
Il est intéressant de construire une carte mentale à partir de l'exemple choisi lors du module Fractions décimales, on favorise alors le lien entre les différentes écritures. Deux nouveautés apparaissent : l'écriture décimale et le tableau de numération complété par la partie décimale et son écriture décimale.
Chez les CM2, l'outil loupe évoluera avec les écritures décimales qui remplacent les fractions décimales.

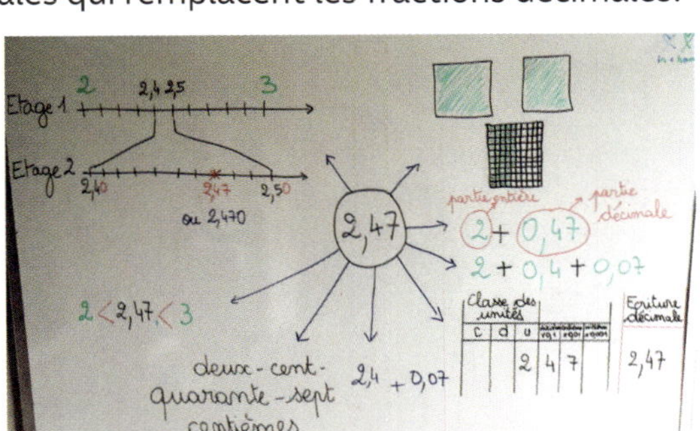

5 min Mémo

10 min Retour sur la situation de référence

Les élèves doivent savoir si les trois valeurs (hémoglobine, glucides et monocytes) sont dans la norme. Pour cela, on dispose de bornes de comparaison.

Phase active

On attend des élèves une lecture experte des nombres en jeu dans ces analyses. Le lien entre 1,91 et ses décompositions 1 + 0,91 ou 1 + 0,9 + 0,01 est maitrisé. Deux démarches peuvent être exploitées pour vérifier que les analyses sont dans la norme : la droite graduée en plaçant les nombres en écriture décimale de chaque catégorie ou bien la comparaison directe à l'aide des règles de comparaison adaptées aux écritures décimales.

Solutions possibles pour la situation n° 1

Le taux d'hémoglobine est supérieur à la norme car $1{,}91 > 1{,}6$. En effet, 191 centièmes est supérieur à 16 dixièmes qui est égal à 160 centièmes.
Le taux de glucide est lui inférieur à la norme car $0{,}69 < 0{,}71$.
Le taux de monocytes 0,87 est dans la norme, il est compris entre les bornes 0,15 et 1,7 car 87 centièmes est compris entre 15 centièmes et 170 centièmes.

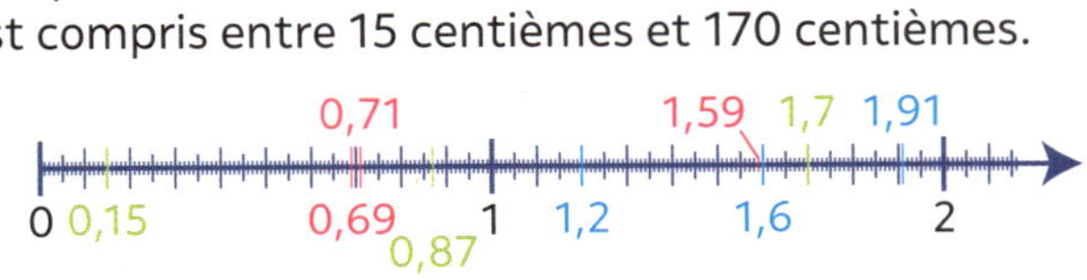

Conclusion

Un élève expose sa solution au reste du groupe.

JEUX

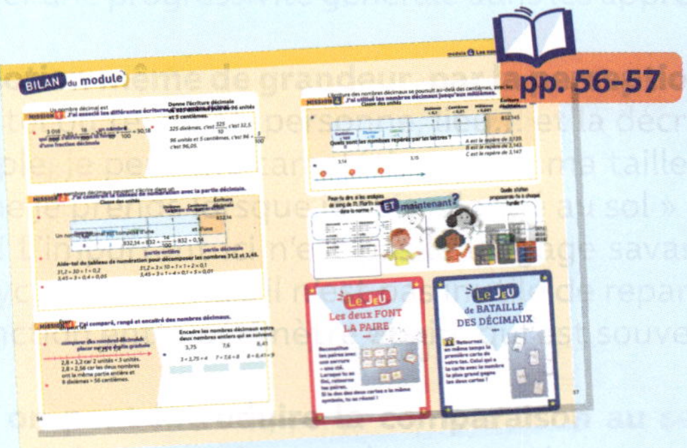

DURÉE
30 min

COMPÉTENCES
- Chercher
- Raisonner
- Communiquer

DIFFÉRENCIATION

- Deux jeux sont proposés, l'un relevant plutôt du CM1 (à gauche) et l'autre du CM2 (à droite). Ils pourront cependant tous deux être proposés aux élèves selon leur niveau, vous permettant ainsi de différencier ce temps.

Le JEU Les deux font la paire

ORGANISATION 1 à 3 joueurs – jeu autocorrectif

MATÉRIEL des cartes imprimées recto (nombres) et verso (symboles pour la correction)

RÈGLE DU JEU

Pour un joueur seul : toutes les cartes sont étalées sur la table, nombres visibles. Il s'agit d'associer une carte Clé et une carte Serrure proposant le même nombre écrit différemment. Si les symboles du verso sont identiques, la paire est correcte. Le but est de réussir à constituer le maximum de paires possibles.

Pour 2 ou 3 joueurs : les cartes Serrure sont étalées nombre visible sur la table. Les cartes Clé constituent la pioche. Chacun son tour, un joueur pioche une carte Clé et lui associe une carte Serrure. Il conserve les cartes si sa proposition est correcte, sinon il les remet en jeu. Le gagnant est celui qui a constitué le plus de paires.

Le JEU de Bataille des décimaux

ORGANISATION 1 à 2 joueurs

MATÉRIEL • des cartes nombres imprimées et plastifiées • des cartes consignes pour le jeu en solo

RÈGLE DU JEU

Pour 2 joueurs : *règle classique de la bataille.* Toutes les cartes sont distribuées et chacun pose son tas face non visible devant lui. Les joueurs retournent en même temps la première carte. Celui qui a la carte avec le nombre le plus grand gagne les deux cartes. Si les deux cartes ont un nombre équivalent, il y a « bataille » : une carte face cachée est posée puis une autre face visible. La carte visible avec le nombre le plus grand remporte le tout. Si les deux nombres visibles sont de nouveau identiques, chacun replace ses cartes sous son tas. Le gagnant est celui qui a remporté toutes les cartes du jeu.

Jeu en individuel : faire un tas avec les cartes faces cachées. Piocher une carte consigne et réaliser la consigne. Les productions sont notées sur une fiche réponse ou sur une ardoise afin que l'enseignant-e ou un camarade puisse valider en fin de jeu.

Classe des milliers ×1 000			Classe des unités ×1					
Centaines ×100	Dizaines ×10	Unités ×1	Centaines ×100	Dizaines ×10	Unités ×1	Dixièmes	Centièmes	Écriture décimale

Fiche **MISSION 3** Étiquette à découper et droite graduée

5,83	$\frac{356}{100}$	5 + 0,83	3,56	3,08
3,6	$\frac{583}{100}$	3 + 0,56	3 + 0,6	$\frac{308}{100}$
$\frac{36}{10}$	3 + 0,08	$3+\frac{8}{100}$	$3+\frac{6}{10}$	$5+\frac{8}{10}+\frac{3}{100}$
$3+\frac{5}{10}+\frac{6}{100}$				

Fiche JEUX Les deux font la paire (1) • à photocopier en recto verso

5,63	5 unités et 63 centièmes	$6 + 0{,}53$	$6 \times 1 + 5 \times 0{,}1 + 3 \times 0{,}01$
$3 + \frac{65}{100}$	$\frac{365}{100}$	3,56	$3 + 0{,}56$
6 unités 35 centièmes	$6 + \frac{35}{100}$	$\frac{536}{100}$	$5 \times 1 + 3 \times 0{,}1 + 6 \times 0{,}01$
35,6	$35 \times 1 + 6 \times 0{,}1$	$36 + 0{,}5$	$36 + \frac{5}{100}$
3 dixièmes 5 centièmes	$\frac{35}{100}$	0,63	$\frac{6}{10} + \frac{3}{100}$

Fiche JEUX Les deux font la paire (verso des cartes

Fiche JEUX Les deux font la paire (2) • à photocopier en recto verso

1,27	1 unités et 27 centièmes	$7 + 0{,}21$	$7 \times 1 + 2 \times 0{,}1 + 1 \times 0{,}01$
$12 + \frac{7}{10}$	$\frac{127}{10}$	2,17	$2 + 0{,}17$
7 dixièmes 1 centièmes	$\frac{7}{10} + \frac{1}{100}$	$\frac{712}{100}$	$7 \times 1 + 1 \times 0{,}1 + 2 \times 0{,}01$
0,17	$1 \times 0{,}1 + 7 \times 0{,}01$	$21 + 0{,}7$	$21 + \frac{7}{10}$
17 dixièmes 2 centièmes	$\frac{172}{100}$	2,71	$2 + \frac{7}{10} + \frac{1}{100}$

Fiche JEUX Les deux font la paire (verso des cartes)

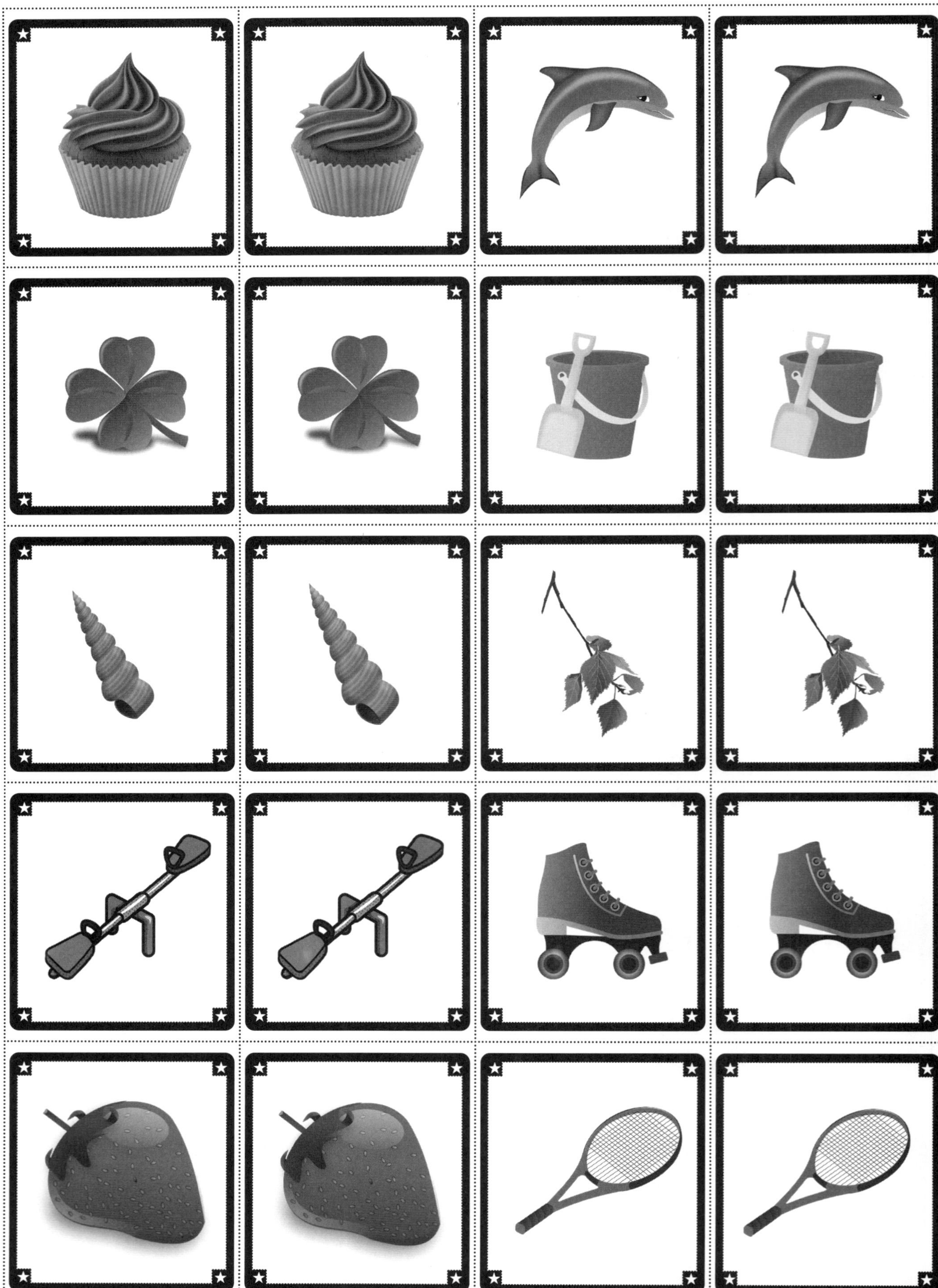

1 dizaine 1 dixième	**101 dixièmes**	**10,1**
1,2	$\frac{12}{100}$	$1 + \frac{1}{10}$
10 + 0,01	$\frac{11}{10}$	**12 dixièmes**
10 unités 1 centième	**1 dixième 1 unité**	$\frac{21}{10}$

$2 + 0{,}01$	$\frac{120}{10}$	1 dizaine 2 unités
$2 \times 1 + 1 \times 0{,}1$	$2 \times 0 + 1 \times 0{,}01$	12,1
$12 + \frac{1}{10}$	12,01	$12 + \frac{1}{100}$
$\frac{120}{1\,000}$	$2 + \frac{10}{1\,000}$	$2 + \frac{12}{1\,000}$

3 dizaines
3 dixièmes

303 dixièmes

30,3

3,5

$\frac{35}{100}$

$3 + \frac{3}{10}$

30 + 0,03

$\frac{33}{10}$

35 dixièmes

30 unités
3 centièmes

3 dixièmes
3 unités

$\frac{53}{10}$

$5 + 0{,}03$	$\frac{350}{10}$	3 dizaine 5 unités
$5 \times 1 + 3 \times 0{,}1$	$5 \times 0 + 3 \times 0{,}01$	35,3
$35 + \frac{3}{10}$	35,03	$35 + \frac{3}{100}$
$\frac{350}{1\,000}$	$35 + \frac{30}{1\,000}$	$3 + \frac{35}{1\,000}$

2 dizaines 2 dixièmes	**202 dixièmes**	**20,2**
4,2	$\frac{24}{100}$	$2+\frac{2}{10}$
20 + 0,02	$\frac{22}{10}$	**24 dixièmes**
20 unités 2 centièmes	**2 dixièmes 2 unités**	$\frac{42}{10}$

$4 + 0{,}02$	$\frac{240}{10}$	2 dizaines 4 unités
$4 \times 1 + 2 \times 0{,}1$	$4 \times 0 + 2 \times 0{,}01$	24,2
$24 + \frac{2}{10}$	24,02	$24 + \frac{2}{100}$
$\frac{240}{1\,000}$	$24 + \frac{20}{1\,000}$	$4 + \frac{24}{1\,000}$

Fiche JEUX La bataille des décimaux • cartes consignes pour jeu solo

Pioche cinq cartes et range-les dans l'ordre croissant (utilise le signe <).

Tu peux réécrire tous les nombres avec la même écriture.

Pioche cinq cartes et range-les dans l'ordre décroissant (utilise le signe >).

Tu peux réécrire tous les nombres avec la même écriture.

Pioche deux cartes et indique laquelle est la plus grande (utilise le signe <).

Tu peux réécrire tous les nombres avec la même écriture.

Pioche deux cartes et met la plus petite au-dessus (utilise le signe >).

Tu peux réécrire tous les nombres avec la même écriture.

Pioche une carte et indique si elle est plus grande, plus petite ou égale à 1 (utilise les signes <, > ou =)

Tu peux réécrire tous les nombres avec la même écriture.

Pioche deux cartes et trouve un nombre à intercaler entre elles (présente ta réponse ainsi : … < … < …)

Tu peux réécrire tous les nombres avec la même écriture.

Nos choix didactiques sur les grandeurs

Apports didactiques

• Avant toute chose, il faut savoir de quoi l'on parle ! Par exemple, l'*aire* d'une *surface* est associée à la partie « Grandeurs et mesures » des programmes mais il n'est pas toujours facile de faire la distinction entre ces deux termes… Tout objet peut être caractérisé par différentes grandeurs qui sont, dans les exemples les plus courants, « physiques ». C'est le cas des mesures abordées par les élèves de primaire : les longueurs, les surfaces, les volumes, les masses, les angles, les durées, les températures… Il convient alors de distinguer les **grandeurs** dites **repérables** et les **grandeurs mesurables**. Tous les exemples précédents sont repérables, c'est-à-dire qu'on peut comparer deux objets au regard de cette grandeur : *« Ce segment est plus grand que celui-là », « La température est plus fraiche dans la chambre que dans le salon »…* C'est d'ailleurs par cette première approche que l'on introduit les grandeurs, par comparaison/superposition. Dans la construction de la notion de grandeur, cette étape est primordiale car elle permet de la construire indépendamment de sa mesure. Cela permet de privilégier dans un premier temps la **perception de cette grandeur**.
Toutes ces grandeurs ne sont cependant pas « mesurables ». Pour cela, il faut pouvoir les additionner et les multiplier par un nombre. On peut additionner la longueur de deux segments ou bien multiplier la longueur d'un segment par 3. En revanche, on ne peut pas additionner, par exemple, la température de deux pièces ! Notons tout de même un cas particulier dans les grandeurs, celui du temps : cette grandeur peut en effet en cacher une autre, car **par le temps, on peut distinguer deux grandeurs : l'instant, qui est repérable mais non mesurable, et la durée, grandeur à la fois repérable et mesurable**…
De tout ce qui précède, on comprend aisément pourquoi l'on amalgame fréquemment une grandeur avec sa mesure. Par exemple, on écrit volontiers « Ce segment a pour mesure 5 cm » alors qu'il faudrait utiliser la phrase « La longueur de ce segment a pour mesure 5 cm ». On ne dira donc pas « Cette surface est de 5 cm^2 » mais bien « L'aire de cette surface mesure 5 cm^2 ».

• Ces étapes étant acquises, on peut commencer à introduire la **notion de mesure de la grandeur**. Mesurer une grandeur, c'est lui associer un certain nombre d'étalons. Un étalon est une grandeur de même type. On dépasse la simple comparaison car l'on cherche maintenant à quantifier la comparaison avec l'étalon. Il est primordial d'introduire la mesure par des **étalons non usuels**. Par exemple, pour la surface, on utilisera différents pavages, de différentes « tailles ». « Pour mesurer ma surface, j'ai eu besoin de … petits carrés ».
Ce n'est qu'une fois cette étape franchie, par de multiples exemples, que l'on peut aborder les unités de mesure usuelles, c'est-à-dire les unités du Système International. Un écueil à éviter serait d'accélérer ce processus en se basant sur le savoir des élèves qui rapidement vont faire le lien entre surface et l'unité de mesure « cm^2 » ou « m^2 » sans bien maitriser les différentes notions. Simultanément à l'introduction de ces unités usuelles, l'enjeu du cycle 2 et du début du cycle 3 est d'asseoir la représentation mentale des différentes unités et ainsi de répondre à ce type de question : *« Que représente 1 m^2 pour moi ? »*.
Le fameux tableau de conversion, tant chéri par les professeurs de mathématiques, n'est finalement introduit qu'en dernier lieu. Il ne doit pas devenir un outil mécanique mais un outil qui permet de visualiser la pensée de conversion, d'où l'importance de l'étape précédente. Si l'on me demande de convertir 5 m en dm, je dois visualiser *« Combien de bâtons de colle pourrais-je aligner le long de mes 5 règles*

de classe ? ». Ce processus est d'autant plus nécessaire qu'il permet d'acquérir les ordres de grandeur des mesures de grandeurs (si, si, c'est la bonne phrase !).

- Le décor étant planté, on voit se dessiner une progressivité générale dans les apprentissages sur les grandeurs :

– une première approche ciblée sur la notion même de grandeur, par la perception : distinguer les différentes grandeurs de tel ou tel objet, personne, lieu… et la décrire le plus précisément possible. Par exemple, je peux me caractériser par « ma taille », « le volume que j'occupe », « la place que je prends lorsque je suis allongé au sol » ou même « ma température corporelle » ! L'important ici n'est pas le langage savant. Cette étape se fait généralement aux cycles 1 et 2 mais il n'est pas inutile de repartir sur ces bases, notamment pour la distinction entre périmètre et aire qui est souvent très confuse ;

– une fois la grandeur mieux perçue, on peut introduire la comparaison au sein d'une même grandeur. Une fois encore, par la perception, par la comparaison propre ou entre deux objets. Par exemple, ma taille est plus grande que la tienne. Il fait plus chaud dans cette pièce… C'est l'occasion aussi de commencer à asseoir le vocabulaire spécifique. Par exemple, la grandeur que je décris s'appelle la surface, la longueur, la durée, … La comparaison peut se faire de manière directe en plaçant deux objets côte à côte, ou bien indirecte (décomposition et/ou recomposition). Cette étape est également abordée aux cycles 1 et 2 ;

– vient ensuite la mesure de la grandeur proprement dite, par dénombrement d'une unité étalon. Plus tard, les dénombrements induits par ce procédé mèneront aux différentes formules de calcul utiles pour la mesure de ces grandeurs, la multiplication pour le rectangle ou bien la composition/recomposition pour le parallélogramme par exemple ;

– enfin, on introduit les unités usuelles, en prenant soin de bien construire leurs représentations dans le monde qui nous entoure : *« 1 dam, c'est pour moi la longueur d'une piscine »*.

Écueils et points de vigilance

Ils ont été abordés en filigrane lors de la partie précédente.

- **Confusion entre « grandeur » et « mesure de cette grandeur ».** Il convient donc d'utiliser les bonnes formulations. Cela peut être aussi l'objet d'un jeu avec les élèves « on dira plutôt » ou « on ne dira pas… mais … ».
- L'utilisation de mots polysémiques.
- **La confusion entre des notions « proches ». Par exemple, le périmètre et l'aire qui sont deux mesures d'un même objet.** Ou bien l'instant et la durée.
- **Plus généralement, « sauter les étapes ».** La construction des notions de grandeurs et mesures sont longues à asseoir. Les angles sont un bon exemple à ce sujet, on ne se précipite pas sur la mesure de l'angle, qui intervient en fin de cycle 3, on prend le temps de suivre les étapes décrites précédemment.

Vocabulaire

- **Grandeur :** caractéristique ou propriété d'un objet mathématique ou physique.
- **Mesure :** nombre associé à la grandeur mesurée et spécifié dans une unité donnée. La mesure dépend de l'unité choisie.
- **Unité :** mesure étalon.
- **Périmètre d'une figure :** mesure de la longueur du contour d'une figure.
- **Aire d'une figure :** mesure de la surface délimitée par le contour d'une figure.

module
5 Longueurs, périmètres

Progression des apprentissages dans le module

SÉANCE 1	• Vérification des prérequis
SÉANCE 2	• Situation de référence « Les maths en vie »
SÉANCE 3	• MISSION 1 Connaitre les relations entre les différentes unités de longueur
SÉANCE 4	• Entrainement mission 1
SÉANCE 5	• MISSION 2 Comparer et calculer des périmètres
SÉANCE 6	• Entrainement mission 2
SÉANCE 7	• Synthèse • Retour sur la situation de référence
SÉANCE 8	• Évaluation sommative

CM2

• En CM2, voici la mission qui sera travaillée en continuité de celles réalisées en CM1. Si vous le souhaitez, ou si une programmation de cycle le prévoit, vous pouvez donc aller plus loin et la proposer à vos élèves. Se référer alors au site compagnon sur lequel vous trouverez son descriptif.

MISSION 3
Utiliser des formules de calcul de périmètres

Compétences LSU et BO

- Connaitre les relations entre les unités de longueur et les unités de numération (grands nombres, nombres décimaux).
- Comparer des périmètres avec sous sans recours à la mesure. Mesurer des périmètres en reportant des unités et des fractions d'unités, ou en utilisant une formule.
- Connaitre les formules du périmètre d'un carré, d'un rectangle.
- Utiliser le lexique, les unités, les instruments de mesures spécifiques aux longueurs.
- Résoudre des problèmes impliquant des longueurs en utilisant des nombres entiers et des nombres décimaux.

Lexique

- **Longueur :** grandeur d'une étendue linéaire sur une seule dimension. Par extension, le mot « longueur » indique souvent la mesure de cette grandeur.
On évitera de faire cette confusion entre la longueur et la mesure de la longueur : on ne dira pas « ce segment a pour mesure 5 cm » ou « ce segment mesure 5 cm » mais plutôt « la longueur de ce segment a pour mesure 5 cm ».
- **Unité de longueur :** c'est la mesure étalon – le mètre – qui est utilisée de façon conventionnelle pour exprimer la mesure d'une longueur. On l'accompagne de sous-unités (kilomètre, millimètre, etc.).
- **Périmètre d'une figure :** mesure de la longueur du contour de cette figure.
- **Aire d'une figure :** mesure de la surface délimitée par le contour d'une figure.

Apports didactiques

- La grandeur longueur a déjà été abordée au cycle 2. Cependant, si l'élève n'a pas construit des représentations solides, il risque de ne pas pouvoir construire la grandeur associée qu'est le périmètre.
- La première mission s'adressant aux CM1 propose une manipulation de quelques unités de mesures déjà connues et la construction d'équivalences permettant de donner du sens au tableau de conversion parfois utilisé dans les classes. Il est important que les élèves, confrontés à cet outil, disposent de repères et de références pour chaque unité.
- Certaines unités, comme le kilomètre, ne sont pas manipulables physiquement. Des repères pourront être construits par analogie avec les unités connues (1 000 fois la règle du tableau), mais aussi en utilisant l'environnement proche et en faisant quelques déplacements.
- La véritable nouveauté pour les élèves de cycle 3 concerne la notion de périmètre. Ils vont devoir comprendre ce qu'est un périmètre, acquérir différentes procédures pour en définir la mesure et ils accéderont finalement, en CM2, à des « formules de calcul », concept nouveau pour eux en géométrie.
- Il est important que les élèves soient confrontés à des méthodes et instruments de mesure variés. Cette diversité participe à la compréhension des concepts en jeu : calque ou compas pour reporter des longueurs, règle pour prendre des mesures, unités conventionnelles ou « côté d'un carreau » sur papier quadrillé. L'utilisation du « côté d'un carreau » doit être bien encadrée et explicitée, afin d'éviter d'éventuelles confusions lorsqu'on abordera les aires avec ce même support, également utilisé pour la compréhension des fractions.

Difficultés rencontrées par les élèves

1 Difficulté d'utilisation de la règle et du placement du zéro, longtemps persistante chez certains élèves :

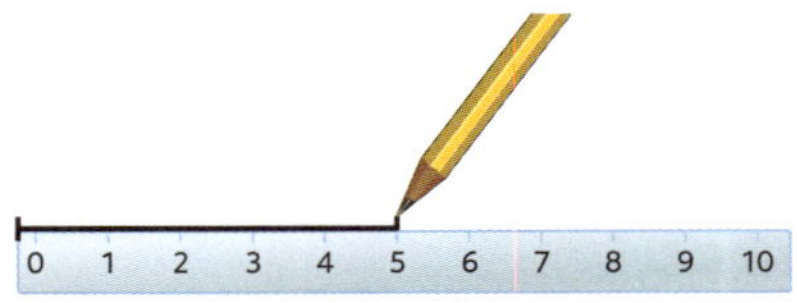

2 Notion d'échelle : les élèves prennent les mesures sur la représentation proposée sans prélever les informations utiles dans le texte ou sur le schéma. Ce type d'erreur indique par ailleurs que les élèves ne disposent pas de suffisamment de références pour les unités qu'ils utilisent (ils ne savent pas ce que représente « 4 cm ») :

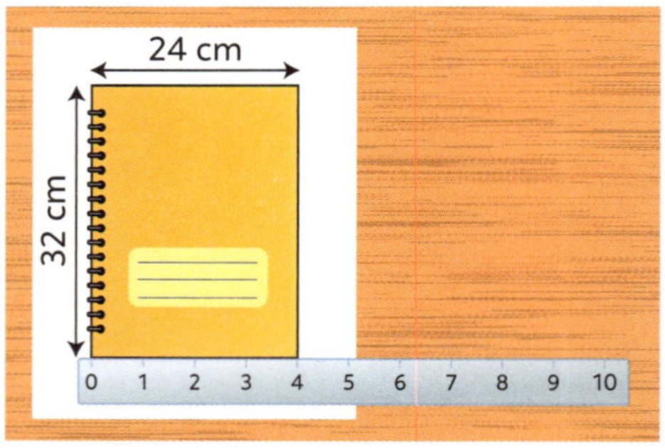

→ l'élève confond le cahier « en vrai » et le cahier tel qu'il est sur la photo : il mesure le cahier directement sur la photo avec la règle (4 cm) au lieu de repérer la mesure inscrite (24 cm).

3 Difficulté à réaliser des calculs, en particulier lorsque des nombres décimaux sont utilisés et mal maitrisés :
→ 2,5 cm + 0,8 cm = 2,13 cm.

4 Le vocabulaire utilisé en géométrie manque parfois de précision, des mots peuvent avoir un sens différent dans le langage courant. Cela peut induire chez les élèves des interprétations erronées : par exemple, quel critère est pris en compte quand on demande de chercher le « plus grand » rectangle ?
→ l'élève confond la longueur et la grandeur, et répond que le rectangle bleu est le plus grand.

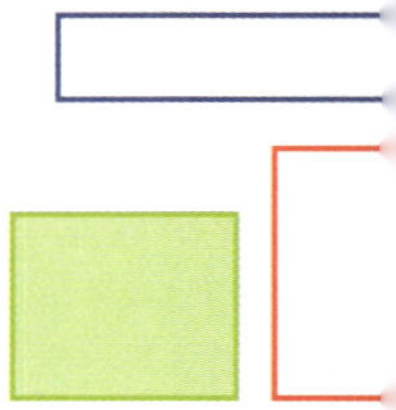

5 Confusion aire et périmètre. Peut être liée à une mauvaise compréhension de ces deux notions, à une confusion sémantique ou à une non-maitrise des formules de calcul associées :

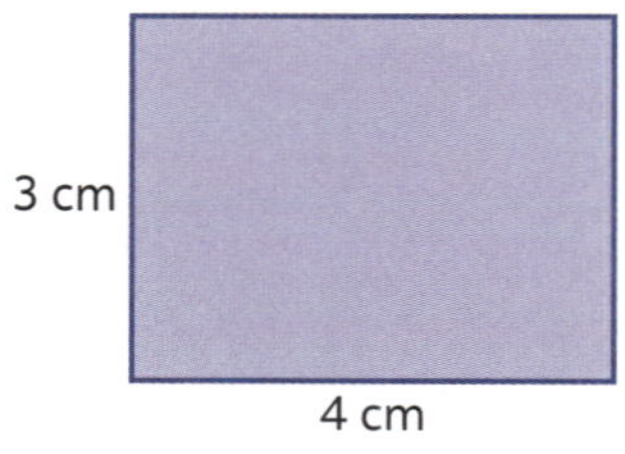

→ l'élève fait la confusion et indique :
périmètre = 4 × 3 = 12 cm ;
aire = 4 + 4 + 3 + 3 cm ou cm².

AUTOÉVALUATION, SITUATION DE RÉFÉRENCE

DURÉE
45 min

MATÉRIEL
- Ficelle
- Compas
- Papier calque
- Règle graduée

COMPÉTENCES
- Chercher
- Raisonner
- Communiquer

M5 • P1

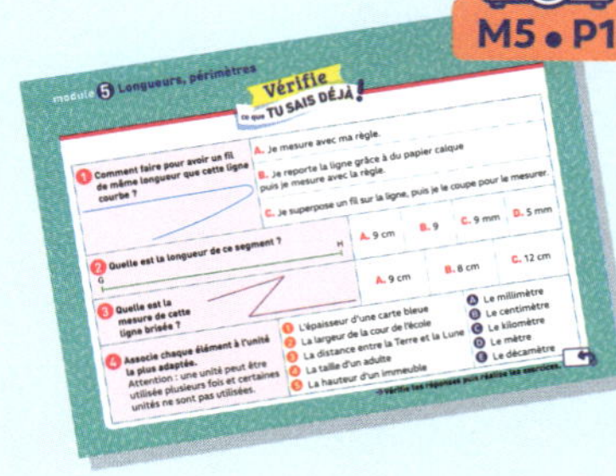

pp. 58-59

Autoévaluation

5 min Autoévaluation formative, autocorrection

Exercice 1 : mesurer une ligne courbe en utilisant un matériel non usuel.
Exercices 2 et 3 : mesurer des segments à l'aide d'une règle.
Exercice 4 : construire des références de la vie réelle en lien avec des unités (pour travailler les estimations).

10 min Remédiation ou Défi

Exercice 1 : la ficelle est un objet intermédiaire qui permet de reporter une longueur afin de pouvoir la mesurer avec une règle.
Exercices 2 et 3 : ces exercices permettent de rappeler le placement du zéro de la règle et la propriété d'ajout des longueurs de deux segments.
Exercice 4 et Défi : ces exercices permettent de construire des références communes, rattachées au réel de la classe.

Situations de référence

Organisation

Deux situations sont proposées dans le manuel CM1-CM2 ; elles sont communes au CM1 et au CM2. Vous pouvez ainsi vous organiser avec les autres enseignants qui utilisent la méthode : une année, tous les élèves de CM1 et CM2 font la situation 1 par exemple, l'année d'après, tous les élèves font la situation 2. Ainsi, les élèves feront deux situations de référence différentes s'ils ont la même méthode deux années de suite.

1 Apprentis pâtissiers

5 min Appropriation collective de la situation

« De quoi parle-t-on ? Qu'allons-nous chercher ?

Il faut aider les apprentis pâtissiers à trouver la longueur de fil à bonbon nécessaire pour décorer les gâteaux.

10 min Recherche PAS à PAS

En fonction de leurs connaissances, les élèves vont proposer plusieurs procédures plus ou moins expertes :
- utiliser une corde pour « faire » le tour du moule ;
- mesurer (compas, règle, calque) les longueurs de tous les côtés et les ajouter ;
- mesurer uniquement une largeur, une longueur ou un seul côté du carré.

15 min Analyse collective et explicitation des apprentissages à venir

Cette phase se fait essentiellement à l'oral. L'enseignant-e amène les élèves à verbaliser leur procédure et les aide à identifier les différences et les points communs. Il peut également questionner les élèves sur les procédures qui leur semblent les plus efficaces.

Les formules de calcul du périmètre n'auront probablement pas été proposées par les élèves ; c'est l'objectif en CM2 de la mission 3.

Les élèves vont, grâce à ces deux situations, revoir les notions de côtés, de longueurs de côtés et commencer à approcher la notion de périmètre par la recherche du contour des figures.

2 Apprentis décorateurs

La situation proposée ici est proche de la précédente, avec des objets différents.

> *Il faut aider les apprentis décorateurs à trouver la longueur de guirlande nécessaire pour décorer les deux miroirs de leur chambre. Il faut leur expliquer précisément comment faire.*

Aide / différenciation

La différenciation se fait au niveau des différentes procédures qui pourront toutes être acceptées si elles s'approchent des procédures attendues ou qui vont être travaillées. Lors de la phase de recherche, l'enseignant-e pourra guider plus particulièrement les élèves à besoin. Il pourra suggérer à certains l'**utilisation de matériel** comme une ficelle, un compas, une règle, du papier calque...
Pour les deux situations de référence proposées, afin de permettre aux élèves de mieux comprendre ce dont il s'agit et se représenter concrètement la situation, on pourra **utiliser du « vrai » matériel et leur faire vivre** l'une ou l'autre des deux situations.

MISSION 1

Connaitre les relations entre les différentes unités de longueur

DURÉE

45 min

MATÉRIEL

- 15 bandes de 1 m
- 15 bandes de 1 dm
- 1 décamètre
- Les 4 étiquettes cibles

COMPÉTENCES

- Chercher
- Raisonner
- Communiquer

M5 • M1

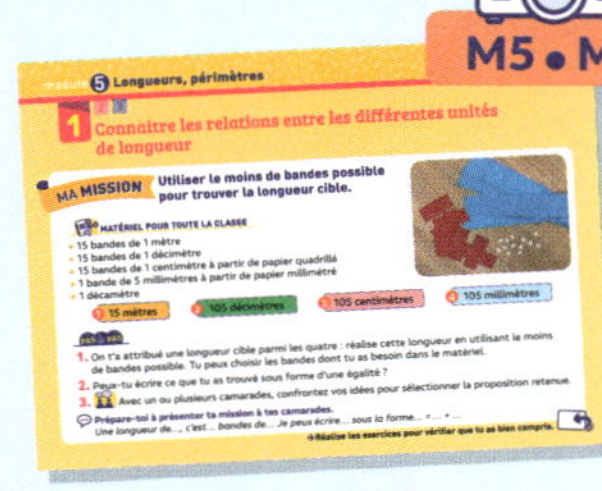

pp. 60-61

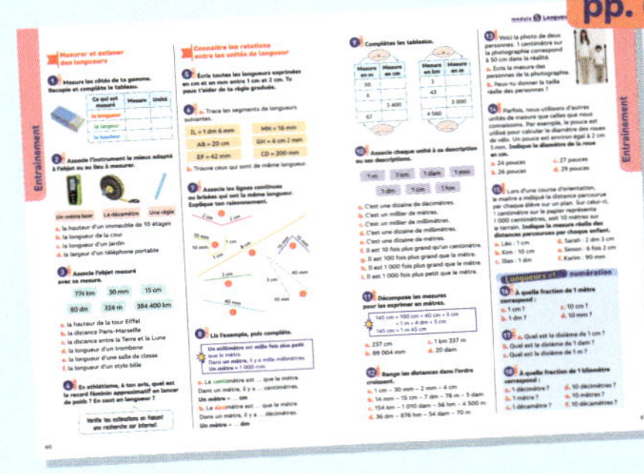

OBJECTIFS

- Construire les relations entre les différentes unités de longueur.
- Utiliser le moins de bandes possibles pour obtenir la longueur cible.

PRINCIPE DE LA MISSION

- Le matériel proposé permet d'obtenir la longueur cible selon différentes compositions de « bandes-unité ». Cependant, pour chaque cible, une seule répond à la consigne « utiliser le moins possible de bandes ». Cette contrainte pousse les élèves à laisser de côté leurs premières propositions intuitives pour les inviter à **réaliser des conversions de bandes** (usage des équivalences). Pour cette mission, **l'enseignant-e réalise 4 groupes d'élèves qui s'attacheront respectivement à reconstituer une longueur cible**. La mise en commun permettra de voir toutes les cibles.

5 min Appropriation collective

La consigne est lue individuellement. S'ensuit une reformulation corrective des attendus :

> *À l'aide des bandes dont on dispose et qui sont affichées au tableau, vous devrez chacun atteindre votre longueur cible avec le moins de bandes possibles.*

10 min Recherche individuelle et confrontation au sein du groupe

Les élèves réfléchissent seuls et écrivent leur égalité qui correspond à la somme des bandes mises bout à bout. Enfin, à deux, les élèves comparent leur proposition. Pendant cette phase, l'enseignant-e passe près des élèves afin de guider et étayer la compréhension de la tâche. La phase individuelle est indispensable afin que chacun se confronte à la situation. L'écriture individuelle de la reconstitution de la longueur cible indique à l'enseignant-e les éventuelles difficultés ou interprétations des élèves. La phase de groupe permet aux élèves d'argumenter afin de choisir une seule proposition qui sera ensuite validée ou non grâce à une confrontation à la réalité par la manipulation.

20 min Mise en commun et trace écrite provisoire

Chaque groupe exposera sa décomposition.
Ce sera l'occasion de faire réfléchir l'ensemble de la classe et de vérifier s'il n'était pas possible d'utiliser moins de bandes-unité :

> *On met en évidence 1 m = 10 dm grâce aux bandes qui sont à disposition. L'objectif est d'en utiliser le moins possible, donc on passe de 10 bandes de 1 dm à 1 de 1 m.*

Les rapports d'équivalences entre les unités seront mis en lumière.
Le but de cette mise en commun est :
1. de construire une représentation concrète des unités « longueur » en jeu ;
2. de construire une équivalence entre les unités de longueur consécutives travaillées ou avec des unités

non consécutives : 1 m = 1 000 mm, 1 dm = 100 mm, etc. ;
3. d'ordonner ces unités de la plus petite à la plus grande et de mémoriser cet ordre.
Lors de la mise en commun, on abordera également des unités qui n'ont pas pu être manipulées : on introduira le décamètre, en le matérialisant avec les élèves, par exemple dans la cour de récréation. On abordera aussi le kilomètre en lui donnant du sens par l'utilisation de l'environnement proche, en faisant des déplacements.
On construira les équivalences suivantes :
1 km = 1 000 m.
1 dam = 10 m = 100 dm = 1 000 cm = 10 000 mm.
1 m = 10 dm = 100 cm = 1 000 mm.
1 dm = 10 cm = 100 mm.
1 cm = 10 mm.
Pour construire ces équivalences, on s'appuiera sur les propositions des élèves, en les comparant entre elles et en faisant des analogies.
L'enseignant-e guidera les échanges afin de faire observer la similitude avec le fonctionnement du système décimal : 1 m = 10 dm, 1 dizaine = 10 unités.

Réponses possibles

Stratégie experte : les propositions ci-dessous ne doivent pas être induites par l'enseignant-e. On les apportera lors de la mise en commun si elles ne sont pas apportées par les groupes.
- A. Cible 15 m : 1 dam + 5 bandes de 1 m.
- B. Cible 105 dm : 1 dam + 5 bandes de 1 dm.
- C. Cible 105 cm : 1 m + 5 cm (accepter une bande découpée dans la feuille quadrillée de 5 cm).
- D. Cible 105 mm : 1 dm + 5 mm (obligation de cumuler les millimètres sous peine de ne pas pouvoir les rendre visibles).

Stratégie moins experte : les possibilités présentées ici sont celles qui sont les plus probables mais qui serviront justement à nourrir les observations, confrontations, réflexions et conversions.
- A. Cible 15 m : 15 bandes de 1 m.
- B. Cible 105 dm : 10 bandes de 1 m + 5 bandes de 1 dm.
- C. Cible 105 cm : 10 bandes de 1 dm + 5 cm.
- D. Cible 105 mm : 10 cm découpés dans la feuille dédiée + 5 mm découpés dans la feuille millimétrée.

Trace provisoire possible

Je retiens de la MISSION 1

1 m = 10 dm ; 1 dm = 10 cm ; 1 cm = 10 mm ; 1 dam = 10 m
Une longueur de 15 m, c'est 15 bandes de 1 m
OU c'est 1 dam et 5 bandes de 1 m.
On peut écrire 15 m sous la forme de :
– 15 m = 15 × 1 mètre.
– 15 m = 1 m + 1 m + ... 1 m.
(15 fois)
– 15 m = 1 dam + 1 m + 1 m + 1 m + 1 m + 1 m.
L'appui sur une affiche devrait permettre de rendre explicite les rapports décrits :

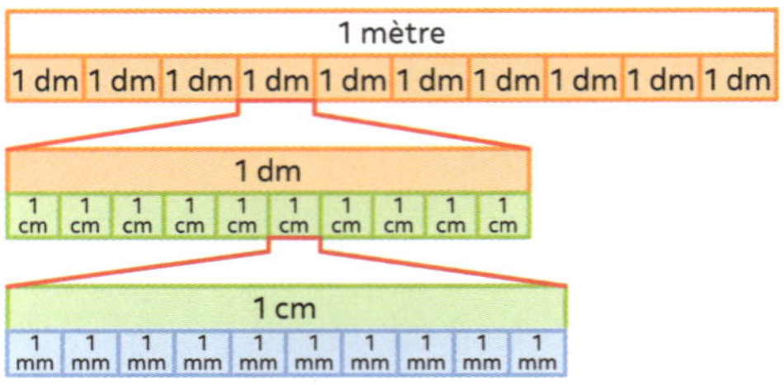

10 min Exercices d'appropriation

Exercices proposés	Observations	En cas de difficultés Sélection d'exercices du manuel
Exercice 1 : dans cet exercice, les élèves s'entrainent à décomposer une longueur donnée.	*« L'élève a-t-il mémorisé les unités travaillées (m, dm, cm, mm) ? Sait-il exprimer une même mesure dans des unités différentes en utilisant les rapports construits ? »*	L'appui sur l'affichage des tableaux d'équivalence (cf. ci-dessus), sur l'ordre entre les unités aide l'élève à construire ces rapports entre les unités. **Exercices 5 - 9 - 11 pp. 60-61**
Exercices 2, 3 et 4 : ces exercices permettent de ranger des distances dans un ordre donné.	*« L'élève sait-il ranger des distances exprimées selon différentes unités ? Connait-il une procédure pour passer d'une unité à l'autre ? »*	Les conversions réalisées à ce stade demandent de manipuler le passage d'une unité à l'autre. **Exercices 8 - 10 - 12 pp. 60-61**

Aide / différenciation

On aidera les élèves auxquels cela fait défaut à se doter d'une représentation des unités de longueur en **construisant avec eux un référentiel issu de leur quotidien**, des objets les entourant : par exemple, 1 m c'est la règle du tableau, 10 cm c'est... On pourra y mettre des photos.
Afin de réaliser des conversions, il est nécessaire d'avoir associé chaque unité-longueur à la distance qu'elle représente et d'avoir intégré le rapport qui existe entre deux unités-longueurs consécutives car c'est ce rapport qui justifie le rapport entre des unités « éloignées ». On pourra faire des analogies avec le fonctionnement du système décimal et le tableau de numération.

MISSION 2

Comparer et calculer des périmètres

DURÉE

45 min

MATÉRIEL

- Le Pont du remorqueur de Fernand Léger
- Fil chenille ou ficelle
- Papier calque
- Compas
- Règle graduée
- Paire de ciseaux

COMPÉTENCES

- Chercher
- Raisonner
- Communiquer

M5 • M2

pp. 62-63

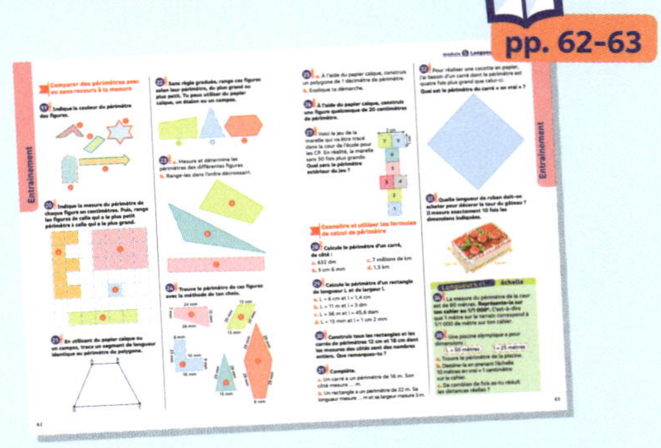

OBJECTIF

- Comparer des périmètres avec ou sans recours à la mesure.

PRINCIPE DE LA MISSION

- Cette mission rebrasse les savoir-faire et les connaissances acquises dans la mission précédente. Cependant, ces acquis seront utilisés dans des situations permettant de **définir et d'intégrer la grandeur « périmètre »**. Il s'agira de **concevoir une procédure de reproduction d'un périmètre** afin de trouver concrètement la longueur nécessaire de fil chenille pour faire le tour des figures. Une autovalidation pourra se faire directement sur la fiche annexe dédiée.
- À partir de trois figures, les élèves doivent passer la commande de la longueur de fil chenille nécessaire pour faire le tour des figures.

5 min Appropriation collective

Une photocopie de la fiche avec le tableau de F. Léger est distribuée par binôme. Un temps est laissé aux élèves pour prendre connaissance des consignes de la mission. La consigne est reformulée :

> *Regardez les figures. Dans un premier temps vous devrez dire "à vue" laquelle a le tour le plus long. Vous devrez ensuite vérifier à l'aide du matériel à disposition, selon la procédure qui vous parait la plus pertinente.*

Les élèves doivent alors donner la longueur de fil chenille dont ils ont besoin.

10 min Recherche collective et confrontation en binôme

Il est d'abord demandé aux élèves d'effectuer une estimation « à vue » du tour de chaque figure afin de les comparer. Le résultat de cette estimation est consigné dans le cahier pour pouvoir y revenir.
À deux, les élèves choisissent leur procédure à partir du matériel à leur disposition : papier calque, compas, règle graduée… pour pouvoir demander les longueurs nécessaires.
Ils doivent se mettre d'accord sur la procédure la plus efficace pour mesurer et remplir la commande de la longueur du fil chenille pour chaque figure. Une fois la commande remplie, l'enseignant-e leur fournit les 3 longueurs demandées. Il est intéressant de laisser les élèves utiliser la procédure de leur choix car c'est en procédant de la sorte que certains élèves s'approprient la validité de procédures plus élaborées.

15 min Mise en commun et trace écrite provisoire

Pendant la phase de manipulation, l'enseignant-e guide les élèves qui s'éloignent trop d'une procédure acceptable. On repère le type de procédures retenues pour en faire l'inventaire lors de la mise en commun.
La mise en commun doit permettre de présenter une nouvelle fois toutes les possibilités pour reporter un segment (vu en mission 1).
Le vocabulaire précis et dédié aux mathématiques sera introduit :

> *La mesure du tour d'une figure en "langage mathématique", c'est le périmètre de la figure.*

Réponses possibles

De la procédure la moins experte à celle qui est attendue (la plus experte).
Pour reporter les différentes longueurs, on peut utiliser :
- *le papier calque* (mais c'est couteux et long) ;
- *le compas* (cela nécessite de bien le manier et d'avoir un matériel en état) ;
- *la règle* pour effectuer *la somme des différentes mesures des segments* pour chaque figure.

▶ Trace provisoire possible

Je retiens de la MISSION 2
- Pour trouver la longueur de fil nécessaire pour faire le tour d'une figure, on peut :
  - utiliser du papier calque OU un compas pour reporter la longueur des différents segments de la figure en les mettant bout à bout. On obtient ainsi la longueur totale du tour de la figure : c'est le périmètre de la figure ;
  - utiliser la règle graduée en mesurant la longueur des différents segments de la figure. En additionnant les différentes mesures, on obtient la longueur totale du tour de la figure.
- Le périmètre d'une figure, c'est la mesure du tour de la figure dans une unité précisée.
  Il est important de préciser l'unité avec laquelle on mesure le périmètre.

La comparaison directe des 3 longueurs obtenues permet de valider l'estimation de départ. Le collage des 3 longueurs sur l'annexe pourra être conservé.

15 min Exercices d'appropriation

Exercices proposés	Observations	En cas de difficultés Sélection d'exercices du manuel
Exercice 1 : cet exercice met en évidence la nécessité de ne pas se fier uniquement à une estimation « à vue » puisque le rangement des périmètres est contrintuitif. L'unité utilisée ici est le « côté du carreau », ce qui devra être explicité avec les élèves.	*« L'élève sait-il comment mesurer des périmètres à l'aide d'une unité "non usuelle" ? »*	Exercices 19 - 20 - 22 p. 62
Exercice 2 : dans cet exercice, la règle est utilisée pour déterminer le périmètre des figures.	*« L'élève sait-il utiliser la règle graduée pour mesurer des périmètres ? »*	Exercice 23 p. 62
Exercice 3 : cet exercice permet de représenter la longueur d'un périmètre comme la somme de différentes longueurs de segments mis bout à bout.	*« L'élève est-il capable de segmenter une longueur en plusieurs morceaux afin de reconstituer le périmètre d'une figure ? »*	Exercices 21 - 25 - 26 pp. 62-63

Aide / différenciation

Pour les élèves ayant des difficultés d'ordre visuo-spatial, le repérage dans les quadrillages ou sur les instruments de mesure risque d'être compliqué : isoler les figures sur lesquelles les élèves travaillent. **Un cache** peut être un outil facilitateur. Pour les élèves qui ont des difficultés à s'organiser : clarifier les étapes de la tâche (ex. : dans les conversions).

SYNTHÈSE, RETOUR SUR LA SITUATION DE RÉFÉRENCE

DURÉE

30 min

MATÉRIEL

- Pas de matériel particulier

COMPÉTENCES

- Raisonner
- Communiquer
- Calculer

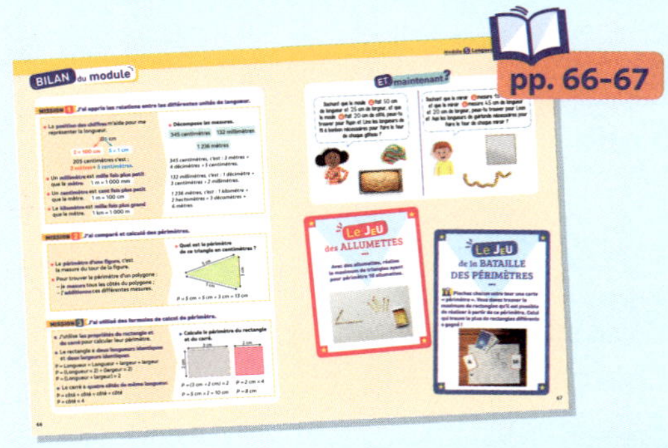

10 min Retour sur les traces écrites provisoires des missions

Les élèves reformulent les savoir-faire construits :
– comparer des longueurs par la technique de report (calque, compas, ficelle...) ;
– mesurer une ligne brisée par addition des mesures des différents segments selon des unités intermédiaires ou usuelles.

Par analogie, le périmètre d'une figure quelconque se calcule en procédant de la même manière.
Ils rappellent les rapports existant entre deux unités consécutives : multiples ou sous-multiples de 10 en lien avec le système décimal.

Ces rappels s'appuient sur les traces provisoires construites avec les élèves durant le module.

5 min Mémo

La trace écrite définitive peut être accompagnée d'un carré et d'un rectangle construits par chaque élève avec le calcul, pour chacun d'eux, du périmètre à l'aide des formules. Au choix de l'enseignant-e, la leçon peut être constituée des figures avec le calcul du périmètre, des bilans du manuel et/ou d'une leçon collée dans un cahier dédié (leçon rédigée par l'enseignant-e, qui peut être inspirée des propositions présentes dans le fichier ressources).

15 min Retour sur la situation de référence

Les élèves travaillent sur des longueurs mesurables à la règle graduée et sur la fiche. Ils ont compris que la taille réelle des objets mesurés est un multiple de 10.

La réussite experte attendue est l'addition des longueurs des côtés respectifs pour chacun des deux moules afin de calculer la longueur totale, ce qui correspond au périmètre des figures associées (rectangle et carré).

Pour contrôler le résultat trouvé, la reproduction des longueurs respectives des côtés pour les deux moules par transparence grâce au papier calque avec cumulation des longueurs des segments est une réussite non experte de la recherche. La mesure grâce à la règle graduée permet également ce contrôle.
La conversion des millimètres en centimètres est possible mais non obligatoire : le périmètre peut être exprimé en cm et mm.

JEUX

DURÉE

30 min

COMPÉTENCES

- ▶ Chercher
- ▶ Raisonner
- ▶ Communiquer

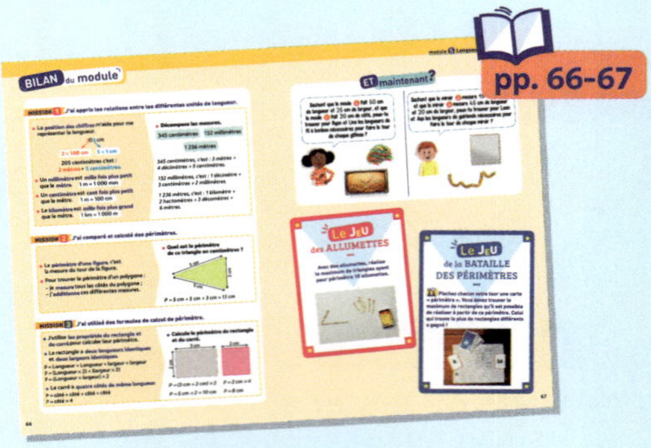

pp. 66-67

DIFFÉRENCIATION

- Deux jeux sont proposés, l'un relevant plutôt du **CM1 (à gauche)** et l'autre du **CM2 (à droite)**. Ils pourront cependant tous deux être proposés aux élèves selon leur niveau, vous permettant ainsi de différencier ce temps.

Le JEU des Allumettes

Manipuler la grandeur « périmètre ».

ORGANISATION individuelle

MATÉRIEL • une boite d'allumettes (de préférence sans bout)

RÈGLE DU JEU

Réaliser le maximum de triangles ayant pour périmètre 10 allumettes. Attention : les allumettes doivent rester entières.

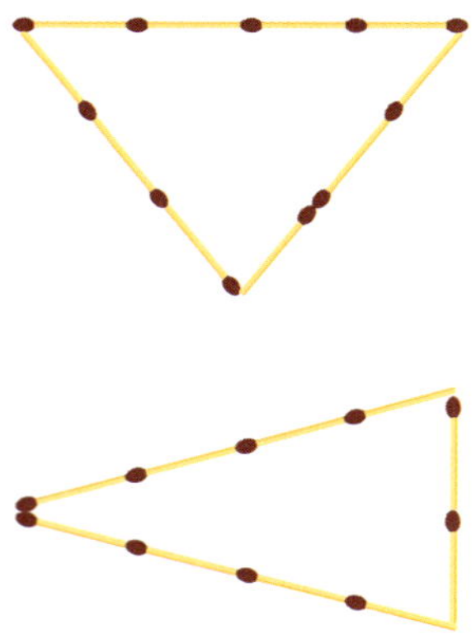

Le JEU de la Bataille des périmètres

Comprendre la nécessité de comparer des mesures dans la même unité. Pour cela, il suffira de donner des feuilles avec des quadrillages différents pour faire émerger soit une contrainte de conversion, soit une inégalité…

ORGANISATION 2 à 4 joueurs – nombre de parties à déterminer au début du jeu

MATÉRIEL • une feuille de match quadrillée
• le jeu de carte « Bataille de périmètres »

RÈGLE DU JEU

Chaque joueur tire une carte « périmètre » et doit trouver le maximum de rectangles réalisables à partir de ce tirage.
Ex. : un élève tire une carte 14. Il peut faire 3 rectangles différents : $(2 \times 2) + (2 \times 5)$; $(2 \times 4) + (2 \times 3)$; $(2 \times 1) + (2 \times 6)$.
Celui qui possède le plus grand nombre de rectangles à la fin de la partie a gagné.

Variantes

- Changer le quadrillage utilisé (c'est-à-dire l'unité).
- Demander des périmètres en cm, en mm (changement d'unités usuelles).

Fiche MISSION 2 Le pont du remorqueur de Fernand Léger (photocopie couleur)

4	6	8	10
12	14	16	18
20	22	24	26
28	30	32	34

Fiche JEUX La bataille des périmètres

36	**38**	**40**	**42**
44	**46**	**48**	**50**

Solutions

P	Solutions (L • l)											
4	1 • 1											
6	2 • 1											
8	3 • 1	2 • 2										
10	4 • 1	3 • 2										
12	5 • 1	4 • 2	3 • 3									
14	6 • 1	5 • 2	4 • 3									
16	7 • 1	6 • 2	5 • 3	4 • 4								
18	8 • 1	7 • 2	6 • 3	5 • 4								
20	9 • 1	8 • 2	7 • 3	6 • 4	5 • 5							
22	10 • 1	9 • 2	8 • 3	7 • 4	6 • 5							
24	11 • 1	10 • 2	9 • 3	8 • 4	7 • 5	6 • 6						
26	12 • 1	11 • 2	10 • 3	9 • 4	8 • 5	7 • 6						
28	13 • 1	12 • 2	11 • 3	10 • 4	9 • 5	8 • 6	7 • 7					
30	14 • 1	13 • 2	12 • 3	11 • 4	10 • 5	9 • 6	8 • 7					
32	15 • 1	14 • 2	13 • 3	12 • 4	11 • 5	10 • 6	9 • 7	8 • 8				
34	16 • 1	15 • 2	14 • 3	13 • 4	12 • 5	11 • 6	10 • 7	9 • 8				
36	17 • 1	16 • 2	15 • 3	14 • 4	13 • 5	12 • 6	11 • 7	10 • 8	9 • 9			
38	18 • 1	17 • 2	16 • 3	15 • 4	14 • 5	13 • 6	12 • 7	11 • 8	10 • 9			
40	19 • 1	18 • 2	17 • 3	16 • 4	15 • 5	14 • 6	13 • 7	12 • 8	11 • 9	10 • 10		
42	20 • 1	19 • 2	18 • 3	17 • 4	16 • 5	15 • 6	14 • 7	13 • 8	12 • 9	11 • 10		
44	21 • 1	20 • 2	19 • 3	18 • 4	17 • 5	16 • 6	15 • 7	14 • 8	13 • 9	12 • 10	11 • 11	
46	22 • 1	21 • 2	20 • 3	19 • 4	18 • 5	17 • 6	16 • 7	15 • 8	14 • 9	13 • 10	12 • 11	
48	23 • 1	22 • 2	21 • 3	20 • 4	19 • 5	18 • 6	17 • 7	16 • 8	15 • 9	14 • 10	13 • 11	12 • 12
50	24 • 1	23 • 2	22 • 3	21 • 4	20 • 5	19 • 6	18 • 7	17 • 8	16 • 9	15 • 10	14 • 11	13 • 12

module

6 Les aires

Progression des apprentissages dans le module

SÉANCE 1	• Vérification des prérequis • Situation de référence « Les maths en vie »
SÉANCE 2	• MISSION 1 Comparer des surfaces sans les mesurer
SÉANCE 3	• Entrainement mission 1
SÉANCE 4	• MISSION 2 Utiliser une unité pour mesurer des surfaces
SÉANCE 5	• Entrainement mission 2
SÉANCE 6	• Synthèse • Retour sur la situation de référence
SÉANCE 7	• Évaluation sommative

CM2

• En CM2, voici les deux missions qui seront travaillées en continuité de celles réalisées en CM1. Si vous le souhaitez, ou si une programmation de cycle le prévoit, vous pouvez donc aller plus loin et les proposer à vos élèves. Se référer alors au site compagnon sur lequel vous trouverez leur descriptif.

MISSION 3
Connaitre et utiliser les unités de mesure d'aire

MISSION 4
Connaitre et utiliser les formules de calcul d'aire

Compétences LSU et BO

• Comparer des surfaces selon leurs aires sans avoir recours à la mesure, par superposition ou par découpage et recollement.

• Différencier périmètre et aire d'une figure.

• Estimer la mesure d'une aire et l'exprimer dans une unité adaptée.

• Déterminer la mesure de l'aire d'une surface à partir d'un pavage simple ou en utilisant une formule.
– Unités usuelles d'aire et leurs relations : multiples et sous-multiples du m^2.
– Formules de l'aire d'un carré, d'un rectangle, d'un triangle, d'un disque.

• Comparer, estimer, mesurer des grandeurs géométriques avec des nombres entiers et des nombres décimaux : longueur (périmètre), aire, volume, angle.

• Utiliser le lexique, les unités, les instruments de mesures spécifiques de ces grandeurs.

• Résoudre des problèmes impliquant des grandeurs (géométriques, physiques, économiques) en utilisant des nombres entiers et des nombres décimaux.

Lexique

- **Surface :** c'est une étendue, un ensemble de points qui forment un espace à deux dimensions. Elle est délimitée par un contour (le contour d'une figure).
- **L'aire** est la mesure de cette surface. **L'aire est une grandeur mesurable.** La mesure de la surface du carré, c'est l'aire du carré.
- **L'unité** est une mesure étalon. **Pour l'aire**, l'unité de mesure usuelle est le cm^2 ou le m^2.

Apports didactiques

- Il est important, comme pour d'autres modules consacrés aux grandeurs et mesures, d'éviter l'amalgame entre la grandeur en question, ici l'aire, et sa mesure. On préféra donc dire « L'aire de cette surface mesure 5 cm^2 » plutôt que, « cette surface est de 5 cm^2 », même si l'on n'exigera pas des élèves un tel niveau de précision.
- L'aire sera d'abord abordée comme grandeur, que l'on va percevoir en faisant des estimations visuelles, des comparaisons. Puis on procèdera à des superpositions, des découpages et des collages. On fera ensuite apparaitre la nécessité d'une mesure, non usuelle dans un premier temps : des pavages, des petits carreaux, de différentes tailles et de différentes formes…

- Les élèves doivent comprendre que mesurer une grandeur comme ici l'aire, c'est lui associer un certain nombre d'étalons, les dénombrer, quels qu'ils soient. C'est seulement en fin de parcours, en CM2, que sera introduite l'unité de mesure usuelle et conventionnelle le cm^2 et le m^2 essentiellement. Il est important que les élèves construisent également en parallèle une représentation mentale de ce que sont 1 cm^2 et 1 m^2.
- La confusion entre aire et périmètre est un obstacle qui persiste longtemps chez les élèves. Ces deux notions sont proches et sont souvent associées aux mêmes figures, aux mêmes représentations. Il peut être nécessaire, au moment d'aborder les aires, de faire un retour sur les périmètres et de fréquemment, de façon explicite, mettre en relation ces deux grandeurs, ces deux apprentissages.

Difficultés rencontrées par les élèves

1 Confusion entre encombrement et aire : une surface peut occuper beaucoup plus d'espace qu'une autre sans pour autant avoir une plus grande aire (notamment une surface évidée).

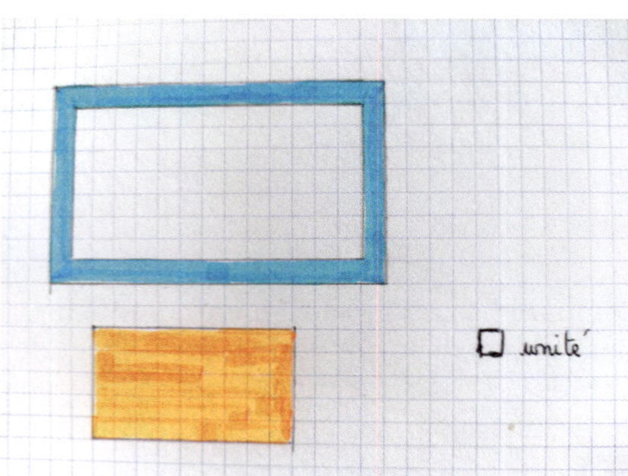

→ La surface occupée par la figure bleue est plus grande que la surface occupée par la figure orange parce que le rectangle bleu est « plus grand ». Cependant, la mesure de l'aire de la surface bleue est de 44 unités carreaux et celle de la surface orange est de 45 unités carreaux.

2 Confusion entre aire et forme : deux surfaces de formes différentes peuvent avoir la même aire.

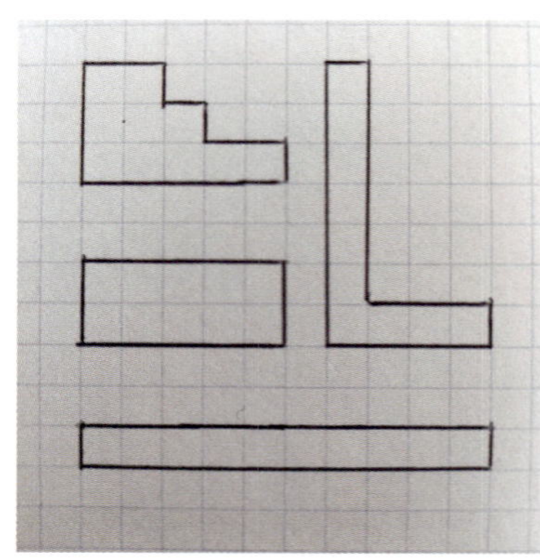

3 Confusion entre la grandeur « aire » et la grandeur « périmètre » car elles sont associées aux mêmes objets. Cette confusion peut être entretenue par le fait d'utiliser un même référent : le petit carreau d'un quadrillage. Dans le cas du périmètre, il faut considérer le côté du petit carreau de référence, dans le cas de l'aire, la surface du carreau.

4 Interprétations erronées induites par la polysémie du lexique :
→ « le plus grand rectangle » peut renvoyer à la hauteur et à la largeur physique de l'objet, à l'étendue de sa surface, à son périmètre…

AUTOÉVALUATION, SITUATION DE RÉFÉRENCE

DURÉE

45 min

MATÉRIEL

- Règle graduée
- Feuille à petits carreaux

COMPÉTENCES

- Chercher
- Raisonner
- Communiquer

M6 • P1

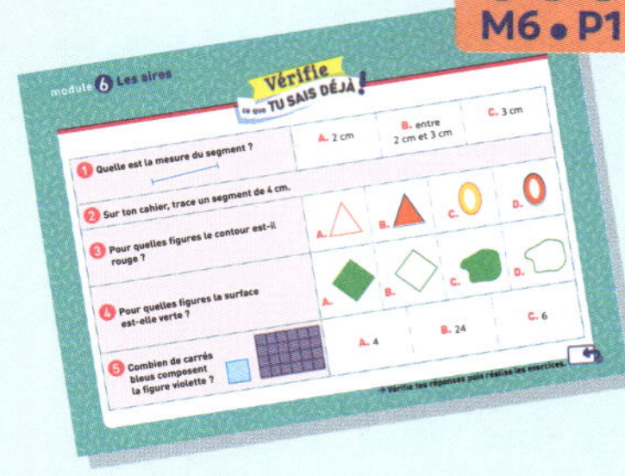

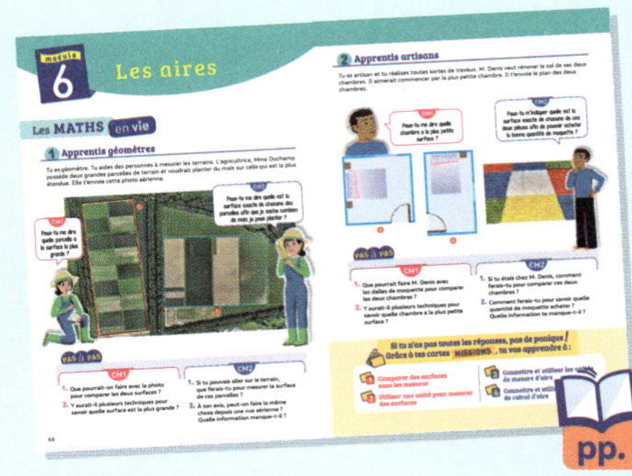

pp. 68-69

Autoévaluation

5 min Autoévaluation formative, autocorrection

Exercices 1 et 2 : utiliser correctement la règle graduée – placement du zéro.
Exercices 3 et 4 : clarifier les notions sous-jacentes. Le tour d'une figure et son étendue/sa surface.
Exercice 5 : dénombrer une unité « carreau » dans une surface plus grande.

10 min Remédiation ou Défi

Exercices 1 et 2 : les graduations donnent le nombre de centimètres. Le zéro de la règle doit être placé au début du segment à mesurer.
Exercices 3 et 4 : différencier des grandeurs proches en recouvrant une surface par le coloriage et en faisant le tour.
Exercice 5 : tracer une surface dans une unité donnée.
Défi : recherche de surfaces identiques ayant des formes différentes.

Situations de référence

Organisation

Deux situations sont proposées dans le manuel CM1-CM2 ; elles sont communes au CM1 et au CM2. Vous pouvez ainsi vous organiser avec les autres enseignants qui utilisent la méthode : une année, tous les élèves de CM1 et CM2 font la situation 1 par exemple, l'année d'après, tous les élèves font la situation 2. Ainsi, les élèves feront deux situations de référence différentes s'ils ont la même méthode deux années de suite.

1 Apprentis géomètres

5 min Appropriation collective de la situation

« De quoi parle-t-on ? Qu'allons-nous chercher ?

Il faut aider l'apprenti géomètre à trouver la parcelle la plus "étendue". Juste en regardant, avez-vous une idée ? Reconnaissez-vous leurs formes ? Avec tout le matériel que vous souhaiteriez, comment feriez-vous pour comparer ces deux parcelles, sur le manuel et dans la réalité ?

10 min Recherche PAS à PAS

Dans un premier temps, on laissera les élèves faire des propositions, des hypothèses puis, dans un second temps, on leur proposera du matériel (règle, papier calque) et on les laissera réfléchir à l'usage qu'ils pourraient en faire pour trouver une réponse.

15 min Analyse collective et explicitation des apprentissages à venir

Pendant le temps de recherche, l'enseignant-e identifie les différentes procédures trouvées.
On choisit celles qui serviront de support à la verbalisation. La plus experte sera présentée en dernier. Celles qui sont erronées seront écartées par le groupe après discussions et débats.
La notion d'échelle est rapidement présentée.
Le rappel des propriétés respectives du carré et du rectangle sera fait.
L'enseignant-e effectue une collecte orale des différentes situations pour lesquelles on est amené à représenter des surfaces.

2 Apprentis artisans

Il faut aider l'artisan à trouver la chambre qui a la plus petite surface :
« Il faut aider l'artisan à déterminer la chambre qui possède la plus petite surface. En regardant, est-ce que vous avez déjà une idée ? La surface représentée sur le livre est bien plus petite que la surface réelle de la chambre. Regardez bien, que pouvez-vous dire sur la forme des deux chambres ? Si vous pouviez utiliser le matériel que vous voulez, comment feriez-vous pour comparer ces deux chambres : sur le manuel, en réalité ? »
Il faut connaitre les mesures des côtés respectifs des chambres sur les deux plans en réalité.

Aide / différenciation

Faire la différence et le lien entre la réalité et les représentations en photo ou sur plan peut être difficile pour certains élèves. On peut avec eux **travailler à établir ce lien**, par exemple en prenant les mesures de surfaces, dans la cour de récréation, d'éléments en salle de motricité, voire d'un meuble ou d'une étagère, etc. **Ces éléments sont ensuite photographiés, puis « mesurés » sur les photographies**. Les élèves pourront alors percevoir concrètement la différence entre le réel et le représenté. **Le TNI** peut aussi être utilisé pour « agrandir » ou « réduire » ces représentations. On pourra faire la même chose en **prenant les mesures de la classe** par exemple, que l'on proposera de **représenter sur une feuille**. Les élèves seront alors confrontés à **la nécessité de « réduire » les mesures qu'ils ont prises pour les représenter sur une surface limitée**.

MISSION 1

Comparer des surfaces sans les mesurer

DURÉE

45 min

MATÉRIEL

- Grand cahier 21 × 29,7 cm
- Feuille A4
- Bande coupée dans une feuille A3 dans la longueur de 9 cm de largeur. Il est intéressant de proposer également d'autres bandes, de 12 cm de largeur par exemple
- Règle
- Paire de ciseaux

COMPÉTENCES

- Chercher
- Raisonner
- Communiquer

M6 • M1

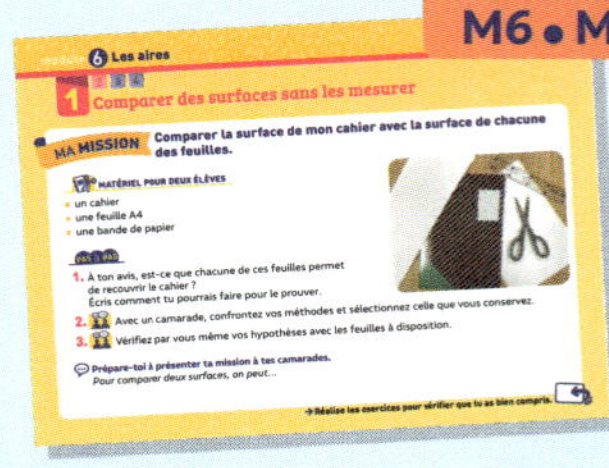

p. 70

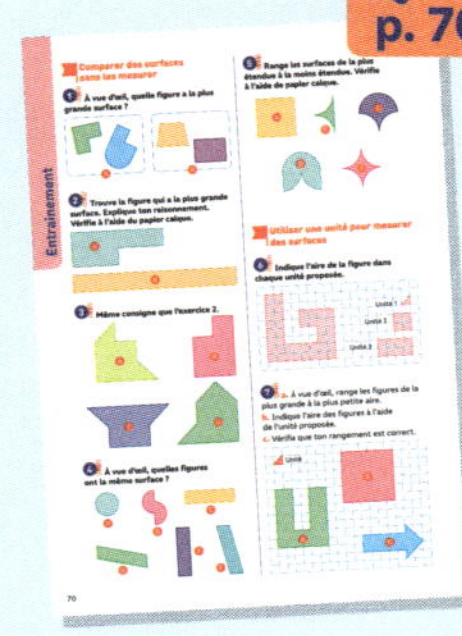

OBJECTIF

- Comparer directement la surface d'un cahier par superposition et par recomposition.

PRINCIPE DE LA MISSION

- Le rôle de cette mission est de faire passer les élèves par des **étapes nécessaires lorsqu'on travaille le sens des grandeurs**, à savoir :
  – une **comparaison directe** : la feuille A4 est positionnée sur le cahier et on peut voir directement si le cahier est recouvert ou non ;
  – un **découpage** en plusieurs surfaces qui vont être ajoutées pour en reconstituer une autre grâce à un **repositionnement**.

5 min Appropriation collective

Les élèves doivent dans un premier temps émettre des hypothèses et les justifier, avant de procéder aux manipulations.

> *Voici un grand cahier. Imaginons que vous vouliez le recouvrir exactement avec une de ces feuilles. À votre avis, est-ce possible ? Comment pourriez-vous faire pour le prouver ? Vous allez devoir choisir, à deux, quelle méthode pourrait être la plus efficace.*

À cette étape, les élèves ne disposent pas des feuilles, qui sont néanmoins visibles, par exemple en étant accrochées au tableau. Le cahier est également bien visible.

> *Lorsque vous vous serez mis d'accord, vous pourrez tester votre hypothèse en utilisant les feuilles qui sont à votre disposition.*

Avant que les élèves n'utilisent le matériel, l'enseignant-e rappelle l'importance de la précision du découpage.

10 min Recherche collective et confrontation au sein du groupe

Les élèves réfléchissent seuls dans un premier temps pour les deux types de feuilles donnés. Ils écrivent leur proposition individuelle. À deux, ils déterminent les procédures qu'ils souhaitent tester.
Après la phase écrite, ils testent leurs procédures pour pouvoir répondre à la question. La mise en mots des procédures permet d'aider les élèves à clarifier leur pensée. La confrontation avec le voisin permet d'étayer le raisonnement et de le réajuster.
La superposition ne devrait pas poser de problème : les surfaces sont identiques. La recomposition peut prendre diverses formes mais la bande ne permet pas de recouvrir exactement le cahier (cela ne se voit pas « à vue »).
Des élèves pourraient avoir écarté la bande, jugée trop « grande » ou « dépassant » et ne pas penser qu'ils peuvent la découper et repositionner les morceaux obtenus. L'enseignant-e pourra les guider vers cette possibilité.

Certains élèves peuvent avoir réalisé des découpes malheureuses qui rendent la superposition plus difficile. Il est utile de prévoir un nombre suffisant de feuilles pour que plusieurs essais soient éventuellement possibles.

15 min Mise en commun et trace écrite provisoire

Le retour sur la superposition de la feuille A4 et du cahier ne doit pas prendre beaucoup de temps. Éventuellement, l'enseignant-e pourra en profiter pour proposer d'autres comparaisons « à vue » de cahiers plus petits et plus grands que la feuille A4.

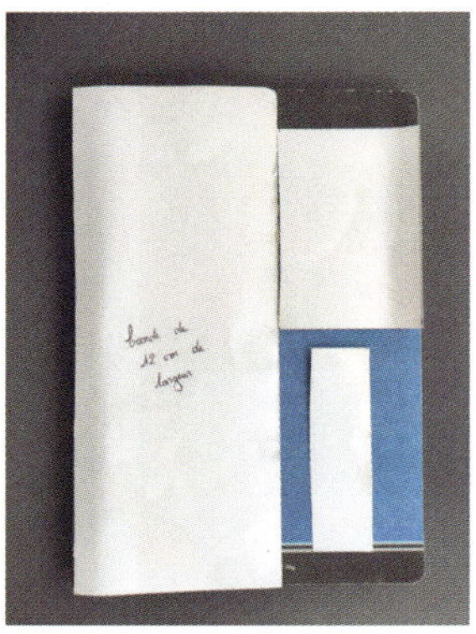

En revanche, on consacrera plus de temps pour explorer les stratégies des élèves et leur faire expliciter leur démarche pour effectuer le découpage-repositionnement de la bande.

Réponses possibles

La feuille recouvre exactement la surface du cahier, la feuille et le cahier ont la même « taille ».
La bande de papier est trop grande, elle *dépasse*.
Nous avons *découpé la grande bande*, mais pas assez précisément, du coup *ça ne recouvre pas le cahier*.
Même quand on la découpe *en plusieurs morceaux*, *on ne peut pas recouvrir le cahier*.

▶ Trace provisoire possible

Je retiens de la MISSION 1

- Pour comparer des surfaces, on peut les superposer ou on peut en découper une pour tenter de recomposer l'autre.
- Avant de découper, on imagine comment repositionner les différents morceaux.
- Pour que cela fonctionne, il faut être le plus précis possible.

15 min Exercices d'appropriation

Exercices proposés	Observations	En cas de difficultés Sélection d'exercices du manuel
Exercice 1 : dans cet exercice, les figures de mêmes couleurs peuvent être superposées. Le déplacement est facilement imaginable.	*« L'élève est-il capable de superposer mentalement les figures ? »*	Il est possible d'utiliser du papier calque afin de permettre une superposition des figures. Une photocopie peut être également réalisée, les figures découpées et superposées. **Exercices 1 - 2 - 5 p. 70**
Exercice 2 : pour le A et B, l'exercice demande d'anticiper une rotation et un repositionnement dans le même plan. Pour le C et D, la rotation se fait dans l'espace.	*« L'élève est-il capable d'effectuer mentalement des rotations de figures ? »*	Il est possible d'utiliser du papier calque afin de permettre une superposition des figures. Une photocopie peut être également réalisée, les figures découpées et superposées. **Exercices 3 - 4 p. 70**
Exercice 3 : le triangle semble plus étendu que la maison. Pourtant, c'est la maison qui possède la plus grande surface. Cet exercice participe à déconstruire la représentation erronée qu'une occupation de l'espace plus grande vaut une aire plus grande (surface évidée).	*« L'élève parvient-il à se détacher de sa perception et à prendre en compte des surfaces évidées ? »*	Validation par manipulation à partir la fiche à photocopier. **Exercice 7 p. 70**

Aide / différenciation

Certains élèves peuvent avoir des difficultés visuo-spatiales les empêchant de « déplacer » mentalement les figures, d'imaginer des rotations et des plans différents. **Le recours au découpage-repositionnement grâce à du matériel tangible ou par l'utilisation d'un logiciel dédié sur TNI permettant de manipuler des formes** peut les aider à effectuer ces manipulations « mentales ». Pour les élèves les plus à l'aise, des comparaisons de surfaces à partir de **modèles de tangram sans contours** peuvent constituer des activités complémentaires intéressantes.

MISSION 2

Utiliser une unité pour mesurer des surfaces

DURÉE
45 min

MATÉRIEL
- Carré de 1 cm de côté
- Carré de 5 cm de côté
- Deux surfaces à décrire

COMPÉTENCES
- Chercher
- Raisonner
- Communiquer

M6 • M2

pp. 70-71

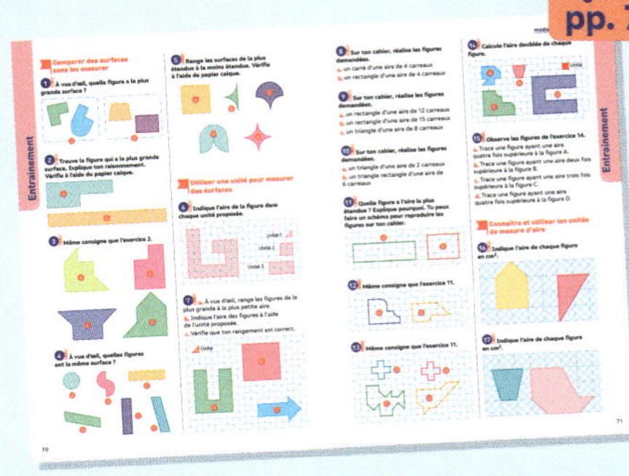

OBJECTIF
- Comparer des surfaces, utiliser une unité de référence pour les mesurer.

PRINCIPE DE LA MISSION
- Dans cette mission, il s'agit dans un premier temps de **concevoir un programme de reproduction d'une surface** dont l'aire est exprimée dans une unité donnée. Puis dans un deuxième temps, de retrouver à quelle surface peut correspondre un programme de reproduction. À partir d'une surface donnée, les élèves doivent **écrire un message** permettant de reproduire la même surface en utilisant des unités données.

5 min Appropriation collective

L'enseignant-e distribue une fiche « unité » à chaque élève et répartit les annexes 1 et 2 en deux groupes. Il précise que chaque groupe ne doit pas montrer sa fiche à l'autre groupe.

« *Dans la classe, un groupe va travailler sur la fiche 1 et l'autre sur la fiche 2. Sur chaque fiche est dessinée une surface différente. Vous disposez tous des mêmes carrés : des petits et un grand.*

L'enseignant-e montre les carrés mais pas les fiches avec les surfaces :

« *Grâce aux carrés, vous devez écrire un message qui permettra de reproduire une surface identique à la vôtre. Votre message doit être le plus clair possible. Ensuite, on échangera les messages et vous devrez reproduire la surface décrite dans le message que vous avez reçu.*

10 min Recherche individuelle et confrontation en binôme

Dans un premier temps, les élèves écrivent le message : les deux surfaces invitent à utiliser une unité différente (« petit carré » ou « grand carré »). Ils vont découper l'unité et la reporter autant de fois que nécessaire pour recouvrir la surface voulue. Chaque élève indiquera cette mesure dans son message pour qu'un autre élève puisse la reproduire sur sa fiche quadrillée.
Les messages sont ensuite échangés au sein des binômes ayant travaillé sur des documents différents et chaque élève tente de reproduire la surface à partir du message reçu.
Les binômes consacrent un dernier temps à la confrontation de leurs productions : le message a-t-il été suffisamment précis, a-t-il été bien interprété, la production réalisée à partir du message est-elle identique à la surface de départ ? Sinon, pourquoi ?
Pendant la phase de manipulation, l'enseignant-e repère les productions à présenter lors de la mise en commun (des productions erronées aux productions réussies).

15 min Mise en commun et trace écrite provisoire

Il est probable que la plupart des élèves, face à la consigne du pas à pas qui leur demande de « reproduire une surface identique », ne se soient pas détachés de la forme de la surface qui leur sert de modèle. Le temps de mise en commun doit les conduire à cela, c'est-à-dire à comprendre que des surfaces de formes différentes peuvent être considérées comme identiques car elles ont la même aire.
L'enseignant-e peut afficher les surfaces à reproduire et les productions des élèves qu'il aura sélectionnées afin d'engager le débat : *« Dans les messages qui ont permis de réaliser correctement la même surface, quelles sont les informations que l'on retrouve ? »*
Ainsi, l'enseignant-e fait d'abord repérer l'importance de l'unité : dans les deux cas, le nombre d'unités est le même mais si on ne précise pas (petit ou grand carré), il est impossible de réaliser la reproduction.

Si aucune production des élèves ne propose de surfaces de formes différentes mais d'aire identique, l'enseignant-e en proposera lui-même qu'il aura anticipées.

Réponses possibles

- Pour reproduire la surface, j'utilise l'unité « petit carré » et je la reporte 4 fois. Les carrés reproduits doivent se toucher par un côté au moins.
- Pour reproduire la surface, j'utilise l'unité « grand carré » et je la reporte 4 fois. Les carrés reproduits doivent se toucher par un côté au moins.

Trace provisoire possible

Je retiens de la MISSION 2

- L'aire d'une figure, c'est la mesure de sa surface dans une unité donnée.
- On mesure l'aire en comptant le nombre d'unités qui la composent.
- Il est important de préciser l'unité avec laquelle on mesure une surface.

15 min Exercices d'appropriation

Exercices proposés	Observations	En cas de difficultés Sélection d'exercices du manuel
Exercice 1a : cette partie permet de travailler une estimation « à vue ».	*« L'élève est-il capable de ranger facilement les figures "à vue" ? »*	Exercices 8 - 9 - 11 p. 71
Exercice 1b : cette partie permet d'exprimer la même aire selon deux unités.	*« L'élève a-t-il compris l'intérêt de choisir une unité pertinente ? »*	Exercices 6 - 7 - 12 pp. 70-71
Exercices 1c, 1d et 1e : ces exercices permettent d'articuler l'objet à mesurer avec l'unité adéquate.	*« L'élève est-il capable de s'organiser pour compter le nombre correct d'unités ? »*	

Aide / différenciation

Pour la réalisation des exercices du verso, on pourra proposer aux élèves qui en ont besoin **des carrés prédécoupés des deux unités, afin de leur permettre de procéder par comparaison directe**, de manipuler l'unité en la positionnant directement sur les figures. On peut faire le choix de **ne donner à l'élève qu'un seul carré unité de chaque sorte**, qu'il devra « déplacer » sur la figure, ou, si cela n'est pas suffisant, de lui donner suffisamment de carrés unité pour qu'il puisse recouvrir la figure à la manière d'un pavage. Il est également possible de proposer aux élèves de **tracer les unités sur une photocopie des figures proposées**.

SYNTHÈSE, RETOUR SUR LA SITUATION DE RÉFÉRENCE

DURÉE

30 min

MATÉRIEL

- Pas de matériel particulier

COMPÉTENCES

- Raisonner
- Communiquer

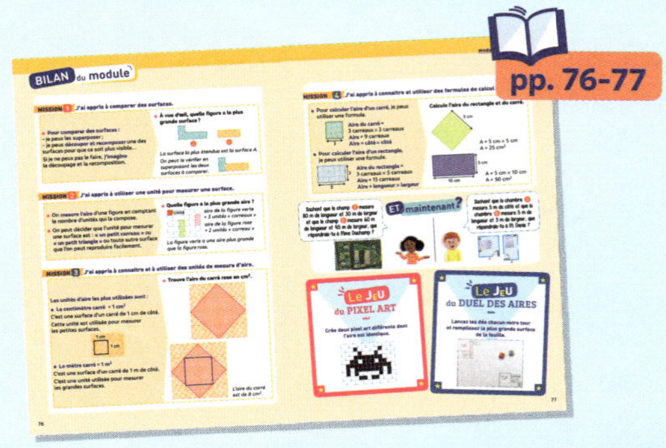

pp. 76-77

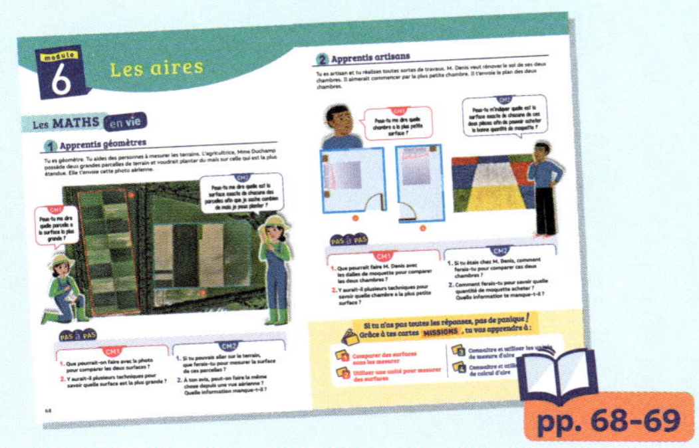

pp. 68-69

10 min Retour sur les traces écrites provisoires des missions

Les élèves reformulent les savoir-faire construits : comparer des surfaces par superposition, par découpage et recomposition. Ils rappellent qu'il faut imaginer ces manipulations mentalement. Ils rappellent également la nécessité d'utiliser une unité pour mesurer une surface donnée en la reportant. L'importance de l'unité utilisée est soulignée.

Ces rappels s'appuient sur l'affichage éphémère construit durant le module.

5 min Mémo

15 min Retour sur la situation de référence

Les élèves devraient à ce stade pouvoir faire des propositions permettant de comparer les surfaces et exprimer la nécessité de disposer d'une unité de référence, par exemple un petit carré d'1 cm de côté. Ils pourront alors dénombrer le nombre d'unités contenues dans les deux surfaces (de manière approximative) et aboutir à une comparaison.
On peut recouvrir la surface A avec environ 27 unités et la B avec environ 31, (environ 18 pour la chambre A et 15 pour la B)
Il n'est pas forcément nécessaire d'utiliser les mesures indiquées dans la bulle, puisque, en CM1, les élèves ne sont pas encore en capacité d'utiliser des formules de calcul d'aires.

JEUX

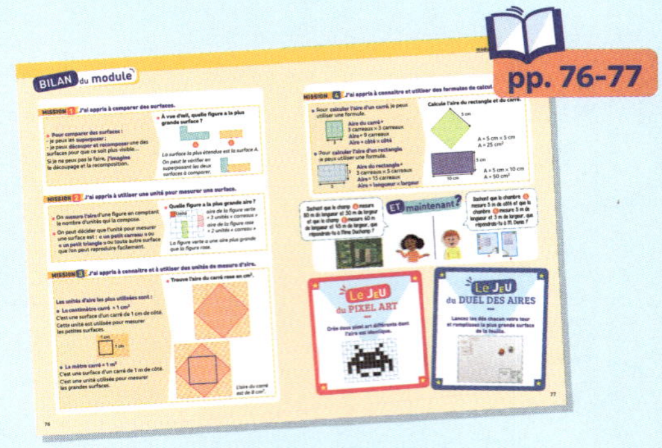

pp. 76-77

DURÉE

30 min

COMPÉTENCES

- Raisonner
- Communiquer

DIFFÉRENCIATION

- Deux jeux sont proposés, l'un relevant plutôt du **CM1 (à gauche)** et l'autre du **CM2 (à droite)**. Ils pourront cependant tous deux être proposés aux élèves selon leur niveau, vous permettant ainsi de différencier ce temps.

Le JEU du Pixel art

ORGANISATION individuelle

MATÉRIEL • feuille quadrillée ou cahier à carreaux • crayon papier

RÈGLE DU JEU
Chaque élève doit imaginer et créer deux pixel art différents qui recouvrent la même surface que le pixel art proposé.
Niveau 1 : sans contrainte de symétrie.
Niveau 2 : les deux pixel art doivent présenter une symétrie axiale comme dans l'exemple.
Niveau 3 : on peut introduire la notion de doubler la surface du pixel art conçu.

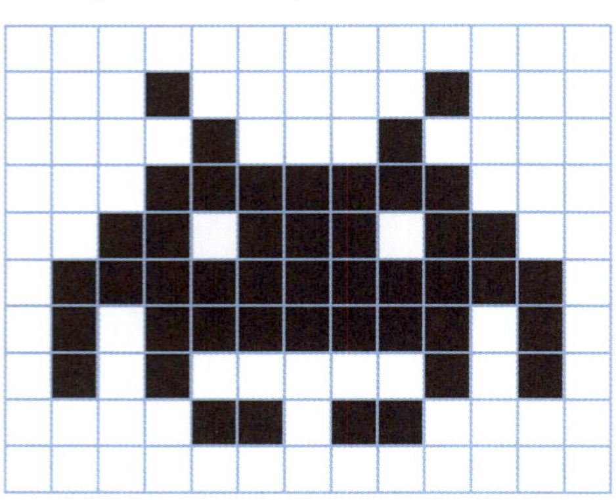

Le JEU du Duel des aires

ORGANISATION 2 à 4 joueurs – nombre de parties à déterminer au début du jeu

MATÉRIEL • une feuille de match quadrillée • 2 dés • 1 crayon

RÈGLE DU JEU
Chaque joueur lance les dés à son tour. Il multiplie les deux nombres tirés pour connaitre la surface qu'il gagne. Il trace ensuite cette surface sur sa partie de feuille. Ex. : il tire un 6 et un 2. Il gagne donc une surface de 12 unités qu'il trace sur sa feuille.
À la fin de la partie, le gagnant est celui qui possède la plus grande surface totale.

Fiche MISSION 1 Pièces de Tangram pour exercice 3

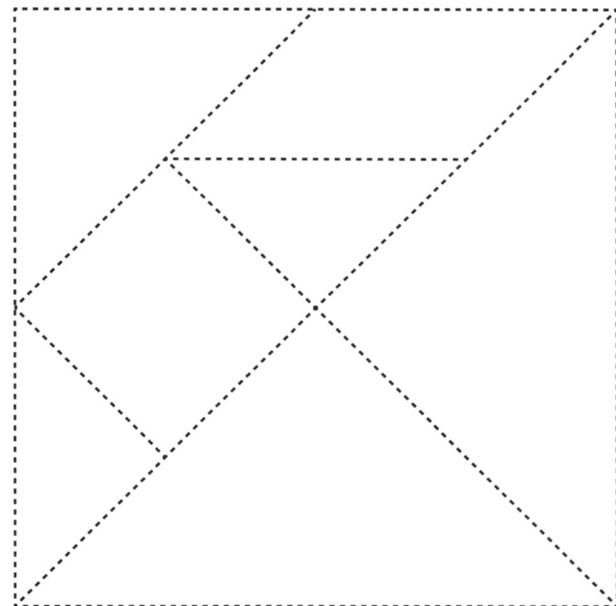

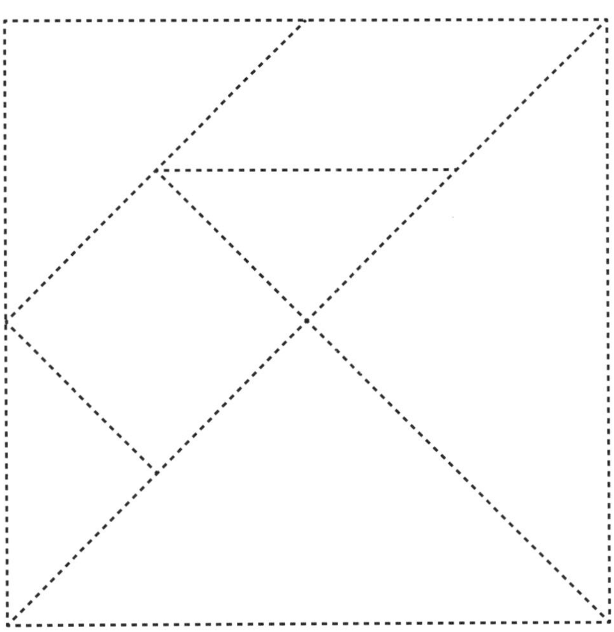

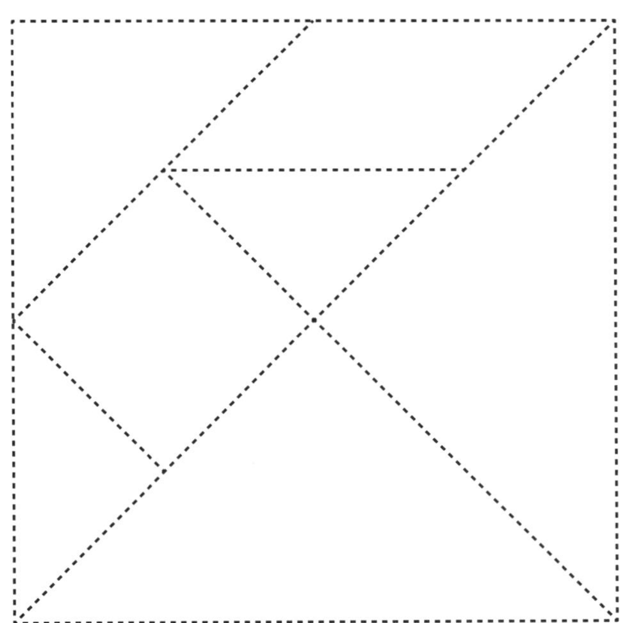

Fiche MISSION 2 Deux surfaces à décrire (1)

Voici une surface grisée. Écris un message pour que ton camarade puisse la reproduire sur un quadrillage. Le matériel à disposition est : 1 carré de 1 cm de côté et 1 carré de 5 cm de côté.

Reproduis la figure de ton camarade sur le quadrillage ci-dessous.

Voici une surface grisée. Écris un message pour que ton camarade puisse la reproduire sur un quadrillage. Le matériel à disposition est : 1 carré de 1 cm de côté et 1 carré de 5 cm de côté.

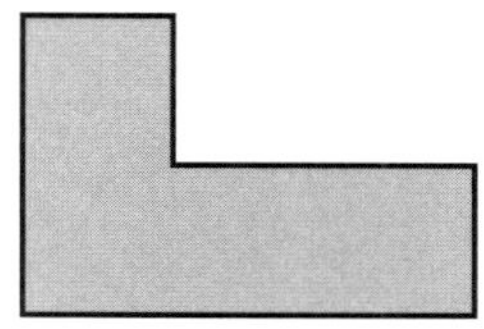

Reproduis la figure de ton camarade sur le quadrillage ci-dessous.

module 7

Les durées

Progression des apprentissages dans le module

SÉANCE 1	• Vérification des prérequis • Situation de référence « Les maths en vie »
SÉANCE 2	• MISSION 1 Convertir des durées sans reste
SÉANCE 3	• Entrainement mission 1
SÉANCE 4	• MISSION 2 Résoudre des problèmes de durées en heures et minutes
SÉANCE 5	• Entrainement mission 2
SÉANCE 6	• MISSION 3 Manipuler des durées avec des fractions
SÉANCE 7	• Synthèse • Retour sur la situation de référence
SÉANCE 8	• Évaluation sommative

CM2

• En CM2, voici la mission qui sera travaillée en continuité de celles réalisées en CM1. Si vous le souhaitez, ou si une programmation de cycle le prévoit, vous pouvez donc aller plus loin et la proposer à vos élèves. Se référer alors au site compagnon sur lequel vous trouverez son descriptif.

MISSION 4

Résoudre des problèmes de durées : des siècles aux secondes

Compétences LSU et BO

Comparer, estimer, mesurer des durées.
Utiliser le lexique et les unités.

• Savoir lire l'heure.

• Connaitre les unités de mesures usuelles et réaliser des conversions : siècle/années, semaine/jours, heure/minutes, minute/secondes.

• Réaliser des conversions nécessitant l'interprétation d'un reste : transformer des heures en jours, avec un reste en heures, ou des secondes en minutes, avec un reste en secondes.

Résoudre des problèmes impliquant les durées.

• Calculer la durée écoulée entre deux instants donnés.

• Déterminer un instant à partir de la connaissance d'un instant et d'une durée.

• Résoudre des problèmes en exploitant des ressources variées.

Lexique

- **Instant :** moment fixe dans le temps, déterminé idéalement par une date et un horaire. Un instant n'a pas de durée, il est ponctuel. Il peut se situer dans le passé ou le futur, mais également être indexé sur le temps présent.
- **Durée :** temps écoulé entre deux instants donnés. Elle peut être déterminée dans plusieurs unités différentes.
- **Unité de temps :** unité de mesure qui permet d'exprimer numériquement une durée. L'unité de référence du système international est la seconde. D'autres unités existent : minutes, heures, jours… Ces unités n'utilisent pas le système décimal.
- **Système sexagésimal :** système de numération reliant les heures, les minutes et les secondes, fondé sur une base 60.

Apports didactiques

- La notion de temps, complexe à définir au niveau scientifique, est ressentie de manière intuitive par les élèves, avant tout comme le temps présent et le temps qui passe. L'enjeu principal de compréhension de cette notion au cycle 3 est basé sur la notion de la durée : sa perception, sa mesure et son calcul. La notion même de durée ne peut être définie sans la définition de deux instants (début et fin) qui la délimitent.
- Pour manipuler le triptyque *instant de début – durée – instant de fin*, l'horloge est un instrument d'usage limité et complexe au-delà de durées d'une heure. C'est donc la représentation sous la forme de la flèche du temps qui est privilégiée, avec une symbolisation adéquate (trait ponctuel pour un instant, flèche pour une durée).
- Enfin, et c'est là un enjeu parallèle qui rend la tâche complexe au cycle 3, l'usage historique et pratique au quotidien fait que les unités de mesures de durées ne sont pas régies par le système décimal mais par des systèmes multiples (base 60, base 24), qui sont connus intuitivement par les élèves, mais difficiles à maitriser en situation de calcul.
- Compte tenu de cette singularité de la grandeur « temps », les résolutions ne font pas appel à un calcul posé (addition ou soustraction de valeurs temporelles) mais à une lecture graphique sur la flèche du temps graduée ou par calcul en ligne (ex. : 10 h 40 → 11 h).

Difficultés rencontrées par les élèves

1 Lecture de l'heure sur horloge :

- confusion entre les aiguilles indiquant heures et minutes :
→ 8 h 35 est lu comme 7 h 41.
- difficulté liée à l'absence de numérotation des minutes et mémorisation de la table × 5 incomplète :
→ 8 h 35 est lu comme 8 h 07 (lecture directe du numéro des heures) ou 8 h 40 (multiplication par 5 erronée).

2 Multiplicité des unités de mesures, des rapports entre chacune d'elles et erreurs dans les calculs utilisant ces rapports de conversion :

- utilisation erronée du système décimal :
→ 120 min est converti en 1 h 20 car 120 min = 100 min + 20 min = 1 h + 20 min.
- erreurs de calcul (multiplication, division avec ou sans reste) :
→ 4 min 30 s est mal converti en secondes car le calcul (4 × 60) + 30 n'est pas maitrisé.
→ 200 min est mal converti en heures et minutes car le calcul 200 : 60 n'est pas maitrisé.

3 Difficulté de compréhension et de représentation des problèmes de durées :

- confusion entre instant et durée :
→ « Le train part à 6 h 30 et le voyage dure 7 heures » 7 heures est interprété comme l'heure d'arrivée.
- difficulté à segmenter une durée longue en plusieurs durées simples successives :
→ dans le problème « Le train part à 12 h 50 et le trajet dure 45 min. À quelle heure arrive le train ? », 45 min n'est pas ou est mal segmenté pour faciliter l'utilisation de l'intermédiaire 13 h.

4 Maitrise fragile des fractions et de leur introduction dans le calcul des durées :

- confusion dans les écritures équivalentes :
→ 2 h et 1/4 h n'est pas interprété comme 2 h et 15 min.

5 Maitrise fragile des nombres décimaux et de leur introduction dans le calcul des durées :

- confusion dans les écritures équivalentes :
→ 0,25 h et 25 min sont interprétés comme durées équivalentes.

AUTOÉVALUATION, SITUATION DE RÉFÉRENCE

DURÉE
45 min

MATÉRIEL
- Pas de matériel particulier

COMPÉTENCES
- Chercher
- Raisonner
- Calculer
- Communiquer

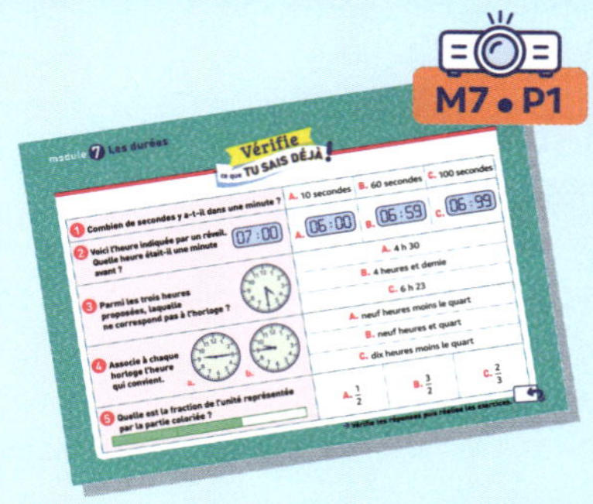

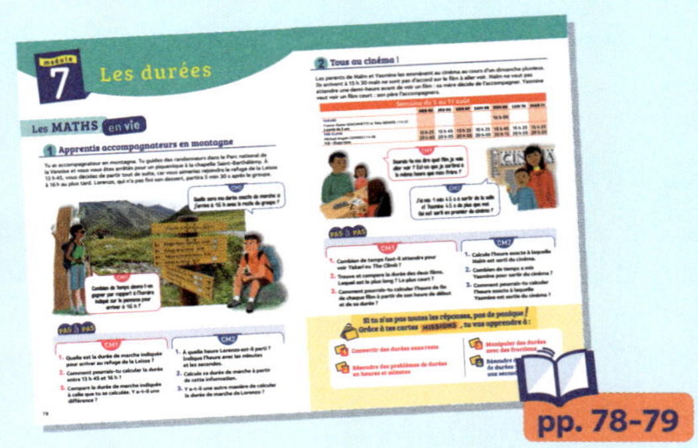

Autoévaluation

10 min Autoévaluation formative, autocorrection

Exercices 1 et 2 : maitrise des relations entre heures, minutes et secondes.
Exercices 3 et 4 : lecture de l'heure sur horloge.
Exercice 5 : représentation d'une fraction simple.

10 min Remédiation ou Défi

Exercice 1 : la numérotation des minutes sur une horloge sert de base pour fixer l'égalité 1 h = 60 min.
Exercice 2 : la représentation de type « réveil » permet le « calage » du passage de l'heure après 59 min.
Exercice 3 : la représentation explicite de la demi-heure permet de faire le lien entre la place de la grande aiguille et la lecture de sa valeur.
Exercice 4 : la représentation explicitée du quart d'heure permet de distinguer les situations « et quart » et « moins le quart ».
Exercice 5 : la remédiation fait appel aux acquis du module 2 Les fractions simples.
Défi : c'est un problème de recherche simple, mais qui fait appel à deux représentations différentes : « Cadran de réveil » et « Horloge ». Il est probable que « 00:00 » soit l'écriture la plus difficilement trouvée, notamment car elle est rarement rencontrée *de visu* par les élèves.

Situations de référence

Organisation

Deux situations sont proposées dans le manuel CM1-CM2 ; elles sont communes au CM1 et au CM2. Vous pouvez ainsi vous organiser avec les autres enseignants qui utilisent la méthode : une année, tous les élèves de CM1 et CM2 font la situation 1 par exemple, l'année d'après, tous les élèves font la situation 2. Ainsi, les élèves feront deux situations de référence différentes s'ils ont la même méthode deux années de suite.

1 Apprentis accompagnateurs en montagne

5 min Appropriation collective de la situation

« De quoi parle-t-on ? Qu'allons-nous chercher ?

« Le groupe souhaite rejoindre le refuge de la Leisse à 16 h. Il faut calculer quelle durée de marche cela représente. Ensuite, il faut comparer cette durée avec la durée indicative inscrite sur le panneau.

10 min Recherche PAS à PAS

En suivant le pas à pas, on commence par interpréter les informations données par le panneau : informations utiles et inutiles. Il convient d'expliciter la valeur indicative de l'horaire « 2 h 50 ».
La question 2 ouvre la possibilité de multiples procédures pour trouver la durée (réponse « intuitive », calcul de tête ou en ligne, dessin de flèche du temps – peu probable – ou d'horloge). Enfin, la comparaison des durées pourra être source de nouvelles procédures, notamment des élèves qui souhaiteront poser un calcul. Une confusion est possible pour certains : une durée plus courte correspond-elle à une marche plus rapide ?

10 min Analyse collective et explicitation des apprentissages à venir

Le retour sur la situation permet de mettre en avant plusieurs caractéristiques spécifiques du domaine des durées : unités complémentaires, mais non décimales (1 heure n'est pas égale à 10 ou 100 minutes), situations rencontrées régulièrement et dans lesquelles la valeur à rechercher n'est pas toujours la même (la durée, un horaire de fin voire un horaire de début d'évènement). En revanche, si la situation n'aborde que des unités de temps « courtes » – heures et minutes –, il conviendra d'évoquer que le module abordera les autres unités usuelles représentant des durées plus longues (jours, semaines, années).

2 Tous au cinéma !

La situation du cinéma est proche de celle de la randonnée. La principale différence : les informations visuelles concernent des horaires et non des durées.

Aide / différenciation

En cas de difficultés avec la chronologie des évènements, il est possible d'**introduire dès la situation de référence la flèche du temps**.
Plus tard dans le module, la flèche du temps sera un support de calcul. À ce stade, il est avant tout question de pouvoir ordonner chronologiquement les évènements (horaires de début et de fin), de mettre en avant ce qui est connu et ce qui est recherché selon les situations.

MISSION 1

Convertir des durées sans reste

DURÉE

45 min

MATÉRIEL

- Paire de ciseaux
- Bandes de conversion et phrases à découper

COMPÉTENCES

- Chercher
- Calculer
- Communiquer

M7 • M1

p. 80

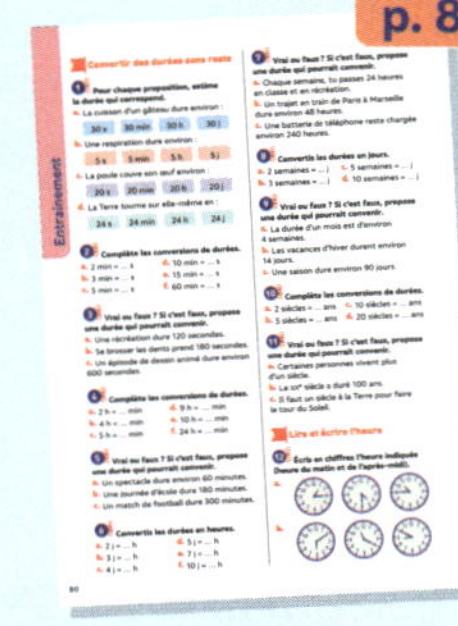

OBJECTIF

- Convertir des durées (sans reste) dans une unité d'usage.

PRINCIPE DE LA MISSION

- 5 phrases sont proposées par écrit aux élèves, qui **relatent un évènement fictif et une durée possible**. La durée n'étant pas exprimée dans l'unité usuelle, il faut **procéder à une conversion de la durée de chaque phrase dans l'unité appropriée**. Les durées sont proposées pour qu'il n'y ait pas de reste à l'issue de la conversion. La conversion ne se fait pas par un calcul direct, mais à travers l'**usage (temporaire) de bandes de conversion, qui permettent de visualiser une durée dans deux unités de manière simultanée**. Ces bandes évitent une résolution uniquement arithmétique de la situation, trop abstraite à ce stade pour certains élèves.

5 min Appropriation collective

Une lecture individuelle puis collective des phrases est proposée. Les élèves peuvent manifester des doutes sur leur compréhension de chaque phrase.

« Pourquoi ces durées sont-elles étranges ? Cela veut-il dire que ces situations ne sont pas possibles ? »

L'enseignant-e guide les échanges sur les unités utilisées, qui ne sont pas les unités usuelles pour ce genre d'évènement :

« Lors de cette mission, il vous faudra convertir les durées surlignées en une même durée dans une autre unité, plus facile à comprendre, à l'aide de bandes graduées. »

15 min Recherche individuelle et confrontation en binôme

Les élèves commencent, individuellement, par mettre en correspondance une phrase et une bande de conversion, afin de se projeter dans une unité de mesure de durée plus usuelle. Il n'y a pas d'ordre ; les élèves peuvent commencer par les phrases et durées avec lesquelles ils se sentent le plus à l'aise. Une fois ce choix fait, ils complètent la bande avec les conversions qui ne sont pas encore calculées, jusqu'en fin de bande. Ces bandes ont pour but de fixer dans la mémoire des élèves ces rapports de conversion, qu'ils connaissent déjà (100, 24, 60), mais pas forcément sous forme de tâche mathématique de conversion.
Les binômes d'élèves peuvent confronter leurs phrases-réponses quand ils ont réalisé l'ensemble des conversions, échanger sur leurs procédures et leurs calculs.

15 min Mise en commun et trace écrite provisoire

La validation des réponses des élèves passe avant tout par le sens :

« *L'évènement relaté par cette phrase vous semble-t-il possible avec la durée dans sa nouvelle unité ?*

Quand les 5 conversions sont validées (et notées au tableau), des élèves présentent leur stratégie concernant d'une part le choix de la nouvelle unité, et d'autre part le calcul qu'ils ont dû effectuer. Sans l'exprimer explicitement, c'est la notion de proportionnalité entre deux unités reliées par un facteur de conversion constant (mais différent selon les unités) qui est mise en avant.

Réponses possibles

« Nous avons utilisé *les deux premières égalités* de chaque ligne pour calculer les nombres suivants. *Ces nombres sont différents selon les bandes de conversion*, sauf pour les heures – minutes et minutes – secondes.

Comme on sait qu'il faut 100 ans pour faire un siècle, *on multiplie par 100 pour convertir* des siècles en années.
Certains calculs sont faciles, on peut les faire de tête, mais après, *il faut poser les multiplications* pour faire les conversions.
Les durées des phrases tombaient toujours *sur des nombres justes*.

Trace provisoire possible

Je retiens de la MISSION 1

- Pour convertir une unité de durée dans une autre unité, on peut faire une multiplication ou une division, selon le sens de la conversion.
- Le nombre par lequel on passe d'une unité de durée à une autre n'est pas le même selon les unités : 1 siècle = 100 ans, 1 semaine = 7 jours, 1 jour = 24 heures, 1 heure = 60 minutes et 1 minute = 60 secondes.

10 min Exercices d'appropriation

Exercices proposés	Observations	En cas de difficultés Sélection d'exercices du manuel
Exercice 1 : cet exercice vise une conversion avec la multiplication qui présente le moins de difficultés de calcul.	*« L'élève est-il capable de poursuivre une suite d'opérations multiplicatives par un facteur unique ? »*	**Exercice 2 p. 80** voire autres exercices sur le même modèle
Exercices 2 et 3 : ces exercices poursuivent la mission avec des conversions et le choix d'une nouvelle unité.	*« L'élève met-il du sens dans le résultat d'une conversion de durée ? »*	**Exercice 3 p. 80** voire autres exercices sur le même modèle

Aide / différenciation

Les bandes qui permettent la conversion d'unité, même si elles ne donnent les valeurs que jusque 5 fois l'unité, peuvent être conservées par les élèves les plus fragiles aussi longtemps que nécessaire afin de fixer, de manière visuelle, les rapports de conversion (notamment en montrant la durée sur une bande).
Pour les élèves en grande difficulté avec le calcul, deux types d'étayages peuvent être apportés : **l'utilisation d'une calculatrice ou des abaques** correspondant aux multiplications par les nombres concernés (7, 24, 60).

Abaque d'aide à la conversion des unités de temps

minutes < > secondes heures < > minutes	jours < > heures	semaines < > jours
Table de 60	**Table de 24**	**Table de 7**
60 × 1 = 60	24 × 1 = 24	7 × 1 = 7
60 × 2 = 120	24 × 2 = 48	7 × 2 = 14
60 × 3 = 180	24 × 3 = 72	7 × 3 = 21
60 × 4 = 240	24 × 4 = 96	7 × 4 = 28
60 × 5 = 300	24 × 5 = 120	7 × 5 = 35
60 × 6 = 360	24 × 6 = 144	7 × 6 = 42
60 × 7 = 420	24 × 7 = 168	7 × 7 = 49
60 × 8 = 480	24 × 8 = 192	7 × 8 = 56
60 × 9 = 540	24 × 9 = 216	7 × 9 = 63

MISSION 2

Résoudre des problèmes de durées en heures et minutes

DURÉE

45 min

M7 • M2

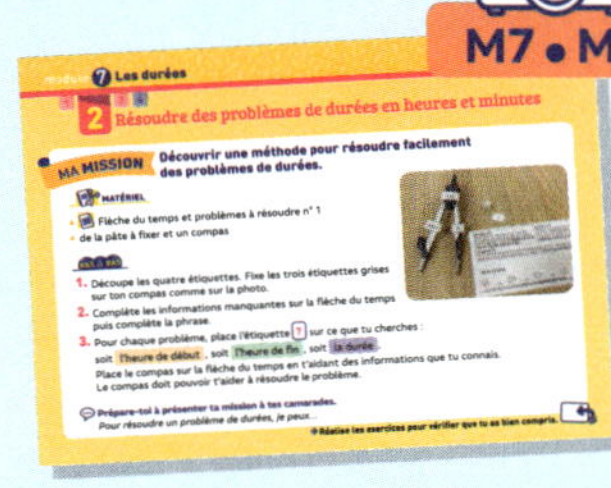

MATÉRIEL

- Compas
- Paire de ciseaux
- Pâte à fixer
- Flèche du temps et problèmes à résoudre (1)

p. 81

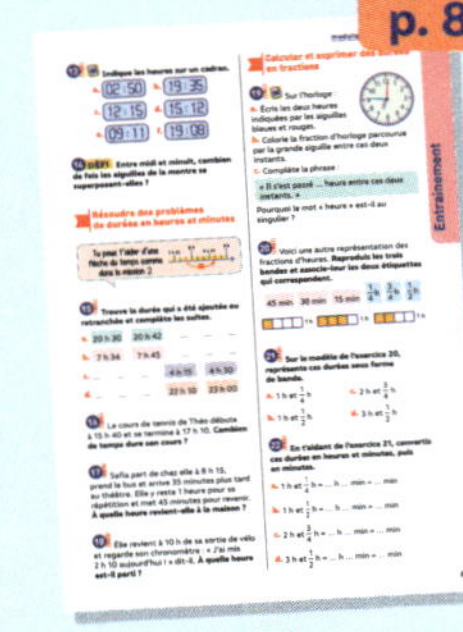

COMPÉTENCES

- Chercher
- Représenter
- Communiquer

OBJECTIFS

- Comprendre les invariants dans la résolution d'un problème de durées : heure de début, durée et heure de fin.
- Maitriser la résolution dans un contexte particulier : les données sont en heures et minutes uniquement.

PRINCIPE DE LA MISSION

- La mission **introduit une méthodologie de manipulation pour la résolution de problèmes de durées**, visant à figurer les éléments fondamentaux des problèmes de durées :
  - **une flèche du temps graduée**, pour visualiser le temps qui passe et permettre une lecture graphique des durées ou des heures ;
  - **un compas « aménagé »**, dont l'utilisation permet de figurer les 3 éléments fondamentaux : instant initial (pointe du compas), durée (écartement du compas) et instant final (crayon sur le compas).

Les 3 problèmes de la mission introduisent 3 cas de figures de valeurs à rechercher, afin d'inviter les élèves à se questionner sur les valeurs qui sont connues dans l'énoncé et la valeur à rechercher.

5 min Appropriation collective

La flèche du temps est présentée par l'enseignant-e, avec ses caractéristiques : limitation de la portée de la flèche à quelques heures et graduation régulière.
La transformation du compas en « outil de résolution de problèmes » est faite collectivement pour échanger à propos des étiquettes « début », « durée », « fin ».
Un temps spécifique est accordé à l'étiquette « ? » :

« Vous devrez choisir, après avoir lu le problème, quelle est l'information que vous recherchez parmi les 3 étiquettes, et vous y placerez l'étiquette "?". Puis vous poserez le compas sur la flèche du temps selon les informations que vous connaissez. »

15 min Recherche individuelle et confrontation en binôme

Les élèves commencent par compléter la flèche du temps. À chaque étape, les élèves valident leur stratégie de calcul avec leur binôme : placement de l'étiquette « ? », ouverture et pose du compas sur la flèche du temps en fonction des données de l'énoncé, lecture directe de la valeur recherchée sur la flèche du temps et formalisation de la réponse. Ces étapes sont donc répétées trois fois. En cas de doute, l'échange avec un autre binôme est possible. L'enseignant-e peut donner un indice pour les groupes qui seraient dans le doute :

« À chaque problème correspond un emplacement différent de l'étiquette "?". »

15 min Mise en commun et trace écrite provisoire

Les problèmes sont traités les uns à la suite des autres. Une difficulté à anticiper est la compréhension du lien entre l'ouverture du compas et la graduation de la flèche du temps, c'est-à-dire de la lecture graphique d'une durée. Les discussions sur le placement de l'étiquette « ? » s'appuieront sur les échanges autour de la compréhension de l'énoncé : chronologie des évènements, formulation de la question du problème, distinction entre instant (horaire) et durée…

Réponses possibles

« Dans les problèmes, *les durées sont des « petits » nombres* tandis que *les horaires sont des grands nombres*.

Pour ouvrir le compas, il faut *compter les graduations* qui font toutes 10 minutes.
Plus une *durée est longue*, plus le *compas est ouvert*.
Pour connaitre une heure de début ou de fin, il suffit de lire où se trouve *la pointe du compas ou la mine du crayon sur la flèche du temps*.

▶ Trace provisoire possible

Je retiens de la MISSION 2

- Pour résoudre un problème de durée, je peux indiquer, sur une flèche du temps, les informations qui sont dans le problème : instant initial (début), durée et instant final (fin).
- L'une de ces informations est celle qu'il faut rechercher.
- La flèche du temps doit être graduée régulièrement pour permettre de placer et lire ces informations.

10 min Exercices d'appropriation

Exercices proposés	Observations	En cas de difficultés
Exercices 1, 3, 5 : dans ces exercices, l'élève est guidé dans le placement du compas. Il s'agit donc de consolider la procédure de la mission pour accéder à la détermination graphique de la réponse.	*« L'élève est-il capable de lire graphiquement l'information recherchée sur une flèche du temps ? »*	Proposer un étayage individuel ou par petits groupes pour consolider la méthodologie de résolution des problèmes.
Exercices 2, 4 : dans ces exercices, on cherche à décomposer une durée en durées plus courtes judicieusement placées sur la flèche du temps.	*« L'élève est-il capable de mettre en place une stratégie plus fine de décomposition de la durée ? »*	Mettre en place un temps d'échange oral autour des différentes propositions d'élèves.

Aide / différenciation

Le compas « aménagé » est un outil dont l'utilisation se veut temporaire : quand un élève sait transférer l'utilisation du compas en un schéma simple dans lequel la durée est figurée par une flèche par ex., il pourra s'affranchir du compas. Cependant, des élèves pour lesquels cette abstraction est encore trop complexe pourront conserver l'outil aussi longtemps que nécessaire.
Par ailleurs, les problèmes proposés dans la section « Entrainement » nécessitent la construction de la flèche du temps et le choix de la graduation adaptée : cette étape pourra faire l'objet d'une aide spécifique pour les élèves peu à l'aise avec cette construction.

MISSION 3

Manipuler des durées avec des fractions

DURÉE

45 min

MATÉRIEL

- Paire de ciseaux
- Cadran d'horloge et disque à découper

COMPÉTENCES

- Représenter
- Communiquer

M7 • M3

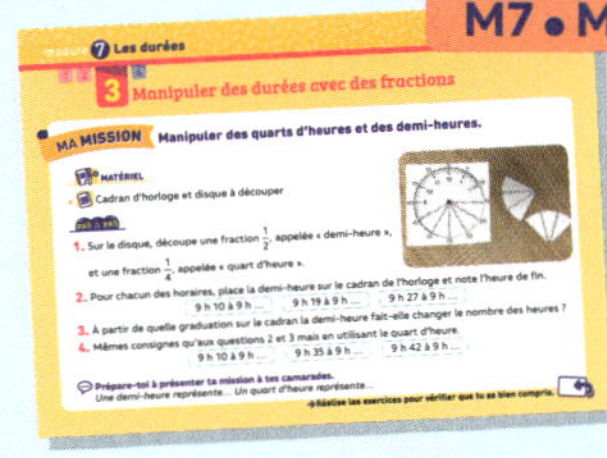

p. 81

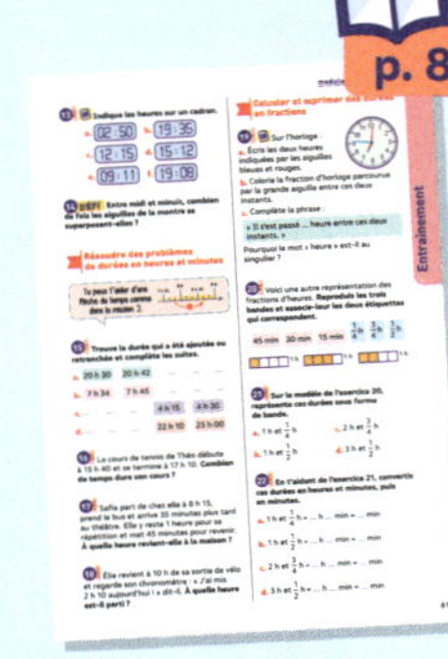

OBJECTIFS

- Calculer avec les durées spécifiques « quart d'heure » et « demi-heure ».
- Visualiser et manipuler ces fractions avec plusieurs représentations.

PRINCIPE DE LA MISSION

- La mission propose **une manipulation des fractions d'heures usuelles « quart d'heure » et « demi-heure » en lien avec la représentation de l'horloge**. En permettant de changer l'emplacement des fractions sur l'horloge, elle vise à aller au-delà de la lecture de l'heure (« et quart », « et demie ») pour permettre le calcul de durées et **consolider l'équivalence entre ces fractions d'heure et leur durée en minutes**.

5 min Appropriation collective

La première approche est liée à la représentation de la fraction :

> *Découpez la fraction de disque correspondant à 1/2. Quelle durée est en lien avec cette fraction ? Quelle durée représente-t-elle ?*

Le même questionnement est proposé pour le quart d'heure. L'enseignant-e propose aux élèves de placer le quart d'heure au hasard sur l'horloge :

> *Vous ne prendrez pas en compte les heures, uniquement les minutes. Disons qu'il est 9 h : repérez bien les minutes du début du quart d'heure et les minutes de fin du quart d'heure.*

Ici, une difficulté vient de la polysémie du mot « heure », désignant à la fois un horaire en général et une partie de l'horaire (heures et minutes).

15 min Recherche en binôme

Les binômes travaillent ensemble durant toute cette phase. Ils placent en parallèle, sur leur horloge, la fraction demi-heure. Ils notent ensuite soigneusement les minutes correspondant au début et à la fin de la fraction posée sur l'horloge. La question 3 fait l'objet d'une recherche plus approfondie, ainsi que la rédaction de la réponse :

> *Y a-t-il juste une position de la fraction qui fait changer le chiffre des heures ?*

Le même travail est effectué pour le quart d'heure.

15 min Mise en commun et trace écrite provisoire

Les problèmes sont traités les uns à la suite des autres. Une difficulté à anticiper est la compréhension du lien entre l'ouverture du compas et la graduation de la flèche du temps, c'est-à-dire la lecture graphique d'une durée. Les discussions sur le placement de l'étiquette « ? » s'appuieront sur les échanges autour de la compréhension de l'énoncé : chronologie des évènements, formulation de la question du problème, distinction entre instant (horaire) et durée…

Réponses possibles

« Nous avons placé la demi-heure sur 10 minutes (ou 9 h 10). On lit que la fin de la demi-heure est sur 40 min (ou 9 h 40), ce qui est logique puisque *la demi-heure représente 30 minutes*.
30 minutes, c'est la moitié (le demi) de 60 minutes.
15 minutes, c'est le quart de 60 minutes.
On voit bien qu'*il faut deux demi-heures ou quatre quarts d'heure pour faire une heure* et « remplir » l'horloge. C'est ce que nous avons appris à propos des fractions.
À partir de 30 minutes (ou 9 h 30), on voit que *l'heure change*.

▶ Trace provisoire possible

Je retiens de la MISSION 3

- Une demi-heure, c'est la fraction 1/2 d'un disque représentant une heure, c'est la moitié de 60 minutes, donc 30 minutes.
- Un quart d'heure, c'est la fraction 1/4 d'un disque représentant une heure, c'est le quart de 60 minutes donc 15 minutes.
- On peut ajouter des quarts d'heure ou des demi-heures pour calculer des horaires ou des durées.

10 min Exercices d'appropriation

Exercices proposés	Observations	En cas de difficultés
Exercices 1, 3 : ces exercices sont une prolongation de la mission.	*« L'élève est-il capable de lire une réponse sur une horloge ? »*	**Exercice 19 p. 81**
Exercices 2, 4 : dans ces exercices, on propose des additions de durées entrainant un changement du chiffre des heures.	*« L'élève est-il capable de réaliser des additions simples de quarts et demi-heures ? »*	Mettre en place un étayage individuel ou en petit groupe pour consolider l'utilisation de l'horloge et des fractions de durée.

Aide / différenciation

La mission en elle-même ne présente pas de difficulté particulière. La transcription des fractions en une autre représentation proposée par l'exercice 81 du manuel nécessitera un étayage pour les élèves ne maitrisant pas les compétences du module Fractions.
La **représentation en bande** permettra en CM2 de passer à l'écriture de durées sous forme décimale. En CM1, il est important d'acquérir une forme de souplesse cognitive évitant de fixer une seule forme de représentation des fractions : l'aide de l'enseignant-e sera nécessaire.

SYNTHÈSE, RETOUR SUR LA SITUATION DE RÉFÉRENCE

DURÉE
30 min

MATÉRIEL
- Pas de matériel particulier

COMPÉTENCES
- Raisonner
- Communiquer

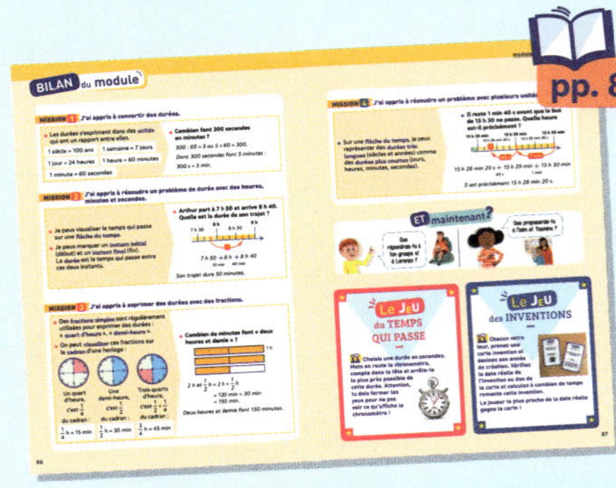

pp. 86-87

pp. 78-79

15 min Retour sur les traces écrites provisoires des missions

La stratégie de résolution de problèmes est au cœur du retour sur les missions. En effet, les compétences travaillées – consolidation de la lecture de l'heure, conversion de durées, expression des durées en fractions – ont toutes pour objectif de maitriser les diverses formes sémantiques et mathématiques des durées, au service de la stratégie de résolution de problèmes, en particulier la distinction entre instant et durée.

5 min Mémo

5 min Retour sur la situation de référence

▶ 1. Apprentis accompagnateurs en montagne

Même si certains élèves ont probablement répondu à la problématique de la situation de référence par un calcul mental, la représentation des diverses informations (durée indiquée sur le panneau et horaires du groupe) sur une seule flèche du temps permet de répondre facilement à cette problématique. La graduation utilisée peut d'ailleurs être différente de celle des exercices.

▶ 2. Tous au cinéma !

Le choix est fait de proposer deux flèches du temps pour plus de lisibilité ; la même stratégie d'utilisation de la flèche du temps est appliquée à chacun des films, ce qui facilite la comparaison des résultats.
Le choix de la graduation est différent de la situation 1 : 10 min, mais une autre graduation peut être envisagée (5 min, 15 min…).

JEUX

DURÉE
30 min

COMPÉTENCES
▶ Raisonner
▶ Communiquer

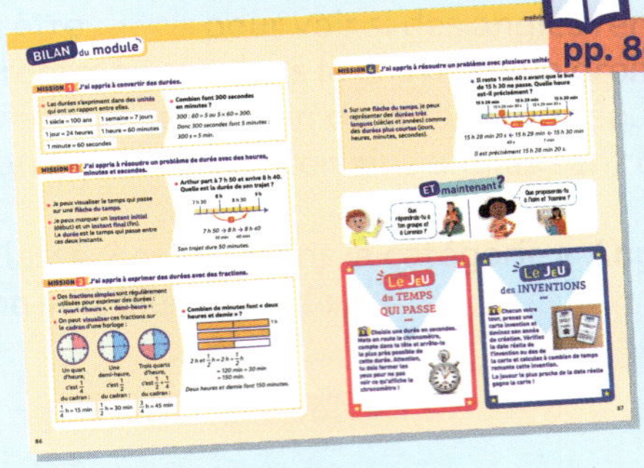

pp. 86-87

DIFFÉRENCIATION

- Deux jeux sont proposés, l'un relevant plutôt du **CM1 (à gauche)** et l'autre du **CM2 (à droite)**. Ils pourront cependant tous deux être proposés aux élèves selon leur niveau, vous permettant ainsi de différencier ce temps.

Le JEU du Temps qui passe

ORGANISATION par binôme ou par petit groupe de 3 élèves maximum

MATÉRIEL • un chronomètre • un papier • un crayon pour noter les temps

RÈGLE DU JEU

Ce jeu s'appuie sur la sensation du temps qui passe.
Un élève, dans le binôme ou le petit groupe, a le rôle de chronométreur (rôle tournant à chaque mesure).
Chaque participant (sauf le chronométreur) imagine et note le temps durant lequel il va fermer les yeux (de quelques secondes à quelques dizaines de secondes).
Il ferme les yeux au départ du chronomètre puis les ouvre quand il pense le temps exactement écoulé.
Les deux temps (annoncé et réel) sont comparés.
L'objectif est de ressentir le temps qui passe au plus proche.

Le JEU des Inventions

ORGANISATION par binôme ou par petit groupe de 4 élèves au maximum

MATÉRIEL • un jeu de cartes Inventions • un papier • un crayon pour réaliser les calculs

RÈGLE DU JEU

Un élève tire une carte Invention, sur laquelle figurent un objet du quotidien et son nom.
Chaque élève estime à quand remonte sa création, par rapport à ce qu'il pense connaitre de l'objet : soit sous forme de date (« l'année … »), soit sous forme de durée par rapport à maintenant (« il y a … ans »).
Les élèves vérifient ensuite la date d'invention au verso, font un calcul et une comparaison avec les dates qu'ils ont proposées.
Le joueur le plus proche de la date réelle remporte la carte.

Les dates et noms d'inventeurs sont basés sur la base des informations du site wikipedia.org et n'engagent en rien les auteurs, beaucoup d'inventions étant le fruit de progrès multiples et parfois non datés.

Fiche MISSION 1 Bandes de conversion et phrases à découper

1 « C'est terrible ! Cela fait exactement <u>42 jours</u> qu'il n'a pas plu dans ce village ! »	42 j = ...
2 « C'est surprenant ! C'est un long film, qui dure près de <u>180 minutes</u> ! »	180 min = ...
3 « C'est inouï ! Cette cité perdue est restée enfouie pendant <u>5 siècles</u> ! »	5 siècles = ...
4 « C'est incroyable ! Elle est restée <u>240 secondes</u> en apnée lors de sa plongée ! »	240 s = ...
5 « C'est impressionnant ! Ce marathonien a terminé sa course en <u>72 heures</u> ! »	72 h = ...

Bande de conversion n°1 : siècles <> années

1 siècle = 100 ans — 2 siècles = 200 ans — 3 siècles = ... ans — 4 siècles = ... ans — 5 siècles = ... ans — 6 siècles = ... ans

Bande de conversion n°2 : semaines <> jours

1 semaine = 7 jours — 2 semaines = 14 jours — 3 semaines = ... jours — 4 semaines = ... jours — 5 semaines = ... jours — 6 semaines = ... jours

Bande de conversion n°3 : jours <> heures

1 jour = 24 heures — 2 jours = 48 heures — 3 jours = ... heures — 4 jours = ... heures — 5 jours = ... heures — 6 jours = ... heures

Bande de conversion n°4 : heures <> minutes

1 heure = 60 minutes — 2 heures = 120 minutes — 3 heures = ... minutes — 4 heures = ... minutes — 5 heures = ... minutes — 6 heures = ... minutes

Bande de conversion n°5 : minutes <> secondes

1 minute = 60 secondes — 2 minutes = 120 secondes — 3 minutes = ... secondes — 4 minutes = ... secondes — 5 minutes = ... secondes — 6 minutes = ... secondes

Fiche MISSION 2 Flèche du temps et problèmes à résoudre (1)

durée	début	fin	?

Problème n° 1
Yasmine arrive à 8 h 30 à l'école. Mais elle est malade et le maitre appelle son papa, qui vient la chercher à 10 h 00. **Combien de temps Yasmine est-elle restée à l'école ?**

Problème n° 2
Arthur et sa maman partent à 8 h 10 de chez eux en voiture. Malheureusement, la voiture tombe en panne et ils mettent 1 h 50 pour arriver. **À quelle heure Arthur arrive-t-il à l'école ?**

Problème n° 3
À 11 h, la maitresse annonce la fin de l'évaluation. Elle dit : « Cela fait 1 h 10 que vous avez commencé, vous avez largement eu le temps ! » **À quelle heure a commencé l'évaluation ?**

Flèche du temps

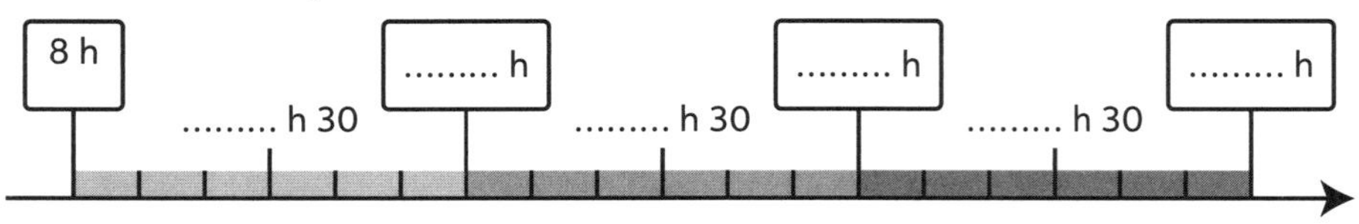

Chaque graduation correspond à une durée de .... minutes.

durée	début	fin	?

Problème n° 1
Yasmine arrive à 8 h 30 à l'école. Mais elle est malade et le maitre appelle son papa, qui vient la chercher à 10 h 00. **Combien de temps Yasmine est-elle restée à l'école ?**

Problème n° 2
Arthur et sa maman partent à 8 h 10 de chez eux en voiture. Malheureusement, la voiture tombe en panne et ils mettent 1 h 50 pour arriver. **À quelle heure Arthur arrive-t-il à l'école ?**

Problème n° 3
À 11 h, la maitresse annonce la fin de l'évaluation. Elle dit : « Cela fait 1 h 10 que vous avez commencé, vous avez largement eu le temps ! » **À quelle heure a commencé l'évaluation ?**

Flèche du temps

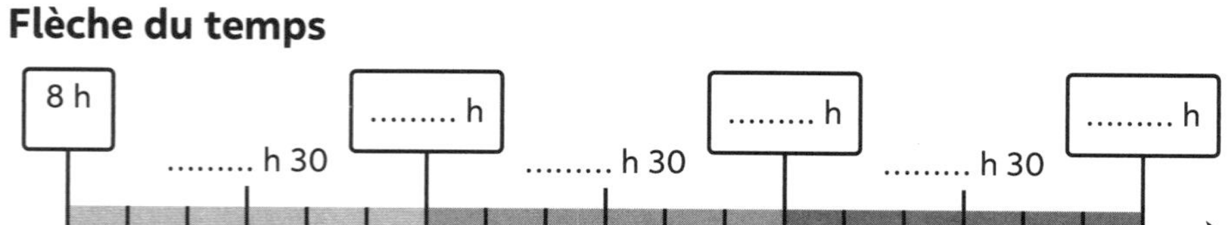

Chaque graduation correspond à une durée de .... minutes.

Fiche MISSION 3 Cadran d'horloge et disque à découper

Découpe le cadran d'horloge et le disque gris.

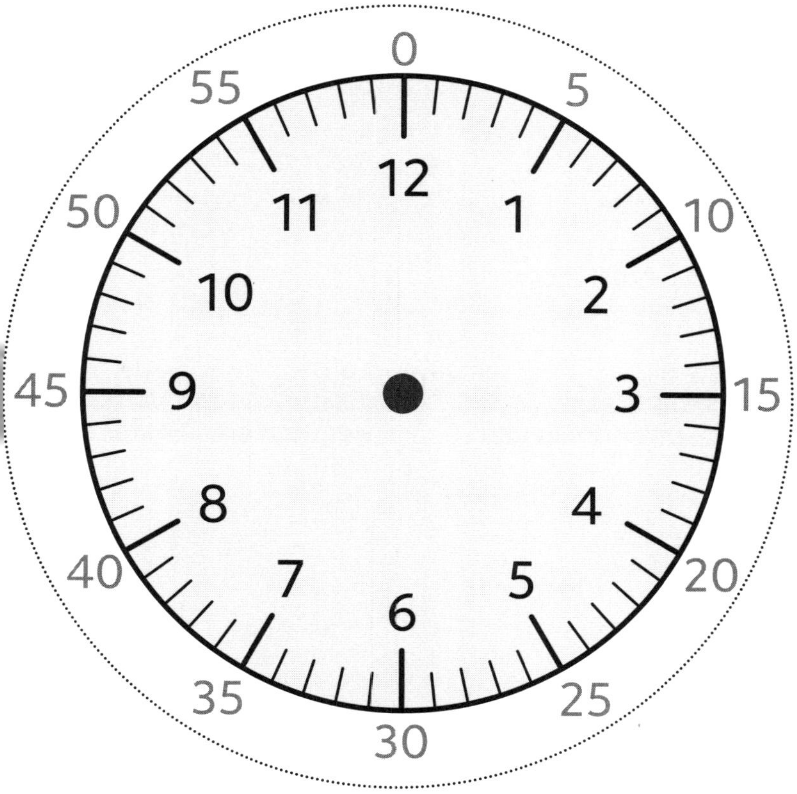

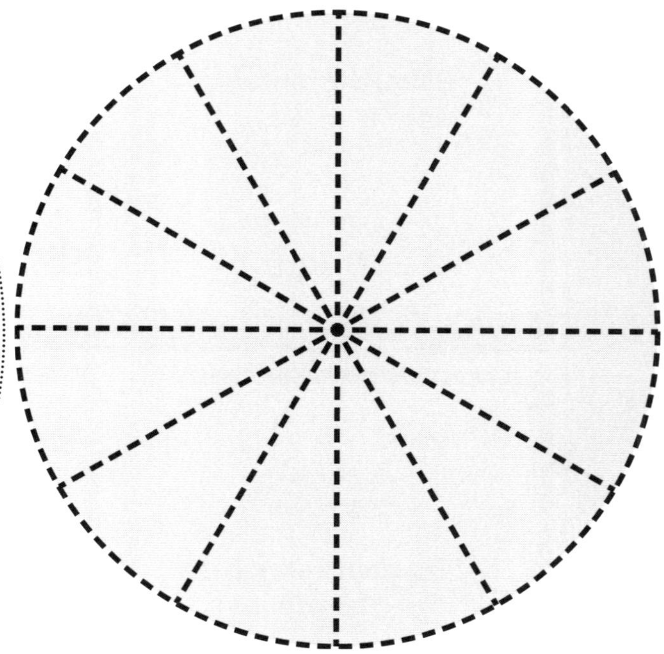

Découpe le cadran d'horloge et le disque gris.

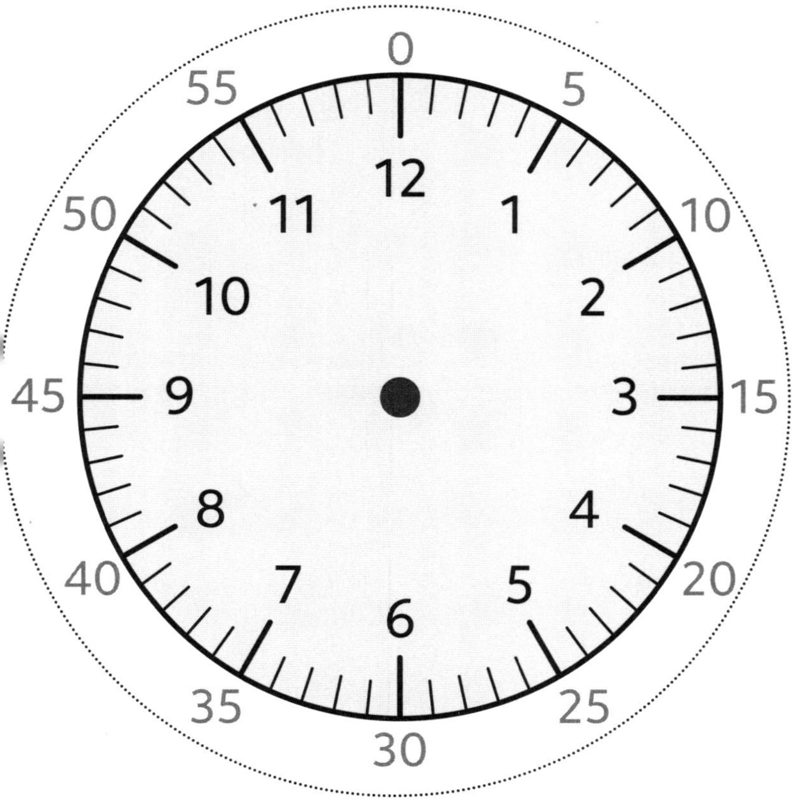

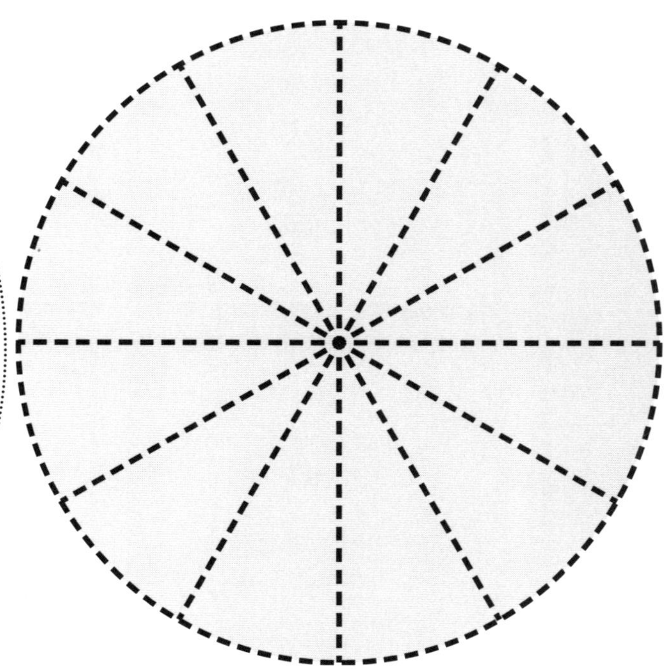

Fiche JEUX Le jeu des inventions (à imprimer en recto verso

Question 1

En quelle année fut inventée ...

L'AMPOULE ÉLECTRIQUE ?

Question 2

En quelle année fut inventé ...

L'AVION À MOTEUR ?

Question 3

En quelle année fut inventée ...

LA TÉLÉVISION ?

Question 4

En quelle année fut inventé ...

LE RÉFRIGÉRATEUR ?

Question 5

En quelle année fut inventée ...

L'IMPRIMERIE ?

Question 6

En quelle année fut inventé ...

LE STÉTHOSCOPE ?

Question 7

En quelle année fut inventée ...

LA BICYCLETTE-DRAISIENNE ?

Question 8

En quelle année fut inventé ...

LE SOUS-MARIN ?

Question 9

En quelle année fut inventée ...

LA RADIO ?

Question 10

En quelle année fut inventée ...

LA PILE ÉLECTRIQUE ?

Question 11

En quelle année fut inventée ...

LA DYNAMITE ?

Question 12

En quelle année fut inventé ...

LE TÉLESCOPE ?

Réponse 3

John Logie Baird a inventé la télévision en

1926

La télévision a été inventée il y a .... ans.

Réponse 2

Les frères Wright ont inventé l'avion à moteur en

1903

L'avion à moteur a été inventé il y a .... ans.

Réponse 1

Thomas Edison a inventé l'ampoule électrique en

1879

L'ampoule électrique a été inventée il y a .... ans.

Réponse 6

René Laennec a inventé le stéthoscope en

1816

Le stéthoscope a été inventé il y a .... ans.

Réponse 5

Johannes Gutemberg a inventé l'imprimerie en

1454

L'imprimerie a été inventée il y a .... ans.

Réponse 4

Jacob Perkins a inventé le réfrigérateur en

1834

Le réfrigérateur a été inventé il y a .... ans.

Réponse 9

Guglielmo Marconi a inventé la radio en

1895

La radio a été inventée il y a .... ans.

Réponse 8

David Bushnell a inventé le sous-marin en

1776

Le sous-marin a été inventé il y a .... ans.

Réponse 7

Karl Drais a inventé la bicyclette-draisienne en

1817

La bicyclette-draisienne a été inventée il y a .... ans.

Réponse 12

Isaac Newton a inventé le télescope en

1666

Le télescope a été inventé il y a .... ans.

Réponse 11

Alfred Nobel a inventé la dynamite en

1866

La dynamite a été inventée il y a .... ans.

Réponse 10

Alessandro Volta a inventé la pile électrique en

1800

La pile électrique a été inventée il y a .... ans.

Fiche JEUX Le jeu des inventions (à imprimer en recto verso

Question 13

En quelle année fut inventé …

L'APPAREIL PHOTO ?

Question 14

En quelle année fut inventé …

LE DISQUE ?

Question 15

En quelle année fut inventée …

LA VOITURE À MOTEUR ?

Question 16

En quelle année fut inventé …

LE CINÉMA ?

Question 17

En quelle année fut inventée …

LA GOMME ?

Question 18

En quelle année fut inventée …

LA LOCOMOTIVE À VAPEUR ?

Question 19

En quelle année fut inventé …

LE STYLO-BILLE ?

Question 20

En quelle année fut inventé …

INTERNET ?

Question 21

En quelle année fut inventé …

LE TÉLÉPHONE ?

Question 22

En quelle année fut inventée …

LA FERMETURE ÉCLAIR ?

Question 23

En quelle année fut inventée …

LA MACHINE À COUDRE ?

Question 24

En quelle année fut inventée …

L'AGRAFEUSE ?

Fiche JEUX Le jeu des inventions (verso)

Réponse 15 **Édouard Delamare-Deboutteville a inventé la voiture à moteur en** **1926** *La voiture à moteur a été inventée il y a .... ans.*	Réponse 14 **Emile Berliner a inventé le disque en** **1887** *Le disque a été inventé il y a .... ans.*	Réponse 13 **Joseph Nicéphore Niépce a inventé l'appareil photo en** **1827** *L'appareil photo a été inventé il y a .... ans.*
Réponse 18 **Richard Trevithick a inventé la locomotive à vapeur en** **1803** *La locomotive à vapeur a été inventée il y a .... ans.*	Réponse 17 **Edward Nairne a inventé la gomme en** **1770** *La gomme a été inventée il y a .... ans.*	Réponse 16 **William Dickson et Thomas Edison ont inventé le cinéma en** **1891** *Le cinéma a été inventé il y a .... ans.*
Réponse 21 **Antonio Meucci a inventé le téléphone en** **1870** *Le téléphone a été inventé il y a .... ans.*	Réponse 20 **Tim Berners-Lee a inventé Internet en** **1991** *Internet a été inventé il y a .... ans.*	Réponse 19 **Les Frères Bíró ont inventé le stylo-bille en** **1938** *Le stylo-bille a été inventé il y a .... ans.*
Réponse 24 **Henry R. Heyl a inventé l'agrafeuse en** **1877** *L'agrafeuse a été inventée il y a .... ans.*	Réponse 23 **Barthélemy Thimonnier a inventé la machine à coudre en** **1830** *La machine à coudre a été inventée il y a .... ans.*	Réponse 22 **Whitcomb Judson a inventé la fermeture éclair en** **1891** *La fermeture éclair a été inventée il y a .... ans.*

module

8 Les angles

Progression des apprentissages dans le module

SÉANCE 1	• Vérification des prérequis • Situation de référence « Les maths en vie »
SÉANCE 2	• MISSION 1 Repérer des angles et les comparer entre eux
SÉANCE 3	• Entrainement mission 1
SÉANCE 4	• MISSION 2 Comparer des angles à l'angle droit : angles aigus et obtus
SÉANCE 5	• Entrainement mission 2
SÉANCE 6	• Synthèse • Retour sur la situation de référence
SÉANCE 7	• Évaluation sommative

CM2

• En CM2, voici la mission qui sera travaillée en continuité de celles réalisées en CM1. Si vous le souhaitez, ou si une programmation de cycle le prévoit, vous pouvez donc aller plus loin et la proposer à vos élèves. Se référer alors au site compagnon sur lequel vous trouverez son descriptif.

MISSION 3

Reproduire et construire des angles droits, aigus, obtus

Compétences LSU et BO

• **Comparer, estimer, mesurer des angles. Utiliser le lexique, les unités, les instruments de mesure spécifiques de cette grandeur.**

• Identifier des angles dans une figure géométrique :
– Comparer des angles, en ayant ou non recours à leur mesure (par superposition, avec un calque). Reproduire un angle donné en utilisant un gabarit.
– Estimer qu'un angle est droit, aigu ou obtus.
– Utiliser l'équerre pour vérifier qu'un angle est droit, aigu ou obtus, ou pour construire un angle droit.

• **Reconnaitre, nommer, décrire, reproduire, représenter, construire des solides et figures géométriques.**

• Connaitre le vocabulaire associé aux objets et aux propriétés : côté, sommet, angle…

Lexique

• **Angle :** un angle est une portion de plan délimitée par deux demi-droites de même origine, ce point d'origine est appelé sommet de l'angle. Chaque demi-droite est appelée côté de l'angle, expression qui par commodité sera privilégiée à « demi-droite ».
On privilégiera à l'école élémentaire la notation $\hat{A}$ au lieu de la notation $\widehat{BAC}$.

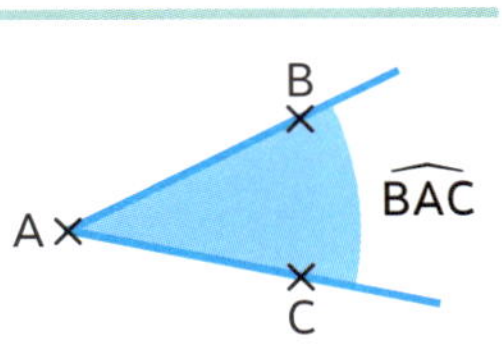

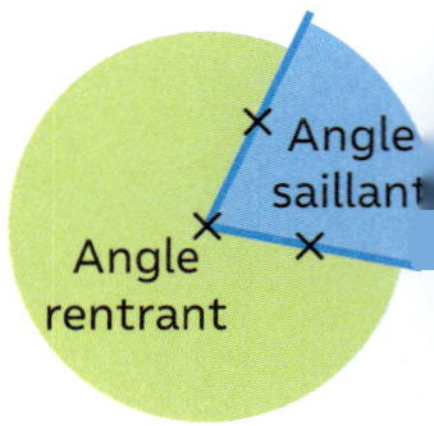

- **Angle saillant, angle rentrant :** une paire de demi-droites de même origine définit 2 angles : un angle dit « saillant » et un angle dit « rentrant » (sauf dans le cas de l'angle plat). Par défaut, c'est toujours l'angle saillant qui sera défini comme « angle » à ce stade de la scolarité, l'angle rentrant n'étant pas évoqué. *Ces deux mots n'ont pas à être connus par les élèves.*
- **Gabarit d'angle :** instrument, généralement en papier ou carton, défini par sa valeur d'angle. Un cas particulier de gabarit est l'équerre, qui est un gabarit d'angle droit.

Désignation des angles en fonction de leur valeur	Angle de 0° **Angle nul**	Angles de 0° à 90° **Angle aigu**	Angle de 90° **Angle droit**	Angles de 90° à 180° **Angle obtus**	Angle de 180° **Angle plat**

Apports didactiques

- La notion d'angle est à la croisée de deux domaines mathématiques : la géométrie d'une part, les grandeurs et mesures d'autre part. De plus, c'est la seule grandeur étudiée qui, à ce stade de la scolarité, n'est pas associée à une mesure, une unité de mesure et un instrument de mesure. Enfin, contrairement à d'autres grandeurs auxquelles les élèves sont confrontés au travers de situations de la vie quotidienne, il est assez peu courant d'avoir à résoudre un problème concret en lien avec les angles.
- Pour maitriser la notion d'angle en CM, les élèves devront « réorganiser » les connaissances et conceptions construites autour de l'angle droit : sa représentation, ses caractéristiques et son outil unique de mesure, l'équerre. Or, aucune unité ni instrument de mesure ne viendront à ce stade consolider cette ouverture à la définition de l'angle comme une grandeur continue.
- Parmi ces nouveautés conceptuelles, trois sont à garder en tête lors des séances d'enseignement (voir la section « Difficultés rencontrées par les élèves ») :

– visuellement, un angle est difficile à définir : à l'instar de la droite, il détermine un champ infini dont on ne représente qu'une partie ;
– la perception de l'« ouverture », qui caractérise un angle et permet de comparer des angles entre eux, est facilement perturbée par la représentation de l'angle : variété des longueurs des demi-droites, amplitude de la coloration de l'angle ;
– un angle, défini initialement par l'ouverture délimitée par deux demi-droites, entités géométriques « ouvertes », se retrouve aussi à l'intérieur des polygones qui sont des entités géométriques « fermées ».

- La manipulation est donc essentielle pour appréhender cette nouvelle grandeur : ciseaux à angles, équerre, gabarits variés sont proposés aux élèves aux différentes étapes de l'apprentissage.
- Ce module ne présente pas de section « Problèmes ». Les situations contextualisées de problèmes autour des angles sont assez rares dans la mesure où la mesure d'angle n'est pas travaillée et ne permet donc pas une résolution arithmétique de problèmes d'angles.

Difficultés rencontrées par les élèves

1 Difficulté de manipulation des outils (équerre et gabarits) :

- imprécision d'alignement des côtés de l'équerre ou des gabarits sur les côtés de l'angle :

- confusion sur le placement du sommet du gabarit :

2 Difficulté de repérage visuel des angles :

- repérage de l'angle rentrant au lieu de l'angle saillant – ce qui n'est pas une erreur en soi :
- non-repérage d'angles obtus proches de l'angle plat à l'intérieur d'une figure :

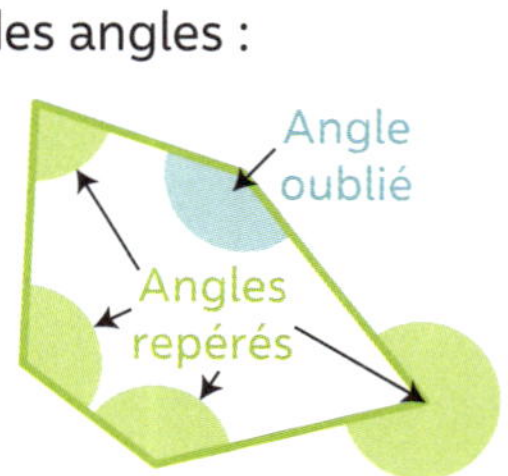

3 Perception erronée de la grandeur angle :

- confusion entre la partie colorée de l'angle et la grandeur de l'angle :

→ $\widehat{A}_1$ et $\widehat{A}_2$ sont égaux mais perçus différents.

- confusion entre la taille des côtés de l'angle et la grandeur de l'angle :

→ $\widehat{A}_1$ et $\widehat{A}_3$ sont égaux mais perçus différents.

AUTOÉVALUATION, SITUATION DE RÉFÉRENCE

DURÉE
45 min

MATÉRIEL
- Pas de matériel particulier

COMPÉTENCES
- Chercher
- Raisonner
- Communiquer

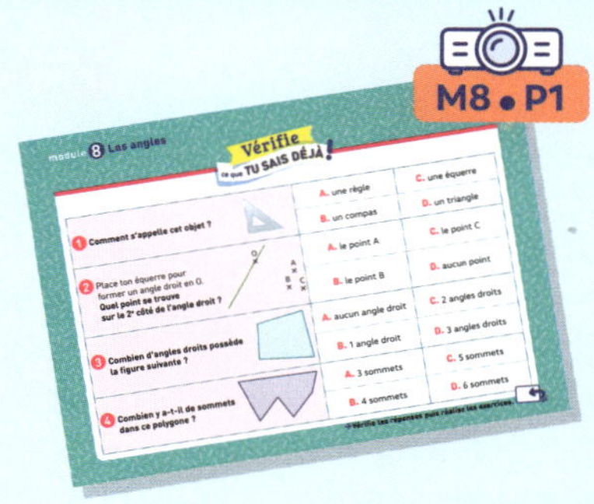

Autoévaluation

10 min Autoévaluation formative, autocorrection

Exercices 1 et 2 : connaissance et usage de l'outil équerre.
Exercice 3 : repérage des angles droits dans un polygone.
Exercice 4 : reconnaissance des sommets d'un polygone.

10 min Remédiation ou Défi

Exercice 1 : la manipulation de l'équerre est guidée graphiquement dans différentes situations (angles droits à repérer ou à tracer) et dans différentes orientations.
Exercice 2 : le repérage d'angles droits est étayé par l'indication du nombre d'angles droits à trouver (1 en tout).
Exercice 3 : les sommets sont nommés par des lettres dans les figures proposées afin de faciliter leur repérage et leur dénombrement. La forme des figures vise à proposer plusieurs configurations où les sommets sont moins faciles à repérer (angle issu du sommet proche de l'angle plat).
Défi : la reproduction de la figure proposée demande avant tout une excellente maitrise de l'outil équerre, utilisée dans deux configurations : tracé d'angles droits et validation des angles droits de chaque carré. Deux stratégies peuvent être suivies ; privilégier le repérage des milieux des côtés pour tracer les carrés plus petits ou tracer les carrés à partir d'un point sur le milieu d'un segment, à l'aide de l'équerre.

Situations de référence

Organisation

Deux situations sont proposées dans le manuel CM1-CM2 ; elles sont communes au CM1 et au CM2. Vous pouvez ainsi vous organiser avec les autres enseignants qui utilisent la méthode : une année, tous les élèves de CM1 et CM2 font la situation 1 par exemple, l'année d'après, tous les élèves font la situation 2. Ainsi, les élèves feront deux situations de référence différentes s'ils ont la même méthode deux années de suite.

1 Apprentis grimpeurs

5 min Appropriation collective de la situation

« De quoi parle-t-on ? Qu'allons-nous chercher ?

Ces trois photographies montrent un mur d'escalade qui peut s'incliner. Votre objectif est de comprendre dans quelle position l'escalade vous semble la plus facile. Pour vous aider dans cette comparaison, on a repassé en jaune l'inclinaison du mur et le sol. Vous utiliserez des mots de la géométrie pour expliquer votre réponse.

10 min Recherche PAS à PAS

À ce stade de la scolarité, le principal savoir des élèves est la reconnaissance de l'angle droit : il constitue donc le point de départ du pas à pas. Il est intéressant de l'associer, dans cette situation, aux directions verticale et horizontale, mais en remarquant qu'il existe sans référence à ces référentiels.
Les questions 2 et 3 engagent les élèves à passer d'une formulation intuitive de la difficulté de l'escalade à une formulation géométrique. Quels que soient les mots utilisés, il se met en place un concept nouveau : celui d'angle comme grandeur continue, au-delà du cas de l'angle droit.

10 min Analyse collective et explicitation des apprentissages à venir

La notion d'angle sera au cœur de la mise en commun des recherches des élèves, sans pour autant le définir de manière précise et avec un vocabulaire géométrique.
La référence aux tracés en jaune sur les photographies constituera une première observation d'angles différents de l'angle droit, classés selon qu'ils sont plus petits ou plus grands que celui-ci. Les notions (et mots) d'angles aigus et obtus sont donc évoquées et charge à l'enseignant-e de renvoyer leur étude à la mission 2.

2 Apprentis professeurs de yoga

La situation et le questionnement sont très similaires à ceux du mur d'escalade.
La principale différence : l'angle droit n'est plus l'angle défini par l'horizontale et la verticale, et la difficulté d'une position n'est pas analysée en référence à la verticale. Cette situation peut faire l'objet d'une véritable appropriation en classe, par exemple dans le cadre d'une phase d'échauffement en EPS.

Aide / différenciation

La visualisation d'un angle n'est pas une chose aisée. En particulier, l'angle vu comme grandeur continue et la comparaison entre des angles peuvent constituer un blocage.
L'élève possède, avec les **articulations de son corps**, un outil permanent auquel faire appel comme étayage : on pose à l'horizontale l'avant-bras gauche sur la table, les doigts venant toucher le coude de l'autre bras ; le mouvement de l'avant-bras droit permet de visualiser une grande variété d'angles.
Ce procédé pourra servir de référence à certains élèves peu à l'aise avec la manipulation et le repérage spatial.

MISSION 1

Repérer des angles et les comparer entre eux

DURÉE

45 min

MATÉRIEL

- Paire de ciseaux
- Attache parisienne, trombone
- Équerre
- Ciseaux à angles

COMPÉTENCES

- Chercher
- Représenter
- Communiquer

M8 • M1

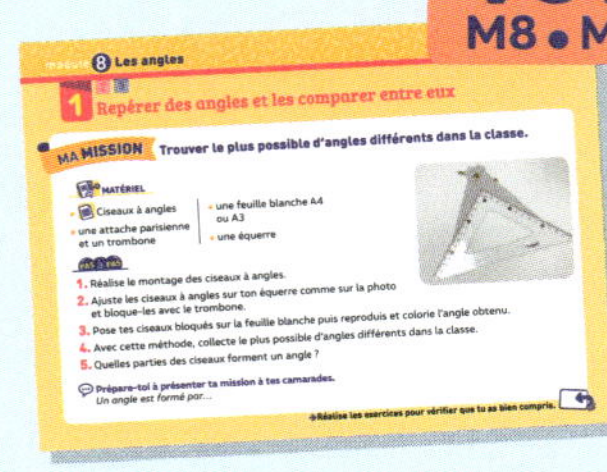
8 Les angles
1 Repérer des angles et les comparer entre eux
MA MISSION Trouver le plus possible d'angles différents dans la classe.

p. 90

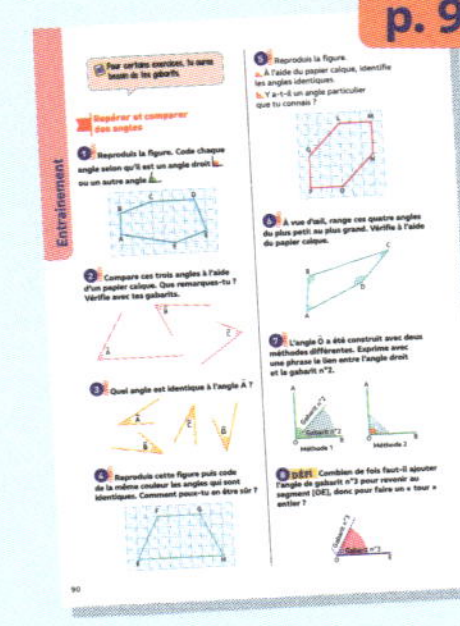

OBJECTIF

- Visualiser et mettre en évidence plusieurs angles différents dans l'environnement immédiat et sur papier.

PRINCIPE DE LA MISSION

- L'idée directrice de cette mission introductive est double : **proposer aux élèves une collecte d'angles dans l'environnement** de la classe avec un outil, **les ciseaux à angles**. Il est à noter qu'une paire de ciseaux classique pourrait être utilisée, mais il y a deux inconvénients majeurs : l'impossibilité de bloquer l'ouverture des ciseaux une fois l'angle trouvé et le risque de coupure. En recherchant dans l'environnement immédiat, plusieurs éléments caractéristiques et constitutifs de la notion d'angle seront mis en avant : l'existence d'un grand nombre d'angles droits dans les objets construits par l'homme, ainsi que la nécessité, pour former un angle, de deux côtés rectilignes.

10 min Appropriation collective

Une fois les ciseaux fabriqués, l'enseignant-e propose une observation de cet outil :

> *Que remarquez-vous quand vous bougez les deux éléments des ciseaux ?*

Un échange est attendu autour de l'ouverture formée par les deux branches. On pourra dès lors nommer cette ouverture « angle ».

> *Formez avec vos ciseaux un très grand angle. Puis un très petit angle. Vous devrez trouver, en manipulant les objets autour de vous, le plus possible d'angles. Vous commencerez par les angles que forment deux côtés de votre équerre.*

Une rapide mise en commun est possible sur les trois différents angles que propose une équerre, et pas uniquement l'angle droit.

10 min Recherche et confrontation en binôme

La recherche se passe par binômes afin de faciliter la collecte d'angles et leur reproduction sur la feuille. L'enseignant-e peut aider les binômes ne trouvant pas d'angles, notamment en « créant » des angles, par ex. en ouvrant un livre, en inclinant un écran d'ordinateur portable ou une lampe, en ouvrant une porte…
Les angles droits ne doivent pas être exclus de la collecte. Leur occurrence sera discutée collectivement. L'enseignant-e passe dans les différents groupes en faisant verbaliser les points communs (un sommet, deux côtés) et les différences (ouverture) entre les différents angles collectés.

15 min Mise en commun et trace écrite provisoire

Il est important de passer un certain temps pour expliciter la quantité d'angles droits dans l'environnement de la classe : le monde des objets est régi par la perpendicularité, pour des raisons multiples. Il conviendra également de clarifier le fait qu'un « angle » issu d'un objet aux bords courbes (ex. : une boite cylindrique) n'est pas un angle : les deux côtés des ciseaux doivent longer deux côtés d'un objet, non juste les toucher en un point de tangence.
Ainsi, les objets les plus représentatifs de la variété des angles collectés peuvent être exposés pour l'ensemble de la classe ; cependant, ce sont bien les représentations de ces angles sur feuille – et par l'enseignant-e au tableau – qui font l'objet d'une discussion sur les caractéristiques des angles.

Réponses possibles

Nous avons surtout trouvé des *angles droits*.
Il y a des angles droits partout autour de nous.
Il n'y a pas que des angles droits. On trouve aussi des *angles plus petits* que l'angle droit et des *angles plus grands* que l'angle droit.
Pour certains objets qu'on peut *ouvrir et fermer*, on peut trouver *plein d'angles différents*.
Pour voir quels angles sont les plus grands, on regarde *l'écartement* entre les deux traits.
On a l'impression que tous les angles commencent en *un seul point*.

Trace provisoire possible

Je retiens de la MISSION 1

- Un angle est formé par l'ouverture entre deux traits qui commencent par le même point.
- Il existe beaucoup d'angles différents. L'angle droit est un angle particulier, qu'on retrouve partout autour de nous.

10 min Exercices d'appropriation

Exercices proposés	Observations	En cas de difficultés Sélection d'exercices du manuel
Exercice 1 : cet exercice propose une simple réutilisation des ciseaux à angles, à la manière d'un gabarit.	*« L'élève est-il capable de retrouver un angle à partir d'un gabarit ? »*	Exercices 1 - 2 - 3 p. 90
Exercice 2 : cet exercice propose une première approche de la variété des représentations dans lesquelles on reconnait des angles.	*« L'élève sait-il repérer plusieurs angles dans une figure et trouver des angles égaux ? »*	Exercice 4 p. 90
Exercices 3 et 4 : ces exercices proposent une comparaison d'angles, par rapport à un angle de référence (respectivement l'angle droit et un angle aigu).	*« L'élève peut-il comparer des angles par rapport à un angle de référence ? »*	Exercice 6 p. 90

Aide / différenciation

La taille des figures du manuel peut représenter un obstacle pour certains élèves, soit en termes de manipulation fine du papier calque ou des ciseaux à angles, soit en termes de discrimination visuelle. Pour les figures qui ne sont pas à reproduire, **une solution d'agrandissement, sur papier ou au tableau** via une projection, peut être proposée pour ces élèves.

MISSION 2

Comparer des angles à l'angle droit : angles aigus et obtus

DURÉE

45 min

MATÉRIEL

- Bande de papier cartonné
- Ruban adhésif
- Paire de ciseaux
- Huit angles à découper

COMPÉTENCES

- Chercher
- Raisonner
- Communiquer

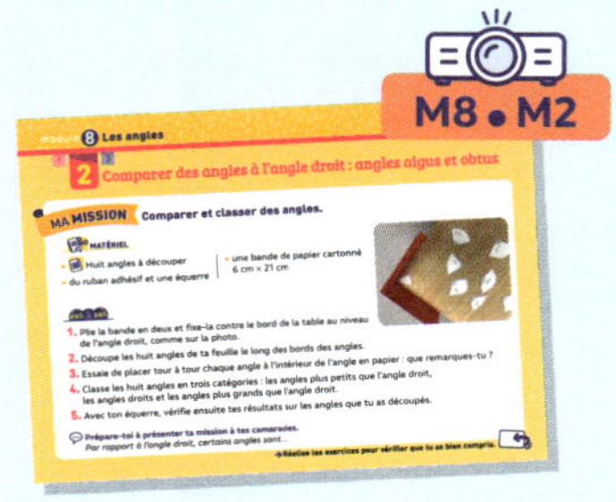

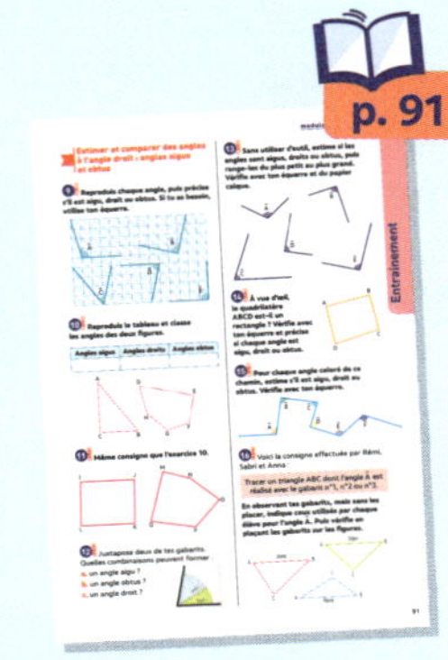

OBJECTIFS

- Être capable de comparer des angles entre eux en prenant l'angle droit pour référence.
- Connaitre les catégories suivantes et leurs caractéristiques : angles aigus et angles obtus.

PRINCIPE DE LA MISSION

- La mission est relativement guidée : ce n'est pas tant la recherche que **la verbalisation et la catégorisation** autour des résultats qui sont visées. La mission propose l'angle droit – ici le coin d'une table – comme angle de référence pour permettre un tri d'angles variés. L'option proposée est d'utiliser la 3e dimension (la bande de papier cartonnée qui dépasse au-dessus de la table) pour **mettre en évidence une différence claire et vérifiable entre angles aigus et angles obtus**. Certains pourront venir se placer à l'intérieur de l'angle droit – sans pour autant s'ajuster à l'angle droit : ils sont plus petits – quand d'autres ne pourront venir se placer à l'intérieur. Cette forme de mise en évidence apparait comme un préalable, notamment pour les élèves les plus fragiles, avant de passer à l'espace de la feuille.

10 min Appropriation collective

Un premier échange concerne les 8 angles de la fiche annexe, une fois découpés.

> *Ces angles peuvent être classés en plusieurs catégories, dont je ne vous donne pas le nom. Auriez-vous une première idée sur un critère de classement possible de ces angles ?*

Le critère de comparaison à l'angle droit peut être avancé par des élèves, sinon l'enseignant-e l'introduit :

> *Pour comparer chacun des angles à l'angle droit, vous n'utiliserez pas votre équerre, mais un moyen qui permettra de faire ce tri sans vous tromper.*

Le dispositif est montré pour modèle sur une table. Deux angles sont choisis par l'enseignant-e qui montre deux possibilités : l'angle s'insère – ou ne s'insère pas – dans la bande de papier cartonnée à angle droit.

L'enseignant-e n'évoque pas la troisième possibilité : l'angle est droit.

> *Vous aurez ensuite à écrire les résultats de votre tri. Vous vérifierez vos résultats à l'aide d'une équerre.*

10 min Recherche individuelle et confrontation en binôme

Chaque élève, individuellement, procède au « test » et inscrit les résultats de son tri en plusieurs colonnes. Un étayage – par l'enseignant-e ou par un pair – peut être apporté en cas de doute sur le protocole. Les élèves échangent en binôme sur leurs résultats, en particulier pour la catégorie formée par les deux angles droits. La vérification à l'aide de l'équerre peut se faire simultanément par les deux élèves du binôme.

15 min Mise en commun et trace écrite provisoire

La mise en commun commence par la définition du nombre de catégories : certains élèves n'en auront peut-être choisi que deux, classant les deux angles droits dans l'une ou l'autre catégorie. Dans ce cas, une vérification collective à l'aide de l'équerre permet de valider la présence d'une catégorie « angle droit ». Les doutes éventuels concerneront les deux angles aigus et obtus qui sont proches de l'angle droit (respectivement angles 7 et 8).
L'enseignant-e avance ensuite une question qu'il n'a pas posée au préalable : quel nom donner à chaque catégorie ? Jusque-là, on se sera contenté de « plus petit » et « plus grand » que l'angle droit. Les mots « aigu » et « obtus » sont alors introduits.

Réponses possibles

On voit facilement quand des angles sont ***beaucoup plus petits*** ou ***beaucoup plus grands*** que l'angle droit.
Il faut être ***précis*** pour voir si des angles rentrent ou ne rentrent pas dans le coin à angle droit.
Sans ***vérifier*** avec le coin de la table ou l'équerre, on pourrait croire que certains angles sont des angles droits.
On a classé ***2 angles*** dans la catégorie « Angle droit », mais on voit bien qu'ils ***forment le même angle***.

▶ Trace provisoire possible

Je retiens de la MISSION 2

- Par rapport à l'angle droit, certains angles sont plus petits (ce sont des angles aigus) et d'autres angles sont plus grands (ce sont des angles obtus).
- S'il existe beaucoup d'angles aigus et d'angles obtus, il n'y a qu'un angle droit.

10 min Exercices d'appropriation

Exercices proposés	Observations	En cas de difficultés
Exercices 1 et 2 : dans ces exercices, l'élève doit utiliser avec précision l'équerre afin de déterminer la catégorie à laquelle appartiennent les angles.	*« L'élève est-il capable d'utiliser son équerre pour mettre en évidence des angles aigus, droits et obtus ? »*	Proposer une manipulation sur un support de plus grande taille (tableau, feuille A3) pour valider la technique de pose de l'équerre.
Exercice 3 : cet exercice n'indique pas le nombre d'angles à repérer, ce qui constitue une première difficulté.	*« L'élève est-il capable de repérer tous les angles d'une figure puis de les classer en plusieurs catégories ? »*	Exercices 10 - 11 p. 91
Exercice 4 : cet exercice demande une estimation de l'angle droit avant vérification.	*« L'élève sait-il distinguer des angles aigus ou obtus proches de l'angle droit ? »*	Cet exercice est davantage considéré comme un défi permettant de travailler le repérage d'angles à priori très proches de l'angle droit.

Aide / différenciation

La pose de l'équerre dans le cas du repérage d'angles aigus et obtus ne va pas de soi : en effet, il est nécessaire de n'appliquer qu'un seul côté de l'équerre contre un côté de l'angle droit, puis de juger si le deuxième côté est « à l'intérieur » ou « à l'extérieur » de l'équerre. Pour certains élèves peu à l'aise avec les manipulations et/ou qui ne maitrisent que depuis peu l'usage « ordinaire » de l'équerre, c'est probablement une **aide individualisée visant à la répétition et à la correction de ces gestes** qui permettra de consolider cette variante de l'utilisation de l'équerre.

SYNTHÈSE, RETOUR SUR LA SITUATION DE RÉFÉRENCE

DURÉE
30 min

MATÉRIEL
- Papier calque

COMPÉTENCES
- Raisonner
- Communiquer

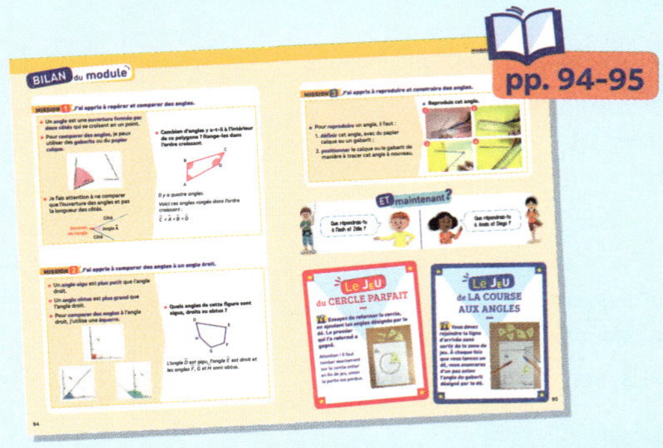

pp. 94-95

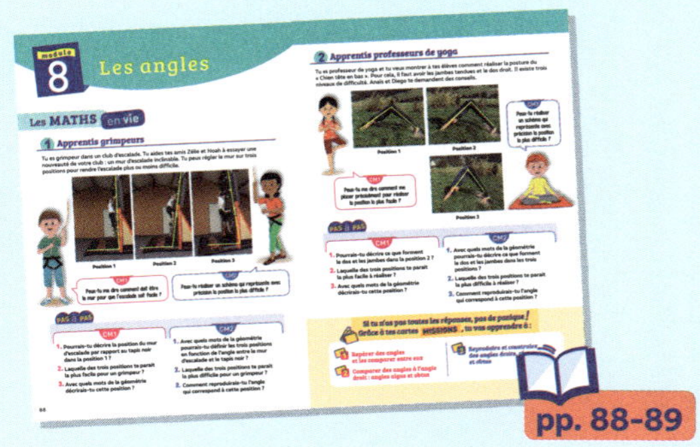

pp. 88-89

15 min Retour sur les traces écrites provisoires des missions

La fréquentation des nombreuses situations où apparaissent les angles lors des deux missions doit avoir permis de mettre du sens sur la notion d'angle et en particulier leur repérage, au-delà de la seule notion d'angle droit connue antérieurement.
La définition d'un angle (à partir de son sommet et ses côtés) et des angles aigus et obtus est donc avant tout rappelée, mais c'est l'utilisation des outils dans un nouvel objectif qui doit être mise en avant :
– l'existence de gabarits d'angles qui permettent le repérage d'angles particuliers ;
– l'utilisation de l'équerre dans un nouveau contexte : la comparaison d'un angle par rapport à l'angle droit.

5 min Mémo

10 min Retour sur la situation de référence

1. Apprentis grimpeurs

Le retour sur le questionnement de la situation de référence apparait comme une simple verbalisation autour de notions (ouverture, « penché »...) qui jusque-là étaient de l'ordre de l'intuitif mais pour lesquelles les élèves n'avaient pas le vocabulaire géométrique permettant de décrire ces situations.
Ainsi, lors de ce retour, il convient de porter une attention particulière à l'utilisation des mots « angles », « aigu » et « obtus » dans le cadre d'une situation réelle, en particulier de mettre en relation les côtés de l'angle matérialisés en jaune sur les photos et ce qu'ils représentent : parler d'angle sans se référer à ses deux côtés (et dans une moindre mesure à son sommet) n'a en effet pas de sens.

2. Apprentis professeurs de yoga

Dans le cas du mur d'escalade, les réponses attendues sont proches des phrases suivantes :
« Pour que l'escalade soit facile, il faut que le sol et le mur forment un angle obtus, plus grand que l'angle droit. »
Dans le cas du yoga : « La position la plus facile est quand le dos et les jambes forment un angle obtus. »

JEUX

DURÉE
30 min

COMPÉTENCES
- Raisonner
- Communiquer

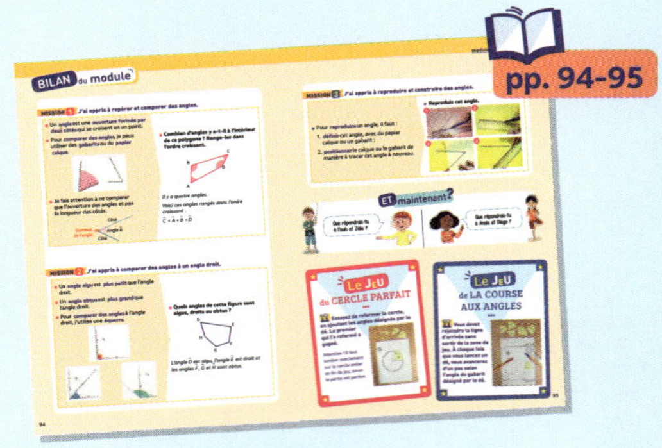
pp. 94-95

DIFFÉRENCIATION

- Deux jeux sont proposés, l'un relevant plutôt du **CM1 (à gauche)** et l'autre du **CM2 (à droite)**. Ils pourront cependant tous deux être proposés aux élèves selon leur niveau, vous permettant ainsi de différencier ce temps.

Le JEU du Cercle parfait

ORGANISATION par binôme

MATÉRIEL • 1 dé • 6 gabarits d'angles numérotés • 1 feuille de jeu par élève

RÈGLE DU JEU

Chaque joueur joue à son tour : il lance le dé, qui désigne l'un des 6 gabarits numérotés. Il a alors trois choix : poser le gabarit désigné sur le cercle à la suite des précédents, enlever le dernier gabarit posé pour le remplacer par le nouveau gabarit désigné ou passer son tour sans poser ce gabarit. Attention, le joueur n'a pas le droit de placer le gabarit sur le cercle avant de faire son choix. S'il a posé le gabarit, il trace sa limite sur le cercle et remet le gabarit en jeu.
Le joueur qui a gagné est celui qui remplit exactement le cercle. Si un joueur choisit de poser un gabarit et que celui-ci dépasse le trait de départ, il a perdu.

Variante : tracer un trait à mi-cercle, et appliquer la même règle d'élimination à ce passage intermédiaire.

Le JEU de la Course aux angles

ORGANISATION par binôme

MATÉRIEL • 1 dé • 6 gabarits d'angles numérotés • 1 feuille de jeu

RÈGLE DU JEU

Chaque joueur choisit son point de départ sur la ligne de départ puis joue à son tour : il lance le dé qui désigne un des 6 gabarits numérotés. Il a alors deux choix : poser le gabarit désigné à la suite du dernier point qu'il a atteint ou passer son tour sans poser le gabarit. Attention, le joueur n'a pas le droit de placer le gabarit sur la zone de jeu avant de faire son choix. S'il a posé le gabarit, il trace le trait le long du côté qui poursuit son chemin et remet le gabarit en jeu.
Le joueur qui a gagné est celui qui passe en premier la ligne d'arrivée. Si un joueur choisit de poser le gabarit et que celui-ci l'amène hors de la zone de jeu, il a perdu.

Variante : ne pas avoir le droit de passer son tour.

1. Découpe les deux éléments.
2. Perce un trou au niveau du rond noir.
3. Assemble les deux parties l'une sur l'autre avec une attache parisienne.

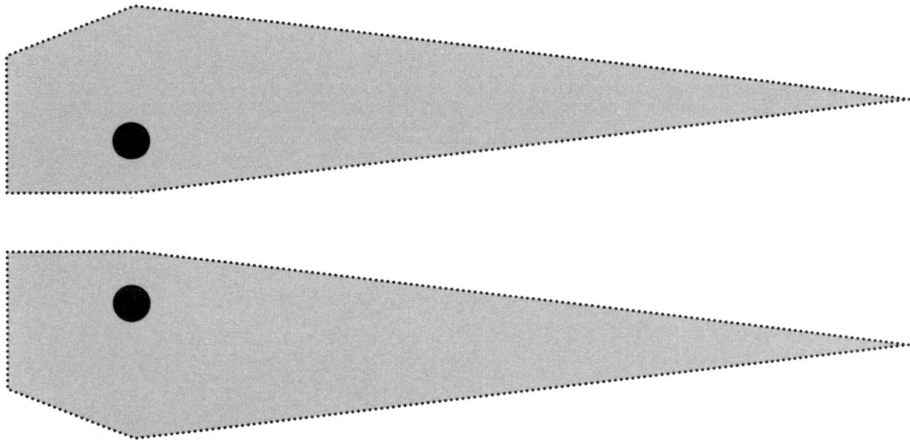

1. Découpe les deux éléments.
2. Perce un trou au niveau du rond noir.
3. Assemble les deux parties l'une sur l'autre avec une attache parisienne.

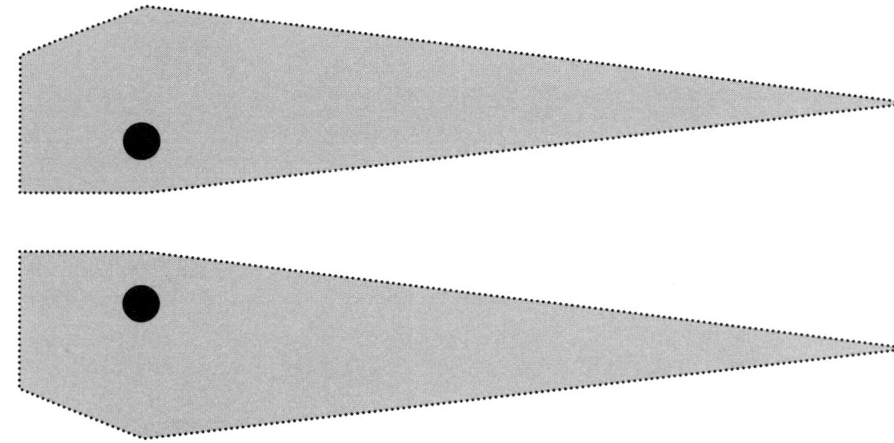

1. Découpe les deux éléments.
2. Perce un trou au niveau du rond noir.
3. Assemble les deux parties l'une sur l'autre avec une attache parisienne.

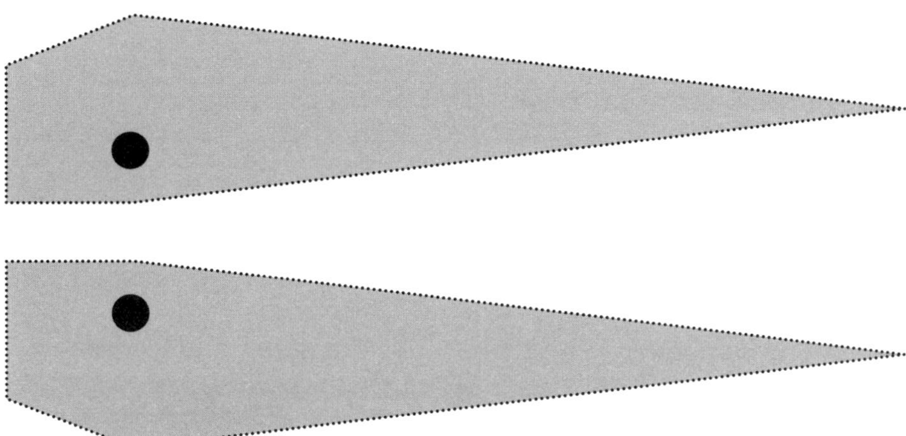

1. Découpe les deux éléments.
2. Perce un trou au niveau du rond noir.
3. Assemble les deux parties l'une sur l'autre avec une attache parisienne.

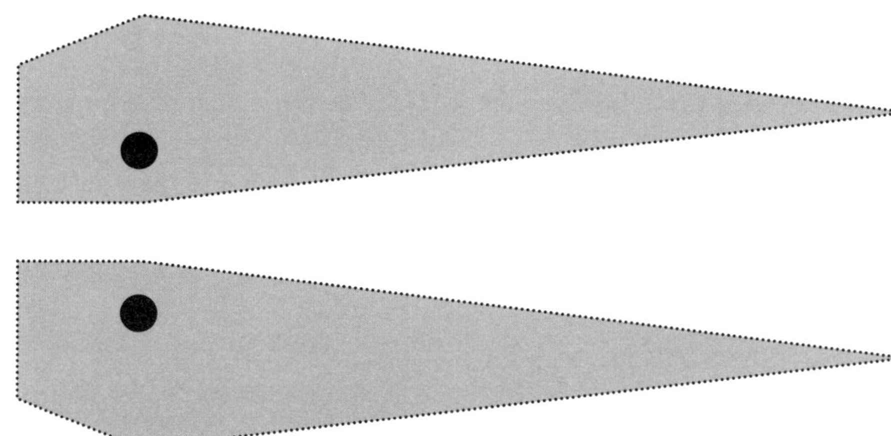

Fiche MISSION 2 Huit angles à découper

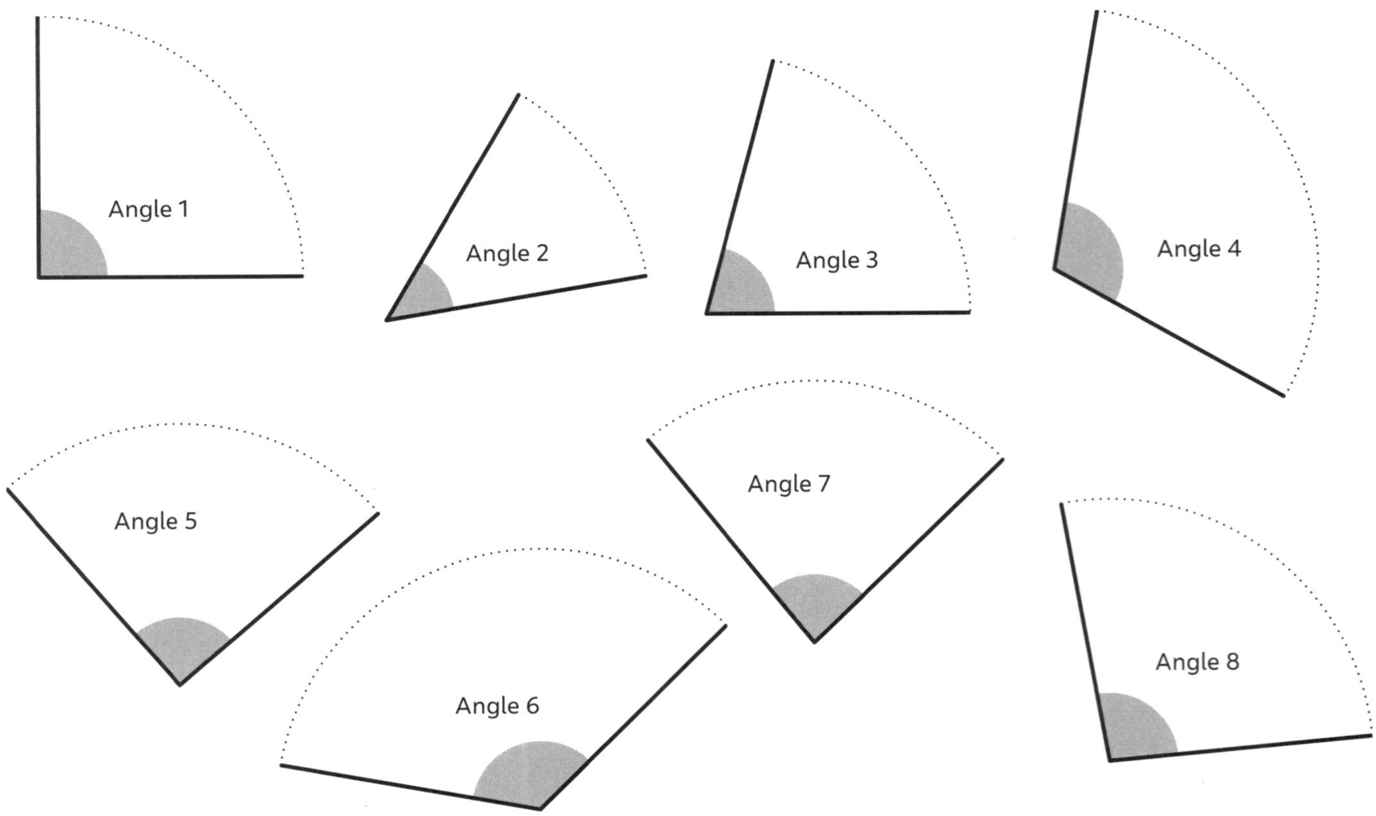

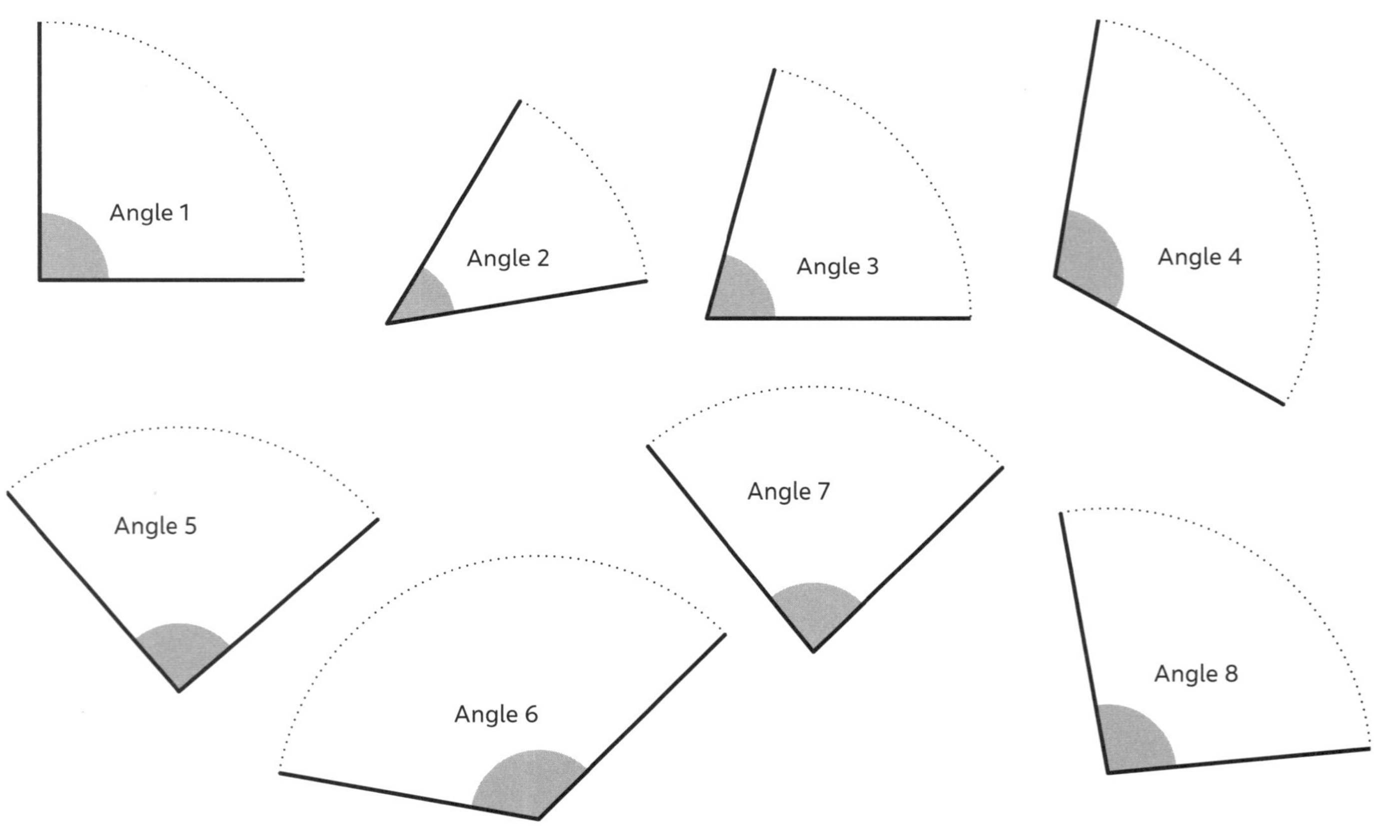

Fiche JEUX Gabarits d'angle pour jeu

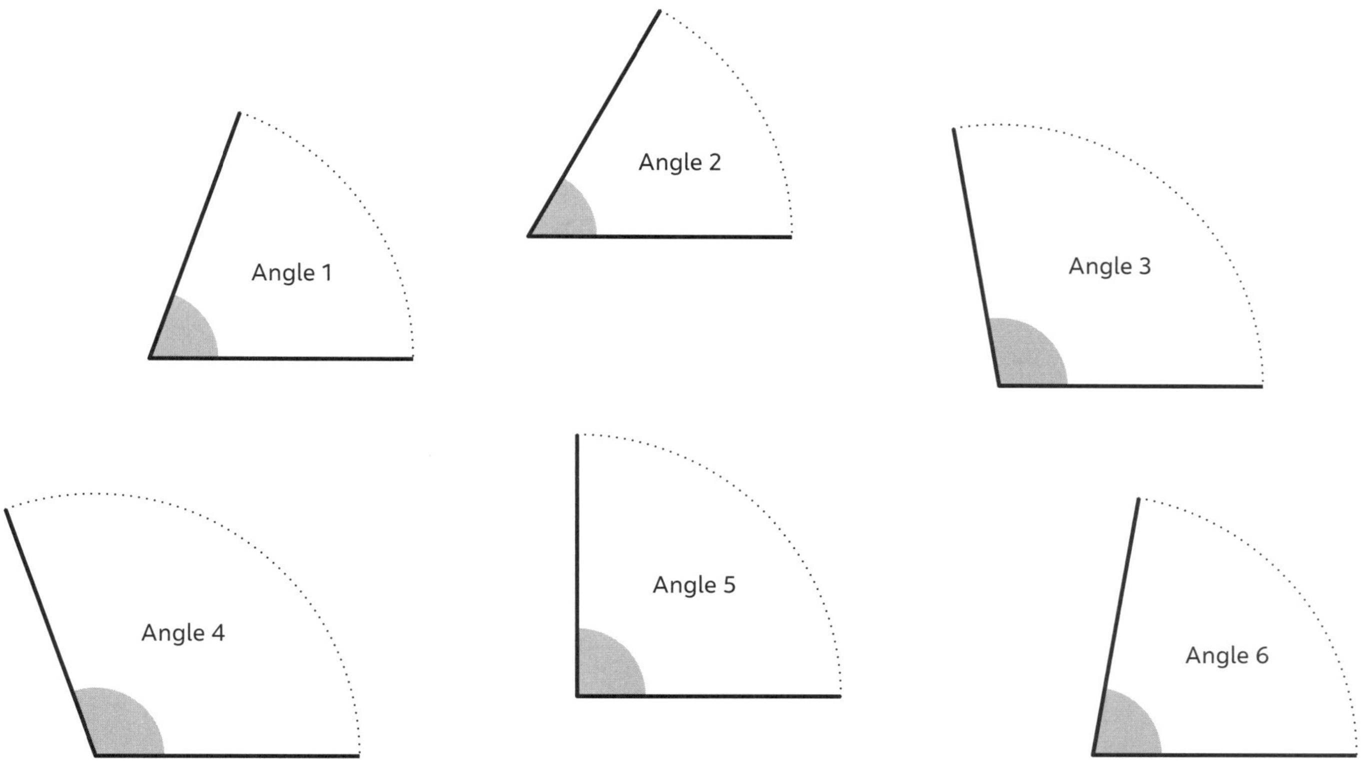

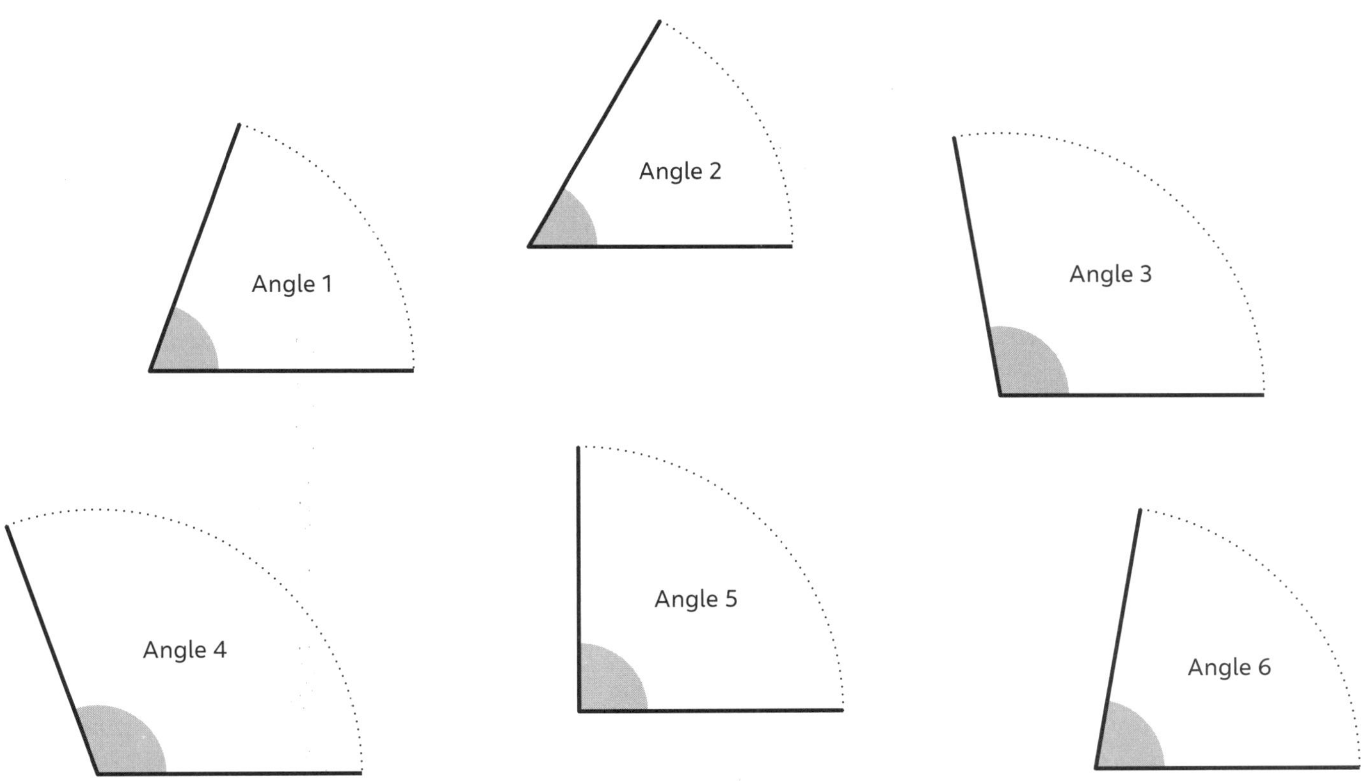

module 9

Contenances, volumes, masses

Progression des apprentissages dans le module

SÉANCE 1	• Vérification des prérequis • Situation de référence « Les maths en vie »
SÉANCE 2	• MISSION 1 Connaitre les relations entre les différentes unités de masse, de contenance
SÉANCE 3	• Entrainement mission 1
SÉANCE 4	• MISSION 2 Connaitre les relations entre les unités de mesure et les unités de numération
SÉANCE 5	• Entrainement mission 2
SÉANCE 6	• Synthèse • Retour sur la situation de référence
SÉANCE 7	• Évaluation sommative

CM2

• En CM2, voici les deux missions qui seront travaillées en continuité de celles réalisées en CM1. Si vous le souhaitez, ou si une programmation de cycle le prévoit, vous pouvez donc aller plus loin et les proposer à vos élèves. Se référer alors au site compagnon sur lequel vous trouverez leur descriptif.

MISSION 3
Mettre en lien les unités de mesure et les nombres décimaux

MISSION 4
Découvrir les unités de volume en lien avec les contenances

Compétences LSU et BO

• Utiliser le lexique, les unités, les instruments de mesures spécifiques de ces grandeurs.

• Résoudre des problèmes impliquant des grandeurs (géométriques, physiques, économiques) en utilisant des nombres entiers et des nombres décimaux.

• Relier les unités de volume et de contenance.

• Estimer la mesure d'un volume ou d'une contenance par différentes procédures (transvasements, appréciation de l'ordre de grandeur) et l'exprimer dans une unité adaptée.

• Déterminer le volume d'un pavé droit en se rapportant à un dénombrement d'unités (cubes de taille adaptée) ou en utilisant une formule.

Lexique

• **La masse est une grandeur.** La masse d'un corps est équivalente à la quantité de matière qui constitue ce corps (ou objet).

• **Le poids** : c'est une grandeur qui correspond à la force exercée par cette matière sur le sol (notion de gravité sur un corps pesant).

- **Le gramme** : unité de référence pour les masses. Le déci**gramme**, le centi**gramme**, le milli**gramme** sont des sous-multiples du **gramme**. Le déca**gramme**, l'hecto**gramme** et le kilo**gramme** sont des multiples.
- **La capacité** ou **la contenance** : c'est ce qu'un récipient peut contenir.
- **Le litre :** unité de référence pour les capacités (ou contenances). Le déci**litre**, le centi**litre**, le milli**litre** sont des sous-multiples du **litre**. Le déca**litre**, l'hecto**litre** et le kilo**litre** sont des multiples.
- **Le volume** : c'est la mesure de l'occupation de l'espace d'un objet en trois dimensions.

Apports didactiques

- Même si les grandeurs « longueur », « masse » et « contenance » ont été travaillées au CE2, il a été fait le choix de les revoir afin de s'assurer que l'élève a construit des représentations solides sur leur sens et qu'il puisse construire les liens existants entre les unités. Pour faire le lien entre contenance et volume, il est également important de rebrasser les prérequis relatifs à la grandeur « capacité/contenance », la première étant un prérequis à la deuxième.
- Afin d'aborder la masse ou la contenance comme grandeurs, nous proposons les étapes suivantes :
  – Une approche « à vue », par le corps pour estimer la grandeur « masse » ou la grandeur « contenance ».
  – Une comparaison directe afin de valider les estimations « à vue ».
  – Une comparaison indirecte par décomposition/recomposition de la masse ou de la contenance selon une unité choisie. Pour retrouver une masse totale, on peut ajouter les masses des différents objets la composant ; pour retrouver une contenance globale, on peut ajouter les différentes contenances la composant. Cette étape permet de créer le besoin d'unités de mesure communes.
  – Une comparaison avec mesure de la contenance ou de la masse dans une unité usuelle.
- Le lien avec le réel est extrêmement important. En effet, les grandeurs « masse », « contenance » et « volume » sont étroitement liées à l'aspect physique des objets. Chaque fois qu'il en a l'occasion, l'enseignant-e fera des liens avec le réel afin de permettre aux élèves de construire des références (la masse d'une boite de sucre, la contenance d'une bouteille de lait, la contenance de la poubelle de la classe…).
- Lorsque la grandeur est construite, on peut introduire les mesures associées. Les égalités entre une même mesure exprimée selon des unités différentes et le système décimal sont bénéfiques à la construction du sens pour les élèves.

Difficultés rencontrées par les élèves

1 Confusion au niveau du vocabulaire employé : poids et masse sont souvent confondus. On n'attend pas des élèves qu'ils utilisent ces termes avec exactitude, cependant l'enseignant pourra veiller, lorsqu'il les utilise, à ne pas les confondre.

2 Utilisation des instruments de mesure : de plus en plus d'instruments de mesure sont électroniques (laser pour mesurer des distances, pèse-personne électronique) : les élèves ont directement accès à un nombre affiché. Ils ne permettent donc plus les comparaisons et observations du réel comme le permettaient d'autres instruments de mesure comme la balance Roberval.

3 Polysémie des adjectifs très utilisés dans les consignes : grand, petit, large, épais, gros, lourd, léger… Ces adjectifs sont très utilisés dans le langage courant et peuvent parfois être utilisés l'un pour l'autre.

4 Introduction trop rapide du tableau de conversion qui devient un apprentissage mécanique déconnecté du sens donné aux unités et sans représentation mentale.

AUTOÉVALUATION, SITUATION DE RÉFÉRENCE

DURÉE

45 min

MATÉRIEL

- 15 petits pots de 10 cL
- Contenant d'une capacité d'1 L (cube plastique, pot de jardinage ou boite en carton)
- 1 L d'eau, de terreau ou de perles
- Verre mesureur

COMPÉTENCES

- Chercher
- Raisonner
- Communiquer

M9 • P1

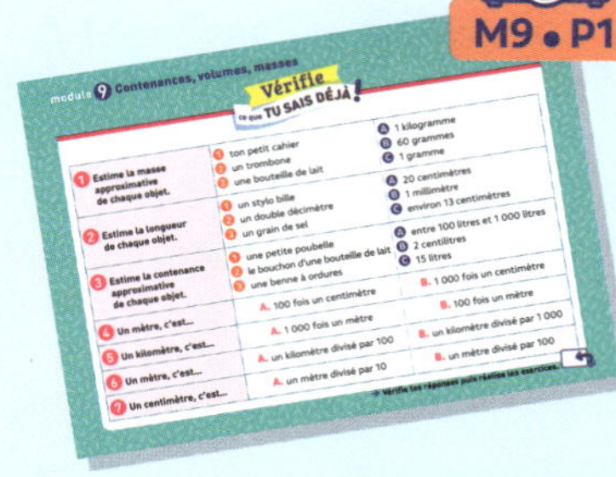

pp. 96-97

Autoévaluation

5 min Autoévaluation formative, autocorrection

Exercices 1 à 3 : disposer de références de la vie quotidienne pour les grandeurs masse, longueur et contenance.
Exercices 4 à 7 : connaitre quelques rapports entre les unités usuelles.

10 min Remédiation ou Défi

Exercices 1 à 3 : permettre aux élèves de construire des références concernant les unités de mesure de masse et de contenance.
Exercices 4 à 7 : permettre aux élèves de revoir les relations entre les différentes unités usuelles et de faire le lien avec le réel et de vraies grandeurs.
Défi : comparer la masse d'objets au kilogramme.

Situations de référence

Organisation

Deux situations sont proposées dans le manuel CM1-CM2 ; elles sont communes au CM1 et au CM2. Vous pouvez ainsi vous organiser avec les autres enseignants qui utilisent la méthode : une année, tous les élèves de CM1 et CM2 font la situation 1 par exemple, l'année d'après, tous les élèves font la situation 2. Ainsi, les élèves feront deux situations de référence différentes s'ils ont la même méthode deux années de suite.

1 Jardinage en famille

5 min Appropriation collective de la situation

« De quoi parle-t-on ? Qu'allons-nous chercher ?

Il faut aider le petit jardinier à construire une équivalence entre un nombre de récipients ayant pour contenance 10 cL et une contenance totale de 1 L. Si vous disposiez du matériel proposé, comment feriez-vous pour trouver le nombre de petits pots de 10 cL nécessaires pour remplir le grand pot de 1 L ? Pour dire combien de petits pots sont nécessaires pour remplir le grand, que faudrait-il connaitre ?

10 min Recherche PAS à PAS

En fonction de leurs connaissances, les élèves vont proposer différentes procédures : de la moins fiable à la plus experte.
La procédure de transvasement devrait apparaitre rapidement comme manière de vérifier le rapport entre les unités.
Ce sont les hypothèses posées à partir des préfixes connus des unités de longueurs qui constitueront des stratégies expertes ; elles ne sont probablement pas installées à ce stade chez les élèves.

15 min Analyse collective et explicitation des apprentissages à venir

Il serait très intéressant de faire vivre cette situation aux élèves en parallèle des missions, sous prétexte de réaliser des plantations en sciences pour la situation 1 ou sous prétexte de réaliser des colliers pour la situation 2.
Si ce n'est pas possible, le matériel didactique dédié à cet effet permettra de se représenter la situation.
Dans le domaine des grandeurs et mesures, l'expérimentation permet de construire le sens des grandeurs et de vérifier le rapport des unités entre elles.

2 Apprentis bijoutiers

Il faut aider Lucien à construire une équivalence entre un nombre de récipients ayant pour contenance 10 cL et une contenance totale de 1 L pour ranger ses perles. Dans un deuxième temps, il faut l'aider à construire l'équivalence entre une contenance d'1 L et une boite de rangement d'un volume de 1 dm d'arête : les élèves vont devoir remplir les petits pots de 10 cL jusqu'à épuisement du ou des litre(s) de perles.

Aide / différenciation

La différenciation se fera au niveau de la **manipulation réelle de récipients** pour consolider la grandeur : certains élèves auront besoin de revérifier les rapports entre les différentes unités de contenances manipulables, par transvasements successifs. **Une méthode d'observation et de recueil de mesures** devra être associée à cette manipulation.

MISSION 1

Connaitre les relations entre les différentes unités de masse, de contenance

DURÉE

45 min

MATÉRIEL

- 3 bouteilles de lait de : 1 L, 50 cL et 25 cL
- 2 plaquettes de beurre de : 250 g et de 125 g
- Balance Roberval
- Verre doseur

COMPÉTENCES

- Chercher
- Raisonner
- Communiquer

M9 • M1

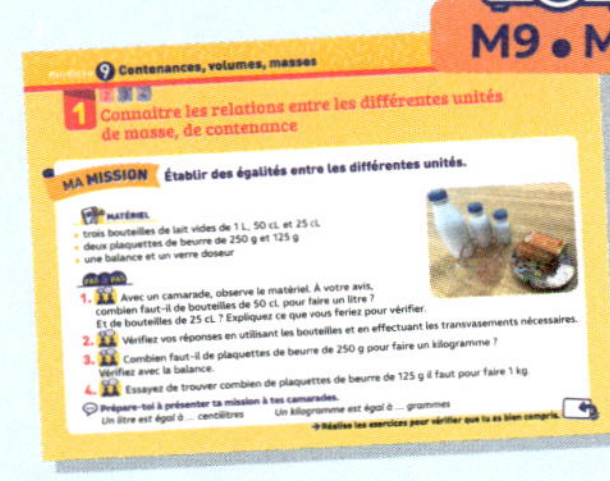

pp. 98-99

OBJECTIF

- **Retrouver les relations entre les différentes unités de masse et de contenance.**

PRINCIPE DE LA MISSION

- Deux grandeurs sont abordées ici. L'enseignant-e peut soit proposer à tous les élèves de suivre l'intégralité du pas à pas et leur permettre d'aborder d'abord les contenances puis les masses, soit diviser la classe en deux groupes. Le premier s'intéressera aux contenances (questions 1 et 2 du pas à pas) et le deuxième aux masses (questions 3 et 4 du pas à pas).

5 min Appropriation collective

Lecture individuelle puis reformulation collective des attendus.

> *Au sein de votre groupe, vous allez devoir trouver des équivalences entre le volume de différents récipients et/ou entre la masse de deux plaquettes de beurre différentes. Pour cela, vous allez commencer par faire des hypothèses que nous pourrons vérifier avec du matériel.*

L'enseignant-e présentera le matériel relatif aux deux situations, de manière à ce que les élèves puissent rattacher leur raisonnement à ces visuels concrets. S'il a fait ce choix, il organisera les deux groupes d'élèves (ceux qui travaillent sur la masse et ceux qui travaillent sur la contenance). À l'intérieur de ces groupes, il formera les sous-groupes d'échanges. Pour les manipulations et la recherche d'équivalences, il faudra veiller à disposer de suffisamment de récipients et de plaquettes de beurre (ou d'objets équivalents de 250 g et 125 g).

10 min Recherche collective et confrontation au sein du groupe

La phase individuelle est indispensable afin que chacun se confronte à la situation. L'écriture individuelle des estimations indique à l'enseignant-e les éventuelles difficultés ou interprétations des élèves. Elle permet de vérifier si l'importance de l'unité est maitrisée.
La phase de groupe permet aux élèves d'argumenter afin de choisir une seule proposition qui sera ensuite validée ou non grâce à une confrontation à la réalité par la manipulation.

20 min Mise en commun et trace écrite provisoire

Chaque groupe expose ses hypothèses et les justifie. Elles sont débattues par l'ensemble des élèves.
La manipulation concrète vient valider ou non les conclusions proposées.
Les élèves acquièrent une représentation concrète des unités utilisées et de leurs équivalences : 1 bouteille d'1 L contient la même quantité d'eau que 2 bouteilles de 50 cL ou 4 de 25 cL. 1 kg, c'est la même masse que 4 plaquettes de 250 g.

Par les analogies construites, on pourra introduire les multiples et sous-multiples pour chaque unité de référence, le litre et le gramme.

Réponses possibles

1. Il faut 2 bouteilles de 50 cL et 4 petites bouteilles de 25 cL pour remplir la bouteille d'1 L.
2. Pour vérifier, je peux remplir la bouteille de 50 cL avec de l'eau et transvaser le contenu dans la bouteille d'1 L autant de fois qu'il faut pour la remplir. Je compte le nombre de bouteilles transvasées. Idem pour les bouteilles de 25 cL de contenance.
3. Le poids d'une demi-plaque de beurre de 250 g, c'est un morceau de beurre de 125 g car 125 g × 2 = 250 g.
4. Pour faire 1 kg de beurre, il faut 8 plaquettes de beurre de 125 g car 125 g × 8 = 1 000 g.
5. La masse d'un quart de plaque de beurre est 250 g, car 250 g × 4 = 1 000 g = 1 kg.
6. Pour vérifier, on utilise la balance Roberval.

Trace provisoire possible

Je retiens de la MISSION 1

1 L = 10 dL = 100 cL.

1 kg = 1 000 g. 1 g = 10 dg = 1 000 mg.

L'appui sur une affiche devrait permettre de rendre explicite les rapports décrits.

La trace écrite provisoire peut intégrer des références aux manipulations réalisées, sous forme par exemple de photographies, afin que les élèves disposent de références à des objets réels. Ex. : photo de la balance montrant l'équivalence 1 kg = 4 plaquettes de 250 g.

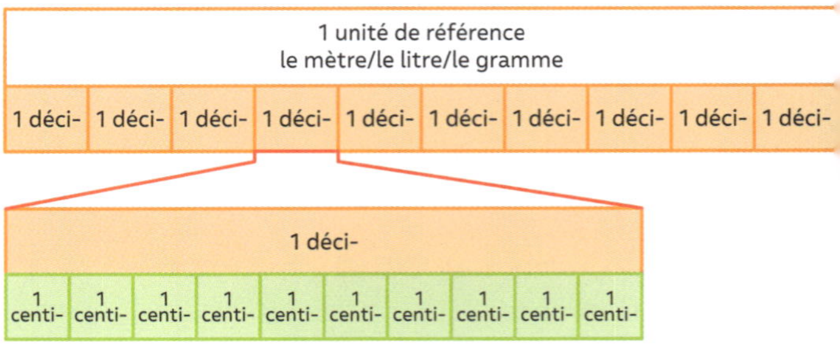

10 min Exercices d'appropriation

Exercices proposés	Observations	En cas de difficultés Sélection d'exercices du manuel
Exercices 1 et 2 : dans ces exercices, les élèves s'appuient sur des faits numériques pour retrouver des rapports entre des unités de mesure pour des grandeurs ciblées.	*« L'élève a-t-il construit les rapports entre les unités que sont le gramme et le kilogramme d'une part et le centilitre et le litre d'autre part ? S'appuie-t-il sur les faits numériques ? »*	**Exercices 6 - 7 - 8 p. 98**
Exercices 3, 4 et 5 : ces exercices permettent de s'entrainer à faire des conversions sans utiliser de tableau de conversion, c'est-à-dire de travailler sur le sens des unités et les rapports existant entre elles.	*« L'élève sait-il utiliser les rapports entre différentes unités "déci", "centi", "milli" pour convertir un nombre exprimé dans une unité dans une autre unité en passant ou pas par des décompositions d'unités ? »*	Les conversions réalisées à ce stade demandent de manipuler le passage d'une unité à l'autre et de décomposer une masse, ou une contenance, selon une unité donnée pour ensuite la recomposer selon une autre unité. Cette « procédure » doit être identifiée par l'élève. **Exercices 9 - 10 pp. 98-99**

Aide / différenciation

Pour certains élèves présentant des difficultés d'organisation, les différentes étapes permettant de réaliser des conversions (construire le sens de chaque unité de grandeur, intégrer le rapport entre deux unités consécutives) peuvent être compliquées à planifier. L'élève pourra avoir à sa disposition **un outil de référence lui rappelant les égalités construites dans la mission**, qu'il pourra consulter lorsqu'il se confrontera aux exercices. Sur ce document, on pourra également **indiquer des références concrètes, éventuellement sous forme de photographies**. 1 kg = 1 000 g et c'est la masse d'un paquet de sucres en morceaux ou de 4 plaquettes de beurre (pour faire le lien avec les manipulations réalisées dans la mission).

MISSION 2

Connaitre les relations entre les unités de mesure et les unités de numération

DURÉE

45 min

MATÉRIEL

▶ Tableau des unités

COMPÉTENCES

▶ Chercher
▶ Raisonner
▶ Communiquer

M9 • M2

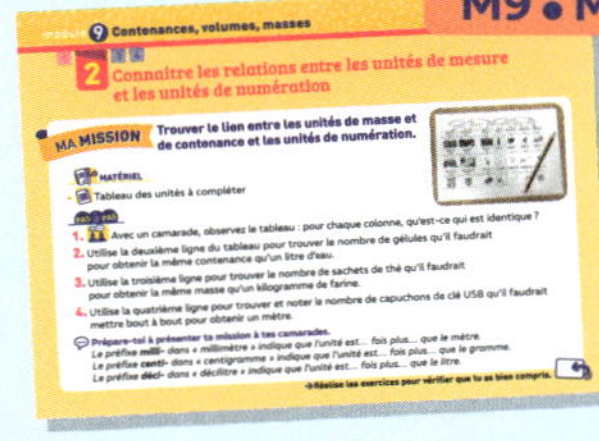

pp. 99-100

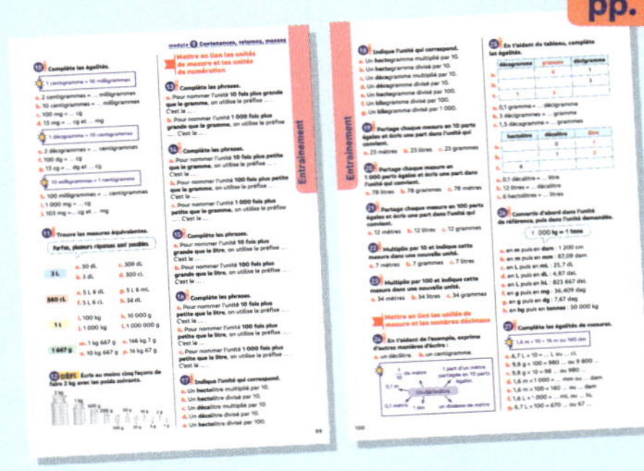

OBJECTIFS

- Lire et comprendre le fonctionnement du tableau de conversion des différentes unités de grandeur.
- Faire le lien avec le tableau de numération.
- Extraire les repères forts et récurrents en s'appuyant sur le sens des préfixes dans les unités de mesure.

PRINCIPE DE LA MISSION

- Cette mission doit permettre de stabiliser les connaissances construites dans la mission 1. L'ébauche du tableau élaborée en mission 1 grâce aux manipulations va être confortée par la lecture du tableau en annexe. Celui-ci permettra de **lire les rapports entre les unités non manipulables** et de **les comprendre grâce à l'analogie avec les unités manipulées précédemment**. Pour les unités non manipulables, il est néanmoins intéressant de construire avec les élèves des références faisant appel à leur environnement proche, de **se questionner sur la masse ou la contenance d'objets divers** (une voiture, un banc, un meuble, un élément de motricité, un seau).

5 min Appropriation collective

Une photocopie du tableau illustré de conversion est distribuée par binôme. Un temps est laissé aux élèves pour prendre connaissance des consignes de la mission.

« *À votre avis, que montre ce tableau ? À quoi sert-il ? À quel tableau que vous connaissez déjà vous fait-il penser ?*

Une analogie avec le tableau de numération déjà bien connu des élèves est attendue ici.

« *Vous allez devoir comparer les différents objets cités.*

L'enseignant-e organise la reformulation. Il demande également de trouver un titre au tableau pour clarifier l'objet de réflexion : les unités de longueurs, de contenances, de masses.

10 min Recherche collective et confrontation en binômes

Seul, chacun prend connaissance du tableau.
À deux, les élèves s'approprient le tableau et répondent par écrit aux questions de la mission.
Si le temps le permet, ils créent à leur tour des questions-réponses sur ce tableau, qu'ils poseront à la classe.
Les élèves vont échanger sur leurs stratégies de lecture du tableau afin d'en extraire les informations demandées. Ensemble, ils vont affiner leur compréhension pour construire des repères et une procédure plus experte de lecture.
Pendant la phase de traitement de l'information prélevée, l'enseignant-e guide les élèves qui s'éloigneraient trop d'une stratégie de lecture efficace.
Il aide à formuler correctement les idées des élèves et précise le vocabulaire à utiliser s'il est trop éloigné des attendus en mathématiques.

15 min Mise en commun et trace écrite provisoire

La mise en commun doit permettre d'éclairer les repères importants du tableau à mémoriser. Grâce à la verbalisation et au recueil des réponses, le groupe clarifiera les différentes stratégies de lecture du tableau et tirera les conclusions et connaissances à institutionnaliser.
Les formulations écrites seront plus au moins précises et rigoureuses en fonction du bagage lexical des élèves et de leur compréhension des rapports des unités entre elles. Cependant, l'enseignant-e veillera à recueillir les formulations peu précises de certains binômes afin d'en faire une formulation collective à améliorer pour qu'elle devienne explicite et rigoureuse.

Réponses possibles

« Ce tableau permet de connaitre les mesures d'objets courants. Cela nous permet de bien voir les unités usuelles (le mètre, le litre et le gramme) et de savoir lesquelles sont plus grandes ou plus petites.
Quand on fait une conversion, on peut savoir si notre résultat est correct par rapport aux objets présents.
Le tableau permet de visualiser les unités et si elles sont 10 fois, 100 fois ou 1 000 fois plus petites ou plus grandes.

▶ Trace provisoire possible

Je retiens de la MISSION 2

- Pour mesurer des longueurs, l'unité de référence est le mètre.
- Pour mesurer des masses, l'unité de référence est le gramme.
- Pour mesurer des contenances, l'unité de référence est le litre.
- Le préfixe milli- dans « millimètre » indique que l'unité est mille fois plus petite que le mètre : l'unité « mètre » a été partagée en mille unités identiques. Chacune d'elles est un millimètre.
- Le préfixe centi- dans « centigramme » indique que l'unité est cent fois plus petite que le gramme : l'unité « gramme » a été partagée en cent unités identiques. Chacune d'elles est un centigramme.
- Le préfixe déci- dans « décilitre » indique que l'unité est dix fois plus petite que le litre : l'unité « litre » a été partagée en dix unités identiques. Chacune d'elles est un décilitre.

10 fois plus GRAND — 10 fois plus GRAND — 10 fois plus GRAND — 10 fois plus PETIT — 10 fois plus PETIT — 10 fois plus PETIT

Kilo-	Hecto-	Déca-	**Unité de référence**	Déci-	Centi-	Milli-

15 min Exercices d'appropriation

Exercices proposés	Observations	En cas de difficultés Sélection d'exercices du manuel
Exercice 1 : cet exercice permet de rendre les unités explicites en les comparant avec l'unité de référence et en s'appuyant sur les préfixes utilisés pour les nommer.	*« L'élève connait-il le sens des préfixes utilisés et sait-il le traduire en langage mathématique ? »*	**Exercices 13 - 14 - 15 - 16 - 18 - 19 - 20 p. 99-100**
Exercices 2 et 4 : ces exercices permettent de passer d'une unité consécutive à l'autre en utilisant le rapport de 10.	*« L'élève a-t-il compris que le rapport entre deux unités de grandeur consécutives est de 10 ? »*	**Exercices 17 - 18 - 19 pp. 99-100**
Exercice 3 : cet exercice permet d'entrainer les élèves à exprimer la même mesure selon des unités différentes, en s'appuyant sur des rapports à connaitre.	*« L'élève connait-il les rapports les plus couramment utilisés entre des unités différentes pour mesurer une même grandeur ? »*	**Exercices 19 - 20 - 21 - 22 - 23 p. 100**

Aide / différenciation

Pour les élèves ayant des difficultés d'ordre visuo-spatial, le repérage dans le tableau risque d'être complexe. **Un système de cache** pourra les aider à isoler les informations qu'ils veulent étudier.
Pour ceux qui ont du mal à abstraire, il sera toujours pertinent de **revenir à la vérification par la manipulation réelle des unités**.

SYNTHÈSE, RETOUR SUR LA SITUATION DE RÉFÉRENCE

DURÉE

30 min

MATÉRIEL

- 15 petits pots de 10 cL
- Contenant d'une capacité d'1 L (cube plastique, pot de jardinage ou boite carton)
- 1 L d'eau, de terreau ou de perles
- Verre mesureur

COMPÉTENCES

- Raisonner
- Communiquer
- Calculer

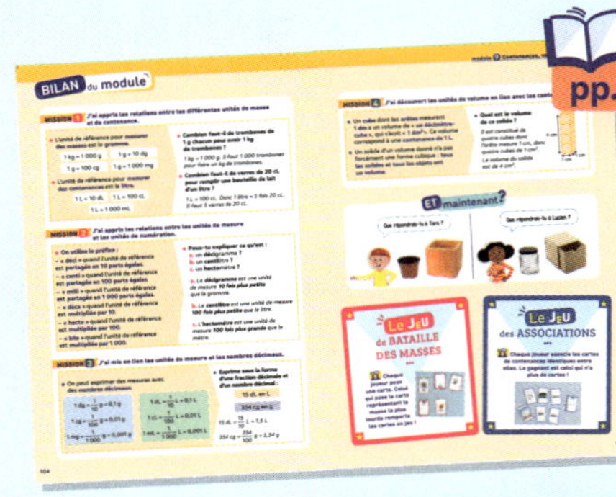

pp. 104-105

pp. 96-97

10 min Retour sur les traces écrites provisoires des missions

Les élèves reformulent les savoir-faire construits :
– retrouver respectivement une masse ou une contenance exprimée dans une unité par ajout de différentes masses ou contenances exprimées dans une unité plus petite ;
– connaitre ou retrouver grâce aux préfixes utilisés les égalités entre des unités usuelles :
1 litre = 10 décilitres = 100 centilitres = 1 000 millilitres,
1 kilogramme = 1 000 grammes,
1 gramme = 10 décigrammes = 100 centigrammes = 1 000 milligrammes.

Ces rappels s'appuient sur l'affichage éphémère construit avec les élèves durant le module.

5 min Mémo

15 min Retour sur la situation de référence

Les deux situations présentées sont similaires.

Les élèves ont travaillé sur les masses et les contenances et plus précisément sur le rapport des unités entre elles.

La réussite experte attendue pour la situation 1 est l'addition réitérée de 10 cL, 10 fois, pour remplir :
« Pour calculer le nombre de pots de 10 cL que l'on peut remplir avec 1 L de terreau, il faut savoir que : 1 L = 100 cL = 10 × 10 cL. Tara pourra remplir 10 pots de 10 CL avec 1 L de terreau. »

La réussite experte attendue pour la situation 2 est l'addition réitérée de 10 cL, 10 fois, pour remplir :
« Pour calculer le nombre de pots de 10 cl que l'on peut remplir avec 1 L de perles, il faut savoir que : 1 L = 100 cL = 10 × 10 cL. Lucien pourra remplir 10 pots de 10 cL avec 1 L de perles. »

JEUX

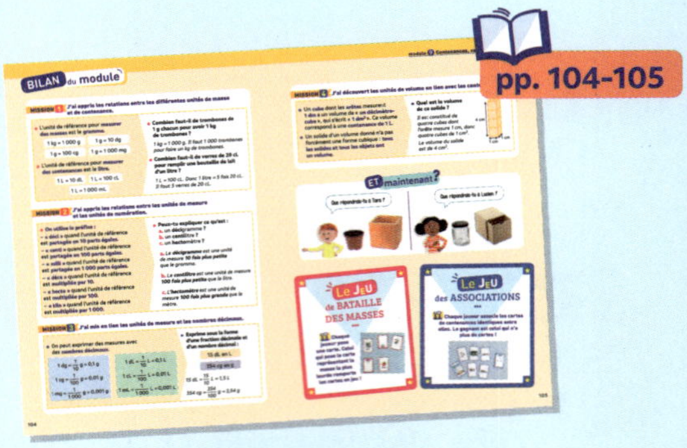

pp. 104-105

DURÉE

30 min

COMPÉTENCES

- Raisonner
- Communiquer
- Calculer

DIFFÉRENCIATION

- Deux jeux sont proposés, l'un relevant plutôt du **CM1 (à gauche)** et l'autre du **CM2 (à droite)**. Ils pourront cependant tous deux être proposés aux élèves selon leur niveau, vous permettant ainsi de différencier ce temps.

Le JEU de Bataille des masses

Intérêt du jeu : manipuler la grandeur « masse » à travers des représentations concrètes, comparer des masses entre elles exprimées selon différentes unités.

ORGANISATION 2 à 4 joueurs

MATÉRIEL
jeu de cartes dédié

RÈGLE DU JEU
Comme à la bataille, chaque joueur joue à son tour et pose une carte. Celui qui a la carte correspondant à la plus grande masse remporte les cartes qui sont posées.
Le gagnant est celui qui a ramassé le plus de cartes à la fin de la partie.

Le JEU des Associations

Intérêt du jeu : comparer des unités entre elles, mémoriser des égalités de mesures de contenances exprimées selon différentes unités.

ORGANISATION 2 à 4 joueurs

MATÉRIEL
jeu de carte « jeu des ASSOCIATIONS »

RÈGLE DU JEU
À la manière d'un memory, toutes les cartes sont posées faces cachées. Chacun leur tour, les joueurs retournent deux cartes. Si les contenances indiquées ou représentées sont identiques, le joueur garde les cartes et rejoue. Sinon, c'est au tour d'un autre joueur.
Le gagnant est celui qui a ramassé le plus de cartes à la fin de la partie.

Fiche MISSION 2 Tableau des unités

10 fois plus grand	10 fois plus grand	10 fois plus grand		10 fois plus petit	10 fois plus petit	10 fois plus petit
Kilomètre	**Hecto**mètre	**Déca**mètre	**Mètre**	**Déci**mètre	**Centi**mètre	**Milli**mètre
1 000 m	**100 m**	**10 m**				
km	**hm**	**dam**	**m**	**dm**	**cm**	**mm**
	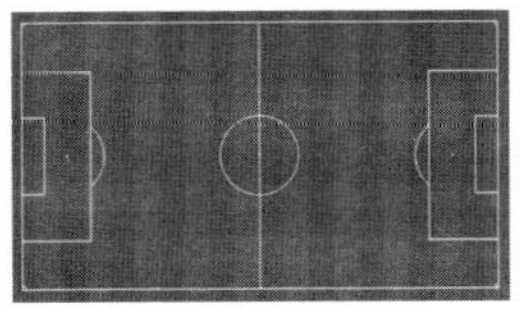					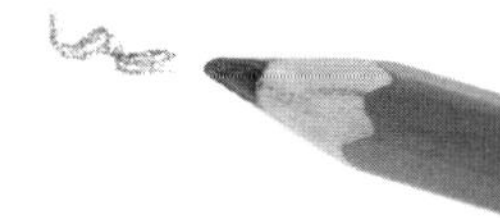
Kilolitre	**Hecto**litre	**Déca**litre	**Litre**	**Déci**litre	**Centi**litre	**Milli**litre
1 000 L	**100 L**	**10 L**				
kL	**hL**	**daL**	**L**	**dL**	**cL**	**mL**

Kilogramme	**Hecto**gramme	**Déca**gramme	**Gramme**	**Déci**gramme	**Centi**gramme	**Milli**gramme
1 000 g	**100 g**	**10 g**				
kg	**hg**	**dag**	**g**	**dg**	**cg**	**mg**
			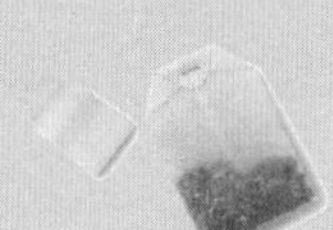	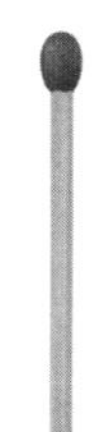		

1 000 fois plus grand → ← 1 000 fois plus petit

$\frac{1}{2}$ kg	500 g	1 kg	1 000 g
50 g	1 000 dg	50 g	1 000 dag
50 hg	5 cg	30 mg	3 cg
3 kg	3 000 g	1 kg 5 dg	150 cg
50 kg	500 hg	500 kg	5 hg

Fiche JEUX Le jeu des associations (2 pages à photocopier)

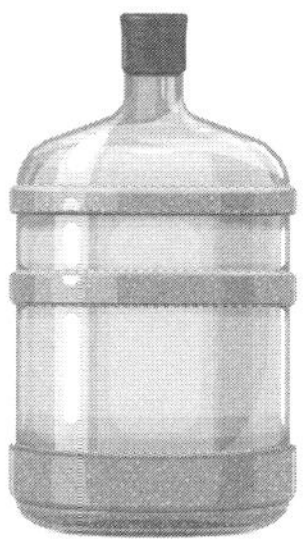	**5 L**		**30 L**
	**10 L**		**22 cL**
	**30 cL**		**5 mL**
	**3 000 L**		**1 000 L**

	125 000 L		8 cL
	33 cL		1 L
	1,5 L		50 mL
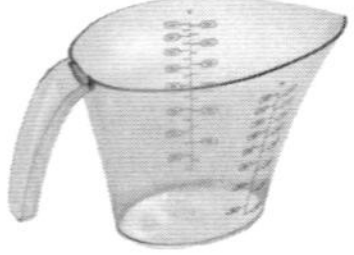	0,5 L		2,4 L

Nos choix didactiques en géométrie plane

Ah, la géométrie ! Si cette branche des mathématiques demeure souvent méconnue, elle mérite pourtant qu'on s'y attarde quelque peu et qu'on la découvre sous un jour nouveau. Elle est en effet un domaine aussi vaste que mystérieux, balayant tout à la fois la nature, les sciences, l'art ... tout en conservant la rigueur et la précision mathématique. Plongeons quelques instants dans cet univers afin de mieux l'appréhender et l'apprécier...

Zoom sur les relations et propriétés géométriques

1. Installer les bases

• **Nous faisons le choix de consacrer un premier module à ce que nous avons intitulé « Relations et propriétés géométriques ».** Une fois encore, on ne peut faire ici l'économie d'un détour par l'histoire des mathématiques pour éclairer ce parti-pris.
Ce sont les mathématiciens grecs (à partir du VIe siècle av. J.-C.) qui ont donné ses lettres de noblesse à la géométrie mais elle n'a pas attendu si longtemps pour se manifester dans l'histoire.
En effet, chez les Égyptiens par exemple, de nombreux problèmes d'arpentage étaient étudiés dans les écoles de scribes.
Le fameux théorème de Pythagore (ou plutôt sa réciproque) était connu depuis des millénaires dans différentes civilisations et utilisé dans de multiples situations. Mais si l'histoire retient le nom de **Pythagore** (a-t-il seulement existé !?), c'est qu'à l'instar de ses homologues, il a cherché à en apporter la preuve, non pas dans un, deux, dix, cent, ... cas particuliers, mais bien dans tous.
Là encore, comme ce fût le cas pour la numération des mathématiciens arabes, c'est un changement total de philosophie. Car là où les civilisations s'épuisaient auparavant à établir des listes, par essence non exhaustives, eux ont cherché à établir des énoncés universels. C'est d'ailleurs à un autre mathématicien grec que l'on doit la formalisation de la géométrie : **Euclide**. Par soucis de clarté, ce mathématicien s'est lancé dans l'écriture d'une encyclopédie (la première des mathématiques) regroupant tous les savoirs connus jusqu'ici (nous sommes trois siècles avant J.-C.). Il s'appuie pour cela sur tout le savoir présent dans la fameuse bibliothèque d'Alexandrie. Son œuvre – *Les éléments* – reste l'un des ouvrages majeurs des mathématiques. Parmi ses treize volumes, les six premiers sont consacrés à la géométrie plane et les trois derniers à la géométrie dans l'espace. Ils constitueront les bases de ce que l'on appellera plus tard la géométrie euclidienne ! Dans ces ouvrages, Euclide s'attache à construire la géométrie, en définissant pas à pas chaque élément qui la constitue : le point, la droite, le segment, les droites parallèles, etc. Chaque nouvel objet est construit à l'aide des précédents, eux-mêmes construits sur les précédents, ... le tout reposant sur ce que l'on appelle les postulats d'Euclide. Aujourd'hui encore, la géométrie usuelle repose sur ces cinq piliers (ou axiomes), le plus connu d'entre eux restant : « Par un point extérieur à une droite, il passe une droite et une seule qui lui est parallèle. ».

• Il peut paraitre anecdotique d'évoquer aussi longuement Euclide mais dans la construction de ses *Éléments*, il y a de **nombreux enseignements à retenir**. Le premier est sans doute la **rigueur**, car si la géométrie pose si souvent des problèmes à nos élèves, c'est en partie car elle demande une rigueur sans faille, qu'on la retrouve dans les tracés de figures, dans la construction des raisonnements ou bien dans l'exactitude du langage. Que celui qui ne s'est jamais emmêlé dans des phrases du type « Tous les carrés sont des rectangles mais tous les rectangles ne sont pas des carrés » jette la première pierre ! Le second a déjà été évoqué, c'est cette volonté de **construire pas à pas les objets géométriques**, en prenant soin de les définir et les décrire le plus clairement possible. Enfin, chaque propriété est construite à l'aide de ce qui précède.
Vous l'aurez compris, ce choix de consacrer un module spécifique à définir et construire les « bases » de la géométrie est en grande partie dû à Euclide et sa vision mathématique de la géométrie. Une grande attention est de même consacrée à l'utilisation d'un vocabulaire précis dans l'optique de construire « le langage mathématique ».

2. S'appuyer sur la géométrie mentale

Nous avons également fait le choix d'introduire rapidement un autre type de géométrie, la géométrie mentale, aussi appelée « géométrie à main levée » par opposition à la géométrie classique dite « papier/crayon ».
Reprenons le cours de l'histoire où nous l'avions laissé : à l'âge d'or des mathématiques grecques. Pendant cette période, la géométrie est la reine des mathématiques, et s'articule autour de constructions à la règle et au compas. Nous venons de le voir, c'est aussi une période où les mathématiques ne s'appuient plus seulement sur l'expérimentation mais aussi sur les propriétés. Le cycle 3 mime ce changement de point de vue : on y opère un glissement de la géométrie perceptive et instrumentée vers la géométrie des propriétés. Ainsi, en début de CM1, on « vérifiera » la présence de l'angle droit à l'aide de l'équerre ; plus tard, le codage sera introduit pour en attester ; enfin la seule présence de ce codage sur une figure à main levée suffira à l'affirmer. Bien entendu, ces deux géométries sont très complémentaires. Le passage par la géométrie mentale permet aux élèves de mieux fixer les propriétés des objets qu'ils manipulent et de les représenter à l'aide de la géométrie papier/crayon.
Voici quelques exemples de représentations « à main levée » des propriétés que les élèves seront capables de lire et de coder en fin de module :

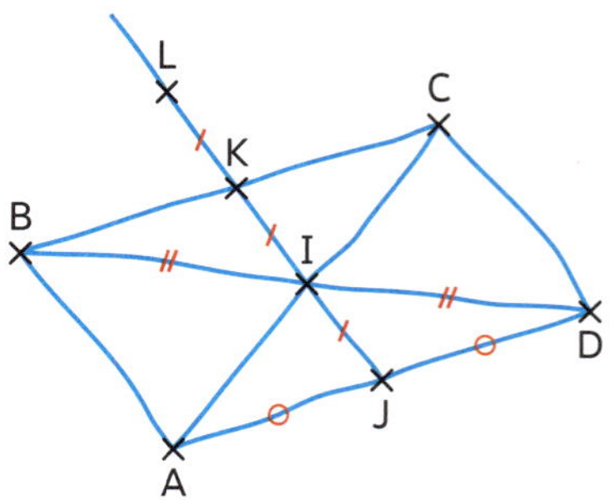

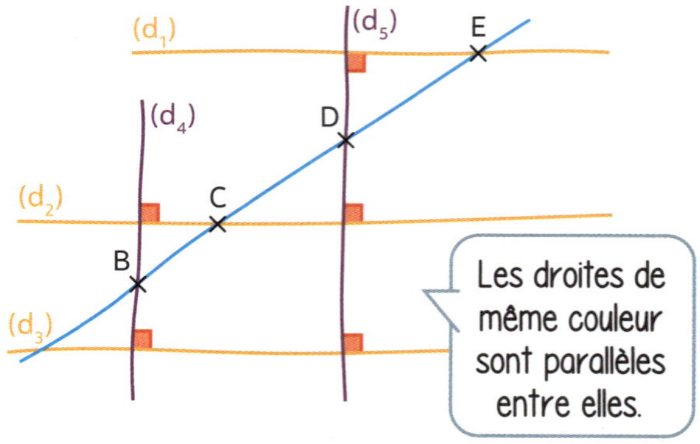

Zoom sur les figures planes

• Le module suivant est dédié à **l'étude des figures planes**. Une fois, les propriétés géométriques de milieux, de parallélisme et de perpendicularité installées, la construction et l'étude des propriétés des triangles (quelconque, rectangle pour le CM1, isocèle et équilatéral pour le CM2) et des quadrilatères (rectangle, carré pour le CM1, losange et parallélogramme pour le CM2) sont abordées. **Nous faisons le choix, dans ce module, d'entrer par les instruments** : tout d'abord le compas puis l'équerre, et d'y reproduire le même glissement de la géométrie perceptive vers la géométrie des propriétés. Le cercle, en particulier, voit sa perception comme « forme ronde » évoluer vers « l'ensemble des points situés à la même distance du centre ». Par ricochet, le compas trouve ainsi toute son utilité dans la construction des triangles dont on connait les mesures : les deux géométries sont là encore complémentaires !

- Concernant les quadrilatères, revenons une fois de plus vers Euclide pour justifier **notre choix de distinguer leur définition et leurs caractérisations** (c'est-à-dire l'ensemble de leurs propriétés équivalentes). La **définition** est une convention mathématique : par exemple, les mathématiciens se mettent d'accord pour appeler « rectangle » tout quadrilatère ayant quatre angles droits. La définition du rectangle permet de comprendre pourquoi un carré est un rectangle (il a quatre angles droits !). C'est pourquoi nous insistons beaucoup sur ces définitions : « *Un quadrilatère possédant quatre côtés égaux est un losange* » ou « *Un quadrilatère possédant quatre angles droits est un rectangle.* » Mais les quadrilatères ont aussi des **propriétés caractéristiques**. Par exemple, « Les côtés opposés d'un rectangle sont de même mesure » est une propriété caractéristique du rectangle. Que cela signifie-t-il ? Si je sais qu'un quadrilatère a ses côtés opposés de même mesure, alors je peux en déduire que c'est un rectangle.

Et si je sais qu'un quadrilatère est un rectangle, alors je peux en déduire que ses côtés opposés sont de même mesure.

Une propriété caractéristique **se démontre** à partir de la définition de l'objet.

Nous faisons le choix d'introduire les propriétés caractéristiques dans un second temps seulement pour ne pas compromettre des inclusions du type « *Tous les carrés sont des rectangles.* », si difficiles à percevoir pour les élèves dès lors qu'ils représenteront le rectangle codé avec ses égalités de longueur. Cette progressivité s'achèvera donc logiquement en CM2 par une mission entièrement dédiée à l'élaboration des cartes d'identités des quadrilatères distinguant définitions et propriétés et la formalisation des liens qui les unissent.

L'ensemble de cette démarche permet d'aboutir en premier lieu au diagramme suivant :

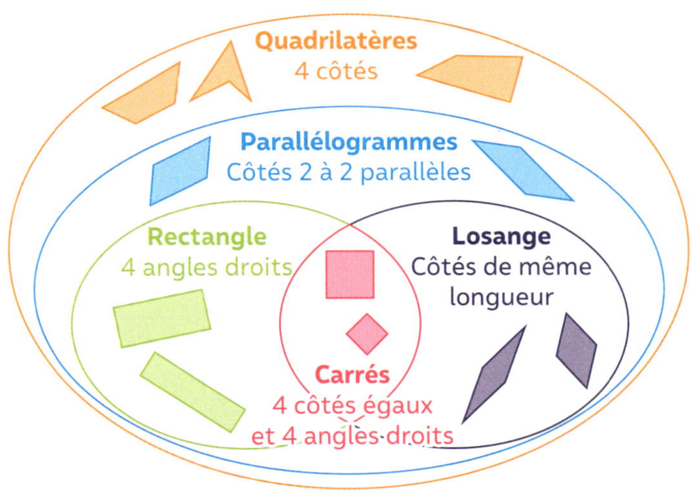

Puis de développer les liens qui les unissent :

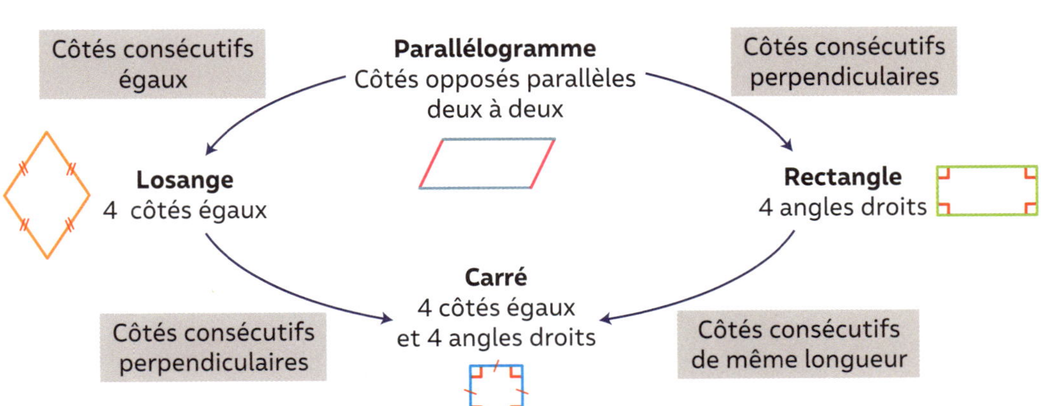

Zoom sur la géométrie dynamique

• Le terme de « géométrie dynamique » est utilisé pour désigner la géométrie utilisant un support informatique et plus particulièrement un logiciel dédié. Elle est mentionnée dans les programmes de cycle 3 depuis la réforme de 2016. Nous faisons le choix de l'utiliser comme outil complémentaire aux apprentissages liés aux modules de géométrie planes.
En ce sens, la géométrie dynamique permet :
- **de mieux percevoir certaines propriétés liées aux objets mathématiques.** C'est le cas par exemple, de la droite définie comme infinité de points tous alignés. La géométrie papier/crayon ne permet pas de concevoir ces caractéristiques. La géométrie dynamique permet de « faire défiler » la droite, sans contrainte de support et ainsi approcher la notion d'infini. Elle permet aussi de « visualiser » les points alignés qui constituent une droite ;
- **de mieux comprendre les relations qui lient deux objets géométriques.** C'est le cas par exemple pour la notion d'appartenance. Un point A qui « appartient à » la droite (d) ne pourra être placé approximativement. Ainsi, le qualificatif dynamique prend tout son sens puisque le point A pourra se déplacer sur l'ensemble de la droite mais aucun mouvement ne pourra s'effectuer « en dehors » ;
- **de découvrir certaines notions de géométrie.** C'est le cas par exemple du parallélisme qui peut être introduit en plaçant une multitude de points à égale distance d'une droite (par écart constant). La fonction « Trace d'un point » est ainsi particulièrement intéressante.

• Pour accompagner le manuel *Tandem*, nous faisons le choix de proposer la géométrie dynamique par l'interface du logiciel Geometrix disponible à cette adresse : http://geometrix.free.fr/site/index.php. Ce choix a été effectué pour plusieurs raisons :
- tout d'abord, ce logiciel est libre d'utilisation et ne nécessite aucune installation préalable. Il peut être transporté et lancé depuis une simple clé USB. La pratique sur PC ou tablette est possible ;
- il permet de manipuler le vocabulaire expert de géométrie en situation. L'élève manipule en permanence les phrases de la géométrie : « La droite (d1) est perpendiculaire à la droite (AB) passant par le point C par exemple » ;
- il permet également de réinvestir les apprentissages. Ainsi, un point distant d'un autre de 4 cm nécessite l'intervention du cercle (comprendre le compas) pour la construction :

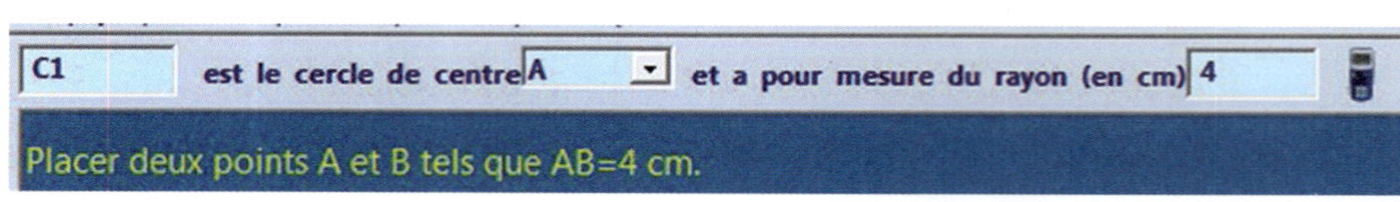

- **il est doté par ailleurs d'un système d'interception des erreurs reposant sur les propriétés propres à la figure envisagée.** Ainsi, un élève qui souhaiterait placer un point A appartenant à la droite (d) ne pourrait pas le faire sans utiliser le menu dédié et verrait un message d'erreurs.

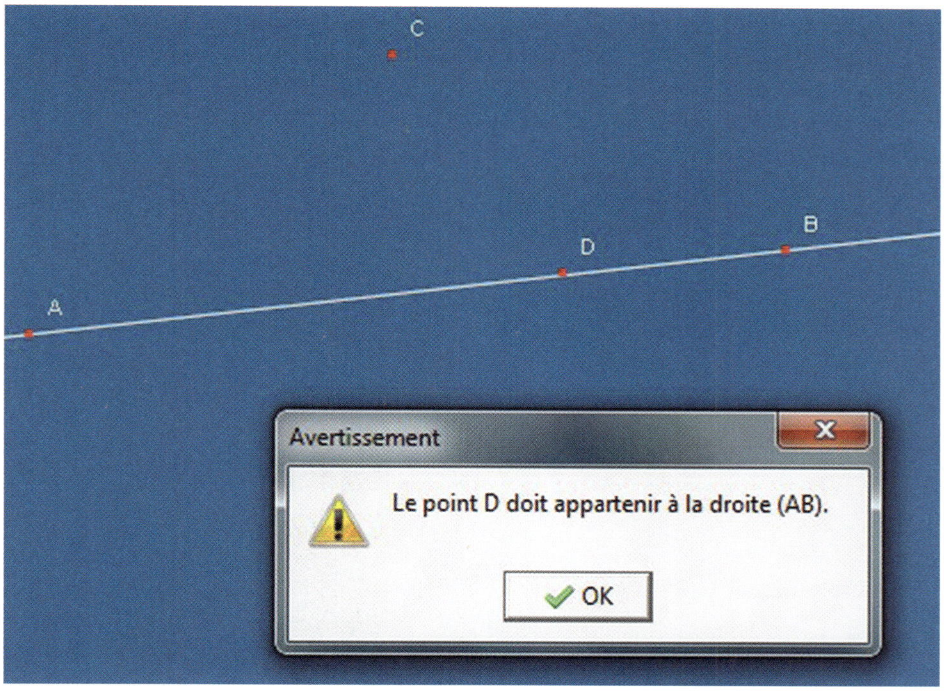

Ici l'élève tente de placer le point D visuellement sur la droite.

Une aide pourra lui être proposée automatiquement en cas d'échecs successifs. Ces fonctionnalités conduisent les élèves à travailler de manière quasi-autonome, ce qui facilite l'utilisation du logiciel en petits groupes ou sur des temps de différenciation par exemple.

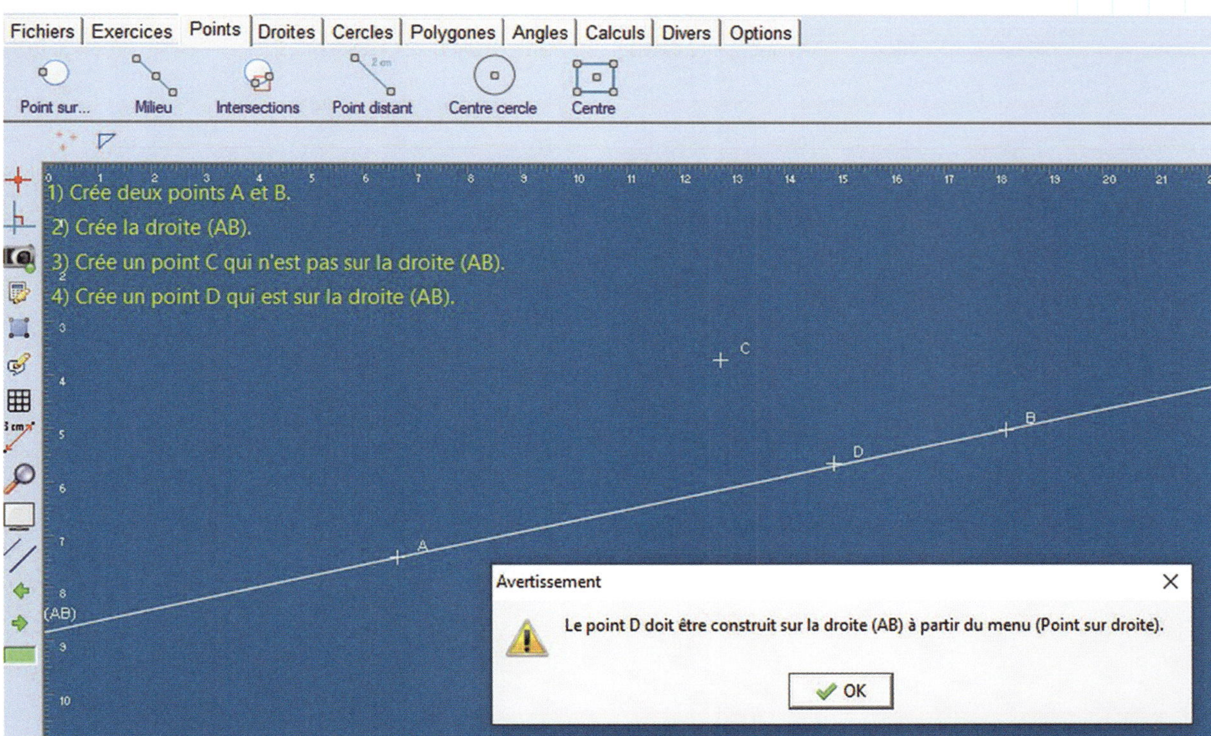

Notons enfin que, sur le site, une banque d'exercices balaie toute la géométrie de cycle 3 et inclut des figures à construire et/ou à compléter. Ces exercices bénéficient du système d'interception des erreurs et d'animations d'aide. Un document détaillé sur l'utilisation de la géométrie dynamique au cycle 3 et les fiches descriptives des exercices de la banque est disponible. Il a été réalisé par le Groupe départemental Mathématiques Cycle 3 de l'Aube. L'enseignant-e peut également développer sa banque d'exercices, s'il le souhaite, des tutoriels étant disponibles.

La géométrie dynamique est donc à la fois un outil de découverte et un outil d'étayage ou de remédiation, en usage individuel, en binôme, aussi bien qu'en « démonstration » devant le groupe.

Quelques liens utiles :

https://ecole.nathan.fr/article-sesamaths

https://ecole.nathan.fr/geometrix-ressources

module 10 Relations et propriétés géométriques

Progression des apprentissages dans le module

SÉANCE 1	• Vérification des prérequis • Situation de référence « Les maths en vie »
SÉANCE 2	• MISSION 1 Reconnaitre et construire des points alignés, des segments, des droites, des milieux
SÉANCE 3	• Entrainement mission 1
SÉANCE 4	• MISSION 2 Reconnaitre et construire des droites perpendiculaires
SÉANCE 5	• Entrainement mission 2
SÉANCE 6	• MISSION 3 Reconnaitre des droites parallèles
SÉANCE 7	• Entrainement mission 3
SÉANCE 8	• Synthèse • Retour sur la situation de référence
SÉANCE 9	• Évaluation sommative

CM2

• En CM2, voici les deux missions qui seront travaillées en continuité de celles réalisées en CM1. Si vous le souhaitez, ou si une programmation de cycle le prévoit, vous pouvez donc aller plus loin et les proposer à vos élèves. Se référer alors au site compagnon sur lequel vous trouverez leur descriptif.

MISSION 4
Construire des droites parallèles

MISSION 5
Écrire un programme de construction

Compétences LSU et BO

Reconnaitre et utiliser quelques relations géométriques (notions d'alignement, d'appartenance, de perpendicularité, de parallélisme, d'égalité de longueurs, d'égalité d'angle, de distance entre deux points, de symétrie, d'agrandissement et de réduction).

• Tracer avec l'équerre la droite perpendiculaire à une droite donnée passant par un point donné.

• Tracer avec la règle et l'équerre la droite parallèle à une droite donnée passant par un point donné.

• Comprendre les notions de :
- alignement, appartenance,
- perpendicularité, parallélisme,
- segment de droite,
- distance entre deux points, entre un point et une droite.

Lexique

- **Point :** plus petit élément géométrique. Euclide l'a défini comme ce qui n'a pas de largeur, ni d'épaisseur.
- **Droite :** ensemble infini de points alignés. Objet géométrique qui n'a pas d'épaisseur.
- **Segment :** portion de droite délimitée par 2 points, appelés extrémités du segment.
- **Points alignés :** points appartenant à la même droite.
- **Droites perpendiculaires :** deux droites sont perpendiculaires si elles partagent le plan en 4 angles égaux.
- **Droites parallèles :** deux droites sont parallèles si leur écart est constant.
- **Géométrie mentale :** géométrie non instrumentée, aussi appelée « à main levée » basée sur la représentation des objets géométriques et leurs propriétés.
- **Géométrie dynamique :** géométrie des logiciels dédiés. Elle permet de mieux appréhender les propriétés des figures par la manipulation.

Apports didactiques

- Ce premier module de géométrie plane contient les bases nécessaires à l'étude des propriétés des figures planes ainsi qu'à leur construction. On y définit les différents objets géométriques qui serviront à réaliser les figures complexes. Au cycle 2, les élèves ont appris à tracer des droites, à construire des angles droits et à différencier segment et droite. En revanche, la nature de ces éléments n'a pas encore été travaillée. Par exemple, une droite est perçue comme une « ligne continue » mais pas comme un ensemble infini de points. De même, un segment s'apparente davantage à un « trait » qu'à une portion de droite possédant des extrémités. **Ainsi, l'un des objectifs du cycle 3 est de faire évoluer l'approche perceptive vers une géométrie des objets et de leurs propriétés :** les élèves vont peu à peu basculer de « ce que je vois » à « ce que je sais », de la preuve par l'instrument à la preuve par l'énoncé.
- Pour cela, en plus du classique **« papier/crayon »**, ce module constitue un premier pas vers deux autres géométries jusqu'alors peu abordées. La **géométrie mentale**, appelée aussi géométrie à main levée, caractérisée par la présence des codages, et qui permet de différencier le segment de la droite dans sa représentation et sa notation et de faciliter la lecture d'une figure. La **géométrie dynamique,** sur logiciels, permet de travailler sur les propriétés des figures et de mieux percevoir l'infinité de la droite, en déplaçant l'écran ou en zoomant à l'infini sur les points qui la constituent.
- Ici, il est important de veiller à ce que les élèves utilisent un vocabulaire précis et « expert ». On parlera ainsi de segment **d'extrémités A et B** ou bien de droite **passant par les points** A et B.

Point matériel
Nous préconisons quelques instruments :
– les traditionnels : une règle graduée de 20 cm, une équerre graduée (0 dans l'angle), un compas ;
– les moins courants mais importants : une règle non graduée, une équerre non graduée.

Difficultés rencontrées par les élèves

1 Erreur de représentation et/ou de reconnaissance :
- le point représenté à l'aide d'un « point » : même si cette représentation est tolérée en géométrie dynamique, elle n'est pas souhaitable. On lui préfère une « croix » (ou un « plus ») qui apporte davantage de précision,
- droite et segment sont confondus,
- manque de précision dans la perception de points alignés,
- confusion entre la lettre qui désigne le point et le point lui-même,
- la droite n'est pas perçue comme infinie (car le support est fini).

2 Erreur de tracé :
- positionnement erroné des instruments, particulièrement dans le tracé des perpendiculaires et des parallèles,
- l'élève pense que le tracé de la droite perpendiculaire à (d) passant par A n'est pas possible :

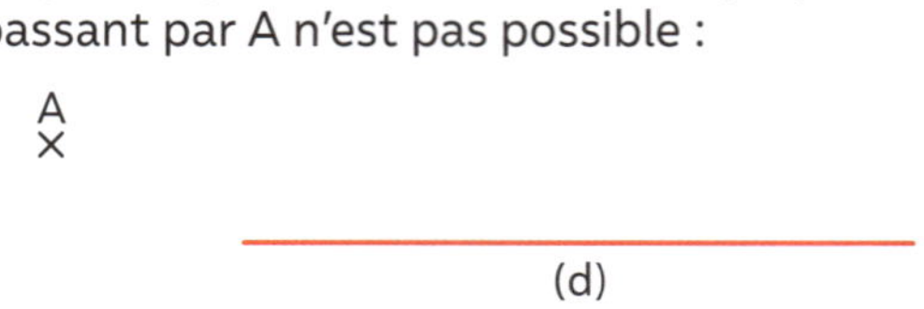

3 Erreur de vocabulaire et de notation :
- emploi d'un vocabulaire trop approximatif :
→ droite employée à la place de segment.
- confusion des notations de droite (ex. : (AB)), segment (ex. : [AB]), mesures de longueur (AB).

AUTOÉVALUATION, SITUATION DE RÉFÉRENCE

DURÉE

45 min

MATÉRIEL

- Règle graduée
- Équerre graduée
- Équerre non graduée

COMPÉTENCES

- Chercher
- Raisonner
- Communiquer

M10 • P1

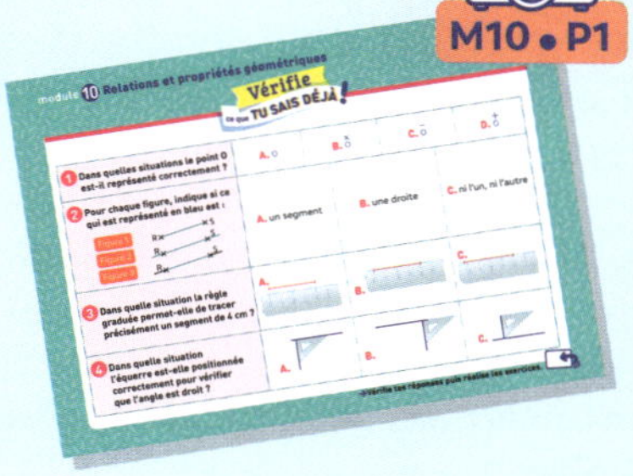

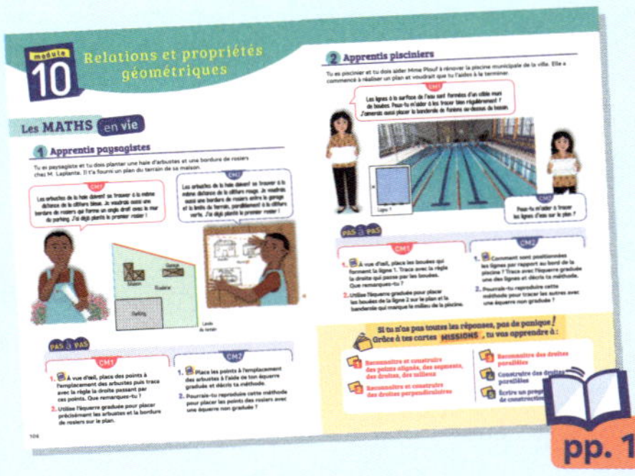

pp. 106-107

Autoévaluation

10 min Autoévaluation formative, autocorrection

Exercices 1 et 2 : reconnaitre et représenter un point, une droite, un segment.
Exercice 3 : mesurer un segment.
Exercice 4 : positionner une équerre.

10 min Remédiation ou Défi

Exercices 1 et/ou 2 : on rappelle la représentation et la notation de point, droite et segment. On demande de tracer une figure simple sur une feuille blanche.
Exercices 3 et/ou 4 : on propose la construction d'une figure codée comportant un segment de longueur donnée et une droite perpendiculaire à ce segment.
Défi : on propose de réaliser une figure instrumentée reprenant les différents objets et propriétés réactivés : 4 points formant 2 droites, un segment et un angle droit.

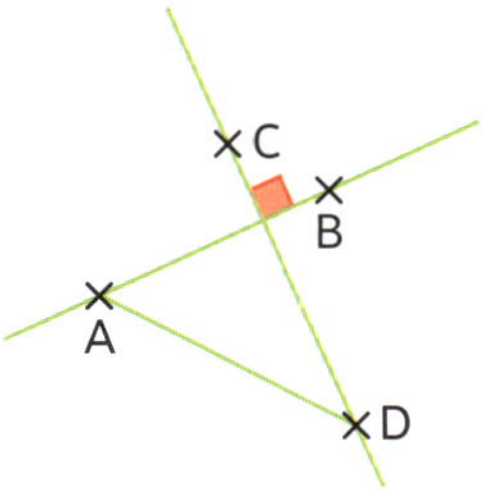

Situations de référence

Organisation

Deux situations sont proposées dans le manuel CM1-CM2 ; elles sont communes au CM1 et au CM2. Vous pouvez ainsi vous organiser avec les autres enseignants qui utilisent la méthode : une année, tous les élèves de CM1 et CM2 font la situation 1 par exemple, l'année d'après, tous les élèves font la situation 2. Ainsi, les élèves feront deux situations de référence différentes s'ils ont la même méthode deux années de suite.

1 Apprentis paysagistes

5 min Appropriation collective de la situation

« De quoi parle-t-on ?
Que devons-nous chercher à faire ?

« Il faut aider le paysagiste à positionner les arbustes, tous à la même distance, le long de la clôture bleue. Il faut aussi tracer une haie de rosiers qui forme un angle droit avec le mur du parking. Il y a déjà un rosier positionné sur le plan.

10 min Recherche PAS à PAS

Les élèves placent d'abord les arbustes un à un à vue d'œil, puis utilisent la règle pour remarquer l'imprécision de leur placement. Le nombre d'arbustes et la distance qui sépare la haie de la clôture n'étant pas précisés, ils feront différentes propositions.
À ce stade, le lien entre parallélisme et écart constant n'est pas attendu. **Il s'agira alors de comprendre les notions d'alignement et d'appartenance, et de découvrir un objet mathématique permettant de positionner un ensemble de points à la même distance d'une droite.**
Ensuite, on demande plus de précision en utilisant l'équerre graduée pour positionner les arbustes et les rosiers, ce qui est moins aisé en raison du positionnement difficile de l'équerre sur le mur.
La nécessité d'apprendre à construire des perpendiculaires apparait. Ici, deux tracés de perpendiculaires sont possibles (utilisant les 2 murs du parking). L'enseignant-e précisera oralement que *« la haie borde le chemin vers le garage »*.

10 min Analyse collective et explicitation des apprentissages à venir

On revient sur la difficulté de placer des points « à la même distance » sans instrument de mesure. On explicite les productions des élèves qui insistent sur la proximité de chaque arbuste entre eux et leur écart différent avec la clôture. On insiste aussi sur la difficulté à placer la haie de rosiers à angle droit sans pouvoir placer l'équerre en appui sur le mur.
L'enseignant-e explicite les apprentissages nécessaires : la construction de points alignés pour placer les arbustes de la haie et celle à angle droit pour placer les rosiers.

2 Apprentis pisciniers

La situation des pisciniers est semblable à celle des paysagistes.

La construction de la ligne 1 de bouées reprend la procédure utilisée pour la haie d'arbustes ; celle de la ligne 2 et de la banderole, celle de la haie de rosiers.

Aide / différenciation

Pour cette situation de référence, le plan est déjà fourni. On peut cependant « jouer » sur sa dimension pour favoriser (ou complexifier) le placement à vue d'œil. De même, on peut rendre la tâche plus ardue pour les élèves en utilisant le mur rouge pour la haie d'arbustes.

MISSION 1

Reconnaitre et construire des points alignés, des segments, des droites, des milieux

DURÉE

45 min

MATÉRIEL

- Dolmens de Carnac
- Papier calque
- Règle graduée

COMPÉTENCES

- Chercher
- Raisonner
- Communiquer

M10 • M1

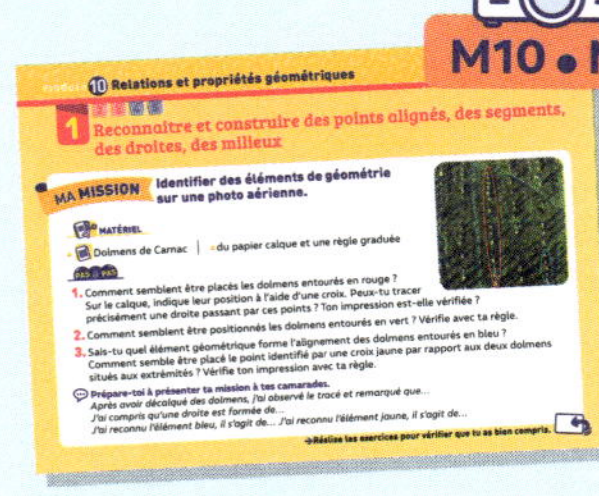

pp. 108-109

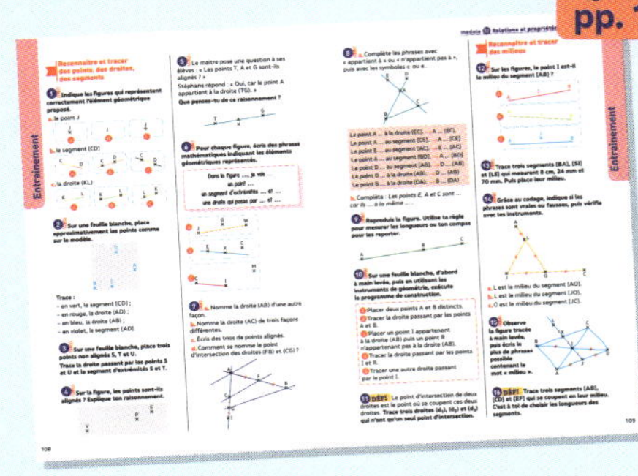

OBJECTIFS

- Faire le lien entre alignement de points et définition de la droite.
- Définir les notions de segment, milieu et appartenance.
- Utiliser un vocabulaire précis.

PRINCIPE DE LA MISSION

- Cette première mission de géométrie plane vise à **assoir le vocabulaire propre aux éléments géométriques abordés et à les définir précisément. On met en lumière le lien existant entre l'alignement de points et la définition d'une droite comme ensemble de points tous alignés**. On passe ainsi de la perception (le trait continu) à une vision plus précise mathématiquement. **On s'appuie ici sur une vue aérienne des alignements de Carnac** : les premiers dolmens semblent être alignés mais ne le sont pas après vérification au calque tandis que les seconds ne le semblent pas mais le sont pourtant. Ensuite, on utilise cinq de ces dolmens pour concevoir le segment comme un ensemble de points, partie d'une droite et pour installer la notion d'extrémités d'un segment. Le milieu est défini comme un point du segment situé à égale distance de ces deux extrémités. La notion d'appartenance apparait, elle, lors de la mise en commun.

5 min Appropriation collective

Individuellement, les élèves découvrent le matériel et la consigne de la mission sans aborder le pas à pas. Puis ils échangent sur ce qu'ils ont compris :

De quel matériel disposez-vous ? Qu'est-ce qui est représenté sur la photo ? À quoi pourrait servir le calque ? Que devez-vous faire ?

L'enseignant-e conclut :

Lors de cette mission, vous allez découvrir les définitions précises de certains éléments géométriques que vous connaissez déjà.

15 min Recherche individuelle et confrontation en binôme

D'abord, les élèves se prononcent sur l'alignement des dolmens entourés en rouge puis utilisent le calque pour les représenter un à un par une croix. À l'aide de la règle, en traçant une droite, ils prennent conscience que les points ne sont pas tous parfaitement alignés. De même, l'impression que les dolmens verts ne sont pas alignés est infirmée par l'utilisation des instruments. Ensuite, on s'intéresse à un alignement particulier, entouré en bleu, qui doit être reconnu comme l'objet mathématique « segment ».
On introduit alors le vocabulaire d'« extrémités » de cet alignement pour aborder le positionnement particulier du dolmen repéré par une croix jaune, reconnu à priori comme le milieu puis vérifié à l'aide de la règle graduée.

10 min Mise en commun et trace écrite provisoire

L'enseignant-e exige l'utilisation du vocabulaire expert : point, alignement, droite, segment. Dans un premier temps, on met en lumière la différence entre perception et réalité mathématique : l'observation « les dolmens semblent alignés » et la conclusion issue de l'utilisation du calque et de la règle « l'un (au moins) des dolmens n'est pas aligné avec les autres » puis « les dolmens entourés en vert sont alignés » permettent d'illustrer cette différence. L'enseignant-e reformule en explicitant le lien entre *« les points sont alignés car ils appartiennent à une même droite »* et *« une droite est constituée de points qui sont tous alignés »*. Dans un second temps, on introduit la notion de segment ou plus exactement « segment de droite » : *« le segment est une partie d'une droite comprise entre deux points »*. On insiste sur la dénomination de ces deux points comme extrémités du segment. On introduit le milieu comme point spécifique du segment, situé à égale distance (équidistant) de ses deux extrémités. On institutionnalise enfin les différentes représentations et symbolisations des objets définis et particulièrement de la notion d'appartenance : *« Au début de la mission, l'un des dolmens n'était pas aligné : on dit qu'il n'appartient pas à la droite. »* De la même manière, un point peut appartenir ou pas à un segment et le milieu d'un segment est justement un point qui lui appartient ! On introduit aussi le codage « égalité de longueur » utile pour marquer le milieu d'un segment.

Réponses possibles

« Après avoir décalqué des dolmens, j'ai observé le tracé et remarqué que *tous les points entourés en rouge n'étaient pas alignés alors que les points entourés en vert étaient alignés*. J'ai compris qu'une droite est formée de *points qui sont tous alignés*. J'ai reconnu l'élément bleu, il s'agit d'*un segment de droite, c'est une partie d'une droite comprise entre deux points*. J'ai reconnu l'élément jaune, il s'agit du *milieu du segment, il est situé à égale distance des deux extrémités*.

▶ Trace provisoire possible

Je retiens de la MISSION 1

- Une droite est constituée de points qui sont tous alignés. Elle se note avec des parenthèses. On parle de la droite (AB). Elle passe par les points A et B.
- On dit que les points de la droite lui appartiennent et on note « ∈ ». Un point qui n'est pas sur la droite ne lui appartient pas, on note « ∉ ».

Les points A et B appartiennent à la droite (d). Le point C n'appartient pas à la droite (d).	$A \in (d)$ $B \in (d)$ $C \notin (d)$	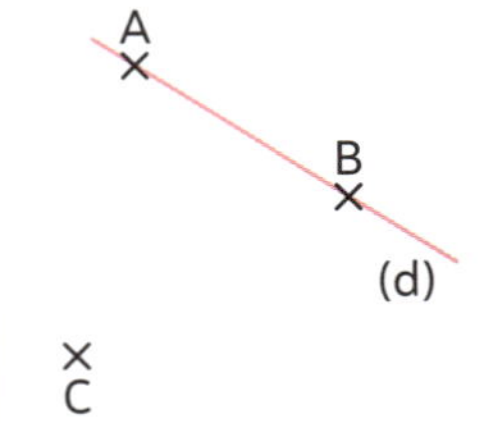

- Un segment est une partie de la droite qui a des extrémités, il se note avec des crochets : on parle du segment [AB].
- Le milieu du segment est un point du segment situé à égale distance de ses extrémités, on utilise un codage identique pour indiquer que les mesures des longueurs sont égales.

Aide / différenciation

La manipulation nécessite, comme pour toute construction géométrique, une certaine précision, encore difficile pour certains élèves. On pourra fournir par exemple **des trombones pour un meilleur maintien du calque. L'enseignant-e ou un autre élève peut également aider à la manipulation**.

15 min Exercices d'appropriation

Exercices proposés	Observations	En cas de difficultés Sélection d'exercices du manuel
Exercice 1 : dans cet exercice, on recherche des points alignés sur une figure.	*« L'élève est-il capable de repérer des points alignés ? »*	**Exercices 4 - 5 - 9 pp. 108-10**
Exercice 2 : dans cet exercice, on reproduit la figure précédente, on trace une droite et un segment puis on écrit une phrase mathématique qui contient les éléments de base : droite et segment.	*« L'élève est-il capable de reconnaitre, tracer et nommer une droite et un segment ? »*	Reconnaitre : **Exercices 1 - 6 - 7 p. 108** Tracer, représenter : **Exercices 2 - 3 - 10 pp. 108-10**
Exercice 3 : dans cet exercice, on aborde la notion d'appartenance.	*« L'élève est-il capable de déterminer l'appartenance (ou pas) d'un point à une droite, un segment ? De l'écrire en langage mathématique ? »*	**Exercices 5 - 8 pp. 108-109**
Exercice 4 : dans cet exercice, on aborde la mesure d'un segment et la notion de milieu.	*« L'élève est-il capable d'identifier ou de placer le milieu d'un segment ? »*	Identifier : **Exercices 12 - 14 - 15 p. 109** Placer : **Exercices 13 - Défi 16 p. 109**

MISSION 2

Reconnaitre et construire des droites perpendiculaires

DURÉE

45 min

MATÉRIEL

- Figures à compléter
- Règle
- Équerre

COMPÉTENCES

- Chercher
- Raisonner
- Communiquer

M10 • M2

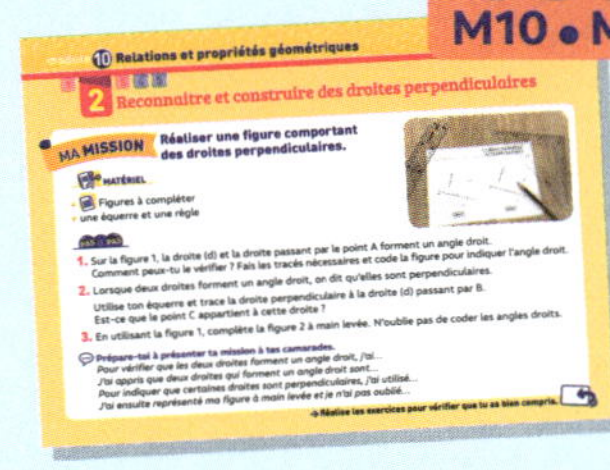

pp. 110-111

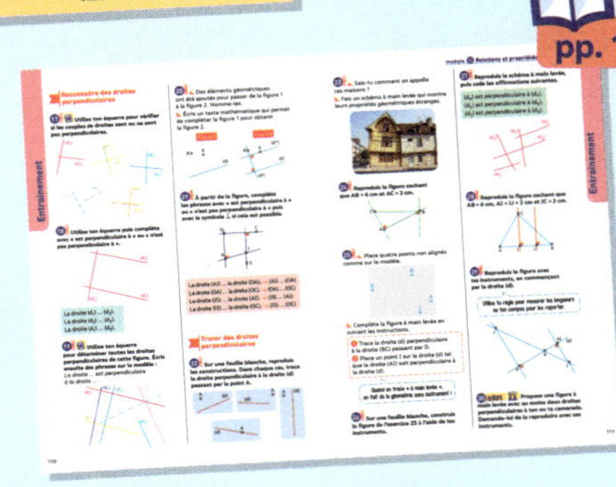

OBJECTIFS

- Construire la relation de perpendicularité.
- Tracer des droites perpendiculaires avec des instruments et à main levée.

PRINCIPE DE LA MISSION

- Au cycle 2, les élèves ont appris à reconnaitre et à construire l'angle droit. Cette base sert de point d'appui pour envisager la relation de perpendicularité. En effet, il s'agit de **distinguer l'angle droit comme élément d'une figure plane et la perpendicularité comme propriété qui lie deux objets mathématiques**. Pour lier les deux notions, on s'appuie sur le fait qu'une droite peut être prolongée de manière infinie. En effet, dans les deux cas proposés, il est nécessaire de prolonger la droite afin de pouvoir positionner correctement l'équerre pour vérifier l'angle droit d'une part et vérifier l'appartenance d'un point à une droite que l'on demande de tracer perpendiculairement à une autre, d'autre part. Le positionnement de l'équerre, vérifié lors des prérequis, n'est pas retravaillé particulièrement durant cette mission mais peut faire l'objet d'une remédiation spécifique. **On aborde aussi ici la modélisation en géométrie mentale de la perpendicularité** en traduisant à main levée la figure obtenue dans la première partie de la mission et en insistant sur le codage de l'angle droit. On introduit également l'écriture mathématique sous la forme (d1) ⊥ (d2).

5 min Appropriation collective

Individuellement, les élèves découvrent le matériel et la consigne de la mission sans aborder le pas à pas. Puis ils échangent sur ce qu'ils ont compris :

« De quel matériel disposez-vous ? Que devez-vous faire ? »

L'enseignant-e conclut :

« Lors de cette mission, vous allez apprendre à reconnaitre et à tracer des droites perpendiculaires et à les représenter à main levée. »

15 min Recherche individuelle et confrontation en binôme

Dans un premier temps, on cherche à faire le lien entre l'angle droit d'une figure et la notion de perpendicularité. Pour cela, les élèves sont invités à vérifier la présence d'un angle droit entre 2 droites. Il est nécessaire pour eux de prolonger la droite passant par A. Ainsi, ils peuvent positionner l'équerre correctement et « visualiser » l'angle droit. On introduit alors le vocabulaire de « droites perpendiculaires ». Cet apport se fait de façon explicite dans le pas à pas en lien avec la question précédente. La mission se poursuit par le tracé d'une droite perpendiculaire à (d) passant par B. C'est l'occasion pour les élèves de se rendre compte que le tracé d'une perpendiculaire « passant par un point » est similaire à la construction de l'angle droit. On introduit cependant deux notions ici : la nécessité de positionner l'équerre de telle manière que la perpendiculaire passe par le point B puis on amène les élèves à prolonger cette droite « de l'autre côté » de la droite (d) en leur posant la question : *« Le point C appartient-il à cette droite ? »* On attend ici que les élèves renforcent leur vision de « droites » perpendiculaires. Dans la dernière question, les élèves sont invités à réitérer les différentes étapes mais sous la forme d'un schéma non instrumenté, à main levée. On attend qu'ils reproduisent la figure en tenant compte des alignements et du codage de l'angle droit nécessaire ici pour représenter des droites perpendiculaires.

10 min Mise en commun et trace écrite provisoire

Lors de la mise en commun, l'enseignant-e doit explicitement faire le lien entre la présence d'un angle droit et la notion de perpendicularité : *« Deux droites sont perpendiculaires si elles forment un angle droit »* et *« Quand deux droites sont perpendiculaires, alors elles forment 4 angles droits »*. Dans la suite, on rappelle, en s'appuyant sur les acquis du cycle 2, le tracé de l'angle droit et on l'exploite pour la construction de la « droite perpendiculaire à … passant par … ». La question suivante est l'occasion d'insister sur le fait que ce sont « des droites » qui sont perpendiculaires et qu'on peut donc les prolonger. L'enseignant-e introduit également à cette étape le symbole mathématique de la perpendicularité : ⊥.

Réponses possibles

« Pour vérifier que les deux droites forment un angle droit, j'ai ***prolongé la droite qui passe par A et j'ai utilisé mon équerre***. J'ai appris que 2 droites qui forment un angle droit sont ***perpendiculaires***. Pour indiquer que certaines droites sont perpendiculaires, j'ai utilisé ***le codage de l'angle droit***. J'ai ensuite représenté ma figure à main levée et je n'ai pas oublié de ***rajouter également le codage de l'angle droit***.

▶ Trace provisoire possible

Je retiens de la MISSION 2

- Deux droites qui se coupent en formant un angle droit s'appellent des droites perpendiculaires.
- On code deux droites perpendiculaires sur une figure en utilisant : 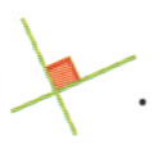 .
- Le symbole mathématique qui signifie « est perpendiculaire à » est ⊥. On écrit (d1) ⊥ (d2).
- Je sais tracer une droite perpendiculaire à une autre droite passant par un point à l'aide de l'équerre.
- J'ai appris à représenter une figure à main levée, c'est-à-dire sans instrument de géométrie.

15 min Exercices d'appropriation

Exercices proposés	Observations	En cas de difficultés Sélection d'exercices du manuel
Exercice 1 : dans cet exercice, on vérifie que les élèves ont compris la notion de perpendicularité puis qu'ils savent la vérifier à l'aide de l'équerre.	*« L'élève est-il capable de tester la perpendicularité à l'aide de l'équerre ? »*	Exercices 17 - 18 - 19 p. 110
Exercice 2 : dans cet exercice, on vérifie qu'on est dans une situation de perpendicularité puis on la traduit par le symbolisme mathématique.	*« L'élève est-il capable de reconnaitre et traduire une situation de perpendicularité par une phrase mathématique ? »*	
Exercice 3 : dans cet exercice, on travaille le tracé de droites perpendiculaires.	*« L'élève est-il capable de tracer des droites perpendiculaires avec ses instruments ? »*	Exercices 22 - 26 pp. 110-111
Exercice 4 : dans cet exercice, on code la perpendicularité sur un tracé à main levée.	*« L'élève est-il capable de reconnaitre ou traduire une situation de perpendicularité à main levée ? »*	Exercices 21 - 25 - 27 pp. 110-111
Pour aller plus loin	*« L'élève est-il capable d'utiliser une relation de perpendicularité pour décrire ou reproduire une figure ? »*	Exercices 20 - 24 - 28 - 29 pp. 110-111

Aide / différenciation

Pour pallier les difficultés de reconnaissance et de tracé des perpendiculaires, on peut s'appuyer autant que nécessaire sur **la vidéo d'accompagnement** ou bien sur la **trace écrite détaillée de la p. 118**.
Il est possible d'accompagner la prise en main de l'équerre en commençant par l'**utilisation d'un gabarit d'angle droit en papier sur lequel on peut colorier l'angle droit**. Il est aussi possible de **coller momentanément une gommette sur l'angle droit de l'équerre**.

MISSION 3

Reconnaitre des droites parallèles

DURÉE

45 min

MATÉRIEL

- Équerre graduée avec le zéro dans l'angle droit

COMPÉTENCES

- Chercher
- Raisonner
- Communiquer

M10 • M3

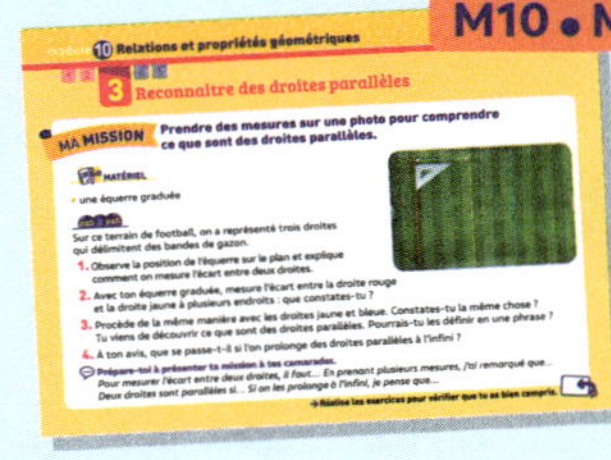
10 Relations et propriétés géométriques
3 Reconnaitre des droites parallèles
MA MISSION Prendre des mesures sur une photo pour comprendre ce que sont des droites parallèles.

pp. 112-113

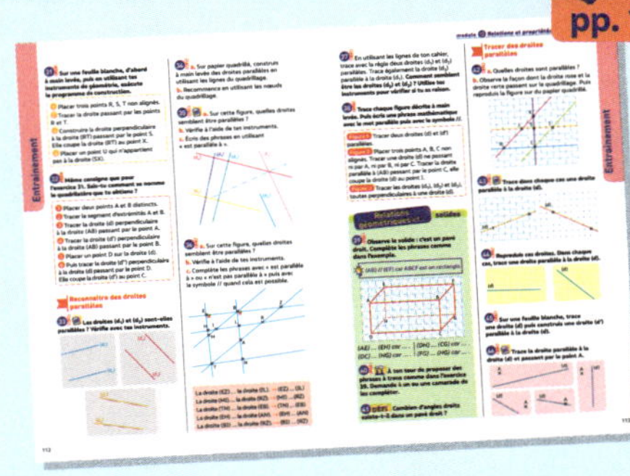

OBJECTIF

- Identifier des droites parallèles en mesurant des écarts constants.

PRINCIPE DE LA MISSION

- Après avoir travaillé sur la relation de perpendicularité, les élèves abordent à présent celle de parallélisme. Certains élèves peuvent avoir une conception de cette propriété comme le fait que des droites parallèles sont « des droites qui ne se croisent jamais », le cas où elles seraient sécantes en dehors de la feuille n'étant pas encore envisageable à priori. Il est question ici de **définir plus précisément que deux droites parallèles sont « deux droites dont l'écart est constant », y compris lorsqu'on les prolonge à l'infini**. Pour cela, on s'appuie sur une situation bien connue des élèves : une **photo d'un terrain de football où sont mises en évidence les lignes de tonte**. Une équerre graduée positionnée sur l'image indique la façon dont les écarts doivent être mesurés.

5 min Appropriation collective

Individuellement, les élèves découvrent le matériel et la consigne de la mission sans aborder le pas à pas. Puis ils échangent sur ce qu'ils ont compris :

> *De quel matériel disposez-vous ?*
> *Comment est positionnée l'équerre sur la photo ?*
> *Que devez-vous faire ?*

L'enseignant-e conclut :

> *Lors de cette mission, vous allez apprendre à définir et à reconnaitre des droites particulières qu'on appelle des droites parallèles.*

15 min Recherche individuelle et confrontation en binôme

Dans un premier temps, les élèves sont invités à observer le positionnement de l'équerre sur le schéma fourni. Ensuite, ils doivent réitérer ce procédé pour mesurer l'écart entre les droites rouge et jaune en différents endroits. On attend des élèves qu'ils soient le plus précis possible dans cette manipulation afin de pouvoir vérifier ensuite que les mesures relevées sont égales. On réitère ce procédé pour les droites jaune et bleue afin de valider la constatation précédente. La définition du parallélisme peut alors être énoncée par « écart constant ». On termine cette mission par une question ouverte :

> *Que se passe-t-il si l'on prolonge des droites parallèles à l'infini ?*

On attend des élèves qu'ils se représentent mentalement ces écarts constants lorsque les droites sont prolongées, y compris en dehors de la feuille.

10 min Mise en commun et trace écrite provisoire

Lors de la mise en commun, l'enseignant-e doit tout d'abord s'assurer que l'ensemble des élèves est familier de la manipulation de l'équerre graduée. Il peut en refaire la démonstration au tableau, en particulier s'il a pu constater, lors de la recherche individuelle, des difficultés de cet ordre. On s'appuie ensuite sur les « résultats des mesures » de différents élèves pour les écarts entre les droites rouge et jaune d'une part et jaune et bleu d'autre part. À ce stade, l'enseignant-e s'assure que l'ensemble des élèves a pu constater qu'ils sont constants et on peut écrire la définition du parallélisme. Le symbole mathématique utilisé pour représenter cette relation entre deux droites (d1) // (d2) est introduit. Il reste alors à engager le débat : *« Et si on prolonge les droites parallèles à l'infini ? »* Certains élèves peuvent être en difficulté dans la conceptualisation « à l'infini » et on peut alors autant que possible s'appuyer sur l'image du terrain de football en prolongeant les droites à l'aide d'une règle.

Réponses possibles

Pour mesurer l'écart entre deux droites, il faut *positionner l'équerre graduée de manière à former un angle droit avec l'une des deux droites. On lit ensuite la mesure du segment formé entre les deux droites dont on cherche l'écart. On peut prendre plusieurs mesures*. En prenant plusieurs mesures, j'ai remarqué que *l'écart était toujours le même*. Deux droites sont parallèles si *l'écart entre les deux droites est constant*. Si on prolonge les droites à l'infini, je pense qu'*elles ne se croiseront jamais, l'écart sera toujours le même partout*.

Trace provisoire possible

Je retiens de la MISSION 3

- Des droites parallèles sont des droites qui possèdent un écart constant. En langage mathématique, on l'écrit : (d1) // (d2).
- Des droites parallèles ne se coupent jamais, elles ne sont jamais sécantes (même si on les prolonge à l'infini).

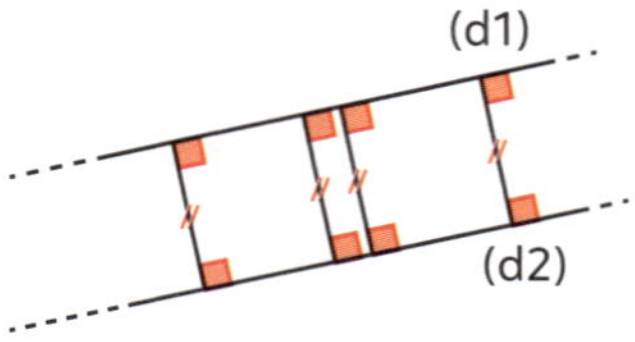

15 min Exercices d'appropriation

Exercices proposés	Observations	En cas de difficultés Sélection d'exercices du manuel
Exercices 1 et 2 : dans cet exercice, on vérifie que les élèves savent reconnaitre si des droites sont parallèles ou non, qu'ils ont fait le lien entre droites parallèles et écart constant.	*« L'élève est-il capable d'identifier des droites parallèles par écart constant à l'aide des instruments ? »* *« L'élève est-il capable de traduire une relation de parallélisme avec le symbole mathématique // ? »*	Identification : **Exercice 33 p. 112** Identification et vocabulaire : **Exercices 35 - 36 - 38 pp. 112-113**
Exercice 3 : dans cet exercice, les élèves complètent des phrases avec « est parallèle à » ou « n'est pas parallèle à ».		
Exercices 4 et 5 : dans ces exercices, on passe d'une construction basée sur la perception à une vérification par les instruments.	*« L'élève est-il capable de construire de manière perceptive deux droites parallèles en appui sur des repères visuels ? »*	**Exercices 34 - 37 pp. 112-113**

Aide / différenciation

Afin d'aider les élèves en difficulté sur la manipulation, on peut proposer d'**appuyer l'équerre graduée sur une règle positionnée sur l'une des droites** (la rouge, par ex.).
Pour les élèves n'ayant pas conceptualisé la notion d'infini, le recours en démonstration ou en manipulation d'un **logiciel de géométrie dynamique** peut s'avérer très parlant.

SYNTHÈSE, RETOUR SUR LA SITUATION DE RÉFÉRENCE

DURÉE

30 min

MATÉRIEL

- Règle graduée
- Équerre graduée
- Équerre non graduée

COMPÉTENCES

- Chercher
- Raisonner
- Communiquer

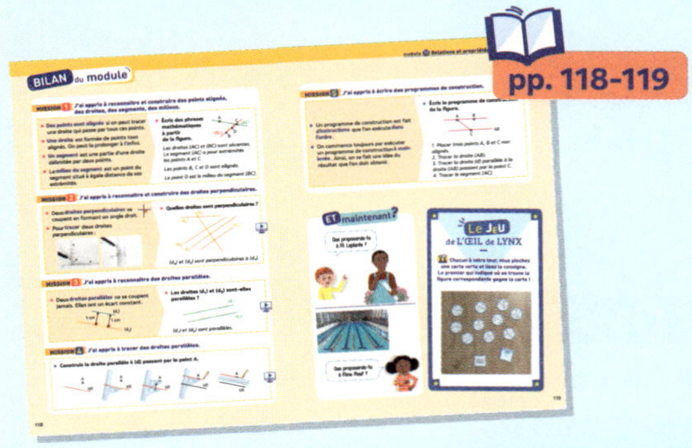

pp. 118-119

pp. 106-107

15 min Retour sur les traces écrites provisoires des missions

Les élèves reviennent sur les notions abordées : la droite est un alignement infini de points, qui n'est plus seulement « un trait » et le segment est une partie d'une droite, constitué de points compris entre deux extrémités. Parmi tous ces points, le milieu occupe la position particulière d'équidistance de ces deux extrémités. On rappelle la propriété d'appartenance ou pas (à la droite ou au segment). Les différentes notations sont réactivées : la droite entre parenthèses, le segment entre crochets et le symbole d'appartenance ∈.

On généralise l'angle droit pour assoir la notion de perpendicularité : deux droites peuvent être perpendiculaires sans pour autant « dessiner » un angle droit. On rappelle la technique de tracé.

Le parallélisme est formalisé : on passe de la perception, « 2 droites qui ne se coupent jamais », à « 2 droites dont l'écart est constant ».

On redit l'importance d'utiliser un vocabulaire précis et de s'appuyer sur la géométrie à main levée.

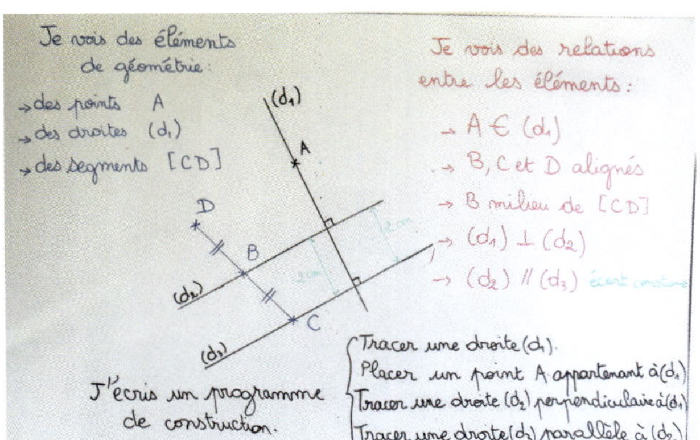

La carte mentale en bas de la colonne ci-contre a été construite au fur et à mesure que les élèves rappelaient les acquis de ce module. Elle reprend les différents éléments et propriétés géométriques.

5 min Mémo

10 min Retour sur la situation de référence

On rappelle que l'objectif était de positionner les haies d'arbustes et de rosiers, l'une avec un écart constant à la clôture et l'autre perpendiculairement au mur du parking.

On rappelle la difficulté rencontrée pour « aligner » les arbustes de la haie notamment ainsi que la difficulté pour construire la perpendiculaire sans pouvoir positionner correctement l'équerre.

▶ **Phase active**

On attend des élèves ici qu'ils passent d'une vision point par point de la haie d'arbustes à une vision d'alignement en débutant par le tracé de la droite. De même, on attend d'eux pour la perpendiculaire qu'ils prolongent le mur du parking pour faciliter le tracé et prolongent également la haie de rosiers jusqu'à la limite du terrain.

Solution possible pour la situation n° 1

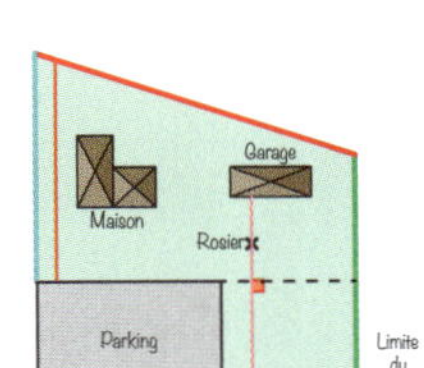

Conclusion

Un élève expose sa solution au reste du groupe.

JEU

DURÉE

30 min

COMPÉTENCES

- Chercher
- Raisonner
- Communiquer

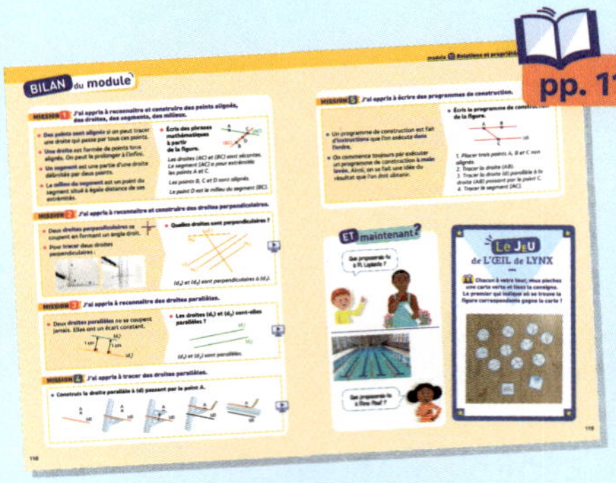

pp. 118-119

DIFFÉRENCIATION

- Un seul jeu est proposé ici. La première série de cartes relève plutôt du **CM1** : figures simples, ni codage ni symboles (droites, segments, appartenance ou non, points alignés, droites perpendiculaires, droites parallèles). La seconde série de cartes relève du **CM2** : programmes de construction simples, codages, tracés à main levée (tracés de perpendiculaires et parallèles). Elles pourront cependant toutes deux être proposées aux élèves selon leur niveau, vous permettant ainsi de différencier ce temps.

Le JEU de L'Œil de lynx

ORGANISATION 1 à 4 joueurs

MATÉRIEL • 24 cartes rondes avec les figures tracées, à utiliser comme un plateau de jeu • 24 cartes carrées avec les descriptions des figures, à piocher • règle et équerre

RÈGLE DU JEU

Seul : retrouver les paires (une carte ronde avec une carte carrée) en un temps minimum.

À plusieurs : le plateau de jeu avec les cartes rondes est placé sur la table. Chacun à son tour, un élève pioche une carte carrée et lit la description. Le premier à trouver où se trouve la figure correspondante gagne la carte.
Les vérifications des tracés se font avec les instruments ; sauf quand il s'agit de tracés à main levée, pour lesquels il faudra observer les indications et codages.
À la fin de la partie, celui qui a le plus de cartes gagne. La partie se termine quand la pioche est épuisée. On peut aussi décider que la partie se termine au bout d'un temps défini au début du jeu (ex. : 15 minutes).

Fiche MISSION 1 Dolmens de Carnac (photocopie couleur)

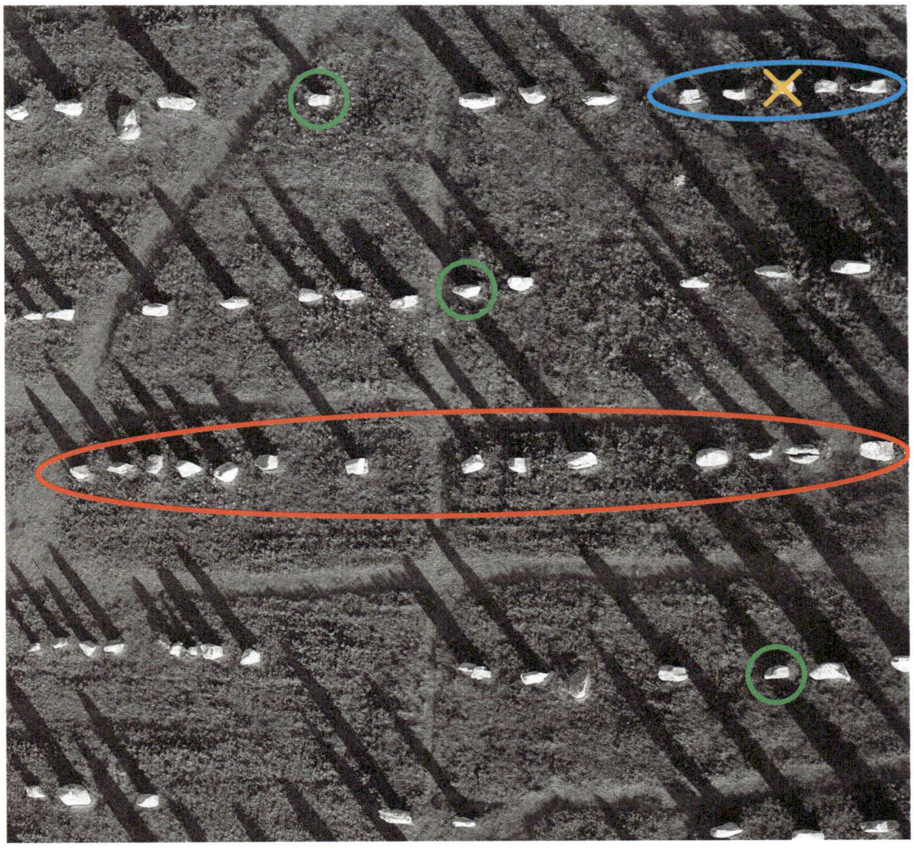

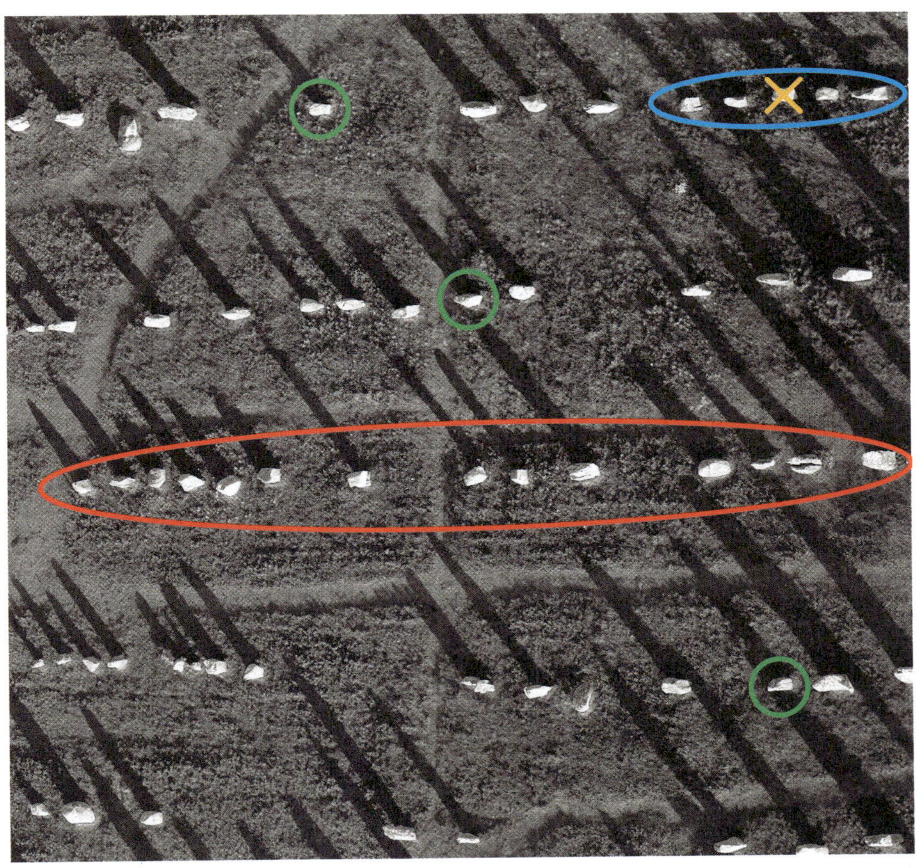

Fiche MISSION 2 Figures à compléter

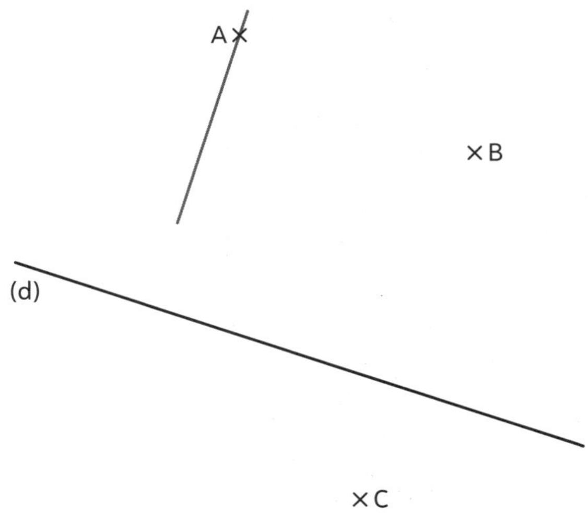

Figure 1

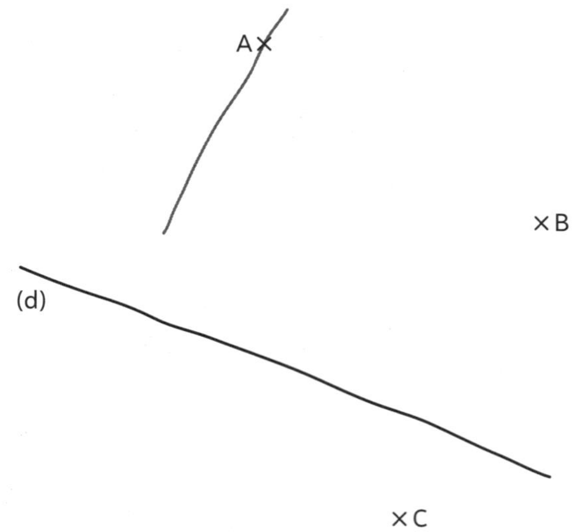

Figure 2

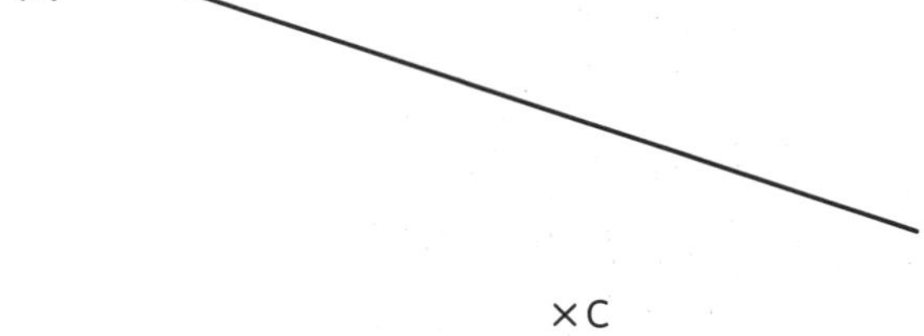

Figure 1

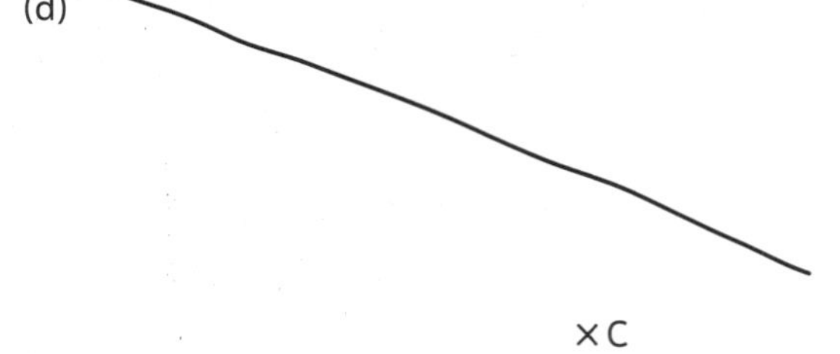

Figure 2

Fiche JEUX L'œil de lynx • Cartes à piocher CM1

La droite passe par les points A et B.	Le segment [AB]	Le point C n'appartient pas au segment [AB].	Le point C appartient à la droite (AB).
Le point C n'appartient pas à la droite (AB).	Le point C appartient au segment [AB].	Les points A, B et C sont alignés.	Les points A, B et C ne sont pas alignés.
Le segment [AB] et [CD] ont un point d'intersection.	La droite (d) passe par le point B.	La droite (d) ne passe pas par le point B.	E, F et G sont alignés.
E, F et G ne sont pas alignés.	(d1) et (d2) sont perpendiculaires.	(d1) et (d2) ne sont pas perpendiculaires.	(d3) et (d4) sont perpendiculaires.
(d3) et (d4) ne sont pas perpendiculaires.	Le point M est le milieu du segment [AB].	Le point M n'est pas le milieu du segment [AB].	Les droites (d1) et (d2) sont parallèles.
Les droites (d1) et (d2) ne sont pas parallèles.	Les droites (d3) et (d4) sont parallèles.	Les droites (d4) et (d5) sont parallèles.	Le point B est le milieu du segment [AM].

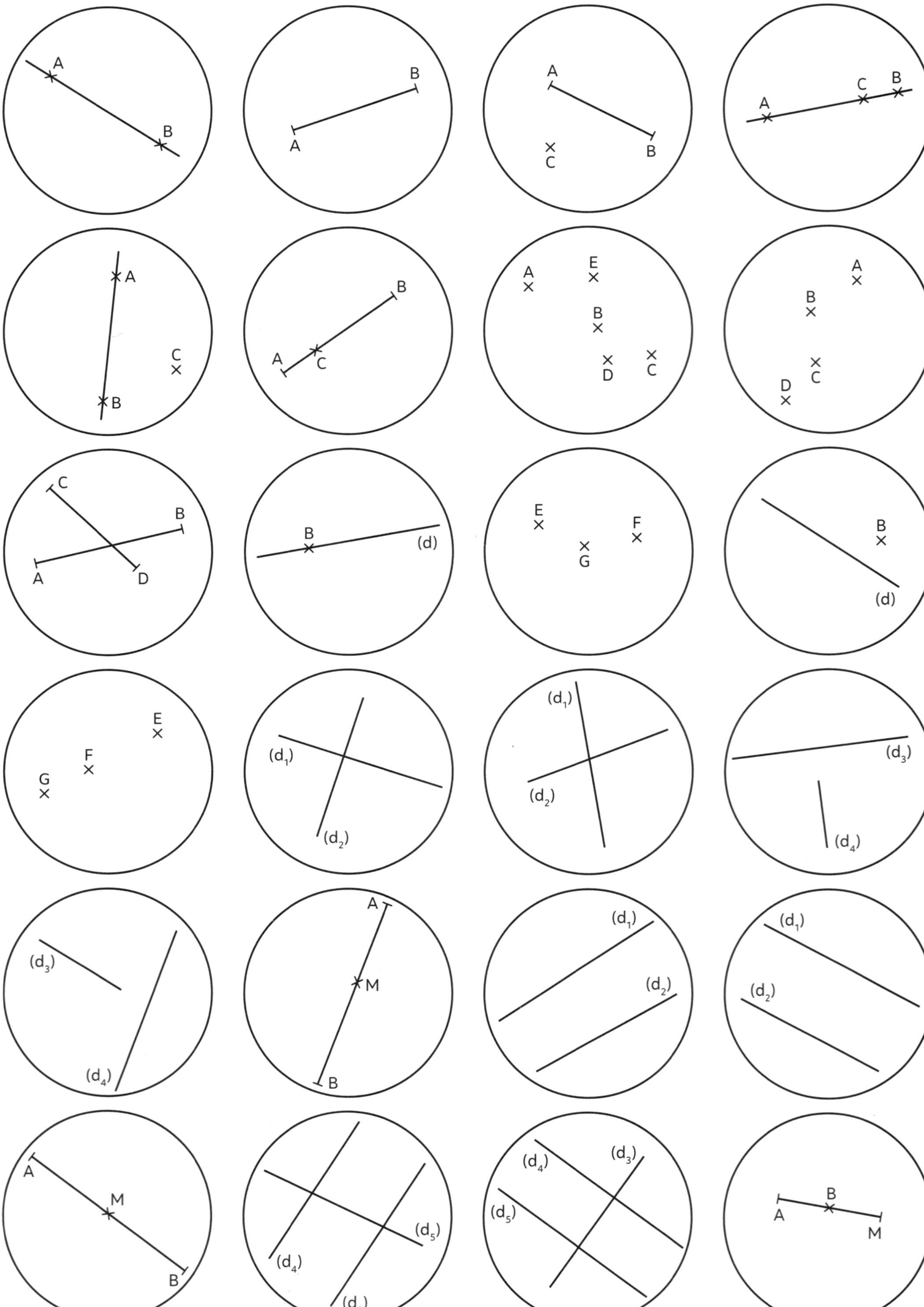
A B
B A
A C B
A C B
A B C
B A C
A E B D C
A B C D
C B A D
B (d)
E F G
B (d)
E F G
(d_1) (d_2)
(d_1) (d_2)
(d_3) (d_4)
(d_3) (d_4)
A M B
(d_1) (d_2)
(d_1) (d_2)
A M B
(d_5) (d_4) (d_3)
(d_4) (d_3) (d_5)
B A M

Fiche JEUX L'œil de lynx • Cartes à piocher CM2

Le point E appartient à [CD].	Le point E appartient à (CD).	Le point E appartient à (AB).	Le point E appartient à [AB].
A, B et D sont alignés.	C, D et E sont alignés.	F, B et C sont alignés.	[AB] et [CD] sont sécants.
[AB] et [CD] ne sont pas sécants.	(d1) est parallèle à (d2) (d3) est perpendiculaire à (d1) et (d2).	(d1) est perpendiculaire à (d2) et (d3). (d2) et (d3) sont parallèles.	(d1) est parallèle à (d2). (d4) est perpendiculaire à (d2).
d3) est parallèle à (d4). (d3) est perpendiculaire à (d1)	M est le milieu du segment [AB] et du segment [CD].	M est le milieu du segment [AB], mais pas du segment [CD].	M est le milieu du segment [CD] mais pas du segment [AB].
M est le milieu de [EF], (d1) est perpendiculaire à [EF].	M est le milieu de [EF], (d1) n'est pas perpendiculaire à [EF].	[BC] est perpendiculaire à (d1).	I est le milieu de [CB].
(d4) est perpendiculaire à (d5) en O. (d6) est parallèle à (d5).	(d4) est parallèle à (d5). (d6) est perpendiculaire à (d4) en O.	Z milieu de [XY]. La droite perpendiculaire à [XY] passe par V mais pas par Z.	[XY] est perpendiculaire à (ZV) et Z milieu de [XY]. ZV = ZY

Fiche JEUX Jeu L'œil de lynx • Plateau de jeu CM2

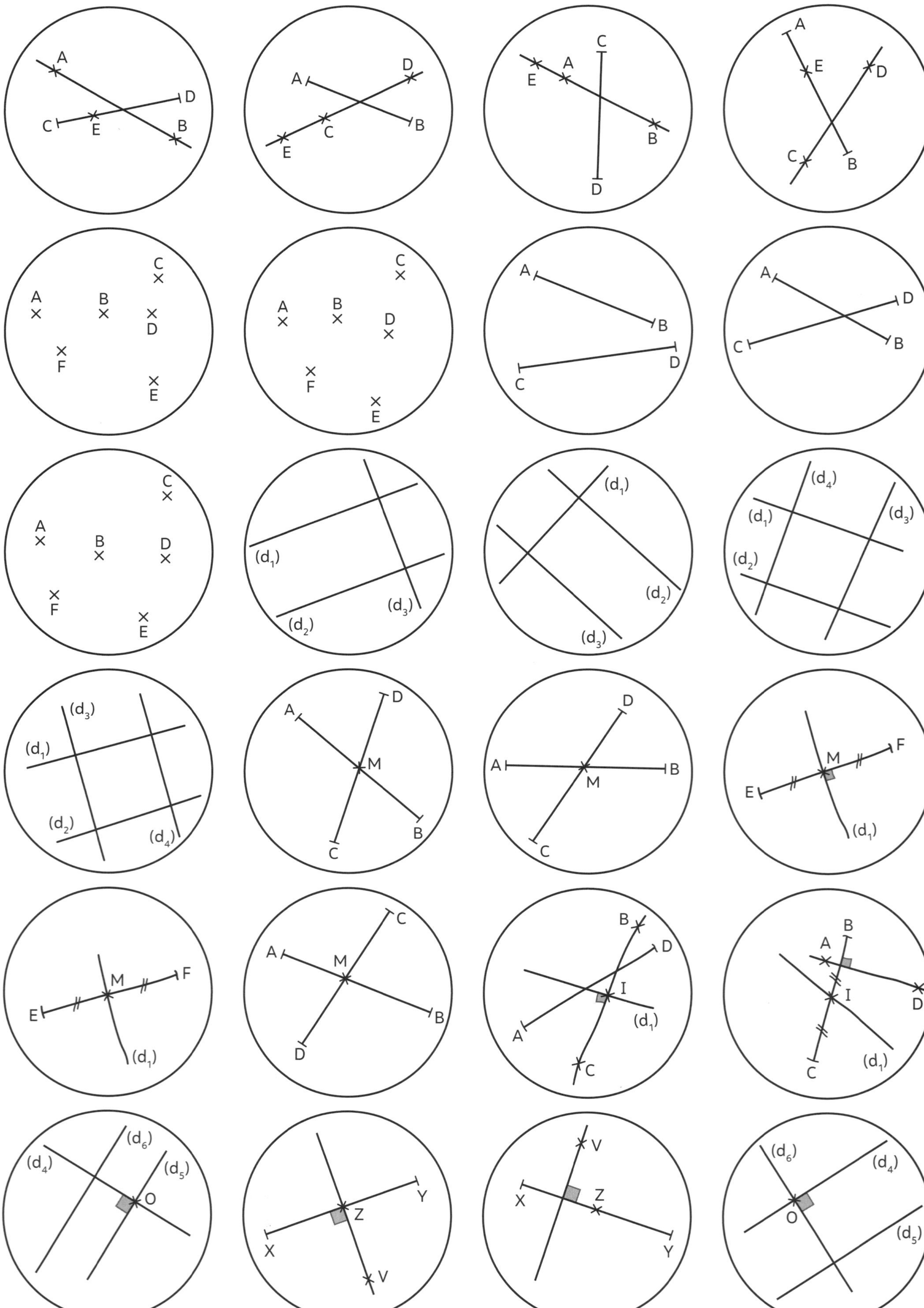

module 11

Les figures planes

Progression des apprentissages dans le module

SÉANCE 1	• Vérification des prérequis • Situation de référence « Les maths en vie »
SÉANCE 2	• MISSION 1 Définir et tracer un cercle
SÉANCE 3	• Entrainement mission 1
SÉANCE 4	• MISSION 2 Définir et tracer un triangle quelconque, un triangle rectangle
SÉANCE 5	• Entrainement mission 2
SÉANCE 6	• MISSION 3 Définir et tracer un carré, un rectangle
SÉANCE 7	• Entrainement mission 3
SÉANCE 8	• Synthèse • Retour sur la situation de référence
SÉANCE 9	• Évaluation sommative

CM2

• En CM2, voici les deux missions qui seront travaillées en continuité de celles réalisées en CM1. Si vous le souhaitez, ou si une programmation de cycle le prévoit, vous pouvez donc aller plus loin et les proposer à vos élèves. Se référer alors au site compagnon sur lequel vous trouverez leur descriptif.

MISSION 4

Définir et tracer un triangle isocèle, un triangle équilatéral, un losange

MISSION 5

Définir le parallélogramme et construire l'arbre des quadrilatères

Compétences LSU et BO

Reconnaitre, nommer, décrire, reproduire, représenter, construire des figures : simples ou complexes (assemblages de figures simples) : triangles, dont le triangle rectangle, triangle isocèle, triangle équilatéral ; quadrilatères, dont le carré, rectangle, losange, première approche du parallélogramme ; cercle (comme ensemble des points situés à une distance donnée d'un point donné).

• Reproduire, représenter, construire des figures simples ou complexes.

• Réaliser, compléter et rédiger un programme de construction d'une figure plane.

• Réaliser une figure plane simple ou complexe à l'aide d'un logiciel de géométrie dynamique.

• Utiliser le vocabulaire associé à ces objets et à leurs propriétés : côté, sommet, angle, diagonale, polygone, centre, rayon, diamètre, milieu.

Lexique

- **Triangle rectangle :** triangle dont l'un des angles est droit. « Rect- », issu du latin, signifie « droit ».
- **Triangle isocèle :** triangle dont deux mesures de longueur sont égales. « Isocèle », issu du grec *iso*, signifie « même » et *cèle*, « jambe ».
- **Triangle équilatéral :** triangle dont les trois mesures des côtés sont égales. « Équilatéral », issu du latin *équi*, signifie « égal » et *latère*, « côté ».
- **Cercle :** ensemble des points situés à la même distance d'un point appelé le « centre ».
- **Rectangle :** quadrilatère ayant ses quatre angles droits. Littéralement, son nom signifie « droits angles ».
- **Losange :** quadrilatère dont les quatre côtés sont de même mesure.
- **Carré :** quadrilatère dont les quatre côtés sont de même mesure et les quatre angles sont droits.
- **Parallélogramme :** quadrilatère dont les côtés opposés sont parallèles 2 à 2.
- **« Arbre des quadrilatères » :** représentation sous forme d'arbre qui permet de visualiser les liens entre les propriétés des différents quadrilatères particuliers.

Apports didactiques

- Le module Figures planes prolonge le travail engagé au module précédent Relations et propriétés géométriques. Inspiré du document d'accompagnement d'Eduscol « Espace et Géométrie au Cycle 3 », ce module permet le passage progressif de la géométrie perceptive vers la géométrie descriptive, en s'appuyant sur la géométrie mentale (à main levée) déjà découverte. L'entrée par les instruments (le compas puis la règle et l'équerre), plus simple à appréhender, permet de tendre peu à peu vers une connaissance fine des définitions et des propriétés des figures.
- Chaque figure est abordée sous tous ces angles : **par la perception**, le recours aux instruments permettant le contrôle de sa définition et de ses propriétés, **par la représentation** de ces propriétés **en géométrie mentale**, passant par le codage, et **par sa construction en géométrie instrumentée**, construction en vraie grandeur. La géométrie descriptive, par le biais des programmes de construction et de leur fonctionnement, occupe aussi une place importante, permettant de renforcer les liens entre ces géométries.
- On aborde particulièrement la différence entre définition et propriétés d'un quadrilatère particulier : les élèves doivent commencer à sentir la différence entre, par ex., la définition du rectangle, qui est un « quadrilatère possédant 4 angles droits » et une de ses propriétés, « ses côtés opposés sont de même longueur ». Cette distinction, si elle n'est pas formalisée explicitement, apparait dans la construction de la « carte d'identité » de chaque quadrilatère et dans l'élaboration de l'arbre des quadrilatères, préalable « à l'élaboration de raisonnements argumentés sur la nature des quadrilatères », effleurée en toute fin de module.

Difficultés rencontrées par les élèves

1 Représentation et/ou reconnaissance :

- connaissance insuffisante des définitions des figures, notamment en cas de représentations non prototypiques :
→ le carré est perçu comme un losange, l'élève se contente de la règle pour vérifier la nature mais pas de l'équerre.
- maitrise insuffisante des liens qui unissent les quadrilatères :
→ la figure est perçue comme un rectangle.

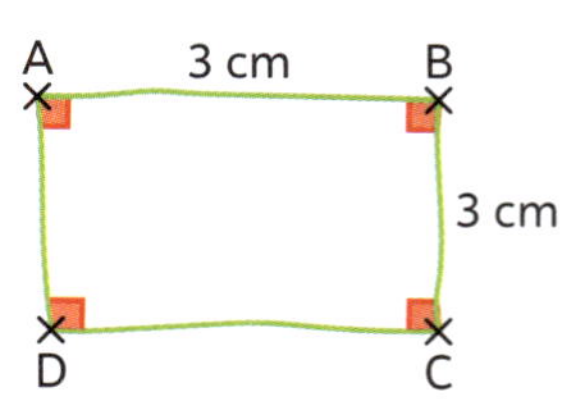

- difficulté à isoler une relation entre 2 objets mathématiques et/ou une figure particulière dans une figure complexe :
→ difficulté à identifier le losange IJPO :

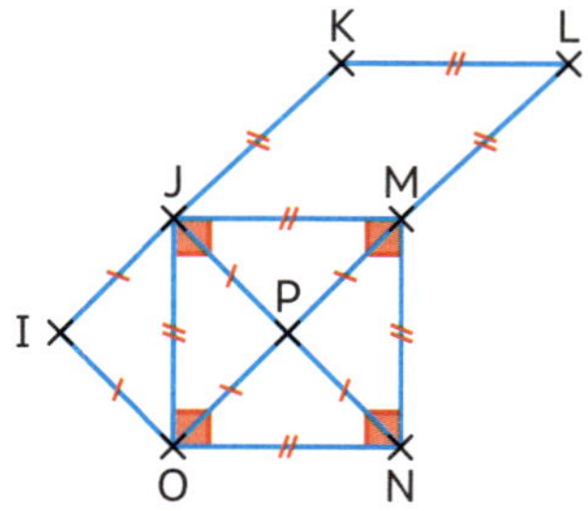

2 Tracé :

- positionnement erroné des instruments, insuffisance dans la précision.
- absence de recours au tracé à main levée pour anticiper le tracé d'une figure ou mauvaise interprétation du schéma à main levée :
→ le triangle FOU tel que OF = 4 cm et 1 mm et FU = 19 cm, rectangle en O est mal construit :

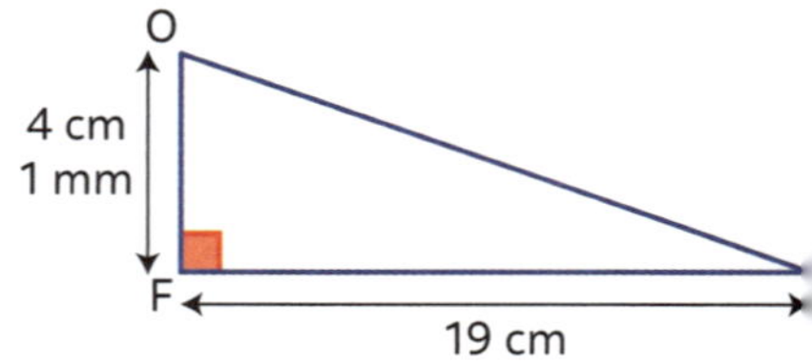

3 Vocabulaire et notation :

- pas de lien entre le codage d'une relation géométrique et la relation en question, en particulier dans le cas du codage de mesure de longueurs, parfois associé à des erreurs de vocabulaire :
→ MNP est identifié comme triangle quelconque si le codage n'est pas perçu ou bien isocèle en N car les mesures indiquées sont NM et NP :

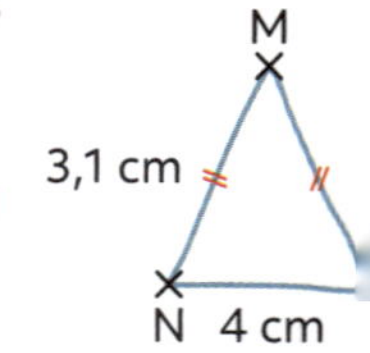

AUTOÉVALUATION, SITUATION DE RÉFÉRENCE

DURÉE

45 min

MATÉRIEL

- Règle graduée
- Équerre
- Compas

COMPÉTENCES

- Chercher
- Raisonner
- Communiquer

M11 • P1

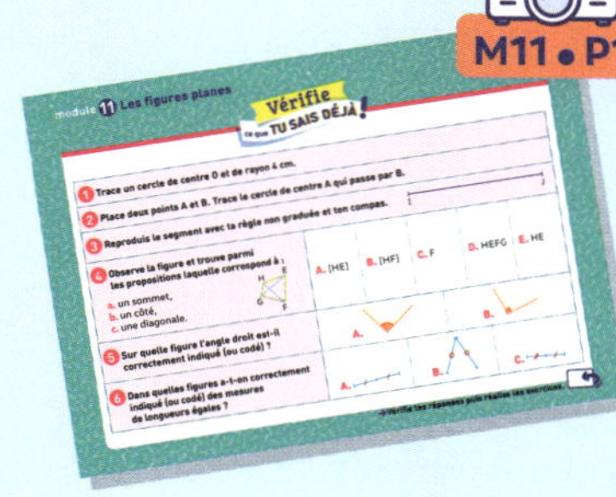

pp. 120-121

Autoévaluation

10 min Autoévaluation formative, autocorrection

Exercices 1, 2 et 3 : tracés de cercles et reproduction d'un segment de longueur donnée au compas.
Exercice 4 : vocabulaire des polygones.
Exercices 5 et 6 : codage de l'angle droit et des longueurs égales.

10 min Remédiation ou Défi

Exercices 1, 2 et 3 : après avoir schématisé la correction des exercices 1 et 2, les élèves sont invités à en construire d'autres de centre et de rayon donnés ou passant par un point, ainsi qu'à construire un segment de mesure donnée avec l'aide du compas.
Exercices 4, 5 et 6 : un rappel est proposé sous forme de schéma légendé : côté, sommet et diagonale.
On demande ensuite de nommer les éléments avec les données du schéma.
Défi : on propose aux élèves de construire le cercle de plus petit rayon possible sans tourner la feuille et d'en mesurer le rayon. C'est un défi de motricité fine, l'utilisation du compas dans le tracé de cercles étant souvent difficile pour les élèves.
On attend des cercles de l'ordre du centimètre de rayon. On sera attentif à la présence du centre sur les figures proposées.

On veillera à la qualité des compas dont disposent les élèves et à l'ajustement de la longueur de la mine avec celle de la pointe.

Situations de référence

Organisation

Deux situations sont proposées dans le manuel CM1-CM2 ; elles sont communes au CM1 et au CM2. Vous pouvez ainsi vous organiser avec les autres enseignants qui utilisent la méthode : une année, tous les élèves de CM1 et CM2 font la situation 1 par exemple, l'année d'après, tous les élèves font la situation 2. Ainsi, les élèves feront deux situations de référence différentes s'ils ont la même méthode deux années de suite.

1 Apprentis cartographes

5 min Appropriation collective de la situation

« De quoi parle-t-on ?
Que devons-nous chercher à faire ?

Il faut aider l'apprenti cartographe à identifier et reproduire les rectangles et demi-cercles présents dans le quartier vu du dessus.

10 min Recherche — PAS à PAS

D'abord, les élèves identifient des rectangles et des demi-cercles sur les bâtiments ou les aires végétales. Certains élèves identifieront peut-être un carré parmi les rectangles, ce que l'enseignant-e notera pour la mise en commun. Ensuite, ils doivent en faire un schéma à main levée en prélevant les informations sur l'image. À ce stade, un surplus d'informations ou au contraire un manque d'exhaustivité peut apparaitre. On leur demande enfin de choisir une figure de chaque type à reproduire. Cette étape nécessite de manipuler avec précision les instruments de géométrie et notamment le report de mesures à l'aide du compas, ce que peu d'élèves feront naturellement, privilégiant la règle graduée. La reproduction du cercle peut aussi poser difficulté car seul le diamètre peut être prélevé avec précision. **Apparait alors la nécessité de maitriser les outils, le compas notamment, et de pouvoir s'appuyer sur une connaissance assurée des différentes figures et de leurs propriétés.**

10 min Analyse collective et explicitation des apprentissages à venir

On revient d'abord sur l'identification des figures demandées. On peut s'appuyer sur le plan du quartier projeté. Les élèves exposent alors leurs connaissances. Pour le débat, l'enseignant-e peut s'appuyer sur un élève qui aurait identifié un carré comme rectangle : ***« Que pensez-vous de cette figure : est-ce un rectangle ? »*** afin d'introduire les apprentissages du module. De même, il peut questionner sur les instruments et les procédés nécessaires à l'élaboration du schéma à main levée et la reproduction de ces deux types de figures : ***« De quelles informations a-t-on besoin ? Comment les obtenir ? Comment les coder ? »***

2 Apprentis peintres

La situation des peintres est semblable à celle des cartographes.

Dans le tableau, les élèves doivent identifier puis reproduire des cercles (cette fois-ci « entiers ») et toujours des rectangles.

Aide / différenciation

Afin d'aider à l'identification des différentes figures, il est possible de **proposer une version photocopiée des photos** afin de pouvoir faire des tracés directement sur le « modèle ».

MISSION 1

Définir et tracer un cercle

DURÉE

45 min

MATÉRIEL

- Figure géométrique
- Cure-dent ou bâtonnet de 5 cm
- Règle graduée
- Compas

COMPÉTENCES

- Chercher
- Raisonner
- Communiquer

M11 • M1

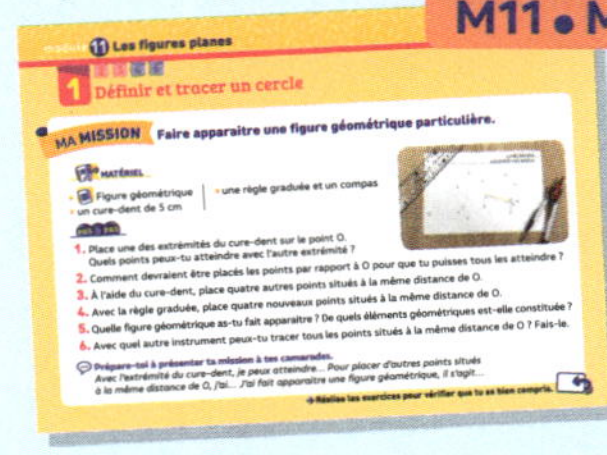

pp. 122-123

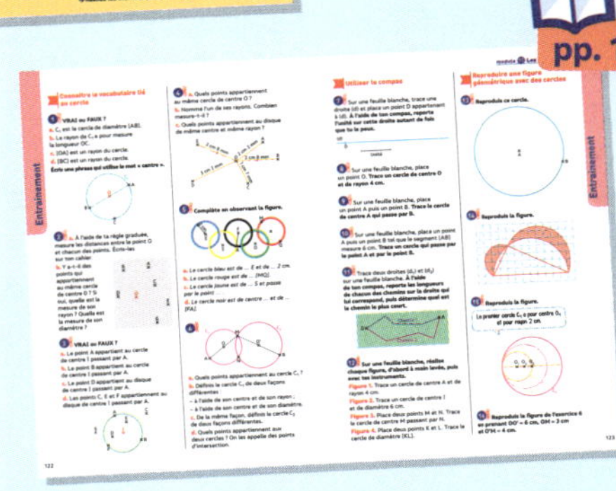

OBJECTIFS

- Définir et tracer un cercle.
- Assoir le vocabulaire spécifique au cercle.

PRINCIPE DE LA MISSION

- Cette mission est la première du module Figures planes. Dans le module précédent, les élèves ont appris à définir et à tracer des droites, des segments, des droites perpendiculaires notamment. Ils ont également appris à définir le milieu comme « point du segment situé à égale distance de ses extrémités ». **La mission 1 s'appuie sur cette notion d'égalité de distance pour définir plus précisément le cercle. Cette distance est matérialisée par un cure-dent et le cercle y est construit « point par point »** pour en comprendre la nature, à l'instar de ce qui a été fait pour la notion de droite et d'alignement. Dans cette mission, **on aborde également un instrument de géométrie**, déjà utilisé au cycle 2 : **le compas**, autant utile pour tracer des cercles que pour prélever des mesures et les reporter.

5 min Appropriation collective

Individuellement, les élèves découvrent le matériel et la consigne de la mission sans aborder le pas à pas. Puis ils échangent sur ce qu'ils ont compris :

De quel matériel disposez-vous ? De quoi est constituée la figure ? À quoi peut servir le cure-dent ? Que devez-vous faire ?

L'enseignant-e conclut :

Lors de cette mission, vous allez apprendre à tracer une figure particulière en utilisant un instrument de géométrie étrange : le cure-dent…

15 min Recherche individuelle et confrontation en binôme

Dans un premier temps, les élèves sont invités à utiliser le cure-dent pour déterminer quels points sont atteints en partant du point O. Ce cure-dent matérialise un segment de mesure 5 cm et d'extrémité « le point O », les élèves doivent donc déterminer sur la figure quels points en sont la seconde extrémité. Ils réfléchissent alors à la condition nécessaire pour que les points soient atteints. On attend ici des justifications du type « trop loin », « trop près ». Cette question fait le lien avec les suivantes où ils sont invités à placer eux-mêmes 4 points à « la bonne distance », avec le cure-dent tout d'abord puis avec la règle graduée. Ils peuvent alors répondre à la question : *« Quelle figure géométrique apparait ? De quels éléments est-elle constituée ? »* Certains élèves ne verront pas immédiatement apparaitre le cercle mais l'enseignant-e peut les inviter à placer davantage de points issus de la question précédente. Cette étape est d'autant plus nécessaire qu'elle permet de concrétiser la définition du cercle comme : « l'ensemble de points situés tous à la même distance d'un autre point qu'on appelle le centre ». Les élèves terminent la mission en traçant effectivement le cercle à l'aide de l'outil « compas ».

10 min Mise en commun et trace écrite provisoire

L'enseignant-e doit tout d'abord veiller à ce que l'ensemble des élèves conçoive le cure-dent comme un segment de mesure donnée : *« À votre avis, que représente ce cure-dent ? »* Ce n'est qu'ainsi que les élèves feront le lien entre le cure-dent et la notion de rayon. On débat ensuite des différents points afin que tous puissent verbaliser que certains sont « à une distance trop courte ou trop longue » du point O pour répondre à la question. Avec l'aide de la question suivante, on peut ensuite formaliser *« le cure-dent représente un segment, une mesure de distance », « tous les points sont à la même distance de O »* et faire le lien avec le cercle. On peut s'appuyer ici sur les élèves qui auraient ajouté davantage de points sur la figure pour faire apparaitre le cercle. On peut alors institutionnaliser : *« Le cercle de centre O est un ensemble de points situés tous à la même distance du point O, ici 5 cm »* et *« Tous les segments qui joignent O et un point du cercle sont des segments de même mesure »*. Les points situés à l'intérieur du cercle sont l'occasion de parler de la notion de disque comme surface délimitée par le cercle. De même, on aborde la notion de diamètre : *« segment qui joint 2 points du cercle en passant par le centre »*. Le compas mérite alors qu'on s'y attarde : c'est un outil qui permet de tracer des cercles. La partie importante du compas est la distance entre sa mine et sa pointe et représente le rayon du cercle. L'enseignant-e peut ajouter que c'est cette manipulation (démonstration à faire) qui permet de prélever une mesure puis de la reporter.

Réponses possibles

« Avec l'extrémité du cure-dent, je peux atteindre *les points …* Pour placer d'autres points situés à la même distance de O, j'ai utilisé le *cure-dent* ou *la règle graduée avec la mesure du cure-dent*. J'ai fait apparaitre une figure géométrique, il s'agit du *cercle, tous ses points sont situés à la même distance de O*.

▶ Trace provisoire possible

Je retiens de la MISSION 1

- Un cercle est un ensemble de points situés tous à la même distance d'un point appelé le centre du cercle.
- Le disque est la surface délimitée par le cercle. Ce sont tous les points sur et à l'intérieur du cercle.
- Il faut différencier cercle et disque.
- Le rayon d'un cercle est un segment qui a pour extrémités le centre du cercle et un point du cercle.
- Le diamètre d'un cercle est un segment qui relie deux points du cercle et qui passe par le centre.

15 min Exercices d'appropriation

Exercices proposés	Observations	En cas de difficultés Sélection d'exercices du manuel
Exercice 1 a, b, c : cet exercice reprend le pas à pas de la mission sur un autre support.	*« L'élève est-il capable de déterminer si des points appartiennent à un cercle en utilisant sa définition ? »*	Exercices 2 - 4 p. 122
Exercice 1 d : on vérifie ici la connaissance du vocabulaire : centre, rayon, diamètre.	*« L'élève maitrise-t-il le vocabulaire du cercle ? »*	Exercices 1 - 3 - 5 - 6 p. 122
Exercices 2 et 3 : dans ces exercices, on aborde le tracé d'un cercle défini par son rayon ou son diamètre. On différencie cercle et disque.	*« L'élève est-il capable de tracer un cercle dont le rayon ou le diamètre est donné ? »*	Exercices 8 - 10 - 12 p. 123
Exercice 4 : dans cet exercice, on aborde la reproduction d'une figure contenant des cercles.	*« L'élève est-il capable de reproduire une figure en s'aidant des carreaux ? »*	Exercice 14 p. 123
Pour aller plus loin	*« L'élève est-il capable de prélever et de reporter des longueurs à l'aide du compas ? »*	Exercices 7 - 13 - 15 p. 123

Aide / différenciation

La manipulation du compas peut nécessiter un entrainement et un accompagnement privilégié.

MISSION 2

Définir et tracer un triangle quelconque, un triangle rectangle

DURÉE

45 min

MATÉRIEL

- ▶ Règle graduée
- ▶ Équerre
- ▶ Compas
- ▶ Feuille blanche

COMPÉTENCES

- ▶ Chercher
- ▶ Raisonner
- ▶ Communiquer

M11 • M2

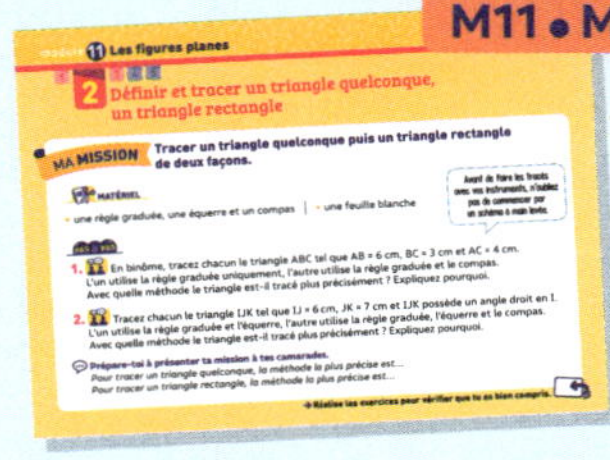

pp. 124-125

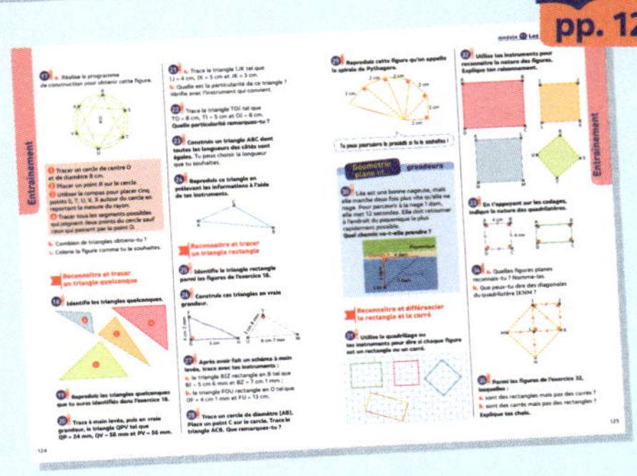

OBJECTIF

- Tracer un triangle quelconque et un triangle rectangle avec règle, équerre et compas.

PRINCIPE DE LA MISSION

- Après avoir abordé dans la mission 1 la définition du cercle et l'utilisation du compas pour le report de mesure notamment, **on introduit le tracé de deux triangles**. Durant cette mission, effectuée en binôme, les élèves doivent suivre deux méthodes différentes de tracé d'**un triangle quelconque** puis d'**un triangle rectangle** afin de les confronter, la variable étant centrée sur l'utilisation des instruments. L'objectif est d'**apprendre pas à pas la méthode de tracé de ces deux figures** tout en comprenant la nécessité d'utiliser les instruments adéquats afin de gagner en précision. L'utilisation du compas est alors mise en valeur. On aborde ici la progressivité attendue dans la construction de géométrie : schéma codé (à main levée) puis construction en vraie grandeur.

5 min Appropriation collective

Individuellement, les élèves découvrent le matériel et la consigne de la mission sans aborder le pas à pas. Puis ils échangent sur ce qu'ils ont compris :

De quel matériel disposez-vous ?
Quelle est la particularité de cette mission ?
Que devez-vous faire ?

L'enseignant-e conclut :

Lors de cette mission, vous allez compléter vos connaissances pour tracer des triangles, d'abord le triangle quelconque puis le triangle rectangle.

15 min Recherche individuelle et confrontation en binôme

Chaque élève trace à main levée la première figure en tenant compte des informations données pour le premier triangle puis se munit du matériel proposé, différent pour les deux élèves du binôme. Le schéma à main levée permet ensuite de construire le triangle en vraie grandeur. Dans la première méthode, en appui sur la règle graduée uniquement, le tracé nécessite un tâtonnement pour réussir à placer le point C à la fois à 3 cm de B et à 4 cm de A. Dans la seconde méthode, l'élève peut s'appuyer sur le compas pour tracer les cercles (ou des arcs de cercles) de centre A et de rayon 4 cm puis de centre B et de rayon 3 cm. L'enseignant-e peut guider l'élève : *« Souviens-toi de la mission précédente : où sont placés les points à 3 cm de A ? »* Le binôme peut alors comparer les méthodes et conclure que l'utilisation du compas apporte davantage de précision. On réitère ce procédé pour le tracé du triangle rectangle. L'enseignant-e veille à ce que les élèves élaborent un schéma à main levée correct où le côté [JK] (l'hypoténuse) mesure bien 7 cm et l'angle droit est bien situé en I. Pour la construction en vraie grandeur, le premier tracé s'appuie uniquement sur l'équerre et la règle graduée tandis que le compas est autorisé en supplément pour le second. Les élèves découvrent ici que le tracé de la perpendiculaire passant par I est un préalable au positionnement du point K.

10 min Mise en commun et trace écrite provisoire

L'enseignant-e revient d'abord sur la notion de schéma à main levée, ne s'appuyant pas sur l'utilisation des instruments mais sur les informations (codages) de la figure. Il veille à ce que les élèves comprennent que c'est un préalable aux constructions instrumentées. On revient ensuite sur les différentes stratégies utilisées pour tracer le triangle quelconque. On insiste sur les différences notées par les élèves et on veille à ce que tous fassent le lien entre l'utilisation du compas et le positionnement du point C à 4 cm de distance de A : C est sur le cercle de centre A et de rayon 4 cm ! On fait de même pour le cercle de centre B et rayon 3 cm. Le point C est donc à l'intersection des 2 cercles. L'enseignant-e peut faire remarquer aux élèves que le tracé entier des cercles n'est pas nécessaire pour créer l'intersection en revenant au schéma à main levée qui permet d'anticiper la position approximative du point A. On peut aussi évoquer la possibilité d'un second point d'intersection qui permet également de construire le triangle ABC. On conclut enfin que l'utilisation du compas apporte davantage de précision. On procède de même pour le triangle rectangle en insistant sur le tracé de la perpendiculaire et l'utilisation du compas. Il introduit enfin le vocabulaire :

« Le premier triangle ne possédait aucune particularité, on l'appelle triangle quelconque. On parle aussi de "triangle scalène". »

Réponses possibles

Pour tracer un triangle quelconque, la méthode la plus précise est celle du *compas*. Pour tracer un triangle rectangle, *la méthode la plus précise est aussi celle de l'équerre et du compas mais je peux aussi utiliser la méthode avec l'équerre et la règle graduée*.

Trace provisoire possible

Je retiens de la MISSION 2

- Nous avons appris à tracer un triangle quelconque ou scalène (qui n'a pas de particularité) dont on connait les longueurs des côtés au compas.

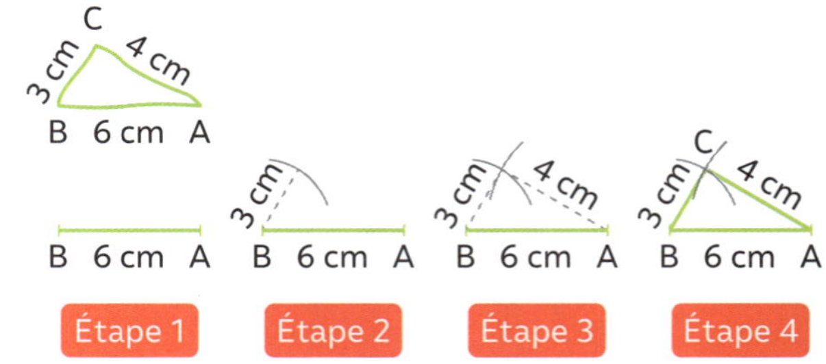

- Nous avons appris à tracer un triangle rectangle (qui possède un angle droit) à l'équerre et au compas.

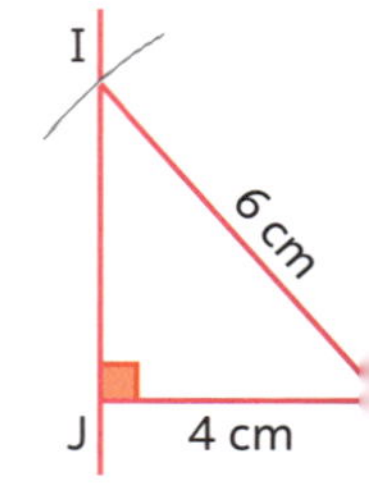

15 min Exercices d'appropriation

Exercices proposés	Observations	En cas de difficultés Sélection d'exercices du manue
Exercice 1 : dans cet exercice, on identifie puis on trace un triangle de chaque nature.	*« L'élève est-il capable de reconnaitre un triangle quelconque, un triangle rectangle ? »* *« L'élève est-il capable de lire des informations pour tracer un triangle ? »*	Reconnaissance : **Exercices 18 - 25 p. 124** Reproduction : **Exercices 26 - 29 pp. 124-12**
Exercice 2 : dans cet exercice, on réalise un schéma à main levée puis on construit un triangle quelconque.	*« L'élève est-il capable de réaliser un schéma à main levée ? »* *« L'élève est-il capable de tracer un triangle quelconque ? »*	**Exercices 20 - 21 - 22 - 23 p. 124**
Exercice 3 : dans cet exercice, on réalise un schéma à main levée puis on construit un triangle rectangle.	*« L'élève est-il capable de tracer un triangle rectangle ? »*	**Exercices 27 - 28 p. 124**
Exercice 4 : dans cet exercice, on prélève les informations sur la figure à l'aide des instruments pour la reproduire à l'identique.	*« L'élève est-il capable de prélever les informations pour reproduire un triangle ? »*	Reproduction : **Exercices 19 - 24 p. 124**

Aide / différenciation

L'utilisation du compas est un obstacle pour de nombreux élèves, on peut les aider dans cette manipulation. Il est possible de s'appuyer sur **les vidéos** construire une droite perpendiculaire à une autre et construire un triangle quelconque.

MISSION 3

Définir et tracer un carré, un rectangle

DURÉE

45 min

MATÉRIEL

- Quadrilatères à classer
- Règle graduée
- Équerre
- Compas

COMPÉTENCES

- Chercher
- Raisonner
- Communiquer

M11 • M3

pp. 125-126

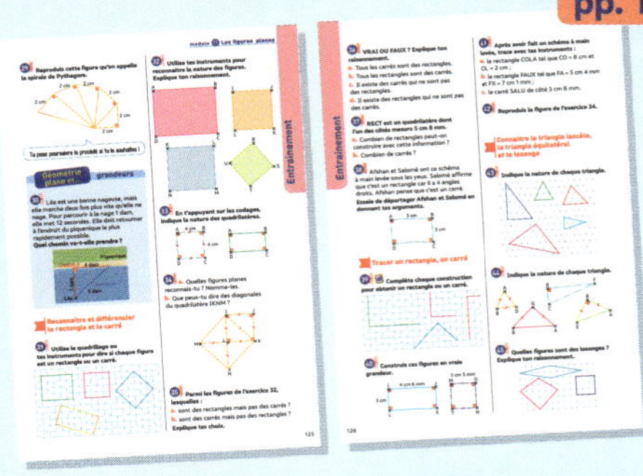

OBJECTIFS

- Classer les quadrilatères selon leurs propriétés pour mieux différencier le rectangle et le carré.
- Comprendre que le carré est un rectangle.

PRINCIPE DE LA MISSION

- Les élèves abordent ici **les quadrilatères et plus particulièrement les rectangles et les carrés**. Nombre de leurs propriétés ont été vues tout au long du cycle 2. La mission a pour objectif de les rebrasser mais également de les différencier. On demande aux élèves de mobiliser l'ensemble des procédures pour **identifier les propriétés des quadrilatères : prélèvement sur la figure de mesures ou d'angles droits à l'aide des instruments et lecture du codage (angle droit et égalité de longueurs)**. Le classement dans un tableau permet de dégager le principal objectif : la connaissance des définitions du carré et du rectangle ainsi que le lien *« Tous les carrés sont des rectangles mais tous les rectangles ne sont pas des carrés. »* On utilise aussi ces définitions et/ou propriétés pour tracer en vraie grandeur chacun des deux.

5 min Appropriation collective

Individuellement, les élèves découvrent le matériel et la consigne de la mission sans aborder le pas à pas. Puis ils échangent sur ce qu'ils ont compris :

> *De quel matériel disposez-vous ? Qu'est-ce qui est représenté sur la fiche ? Quelles sont les différentes colonnes du tableau à compléter ? Que devez-vous faire ?*

L'enseignant-e conclut :

> *Lors de cette mission, vous allez ranger les quadrilatères dans un tableau, selon leurs propriétés, pour mieux comprendre ce que sont un rectangle et un carré.*

15 min Recherche individuelle et confrontation en binôme

D'abord, les élèves observent les quadrilatères. Ils doivent repérer les codages : angles droits et égalités de longueur. L'enseignant-e veille à ce que tous les élèves aient acquis leur signification. Si des informations sont manquantes, ils doivent eux-mêmes les prélever sur les figures puis compléter le tableau proposé suivant les critères des colonnes. L'enseignant-e peut préciser qu'un quadrilatère peut figurer dans plusieurs colonnes. La question 3 amène les élèves à identifier la 1re colonne comme celle des rectangles et la 2e comme celle des carrés. Ils s'appuient pour cela sur leurs connaissances antérieures en reconnaissant les figures prototypiques 1 ou 2. On leur demande alors de tracer (reproduire) un des quadrilatères de la 1re colonne puis un de la 2e. Il se peut qu'à ce stade, certains élèves remarquent que les quadrilatères de la

2e colonne sont tous présents dans la 1re en anticipant la question suivante. Pour finir, les élèves sont guidés pas à pas pour constater que les rectangles possèdent également les propriétés de côtés opposés parallèles et de même longueur. De même, les carrés sont présents dans toutes les colonnes de ce tableau, y compris dans la colonne des rectangles.

10 min Mise en commun et trace écrite provisoire

L'enseignant-e s'assure que les élèves ont tous identifié les codages et prélevé les mêmes informations. On complète alors l'ensemble du tableau. Notons que ces deux étapes, description et remplissage du tableau, peuvent être menées de front. En s'appuyant sur les réponses des élèves, l'enseignant-e formalise : *« Les quadrilatères de la 1re colonne possèdent 4 angles droits : ils s'appellent des rectangles. Les quadrilatères de la 2e colonne possèdent 4 angles droits et 4 côtés égaux : ils s'appellent des carrés. »* On fait ensuite une démonstration de chaque construction pas à pas. Enfin, on examine les différentes colonnes. L'enseignant-e veille à ce que les phrases suivantes soient énoncées : *« Les quadrilatères de la 1re colonne sont tous présents dans la 3e et la 5e colonnes, cela signifie que les rectangles possèdent des côtés opposés parallèles et égaux 2 à 2. Les quadrilatères de la 2e colonne sont tous présents dans toutes les colonnes, cela signifie que les carrés possèdent tous des côtés opposés parallèles et égaux 2 à 2 et des côtés consécutifs égaux. Cela signifie également que les carrés sont des rectangles. »*

Réponses possibles

J'ai classé les quadrilatères dans les colonnes en *observant les codages et en prélevant les informations qui manquaient à l'aide de mes instruments*. J'ai trouvé les noms des quadrilatères : *dans la 1re colonne ce sont les rectangles et dans la 2e ce sont les carrés*. Certains quadrilatères peuvent se ranger dans plusieurs colonnes car *ils possèdent les mêmes propriétés*. Pour tracer les quadrilatères, j'ai utilisé *l'équerre et la règle graduée* et j'ai *regardé les propriétés que j'avais trouvées aux questions précédentes*.

▶ Trace provisoire possible

Je retiens de la MISSION 3

- Le rectangle est un quadrilatère qui possède 4 angles droits. C'est sa définition.
- Le carré est un quadrilatère qui possède 4 angles droits et 4 côtés égaux. C'est sa définition.
- Le rectangle a des propriétés : ses côtés opposés sont parallèles et égaux 2 à 2.
- Le carré a des propriétés : ses côtés opposés sont parallèles et égaux 2 à 2, ses côtés consécutifs sont égaux.
- Attention : tous les carrés sont des rectangles mais tous les rectangles ne sont pas des carrés !
- Nous avons aussi appris à tracer un carré et un rectangle.

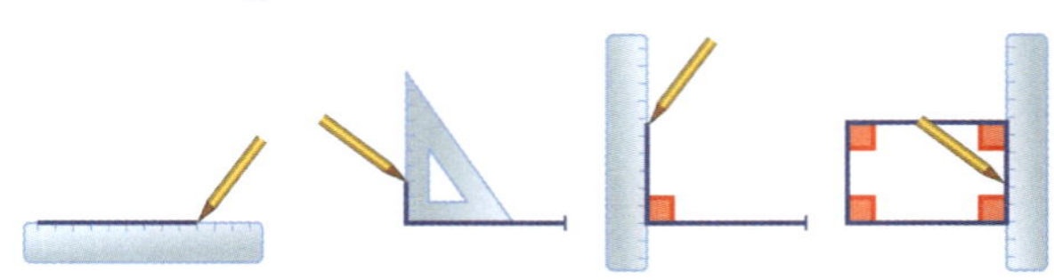

Aide / différenciation

Afin de faciliter l'appropriation de certaines propriétés et des tracés, **deux exercices (31 p. 125 et 39 p. 126)** sont proposés en s'aidant du quadrillage. On peut proposer également pour les tracés de s'appuyer sur **les vidéos** de construction des droites perpendiculaires et de tracé du rectangle et du carré.

15 min Exercices d'appropriation

Exercices proposés	Observations	En cas de difficultés Sélection d'exercices du manuel
Exercice 1 : dans cet exercice, on utilise le codage et/ou les instruments pour identifier un rectangle, un carré.	*« L'élève est-il capable de reconnaitre un rectangle, un carré ? »*	**Exercices 31 - 32 - 33 - 34 p. 125**
Exercice 2 : dans cet exercice, on réalise un schéma à main levée et on construit un rectangle.	*« L'élève est-il capable de représenter à main levée et de construire un rectangle ? »*	**Exercices 40 - 41 p. 126**
Exercice 3 : dans cet exercice, on réalise un schéma à main levée et on construit un carré.	*« L'élève est-il capable de représenter à main levée et de construire un carré ? »*	
Exercice 4 : dans cet exercice, on vérifie que l'élève sait reproduire un rectangle.	*« L'élève est-il capable de reproduire un rectangle en prélevant des informations ? »*	**Exercices 39 - 42 p. 126**
Pour aller plus loin	*« L'élève est-il capable de différencier le rectangle et le carré ? »*	**Exercices 35 - 36 - 37 - 38 pp. 125-126**

SYNTHÈSE, RETOUR SUR LA SITUATION DE RÉFÉRENCE

DURÉE

30 min

MATÉRIEL

- Matériel de géométrie

COMPÉTENCES

- Chercher
- Raisonner
- Communiquer

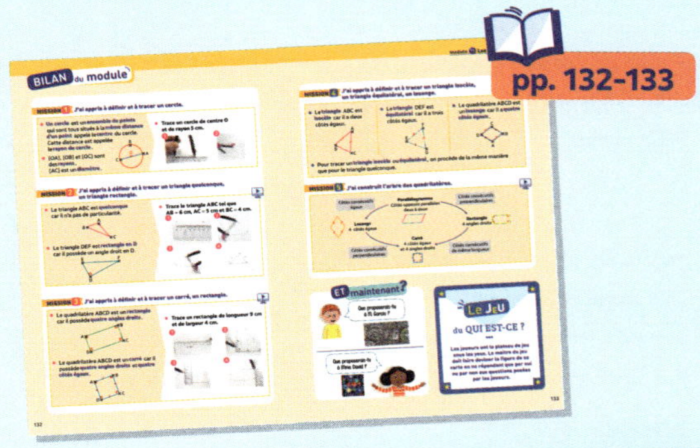

pp. 132-133

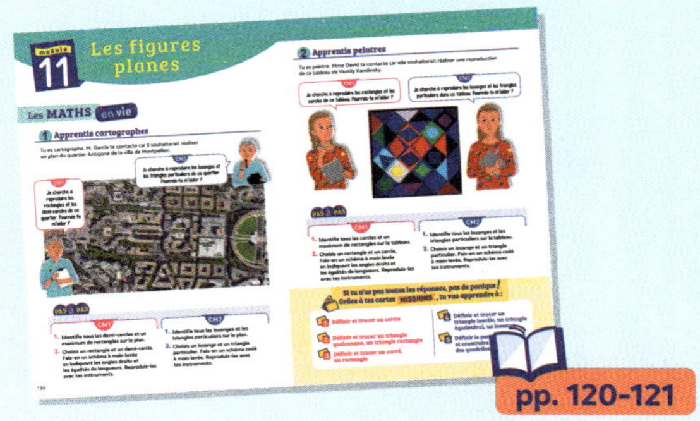

pp. 120-121

15 min Retour sur les traces écrites provisoires des missions

Les élèves reviennent tout d'abord sur la définition du cercle et sa construction à l'aide du compas. Ils abordent également son utilité pour prélever et reporter une mesure.
Ils reviennent ensuite sur les méthodes qui permettent de définir puis de tracer un triangle quelconque et un triangle rectangle, toujours avec l'appui du compas puis celui de l'équerre.
Enfin, on rappelle les définitions et méthodes de tracé du rectangle et du carré.
Cette synthèse peut être menée en trois temps : d'abord les cercles, puis les triangles (quelconques et rectangles) pour finir par les quadrilatères (carrés et rectangles).

5 min Mémo

10 min Retour sur la situation de référence

On rappelle que l'objectif était d'identifier puis de reproduire un demi-cercle (ou un cercle) et un rectangle.
On pourra ici rappeler que pour reproduire un cercle, on peut prélever comme information le diamètre, ce qui s'avère ici plus aisé voire nécessaire.
De même, on pourra insister sur le fait que le rectangle à reproduire peut être un carré et que la précision est meilleure en prélevant les mesures au compas.

Phase active

Solution possible pour la situation n° 1

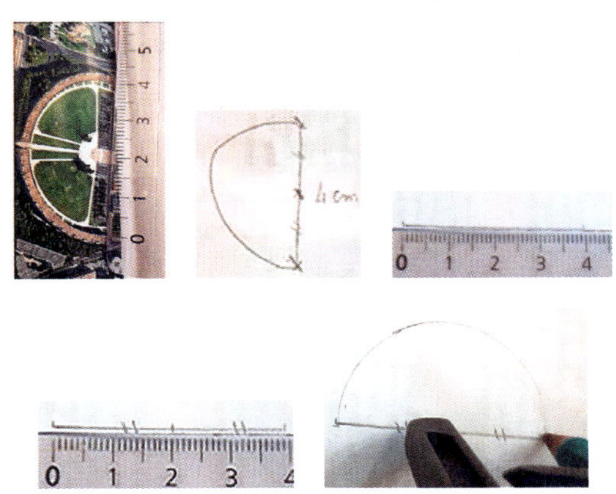

Conclusion

Un élève expose sa solution au reste du groupe.

JEU

DURÉE

30 min

COMPÉTENCES

- Chercher
- Raisonner
- Communiquer

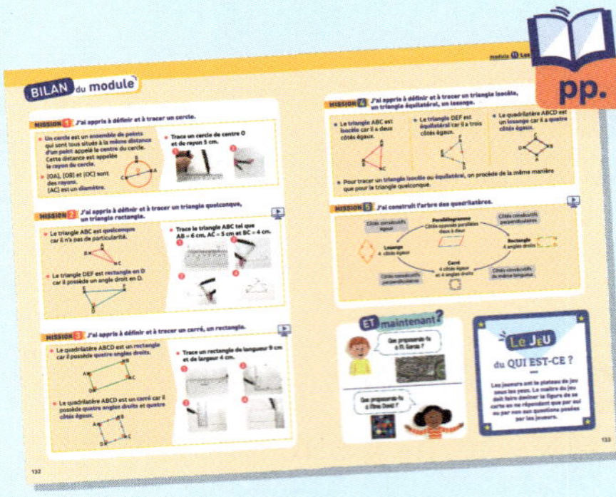

pp. 132-133

DIFFÉRENCIATION

- Un seul jeu est proposé ici. La première série de cartes rélève plutôt du **CM1** :
  – reconnaitre le cercle, le triangle quelconque, le triangle rectangle, le rectangle, le carré ;
  – utiliser les propriétés et les définitions des figures.
  La seconde série de cartes relève plutôt du **CM2** :
  – reconnaitre les figures identiques + le triangle isocèle, le triangle équilatéral, le losange, le parallélogramme ;
  – utiliser les propriétés et les définitions des figures.
  Elles pourront cependant toutes deux être proposées aux élèves selon leur niveau, vous permettant ainsi de différencier ce temps.

Le JEU du Qui est-ce ?

ORGANISATION 2 joueurs

MATÉRIEL • des planches de jeu • des cartes-figures à piocher

RÈGLE DU JEU

Le but est de retrouver la figure piochée par chacun des joueurs en posant des questions relatives à sa définition ou à ses propriétés.
Chaque joueur prend un plateau et pioche une carte à faire deviner (l'adversaire ne doit voir ni l'un ni l'autre).
Le joueur le plus jeune commence et pose la première question qui doit être formulée de manière que la réponse soit « Oui » ou « Non ». Ex. : « Est-ce que ta figure a 3 côtés ? » L'autre joueur peut alors éliminer une partie des cartes de sa planche et poser à son tour une question fermée.
Quand un joueur pense avoir deviné quelle figure est cachée par son adversaire, il peut faire une proposition. Si elle est correcte, il gagne. Pour continuer à jouer, chacun peut piocher une nouvelle carte à faire deviner.

Fiche MISSION 1 Figure géométrique

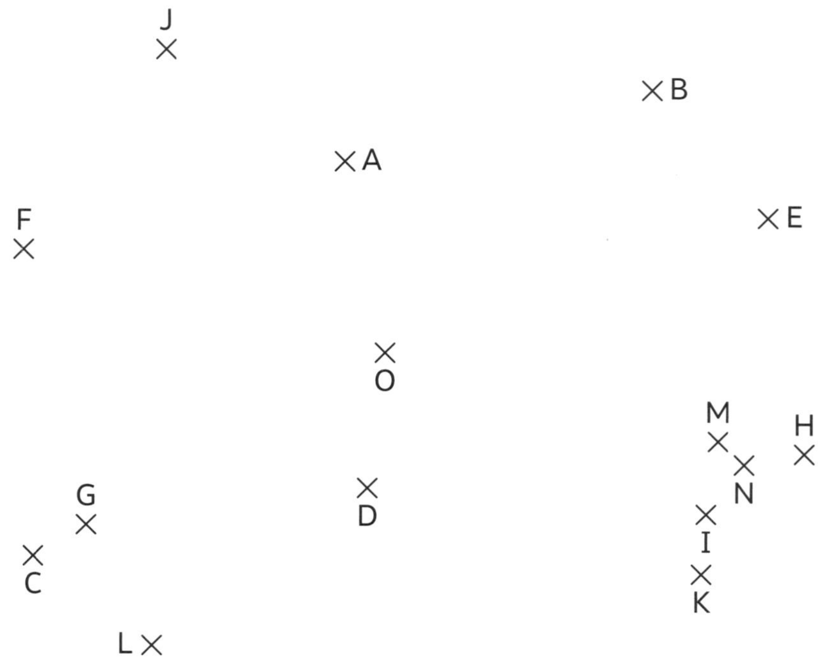

Fiche MISSION 1 verso : Cercles

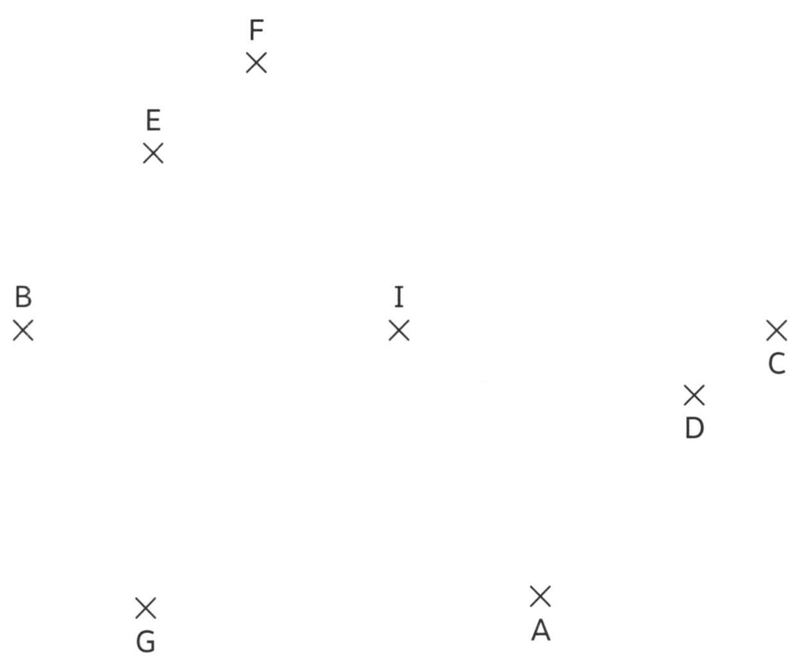

Fiche **MISSION 3** Quadrilatères à classer

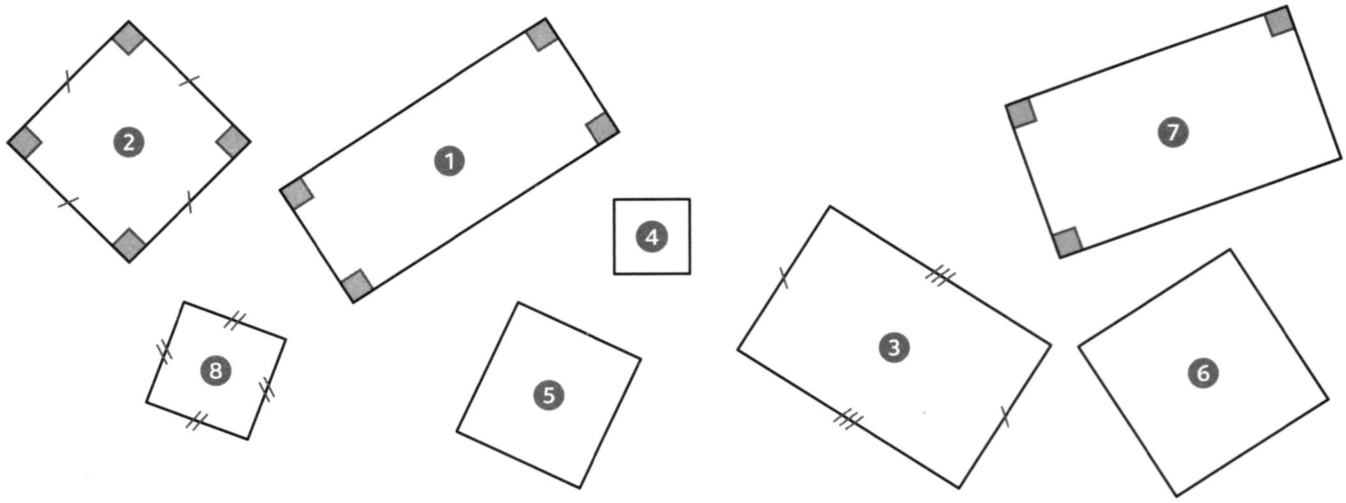

Tableau à compléter

Quatre angles droits	Quatre angles droits et quatre côtés égaux	Côtés opposés (face à face) égaux	Côtés consécutifs (qui se suivent) égaux	Côtés opposés parallèles

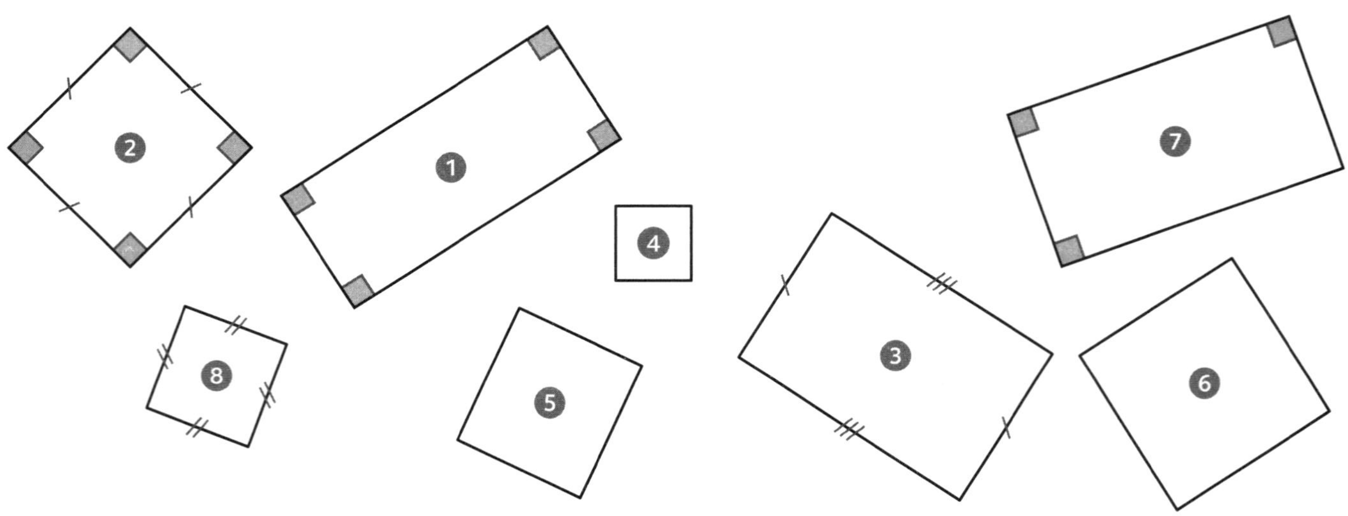

Tableau à compléter

Quatre angles droits	Quatre angles droits et quatre côtés égaux	Côtés opposés (face à face) égaux	Côtés consécutifs (qui se suivent) égaux	Côtés opposés parallèles

Fiche JEUX Qui est-ce ? (niveau 1) • Cartes à photocopier pour le plateau et à découper pour les cartes à piocher

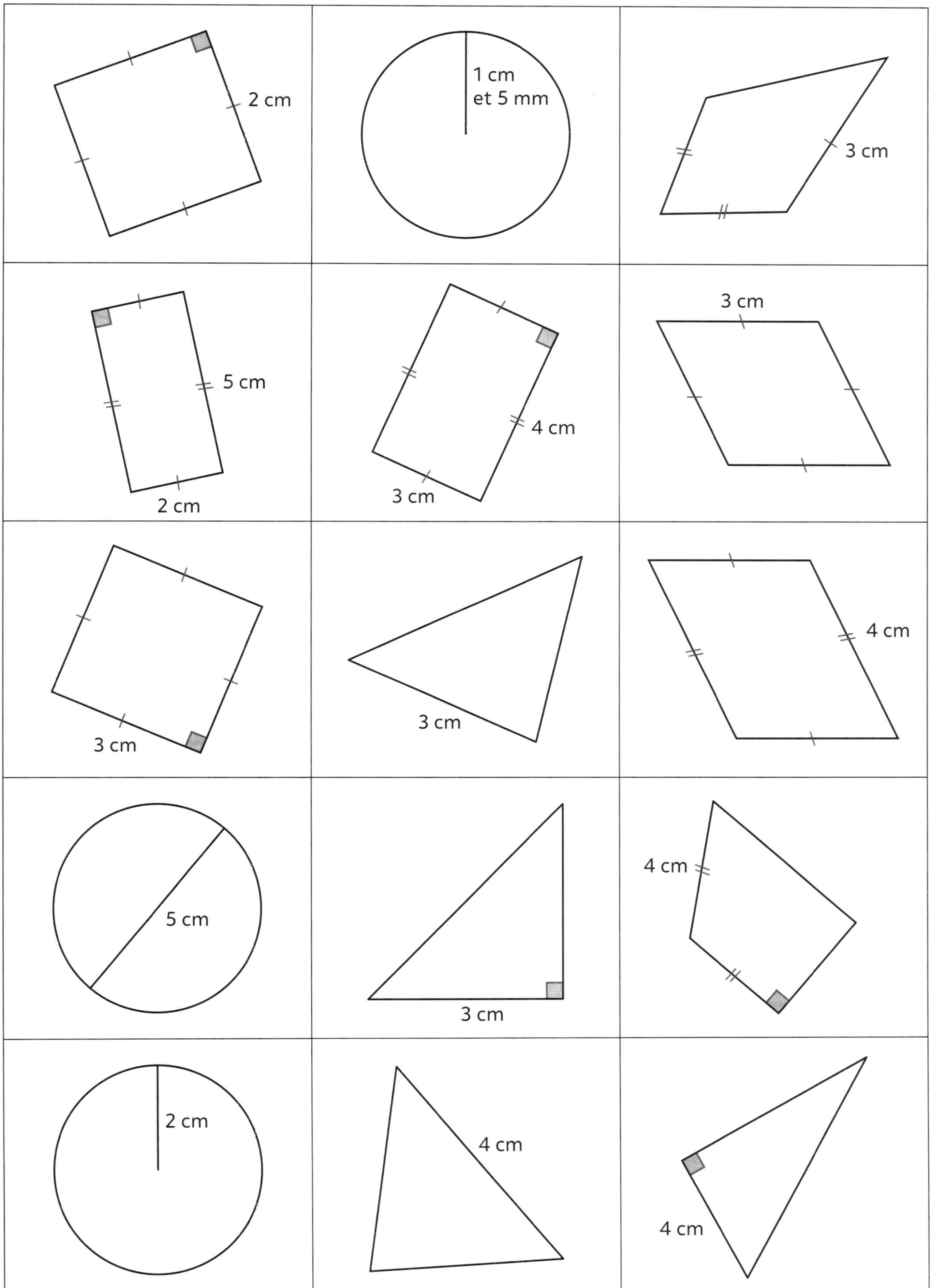

Fiche JEUX Qui est-ce ? (niveau 2) • Cartes à photocopier pour le plateau et à découper pour les cartes à piocher

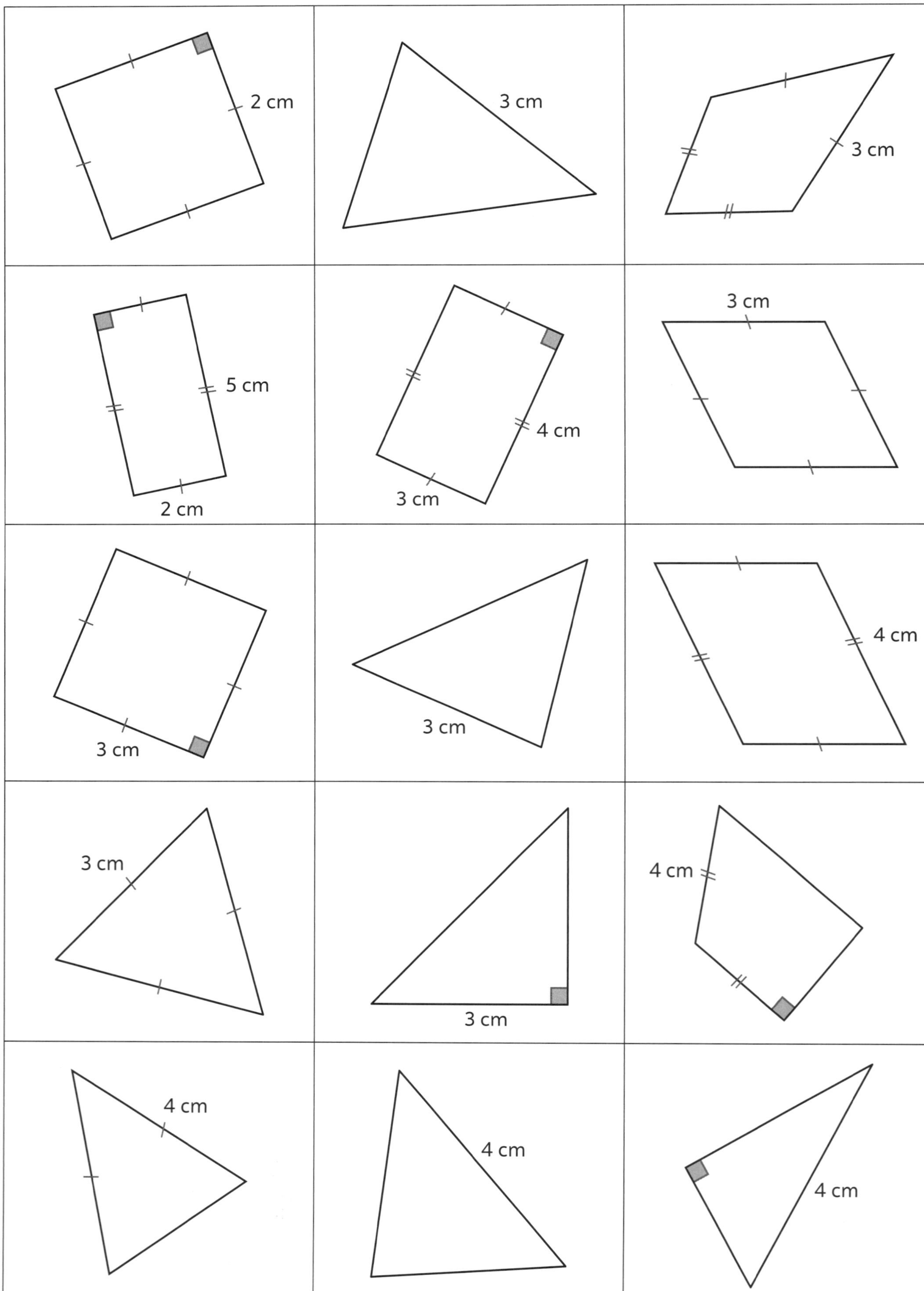

module

12 La symétrie axiale

Progression des apprentissages dans le module

SÉANCE 1	• Vérification des prérequis • Situation de référence « Les maths en vie »
SÉANCE 2	• MISSION 1 Repérer un ou plusieurs axes de symétrie
SÉANCE 3	• Entrainement mission 1
SÉANCE 4	• MISSION 2 Compléter ou tracer une figure par symétrie avec quadrillage
SÉANCE 5	• Entrainement mission 2
SÉANCE 6	• Synthèse • Retour sur la situation de référence
SÉANCE 7	• Évaluation sommative

CM2

• En CM2, voici les deux missions qui seront travaillées en continuité de celles réalisées en CM1. Si vous le souhaitez, ou si une programmation de cycle le prévoit, vous pouvez donc aller plus loin et les proposer à vos élèves. Se référer alors au site compagnon sur lequel vous trouverez leur descriptif.

MISSION 3
Observer les propriétés de la symétrie

MISSION 4
Compléter ou tracer une figure par symétrie sans quadrillage

Compétences LSU et BO

Reconnaitre et utiliser quelques relations géométriques.

• Reconnaitre si une figure présente un axe de symétrie en utilisant du papier calque, des découpages, des pliages.

• Compléter une figure ou construire la figure symétrique d'une figure par symétrie axiale sur quadrillage.

• Observer que deux points sont symétriques par rapport à une droite donnée lorsque le segment qui les joint coupe cette droite perpendiculairement en son milieu.

• Construire, à l'équerre et à la règle graduée, le symétrique par rapport à une droite d'un point, d'un segment, d'une figure.

Lexique

• **Symétrie axiale :** c'est la transformation d'une figure ou d'une partie d'une figure par rapport à un axe, qui correspond à un pliage selon cet axe ou à un « effet miroir ». Cet axe est appelé axe de symétrie. La symétrie axiale possède quelques propriétés approchées au cycle 3 : un point situé

sur l'axe de symétrie est son propre symétrique.
La symétrie axiale conserve les longueurs, les angles (donc la perpendicularité), le parallélisme, les aires et l'alignement des points.

- **Perpendicularité :** propriété selon laquelle le segment reliant deux points symétriques par rapport à un axe coupe cet axe à angle droit.
- **Équidistance :** propriété selon laquelle deux points symétriques par rapport à un axe sont à égale distance de cet axe ; en d'autres termes, l'axe de symétrie coupe le segment reliant deux points symétriques en son milieu.

Les propriétés de perpendicularité et d'équidistance (explicitées auprès des élèves) sont l'une et l'autre nécessaires pour qu'il y ait symétrie axiale.

- **Translation :** reproduction d'une figure sans déformation en un autre point de l'espace de la feuille.

Si une figure est elle-même symétrique, alors symétrie et translation de cette figure peuvent se confondre.

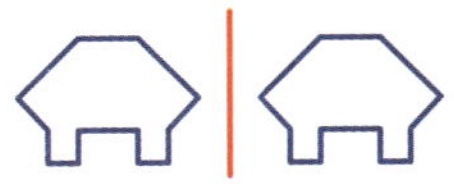
Symétrie et translation confondues

Apports didactiques

- La symétrie – certes non exacte mais globale, comme celle de notre visage ou de notre corps – est omniprésente dans la nature et dans les constructions humaines ; le repérage de la symétrie au quotidien, comme celui des absences de symétrie, sont des éléments fondamentaux pour entrer dans le domaine plus restreint des compétences et surtout des savoir-faire visés au cycle 3.
- C'est un domaine de la géométrie qui demande deux qualités opposées et complémentaires : d'une part une vision globale, pour partie intuitive, afin de repérer la symétrie ou l'absence de symétrie dans une figure ou entre plusieurs figures et d'autre part, une méthodologie précise et méticuleuse pour vérifier ou construire la symétrie. Ce domaine révèle une très grande hétérogénéité chez les élèves, certains étant très à l'aise dès le cycle 2 quand d'autres sont confrontés à la difficulté de la double compétence évoquée.
- En CM1, il existe globalement deux techniques – du moins aux yeux des élèves – pour tracer la symétrie sur quadrillage. La première consiste à compter le nombre de nœuds, de carreaux ou de points (selon le fond quadrillé) d'un point à l'axe de symétrie, perpendiculairement à celui-ci. C'est la technique la plus robuste, qui est enseignée lors de la mission 2. Elle est d'autant plus justifiée qu'elle offre les fondements de la technique avec équerre et règle, abordée en CM2.
- Une autre technique sur quadrillage uniquement, souvent plus rapide mais plus sujette à erreur, consiste à repérer le cheminement pour passer d'un point au suivant (ex. : 2 nœuds vers le bas et 3 nœuds vers la gauche) et de la « convertir » selon la direction de l'axe de symétrie (ex. : 2 nœuds vers le bas et 3 nœuds vers la droite). Bien que correcte également, et malgré le fait que certains élèves se l'approprient avec justesse, cette technique n'est pas enseignée à proprement parler ; elle est abordée dans le cadre d'exercices d'entrainement croisant la symétrie et le déplacement sur quadrillage.

Difficultés rencontrées par les élèves

1 Difficulté à visualiser intuitivement la symétrie ou l'absence de symétrie :

- un axe de symétrie évident n'est pas repéré :
- une erreur de symétrie évidente n'est pas repérée :

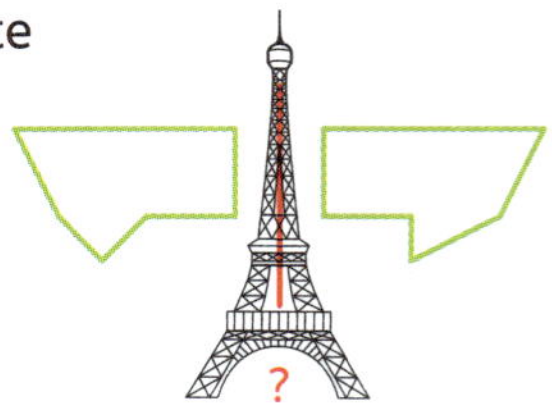

2 Représentation erronée de la symétrie :

- réalisation d'une translation au lieu d'une symétrie :

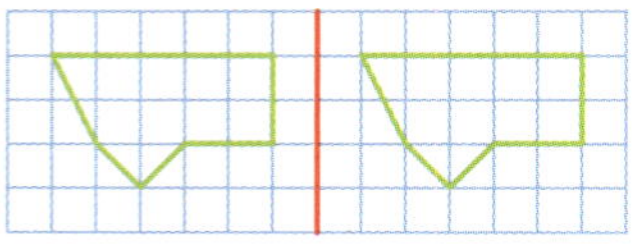

- repérage par rapport aux bords :

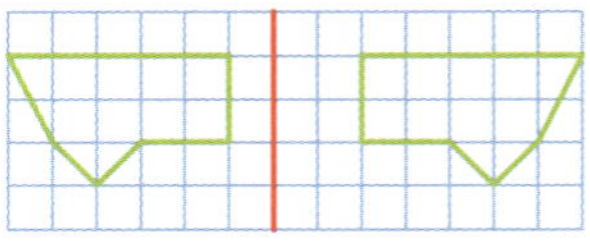

3 Difficultés procédurales :

- difficulté de comptage et de repérage sur quadrillage :

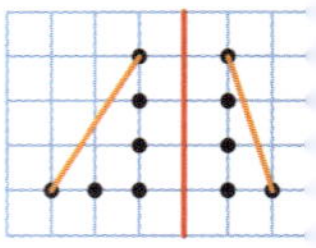

- difficulté de pose de l'équerre sans quadrillage :

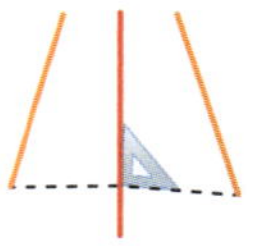

AUTOÉVALUATION, SITUATION DE RÉFÉRENCE

DURÉE

45 min

MATÉRIEL

- Pas de matériel particulier

COMPÉTENCES

- Chercher
- Raisonner
- Communiquer

M12 • P1

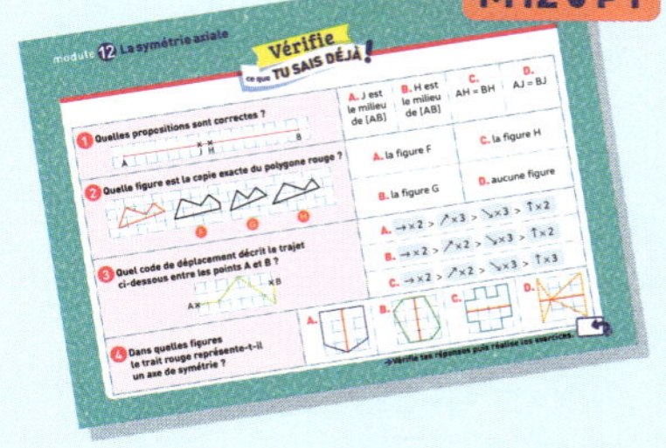

pp. 134-135

Autoévaluation

10 min Autoévaluation formative, autocorrection

Exercice 1 : reconnaissance du milieu d'un segment.
Exercice 2 : repérage d'erreurs dans une reproduction sur quadrillage.
Exercice 3 : maitrise du déplacement sur quadrillage.
Exercice 4 : reconnaissance de l'axe de symétrie sur une figure simple sur quadrillage.

12 min Remédiation ou Défi

Exercice 1 : l'établissement du lien entre milieu d'un segment et moitié d'une longueur est guidé, pour éviter une réponse « intuitive » et uniquement visuelle.
Exercice 2 : cet exercice propose un entrainement au repérage d'erreurs de positionnement sur quadrillage.
Exercice 3 : l'exercice proposé est autocorrectif, et repose sur la maitrise du mémo sur les déplacements.
Exercice 4 : il s'agit d'une verbalisation visant à mettre en avant la similarité des deux parties d'une figure de part et d'autre d'un axe de symétrie.
Défi : le défi propose une tâche ouverte et artistique aux élèves. Il repose sur la maitrise de la symétrie sur quadrillage, ce que certains élèves maitrisent en fin de cycle 2, mais peut aussi être réalisé avec le repérage sur quadrillage à partir du point central.

Situations de référence

Organisation

Deux situations sont proposées dans le manuel CM1-CM2 ; elles sont communes au CM1 et au CM2. Vous pouvez ainsi vous organiser avec les autres enseignants qui utilisent la méthode : une année, tous les élèves de CM1 et CM2 font la situation 1 par exemple, l'année d'après, tous les élèves font la situation 2. Ainsi, les élèves feront deux situations de référence différentes s'ils ont la même méthode deux années de suite.

1 Apprentis architectes

5 min Appropriation collective de la situation

« De quoi parle-t-on ? Qu'allons-nous chercher ?

Vous observez sur cette photographie une maison : qu'a-t-elle de particulier ? Vous pouvez imaginer que, comme à l'extérieur, l'intérieur de la maison est "inversé" des deux côtés, comme dans un miroir. Le plan de l'intérieur de la maison de gauche étant représenté sur quadrillage, vous devrez dessiner l'intérieur de la maison de droite.

10 min Recherche PAS à PAS

Si les élèves ont travaillé le repérage de l'axe de symétrie au cycle 2, la référence au quadrillage sera plus complexe, pour deux raisons particulières :
- la verbalisation sur la méthodologie du tracé de la symétrie n'est pas forcément maitrisée, au-delà du vocabulaire intuitif (« pareil », « distance », « autre côté ») ;
- le plan de la maison ne présente pas que des points situés sur les nœuds du quadrillage.

L'enseignant-e peut engager les élèves à utiliser les mots de la géométrie sur quadrillage : nœuds, carreaux…

10 min Analyse collective et explicitation des apprentissages à venir

Les objectifs des missions sont précisés :
- repérage et tracés de symétries autour de figures plus complexes ;
- méthodologie précise des tracés sur quadrillages, y compris sur des fonds au quadrillage alternatif (ex. : papier pointé).

2 Apprentis dessinateurs

La situation de la chapelle présente un questionnement en tous points similaire à celui de la maison jumelée.
Seule l'image présente deux singularités : l'axe de symétrie est horizontal, ce qui est traditionnellement moins courant, et il est moins évident à repérer directement sur l'image, se situant à distance de la base horizontale de la chapelle.
On remarquera un tracé courbe, sur lequel il n'est pas nécessaire de s'attarder dans le cadre d'une réalisation finale.

Aide / différenciation

Le quadrillage étant le point d'appui essentiel de la symétrie pour les élèves, il leur sera difficile de passer au tracé sans quadrillage tant que la symétrie sur quadrillage n'est pas maitrisée. Un élément important de différenciation est donc de profiter de la phase d'« ouverture » à des tracés plus complexes (axe de symétrie en diagonale, fonds quadrillés alternatifs) pour poursuivre le travail sur quadrillage classique avec des modèles de complexité croissante pour les élèves les plus en difficulté.
Enfin, il conviendra de s'assurer que certains élèves soient confrontés à des problèmes directs de perception visuelle.

MISSION 1

Repérer un ou plusieurs axes de symétrie

DURÉE

45 min

MATÉRIEL

- Paire de ciseaux
- Règle
- Crayon rouge
- Hexagone

COMPÉTENCES

- Chercher
- Communiquer

M12 • M1

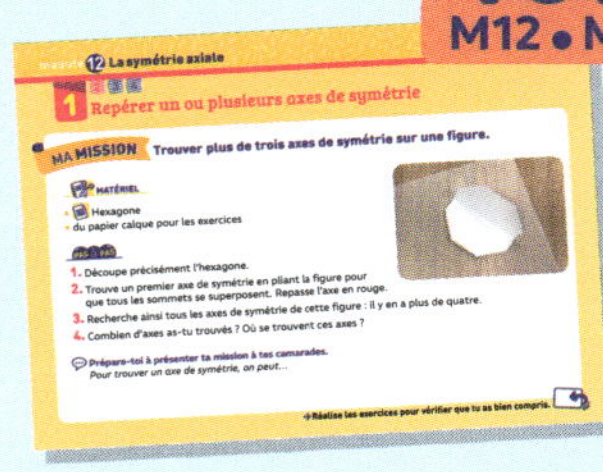

p. 136

OBJECTIFS

- Identifier des axes de symétrie par pliage.
- Repérer des axes de symétrie peu évidents.

PRINCIPE DE LA MISSION

- À la suite de la situation de référence et avant des exercices d'entrainement dans lesquels la symétrie simple de la figure apparait intuitivement et/ou grâce au quadrillage, cette mission propose aux élèves de **travailler sur le support d'un hexagone régulier, dont on ne connait pas le nombre d'axes**. Il s'agit alors de trouver le maximum d'axes, le seul indice étant qu'il y en a plus que 3. De fait, selon la règle édictant qu'un polygone régulier possède autant d'axes de symétrie que de côtés, il y a 6 axes de symétries à trouver : 3 passant par les sommets et 3 passant par les milieux des côtés. **La stratégie proposée est double : repérage « intuitif » des axes et vérification par pliage.** Le recours à la technique du pliage apparait importante à ce stade, comme moyen de recherche puis, plus tard, de vérification.

8 min Appropriation collective

La séance commence par une observation générale de la figure proposée aux élèves, dont ils ne connaissent probablement pas le nom :

« Que remarquez-vous de particulier dans cette figure ? Vous pouvez l'observer, mais aussi la mesurer. »

Il conviendra à ce stade d'insister sur des caractéristiques remarquables : la régularité du polygone, marquée par des longueurs égales (et des angles égaux, même si ce n'est pas l'objet du module). Son nom, hexagone régulier, peut être avancé.
Une conséquence de cette régularité, si elle n'est pas proposée par les élèves, leur sera importante pour la recherche d'axes multiples : son aspect identique quand on lui fait subir une rotation.

« Vous devez trouver tous les axes de symétrie de cette figure. Pour cela, vous aurez le droit de la plier : les sommets doivent alors se retrouver exactement l'un sur l'autre. Attention : il y a plus de 3 axes. »

10 min Recherche individuelle et confrontation en binôme

Chaque élève, individuellement, choisira la stratégie qui lui convient le mieux, selon deux directions : recherche par tâtonnement en pliant la figure, ou recherche par observation / abstraction et vérification par pliage. Il conviendra de laisser à disposition quelques hexagones supplémentaires, car certains élèves risquent avec la première stratégie de ne plus pouvoir manipuler correctement la figure initiale.
L'enseignant-e ne donne aucun indice supplémentaire et propose une confrontation par binôme à la moitié environ de cette phase. Il insiste pour que la mise en commun ne concerne pas uniquement le nombre d'axes trouvés, mais aussi la description de leur emplacement. Il conviendra également d'aider ou de faire aider les élèves ne repérant aucun axe ou, à l'inverse, ceux en trouvant plus que six.

15 min Mise en commun et trace écrite provisoire

La mise en commun nécessitera un affichage de grande taille au tableau (dessin ou projection de l'hexagone). Plusieurs éléments essentiels devront être mis en avant par l'enseignant-e au fur et à mesure de cette phase :
– l'utilisation d'un vocabulaire géométrique : sommet, côté, milieu, mesure… ;
– la nécessité d'une précision millimétrique lors du tracé comme lors de la phase de pliage.
Les propriétés de régularité de la figure sont mises en avant pour regrouper les axes en deux familles : ceux reliant les sommets et ceux reliant les milieux des côtés. Il conviendra bien sûr de remarquer que peu de figures ont autant d'axes de symétrie.
L'enseignant-e peut insister dès cette étape sur la capacité d'abstraction : le fait d'essayer de repérer un axe « en imaginant un pliage » avant la vérification effective de l'existence de cet axe.

Réponses possibles

En pliant précisément, *les sommets se touchent* de chaque côté de l'axe de symétrie.
Plutôt que de plier au hasard, je préfère *mesurer* pour trouver où se trouve *le milieu des côtés*.
On ne croirait pas qu'il y a *autant d'axes de symétrie* dans une figure si simple.
J'ai remarqué que si on trace bien, tous les axes de symétrie *se coupent en un seul point* au centre de la figure.

Trace provisoire possible

Je retiens de la MISSION 1

- Pour trouver un axe de symétrie, on plie la figure. Si les sommets se superposent, alors le pli est un axe de symétrie.
- Une figure peut comporter un ou plusieurs axes de symétrie (mais aussi aucun axe de symétrie).

12 min Exercices d'appropriation

Exercices proposés	Observations	En cas de difficultés
Exercices 1 à 3 : ces exercices introduisent l'utilisation de papier calque pour réinvestir la technique du pliage en toute situation.	*« L'élève est-il capable d'identifier des axes de symétrie intuitivement et par pliage ? »*	**Exercices 1 - 2 - 3 p. 136** en insistant sur la verbalisation géométrique.
Exercice 4 : cet exercice ouvert propose à l'élève d'affuter son regard sur la présence de symétrie dans son environnement immédiat.	*« L'élève sait-il repérer un ou plusieurs axes de symétrie dans des objets et lieux familiers ? »*	Guider l'observation de l'élève vers un objet simple : cahier ouvert, encadrement de porte… Il conviendra de préciser que le dessin n'a pas à être rigoureusement précis.

Aide / différenciation

Comme expliqué dans la section « Apports didactiques », la part intuitive dans le repérage des axes de symétrie est importante et une lacune sur ce point, symbolisée par une difficulté lors de l'exercice d'appropriation n° 4, peut empêcher des élèves d'avancer sereinement dans la suite des apprentissages. Pour ces élèves en particulier, **l'observation réfléchie des objets et des lieux du quotidien** sera bénéfique pour obtenir cette vision globale et cette abstraction complémentaire permettant de repérer un axe. Ainsi, **la collecte d'objets réels ou en images et de lieux** réalisée lors de cet exercice, potentiellement remise au propre par l'enseignant-e avec figuration des axes, peut constituer un point d'appui tout au long du module pour ces élèves, agissant comme un répertoire de formes symétriques.

MISSION 2

Compléter ou tracer une figure par symétrie avec quadrillage

DURÉE

45 min

MATÉRIEL

- Compas
- Figure à reproduire

COMPÉTENCES

- Raisonner
- Communiquer

M12 • M2

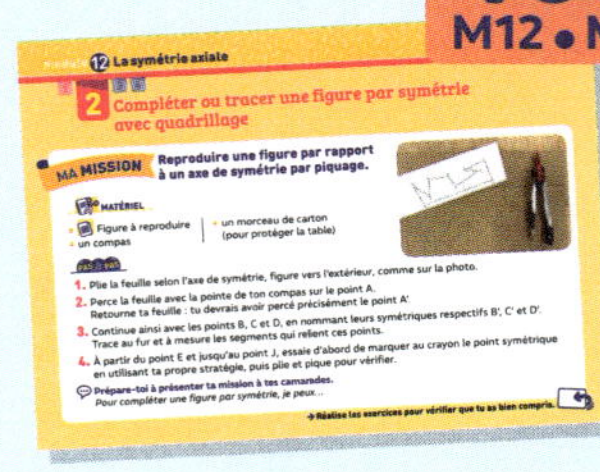

pp. 137-138

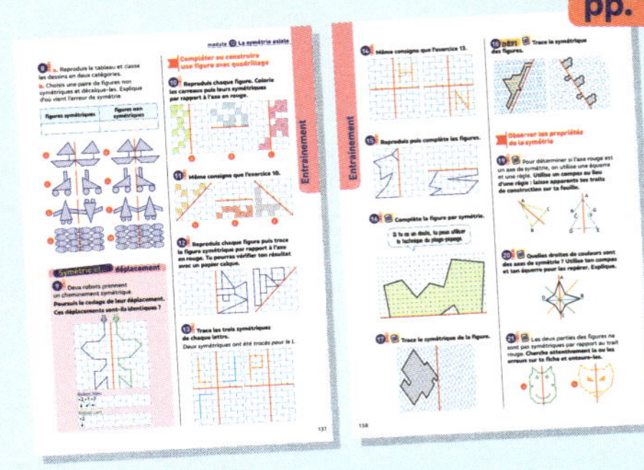

OBJECTIFS

- Maitriser la technique de la symétrie sur quadrillage.

PRINCIPE DE LA MISSION

- L'activité d'ouverture de la mission utilise volontairement un fond différent du quadrillage habituel : une figure sur papier pointé. De même, l'activité ne suit pas la logique que les élèves conservent probablement du cycle 2 : la technique du pliage-piquage est proposée avant de tracer la figure symétrique de la figure modèle. Enfin, la figure choisie ainsi que l'orientation de l'axe de symétrie sont au-delà des compétences de nombre d'élèves. La raison en est simple : la majorité des élèves a en effet déjà acquis une technique, fonctionnant pour la symétrie de figures simples, mais peut-être erronée ou approximative dans un contexte plus compliqué. L'idée est donc de pouvoir **partir d'une base commune, méthodique, pour s'entendre sur la technique la plus efficace et fiable utilisant le comptage de carreaux par rapport à l'axe de symétrie** (comptage de points avec du papier pointé). Une fois cette technique explicitée, la variation des fonds quadrillés, des directions des axes de symétrie et des figures proposées doit permettre à chacun de maitriser la symétrie dans de nombreuses situations.

10 min Appropriation collective

Il est probable que ce soit le fond en papier pointé qui interroge les élèves dès la vue de la figure à reproduire.

« À votre avis, est-il possible de tracer le symétrique de la figure que vous observez en utilisant les points à l'arrière-plan ? »

L'échange pourra autant concerner la possibilité de réaliser cette symétrie que la difficulté de la tâche. Cependant, l'enseignant-e n'invite pas à échanger sur la technique, il propose une autre approche, le pliage-piquage :

« Vous allez d'abord apprendre une technique qui permet de tracer la symétrie sans se tromper… et sans réfléchir. »

Un exemple est fait collectivement avec les points A et B, et il est vérifié qu'ils correspondent à A' et B'.

« Vous poursuivrez ce travail, mais en essayant à chaque fois de tracer le prochain point avant de plier et piquer. Vous réfléchirez donc à une technique pour tracer le symétrique d'un point. »

8 min Recherche en binôme

Chaque binôme d'élèves avance de manière simultanée dans le tracé du symétrique de la figure. Il est attendu un échange sur les techniques permettant d'anticiper le pliage-piquage. L'enseignant-e veille à ce que ces échanges aient lieu et démontrent une réelle métacognition sur la tâche, notamment au travers du comptage des points de chaque côté de l'axe de symétrie. Les binômes les plus à l'aise peuvent mettre par écrit leur technique, en utilisant un vocabulaire géométrique le plus précis possible.

15 min Mise en commun et trace écrite provisoire

Les échanges collectifs portent sur les techniques de tracé auxquels les élèves ont réfléchi, étant entendu que le pliage-piquage n'est désormais présenté que comme une technique de vérification. L'intérêt du papier pointé est mis en avant : il n'y a guère de confusion possible entre nœuds et carreaux, comme c'est souvent le cas au cycle 2 et qui amène à des erreurs de ± 1 nœud. C'est donc bien le nombre de nœuds qu'il faut compter, de chaque côté de l'axe, perpendiculairement à celui-ci. Cette règle restera inchangée avec le passage au quadrillage « classique ».

Réponses possibles

J'ai essayé de compter les points pour aller de B à C, mais *c'est trop compliqué en travers*.
Il faut qu'il y ait *le même nombre de points* au-dessus et en dessous de l'axe de symétrie pour trouver le symétrique.
Pour ne pas se tromper, il faut suivre *précisément ave* *le doigt* sur la feuille.
Si on va *trop vite*, on fait une erreur qu'on ne voit pas forcément, sauf avec le pliage-piquage, ça permet de vérifier.

▶ Trace provisoire possible

Je retiens de la MISSION 2

- Pour compléter une figure par symétrie, on peut utiliser le quadrillage pour les points de la figure qui sont sur les nœuds du quadrillage.
- On compte combien de nœuds séparent le point de l'axe, et on reporte le même nombre de nœuds de l'autre côté de l'axe.

12 min Exercices d'appropriation

Exercices proposés	Observations	En cas de difficultés
Exercice 1 : cet exercice propose d'exercer la technique étudiée précédemment, les flèches mettant en évidence l'effet de symétrie.	*« L'élève est-il capable de mettre en œuvre la technique simple de la symétrie ? »*	**Exercices 13 - 14 pp. 137-138**
Exercices 2 et 3 : ces exercices exercent à une visualisation de la symétrie par « éléments » et non par points tracés sur quadrillage.	*« L'élève est-il capable de réaliser une symétrie "par éléments" ? »*	Proposer une étape supplémentaire de reproduction de la figure avant de la « retourner » par symétrie.

Aide / différenciation

La technique du comptage peut être plus aisée sur fond de papier pointé que sur fond quadrillé, contrairement à la première impression que donne ce fond, car on se concentre plus facilement sur le comptage des points de part et d'autre de l'axe. Ainsi, le passage à la symétrie sur quadrillage demeure malaisé pour certains élèves qui font une confusion involontaire entre les traits de la figure à reproduire et les traits du quadrillage. Il peut être envisagé, pour ces quelques élèves, que les exercices de symétrie sur quadrillage (exercices 12 à 15 pp. 137-138 du manuel) soient d'abord réalisés **en grand format ou en projection au tableau sur fond papier pointé**, en téléchargement sur le site https://ecole.nathan.fr/eduscol_Espace-et-geometrie-au-cycle-3

SYNTHÈSE, RETOUR SUR LA SITUATION DE RÉFÉRENCE

DURÉE

30 min

MATÉRIEL

- Papier calque
- Équerre
- Règle graduée

COMPÉTENCES

- Raisonner
- Communiquer

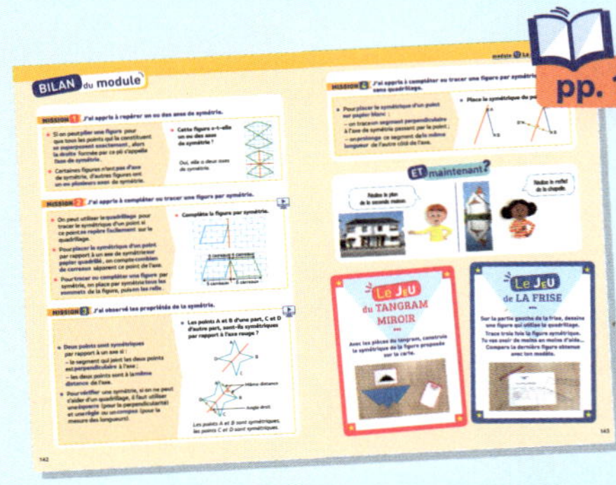

pp. 142-143

pp. 134-135

15 min Retour sur les traces écrites provisoires des missions

Il est important, à ce stade du module, de clarifier les situations distinctes dans lesquelles on travaille « la symétrie » :
– reconnaitre des situations de symétrie, et en particulier un ou plusieurs axes de symétrie dans une figure ;
– terminer une figure symétrique ou tracer le symétrique d'une figure à l'aide du quadrillage.
Il s'agit de simplifier au maximum la procédure de tracé de symétrie sur quadrillage pour que tous les élèves, à ce niveau de leur scolarité, se sentent à l'aise avec des figures et configurations de difficultés variables.

5 min Mémo

10 min Retour sur la situation de référence

La technique pour tracer le symétrique du plan de la maison n° 1 doit paraitre évidente à ce stade du module. Il est d'ailleurs possible de proposer cet exercice aux élèves.
Cependant, en mettant en perspective les apprentissages visés en CM2, il convient de mettre en avant l'absence de technique précise pour les points ne se trouvant pas sur les nœuds d'un quadrillage ; seul un placement approximatif est possible à ce stade de la scolarité.
La situation de la chapelle est en tous points (sauf l'horizontalité de l'axe de symétrie) similaire à celle de la maison jumelée.
Ici, la difficulté particulière est le tracé d'une courbe : l'enseignant-e peut préciser qu'à ce stade, il n'est possible que de réaliser ce tracé approximativement, à main levée.

JEUX

DURÉE
30 min

COMPÉTENCES
- Raisonner
- Communiquer

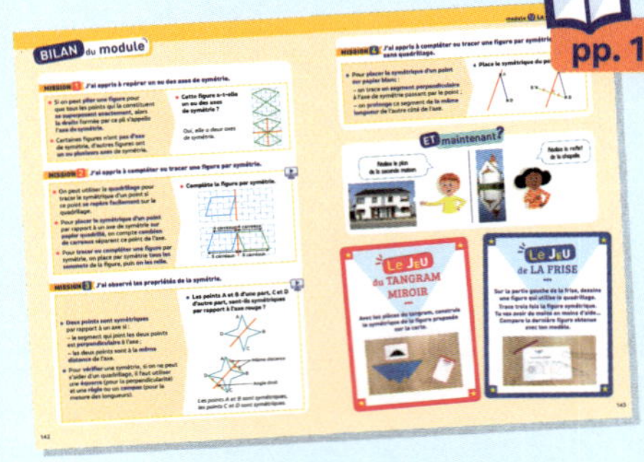

pp. 142-143

DIFFÉRENCIATION

- Deux jeux sont proposés, l'un relevant plutôt du **CM1 (à gauche)** et l'autre du **CM2 (à droite)**. Ils pourront cependant tous deux être proposés aux élèves selon leur niveau, vous permettant ainsi de différencier ce temps.

Le JEU du Tangram miroir

ORGANISATION Individuel

MATÉRIEL • 1 tangram carré classique à 7 pièces • cartes à découper

RÈGLE DU JEU

Le joueur tire au hasard une carte représentant une figure réalisée avec un tangram. Il doit, à l'aide des pièces de son tangram, réaliser la figure symétrique. Il n'est pas possible pour cela de superposer les pièces sur le modèle, qui est plus petit.
Chacun des côtés de la carte modèle (haut, bas, droite, gauche) est potentiellement un axe de symétrie ; l'élève peut donc choisir selon quel axe il veut réaliser la symétrie.

Le JEU de la Frise

ORGANISATION Individuel

MATÉRIEL • 1 bande vierge de dessin constituée de 4 carrés • une équerre • une règle • un crayon à papier

RÈGLE DU JEU

L'objectif est de réaliser des symétries de difficultés croissantes, les aides diminuant petit à petit.
L'élève dessine sur le carré de gauche une figure géométrique utilisant les nœuds du quadrillage, dont il devra réaliser 3 symétries successives : du quadrillage vers le papier pointé puis du papier pointé vers le fond blanc (avec règle et équerre) puis du fond blanc vers fond blanc (sans règle ni équerre).
Il faut cacher le modèle précédent au fur et à mesure qu'une symétrie est réalisée. On compare à la fin le 4e dessin avec son modèle initial.

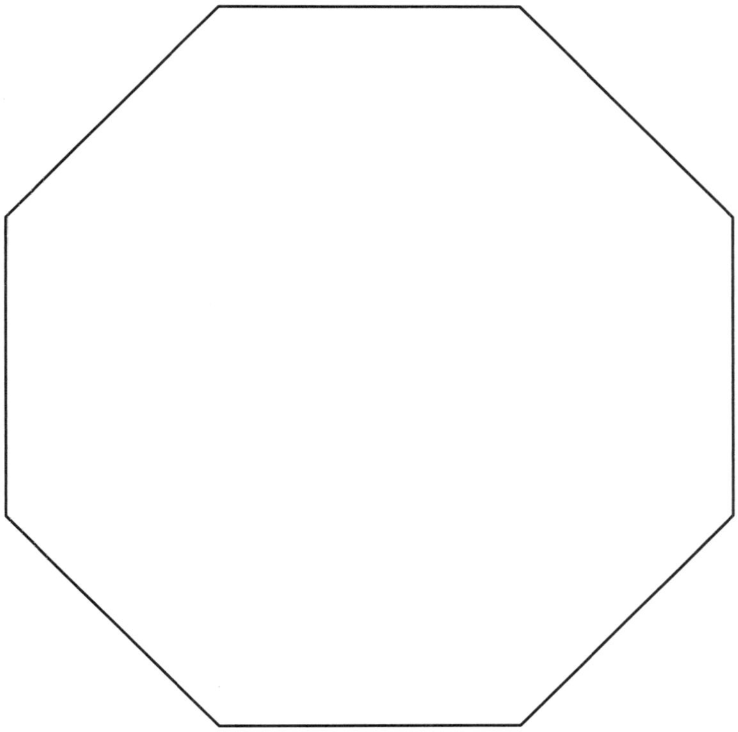

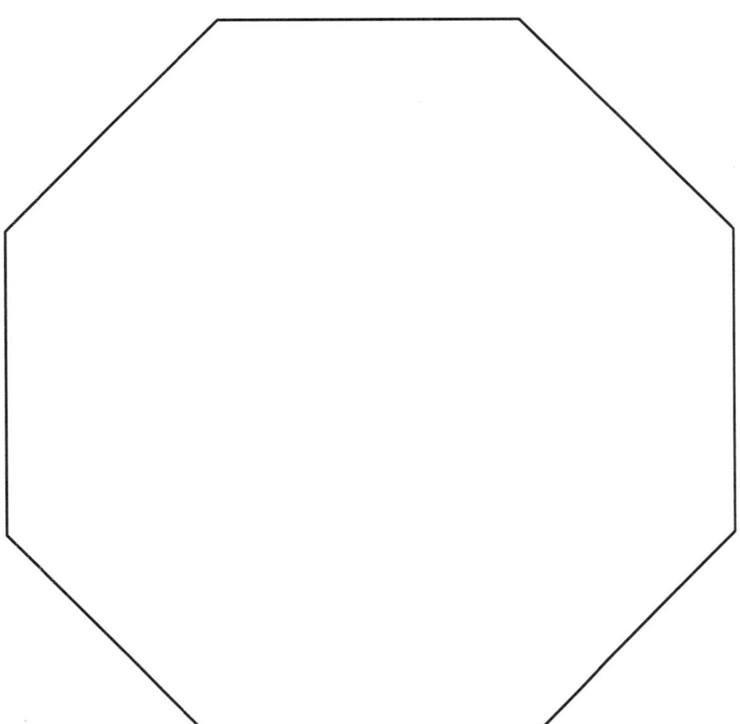

Fiche MISSION 2 Figure à reproduire

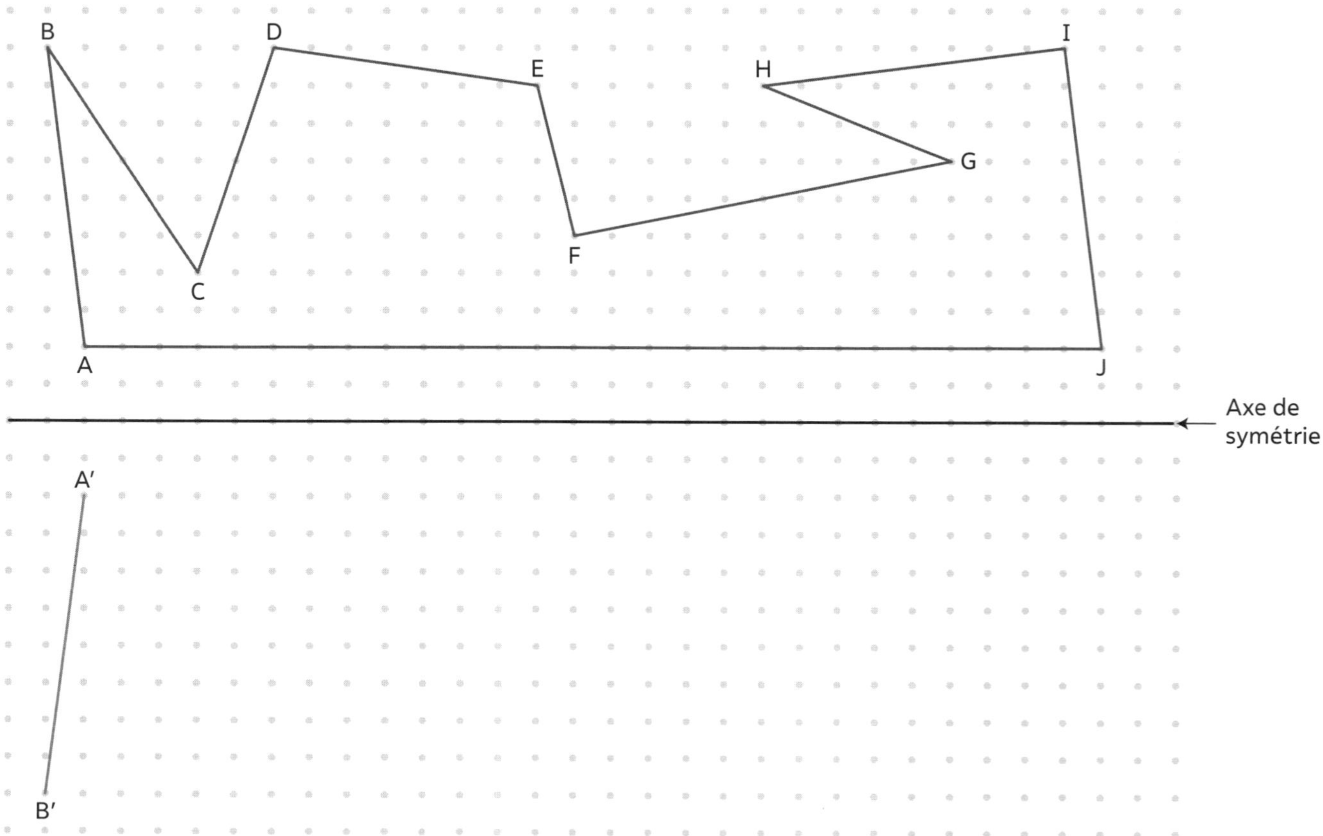

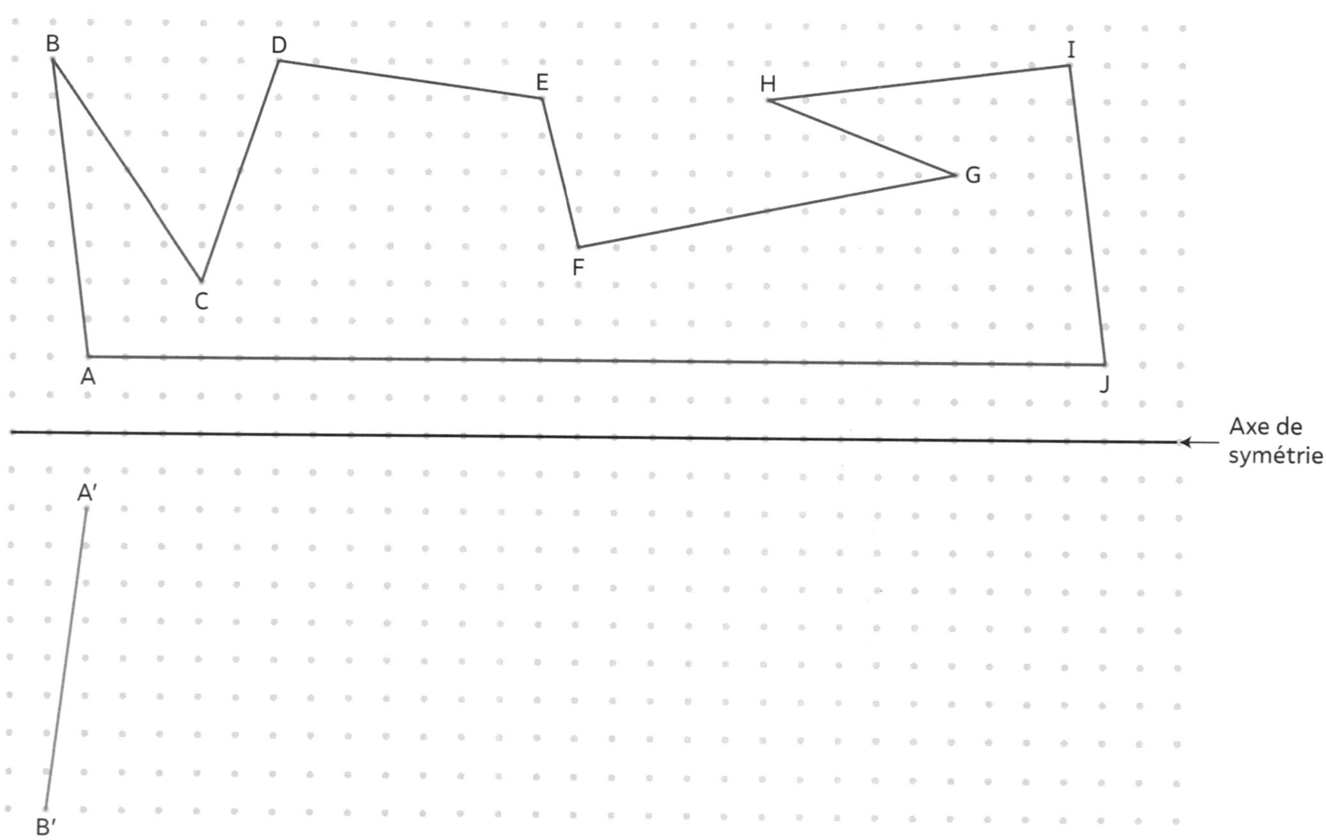

Fiche JEUX Jeu du Tangram miroir (1) • Cartes à découper

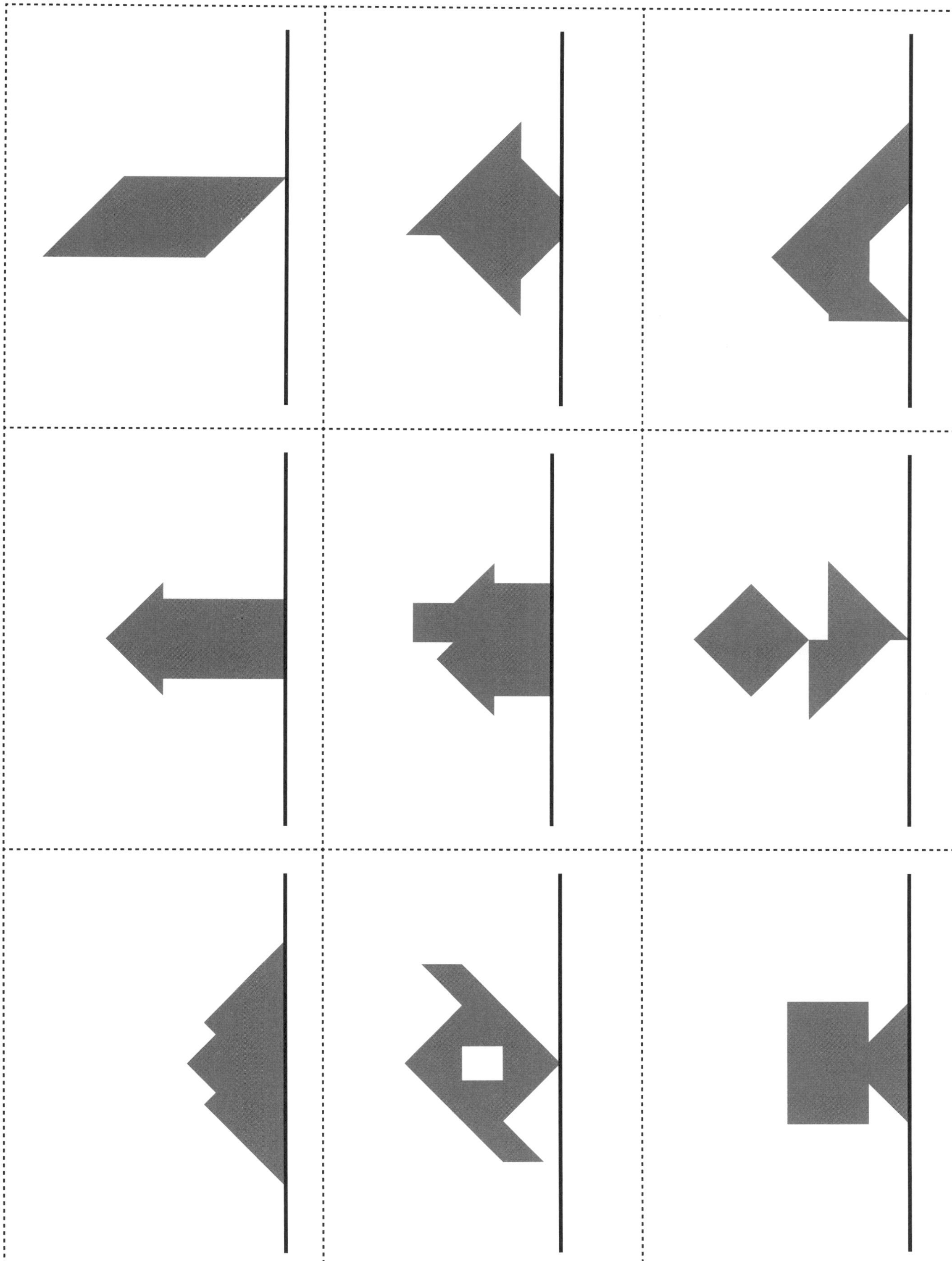

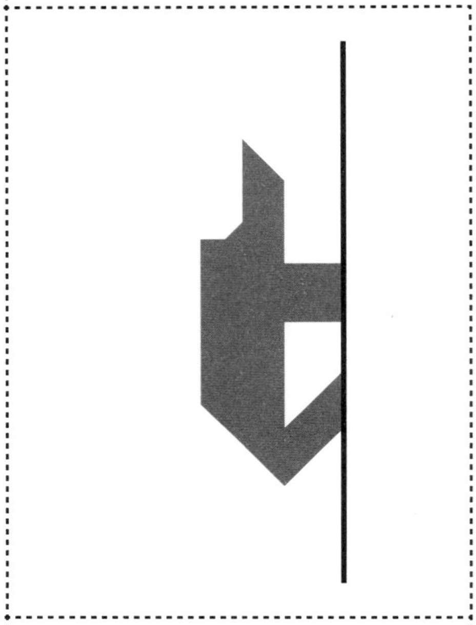

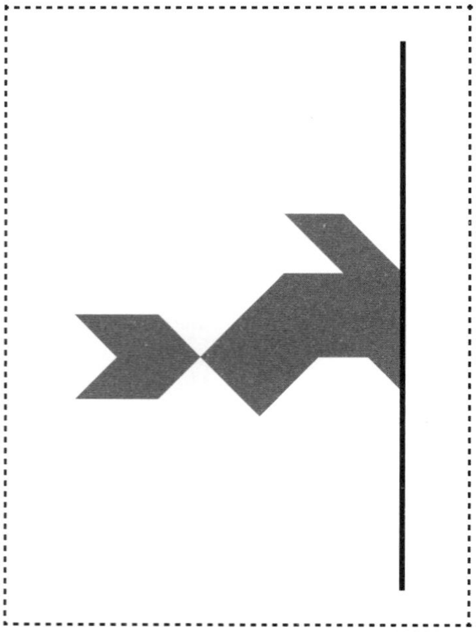

Fiche JEUX Jeu du Tangram miroir (solutions)

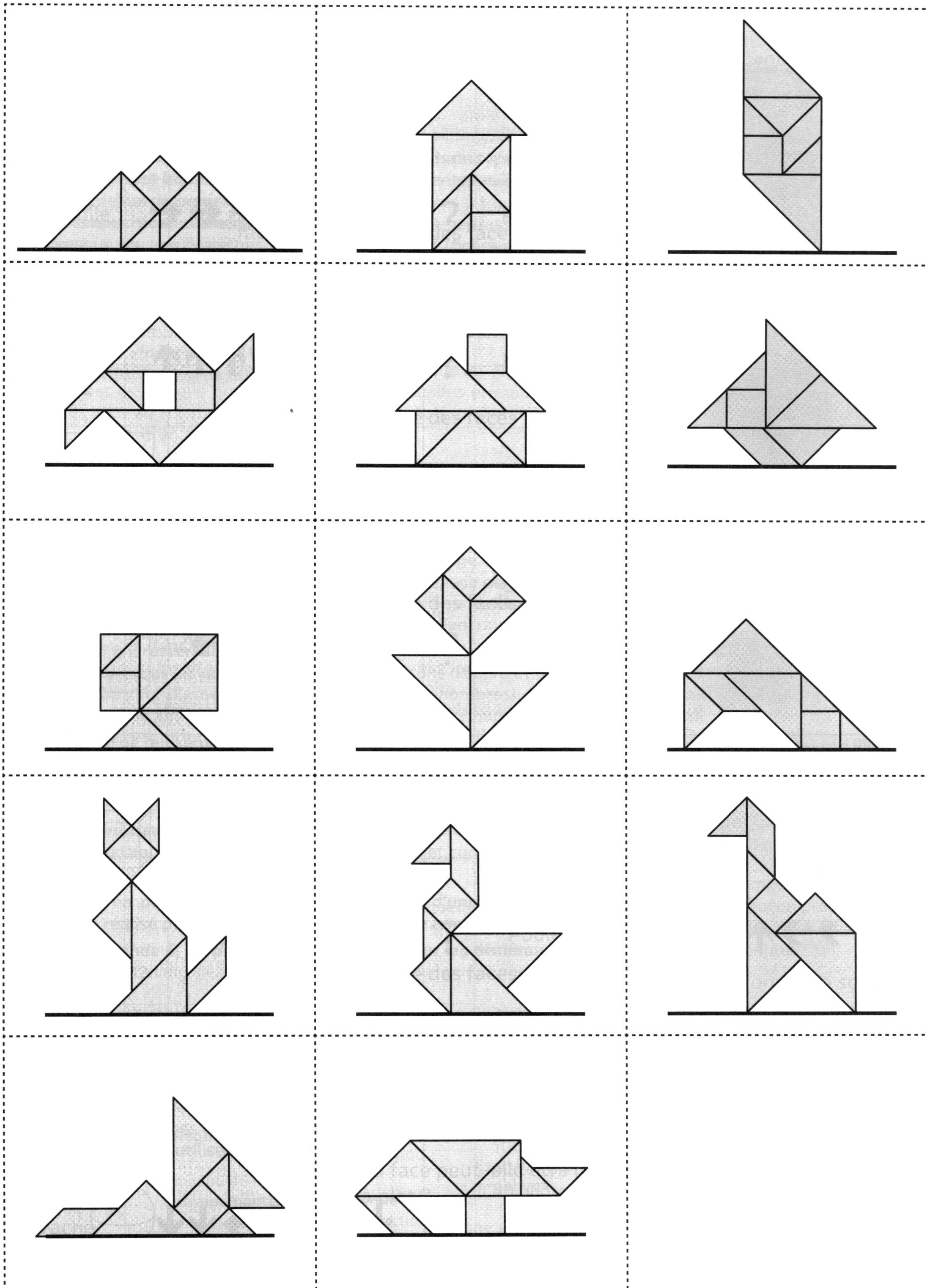

1. Trace une figure de ton imagination en utilisant le quadrillage.	2. Trace la figure symétrique sur le quadrillage pointé puis plie la figure de gauche.	3. Trace la figure symétrique avec ta règle et ton équerre puis plis la figure de gauche.	4. Trace la figure symétrique sans équerre ni règle. Plie puis compare à la figure 1.

1. Trace une figure de ton imagination en utilisant le quadrillage.	2. Trace la figure symétrique sur le quadrillage pointé puis plie la figure de gauche.	3. Trace la figure symétrique avec ta règle et ton équerre puis plis la figure de gauche.	4. Trace la figure symétrique sans équerre ni règle. Plie puis compare à la figure 1.

module 13

Les solides

Progression des apprentissages dans le module

SÉANCE 1	• Vérification des prérequis • Situation de référence « Les maths en vie »
SÉANCE 2	• MISSION 1 Décrire des solides simples
SÉANCE 3	• Entrainement mission 1
SÉANCE 4	• MISSION 2 Construire et manipuler un patron de cube
SÉANCE 5	• Entrainement mission 2
SÉANCE 6	• Synthèse • Retour sur la situation de référence
SÉANCE 7	• Évaluation sommative

CM2

• En CM2, voici les deux missions qui seront travaillées en continuité de celles réalisées en CM1. Si vous le souhaitez, ou si une programmation de cycle le prévoit, vous pouvez donc aller plus loin et les proposer à vos élèves. Se référer alors au site compagnon sur lequel vous trouverez leur descriptif.

MISSION 3
Construire les différents patrons de cube

MISSION 4
Construire un patron de pavé droit

Compétences LSU et BO

• **Reconnaitre, nommer, décrire, reproduire, représenter, construire des solides.**
Reconnaitre, nommer, décrire des solides simples ou des assemblages de solides simples : cube, pavé droit, prisme droit, pyramide, cylindre, cône, boule.
Connaitre le vocabulaire associé aux solides : sommet, face, arête.

• **Reproduire, représenter, construire.**
Reproduire, représenter, construire des solides simples ou des assemblages de solides simples sous forme de maquettes ou de dessins ou à partir d'un patron (donné, dans le cas d'un prisme ou d'une pyramide, ou à construire dans le cas d'un pavé droit, d'un cube).
Construire, pour un cube de dimension donnée, des patrons différents.
Reconnaitre, parmi un ensemble de patrons et de faux patrons donnés, ceux qui correspondent à un solide donné : cube, pavé droit, pyramide.

Lexique

• **Solide :** forme délimitée par une surface fermée dans l'espace et ayant un volume fini. Tous les objets autour de nous sont, de fait, des solides. Dans le cadre scolaire, on considère comme tels des objets dont toutes les dimensions sont discernables.

• **Polyèdre :** solide délimité par une surface plane. Le cube, le pavé, la pyramide et le prisme, étudiés au cycle 3, sont des polyèdres.

• **Patron :** figure géométrique plane qui permet de reconstituer un solide après pliage. Le patron d'un polyèdre est donc un assemblage de polygones, joints par certains côtés et correspondant à chacune des faces de ce solide. Il peut y avoir plusieurs patrons différents pour un même polyèdre.

• **Perspective :** représentation du domaine des objets et des volumes en 3 dimensions dans un espace en 2 dimensions (ex. : une feuille de dessin). Il existe plusieurs types de représentation en perspective.

Représentations d'un pavé droit selon deux perspectives

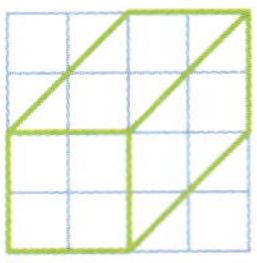
Perspective cavalière

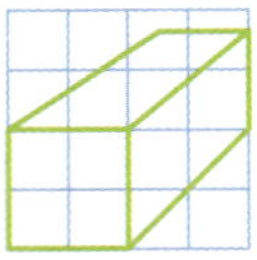
Perspective linéaire

Apports didactiques

• Le domaine géométrique des solides est abordé dès le cycle 2, à l'issue duquel certains apprentissages visés au cycle 3 ont déjà été abordés : la connaissance de 6 solides communs (cube, pavé droit, pyramide, boule, cylindre, cône), la description des 3 polyèdres de cette liste et l'approche de la notion de patron.

• Il n'y a en théorie qu'un « nouveau » solide à découvrir par rapport au cycle 2 : le prisme. Le parti pris de la méthode est de ne pas l'introduire « à part », mais de traiter sans distinction les 7 solides afin d'élargir les capacités d'observation et d'analyse des élèves : en CM1, mise en avant des différences dans les caractéristiques des solides, permettant de distinguer les polyèdres, et en CM2, observation des solides dans le cadre d'assemblages variés de solides simples.

• L'étude des patrons est particulièrement approfondie, avec la recherche de plusieurs patrons du cube, l'étude du patron du pavé droit et la découverte du patron de la pyramide. Le dessin en perspective n'est pas un objet d'étude et d'apprentissages, et il n'est pas demandé aux élèves de le maitriser, même pour des solides simples comme le cube ou le pavé droit. Cependant, la reproduction en perspective est demandée dans certains exercices, quand elle permet d'ouvrir une possibilité d'expression et de raisonnement aux élèves : dans ce cas, l'usage du quadrillage permet de guider les élèves, à la manière d'une reproduction de figure en géométrie plane.

Difficultés rencontrées par les élèves

1 Difficulté lors de la manipulation et de la vision des objets dans l'espace :
• confusion lors de la manipulation de solides (nombre de faces, faces opposées…) ;
• difficulté de perception sensorielle entre les caractéristiques opposées de solides : face planes ou non planes, « arêtes » courbes (qui ne sont pas des arêtes) ou rectilignes.

2 Difficulté de lecture des représentations de solides dans le plan :
• incapacité à se représenter la partie « cachée » des représentations en perspective cavalière :
• difficulté à distinguer des solides simples dans un assemblage de solides.

→ la face arrière du pavé n'est pas perçue.

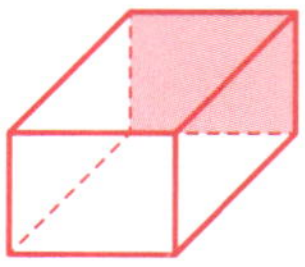

3 Mise en lien difficile entre un solide et son patron :
• difficulté à plier « mentalement » un patron pour obtenir un cube ou un pavé, en distinguant la place finale des faces :

→ le repliage « mental » du patron pose problème.

• confusion dans le placement relatif des rectangles pour la réalisation du dessin d'un patron :

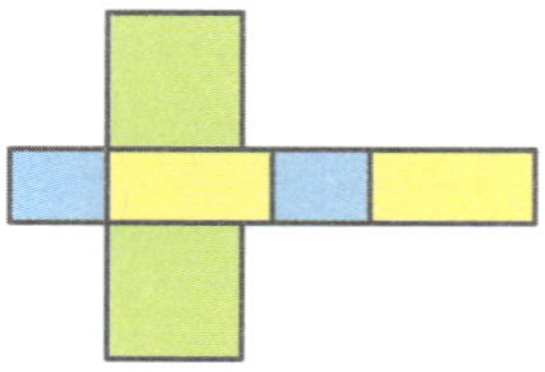

AUTOÉVALUATION, SITUATION DE RÉFÉRENCE

DURÉE
45 min

MATÉRIEL
- Pas de matériel particulier

COMPÉTENCES
- Chercher
- Raisonner
- Communiquer

M13 • P1

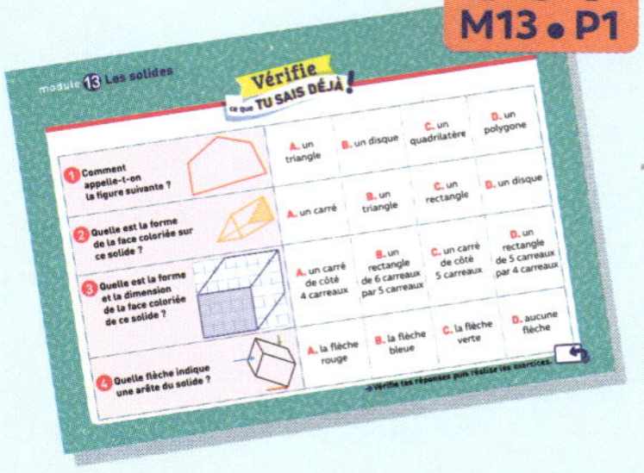

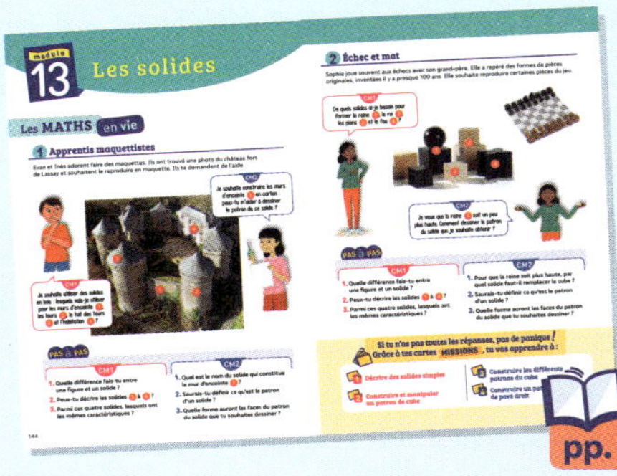

pp. 144-145

Autoévaluation

10 min Autoévaluation formative, autocorrection

Exercices 1 et 2 : connaissance du vocabulaire simple de géométrie plane.
Exercice 3 : utilisation du quadrillage pour décrire la face d'un solide.
Exercice 4 : connaissance du vocabulaire simple sur les solides.

10 min Remédiation ou Défi

Exercices 1 et 2 : ces exercices permettent de se remémorer les caractéristiques des polygones ainsi que le nom des principales figures planes.
Exercice 3 : cet exercice propose de tracer quatre carrés et rectangles aux dimensions distinctes.
Exercice 4 : cet exercice fixe le vocabulaire principal des solides en l'axant sur une recherche visuelle.
Défi : la reproduction de la figure proposée fait appel aux compétences de reproduction en géométrie plane tout en faisant apparaitre une figure en 3 dimensions. Son prolongement utilisera donc des compétences mêlées de vision en deux et en trois dimensions.

Situations de référence

Organisation

Deux situations sont proposées dans le manuel CM1-CM2 ; elles sont communes au CM1 et au CM2. Vous pouvez ainsi vous organiser avec les autres enseignants qui utilisent la méthode : une année, tous les élèves de CM1 et CM2 font la situation 1 par exemple, l'année d'après, tous les élèves font la situation 2. Ainsi, les élèves feront deux situations de référence différentes s'ils ont la même méthode deux années de suite.

1 Apprentis maquettistes

5 min Appropriation collective de la situation

« De quoi parle-t-on ? Qu'allons-nous chercher ?

Sur cette photographie de château-fort, les bâtiments ont des formes différentes. Vous voulez reconstituer les bâtiments 1 à 4 avec des solides en bois simples : de quels solides aurez-vous besoin ? Vous observerez donc la forme des bâtiments, leurs points communs et leurs différences.

10 min Recherche PAS à PAS

L'idée est d'amener les élèves à la distinction entre solide – dans l'espace – et figure – dans le plan. L'enseignant-e pourra guider les élèves pour lesquels le mot « solide » représente un apprentissage lointain vers un mot clé : « cube ».
De même, il laissera beaucoup de liberté dans la description de ces solides ; le vocabulaire employé par les élèves, à ce stade, sera probablement du quotidien : droit, plat, rond, pointu, etc.

10 min Analyse collective et explicitation des apprentissages à venir

La mise en commun permettra de collecter les probables nombreuses propositions des élèves pour décrire les solides : leurs caractéristiques, leurs noms… L'enseignant-e pourra confirmer les noms des 3 solides mis en avant par la situation et évoquer le fait que 7 solides simples seront étudiés en CM, sans les nommer tous.
Les similitudes entre les solides 1 et 4 sont faciles à aborder : la plupart des bâtiments « traditionnels » ont en effet une base rectangulaire, peut-être même l'école des élèves.
L'intérêt d'un patron est présenté, sans que ses caractéristiques soient dévoilées, ni même le(s) patron(s) du cube, objets de la mission 2.

2 Échec et mat

La situation des échecs présente quelques différences avec celle du château-fort, même si les questionnements sont très proches. L'échelle n'est pas la même : ces pièces ont en effet la taille réelle de solides que les élèves manipuleront ; en cela, la situation peut paraitre plus abordable pour certains élèves.
Enfin, la situation présente le cas particulier du prisme (pièce 4), nouveau solide pour les élèves.

Aide / différenciation

Concernant les patrons, des difficultés pour « replier » le patron, imaginer la position des faces une fois repliées peuvent être rencontrées. **La manipulation de patrons réels de cubes de différentes tailles** est une aide ; mais le raisonnement uniquement dans le plan de la feuille est une étape supplémentaire importante : **des animations en ligne** utilisant des applications comme Geogebra permettent par exemple de visualiser le dépliage-pliage de tous les patrons du cube.

MISSION 1

Décrire des solides simples

DURÉE

45 min

MATÉRIEL

- 7 solides à manipuler
- Cartes d'identité des solides
- Fiche de synthèse à compléter

COMPÉTENCES

- Chercher
- Représenter
- Communiquer

M13 • M1

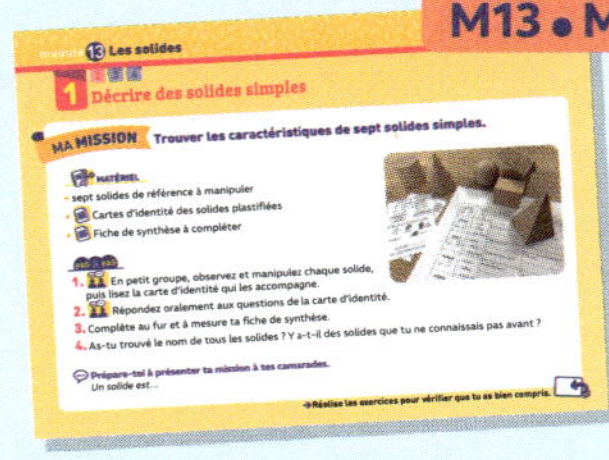

p. 146

OBJECTIFS

- Découvrir les caractéristiques, points communs et différences entre les 7 principaux solides.

PRINCIPE DE LA MISSION

- Cette mission propose d'**étudier**, idéalement sous forme d'ateliers tournants, **les 7 solides au programme du CM1 et CM2**. Dans chaque atelier visité par les élèves, un solide réel – dont le nom n'est pas indiqué – est associé à une fiche d'identité, de structure identique pour tous les solides et qui a un double objectif : apporter des connaissances et questionner les élèves. Les élèves, par groupes, tentent de répondre aux questions et reportent leurs réponses sur une fiche de synthèse, qui fera l'objet d'une mise en commun en classe. Certains solides sont connus des élèves, d'autres moins ou inconnus. Au-delà du vocabulaire abordé (sommet, arête, face), **ce sont les caractéristiques qui distinguent ces solides, leurs arêtes et leurs faces, qui seront mises en avant**.

3 min Appropriation collective

« *Vous connaissez déjà un certain nombre de solides que vous avez étudiés en CE2. Vous allez observer de nouveau ces solides, ainsi que d'autres qui seront peut-être nouveaux pour vous.*

L'enseignant-e présente les différents emplacements d'ateliers d'observation dans la classe. Il présente la fiche d'observation et de questionnement accompagnant chaque solide :

« *Cette fiche comporte des schémas de solides et le vocabulaire les concernant : face, arête et sommet. Vous essaierez de retrouver ces éléments sur le solide et de répondre aux questions de la fiche.*

Il présente ensuite la feuille de synthèse et les 3 catégories de questions qui sont systématiquement posées.

20 min Recherche et confrontation en petits groupes

La taille des groupes est à adapter à la configuration de la classe : il y a 7 postes d'ateliers. Il est important que chaque élève touche les constituants du solide indiqués par la fiche de synthèse, et que la discussion s'engage rapidement sur les questions ciblées par les fiches accompagnant les solides : nombres de sommets, d'arêtes et de faces ainsi que les formes de celles-ci. Certains éléments des schémas seront contre-intuitifs pour les élèves, comme le fait que certains « traits » sur les schémas ne soient pas des arêtes. À ce stade, l'enseignant-e ne répond pas aux questions ; il relance et s'assure qu'une discussion mathématique constructive est menée dans chaque groupe.

12 min Mise en commun et trace écrite provisoire

L'enseignant-e est maitre de l'organisation de la mise en commun. Deux options sont envisageables : soit axer celle-ci sur les points communs et différences observés entre les différents solides ; soit proposer une mise en commun solide par solide.
Dans tous les cas, il sera important de mettre en évidence le regroupement de solides dans une catégorie clairement établie : les solides dont les faces sont les polygones, séparées par des arêtes. Ces solides sont les polyèdres (cette appellation n'étant pas à proposer forcément), le cube, le pavé, la pyramide et le prisme. Les autres solides ont pour point commun la présence de faces non planes et la quasi-absence de sommets (un seul sommet pour le cône).

Réponses possibles

Nous avons reconnu des solides déjà étudiés en CE2 : le *cube* et le *pavé*.
Sur certains solides, il est facile de *compter les sommets et les arêtes*, on les repère facilement.
C'est étrange, sur les schémas *des cylindres et des boules*, on dirait des arêtes mais *on ne les voit pas*.
Le cône et la pyramide se ressemblent beaucoup, l'un a une *base ronde*, l'autre une *base carrée*.
On *ne connait pas le nom du solide* qui a une base qui n'est pas un carré ou un rectangle.

▶ Trace provisoire possible

Je retiens de la MISSION 1

- Un solide est une forme géométrique dans l'espace, un objet.
- Certains solides ont des faces planes, d'autre non. La plupart des solides ont des arêtes et des sommets, mais pas tous.

10 min Exercices d'appropriation

Exercices proposés	Observations	En cas de difficultés
Exercice 1 : cet exercice permet de réinvestir les observations de la mission quant à la « forme » des arêtes des solides.	*« L'élève est-il capable de distinguer les caractéristiques des arêtes dans des solides distincts ? »*	Apporter un étayage individuel ou en petit groupe en « touchant » les solides concernés pour percevoir les arêtes.
Exercice 2 : cet exercice réinvestit les observations de la mission quant à la « forme » des faces des solides.	*« L'élève est-il capable de distinguer les caractéristiques des faces dans des solides distincts ? »*	Apporter un étayage individuel ou en petit groupe en « touchant » les solides concernés pour percevoir les faces.
Exercice 3 : cet exercice permet une catégorisation sur la base des observations précédentes.	*« L'élève sait-il repérer les solides ayant des faces polygonales ? »*	**Exercices 3 - 5 p. 146**

Aide / différenciation

En ce début de module sur les solides, certains élèves auront des difficultés à passer de l'observation de solides réels à leur représentation sur une feuille. Il conviendra donc de **garder disponibles**, si cela est possible, **les solides réels étudiés lors de la mission** afin d'y faire référence en cas de difficultés, et tant que cela est nécessaire pour certains élèves peu à l'aise avec les représentations spatiales.

MISSION 2

Construire et manipuler un patron de cube

DURÉE

45 min

MATÉRIEL

- Un cube par élève / groupe
- Des gommettes de couleur
- Des crayons de couleurs

COMPÉTENCES

- Chercher
- Représenter
- Communiquer

M13 • M2

p. 147

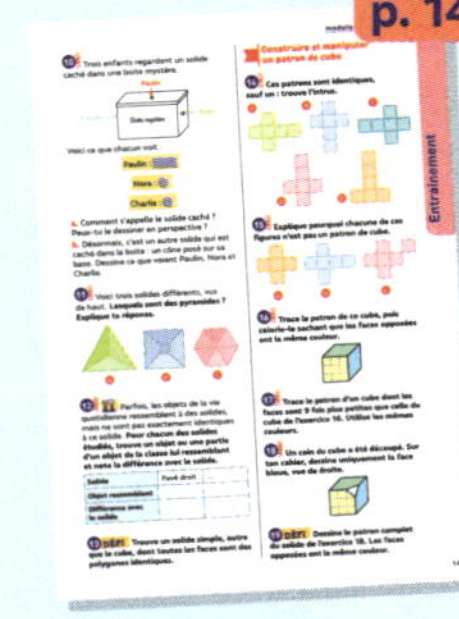

OBJECTIFS

- Construire un patron de cube à partir d'un cube.
- Vérifier qu'un dessin qui a les caractéristiques d'un patron de cube reforme effectivement le solide.

PRINCIPE DE LA MISSION

- La mission reprend à l'envers la logique du patron : **si le patron permet de reconstituer un solide, il est également l'empreinte des différentes faces du solide**. En reproduisant cette « empreinte » au crayon et à l'aide de gommettes de couleurs, les élèves aboutiront à différents patrons : seul le patron « classique » sera retenu et étudié, mais la variété des patrons sera ainsi établie. Compte tenu des contraintes matérielles et organisationnelles de nombreuses classes, il n'a pas été proposé de réaliser cette mission à l'aide de peinture (chaque face du cube étant badigeonnée au rouleau d'une couleur différente), mais cette variante est tout à fait envisageable.
- Le point central de la mission est d'**établir un lien constant entre patron et solide, notamment par l'étude des faces opposées**, à travers leur coloration et leur numérotation en compléments à 7. À ce stade, la nature des faces du cube, toutes identiques, ne posera pas de problème pour la représentation du patron, contrairement au patron du pavé droit, étudié en CM2.

10 min Appropriation collective

Il parait opportun de ne pas avancer en préambule de la mission le mot « patron », qui pourrait emmener les élèves vers des questionnements trop abstraits.

> *Dans cette mission, vous chercherez à observer quelle est "l'empreinte" d'un cube si on le fait tourner sur une feuille de papier.*

Un éclairage des mots « empreinte » et « tourner » sera apporté, par ex. en manipulant le cube comme dans la mission.
Aux élèves imaginant un cheminement « infini » du cube, l'enseignant-e explicitera la contrainte qui mène au patron :

> *Attention : chaque face devra être représentée une et une seule fois sur la feuille.*

8 min Recherche et confrontation en binôme

Les binômes s'organisent pour la manipulation et le tracé de l'empreinte du solide sur la feuille, par ex. en se répartissant les rôles. L'enseignant-e veillera notamment à ce que la rigueur des dessins de patrons soit respectée : les différentes faces devront se toucher côté contre côté, en respectant l'alignement et la perpendicularité. En effet, un patron correctement obtenu pourra ne pas reformer le cube s'il est dessiné avec ces irrégularités. Les figures n'aboutissant pas à un patron seront tout de même conservées, car précieuses pour la mise en commun. Pour les groupes les plus efficaces, l'enseignant-e les engagera à trouver d'autres patrons (il y en a 11 au total) et à les comparer entre eux.

15 min Mise en commun et trace écrite provisoire

Les différents patrons pourront être affichés au tableau ou disposés sur une grande table pour une mise en commun plus aisée. Ils seront proposés en 2 catégories : ceux qui forment un cube – et qui seuls pourront être appelés patrons désormais – et les autres.
Les points communs des différents dessins (patrons et non patrons) seront mis en évidence : les carrés représentent les faces du cube, le nombre de carrés correspond au nombre de faces… Aucune explication théorique ne sera avancée pour les figures à 6 côtés ne formant pas un patron : une vérification simple avec la manipulation du cube montrera que ces dessins ne peuvent être obtenus, et qu'ils relèvent d'une erreur de manipulation.

Réponses possibles

Il faut faire *tourner le cube lentement* pour qu'il ne se décale pas par rapport au début du dessin.
Parfois, il faut *revenir en arrière* pour pouvoir dessiner une nouvelle face.
En faisant tourner le cube de plusieurs manières différentes, on obtient parfois *la même figure*.
Notre figure a *six carrés en forme de croix* : on peut former un cube avec cette figure.
Si on dessine *deux fois la même face*, cela ne peut pas fonctionner.

Trace provisoire possible

Je retiens de la MISSION 2

- Le patron d'un solide est un dessin de chacune des faces du solide sur une feuille de papier. Quand on le découpe et qu'on le plie, il reforme ce solide.
- Le patron d'un cube est composé de 6 carrés ; le patron le plus simple et courant est en forme de croix.

12 min Exercices d'appropriation

Exercices proposés	Observations	En cas de difficultés Sélection d'exercices du manuel
Exercice 1 : dans cet exercice, on met en avant le fait que 6 carrés accolés ne forment pas nécessairement un patron de cube.	*« L'élève est-il capable de différencier un patron d'un "faux" patron ? »*	Exercices 14 - 15 p. 147
Exercices 2 et 3 : ces exercices construisent la numérotation spécifique des faces d'un cube.	*« L'élève fait-il le lien entre la numérotation des faces d'un cube et de son patron ? »*	Exercice 16 p. 147

Aide / différenciation

Comme dans la mission 1, le passage de la vision du cube réel à sa représentation sous forme de patron ne sera pas sans poser problème à certains élèves. La **mise à disposition d'un cube et de son patron, tous les deux numérotés et coloriés de la même façon**, peut constituer un étayage pour ces élèves qui continueront d'utiliser la manipulation pour comprendre la notion de patron. Cela peut aussi être une **série de couples cube-patron ayant la même taille** (ex. : de 2 à 10 carreaux de côté-arête).

SYNTHÈSE, RETOUR SUR LA SITUATION DE RÉFÉRENCE

DURÉE

30 min

MATÉRIEL

- Pas de matériel particulier

COMPÉTENCES

- Raisonner
- Communiquer

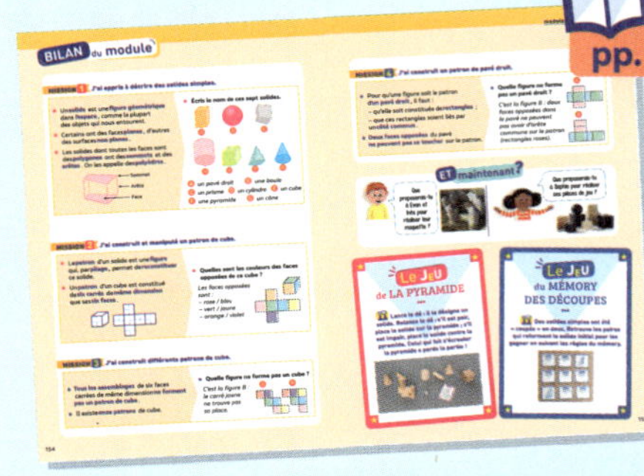

pp. 154-155

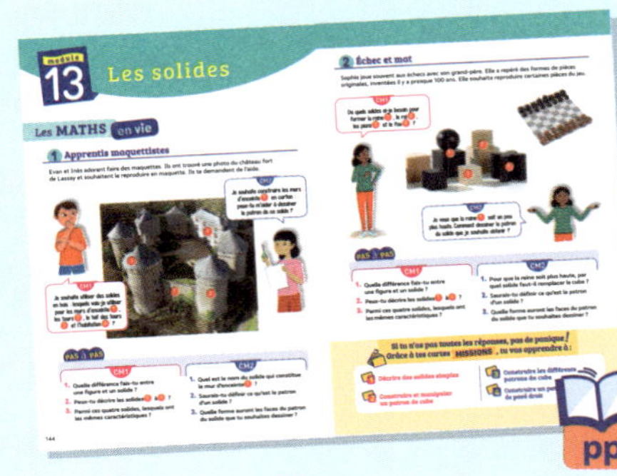

pp. 144-145

15 min Retour sur les traces écrites provisoires des missions

Au moment du bilan, il est important de revenir et lier deux axes de travail, qui auront peut-être peu de lien au regard des élèves :
– la diversité des solides existants (les 7 solides – dont un nouveau, le prisme – présentés à ce stade de la scolarité ne formant que des solides fondamentaux, les plus communs) ;
– la possibilité pour un solide d'être dessiné sous la forme plane d'un patron.
Ainsi, seuls les solides dont toutes les faces sont planes (les polyèdres) auront un patron « simple », caractérisé par des polygones se touchant côté contre côté, le cas le plus simple étant celui du cube.

5 min Mémo

10 min Retour sur la situation de référence

La majorité du travail des missions porte sur des solides « parfaits ». Le retour à la situation initiale permet de replacer les apprentissages en lien avec les objets et constructions du quotidien. Dans ce cadre, nommer les solides constituant le château de Lassay ne devrait pas poser problème. D'autres images de constructions similaires et/ou remarquables (châteaux, immeubles, maisons...) peut permettre un réinvestissement des connaissances autour des 7 principaux solides.
Dans le cas du jeu d'échecs, les conclusions sont les mêmes, à l'échelle des solides simples et assemblages de solides à taille « humaine ». Un éclairage particulier peut être apporté à la place sur le prisme, à la forme complexe pour le fou du jeu d'échecs. En revenant à la notion de base (« prolongée vers le haut »), on peut schématiser de nombreux solides qui sont des prismes. Un taille-crayon « traditionnel » est un élément facile à retenir pour les élèves.

JEUX

DURÉE

30 min

COMPÉTENCES

- Raisonner
- Communiquer

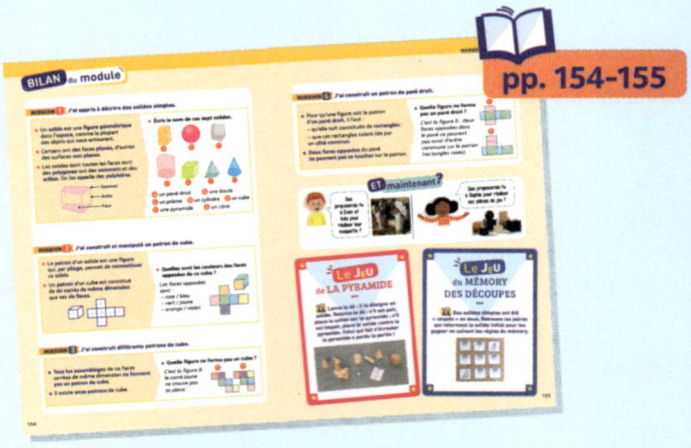

pp. 154-155

DIFFÉRENCIATION

- Deux jeux sont proposés, l'un relevant plutôt du **CM1 (à gauche)** et l'autre du **CM2 (à droite)**. Ils pourront cependant tous deux être proposés aux élèves selon leur niveau, vous permettant ainsi de différencier ce temps.

Le JEU de la Pyramide

ORGANISATION Seul ou par binôme

MATÉRIEL • 1 dé • plusieurs jeux de 6 solides, en bois idéalement, ou en papier cartonné fabriqué à partir de patrons (remarque : le prisme est le solide qui est le plus difficile à collecter, il est donc exclu de fait du jeu) • plusieurs cartes différentes de correspondances numéro ↔ solide

RÈGLE DU JEU

Une carte de correspondance est choisie pour la partie. Chaque joueur joue à son tour : il lance le dé, qui désigne un des 6 solides à poser. Si le numéro est pair, il place le solide sur la pyramide (sauf pour le premier coup) ; si le numéro est impair, il place le solide contre la pyramide.
Le joueur qui fait s'écrouler la pyramide a perdu.

Variante : les solides sont répartis également dès le début du jeu et le premier joueur qui a posé l'ensemble de ses pièces a gagné. Dans ce cas, celui qui fait chuter la pyramide en récupère les pièces.

Le JEU du Mémory des découpes

ORGANISATION Par binôme

MATÉRIEL • un jeu de cartes de mémory présentant des paires de solides • une carte de vérification des associations

RÈGLE DU JEU

Sur la base des règles du mémory, chaque joueur retourne à son tour 2 cartes. S'il pense que les solides représentés sont complémentaires et forment un solide simple une fois assemblés, il récupère la paire. Sinon, il retourne les cartes.
S'il récupère la paire, il doit donner le nom du solide reconstitué. Les deux joueurs procèdent alors à la vérification s'ils ont un doute.
Si les cartes piochées ne reconstituent pas un solide, elles sont replacées dans le jeu et le joueur passe un tour.
Si elles reconstituent un solide mais que le joueur a indiqué un nom de solide erroné, alors son adversaire récupère cette paire. Celui qui a le plus de paires en fin de partie a gagné.

Fiche MISSION 1 Cartes d'identité des solides • 4 pages à photocopier

Fiche d'identité – Solide A

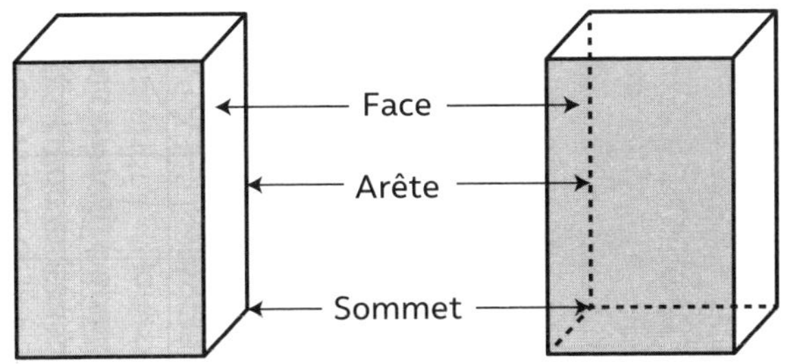

Combien comptes-tu :
- de faces ?
- d'arêtes ?
- de sommets ?

Les faces ont-elles toutes la même forme ?
Quelle est leur forme ?

Des objets qui ont presque la même forme que ce solide :

Réfrigérateur

Des briques

Un livre

Une brique de lait

Je suis un(e) ....

boule cône cube cylindre pavé prisme pyramide

Fiche d'identité – Solide B

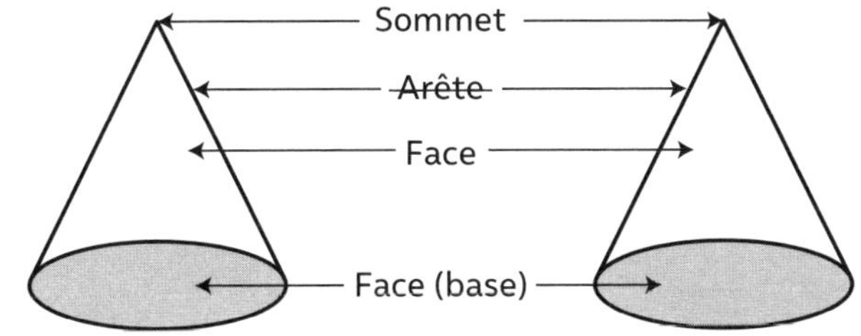

Combien comptes-tu :
- de faces ?
- d'arêtes ?
- de sommets ?

Les faces ont-elles toutes la même forme ?
Quelle est leur forme ?

Des objets qui ont presque la même forme que ce solide :

Plots de chantier

Cône de glace

Chapeau pointu

Pluviomètre

Je suis un(e) ....

boule cône cube cylindre pavé prisme pyramide

Fiche d'identité – Solide C

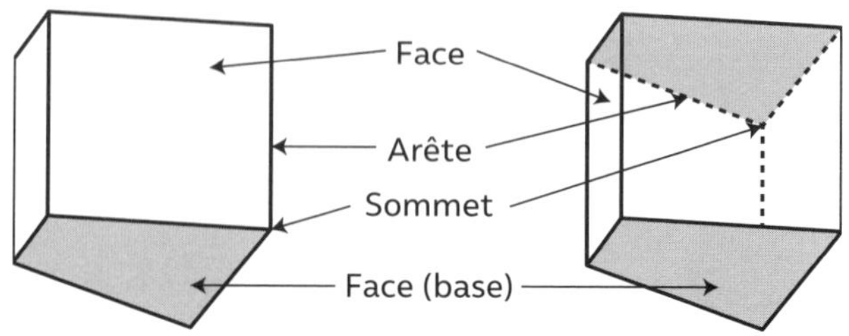

Combien comptes-tu :
- de faces ?
- d'arêtes ?
- de sommets ?

Les faces ont-elles toutes la même forme ?
Quelle est leur forme ?

Des objets qui ont presque la même forme que ce solide :

Taille crayon

Je suis un(e) ....

boule | cône | cube | cylindre | pavé | prisme | pyramide

Fiche d'identité – Solide D

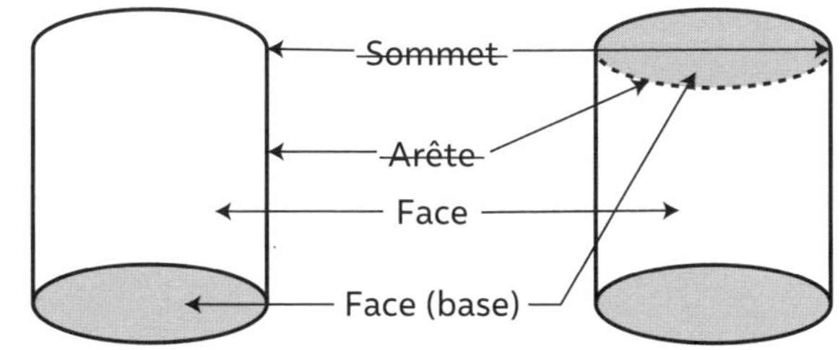

Combien comptes-tu :
- de faces ?
- d'arêtes ?
- de sommets ?

Les faces ont-elles toutes la même forme ?
Quelle est leur forme ?

Des objets qui ont presque la même forme que ce solide :

Tube de colle

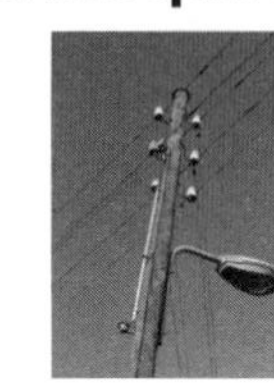
Poteau électrique

Poubelle ronde

Tuyaux

Je suis un(e) ....

boule | cône | cube | cylindre | pavé | prisme | pyramide

Fiche d'identité – Solide E

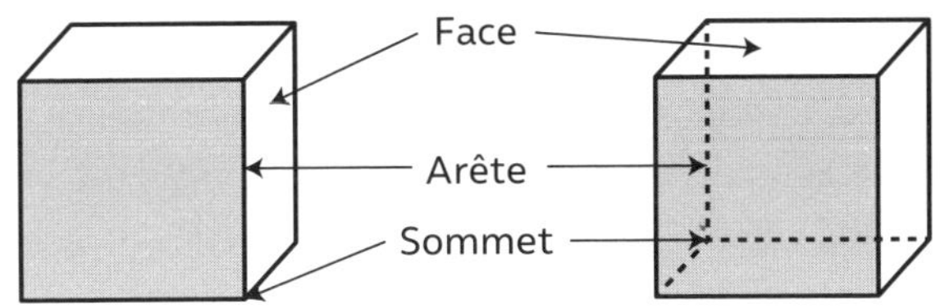

Combien comptes-tu :
- de faces ?
- d'arêtes ?
- de sommets ?

Les faces ont-elles toutes la même forme ?
Quelle est leur forme ?

Des objets qui ont presque la même forme que ce solide :

Dé

Pouf carré

Je suis un(e) ....

boule cône cube cylindre pavé prisme pyramide

Fiche d'identité – Solide F

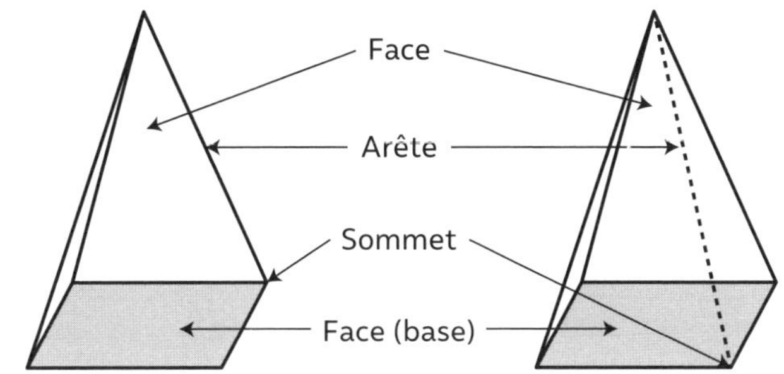

Combien comptes-tu :
- de faces ?
- d'arêtes ?
- de sommets ?

Les faces ont-elles toutes la même forme ?
Quelle est leur forme ?

Des objets qui ont presque la même forme que ce solide :

Pyramide

Je suis un(e) ....

boule cône cube cylindre pavé prisme pyramide

Fiche d'identité – Solide G

Combien comptes-tu :
- de faces ?
- d'arêtes ?
- de sommets ?

Les faces ont-elles toutes la même forme ?
Quelle est leur forme ?

Des objets qui ont presque la même forme que ce solide :

Orange

Billes

Ballon

Boule de sapin

Je suis un(e) ....

boule   cône   cube   cylindre   pavé   prisme   pyramide

Fiche MISSION 1 Fiche de synthèse à compléter

Solide A 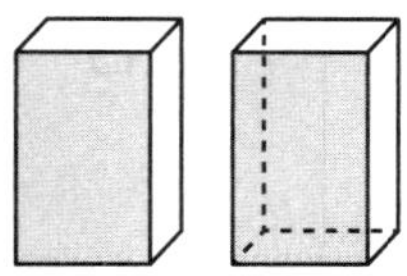	.... face(s) .... arête(s) .... sommet(s)	Forme des faces :	Je pense connaitre son nom, c'est un(e) ....
Solide B 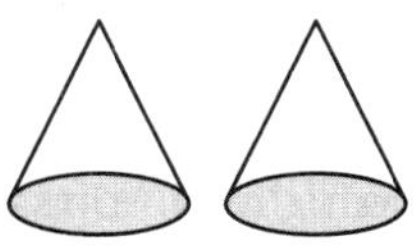	.... face(s) .... arête(s) .... sommet(s)	Forme des faces : • .... •	Je pense connaitre son nom, c'est un(e) ....
Solide C 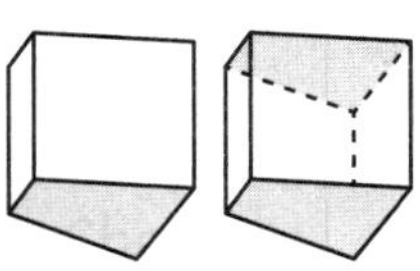	.... face(s) .... arête(s) .... sommet(s)	Forme des faces : • .... •	Je pense connaitre son nom, c'est un(e) ....
Solide D 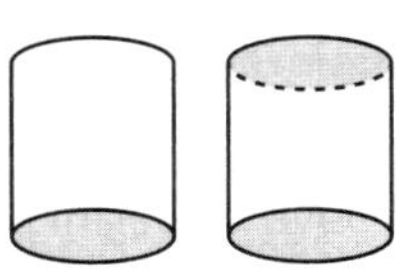	.... face(s) .... arête(s) .... sommet(s)	Forme des faces : • .... •	Je pense connaitre son nom, c'est un(e) ....
Solide E 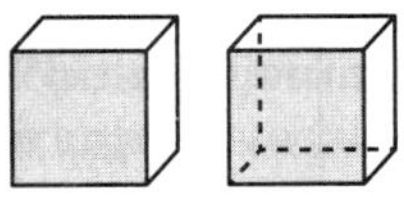	.... face(s) .... arête(s) .... sommet(s)	Forme des faces :	Je pense connaitre son nom, c'est un(e) ....
Solide F 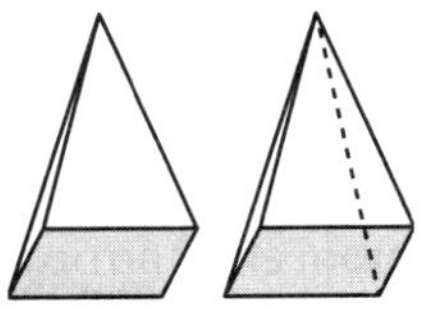	.... face(s) .... arête(s) .... sommet(s)	Forme des faces : • .... •	Je pense connaitre son nom, c'est un(e) ....
Solide G 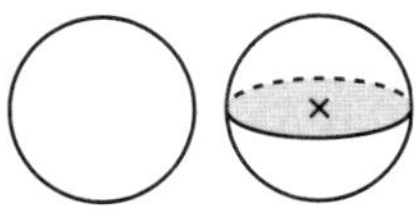	.... face(s) .... arête(s) .... sommet(s)	La face peut-elle être mise à plat ?	Je pense connaitre son nom, c'est un(e) ....

Fiche JEUX Le jeu de la pyramide

1 → cube	1 → cône	1 → boule	1 → pyramide
2 → pavé	2 → cube	2 → cône	2 → boule
3 → cylindre	3 → pavé	3 → cube	3 → cône
4 → pyramide	4 → cylindre	4 → pavé	4 → cube
5 → boule	5 → pyramide	5 → cylindre	5 → pavé
6 → cône	6 → boule	6 → pyramide	6 → cylindre
1 → cylindre	1 → pavé	1 → boule	1 → pyramide
2 → pyramide	2 → cylindre	2 → cône	2 → boule
3 → boule	3 → pyramide	3 → pavé	3 → cône
4 → cône	4 → boule	4 → pavé	4 → pavé
5 → cube	5 → cône	5 → cylindre	5 → pavé
6 → pavé	6 → cube	6 → pyramide	6 → cylindre

1 → cube	1 → cône	1 → boule	1 → pyramide
2 → pavé	2 → cube	2 → cône	2 → boule
3 → cylindre	3 → pavé	3 → cube	3 → cône
4 → pyramide	4 → cylindre	4 → pavé	4 → cube
5 → boule	5 → pyramide	5 → cylindre	5 → pavé
6 → cône	6 → boule	6 → pyramide	6 → cylindre
1 → cylindre	1 → pavé	1 → boule	1 → pyramide
2 → pyramide	2 → cylindre	2 → cône	2 → boule
3 → boule	3 → pyramide	3 → pavé	3 → cône
4 → cône	4 → boule	4 → pavé	4 → pavé
5 → cube	5 → cône	5 → cylindre	5 → pavé
6 → pavé	6 → cube	6 → pyramide	6 → cylindre

Fiche JEUX Le jeu du mémory des découpes (1)

Pour la carte réponse, photocopier les planches avant la découpe.

1

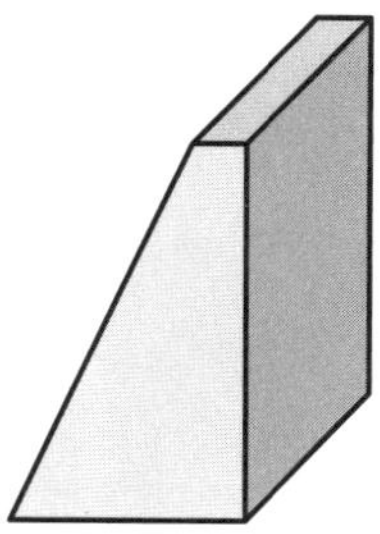

C

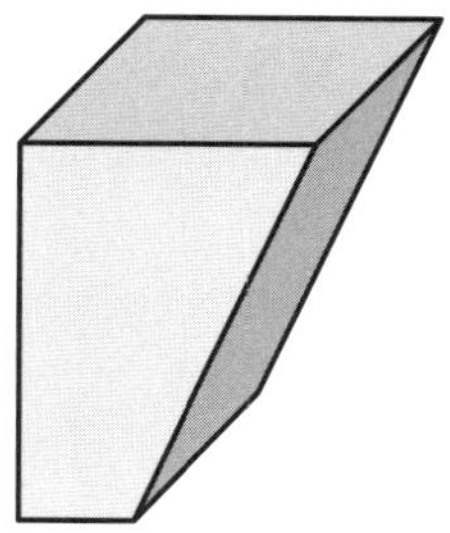

2

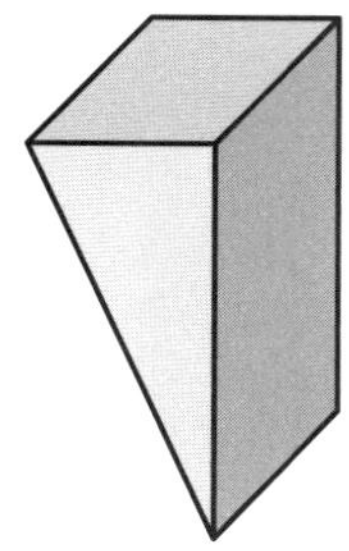

I

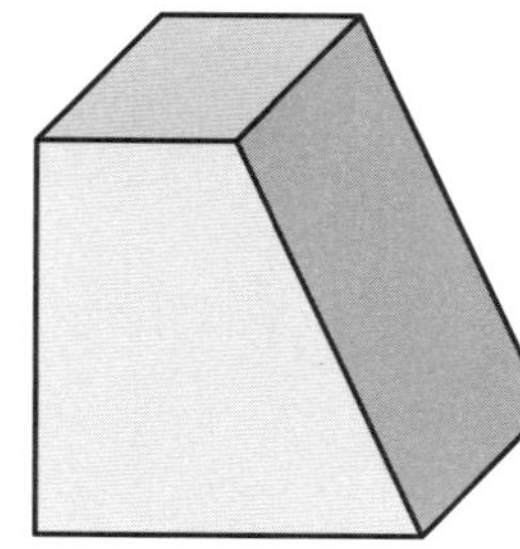

3

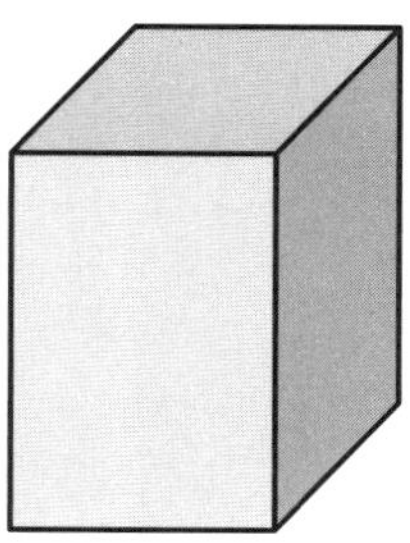

K

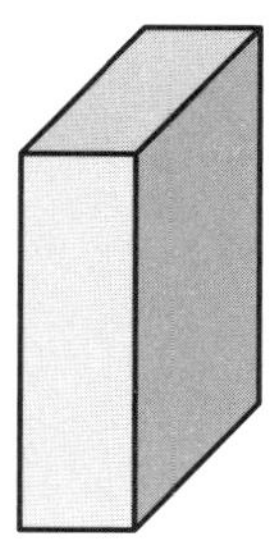

4

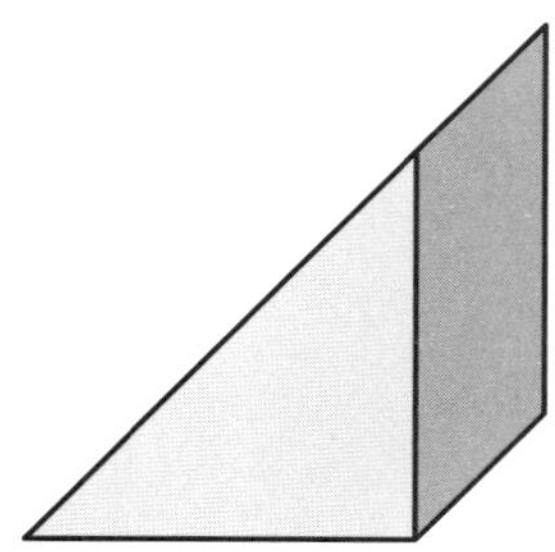

A

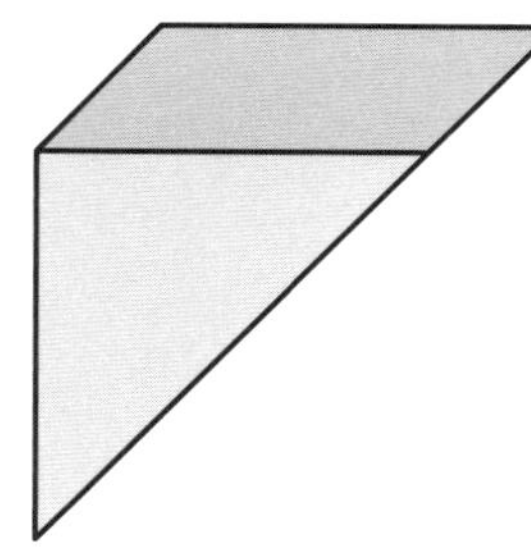

5

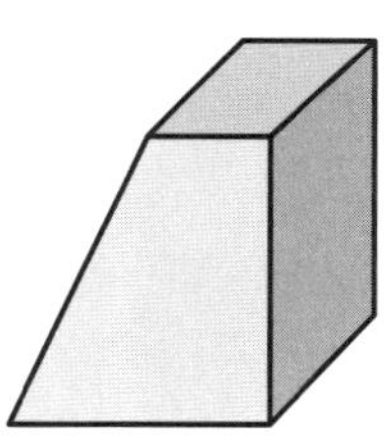

Z

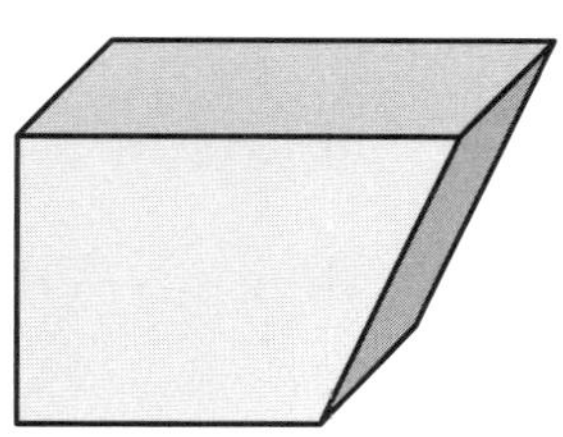

6

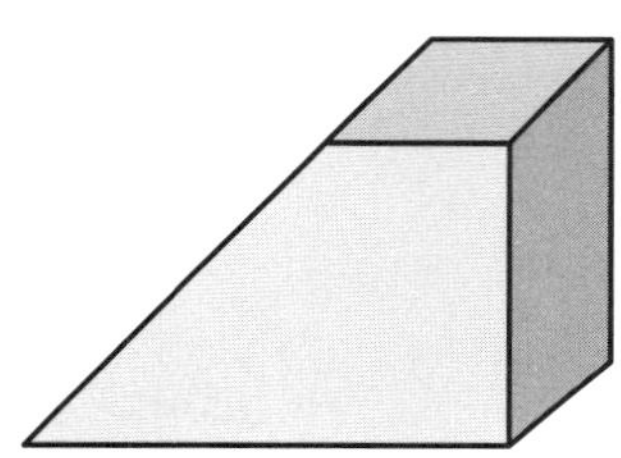

B

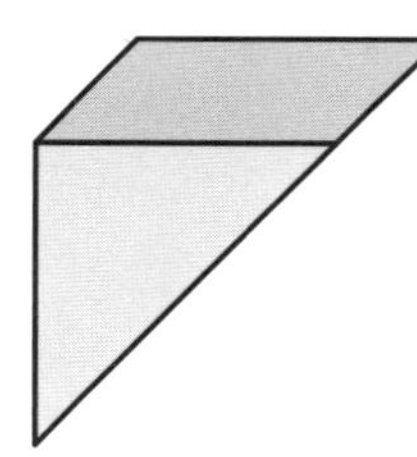

7

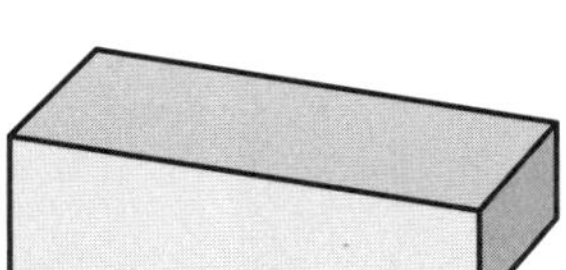

W

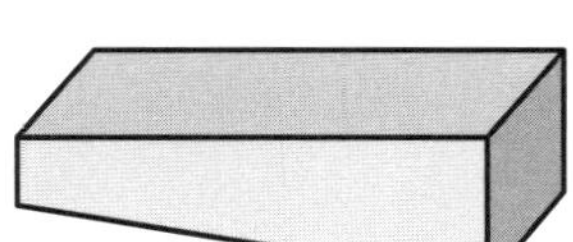

8

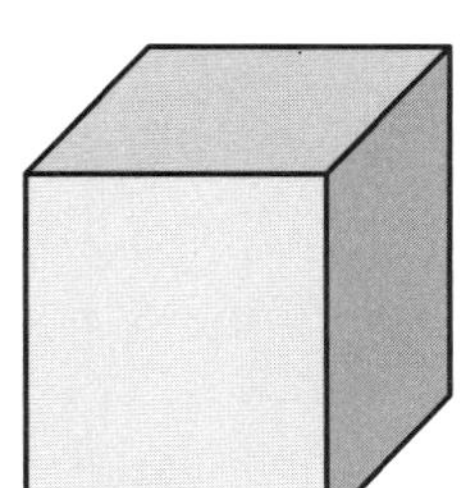

O

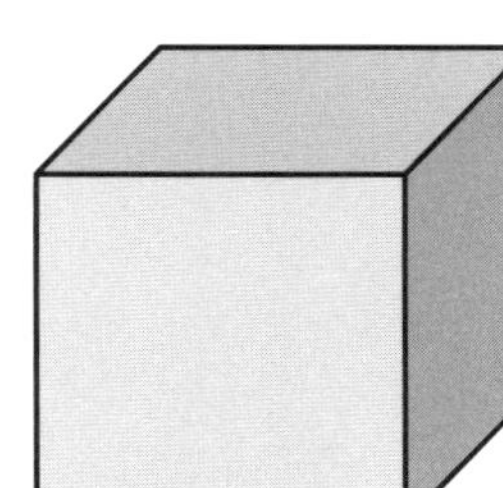

Fiche JEUX Le jeu du mémory des découpes (2

Pour la carte réponse, photocopier les planches avant la découpe.

9

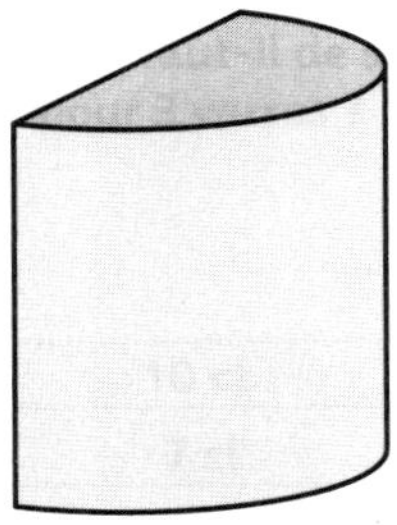

S

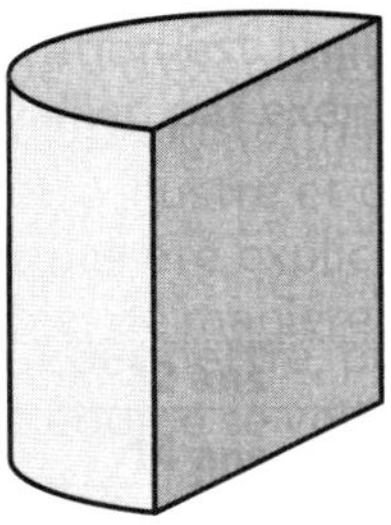

10

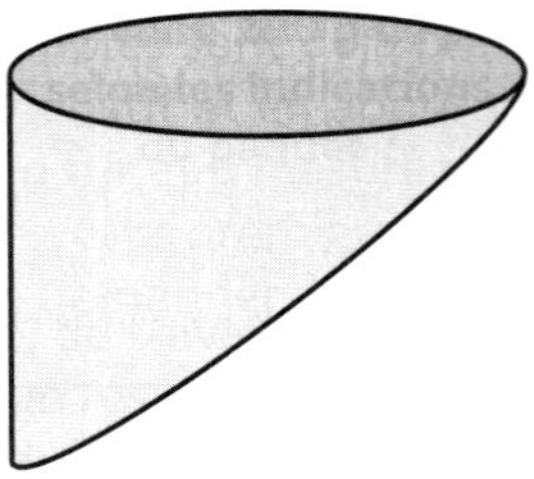

L

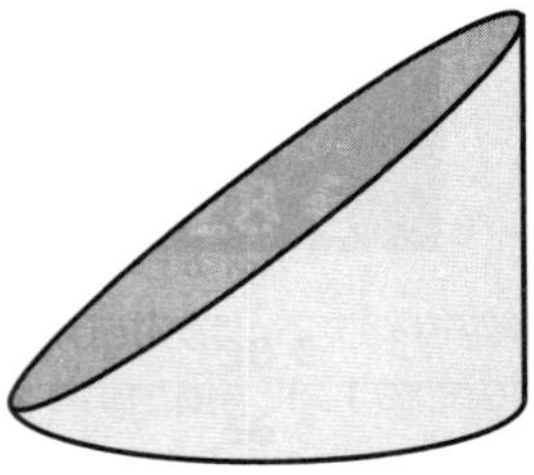

11

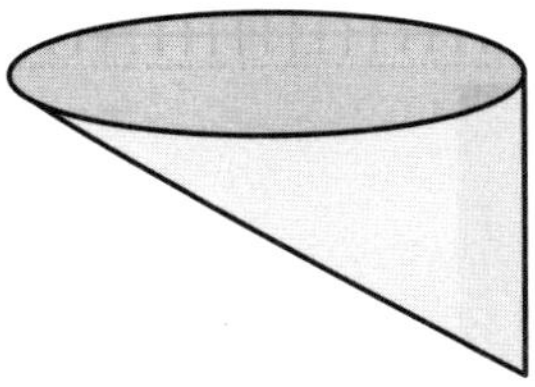

E

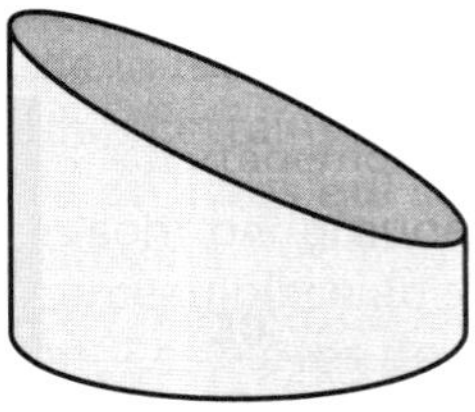

12

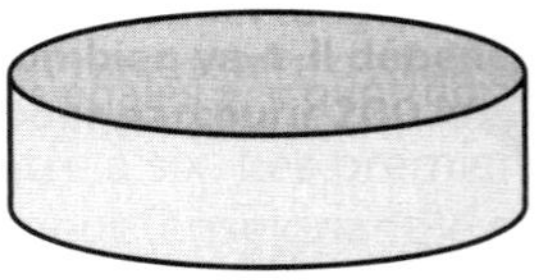

P

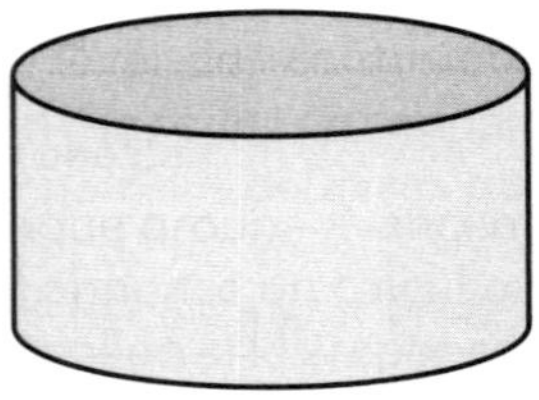

13

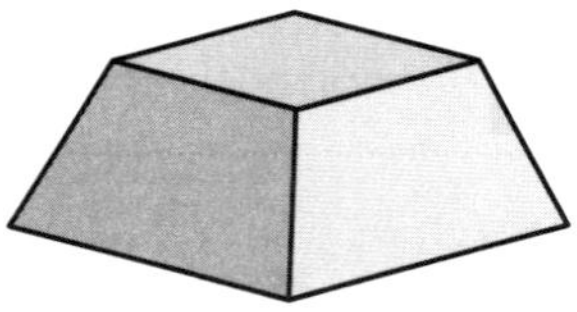

Q

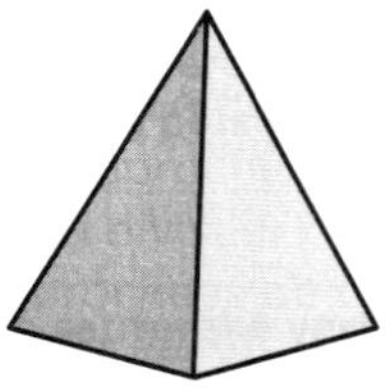

14

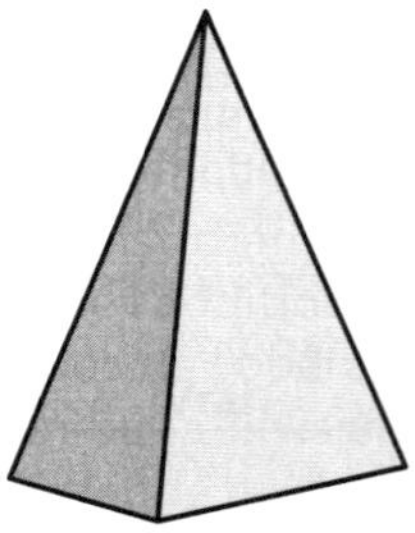

X

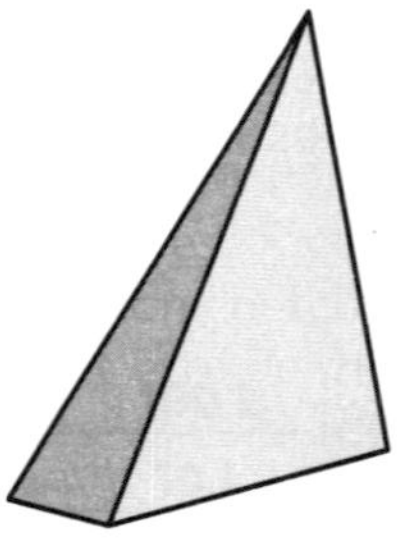

15

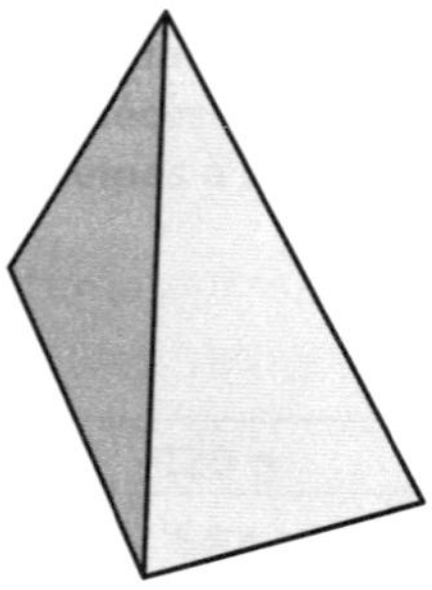

D

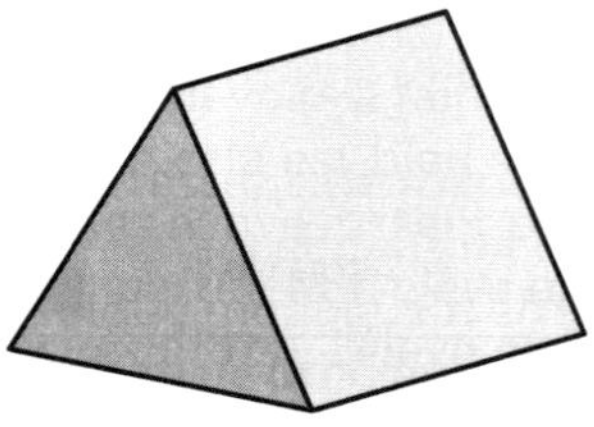

16

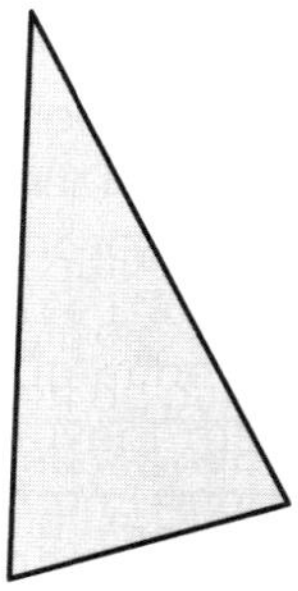

Y

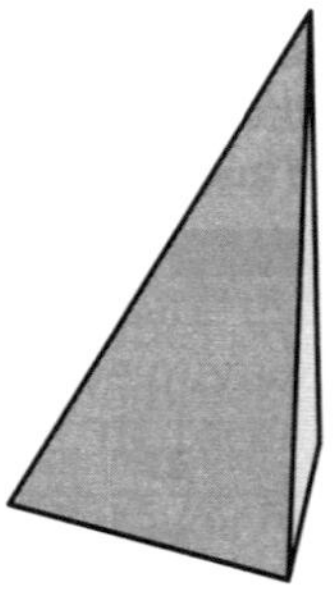

module **14**

Repérage et déplacements

Progression des apprentissages dans le module

SÉANCE 1	• Vérification des prérequis • Situation de référence « Les maths en vie »
SÉANCE 2	• MISSION 1 Construire le plan d'un espace familier
SÉANCE 3	• Entrainement mission 1
SÉANCE 4	• MISSION 2 Exécuter ou écrire un algorithme simple
SÉANCE 5	• Entrainement mission 2
SÉANCE 6	• Synthèse • Retour sur la situation de référence
SÉANCE 7	• Évaluation sommative

CM2

• En CM2, voici les deux missions qui seront travaillées en continuité de celles réalisées en CM1. Si vous le souhaitez, ou si une programmation de cycle le prévoit, vous pouvez donc aller plus loin et les proposer à vos élèves. Se référer alors au site compagnon sur lequel vous trouverez leur descriptif.

MISSION 3
Se repérer, décrire, coder des déplacements sur une carte

MISSION 4
Exécuter ou écrire un algorithme comportant une boucle

Compétences LSU et BO

(Se) repérer et (se) déplacer dans l'espace en utilisant ou en élaborant des représentations.

• Se repérer, décrire ou exécuter des déplacements, sur un plan ou sur une carte (école, quartier, ville, village).

• Accomplir, décrire, coder des déplacements dans des espaces familiers.

• Programmer les déplacements d'un robot ou ceux d'un personnage sur un écran en utilisant un logiciel de programmation.

Lexique

• **Repérage absolu :** le repère est fixe. Quels que soient les mouvements du personnage, on se réfère toujours au repère lui-même (« en haut », « vers le nord »...).

• **Repérage relatif :** le repère est modifié à chaque mouvement du personnage. On utilise alors des termes se référant à lui (« à gauche », « devant »...).

• **Algorithme :** enchainement ordonné d'actions, qui chacune a un effet, et dont l'exécution complète permet de résoudre un problème ou une classe de problèmes.

- **Instruction :** phrase composée d'un verbe d'action à l'infinitif qui permet de décrire précisément l'action à accomplir.
- **Séquence d'instructions :** suite ordonnée d'instructions.
- **Boucle :** répétition d'une séquence d'instructions un nombre déterminé de fois.

Apports didactiques

- La compétence « (Se) repérer et (se) déplacer dans l'espace en utilisant ou en élaborant des représentations » est traitée dans ce module sous sa forme en 2 dimensions ; le repérage sur un objet en 3 dimensions est abordé lors d'un croisement dans le module consacré aux solides. Nous traitons aussi l'initiation à l'algorithmique.
- À l'entrée au cycle 3, les élèves maitrisent le **repérage** dans un quadrillage. Ils savent identifier la position d'un objet ou coder un déplacement à l'aide des coordonnées. En appui sur les repères de progressivité, nous proposons le repérage sur quadrillage en lien avec l'initiation à la programmation ; le repérage et les déplacements sont travaillés à partir d'une variété de plans et de cartes d'échelles différentes (de la pièce à la France, voire à l'Europe, en passant par l'école, le quartier, la ville…). La compétence « Construire le plan d'un espace familier » se limite à un espace de la taille de l'école, afin de s'appuyer davantage sur le vécu des élèves.
- Nous abordons l'**algorithmique** en premier lieu par le langage naturel puis par le codage à l'aide de deux langages de programmation : Scratch et Geotortue. Notons que l'apprentissage détaillé de ces deux langages n'est pas étudié en tant que tel mais qu'il est utilisé comme un support visuel pour traiter des notions propres à l'algorithmique telles que : les instructions, les séquences d'instructions et la boucle. L'ensemble de ces instructions liées au déplacement seront à la fois déclinées en repérage absolu et repérage relatif. Il est donc nécessaire de différencier ces deux notions. Le déplacement absolu est celui du quadrillage ou de l'orientation à l'aide d'une rose des vents tandis que le repérage relatif est celui du corps et dépendant de l'orientation de ce dernier : « à gauche », « à droite »… Pour faciliter la distinction, l'utilisation de personnages non orientés est envisagée dans un premier temps (le smiley en est un exemple).

Difficultés rencontrées par les élèves

1 Identification des éléments superflus d'un plan :
→ Le coussin sur le fauteuil ou les tableaux sont perçus comme importants.

2 Le passage de la représentation en 3 dimensions à celle du plan en 2 dimensions.
→ Ex. : la représentation du fauteuil ou du miroir.

3 Confusion entre repérage absolu / relatif :
- dans l'utilisation des verbes de déplacement : « Monter » ou « Descendre » ne peuvent pas être utilisés en déplacement relatif. Inversement, « Tourner » ne peut pas l'être dans le cas d'un déplacement absolu.
- en particulier, « Avancer » ne possède pas la même signification dans les 2 types de repérage : en déplacement relatif, dans la première instruction, le déplacement est horizontal tandis que dans la troisième, il est vertical.

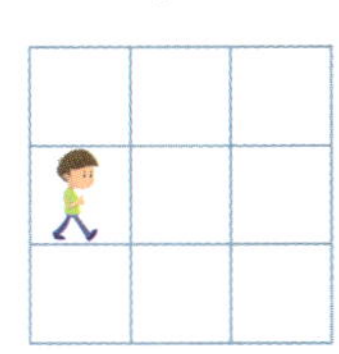

Avancer d'une case
Tourner d'un quart de tour à gauche
Avancer d'une case

- doit-on « compter » la première case lors d'un déplacement ? En déplacement relatif, les instructions du type « Tourner d'un quart de tour vers la gauche » n'induisent pas de déplacement latéral. Certains élèves l'associent pourtant à un déplacement « d'une case ».

AUTOÉVALUATION, SITUATION DE RÉFÉRENCE

DURÉE

45 min

MATÉRIEL

- Les plans (collège et ville) en A4

COMPÉTENCES

- Chercher
- Raisonner
- Communiquer

Autoévaluation

10 min Autoévaluation formative, autocorrection

Exercice 1 : repérer des cases sur un échiquier.
Exercice 2 : repérer des cases dans un tableau à double entrée.
Exercice 3 : suivre un chemin codé par des flèches dans un quadrillage.

10 min Remédiation ou Défi

Exercices 1 et 2 : on rappelle la façon d'indiquer la position d'une case sur un échiquier : repérage de la colonne et de la ligne et codage Lettre-Nombre. On propose alors de repérer les reines sur l'échiquier.
Exercice 3 : on propose de coder le chemin d'un objet non orienté (en déplacement absolu), une étoile, tracé sur un quadrillage, à l'inverse donc de ce qui avait été demandé au recto.
Défi : on propose à l'élève de coder le plus de parcours possible entre un départ et une arrivée sur un quadrillage. Ex. :

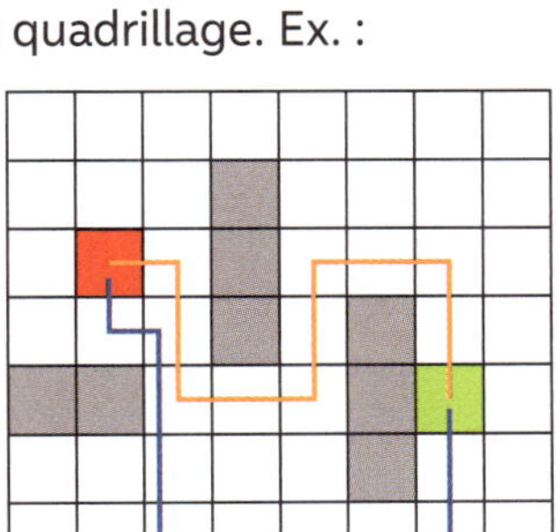

Chemin orange
→↓↓→→↑↑→→↓↓
Chemin bleu
↓→↓↓↓→→→→↑↑

Situations de référence

Organisation

Deux situations sont proposées dans le manuel CM1-CM2 ; elles sont communes au CM1 et au CM2. Vous pouvez ainsi vous organiser avec les autres enseignants qui utilisent la méthode : une année, tous les élèves de CM1 et CM2 font la situation 1 par exemple, l'année d'après, tous les élèves font la situation 2. Ainsi, les élèves feront deux situations de référence différentes s'ils ont la même méthode deux années de suite.

1 Un projet d'écoville

5 min Appropriation collective de la situation

« De quoi parle-t-on ? Que devons-nous chercher à faire ?

« Il faut aider les élèves du collège de Bouilly à situer des lieux de recyclage sur un plan du collège qu'on nous fournit. Il faut donc trouver comment faire pour qu'on puisse visualiser ces lieux facilement sur le plan.

10 min Recherche PAS à PAS

Les élèves doivent d'abord trouver une solution pour rendre visibles les points de recyclage sur le plan du collège. Pour cela, on leur indique des objets à recycler associés à des lieux qu'ils doivent repérer visuellement dans un premier temps.

Dans un second temps, ils doivent imaginer des solutions pour qu'on puisse repérer rapidement ces lieux en observant le plan. Le fait de marquer ces points, par une croix par ex., devrait venir naturellement.

La nécessité d'apporter des précisions sur les objets recyclés dans ces lieux apparaitra alors, et sous-entendra la nécessité de construire une légende (même si ce mot précis ne sera pas forcément évoqué).

Ensuite, on demande de tracer et de décrire le parcours d'un élève qui arrive avec des objets à recycler au collège. L'enseignant-e sera attentif à repérer les textes proposant des déplacements absolus et/ou relatifs.

L'ordre des dépôts des objets pourra alors être réfléchi et préfigurera la notion d'instructions ordonnées. On attend ici un texte approximatif mettant en lumière la nécessité à être précis dans sa description et de préciser la nature du déplacement (absolu/relatif).

10 min Analyse collective et explicitation des apprentissages à venir

On recueille d'abord les idées des élèves sur la manière dont on peut mettre en lumière les lieux de recyclage sur le plan d'un collège. L'enseignant-e explicite la nécessité d'apprendre à se repérer sur les différents types de plan et sur l'intérêt qu'il peut y avoir à en construire un pour mieux s'en approprier les différents éléments importants. Il précise également que si les plans présentés sont de dimension humaine, les élèves peuvent avoir à utiliser leurs connaissances sur des plans de dimension supérieure (département, région, pays...).

On échange sur les façons de décrire un itinéraire, ainsi que sur la nécessité d'apprendre à être précis et ordonné.

2 Du jeu vidéo au jeu grandeur nature

La situation du jeu vidéo est semblable à celle de l'écoville.

Introduire un quadrillage par superposition à l'écran de jeu est une possibilité offerte dans ce contexte.

> **Aide / différenciation**
>
> Une **description collective des plans** peut s'avérer nécessaire en amont du travail de réflexion.

MISSION 1

Construire le plan d'un espace familier

DURÉE

45 min

MATÉRIEL

- Feuille blanche
- Crayons de couleurs

COMPÉTENCES

- Chercher
- Raisonner
- Communiquer

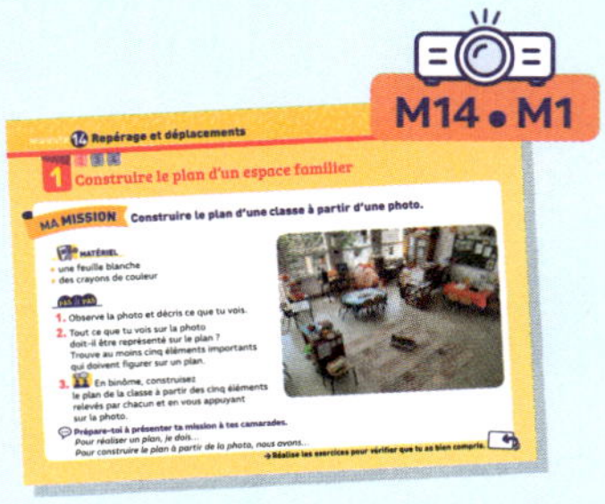

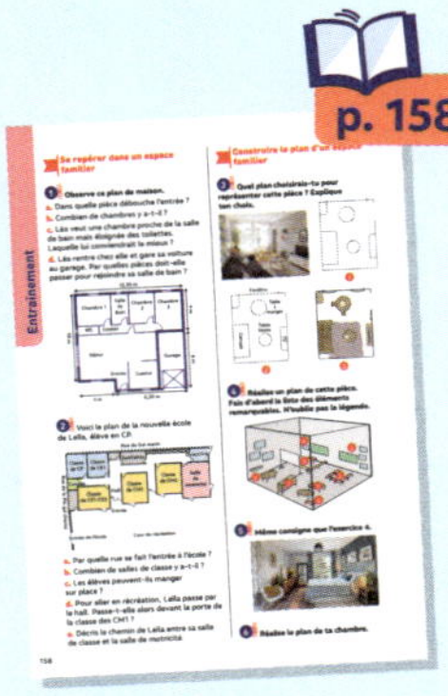

OBJECTIFS

- Identifier les éléments importants à reporter sur un plan.
- Construire le plan d'un espace familier.

PRINCIPE DE LA MISSION

- Cette première mission du module Repérage et déplacements s'inscrit dans une progressivité depuis le cycle 1. On s'appuie ainsi sur une situation bien connue des élèves, **la classe**, pour **dégager les éléments importants nécessaires à l'élaboration d'un plan de cet espace**. Le nécessaire **tri des informations** s'opère alors afin de le représenter de façon satisfaisante. Il a été choisi ici une classe où les espaces sont facilement identifiables, permettant de légender naturellement le plan proposé. De même, de nombreux objets y sont présents, obligeant la **différenciation entre éléments nécessaires à représenter pour s'y repérer et éléments « secondaires »**.

5 min Appropriation collective

Individuellement, les élèves découvrent le matériel et la consigne de la mission sans aborder le pas à pas. Puis ils échangent sur ce qu'ils ont compris :

Que devez-vous faire ?
De quel matériel disposez-vous ?
Que représente la photo que vous avez sous les yeux ?

L'enseignant-e conclut :

Lors de cette mission, vous allez devoir représenter cette classe sous la forme d'un plan, en sélectionnant les éléments essentiels à y faire figurer.

15 min Recherche individuelle et confrontation en binôme

Dans un premier temps, les élèves sont invités à observer puis à sélectionner individuellement les éléments de la photo qui leur semblent nécessaires à faire figurer sur le plan. L'enseignant-e peut, s'il s'aperçoit que les élèves ont des difficultés à faire un choix, rappeler ce que l'on attend d'un plan : *« Représenter sur une feuille un espace donné contenant les informations nécessaires pour s'y repérer et s'y déplacer. »* Il peut également poser la question *« Pourquoi cet élément te parait-il essentiel à faire figurer sur le plan ? »* ou *« À ton avis, est-il utile de représenter chacun de ces livres pour identifier le coin bibliothèque ? »*. De cette phase doit aboutir une liste de 5 à 10 éléments : la fenêtre, le tableau, le coin bibliothèque-lecture, l'étagère de fournitures… Les élèves doivent ensuite, en binôme, construire le plan de cette classe. On attend alors qu'ils la représentent sous la forme d'un rectangle où figurent les éléments déterminés auparavant. La dimension n'est pas une contrainte ici, dans la limite de la feuille. L'enseignant-e observe les détails portés sur ces plans et leurs représentations (plane ou en 3D, représentation similaire à la photo et non pas plane, dessin de chaque table, des affichages sur le tableau…).

10 min Mise en commun et trace écrite provisoire

On relève et on liste d'abord les observations faites par les élèves. La longueur de cette liste est alors une transition pour répondre à la question : *« Parmi tous ces éléments que vous avez observés, lesquels vous semblent importants à représenter sur le plan ? »*
On peut alors rappeler les attendus d'un plan et reprendre les questions citées dans le paragraphe précédent. L'échange occupe ici une place importante et chaque élève peut argumenter sur la nécessité ou pas de maintenir un élément dans la liste. C'est en effet grâce à cette étape que les élèves créeront une représentation mentale de la notion d'« élément important » car en apporter une définition parait hasardeux. Une fois la liste établie, on compare les plans proposés par les binômes et on dégage les caractéristiques : un plan doit être « plat » et les objets listés doivent donc être représentés vus de dessus.
On met en lumière la difficulté à « écrire sur le plan » afin d'identifier précisément les parties de la classe et la nécessité d'introduire une légende. Un débat sur les proportions espace / objets peut également s'avérer utile : la représentation d'une chaise, par ex., n'aura pas la même taille que celle du coin bibliothèque.

Réponses possibles

Pour réaliser un plan, je dois *sélectionner les éléments importants à y faire figurer*.
Pour construire le plan à partir de la photo, nous avons *représenté la classe vue du dessus avec une légende* pour préciser ces éléments.

▶ Trace provisoire possible

Je retiens de la MISSION 1

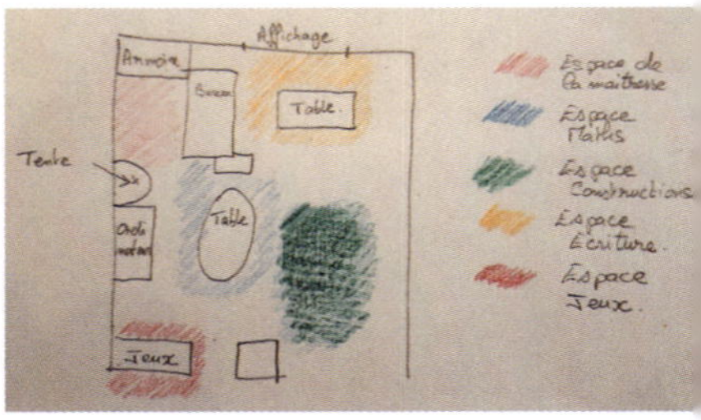

- Le plan est une représentation vue du dessus. C'est un schéma qui permet de voir tous les éléments remarquables en un seul coup d'œil.
- Pour faire un plan, il faut commencer par sélectionner les éléments importants à représenter (les éléments remarquables).
- Les éléments que l'on sélectionne sont dessinés vus de dessus.
- Pour apporter de la clarté et de la précision à un plan, on peut y mettre une légende.

15 min Exercices d'appropriation

Exercices proposés	Observations	En cas de difficultés Sélection d'exercices du manuel
Pour débuter...	*« L'élève est-il capable de lire les informations d'un plan et de s'y déplacer ? »*	**Exercices 1 - 2 p. 158**
Exercice 1 : dans cet exercice, on demande aux élèves de sélectionner les éléments importants sur le plan d'une école et de créer une légende.	*« L'élève est-il capable de sélectionner les éléments importants sur une image et de créer une légende ? »*	Identifier les éléments importants : **Exercices 4 - 5 p. 158**
Exercice 2 : dans cet exercice, on demande aux élèves de faire le plan de leur école après avoir sélectionné les éléments importants.	*« L'élève est-il capable de construire le plan d'un espace ? »*	Construire un plan : **Exercices 3 - 4 - 5 p. 158**

Aide / différenciation

Afin de sélectionner les éléments importants, la **verbalisation** et le **débat entre pairs** sont deux outils intéressants. Pour la construction et la représentation du plan, on peut passer par la **manipulation** (ex. : avec des lego « plats » ou bien des étiquettes à positionner sur une feuille).
Le **site Internet** suivant permet d'apercevoir des lieux proches vus du ciel : **https://www.geoportail.gouv.fr**.

MISSION 2

Exécuter ou écrire un algorithme simple

DURÉE

45 min

MATÉRIEL

▶ Labyrinthes Scratch

COMPÉTENCES

▶ Chercher
▶ Raisonner
▶ Communiquer

M14 • M2

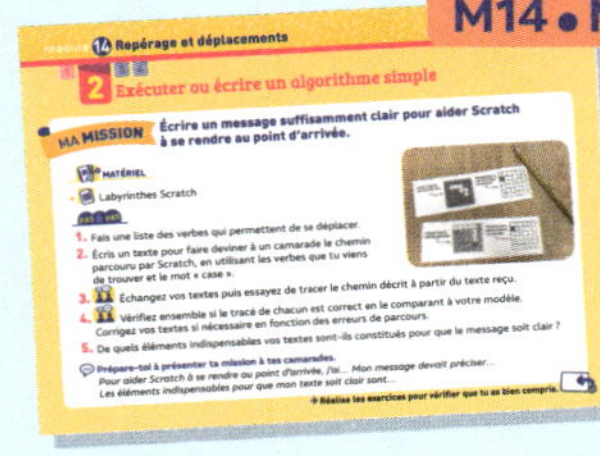

ecole.nathan.fr/scratch

pp. 161-162

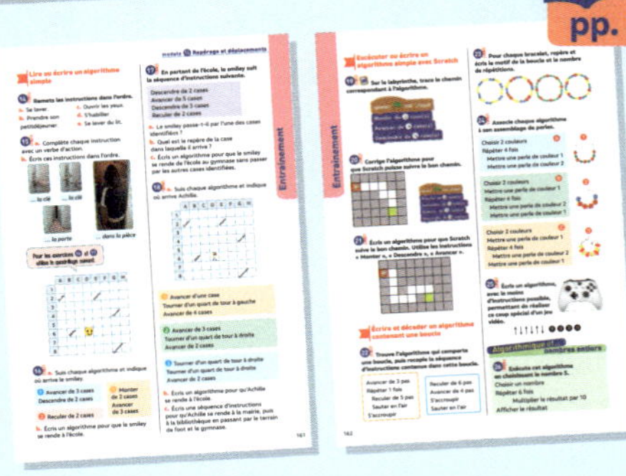

OBJECTIFS

- Découvrir les notions d'instructions et de séquence d'instructions.
- Écrire un algorithme simple en langage naturel et avec le langage Scratch.

PRINCIPE DE LA MISSION

- Cette mission permet une **initiation à l'« algorithmique »** à proprement parler. Au cycle 1 puis au cycle 2, un travail de lecture ou d'écriture d'algorithmes de déplacements a déjà été entrepris (repérage et fléchage sur une grille). L'objectif de cette mission est bien de **faire découvrir un vocabulaire plus expert** en privilégiant le langage naturel d'abord. Pour cela, on s'appuie sur **une situation familière des élèves : le déplacement dans un labyrinthe**. Cette mission se déroule en binôme. Chaque élève doit écrire un texte décrivant les déplacements **du lutin Scratch** avant de l'échanger et d'exécuter les instructions qu'il contient sur un labyrinthe vierge. La confrontation permet de **dégager les codes propres à l'écriture d'un algorithme : utilisation de verbes d'action à l'infinitif, ordonnés dans une séquence d'instructions**.

5 min Appropriation collective

Individuellement, les élèves découvrent le matériel et la consigne de la mission sans aborder le pas à pas. Puis ils échangent sur ce qu'ils ont compris :

« Que devez-vous faire ? De quel matériel disposez-vous ? Que représente le premier quadrillage ? Et le second ?

L'enseignant-e conclut :

« Lors de cette mission, vous allez apprendre à rédiger et à exécuter ce qu'on appelle un algorithme.

15 min Recherche individuelle et confrontation en binôme

Dans un premier temps, les élèves listent des verbes de déplacement qu'ils connaissent. On attend par ex. : avancer, reculer, monter, descendre, tourner… Ensuite, ils écrivent un texte, le plus précis possible, permettant à Scratch de se déplacer de la case rouge à la case verte, en utilisant les verbes trouvés auparavant.
Le choix d'un déplacement absolu ou relatif peut se présenter et les élèves ont la liberté de l'un ou l'autre à l'appréciation de l'enseignant-e. On permute ensuite les textes en binômes afin de suivre le chemin décrit par leur camarade sur un labyrinthe vierge.
La confrontation qui s'ensuit permet de valider ou non les trajets suivis par l'un et l'autre en les comparant aux différents labyrinthes proposés. Cette étape se conclut par une correction éventuelle des textes rédigés par l'un et l'autre. On n'attend pas ici que la forme prise par le texte soit standardisée mais que les différentes phrases contiennent les verbes listés et des informations suffisamment précises. Les corrections et précisions apportées permettent alors de dégager les caractéristiques pour que le texte soit compris par une autre personne.

10 min Mise en commun et trace écrite provisoire

On s'attache d'abord à lister les verbes de déplacement. L'enseignant-e veille à ce qu'ils apparaissent à l'infinitif. On s'appuie ensuite sur les textes qu'il aura observés pendant la phase de recherche pour identifier différentes versions. Ces versions peuvent offrir un panel d'exemples avec les caractéristiques suivantes : un texte offrant trop peu de détails, un texte offrant trop de détails, un texte dont les instructions mènent à l'arrivée mais sans suivre le chemin tracé (notion d'ordre), un texte écrit « tout à la suite » et un texte écrit sous la forme d'une liste. De ce panel, on fait émerger les caractéristiques suivantes : le texte a la forme d'une liste de phrases ordonnées débutant par un verbe d'action à l'infinitif et contenant les informations strictement nécessaires. Un texte est ainsi rédigé comme exemple et sert de trace écrite. On conclut en introduisant le vocabulaire expert : *« Nous avons écrit ici un algorithme : c'est une suite d'instructions ordonnées, qu'on appelle une séquence d'instructions. »* Enfin, on attire l'attention sur les deux types de déplacement et les verbes qui les introduisent.

Réponses possibles

« Pour aider Scratch à se rendre au point d'arrivée, j'ai écrit *une suite de phrases*. Mon message devait préciser *les déplacements à faire pour Scratch*. Les éléments indispensables pour que mon texte soit clair sont *l'utilisation des verbes de déplacement*, *des phrases courtes et précises*…

▶ Trace provisoire possible

Je retiens de la MISSION 2

- Une instruction est une commande composée d'un verbe d'action qui permet de décrire précisément l'action à accomplir.
- Une séquence d'instructions est une suite ordonnée d'instructions, c'est-à-dire une série d'instructions données dans un ordre précis.

- Écrire un algorithme :

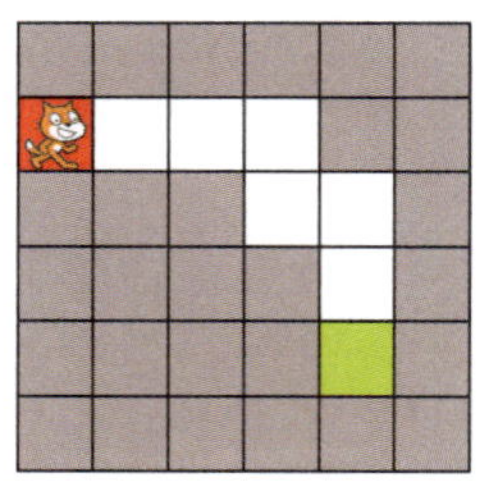

Déplacement relatif
Avancer de 3 cases.
Tourner à droite.
Avancer d'une case.
Tourner à gauche.
Avancer d'une case.
Tourner à droite.
Avancer de 3 cases.

Déplacement absolu
Avancer de 3 pas.
Descendre de 1 pas.
Avancer de 1 pas.
Descendre de 2 pas.

15 min Exercices d'appropriation

Exercices proposés	Observations	En cas de difficultés Sélection d'exercices du manuel
Exercice 1 : dans cet exercice, on identifie les algorithmes corrects pour coder un déplacement.	*« L'élève est-il capable d'exécuter un algorithme ? »*	**Exercices 16 - 17 - 18 p. 161** Scratch : **Exercice 19 p. 162**
Exercice 2 : dans cet exercice, on écrit un algorithme de déplacement.	*« L'élève est-il capable d'écrire un algorithme ? »*	Rédiger une instruction : **Exercices 14 - 15 p. 161** Rédiger une séquence : **Exercices 16 - 17 - 18 p. 161** Scratch : **Exercices 20 - 21 p. 162**

Aide / différenciation

Dans un premier temps, il est possible de **limiter l'écriture des algorithmes au déplacement absolu**, plus simple à appréhender que les déplacements relatifs. On peut aussi **laisser à disposition la liste des verbes de déplacement** tel que : avancer, reculer, monter, descendre, tourner à droite, tourner à gauche.

SYNTHÈSE, RETOUR SUR LA SITUATION DE RÉFÉRENCE

DURÉE

30 min

MATÉRIEL

- Le plan du collège en A4

COMPÉTENCES

- Chercher
- Raisonner
- Communiquer

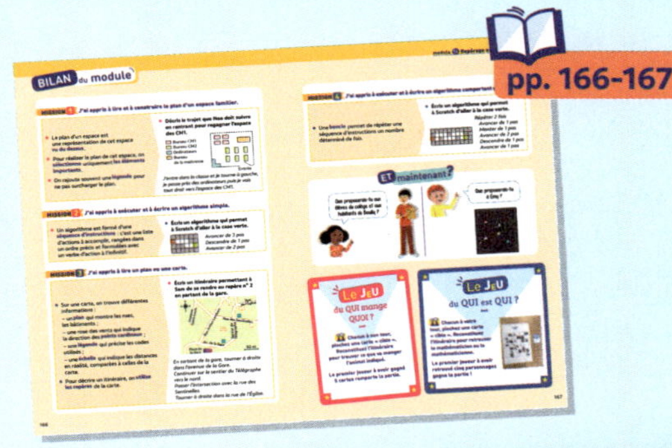

pp. 166-167

pp. 156-157

15 min Retour sur les traces écrites provisoires des missions

Les élèves reviennent sur les caractéristiques d'un plan : représentation d'un espace vu du dessus, où apparaissent uniquement les éléments importants, accompagné éventuellement d'une légende.
Les élèves reviennent sur les premières notions d'algorithmique telle que la séquence d'instructions comme suite ordonnée d'actions à accomplir, introduites par un verbe d'action. On peut s'appuyer ici sur un exemple de labyrinthe simple.

Comme pour les autres modules, il est possible de construire petit à petit une carte mentale réunissant tous les éléments importants à retenir.

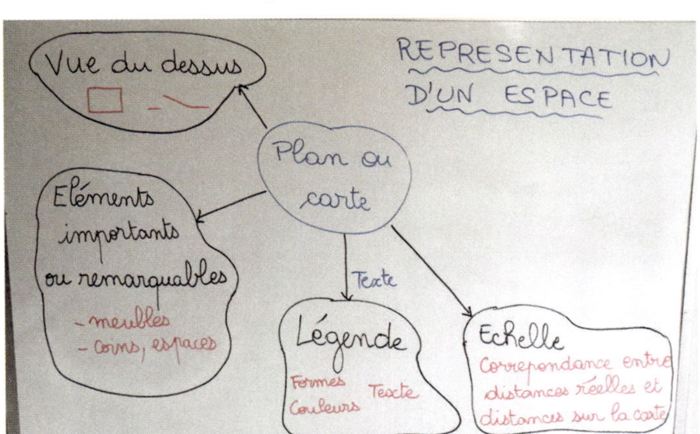

5 min Mémo

La trace écrite définitive peut être rédigée à partir d'une photo du tableau ou bien distribuée selon le souhait de l'enseignant-e. Une version modifiable est disponible sur le site tandem.nathan.fr.
Au choix de l'enseignant-e, la leçon peut être constituée de la carte mentale proposée, des bilans du manuel et/ou de la leçon collée dans un cahier dédié (leçon rédigée par l'enseignant-e, qui peut être inspirée des propositions présentes dans le fichier ressources).

10 min Retour sur la situation de référence

On rappelle qu'il s'agit de rendre visibles les points de recyclage sur le plan et donc de construire une légende. On redit aussi l'intérêt de tracer le chemin le plus court possible pour aider un collégien à poser les objets à recycler, de manière à écrire un texte clair à l'aide d'instructions ordonnées commençant par un verbe d'action.

▶ Phase active

Les élèves vont repérer les différents points de recyclage puis construire la légende correspondante. L'itinéraire attendu est précis et soigné, avec le vocabulaire du déplacement relatif, plus adapté ici. Il doit respecter les codes de l'algorithmique.

Solution possible pour la situation n° 1

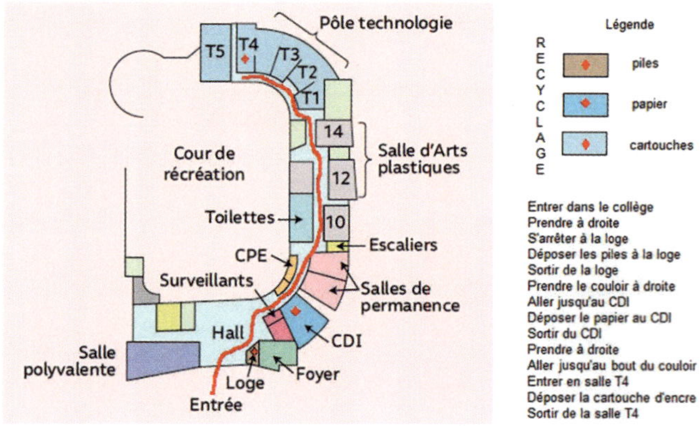

Conclusion

Un élève expose sa solution au reste du groupe.

JEUX

DURÉE

30 min

COMPÉTENCES

- Chercher
- Raisonner
- Communiquer

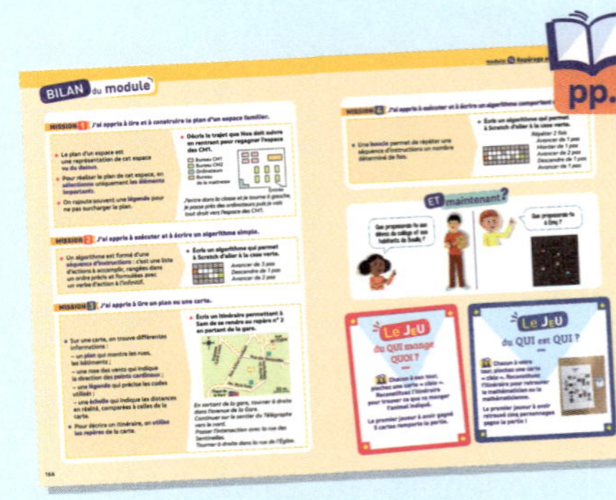

pp. 166-167

DIFFÉRENCIATION

- Deux jeux sont proposés, l'un relevant plutôt du **CM1 (à gauche)** et l'autre du **CM2 (à droite)**. Ils pourront cependant tous deux être proposés aux élèves selon leur niveau, vous permettant ainsi de différencier ce temps.

Le JEU du Qui mange quoi ?

Niveau 1

Faire correspondre les noms des animaux avec les aliments.

Le JEU du Qui est qui ?

Niveau 2

Faire correspondre les noms des mathématicien-ne-s avec les portraits.

ORGANISATION 2 à 4 joueurs

MATÉRIEL • la planche de jeu • les cartes Cible à piocher

RÈGLE DU JEU

Un à un, chaque joueur pioche une carte. Il doit suivre, sur la planche, l'itinéraire proposé sur la carte pour trouver ce que va manger l'animal indiqué. Il donne la réponse à haute voix. Les autres joueurs valident ou non la réponse. S'il y a désaccord, on peut retourner la carte pour vérifier la réponse.
Le premier joueur à avoir gagné 5 cartes remporte la partie. On peut également décider d'un temps de jeu limité, par exemple 10 minutes, au terme duquel le joueur ayant le plus de cartes a gagné.

Fiche MISSION 2 Labyrinthes Scratch

Chemin à décrire à ton camarade

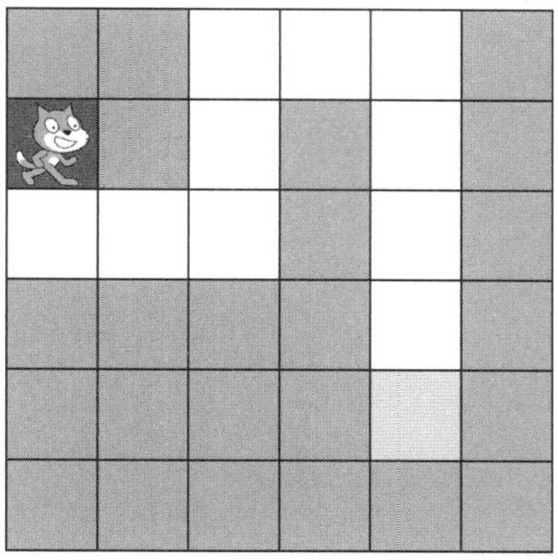

Chemin à tracer à partir du texte de ton camarade

Chemin à décrire à ton camarade

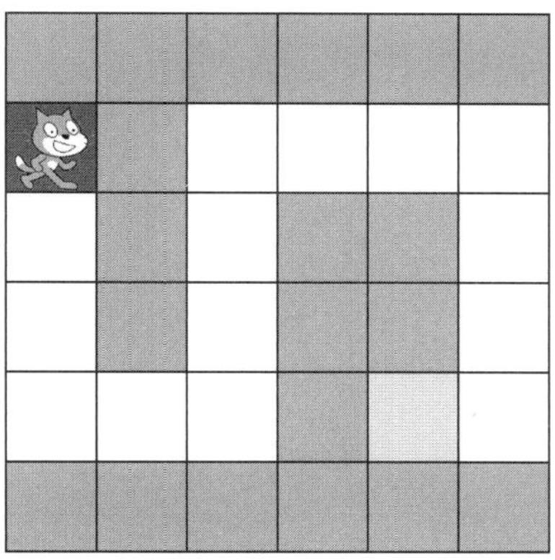

Chemin à tracer à partir du texte de ton camarade

Chemin à décrire à ton camarade

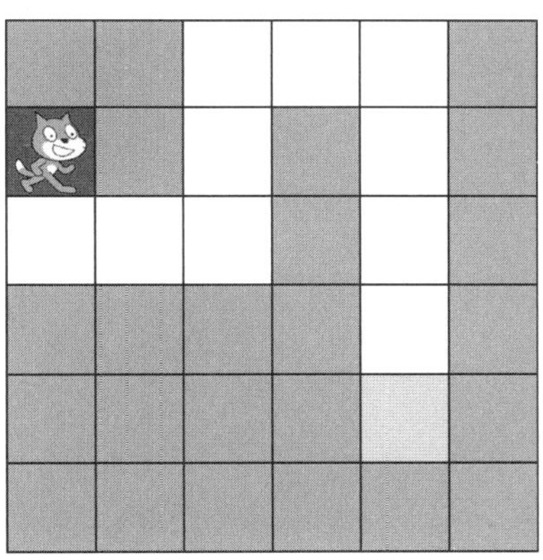

Chemin à tracer à partir du texte de ton camarade

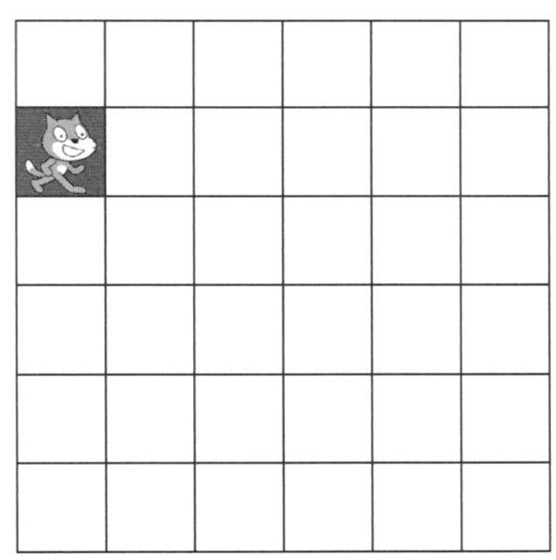

Chemin à décrire à ton camarade

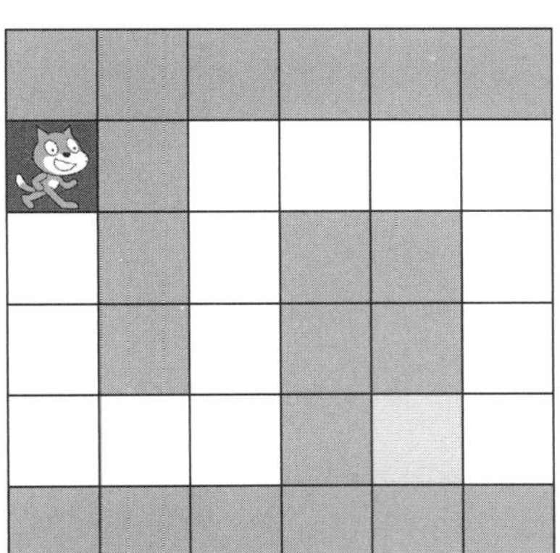

Chemin à tracer à partir du texte de ton camarade

Chat	*Carotte*	*Tigre*	*Vache*	*Oiseau*	*Ver*
Œuf	*Cheval*	*Chien*	*Singe*	*Cerf*	*Canard*
Noisette	*Escargot*	*Raisin*	*Cochon*	*Poisson*	*Acacias*
Blé	*Lapin*	*Hérisson*	*Zèbre*	*Ours*	*Loup*
Crocodile	*Sanglier*	*Pissenlit*	*Renard*	*Champignon*	*Poule*
Lion	*Maïs*	*Girafe*	*Pomme*	*Oiseau*	*Poulet*

Fiche JEUX Qui mange quoi ? (cartes à piocher) • Impression en recto verso

Chat	→→→→↓↓	?	Cochon	↓←↓←←↑	?
Crocodile	→→↑→↓↓→	?	Renard	↑→↑↑→↑	?
Lion	↑↑↑→→→↓	?	Oiseau	↓←↓↓←↓	?
Cheval	↓↓→→↓↓	?	Ours	↑↑←←↓←←	?
Lapin	←↑↑→↑	?	Canard	↓↓←←←↑	?
Chien	↓↓↓→→↓→	?	Loup	←↓←←←	?
Hérisson	←↑←↑	?	Poule	↑←↑←↑←←↓	?
Girafe	→→↑→↑↑	?	Tigre	↓↓→→→↑←	?
Vache	↓↓←↓↓←↓	?	Singe	↓→→↓↓↓←↑	?

Blé	Poisson
Ver	Oiseau
Pissenlit	Zèbre
Noisette	Pomme
Raisin	Carotte
Sanglier	Poulet
Escargot	Œuf
Cerf	Acacia
Champignon	Maïs

Fiche JEUX Qui est qui ? (cartes à piocher) • Impression en recto verso

Kovalev-skaïa	→↓↓→↓↓	?	Agnesi	↓→→↓→→→	?
Archimède	↓↓→→↓↓↓←	?	Lovelace	→→↑↑←←↑	?
Einstein	↓←↓←↓←←	?	Al-Kwârizmî	←←↑↑←↑↑	?
Euler	↓↓→→↓↓	?	Pythagore	→→↑↑→→↑→	?
Fibonacci	↓→→→↓↓←	?	Jackson	↑→→→↑↑←	?
Galois	↓←↓↓←←←↓	?	Newton	→→→↑→↑↑↑↑	?
Hypathie	↓←←←↓→	?	Poincaré	←↑↑←↑↑↑↑→	?
Gauss	↓→→↓↓→→↑	?	Noether	↑←↑←↑↑	?
Pascal	→→↑↑→↑	?	Germain	←←↑←↑↑↑←	?
Euclide	↓←←↑↑←↑←	?	Thalès	↓→↑↑←←	?
Du Châtelet	↓←←←↓←↓	?			

Fiche JEUX Qui est qui ? (cartes à piocher) • verso

Fiche JEUX Qui est qui ? • Plateau de jeu

Kovalevskaïa			Archimède	Einstein	
	Euler	Fibonacci			Galois
			Hypathie		
	Gauss	Pascal	Thalès	Euclide	Du Châtelet
Agnesi			Lovelace		Al-Kwârizmî
Pythagore		Jackson			
Newton		Poincaré	Noether	Germain	

module

15 La proportionnalité

CM2

• En CM2, voici les quatre missions qui seront travaillées en continuité de celles réalisées en CM1. Si vous le souhaitez, ou si une programmation de cycle le prévoit, vous pouvez donc aller plus loin et les proposer à vos élèves. Se référer alors au site compagnon sur lequel vous trouverez leur descriptif.

MISSION 4
Agrandir et réduire des figures

MISSION 5
Résoudre des problèmes de comparaison

MISSION 6
Résoudre des problèmes d'échelles et de vitesses

MISSION 7
Comprendre les pourcentages

Progression des apprentissages dans le module

Le module proportionnalité est traité au niveau de la programmation annuelle de manière particulière. Les missions et temps d'entrainement sont répartis sur les 5 périodes, afin que les apprentissages spécifiques à la résolution de ce type de problèmes soient mis en relation avec les autres domaines d'apprentissages et soient repris tout au long de l'année.
Le tableau ci-dessous comporte uniquement la liste des missions. Pour un déroulement des séances avec les entrainements, voir la programmation annuelle p. 55.

Période 1

• MISSION 1 **Additionner ou soustraire pour résoudre des problèmes de proportionnalité**

Période 2

• MISSION 2 **Multiplier ou diviser pour résoudre des problèmes de proportionnalité**

Période 3

• MISSION 3 **Utiliser le retour à l'unité pour résoudre des problèmes de proportionnalité**

Compétences LSU et BO

Dans les programmes, les compétences liées à la proportionnalité sont présentes dans les différents domaines d'apprentissage.

Dans le domaine Nombres et calcul :
• reconnaitre et résoudre des problèmes relevant de la proportionnalité en utilisant une procédure adaptée : propriétés de linéarité (additive et multiplicative), passage à l'unité, coefficient de proportionnalité ;
• appliquer un pourcentage.

Dans le domaine Grandeurs et mesures :
• identifier une situation de proportionnalité entre deux grandeurs à partir du sens de la situation ;
• résoudre un problème de proportionnalité impliquant des grandeurs.

Dans le domaine Espace et géométrie :
• reproduire une figure en respectant une échelle donnée. Agrandissement ou réduction d'une figure.

Lexique

• **Linéarité additive :** $f(a) + f(b) = f(a + b)$. Si on connait la valeur de a et la valeur de b, alors on peut déduire la valeur de $a + b$. Ex. : 2 gâteaux identiques coutent 6 €, 3 gâteaux identiques coutent 9 €. Je peux donc trouver le prix de 5 gâteaux identiques (2 gâteaux + 3 gâteaux = 5 gâteaux et 6 € + 9 € = 15 €).

• **Linéarité multiplicative :** $f(5a) = 5f(a)$.
Ex : quand j'achète une quantité 3 fois plus importante, je vais payer « trois fois plus ».

• **Pourcentage** : c'est une façon d'exprimer une proportion, qui se réfère à un tout que l'on compare à cent parts. Représenter un pourcentage sous forme d'une fraction et le transformer en décimal lui donne l'apparence d'un nombre, bien qu'il n'en ait pas les qualités (dans l'absolu, on ne peut pas faire des sommes de pourcentage).

• **Échelle** : c'est le coefficient de proportionnalité qui permet de passer des distances réelles aux distances d'un plan (toutes exprimées dans la même unité). Sur un plan, les distances sont proportionnelles aux distances réelles.

Apports didactiques

- Les élèves rencontrent dès la maternelle des problèmes relevant de la proportionnalité (*Un paquet contient 4 gâteaux. Combien de gâteaux contiennent 3 paquets identiques ?*). Ils les résolvent en dénombrant ou en calculant.
- Au cycle 3, cette notion est l'objet d'un enseignement explicite. S'appuyant sur les propriétés mathématiques de linéarité additive ou multiplicative, les élèves découvrent différentes procédures permettant de résoudre une situation de proportionnalité. Ils apprennent à choisir celle qui convient en donnant du sens aux énoncés, en mettant en relation les quantités en jeu. Ne pas pouvoir appliquer de façon automatique une procédure ou une technique peut pour beaucoup être déstabilisant.
- Deux grandeurs mesurables sont proportionnelles si la correspondance entre leurs mesures est une fonction linéaire, ce qui se traduit par l'existence d'un coefficient dit de proportionnalité. Cette notion est approchée dans la mission sur les échelles, bien que relevant de la 6e. De même en CM2, on ne fera pas de « produit en croix », ni de tableau de proportionnalité, comme préconisé dans les *Repères et attendus*. Lorsqu'un tableau est utilisé, c'est parce qu'il permet une organisation des données plus pertinente (dans le cas de recettes par exemple) : on peut alors observer les relations entre les nombres des différentes colonnes et lignes, mais il n'est pas pertinent d'imposer le remplissage d'un tableau ou la détermination et l'application d'un coefficient de proportionnalité comme procédure de résolution. Si un élève utilise un tableau, c'est en le construisant lui-même, comme un outil permettant d'organiser les données afin de mettre en évidence les relations entre les nombres.
- Les élèves doivent par ailleurs comprendre la spécificité des problèmes présentant une « situation de proportionnalité », bien que cela mette en jeu des concepts mathématiques complexes et peu accessibles. Un peu à la manière des exemples OUI / NON de Britt-Mari Barth, on distinguera, au fur et à mesure des rencontres avec les énoncés, les problèmes pour lesquels on peut trouver une réponse, de ceux pour lesquels ce n'est pas possible (ex. : problèmes mettant en relation l'âge et la taille ou la pointure). Des problèmes « absurdes » sont régulièrement présents au sein des trois premières missions et devront faire l'objet d'une attention particulière au niveau de la verbalisation. Face à un énoncé, un élève doit être attentif au sens de la situation... et à la vraisemblance de la solution qu'il propose.
- Le choix a été fait ici de regrouper dans un seul module ce qui relève de la proportionnalité dans les trois domaines des programmes (Nombres et calcul, Grandeurs et mesures, Espace et géométrie), afin de mettre explicitement en avant ce qui les relie. Il est important qu'un élève comprenne que lorsqu'il agrandit une figure, il ne fait pas juste de la géométrie mais il résout une situation de proportionnalité.

Difficultés rencontrées par les élèves

1 Vocabulaire source de confusion car mis en lien de façon erronée avec des opérations : « de plus », « de moins », « fois plus », « fois moins » :
→ il y a le mot « plus » dans l'énoncé, donc il faut faire une addition.

2 Écarter le sens et ne s'intéresser qu'aux nombres en jeu. Utiliser tous les nombres en jeu sans se soucier du sens :
→ 1 élève pèse 32 kg. Combien pèsent 3 élèves ? Ils pèsent 96 kg.

3 Une méconnaissance des tables et avoir des difficultés à voir les relations entre les nombres présents dans un énoncé. Cela fait référence au travail sur le journal du nombre. Les outils d'aide habituels ou la calculatrice peuvent être utilisés.
→ Ne pas voir que 36, c'est 6×6, 3×12, $18 + 18$, etc.

4 Ne pas parvenir à choisir parmi les procédures de résolution dont on dispose, appliquer systématiquement l'une d'entre elles, même quand cela conduit à une résolution laborieuse ou à une impasse. Être capable de faire preuve de flexibilité dans sa recherche, de changer de stratégie, est une compétence globale ne concernant pas que le concept de proportionnalité :
→ appliquer la procédure du passage à l'unité pour trouver le prix de 6 sucettes identiques lorsqu'on sait que 3 coutent 5 euros. Dans ce cas, la stratégie choisie est couteuse et aboutit à une impasse au niveau du calcul, pour un élève de CM1 ($5 : 3 = 1,666...$).

AUTOÉVALUATION, SITUATION DE RÉFÉRENCE

DURÉE

45 min

MATÉRIEL

- Pas de matériel particulier

COMPÉTENCES

- Chercher
- Modéliser
- Raisonner

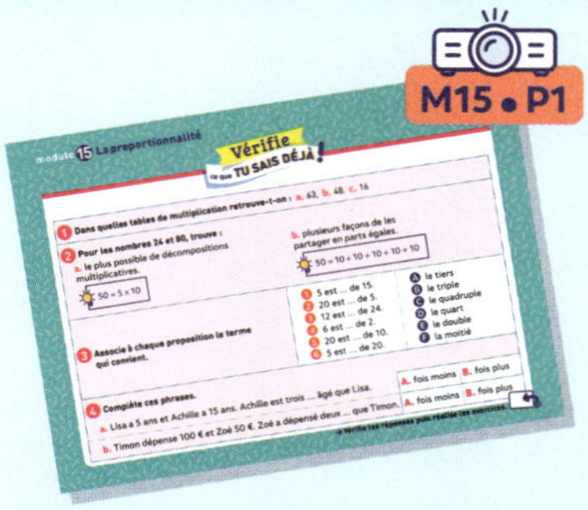

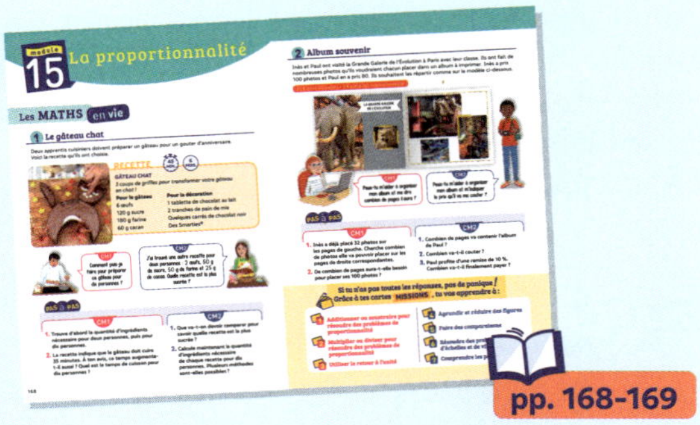

Autoévaluation

10 min Autoévaluation formative, autocorrection

Exercices 1, 2 : maitriser les tables de multiplication, des décompositions des nombres.
Exercice 3 : maitriser les notions tiers, triple, quart, quadruple, double, moitié.
Exercice 4 : maitriser les notions « … fois plus » et « … fois moins ».

10 min Remédiation ou Défi

Exercices 1 et 2 : les tables de multiplications ne sont pas à nouveau présentées ici ; pour les revoir, on pourra s'appuyer sur la partie Calcul du manuel (pp. 197-198, 203, 209-210) ou encore des outils numériques comme ceux du site calculatice (https://calculatice.ac-lille.fr).
Exercice 3 : les notions de double, moitié… sont présentes dans la partie Calculer du manuel, pp. 199-200 et pp. 218-19.
Exercice 4 : la maitrise des expressions « … fois plus » et « … fois moins » est difficile pour les élèves. La référence à la monnaie peut les aider à mieux se représenter la situation.
Défi : les élèves procèdent par tâtonnements, par essais successifs ou font des dessins, des schémas. Il est important de montrer qu'il existe différentes procédures pour résoudre ce type de problème, que c'est par le raisonnement, et non le calcul expert, qu'ils parviendront à résoudre ce type de problème.
8 voitures (32 roues) + 10 camions (60 roues) = 92 roues.

Situations de référence

Organisation

Deux situations sont proposées dans le manuel CM1-CM2 ; elles sont communes au CM1 et au CM2. Vous pouvez ainsi vous organiser avec les autres enseignants qui utilisent la méthode : une année, tous les élèves de CM1 et CM2 font la situation 1 par exemple, l'année d'après, tous les élèves font la situation 2. Ainsi, les élèves feront deux situations de référence différentes s'ils ont la même méthode deux années de suite.

1 Le gâteau chat

5 min Appropriation collective de la situation

« De quoi parle-t-on ? Qu'allons-nous chercher ?

« Il faut aider l'apprenti cuisinier à trouver la quantité de chaque ingrédient dont il a besoin. La recette indiquée est pour 6 personnes. Il doit trouver la quantité dont il aura besoin pour faire un gâteau pour 2 personnes puis pour 10 personnes. Il doit prendre à chaque fois la quantité exacte pour que le gâteau soit réussi. Il doit aussi trouver le temps de cuisson pour chaque gâteau.

10 min Recherche PAS à PAS

Les élèves, par tâtonnements, essais, schémas, cherchent à déterminer la quantité de chaque ingrédient nécessaire pour 2 personnes (6 personnes c'est 2 et encore 2 et encore 2), mais cela sera plus difficile pour 10 personnes. Certains peuvent s'appuyer sur la différence entre 6 et 10, et ajouter 4 à toutes les quantités. La difficulté est de mettre en relation les quantités en jeu, de façon pertinente et vraisemblable. Cela devrait mettre en évidence la difficulté à résoudre un problème de ce type, dont les élèves auront découvert le nom en lisant le titre de la page du manuel et faisant référence à une situation quotidienne qu'ils connaissent.
Par cette situation, les élèves vont comprendre qu'il existe une catégorie particulière de problèmes qu'ils vont apprendre à résoudre.

10 min Analyse collective et explicitation des apprentissages à venir

La classe échange oralement sur les solutions, les difficultés et le sens de l'énoncé.
L'objectif est de prendre conscience que les procédures permettant de résoudre ce type de problème nécessitent un apprentissage.
Les solutions ne sont pas données et si possible, quelques productions d'élèves sont conservées pour être réutilisées en fin de module.

2 Album souvenir

Le contexte proposé est un peu différent.
Des élèves peuvent utiliser le schéma (représenter les pages de l'album et les photos sur chaque page) et aboutiront peut-être à une solution.
La mise en commun amènera à considérer que l'on peut aussi résoudre ce type de problème par le calcul, de manière plus rapide et experte.

Aide / différenciation

Autoriser et valoriser les procédures personnelles, encourager à faire des essais, à faire des schémas, utiliser les erreurs. La modélisation rencontrée dans le module Problèmes peut être utilisée ici.
Il est important que les élèves verbalisent, expliquent leurs choix, leurs procédures et que l'enseignant-e les conduise à faire émerger de leurs représentations, parfois maladroites, les modèles mathématiques en jeu.

MISSION 1

Additionner ou soustraire pour résoudre des problèmes de proportionnalité

DURÉE

45 min

MATÉRIEL

- Briques en plastique de couleurs différentes : longueur 12 picots, 6 picots et 4 picots (ou des briques en papier de trois couleurs différentes à découper)

COMPÉTENCES

- Chercher
- Modéliser
- Communiquer

M15 • M1

pp. 170-171

OBJECTIFS

- Mettre en relation les données d'un énoncé pour comprendre comment résoudre un problème mettant en jeu une situation proportionnelle.
- Utiliser la linéarité additive, les notions de double, triple, moitié…

PRINCIPE DE LA MISSION

- Les élèves doivent **mettre en relation les grandeurs visibles sur les photos** (briques de différentes tailles). La photographie ne met pas directement en lien les briques jaunes et rouges, c'est aux élèves de construire la relation qui les lie et ainsi d'entrer en réflexion. Ils doivent ensuite **émettre des hypothèses, avant de les vérifier par la manipulation**. Les données proposées devraient inciter les élèves à utiliser l'addition ou la soustraction. Il n'est pas exclu que certains proposent d'autres méthodes (multiplication, retour à l'unité) ; ces procédures seront acceptées et conservées pour être exploitées dans les missions 2 et 3.
Le dernier exercice du verso permettra, dès cette première mission, d'entamer un débat sur ce que n'est pas une situation proportionnelle et renforcera l'idée qu'il est absolument nécessaire de **s'interroger sur le sens des énoncés** avant de se lancer dans des calculs.

5 min Appropriation collective

Dans un premier temps, le matériel (briques ou bandes) n'est pas donné aux élèves. Ils lisent la consigne et observent la photo avant d'échanger sur ce qu'ils ont compris. La première question du pas à pas est également lue.

> *Qu'avez-vous compris ?*
> *Que devez-vous faire ?*

Puis on lira ensemble la suite du pas à pas :

> *Qu'allez-vous faire ?*
> *À quoi va vous servir le matériel que j'ai avec moi ?*
> *Quand allez-vous vous en servir ? Pour quoi faire ?*

15 min Recherche individuelle et confrontation en binôme

Par le calcul, le dessin, les essais, les élèves vont chercher à définir, individuellement, la relation entre la brique rouge et la brique jaune. Ils vont devoir construire cette relation en faisant abstraction de la brique grise intermédiaire. On encouragera ceux qui ne visualisent pas la situation à schématiser, à dessiner, mais en étant attentif à ce qu'ils restent mentalement actifs et en recherche. Dans un deuxième temps, ils vont confronter leurs réponses par deux, se mettre d'accord et vérifier leurs hypothèses par la manipulation, en « construisant » le mur. Une fois leur hypothèse validée (ou invalidée), ils terminent de faire la synthèse de leur travail en essayant de structurer leurs réponses par le recours à la partie « prépare-toi ».

10 min Mise en commun et trace écrite provisoire

Durant la phase de recherche, l'enseignant-e a sélectionné les propositions les plus intéressantes, qu'elles soient erronées ou justes. Il s'agit de montrer le lien entre les manipulations effectuées, les dessins et des calculs qui peuvent en être déduits.
– 2 briques rouges correspondent à 3 briques jaunes.
– 6 briques rouges, c'est 2 briques rouges + 2 briques rouges + 2 briques rouges (le triple), cela correspond à : 3 briques jaunes + 3 briques jaunes + 3 briques jaunes (le triple).
– 8 briques rouges, c'est 6 briques rouges + 2 briques rouges. Pour trouver à combien de briques jaunes cela correspond, je peux réutiliser les résultats précédents (9 briques jaunes + 3 briques jaunes).
Pour prolonger le débat, et assurer la compréhension de chacun, l'enseignant-e proposera de chercher, collectivement, comment trouver à combien de briques rouges correspondent 6 briques jaunes. Plusieurs méthodes seront mises en avant, sans indiquer de préférence pour l'une ou l'autre, qu'elles soient proposées par élèves ou introduites par l'enseignant-e.
- 6 briques jaunes, c'est la moitié de 12 briques jaunes ;
- 6 briques jaunes, c'est 3 briques jaunes + 3 briques jaunes (double) ;
- 6 briques jaunes, c'est 9 briques jaunes moins 3 briques jaunes.

Il est important d'introduire la dernière proposition car elle permet de montrer aux élèves qu'ils peuvent aussi utiliser la soustraction.

Réponses possibles

« Je cherche l'écart entre les quantités : 2 briques rouges correspondent à 3 briques jaunes, donc j'ajoute 1 : 6 briques rouges correspondent à 7 briques jaunes.
La manipulation permettra d'invalider cette réponse et de vérifier les autres propositions.
Le retour à l'unité ne devrait pas être proposé ici puisqu'à 1 brique rouge ne correspond pas un nombre entier de briques jaunes.

▶ Trace provisoire possible

Je retiens de la MISSION 1

On conservera les procédures utilisant l'addition ou la soustraction. Si la multiplication a été proposée, on indiquera que l'on reviendra dessus dans la mission suivante.
- Pour résoudre un problème de proportionnalité, on observe les liens entre les nombres en jeu dans l'énoncé, puis on propose un calcul.
- Si je connais la quantité correspondant à 2 unités et à 6 unités, je peux déduire la quantité correspondant à 8 unités (car 8 = 2 + 6) ou à 4 unités (car 4 = 6 – 2).

Ajouter un exemple, des photographies issues des manipulations.

15 min Exercices d'appropriation

Exercices proposés	Observations	En cas de difficultés Sélection d'exercices du manuel
Exercice 1 : les élèves appliquent ce qu'ils viennent d'apprendre sans changer de contexte.	*« L'élève sait-il appliquer ce qu'il vient de découvrir à d'autres nombres. A-t-il besoin de dessiner, de manipuler ? »*	Exercice 11 p. 171
Exercice 2 : ici, les élèves transfèrent ce qu'ils ont appris à un contexte différent.	*« L'élève transfère-t-il ses connaissances à cet autre contexte ? Fait-il un schéma, un dessin ? »*	Exercice 15 p. 171
Exercice 3 : pour comprendre la nécessité de s'interroger sur le sens de la situation, avant de se lancer dans les calculs.	La trace écrite sera enrichie à l'issue de la résolution de cet exercice, qui introduit l'idée que toutes les situations ne sont pas proportionnelles, et qu'il faut être attentif au sens des énoncés proposés. Prévoir un temps d'échanges.	Exercices 1 - 2 - 3 p. 170

Aide / différenciation

L'utilisation de réglettes (ou de bandes de papier) peut aider à faire émerger le modèle mathématique en jeu dans l'énoncé, à choisir une procédure correcte. *Dans une recette, il faut pour 4 personnes 3 oranges, 2 citrons et 4 pommes. Quelle quantité de fruits faut-il pour 12 personnes ?*

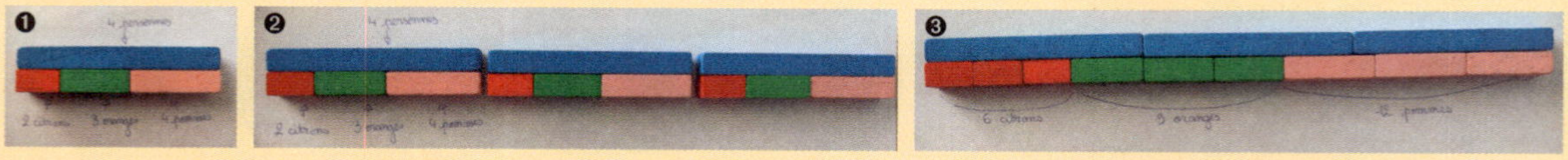

1. On représente la situation ; 2. on reproduit la situation autant de fois que nécessaire ; 3. on réorganise pour mettre en lien cette modélisation avec une opération, afin que les élèves ne restent pas dans un simple dénombrement.

MISSION 2

Multiplier ou diviser pour résoudre des problèmes de proportionnalité

DURÉE

45 min

MATÉRIEL

La vérification avec le « vrai » matériel visible sur les photos n'est pas indispensable, mais peut être une aide utile pour les élèves en difficulté

- Une balance électronique
- Des billes identiques

COMPÉTENCES

- Chercher
- Modéliser
- Communiquer

M15 • M2

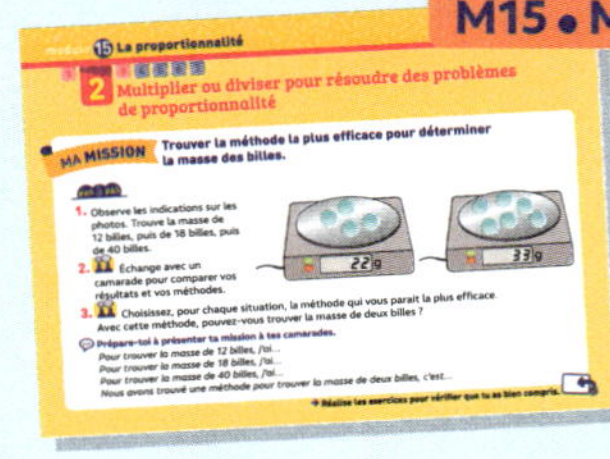

pp. 170-171

OBJECTIF

- Résoudre un problème de proportionnalité en utilisant la linéarité multiplicative (la multiplication ou la division, les notions de tiers, triple, quadruple…).

PRINCIPE DE LA MISSION

- Les élèves vont être en situation de pouvoir réinvestir la procédure de résolution mise en avant dans la mission 1. Cependant, les nombres en jeu ici rendent cette procédure longue et laborieuse ; ce sera l'occasion de mettre en avant la possibilité d'**utiliser la multiplication** pour parvenir au résultat attendu. Quelques élèves auront peut-être déjà proposé son utilisation en mission 1 ; on exploitera cela pour faire du lien entre les deux missions et montrer que **pour résoudre un problème mettant en jeu une situation de proportionnalité, plusieurs méthodes sont possibles**, que l'**on va choisir parmi elles en fonction de la situation et des relations entre les nombres en jeu**. Dans cette mission, les élèves ne devraient pas pouvoir chercher la valeur de l'unité, car cela les conduirait à utiliser un nombre décimal.

5 min Appropriation collective

La situation est proche de celle de la mission 1, mais le contexte est différent. Il peut être utile de prendre le temps de bien observer les informations visibles sur les photographies avant de se diriger vers la première question du pas à pas.

« *Que voyez-vous ? Quelles informations nous donnent les photographies ? Qu'allez-vous devoir faire ? Lors de cette mission, vous allez devoir trouver la masse de différentes quantités de billes, en utilisant les informations visibles sur les photographies. Vous pouvez utiliser différentes méthodes, faire des schémas, etc. Ensuite, vous comparerez vos résultats et vos méthodes de calcul avec un camarade.* »

Éventuellement, si l'enseignant-e a fait ce choix, on peut préciser qu'une vérification sera faite avec du matériel.

15 min Recherche collective et confrontation en binôme

D'abord individuellement, les élèves vont manipuler les nombres présents sur les photographies et dans la consigne pour faire une proposition. Afin de donner du sens à leurs propositions et à leurs calculs, on pourra si besoin leur proposer de les mettre en lien avec des représentations et des schémas. Si elles ont déjà été utilisées lors de la mission 1, des réglettes (ou des cubes emboitables) pourront être proposées aux élèves qui rencontrent des difficultés.

10 min Mise en commun et trace écrite provisoire

Les différentes procédures utilisées par les élèves pourront être exploitées. D'abord l'addition itérée, que certains auront probablement utilisée, puis la

multiplication. Si cette dernière n'a pas été proposée par les élèves, on pourra les conduire à observer la longueur des calculs et à trouver une manière plus « courte » d'obtenir le même résultat (notamment pour la masse de 40 billes). Il est également important d'exploiter les représentations (schémas, modélisations...) proposées et de les mettre en lien avec les calculs proposés par d'autres.
L'enseignant-e veillera à introduire, si les élèves ne le proposent pas, que la masse de 12 billes c'est 2 fois la masse de 6 billes ou 3 fois la masse de 4 billes, donc le double ou le triple.
La mise en commun à partir de la question 3 du pas à pas permettra d'introduire la division (notion de moitié / tiers) comme technique de calcul également utilisable.

Réponses possibles

Afin de valider ou d'invalider les solutions proposées, l'enseignant-e peut proposer une manipulation collective avec la balance et les billes. Les réglettes visibles sur les photographies permettent une modélisation contribuant à valider ou non les propositions et à faire du lien avec les calculs proposés.

Pour trouver la masse de 12 billes je fais 33 × 2 g ou 22 × 3 g.

Pour trouver la masse de 18 billes, je fais 33 × 3 g ou 22 × 3 g + 33 × 1 g.

Pour trouver la masse de 40 billes, je fais 22 × 10 g.

▶ Trace provisoire possible

Je retiens de la MISSION 2
On complétera la trace écrite provisoire construite à l'issue de la mission 1.
- En fonction des nombres en jeu, la multiplication ou la division peut aussi être utilisée.
- Si je connais la valeur de 4 unités et que je cherche la valeur de 40 unités, je vais multiplier par 10.
- Si je connais la valeur de 6 unités et que je cherche la valeur de 2 unités, je vais diviser par 3.

On pourra mettre un exemple et des photographies issues des manipulations réalisées pendant la mission.

15 min Exercices d'appropriation

Exercices proposés	Observations	En cas de difficultés Sélection d'exercices du manuel
Exercice 1 : cet exercice est une application directe, dans le même contexte, de ce qui vient d'être appris.	*« L'élève parvient-il à réinvestir les techniques de calcul ou a-t-il besoin de faire un schéma, de manipuler ? »* *« L'élève utilise-t-il toujours la même procédure, sans repérer la plus pertinente en fonction des nombres ? »*	Exercice 12 p. 171
Exercice 2 : ici, les élèves appliquent ce qu'ils ont appris à un contexte différent, mais déjà rencontré (mission 1). Il s'agit d'insister sur l'idée que ce n'est pas le contexte, mais les nombres en jeu, qui induisent le choix d'une procédure *(« Dans la mission 1 avec les briques, j'ai fait des additions, donc ici je fais des additions. »)*	*« L'élève parvient-il à choisir la méthode la plus pertinente ? Analyse-t-il les données avant de se lancer dans les calculs ? »*	Exercices 13 - 16 p. 171
Exercice 3 : ici, on revient à une situation qui de nouveau met en avant la nécessité d'analyser le sens des situations proposées avant de faire des calculs.	*L'élève se questionne-t-il ? (un chat mange-t-il exactement la même quantité de croquettes chaque jour ? Sommes-nous dans une situation de proportionnalité ou non ?)*	Exercices 4 - 5 p. 170

Aide / différenciation

Les tâches et les paramètres à prendre en compte sont nombreux quand il s'agit de résoudre des problèmes relevant de la proportionnalité. Il peut être judicieux d'alléger la charge cognitive des élèves qui rencontrent par ex. des difficultés au niveau du calcul ou qui ont une méconnaissance des tables de multiplication, en leur donnant **accès aux résultats des tables ou à la calculette**.
Il leur sera juste demandé de **se concentrer sur le sens de la situation et ses représentations possibles** (le dessin, le schéma, la manipulation de réglettes, le passage par une modélisation peuvent être des recours utiles), en faisant le lien avec ce qui a été appris au niveau de la résolution de problèmes.

MISSION 3

Utiliser le retour à l'unité pour résoudre des problèmes de proportionnalité

DURÉE

45 min

MATÉRIEL

Comme pour la mission précédente, la manipulation des véritables objets peut être une aide pour les élèves en difficulté ou pour valider ou invalider les réponses, elle n'est pas indispensable

▶ Un lot de perles

COMPÉTENCES

▶ Chercher
▶ Raisonner
▶ Communiquer

M15 • M3

pp. 170-171

OBJECTIF

- Découvrir une troisième technique pour résoudre un problème proposant une situation proportionnelle : le retour à l'unité.

PRINCIPE DE LA MISSION

- Les élèves, dans les missions 1 et 2, ont utilisé la linéarité additive ou multiplicative pour résoudre un problème relevant de la proportionnalité. Ici, les données en jeu vont amener à constater que ces techniques peuvent être peu efficaces : une troisième va donc être découverte. Dans cette mission comme dans les précédentes, il est important que les élèves continuent de **s'interroger sur le sens de l'énoncé proposé**.

8 min Appropriation collective

Les élèves observent la situation et lisent le pas à pas, individuellement. Une confrontation collective permettra de s'assurer que tous ont compris la situation. On prendra le temps de revenir sur les techniques connues des élèves tout en veillant à ne pas trop en dire afin que les élèves restent actifs.

> *Qu'allez-vous devoir chercher ?*
> *Que connaissons-nous comme technique pour résoudre ce type de problème ?*

Il peut être utile de proposer à certains élèves d'utiliser la calculatrice.

12 min Recherche collective et confrontation en binôme

Les élèves vont sans doute dans un premier temps chercher à procéder par addition itérée ou en faisant une multiplication : « *Je connais la quantité de perles nécessaire pour 3 bracelets, j'additionne ou multiplie jusqu'à atteindre 25 bracelets.* » Mais les nombres choisis rendent ces techniques inopérantes (25 n'est pas un multiple de 3) et ils devraient seulement arriver à déterminer la quantité pour 24 bracelets, ce qui permettra de constater qu'il manque juste la quantité de perles pour un bracelet. À ce stade, des élèves pourront déduire qu'il leur manque la quantité nécessaire pour un seul bracelet. On pourra ici aussi modéliser la situation. La barre verte représente le lot de 72 perles, chaque petit cube un bracelet.

En multipliant cette représentation, on arrive à 24 bracelets et 8 lots de 72 perles.

On comprend alors que pour arriver à 25 bracelets, il faut ajouter le tiers du 9e lot de perles.

10 min Mise en commun et trace écrite provisoire

Des techniques ont été testées par les élèves, certaines ont pris beaucoup de temps (addition itérée) et cela a abouti à déterminer la quantité de perles nécessaires pour un bracelet (24 perles). La mise en commun va permettre de valider ou invalider les propositions des élèves mais surtout de déduire que chercher dès la début la quantité de perles nécessaires pour un bracelet aurait rendu les calculs plus simples et moins nombreux. On parlera ici de « retour à l'unité ». On fera également la démonstration que dans ce cas, une fois que l'on a fait ce retour à l'unité, on peut déterminer la quantité de perles nécessaires pour n'importe quelle quantité de bracelets, en un seul calcul. On proposera quelques exemples.

Réponses possibles

J'ai fait 3 + 3 + 3 + 3 + 3 + 3 + 3 + 3 = 24 bracelets, alors 72 + 72 + 72 + 72 + 72 + 72 + 72 + 72 = 576 perles.
Cette proposition montre un calcul long et sujet à erreurs (addition itérée pour arriver à 24 bracelets).

Certains élèves pourraient en rester là et conclure qu'on ne peut pas trouver pour 25 bracelets.
J'ai fait 3 × 8 = 24 bracelets alors 72 × 8 = 576 perles.
Le calcul est plus efficace, mais la conclusion est la même qu'avec l'addition itérée.
J'ai partagé 72 en 3 paquets pour savoir combien de perles il faut pour un seul bracelet et j'ai trouvé 24.
Ensuite j'ai fait 24 × 25 = 600.

▶ Trace provisoire possible

Je retiens de la MISSION 3

Dans certains cas, on peut chercher à trouver à quoi correspond l'unité de l'énoncé.
« Si je connais la valeur de 3 unités, je peux chercher la valeur d'une unité (c'est le tiers) car cela permet de simplifier les autres calculs. »
On mettra un exemple, des photographies issues des manipulations et résultats trouvés lors de la réalisation de la mission.
À cette étape, il est intéressant de se demander si on aurait pu utiliser cette technique pour répondre aux situations proposées dans les missions 1 et 2. Il est important que les élèves comprennent que les méthodes ne sont pas forcément interchangeables mais qu'en fonction des nombres, il faut choisir l'une ou l'autre.

15 min Exercices d'appropriation

Exercices proposés	Observations	En cas de difficultés Sélection d'exercices du manuel
Exercice 1 : la situation proposée est similaire à celle de la mission. Les élèves vont appliquer ce qu'ils ont appris à d'autres données.	*« L'élève utilise-t-il une technique efficace (le retour à l'unité) ? Ou reste-t-il sur celles qu'il a découvertes auparavant comme l'addition itérée ? »*	**Exercices 11 - 12 p. 171** Si ces exercices ont déjà été réalisés, on demandera ici, comme un défi, de rechercher la technique la plus efficace (« celle qui demande de faire le moins d'opérations possible »).
Exercices 2 et 5 : ici, l'élève est confronté à un contexte différent, mais avec des données numériques simples.	*« L'élève parvient-il à transférer ses connaissances à ce contexte ? Quelle technique de résolution utilise-t-il ? »*	**Exercice 14 p. 171**
Exercice 3 : l'élève doit prélever les données sur l'emballage, en excluant les données inutiles.	*« L'élève parvient-il à interpréter les indications de l'emballage ? »*	**Exercice 17 p. 171**
Exercice 4 : nous retrouvons ici un énoncé ambigu, qui doit amener à un temps d'échanges.	*« L'élève se lance-t-il dans les calculs ou s'interroge-t-il sur le sens de l'énoncé ? »*	**Exercices 6 - 7 p. 170**

Aide / différenciation

Beaucoup d'élèves pensent que résoudre un problème, c'est prendre les nombres pour en faire un calcul. On pourra **raisonner avec eux sur des situations ne relevant pas de la proportionnalité, donnant des résultats absurdes** (peut-on mesurer 2,50 m à 20 ans, chausser du 64, etc. ?), on pourra débattre à partir de situations ayant l'apparence de situations proportionnelles :
– un chat mange 30 g de croquettes lundi, combien mange-t-il en une semaine ? (Mange-t-il la même quantité chaque jour ?)
– une pomme a une masse de 150 g, quelle est la masse de 3 pommes ? (Toutes les pommes sont-elles identiques ?)
– être attentif aux situations d'achats qui dans la réalité sont ambigües (achat à l'unité / achat d'un lot, prix d'une barquette de fraises, ou d'un lot de 4...).
La verbalisation, le questionnement, le doute sont essentiels.

SYNTHÈSE, RETOUR SUR LA SITUATION DE RÉFÉRENCE

DURÉE

30 min

MATÉRIEL

- Pas de matériel particulier

COMPÉTENCES

- Raisonner
- Communiquer

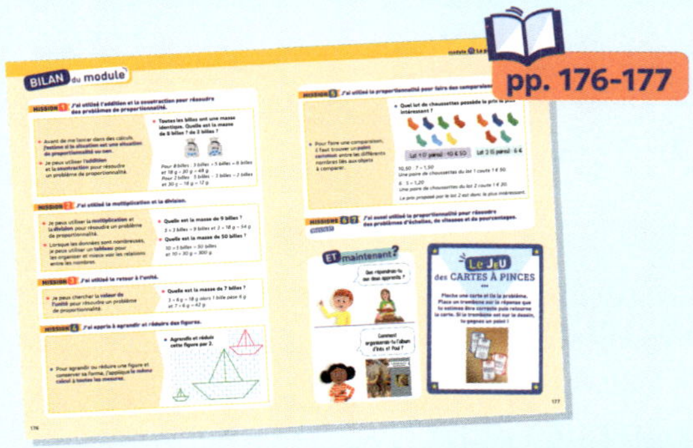

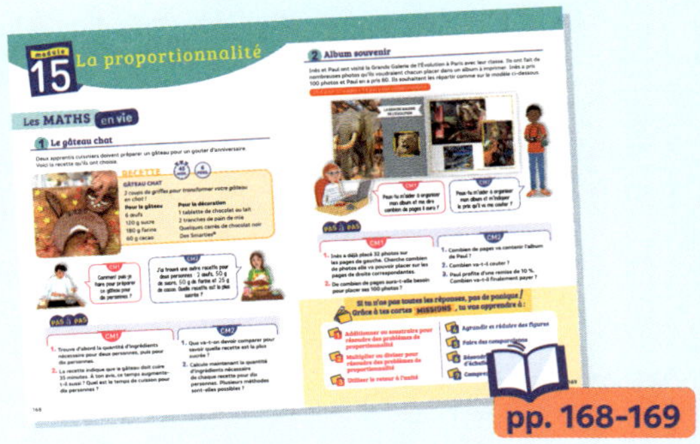

10 min Retour sur les traces écrites provisoires des missions

Les élèves, à partir des exemples proposés dans la trace écrite provisoire, citent les différentes techniques qu'ils peuvent utiliser pour résoudre un problème de proportionnalité.
On insistera avec les élèves sur la nécessité de bien questionner le sens des situations proposées, car il y a de nombreux « pièges », c'est-à-dire des situations qui ne relèvent pas de la proportionnalité (âge, pointure…). On pourra demander des exemples aux élèves.
L'importance de vérifier que le résultat que l'on propose est vraisemblable sera également réaffirmé. On s'appuiera là aussi sur des exemples (*« Est-ce possible qu'une baguette de pain coute 25 € ? »*).

5 min Mémo

15 min Retour sur la situation de référence

Les élèves vont d'abord individuellement relire les informations indiquées sur la page. On se remémorera les difficultés que l'on avait rencontrées et les propositions qui avaient été faites.
Si on a gardé des traces des productions des élèves, on pourra alors les réutiliser et en évaluer la pertinence.

Les élèves sont invités à proposer une méthode experte pour répondre à la question 1 du pas à pas.
La question 2 pose la question du sens des situations et peut faire l'objet d'un débat :
« Que se passe-t-il quand je cuis un gâteau plus grand, le temps augmente, mais est-ce de façon proportionnelle ? Et si je cuis en même temps deux gâteaux, le temps double-t-il ? »

Solution situation 1

	6 personnes	2 personnes	10 personnes
Œufs	6	2	10
Sucre	120 g	40 g	200 g
Farine	180 g	60 g	300 g
Cacao	60 g	20 g	100 g

Si le gâteau est plus grand, le temps de cuisson peut augmenter un peu, mais pas de façon proportionnelle. Par contre, si on cuit deux gâteaux pour 6 personnes en même temps, il restera de 35 minutes.

Solution situation 2

2 photos sur la page de gauche « correspondent » à 3 photos sur la page de droite. Donc 32 photos sur la page de gauche « correspondent » à 48 photos sur la page de droite. En tout, elle aura donc placé 80 photos sur 32 pages.
Elle doit encore ajouter des pages pour arriver à placer 100 photos : dans un album de 40 pages, elle pourra placer 60 photos sur les 20 pages de gauche et 40 photos sur les pages de droite.

JEU

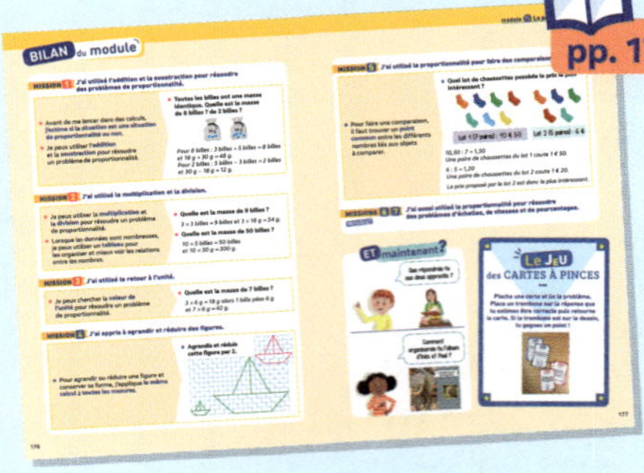

pp. 176-177

DURÉE

30 min

COMPÉTENCES

- Raisonner
- Communiquer

DIFFÉRENCIATION

- Un jeu est proposé avec deux séries de cartes, l'une relevant plutôt du **CM1 (en rose)** et l'autre du **CM2 (en bleu)**. Elles pourront cependant toutes deux être proposées aux élèves selon leur niveau, vous permettant ainsi de différencier ce temps.

Le JEU des Cartes à pinces

Intérêt : résoudre des problèmes de proportionnalité, identifier des situations proportionnelles.

ORGANISATION individuel ou à deux, autocorrectif

MATÉRIEL • les cartes imprimées et plastifiées si possible • des trombones

RÈGLE DU JEU

Chacun à son tour, on pioche une carte, on place le trombone sur la « bonne » réponse et on retourne pour vérifier. Si la pince est sur le dessin, la réponse est la bonne, on garde la carte. Sinon, elle est replacée sous le tas. Sur le verso, on peut avoir un indice ou une petite explication. Celui qui remporte le plus de cartes gagne.

Fiche MISSION 1 Briques à découper

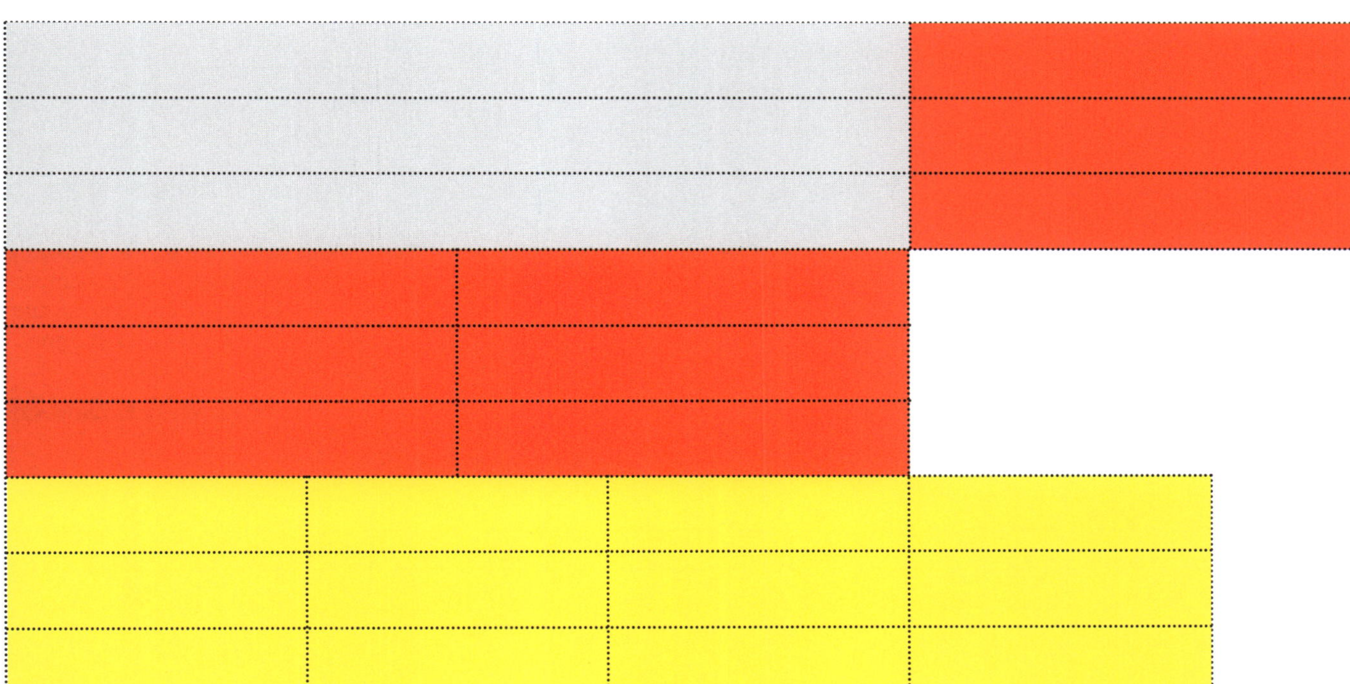

Fiche JEUX Jeu des cartes à pince (impression recto verso) • niveau 1

Question 1

Pour faire des diabolo menthe, il faut 4 cL de sirop de menthe par verre. **Combien faut-il de sirop pour 3 verres ?**

10 cL
7 cl
12 cL

Question 2

Ilan a 8 ans, Ilia a 6 ans. **Quel âge aura Ilia quand Ilan aura 16 ans ?**

12 ans
14 ans
16 ans

Question 3

Pour cuire 500 g de pâte, j'ai besoin de 5 L d'eau. **Combien me faut-il d'eau pour cuire 200 g de pâte selon les indications du paquet ?**

2 L
5 L
3 L

Question 4

Combien vas-tu payer pour 4 pizzas ?

30 €
56 €
112 €

Question 5

Combien de sauts la puce jaune va-t-elle faire quand la puce verte fera 8 sauts ?

4
7
10

Question 6

3 fleuristes fabriquent 10 bouquets en 1 heure. **Combien fabriquent-ils de bouquets en 3 heures ?**

30
9
14

Question 7

Un scooter électrique a une consommation d'électricité qui correspond à une dépense de 60 centimes/100 km. **Combien va-t-il dépenser pour parcourir 200 km ?**

60
160
120

Question 8

Un train roule à une vitesse de 120 km/h. **Combien de temps va-t-il mettre pour parcourir 150 km ?**

1 h
1 h 15
2 h

Question 9

Trouve combien de fois tu peux faire 400 m dans 10 000 m.

25
400
10

Question 10

Une sauterelle verte parcourt 21 m en 15 bonds. Une sauterelle orange parcourt 24 m en 20 bonds. **Quelle sauterelle fait les bonds les plus grands ?**

La sauterelle verte
La sauterelle orange
Aucune

Question 11

Le nombre de buts marqués en un match est proportionnel au nombre de but marqué en une mi-temps.

Vrai
Faux

Question 12

Une moto consomme en moyenne 5 L d'essence pour parcourir 100 km. **Quelle sera la consommation d'essence pour 200 km ?**

100 L
10 L
5 L

Question 13

Pour 4 crèmes à la vanille, il faut 60 g de sucre. **Quelle quantité de sucre est nécessaire pour 10 crèmes à la vanille ?**

120 g
64 g
150 g

Question 14

Combien vais-je obtenir de pizzas gratuites si j'en achète 20 ?

4
22
2

Question 15

Combien y a-t-il d'œufs en tout ?

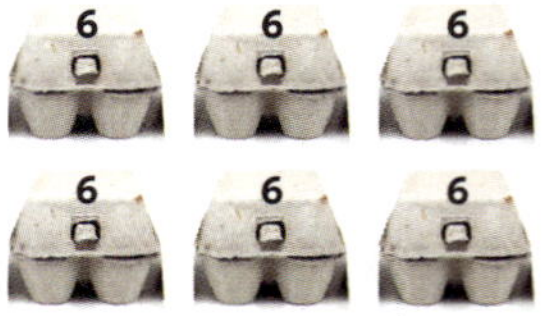

6
36
24

Question 16

Si je place une rangée de 8 carreaux noirs, **combien vais-je placer de carreaux argentés sur la ligne du dessous ?**

15
23
30

Fiche JEUX Jeu des cartes à pince (verso) • niveau 1

Réponse 4 56 €	**Réponse 3** Dans les indications des paquets, on considère qu'il faut 1 L d'eau pour cuire 100 g de pâtes. 2 L	**Réponse 2** Ce n'est pas une situation proportionnelle ! L'écart de deux ans entre les deux enfants restera toujours le même ! 14 ans	**Réponse 1** 4 cL, c'est la quantité pour 1 personne. Pour 3 personnes, il faut multiplier la quantité de sirop par 3. 12 cL
Réponse 8 Un train roule à une vitesse de 120 km/h. Combien de temps va-t-il mettre pour parcourir 150 km ? 1 h 15	**Réponse 7** 120	**Réponse 6** 2 fleuristes fabriquent 6 bouquets en 30 minutes. Combien 5 fleuristes fabriquent-ils de bouquets en 1 heure ? 30	**Réponse 5** Fais un schéma et continue à dessiner les sauts des puces sur la droite graduée… 4
Réponse 12 10 L	**Réponse 11** On ne sait pas à l'avance combien de buts sont marqués durant un match ou durant une mi-temps. Faux	**Réponse 10** La sauterelle verte	**Réponse 9** Un tour de stade olympique mesure 400 m. Pour l'épreuve du 10 000 m, combien de tours de stade doivent faire les athlètes ? 25
Réponse 16 30	**Réponse 15** 36	**Réponse 14**  2	**Réponse 13** 150 g

Fiche JEUX Jeu des cartes à pince (impression recto verso) • niveau

Question 1

Si j'agrandis une affiche de 50 % avec un photocopieur, cela signifie que …

- 1 cm « devient » 2 cm
- 1 cm « devient » 1,5 cm
- 1 cm « devient » 1 cm

Question 2

À quelle fraction correspond 75 % ?

- 1/10
- 3/4
- 1/4

Question 3

À quelle fraction correspond 10 % ?

- 1/10
- 3/4
- 1/4

Question 4

À quelle fraction correspond 25 % ?

- 1/10
- 3/4
- 1/4

Question 5

2 fleuristes fabriquent 6 bouquets en 30 minutes. **Combien 5 fleuristes fabriquent-ils de bouquets en 1 heure ?**

- 30
- 12
- 24

Question 6

Une sauterelle parcourt 7 m en 5 bonds. **Combien parcourt-elle en 8 bonds identiques ?**

- 12 m
- 11,2 m
- 13 m

Question 7

Line se rend à l'école à pied. Elle parcourt 500 m à la vitesse de 3 km/h. **Combien de temps met-elle pour se rendre à l'école chaque matin ?**

- 3 min
- 30 min
- 10 min

Question 8

Quelle est la vitesse moyenne d'une tortue ?

- 250 m/h
- 4 km/h
- 920 km/h

Question 9

Quelle est la vitesse moyenne d'un avion ?

- 250 m/h
- 4 km/h
- 920 km/h

Question 10

Quelle est la vitesse moyenne d'un enfant de dix ans qui marche ?

- 250 m/h
- 4 km/h
- 920 km/h

Question 11

Une moto roule à une vitesse moyenne de 80 km/h. **Combien de temps va-t-elle mettre pour parcourir 200 km ?**

- 1 h
- 2 h
- 2 h 30

Question 12

Une moto roule à une vitesse moyenne de 80 km/h. **Combien de temps va-t-elle mettre pour parcourir 10 km ?**

- 7 min 30
- 10 min
- 8 min

Question 13

Une moto consomme en moyenne 5 L d'essence pour parcourir 100 km. **Quelle sera la consommation d'essence pour 10 km ?**

- 0,5 L
- 5 L
- 10 L

Question 14

Le record de vitesse à vélo est est de 294 km/h ! Combien de km pourrait-on parcourir en 2 h si c'était possible de maintenir cette vitesse aussi longtemps ?

- 294 km
- 200 km
- 588 km

Question 15

Combien de pizzas dois-je acheter si je veux obtenir 4 boissons offertes ?

4 pizzas achetées* = 1 BOISSON OFFERTE

- 4
- 16
- 10

Question 16

Pour quel filet le prix des pommes de terre est-il le plus avantageux, si tu as besoin d'acheter 10 kg ?
10 kg pour 9 €
2,5 kg pour 2,20 €

- Le filet de 10 kg
- Le filet de 2,5 kg
- Le prix est identique.

Fiche JEUX Jeu des cartes à pince (verso) • niveau 2

Réponse 4	Réponse 3	Réponse 2	Réponse 1
			Ajouter 50 %, c'est comme ajouter ½ de la taille de départ.
	1/10		
		3/4	1 cm « devient » 1,5 cm
1/4			

Réponse 8	Réponse 7	Réponse 6	Réponse 5
250 m/h			30
		11,2 m	
	10 min		

Réponse 12	Réponse 11	Réponse 10	Réponse 9
7 min 30			
		4 km/h	
	2 h 30		920 km/h

Réponse 16	Réponse 15	Réponse 14	Réponse 13
	Combien de pizzas dois-je acheter si je veux obtenir 4 boissons offertes ? 4 pizzas achetées* = 1 BOISSON OFFERTE		
			0,5 L
Le filet de 2,5 kg	16		
		588 km	

A Nos choix didactiques

Les documents institutionnels

Les programmes et les repères de progressivité sont nos points d'appui incontournables. Ils guident à la fois nos choix didactiques et nos choix pédagogiques.

Eduscol met à notre disposition des documents d'accompagnement qui éclairent nos choix didactiques. Ce qui suit s'inspire donc très largement des documents suivants :

Le calcul aux cycles 2 et 3
https://ecole.nathan.fr/calcul_c2_c3

Le calcul en ligne au cycle 3
https://ecole.nathan.fr/calcul_en_ligne

Le calcul posé
https://ecole.nathan.fr/calcul_pose

Un enseignement global du calcul

Nous proposons un enseignement conceptuel des opérations qui contribue à l'acquisition des compétences mathématiques générales. Le calcul est enseigné de manière globale par différentes entrées complémentaires :
- l'accès au **sens** des opérations ;
- la découverte de leurs **propriétés** ;
- les **liens** entre le calcul, la numération et la **résolution de problèmes**.

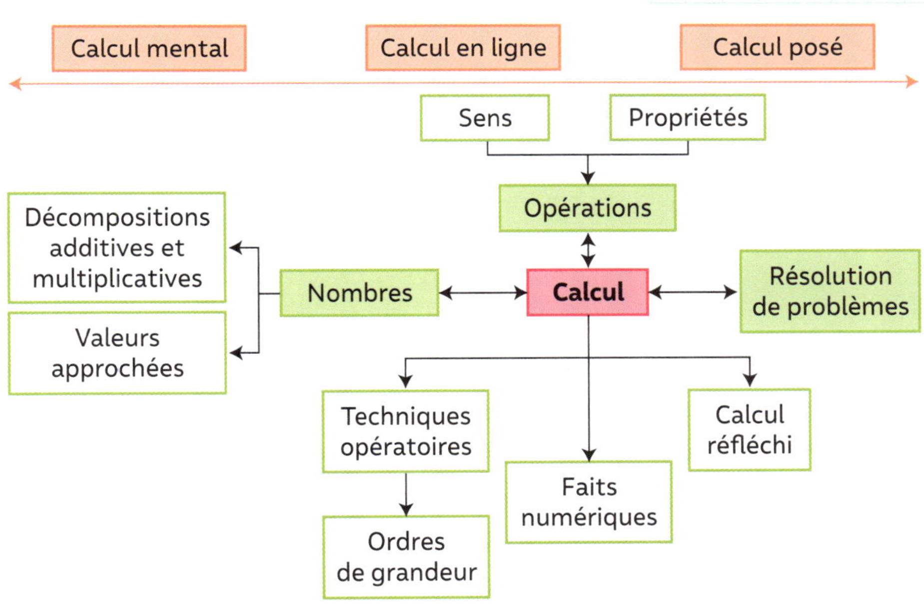

La complémentarité des trois types de calcul proposés, **mental**, **en ligne** et **posé**, vient nourrir le concept d'opérations, chacun ayant ses objectifs propres et complémentaires aux autres. Le **calcul instrumenté,** s'appuyant sur les abaques ou sur la calculatrice est précisé dans le fichier ressources chaque fois qu'il s'avère nécessaire.

Les compétences LSU et BO

Chaque partie contribue à l'acquisition des six compétences du socle :
– « **Calculer** » : acquérir des procédures et des connaissances, utiliser le calcul instrumenté, exercer son intelligence du calcul ;
– « **Chercher** » : s'engager dans une démarche, questionner les situations, mobiliser ses connaissances antérieures (faits numériques, outils, procédures), tester plusieurs pistes, comparer leur efficacité, faire des choix ;
– « **Modéliser** » : reconnaitre et distinguer des problèmes relevant de situations additives, multiplicatives, de partage, de groupements ou de proportionnalité ;
– « **Représenter** » : choisir une écriture adaptée au traitement d'un calcul (décompositions additives, multiplicatives, en unités de numération, écriture fractionnaire, etc.), passer d'une écriture à une autre suivant les besoins qui apparaissent pour effectuer le calcul, utiliser une représentation pour traiter un calcul (dessin, schéma, arbre de calcul, écritures avec parenthèses…) ;
– « **Raisonner** » : choisir une démarche pour mettre en œuvre un calcul, comparer un ordre de grandeur estimé par un calcul et un résultat, vérifier ses résultats, mettre en cohérence le résultat d'un calcul et le contexte du problème concret, organiser des données numériques multiples ou combiner plusieurs étapes de calcul ;
– « **Communiquer** » : utiliser l'oral ou l'écrit, le langage naturel ou des écritures symboliques (utilisation des chiffres pour écrire des nombres, utilisation des symboles +, −, ×, ÷, =, utilisation de l'écriture décimale ou fractionnaire…) pour expliciter des démarches, argumenter des raisonnements, présenter des calculs.

Les objectifs d'apprentissage

Objectifs d'apprentissage		
Calcul mental et en ligne	**Calcul posé**	**Calcul instrumenté**
• Construire puis travailler la compréhension de la notion de nombre et des propriétés de notre numération décimale de position. • Développer la connaissance des nombres. • Travailler le sens des opérations. • Découvrir et utiliser les propriétés des opérations. • Développer des habiletés calculatoires. • Construire progressivement des faits numériques et des procédures élémentaires. • Développer des compétences dans le cadre de la résolution de problèmes.	• Déterminer l'ordre de grandeur d'un résultat. • Disposer d'une méthode de calcul sécurisante. • Réinvestir les faits numériques (tables d'addition et de multiplication en particulier) et les connaissances sur la numération. • Étudier le fonctionnement d'algorithmes complexes à partir de leur mise en pratique.	• Libérer l'esprit et centrer la réflexion sur l'élaboration d'une démarche de résolution. • Réussir des calculs répétitifs. • Développer son esprit critique. • Vérifier les résultats obtenus à l'issue d'un calcul mental, en ligne ou posé.

L'organisation générale du calcul dans la méthode

Pour la **progression annuelle en calcul**, voir p. 58.

L'organisation des apprentissages en calcul sur l'année articule le **calcul mental**, le **calcul en ligne** et le **calcul posé**.

Calcul mental et **calcul en ligne** sont proposés de façon décrochée, à raison de 15 minutes par jour (soit 36 heures annuelles) : sur ces quinze minutes alternent des temps d'apprentissages et des temps d'entrainement, au fil de la semaine.

Les temps dédiés au **calcul posé** sont prévus dans les séances de mathématiques (voir la programmation p. 16 à 57), à raison de 5 heures par période (soit 25 heures annuelles), organisées en tranches de 30 minutes (ou 15 minutes). Ces 30 minutes peuvent être des temps d'apprentissages dirigés ou des temps d'entrainement en autonomie.

Nous proposons également des rituels du type « **Le journal du nombre** » (p. 369), « **Le compte est bon** » (p. 364), des « **jeux** » (pp. 365-372) ainsi que des « **défis** » (*29 questions pour relever le défi*) à télécharger sur le site compagnon.

Nous avons souhaité que l'enseignant-e puisse mener le calcul de manière **simple** et **différenciée** en fonction de sa classe et puisse se repérer facilement dans les pages du manuel en fonction de ce qu'il souhaite travailler.

C'est pourquoi dans le manuel, les notions sont organisées par opération et l'enseignant-e peut **soit suivre notre progression, soit piocher en fonction de ses besoins et de ses habitudes.**
Dans le manuel, la partie Calculer est rangée par opération :
- le travail sur chaque opération est introduit par une page sur le sens de l'opération ;
- puis les pages sont organisées en fonction des compétences abordées dans les séances de calcul de 15 minutes quotidiennes. Après un court résumé de la règle, la rubrique « **Entraine-toi** » propose des exercices d'entrainement différenciés (* et **) ;
- puis « **Utilise tes connaissances dans les problèmes** » permet de contextualiser les apprentissages ;
- enfin, la rubrique « **Maintenant, va plus loin !** » rebrasse les savoirs et les savoir-faire de manière ludique et différenciée (* et **).

Pour chaque opération, un focus sur l'« **Ordre de grandeur** » précède le calcul posé et sert d'outil de vérification de la vraisemblance du résultat.

En début d'année, nous proposons un test *(29 questions pour relever le défi)*, à télécharger sur le site compagnon, qui permettra à l'enseignant-e de mieux connaitre le niveau de ses élèves et aux élèves de mesurer leurs réussites et leurs difficultés. Ce test, qui n'est pas une évaluation de connaissances mais bien un positionnement servant de point d'appui à la prise en compte de chaque profil, consiste en un panel de questions, balayant des compétences en calcul et dans le domaine de la connaissance des nombres ou des grandeurs et mesures.

Compétences évaluées en début CM1
Nombres • Associer nombres en lettres / nombres en chiffres : item 9 • Encadrer un nombre entier : item 14 • Trouver un ordre de grandeur : item 15 • Donner un chiffre dans un nombre : item 17 • Utiliser une droite graduée : item 20 • Décomposer un nombre entier : item 28
Calcul • Doubles et moitiés : items 1, 2 et 27 • Multiplier un nombre entier par 10, par 100 : items 3 et 18 • Ajouter 9 : item 4 • Connaitre les tables de multiplication : items 5, 6, 13 et 16 • Ajouter et soustraire des dizaines, des centaines entières : items 7, 8, 22 et 26 • Multiplier par 25 : items 10 et 23 • Ajouter 2 nombres entiers : items 19, 24 et 29
Grandeurs et mesures • Connaitre les liens cm/m : item 11 • Connaitre les liens min/s : item 12 • Connaitre les liens L/cL : item 21

Sommaire des compétences du manuel

Vous trouverez ici l'ensemble des compétences travaillées dans le manuel pour les deux niveaux.
Pour chaque compétence, nous précisons la présence d'exercices « Utilise tes connaissances dans des problèmes » et/ou « Maintenant, va plus loin ! ». Vous pouvez ainsi aller plus loin avec certains de vos élèves en CM1.

CM1 CM2

	Compétence	Problèmes	Maintenant, va plus loin !	Pages du manuel
1. Additionner, soustraire avec les nombres entiers				
CALCUL MENTAL	Sens des opérations			178
	Ajouter 10, 100, 1 000	✔	✔	179
	Ajouter 8, 9, 11, 12, …			179
	Soustraire 10, 100, 1 000	✔		180
	Soustraire 9, 11, …			180
	Trouver le complément à la dizaine, à la centaine supérieure	✔		181
	Ajouter, soustraire des multiples de 10, 100, 1 000			182
	Ajouter, soustraire 99, 101			183
CALCUL EN LIGNE	Utiliser des stratégies pour additionner	✔	✔	184
	Utiliser des stratégies pour soustraire (1)			184
	Utiliser des stratégies pour soustraire (2)	✔	✔	185
	Déterminer l'ordre de grandeur d'une somme ou d'une différence			186
CALCUL POSÉ	Poser une addition et une soustraction	✔	✔	186

	Compétence	Problèmes	Maintenant, va plus loin !	Pages du manuel
2. Additionner, soustraire avec les nombres décimaux				
CALCUL MENTAL	Ajouter un nombre décimal à un nombre entier	✔	✔	188
	Trouver le complément d'un nombre décimal au nombre entier supérieur			188
	Ajouter deux nombres décimaux sans retenue	✔	✔	190
	Soustraire deux nombres décimaux sans retenue	✔		190
	Soustraire un nombre décimal à un nombre entier	✔		191
CALCUL EN LIGNE	Calculer la somme de deux fractions ayant le même dénominateur			192
	Calculer la somme de deux fractions décomposées			193
	Utilise des stratégies pour additionner des nombres décimaux	✔	✔	194
	Utilise des stratégies pour soustraire deux nombres décimaux	✔		194
CALCUL POSÉ	Poser une addition et une soustraction à retenue	✔	✔	196
3. Multiplier avec les nombres entiers				
CALCUL MENTAL	Sens des opérations			197
	Connaitre les tables de multiplication	✔	✔	197
	Calculer des doubles, des triples	✔	✔	199
	Calculer des quadruples	✔	✔	200
	Multiplier un nombre par 10, 100, 1 000	✔	✔	201
	Décomposer pour multiplier	✔	✔	202
	Reconnaitre combien de fois un nombre est contenu dans un autre	✔	✔	203
	Multiplier un nombre par 11	✔	✔	204
CALCUL EN LIGNE	Trouver des multiples d'un nombre		✔	205
	Connaitre les multiples de 25 et 50			206
	Multiplier un nombre par 25, 50, 500	✔	✔	207
	Utiliser des stratégies pour multiplier	✔	✔	208
	Utiliser les décompositions multiplicatives d'un nombre	✔	✔	209
	Déterminer l'ordre de grandeur d'une multiplication			210
CALCUL POSÉ	Savoir poser une multiplication	✔	✔	211
4. Multiplier avec les nombres décimaux				
CALCUL MENTAL	Multiplier un nombre décimal par 10, 100, 1 000	✔	✔	213
CALCUL EN LIGNE	Mieux comprendre la priorité des parenthèses	✔	✔	214
	Utiliser les décompositions multiplicatives d'un nombre	✔		215
CALCUL POSÉ	Savoir poser une multiplication d'un nombre entier par un nombre décimal	✔	✔	216
	Vers la 6e Savoir poser une multiplication de deux nombres décimaux			217

	Compétence	Problèmes	Maintenant, va plus loin !	Pages du manuel
5. Diviser avec des nombres entiers				
CALCUL MENTAL	Sens des opérations			218
	Calculer des moitiés et des quarts	✔	✔	218
	Calculer des tiers	✔	✔	219
	Calculer des quotients simples avec reste	✔	✔	220
	Diviser un nombre entier par 10, 100, 1 000	✔	✔	221
	Connaitre les critères de divisibilité par 2, 5 et 10	✔	✔	222
	Connaitre les critères de divisibilité par 3 et par 9	✔	✔	224
	Diviser par 20, par 50	✔	✔	225
CALCUL EN LIGNE	Utiliser la division euclidienne	✔	✔	226
	Diviser par un nombre en le décomposant en un produit	✔	✔	227
	Déterminer l'ordre de grandeur d'une division			228
CALCUL POSÉ	Diviser deux nombres entiers	✔	✔	228
6. Diviser avec des nombres décimaux				
CALCUL MENTAL	Diviser un nombre décimal par 10, 100, 1 000	✔	✔	230
CALCUL EN LIGNE	Utiliser des stratégies pour diviser	✔	✔	231
CALCUL POSÉ	Diviser un nombre décimal par un nombre entier	✔		232
	Vers la 6e Diviser deux nombres entiers (quotient décimal)	✔		233

B Le calcul mental et le calcul en ligne

Le **calcul mental** et le **calcul en ligne** sont à la fois **indépendants** et **complémentaires** :
– **les habiletés développées en calcul mental sont au service du calcul en ligne et du calcul posé,** elles donnent progressivement accès au traitement en ligne de calculs de plus en plus complexes ;
– **le calcul en ligne peut aussi être vu comme une étape dans le développement du calcul mental**. Le fait d'écrire certaines étapes de calcul permet de libérer la mémoire de travail, favorisant ainsi l'entrée dans le calcul mental pour tous les élèves. Le calcul en ligne ne se limite toutefois pas à cette conception, certains calculs proposés en ligne ne peuvent en effet pas être gérés de façon purement mentale.

Le calcul en ligne repose sur la compréhension de la notion de nombre, du principe de la numération décimale de position et des propriétés des opérations. Comme le calcul mental, il permet à l'élève d'utiliser la richesse de ses connaissances sur le nombre et sur les propriétés des opérations. L'élève est ainsi amené à « faire parler » les nombres, c'est-à-dire à en envisager diverses écritures, des décompositions additives, multiplicatives ou utilisant les unités de numération.

La connaissance de propriétés relatives aux opérations peut faciliter le calcul mental ou en ligne en permettant de créer des étapes intermédiaires (division par un produit, conservation de l'écart pour la soustraction quand on ajoute ou soustrait le même nombre aux deux termes, conservation du rapport pour la division quand on multiplie ou divise le dividende et le diviseur par le même nombre). À l'occasion des séances de calcul mental et en ligne, les élèves vont donc être amenés à manipuler les propriétés des opérations. Il n'est pas attendu qu'ils connaissent le vocabulaire spécifique mais ils pourront les expliciter avec leurs propres mots.

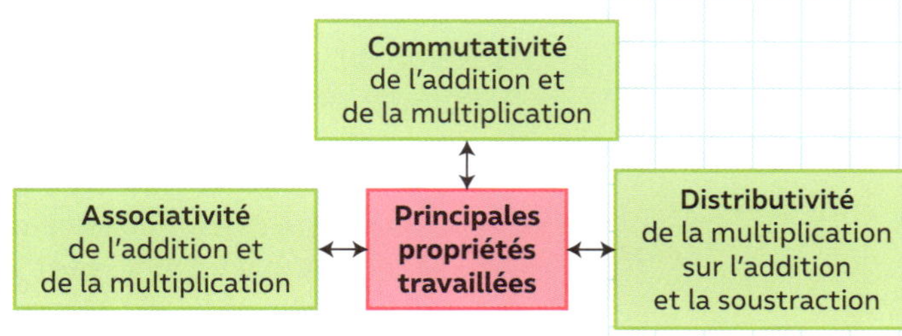

L'organisation pédagogique

Pour les **programmations par période et par séance en calcul mental et en ligne**, voir pp. 59 à 67.

La complémentarité des deux types de calcul nous conduit à proposer **le calcul mental et le calcul en ligne de manière indépendante du reste des enseignements mathématiques dans l'emploi du temps.** Nous proposons une **organisation hebdomadaire, ritualisée, rassurante** tant pour les élèves que pour l'enseignant-e, **basée sur 15 minutes quotidiennes de calcul**.

Ces **15 minutes en décroché** permettent une **souplesse dans l'organisation : l'enseignant-e choisit de placer ce temps comme il le souhaite**. Une programmation des apprentissages est proposée dans le fichier ressources (pp. 59 à 67). Chaque séquence de quatre séances de 15 minutes débute par **un temps court d'apprentissage**, suivi d'**un temps d'entrainement** (listes de calculs simples et contextualisés dans des problèmes) et d'**un temps favorisant la mémorisation et l'automatisation** (jeux, « compte est bon », journal du nombre, calcul instrumenté, etc.).

1. Une semaine-type de calcul mental et calcul en ligne

Séances de 15 minutes / 1 h hebdomadaire / 36 h annuelles

Découpage dans la semaine	Organisation	Emplacement dans la méthode
Séance 1 : apprentissage	**Présence** de l'enseignant-e	→ **Structuration de la séance** proposée ci-dessous → Rappel des points méthodes et des stratégies dans le manuel
Séance 2 : entrainement	**Présence possible** de l'enseignant-e pour étayage	→ **Exercices d'entrainement** (« Entraine-toi ») ou **problèmes** (« Utilise tes connaissances dans les problèmes ») dans le manuel → **Autocorrection**
Séance 3 : entrainement	**Autonomie** (autocorrection)	→ **Exercices d'entrainement** (« Entraine-toi ») ou **problèmes** (« Utilise tes connaissances dans les problèmes ») dans le manuel → **Autocorrection**
Séance 4 : mémorisation, automatisation	**Autonomie** (autocorrection)	→ **Jeux** « Maintenant, va plus loin ! » → **Rituels** « Le compte est bon » et « Journal du nombre ». Descriptif dans le fichier ressources pp. 363-364 → **Autocorrection**

2. Une séance-type d'apprentissage 15 min

a Explicitation de l'objectif (1 min)

« Aujourd'hui, nous allons apprendre à … »

L'enseignant-e formule l'apprentissage de manière simple et explicite.

b Recherche individuelle (5 min)

L'enseignant-e propose un calcul à effectuer, parfois deux (voir le tableau de programmation par période pp. 59-67), inducteur(s) de l'apprentissage de la semaine. Chaque élève cherche le résultat en utilisant la procédure de son choix et réfléchit à comment il va pouvoir l'expliciter lors de la phase suivante. L'observation des propositions des élèves permet à l'enseignant-e de prendre la mesure des difficultés et de préparer la mise en commun en choisissant les productions mettant en valeur les procédures souhaitées et/ou les erreurs intéressantes.

c Mise en commun et trace écrite (6 min)

« Comment avez-vous fait ? Quelle méthode avez-vous utilisée ? »

Une trace écrite provisoire qui répertorie toutes les procédures aboutissant au résultat est construite.

d Institutionnalisation (3 min)

« Voici la procédure sur laquelle vous allez pouvoir vous entrainer cette semaine. »

Deux possibilités : soit la procédure experte a été citée par un élève et l'enseignant-e la valorise, soit elle n'a pas été citée et l'enseignant-e l'apporte en montrant et en explicitant la trace donnée dans le manuel.

3. L'évaluation

L'évaluation peut prendre deux formes :
– une **évaluation continue** basée sur l'observation des productions des élèves. On la considérera positive si les stratégies et le nombre de réponses correctes évoluent.
– une **évaluation formative, ponctuelle, basée sur les tests « 29 questions pour relever le défi »** rebrassant les acquis antérieurs et les apprentissages de la période précédente, présente sur le site compagnon.

Calculer

C Les rituels et les jeux en calcul

Nous proposons de pratiquer régulièrement les rituels du type « **Journal du nombre** » et « **Le compte est bon** ». Des exercices d'entrainements en autonomie sont proposés dans les tableaux de programmation pp. 59 à 67.
« 29 questions pour relever le défi » permettent de rebrasser les acquis antérieurs dans presque tous les domaines, deux fois par période (fiches au format modifiable sur le site tandem.nathan.fr).
« Les jeux pour mémoriser et s'entrainer au calcul » permettent un travail de mémorisation et d'automatisation des faits numériques importants tels que les tables, les doubles et moitiés… Le descriptif des jeux se trouve dans ce fichier pp. 363 à 378.

Les rituels

1. Le journal du nombre

Pour la **programmation détaillée séance par séance**, voir pages 59 à 67.

Le **journal du nombre** est amené de manière progressive.

- **En période 1, il restera libre et aura pour consigne :** *« Écris tout ce que tu sais sur le nombre 1 425. »* Les élèves cherchent alors des façons d'écrire et de représenter 1 425 (ce qui leur permet d'assoir leurs connaissances des nombres), et de mettre en relation 1 425 avec d'autres nombres (travail sur des faits numériques utiles au calcul mental et à la résolution de problèmes). Une mise en commun en cours ou en fin de période permettra de mettre en avant diverses écritures, représentations et relations à d'autres nombres pour aboutir à une trame commune qui pourra être réutilisée lors de la période suivante.
- **Plusieurs journaux de nombres pourront alors être proposés avec cette trame sur la période 2** avec des nombres de plus en plus grands et contenant des 0. On peut alors imaginer une différenciation.
- **De même, en période 3, un travail libre autour d'une fraction simple comme $\frac{7}{3}$ pourra être réalisé puis mis en commun et réutilisé en période 4.**
- **Enfin, en période 5, on propose un travail libre sur les décimaux qui sera repris en période 1 du CM2.**

Calculer

Le journal du nombre est personnalisable et évolutif. Voici des exemples de ce qu'il peut contenir (même si toute proposition valide des élèves pourra être mise en avant) :

Nombres entiers	Fractions	Nombres décimaux
• dans un tableau de numération • en lettres • en décompositions canoniques • en décompositions non canoniques • valeurs approchées • encadrement • placement sur une droite graduée • relations à d'autres nombres	• en lettres • en représentations diverses • en décompositions : entier + fraction < 1 • encadrement • comparaison à 1 • placement sur une droite graduée classique ou avec zooms • relations à d'autres nombres	• dans un tableau de numération • en lettres • en décompositions fractionnaires • en partie entière + partie décimale • en décompositions canoniques • en décompositions non canoniques • valeurs approchées • encadrement • placement sur une droite graduée classique ou avec zooms • relations à d'autres nombres

2. Le compte est bon

Le **compte est bon** est un jeu de calcul en ligne qui consiste en l'élaboration de stratégies de calcul en appui sur la combinaison des quatre opérations permettant d'obtenir un nombre cible à partir d'autres nombres donnés. Ce jeu contribue à l'acquisition des compétences de calcul telles que :
– **estimer l'ordre de grandeur** d'un résultat ;
– **calculer mentalement** en utilisant les quatre opérations ;
– **organiser des informations** numériques.

Exemple

Trouve le nombre cible [42] en utilisant les nombres [3] [10] [1] [5] et [3].

Possibilité 1
$3 + 1 = 4$
$4 \times 10 = 40$
$5 - 3 = 2$
$40 + 2 = 42$

Possibilité 2
$5 + 1 = 6$
$10 - 3 = 7$
$7 \times 6 = 42$

Vigilance autour des traces laissées par les élèves

Les documents d'accompagnement d'Eduscol sur le calcul en ligne nous éclairent sur les tolérances possibles dans l'écriture des calculs intermédiaires.
« Les étapes de calcul écrites par les élèves doivent être conçues comme un support à la pensée, comme des écrits transitoires qui peuvent ne pas respecter tous les codes de rédaction mathématique, en particulier en ce qui concerne l'utilisation du signe "=" et des parenthèses. Comme pour la production d'écrits, un seuil de tolérance doit être accordé à tous les élèves. Pour distinguer ces étapes de calcul des écrits institutionnels, le professeur pourra faire travailler les élèves sur un support dédié (cahier de recherche, feuilles de couleur, ...). L'explicitation orale permettra ensuite aux élèves de montrer comment ils comprennent ces étapes écrites ; le professeur pourra alors, si cela se révèle être le moment opportun, aider les élèves à les faire évoluer pour qu'elles deviennent mathématiquement correctes, mais le respect en autonomie des codes par les élèves n'est pas un exigible du cycle 3. Il est cependant essentiel que ces étapes de calcul, lorsqu'elles sont écrites par le professeur dans les temps de travail collectif, de mise en commun ou de synthèse visant l'élaboration de la trace écrite institutionnelle, soient à la fois mathématiquement correctes et compréhensibles par les élèves. C'est cette trace écrite finale que l'on retrouvera dans les écrits de référence (cahiers de leçon ou affiches référentes de la classe). »

3. « 29 questions pour relever le défi »

Sur le même principe que le test de début d'année, nous proposons **deux fois par période** environ un **défi de 29 questions**, identifié dans la programmation annuelle et téléchargeable en version modifiable sur le site compagnon. Il permet de **rebrasser les**

apprentissages de la ou des périodes précédentes et permet aux élèves (et à l'enseignant-e) de mesurer ses progrès. Un graphique mettant en avant les progrès (et non le score) pourra être construit avec les élèves.
L'**organisation de la passation** peut prendre différentes formes :
- en temps limité ou non ;
- avec ou sans supports de recherche (cahier de brouillon, ardoise…) ;
- avec ou sans outil d'étayage (tableau du numération, tableau de conversion, tables de multiplication, glisse-nombre…).

L'**organisation du retour** sur le défi peut également prendre différentes formes :
- de manière individuelle avec ou sans étayage de l'enseignant-e ;
- en groupe avec ou sans étayage de l'enseignant-e ;
- tout en collectif, ou seulement les questions du test les plus échouées.

Il est possible de procéder à un **« échauffement » en amont du défi** (la veille ou les jours précédents). Ce temps de préparation est également identifié dans la programmation annuelle.

Les jeux ritualisés

Les jeux présentés peuvent être proposés aux élèves, sur des temps identifiés dans la programmation Calcul mental et en ligne, sur des temps de jeux Tandem en début de période, sur des temps de calcul dans la programmation période par période, en APC… Ils peuvent aussi être proposés pour une utilisation et un entrainement à la maison.
Une différenciation pourra être mise en place en fonction des besoins des élèves, en particulier en modifiant et en adaptant les nombres.

1. Les jeux rituels, à l'entrée de la classe

Ces jeux peuvent être proposés en arrivant le matin, au retour d'une récréation, etc.

a Le mot de passe

Un calcul ou une question est affichée à l'entrée de la classe. L'élève doit donner la réponse à l'oreille de l'enseignant-e pour entrer. Ce jeu a l'avantage d'installer le calme dans la classe.

Variantes Un calcul / une série de calculs sont inscrits au tableau. Au fur et à mesure que les élèves entrent en classe, ils doivent répondre. La correction peut se faire en autonomie, à l'aide d'une autocorrection préparée, ou affichée collectivement lorsque la classe commence et que tout le monde est installé.
Cette activité est plus facile à mettre en place quand l'accueil se fait dans la classe, au fur et à mesure de l'arrivée des élèves.

b J'ai … Qui a ?

Une ou quelques cartes sont disposées sur chaque table (voir fiche à photocopier p. 451), à l'arrivée des élèves (ou distribuées). Elles peuvent permettre de **travailler les tables de multiplication**, comme dans l'exemple en photo ci-contre, mais peuvent s'adapter au travail sur la **mémorisation de nombreux faits numériques**.
L'élève qui a la carte « départ » commence le jeu.

Variantes On peut proposer des cartes avec un calcul type 532 – 425, 185 + 205, 1 632 : 4, 253 × 4 et en annonce : *« Qui a un calcul dont la valeur approchée est 400 ? »*

2. Des jeux sportifs, en lien avec l'EPS

Ce type de jeux peut être pratiqué comme un **rituel d'échauffement**, d'une durée de **5** à **10 minutes**, avant d'entrer véritablement dans la séance d'EPS, ou sur des temps spécifiques de calcul proposés en dehors de la classe, en salle de motricité ou à l'extérieur, **à la fin d'une récréation**, **avant l'entrée** en classe…
Certains l'allient à une activité physique. Ils ne doivent cependant pas remplacer une séance d'EPS et les apprentissages qui lui sont propres.
Les organisations proposées ne nécessitent pas de matériel spécifique, et le temps de préparation est limité (préparer la liste des calculs / réponses que l'on souhaite faire travailler, par exemple).

a Le béret

Ce jeu peut permettre, par exemple, de travailler une table de multiplication. Un élève de chaque équipe se voit attribuer un résultat de cette table, par exemple 36. Lorsque l'enseignant-e annonce 6 × 6, les deux élèves concernés doivent « partir ». On peut procéder inversement (les élèves mémorisent chacun un calcul, comme 6 × 6, l'enseignant-e annonce 36).

b Jeu de cible collectif

Au sol, à la craie par exemple, sont inscrits les résultats d'une table, ou le calcul correspondant. Les élèves se dirigent vers la cible correcte à l'annonce de l'enseignant-e ou d'un meneur de jeu.

c Jeu de cible en équipes

Les élèves sont par groupes de quatre à six. Les premiers de chaque groupe avancent dans un cerceau placé au sol, le meneur (enseignant-e ou élève) annonce un calcul ou un résultat. Les élèves doivent atteindre la réponse à l'aide d'un ballon si les réponses cibles sont affichées au mur, à l'aide d'un palet si les réponses cibles sont disposées au sol. Ceux qui atteignent la cible correcte gagnent un point pour leur équipe. Ils vont se replacer en fin de file, les suivants avançant sur le cerceau.
Les compétences en calcul qui peuvent être travaillées sont multiples et vont au-delà des exemples proposés ici :
- tables d'addition, de multiplication et toutes sortes de calculs ;
- compléments à 10, à 100 (des cibles comme 25, 32… sont affichées, 75 est annoncé) ou à 1 pour des nombres décimaux (on affiche « 2 dixièmes », on annonce 0,8 par exemple).
- travail sur les ordres de grandeur. On affiche 500, 800, 1 000… et on annonce 274 + 582.

Les jeux pour mémoriser, s'entrainer au calcul

Les activités de calcul mental se résument souvent à un contrôle ou une validation de ce que les élèves connaissent ou non. L'apprentissage est parfois dévolu au travail personnel, aux devoirs à faire à la maison (*pour lundi, apprendre les tables de 7 et 8)*. Mais on sait que cela est bien souvent peu efficace, pour différentes raisons : les élèves et les familles n'investissent pas forcément ce travail personnel, l'apprentissage est souvent peu pertinent *(l'élève apprend à réciter une table dans l'ordre, en ne mémorisant que les résultats*), l'élève et la famille peuvent manquer de stratégies, de techniques ou d'outils pour permettre la mémorisation (*Apprendre une table, est-ce la réciter ? Comment concrètement fait-on pour « apprendre par cœur » ?*).
Il s'agit dont de proposer différentes modalités pour apprendre et mémoriser des faits numériques, en classe mais aussi, lorsque c'est possible, hors la classe. Certaines des

activités proposées ne concernent pas que le champ des mathématiques et sont transférables à d'autres disciplines et apprentissages. Les élèves ont besoin d'apprendre à mémoriser et pour cela, ils ont besoin qu'on leur propose des activités, des jeux et des techniques. Cela nécessite aussi du temps, de la répétition et de la régularité. Proposer des activités ludiques permettra une meilleure adhésion et une implication plus efficace des élèves.
Quel que soit le jeu proposé, il est important de ménager régulièrement des temps de « jeu arrêté » afin de permettre la verbalisation, de faire échanger les élèves sur les objectifs du jeu (*« Que sommes-nous en train d'apprendre ? À quoi sert ce jeu ? »*), les réussites et les difficultés rencontrées, les stratégies utilisées. Dans certains cas, une affiche ou une trace écrite peut être effectuée.
Lorsqu'on aborde un nouveau jeu, il est important de s'appuyer, pour acquérir de nouvelles connaissances, sur ce que l'on sait déjà. Lorsqu'on vise la mémorisation de nouveaux faits numériques, il est donc utile de les mêler à quelques-uns déjà connus.
Des jeux en ligne tel que Calculator permettent de s'entrainer et peuvent être proposés aux élèves.

https://ecole.nathan.fr/lumni_calculator

https://www.logicieleducatif.fr/math.php

Ici le choix a été fait de ne proposer que des jeux simples, pouvant être utilisés dans des modalités différentes : en collectif (commun aux deux niveaux de classe), en groupe, en binôme, ou seul.

Les activités proposées peuvent être utilisées pour **différencier**, **remédier**, **en petits groupes** ou en **APC**.
Les propositions faites ici s'articulent selon deux axes :
1 – apprendre à apprendre, développer et entrainer sa mémoire, de façon globale et pour les mathématiques en particulier ;
2 – apprendre et mémoriser des faits numériques, travailler des compétences spécifiques du calcul.

Objectifs

- proposer des activités qui permettent véritablement d'apprendre, de mémoriser et pas seulement d'évaluer ;
- permettre la mémorisation de faits numériques essentiels et importants : les tables d'addition, les tables de multiplication (dans tous les sens !), la création d'automatismes utiles pour les quatre opérations ;
- travailler des compétences complémentaires en calcul, comme les ordres de grandeur.

1. Des jeux pour entrainer sa mémoire

Pour mémoriser des faits numériques, il est utile de travailler et d'entrainer sa mémoire. Des jeux courts, proposés de manière ritualisée, si possible tous les jours sur de courtes périodes, peuvent aider. Souvent plébiscitées, ces activités sont aussi l'occasion de mettre en avant des compétences et capacités chez tous les élèves. Ceux qui sont en difficulté par ailleurs peuvent se montrer ici compétents et être en réussite, ce qui contribue à développer ou à renforcer leur confiance en eux.
Ces activités peuvent aussi aider les élèves à mieux comprendre comment fonctionne leur mémoire : dans quel type d'activité sont-ils en réussite ou en difficulté ? Quelles situations sont pour chacun d'eux favorables à la mémorisation… ou non ? Quels points forts sont les leurs et pourront être utilisés pour aider à la mémorisation ?
La plupart des activités ne nécessitent qu'un matériel et une préparation limités. Ce sont des jeux simples, pour certains bien connus, mais qui sont sans doute peu investis en cycle 3, alors qu'ils y ont toute leur place.

Idéalement, chaque activité peut être pratiquée quelques minutes par jour, sur de courtes périodes. Des habitudes de travail doivent être mises en place pour favoriser la concentration, le calme et l'acquisition d'une posture qui sera favorable à la réussite de la tâche (se tenir correctement, en silence, dans une position calme et détendue).

a Associer un geste à une couleur

DISPOSITIF Collectif, classe entière / grand groupe dirigé, puis petits groupes en autonomie
MATÉRIEL Environ cinq feuilles de couleurs différentes (augmenter ou diminuer le nombre en fonction des difficultés). On peut aussi projeter sur TNI une image avec cinq disques de couleur.
RÈGLE On associe un geste à chaque couleur (lever les mains en l'air, croiser les bras, lever le bras gauche, montrer du doigt devant soi, mettre une main derrière la tête, se lever…). Après un temps de mémorisation, les couleurs sont montrées (ou désignées oralement), les élèves doivent faire le geste correspondant.

Variantes

- Un élève est chef d'orchestre.
- On remplace les couleurs par d'autres signaux visuels : lettres, chiffres, formes, ou on mélange différents types de signaux.
- On associe à chaque symbole un bruit (frapper dans les mains, frapper une fois sur la table, claquer des doigts, claquer la langue, taper du pied…).
- On associe un bruit à un geste, pour travailler la mémoire auditive plutôt que visuelle.

b Jeu de Kim

DISPOSITIF Collectif
MATÉRIEL Une douzaine d'objets du quotidien
RÈGLE Placer une douzaine d'objets sur une table, sous une pièce de tissu ou un objet les dissimulant (un carton, une caisse retournée…). On peut prendre des objets du quotidien de la classe (stylo, règle, craie…), des collections homogènes ou au contraire hétéroclites : les dévoiler pour que les élèves puissent les observer puis cacher à nouveau. Le temps d'observation, long au début, se réduira petit à petit, au fur et à mesure des séances (1 min au début, par exemple). On pourra au début dévoiler les objets un par un ou tous d'un seul coup.
Un temps de mise en commun et de réflexion doit être régulièrement proposé pour permettre des échanges sur les stratégies utilisées par les élèves pour réussir ces exercices et les aider à mettre des mots sur des stratégies qu'ils utilisent de façon plus ou moins conscientisée. Cela permet d'aider ceux qui ne disposent pas de techniques efficaces, ils pourront alors en tester d'autres. Chacun peut comprendre comment fonctionne sa mémoire (« Je prends une photo dans ma tête », « Je répète dans ma tête le nom des objets »…).
À l'issue de l'observation, plusieurs possibilités peuvent être explorées :
– sans que les élèves puissent voir, on supprime un objet (ou plusieurs) et il faut trouver lequel ou bien on en ajoute un (ou plusieurs) ;
– on déplace un objet ;
– on mélange tous les objets et il faut reproduire l'organisation de départ ;
– il faut restituer la liste des objets (écrire la liste, cocher ceux qui sont présents parmi une liste) ;
– il faut citer par exemple les « trois objets rouges » qui étaient présents, ou ceux qui « servent à écrire », « à faire de la géométrie »…
– cela peut se faire immédiatement après le temps d'observation… ou un peu plus tard (quelques minutes, le temps d'une récréation, après la pause déjeuner…).

Variantes

- Disposer les objets de façon organisée (ligne / quadrillage) ou désordonnée.
- Montrer les objets par l'intermédiaire d'un écran ou avec un visualiseur.
- Augmenter, diminuer le nombre d'objets.
- Proposer des objets très différents ou très proches (uniquement des crayons, mais de couleurs différentes).

- « Perturber » le temps d'observation en parlant, en faisant du bruit, en gênant la visibilité…
- Passer des objets réels à des représentations dessinées de plus en plus abstraites et symboliques.
- Lorsque l'on propose des grilles d'objets avec des représentations abstraites ou symboliques, on peut demander aux élèves de les reproduire, et non de nommer chaque symbole.

2. Des jeux pour mémoriser des faits numériques

Une fois que les élèves en connaissent bien le principe, tous les jeux qui viennent d'être décrits peuvent être réutilisés pour aider à la mémorisation de nombreux faits numériques. D'autres jeux proposés ici peuvent également remplir cet objectif. Ils ne nécessitent que peu de matériel et de temps. C'est par la répétition qu'ils pourront devenir efficaces.

a Jeu des affichages

DISPOSITIF Collectif
MATÉRIEL Des feuilles A5 avec les résultats d'une table de multiplication
RÈGLE Afficher dans différents endroits de la classe, sur les vitres, les murs, le tableau… les résultats de la table de 5 par exemple. Un meneur de jeu ou l'enseignant-e dit « 5 × 5 », les élèves doivent montrer du doigt la réponse.

Variantes

- Afficher les calculs (5 × 5), énoncer le résultat (25).
- Afficher les réponses correspondant à des questions du type « En 36, combien de fois 6 ? ».
- Faire ce jeu en salle de motricité et demander aux élèves de se déplacer.

Au début, on n'affichera que quelques feuilles, puis on en ajoutera peu à peu et on complexifiera l'exercice en « mélangeant les tables ».

b Jeu de Kim des multiplications

DISPOSITIF Collectif
MATÉRIEL 5 petites feuilles avec 5 faits numériques à mémoriser. On peut aussi utiliser le TNI.
RÈGLE Procéder à la façon d'un jeu de Kim et afficher 5 faits numériques à mémoriser (par exemple 6 × 3 = 18 6 × 4 = 32 6 × 5 = 30 6 × 6 = 36 6 × 7 = 42). Les élèves observent et mémorisent. Puis, on les efface ou on les cache et on demande aux élèves de restituer un maximum de calculs ou de résultats mémorisés. On peut petit à petit augmenter le nombre de propositions.

Variante On peut aider à la mémorisation en utilisant des couleurs ou en proposant les éléments à mémoriser de façon organisée ou non.

c Jeu de construction des tables

DISPOSITIF Collectif
MATÉRIEL 10 feuilles A5 vierges
RÈGLE En collectif, les élèves construisent peu à peu la table choisie (par exemple celle de 5) en s'appuyant sur les résultats connus. L'enseignant-e écrit au recto de chaque fiche la multiplication (3 × 5) et au verso le résultat (15). Les fiches sont installées au tableau (recto ou verso ou un mix des deux), dans l'ordre de la table, au fur et à mesure. Une fois toutes les fiches positionnées, l'enseignant-e propose différentes manipulations : « Fermez les yeux », pendant ce temps il enlève une carte, « Ouvrez les yeux », les élèves lèvent la main pour dire ce qui a été enlevé (calcul et résultat, ex. : 5 × 5 = 25). On peut enlever deux cartes, ou plus.

Variantes

- L'enseignant-e peut mélanger l'ordre des fiches.
- Les élèves peuvent aussi disposer chacun d'un jeu de cartes (résultats ou calculs par exemple, selon ce qu'on veut travailler) et ils doivent montrer la bonne étiquette en fonction de la demande.

- Demander aux élèves de restituer toute la table, dans l'ordre, en commençant par le début, la fin après avoir enlevé toutes les cartes ou une partie d'entre elles.

d Jeu des compléments à 10, à 100

DISPOSITIF En binôme

MATÉRIEL Grille 1 à 10 ou 1 à 100 (voir fiche à photocopier p. 447), des pions (une couleur de pions par joueur)

RÈGLE Sur une feuille ou une grille sont inscrits les nombres de 0 à 10 ou de 0 à 100, selon ce que l'on souhaite travailler. Le joueur A pose un jeton sur une case, son adversaire doit poser un jeton sur la case du complément qui permet de faire « 10 » ou « 100 ». Si la réponse est correcte, il marque 1 point, sinon c'est le joueur A qui marque 1 point. Une calculatrice peut être utilisée pour valider ou non la réponse en autonomie.

Variantes

- La grille de jeu peut présenter les nombres de manière « organisée » ou non, pour les compléments à 10.
- On peut adapter ce jeu aux nombres décimaux, et proposer de chercher comment faire 1, comment faire 2… (Cf. fiche à photocopier.)
- Pour les nombres décimaux, on peut aussi utiliser deux dés chiffrés de 0 à 9, le premier lancer donne le nombre d'unités, le second donne le chiffre des dixièmes. Les joueurs doivent placer le plus rapidement possible leur pion sur le complément qui permet d'atteindre le nombre cible (par exemple 10).
Si l'on utilise 3 dés, on peut avoir les chiffres des unités, des dixièmes et des centièmes.

e Jeu de la table de Pythagore

DISPOSITIF En binômes ou petits groupes

MATÉRIEL Grilles tronquées (voir fiche à photocopier p. 448)

RÈGLE Chaque élève du groupe reçoit la même grille inspirée de la table de Pythagore, mais parcellaire ou tronquée. Le premier qui a complété sa grille gagne 2 points, le second 1 point (si jeu en binôme). On peut faire plusieurs tours de jeux, avec différentes grilles.
Remarque : plastifier les grilles pour qu'elles soient réutilisables, utiliser des couleurs de papier différentes pour regrouper et ranger facilement les grilles identiques.

Variantes

- Ce jeu peut être adapté aux tables d'addition.
- Les élèves peuvent jouer en petits groupes ou seul.
- Si l'on souhaite différencier, en fonction des besoins des élèves, on peut donner des grilles différentes aux élèves du groupe, le but étant que chacun parvienne à compléter sa grille en un temps donné.

f Fabrique ton jeu de cartes

DISPOSITIF Seul, en binôme ou petits groupes

MATÉRIEL Des petites cartes en papier un peu épais ou cartonnées

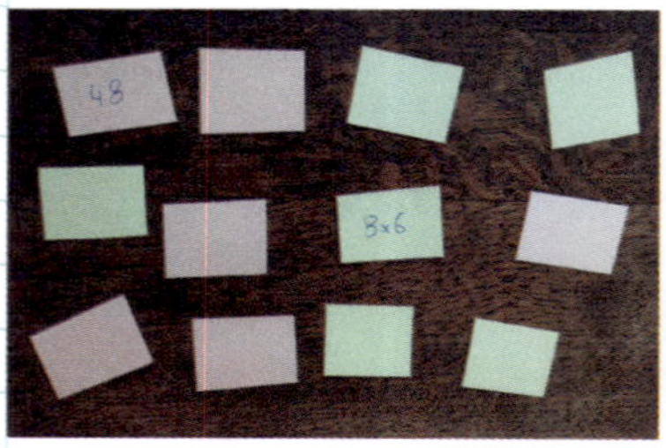

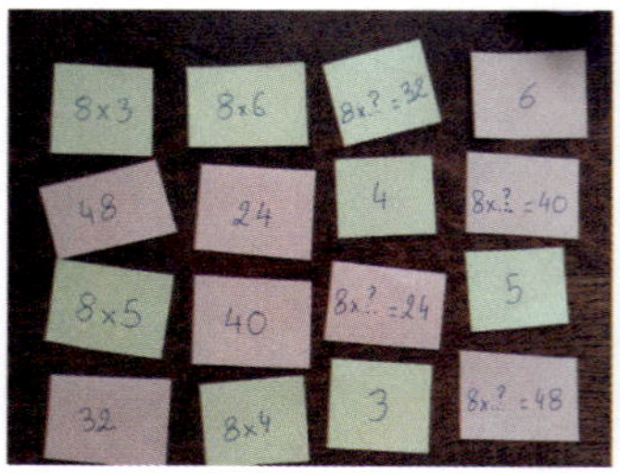

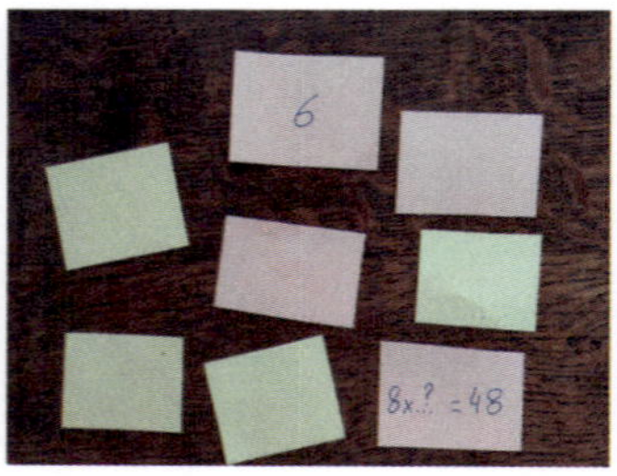

RÈGLE Sur les cartes, les élèves inscrivent d'une part le calcul, d'autre part le résultat, en fonction de la table (ou des tables) qu'il a été décidé de travailler. Ils peuvent ensuite jouer seul ou à deux (maximum quatre élèves ensemble pour que chacun joue suffisamment), comme avec un mémo en retournant toutes les cartes sur la table, faces cachées ou selon la règle du mistigri, pour reconstituer les paires.

Dans un premier temps, on fabrique des cartes de ce type :

4 × 5	**20**

Ensuite, on mettra des contraintes pour travailler les tables d'une autre manière :

4 × … = 20	**5**

Ou encore :

Combien de fois 4 dans 20 ?	**5**

On peut faire le choix de fabriquer les cartes à l'avance et les plastifier pour les réutiliser mais le fait de les faire fabriquer par les élèves eux-mêmes avant de les utiliser fait partie intégrante de la phase d'apprentissage. Les cartes fabriquées peuvent être emmenées pour un entrainement à la maison.

Variantes On pourra différencier en fonction des moments de l'année, des besoins et des difficultés des élèves :
- jeu avec une seule table ;
- jeu avec deux tables, puis trois mélangées ;
- jeu mélangeant toutes les tables ;
- cibler les tables qui doivent être travaillées.

Il est important d'ajouter peu à peu des cartes à celles que l'on connait déjà, de ne pas en mettre trop au début (environ six paires à mémoriser, auxquelles on ajoute deux paires, puis encore deux, etc.). Le jeu, créé par un groupe d'élèves, va donc s'enrichir petit à petit, jour après jour.

D'autres objets permettant de s'entrainer à mémoriser des faits numériques peuvent être fabriqués par les élèves pour être utilisés individuellement, en classe ou à la maison, par exemple :
- une cocotte ;
- des cartes recto-verso (façon Cartatoto) ;
- une fiche à languettes ou une roue manipulable…

g La bataille des multiplications

DISPOSITIF En binôme

MATÉRIEL Un jeu de 54 cartes, dont on aura enlevé les figures (l'As sera utilisé pour le 1) ou avec deux dés 10 faces (1 à 10 ou 0 à 9)

RÈGLE Chaque joueur lance un dé ou pose une carte de son tas. Par exemple : 6 et 4. Le premier qui annonce 24 remporte 1 point (que l'on peut matérialiser par un jeton, les jetons pourront être comptés à la fin du jeu) ou les deux cartes. Celui qui a le plus de pions ou de cartes à la fin du jeu gagne.

Variante Ce jeu peut être également adapté pour travailler les tables d'addition.

h Combien ?

DISPOSITIF En binôme

MATÉRIEL Des cartes, avec les résultats d'une ou plusieurs tables d'un côté de chaque carte (voir fiche à photocopier p. 451)

RÈGLE En fonction des besoins des élèves, on utilisera les résultats d'une, de deux ou de plus de tables. Chacun son tour, un joueur retourne une carte face visible (ex. : 16), le premier qui annonce 2 × 8 gagne 1 point et toutes les autres réponses correctes permettent également de gagner 1 point (4 × 4…).

16	**Combien de fois 8 dans 16 ?**
2 × 8 = …	**… × 8 = 16**
2 × … = 16	**4 × 4**

Variantes
- Ce jeu peut être également adapté aux tables d'addition.
- On peut proposer des cartes permettant de travailler un autre aspect des tables.
- Quand les élèves sont bien entrainés, on peut mélanger différentes manières de travailler les tables, en mélangeant des cartes à retourner de différents types.

i Additionner, soustraire, multiplier, diviser par 10, 100, 1 000

DISPOSITIF En binôme ou en petits groupes
MATÉRIEL 3 dés à 10 chiffres (0 à 9), des frises calcul (voir fiche à photocopier p. 450)
RÈGLE Le joueur dont c'est le tour lance 3 dés afin de constituer le nombre de départ de 3 chiffres (un dé pour les centaines, un dé pour les dizaines, un dé pour les unités). Il pioche aussi une « frise calcul ». Tous les joueurs doivent trouver le nombre « arrivée ». Le premier (avec le bon résultat) gagne 3 points, le second 2 points, le troisième 1 point, si l'on joue à 3 joueurs.
Les élèves peuvent utiliser un cahier de brouillon ou une ardoise pour faire leurs calculs et en garder trace. Après un petit temps de jeu, il est intéressant de travailler sur l'enchainement des opérations proposés, de trouver des équivalences, des stratégies pour aller plus vite, être plus efficace (faire + 100 + 10 – 100, cela revient à ...)
L'utilisation d'une calculatrice peut permettre de vérifier le nombre que l'on doit obtenir à l'arrivée.

Variantes

- On peut remplacer les dés par une boite contenant des nombres déjà constitués ou des étiquettes chiffres (de 0 à 9).
- Lancer 2 dés, 4 dés ou plus pour constituer des nombres plus petits ou plus grands.
- Proposer d'autres types d'opérations : × 10 × 100 × 1 000. Ou : 10 : 100 : 1 000. Dans ce dernier cas, attention à proposer des nombres de départ suffisamment grands.
- On peut également travailler avec des nombres décimaux : un dé représente les dizaines, un dé les unités, un dé les dixièmes, par exemple. On pourra ajouter des centièmes, des millièmes.
Si l'on utilise des cartes chiffres au lieu des dés, on pourra introduire dans la pioche des cartes « virgule ».

j + 9, + 11, + 99, + 101, – 99, – 101, – 9, – 11

DISPOSITIF En binôme ou petits groupes
MATÉRIEL Dés à 10 chiffres (0 à 9), cartes « calcul » (voir fiche à photocopier p. 451)
RÈGLE Ce jeu est une adaptation du jeu précédent. Un nombre de départ est constitué par le biais d'un lancer de dés ou d'un tirage de cartes chiffres (avec ou sans carte virgule). 3 cartes « calcul » sont piochées. Les élèves du groupe doivent procéder au calcul : le premier à proposer le bon résultat gagne 3 points (si 3 élèves jouent), le deuxième 2 points et le troisième 1 point. L'utilisation d'une calculatrice peut permettre au groupe de valider les résultats.

Variantes

- L'enseignant-e peut adapter la taille du nombre de départ, en proposant 2, 3 ou plus de dés. Une virgule peut intervenir pour le travail avec des nombres décimaux.
- Les cartes « calcul » sont choisies par l'enseignant-e en fonction de ce qu'on souhaite faire travailler aux élèves, de leurs besoins ou dans un souci de différenciation. On peut décider de faire piocher seulement deux cartes « calcul », ou beaucoup plus.

k Qui est le plus proche ?

Le but est de s'entrainer à déterminer un ordre de grandeur.
DISPOSITIF En petits groupes
MATÉRIEL Cartes calculs, avec solution au verso (voir fiche à photocopier p. 451)
RÈGLE Un « calcul » est tiré au sort dans la pioche par un élève du groupe dont c'est le tour (il ne montre pas le verso qui contient la solution). Tous les élèves proposent, en l'écrivant sur leur cahier ou leur ardoise, un ordre de grandeur. Ils ne doivent pas faire le calcul exact, que ce soit de tête ou en posant l'opération. Ceux qui trouvent la bonne réponse (ou celui qui s'en approche le plus avec un « compte rond ») gagnent 1 point.

Variante L'enseignant-e peut sélectionner une partie seulement du jeu proposé selon l'objectif visé.

COMPLÉMENTS À 10 (1)

0	1	2	3	4	5	6	7	8	9	10

COMPLÉMENTS À 10 (2)

9	7	2	0	4	6	10	1	8	3	5

COMPLÉMENTS À 100

	1	2	3	4	5	6	7	8	9
10	11	12	13	14	15	16	17	18	19
20	21	22	23	24	25	26	27	28	29
30	31	32	33	34	35	36	37	38	39
40	41	42	43	44	45	46	47	48	49
50	51	52	53	54	55	56	57	58	59
60	61	62	63	64	65	66	67	68	69
70	71	72	73	74	75	76	77	78	79
80	81	82	83	84	85	86	87	88	89
90	91	92	93	94	95	96	97	98	99

COMPLÉMENTS À 1 (1)

0	0,1	0,2	0,3	0,4	0,5	0,6	0,7	0,8	0,9	1

COMPLÉMENTS À 1 (2)

0,6	0,3	0,9	0,8	0,1	0	0,2	1	0,5	0,7	0,4

COMPLÉMENTS À 2

0	0,1	0,2	0,3	0,4	0,5	0,6	0,7	0,8	0,9	1	1,1	1,2	1,3	1,4	1,5	1,6	1,7	1,8	1,9	2

GRILLE 1

×	1	2		4	5
1	1	2	3		
	2		6		10
3				12	
	4		12		
5	5			20	
6		12			

GRILLE 2

5	6		8		10
				9	10
	12	14			
15				27	
	24	28			40
25				45	
30			48		60
	42			63	

GRILLE 3

					6	7	8		
					6				
			8	10		14			
					18		24		
				20			32		
5		15			30	35		45	
6	12		24			42		54	60
					42		56		
								72	
									90
									100

GRILLE 4

			3	4				
					5			
			6	8	10	12		
	3	6		12			21	
4	4				20			32
5	5		15				35	
6		12		24		36	42	48
7	7		21					
8		16						

GRILLE 5

6	6		18	24	30		42	48		60
7		14			35	42			63	
	8		24	32			56		72	80
9		18		36		54		72		
		20	30	40		60	70		90	100

GRILLE COMPLÈTE

×	1	2	3	4	5	6	7	8	9	10
1	1	2	3	4	5	6	7	8	9	10
2	2	4	6	8	10	12	14	16	18	20
3	3	6	9	12	15	18	21	24	27	30
4	4	8	12	16	20	24	28	32	36	40
5	5	10	15	20	25	30	35	40	45	50
6	6	12	18	24	30	36	42	48	54	60
7	7	14	21	28	35	42	49	56	63	70
8	8	16	24	32	40	48	56	64	72	80
9	9	18	27	36	45	54	63	72	81	90
10	10	20	30	40	50	60	70	80	90	100

GRILLE VIDE

×										

ADDITIONNER, SOUSTRAIRE

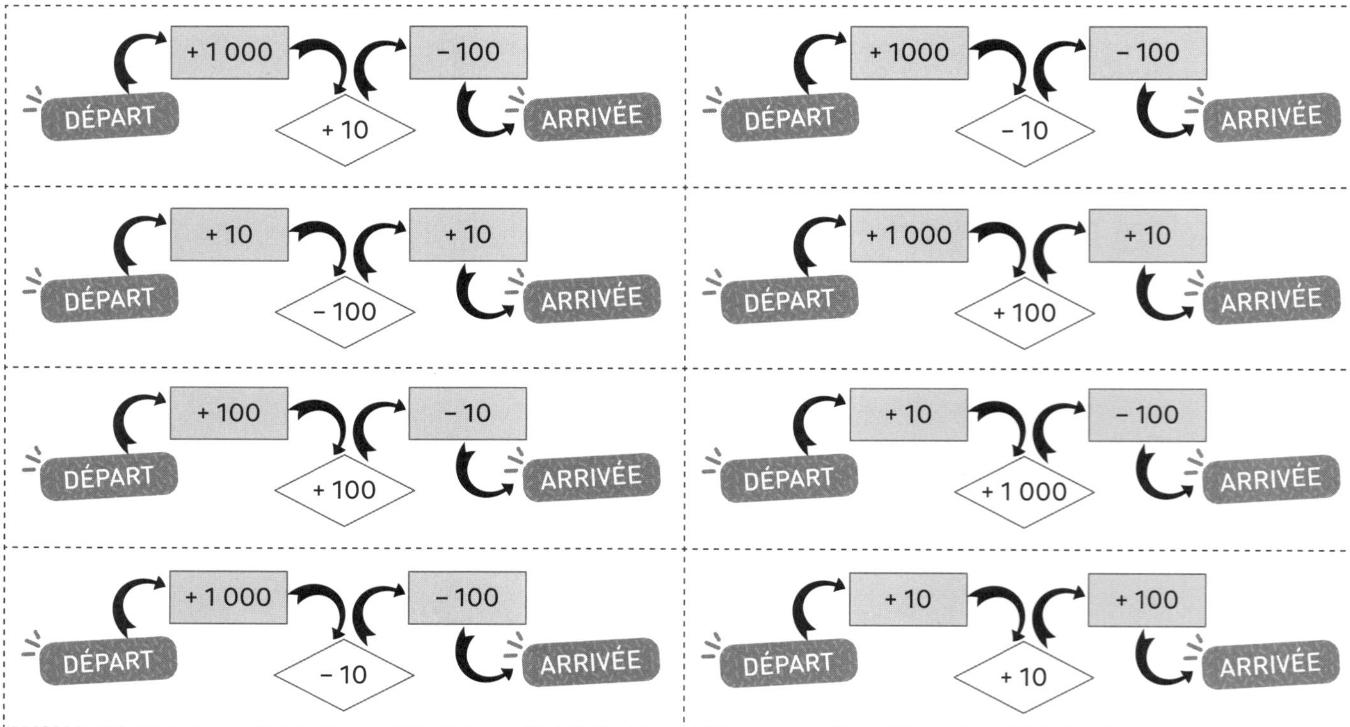

MULTIPLIER, DIVISER

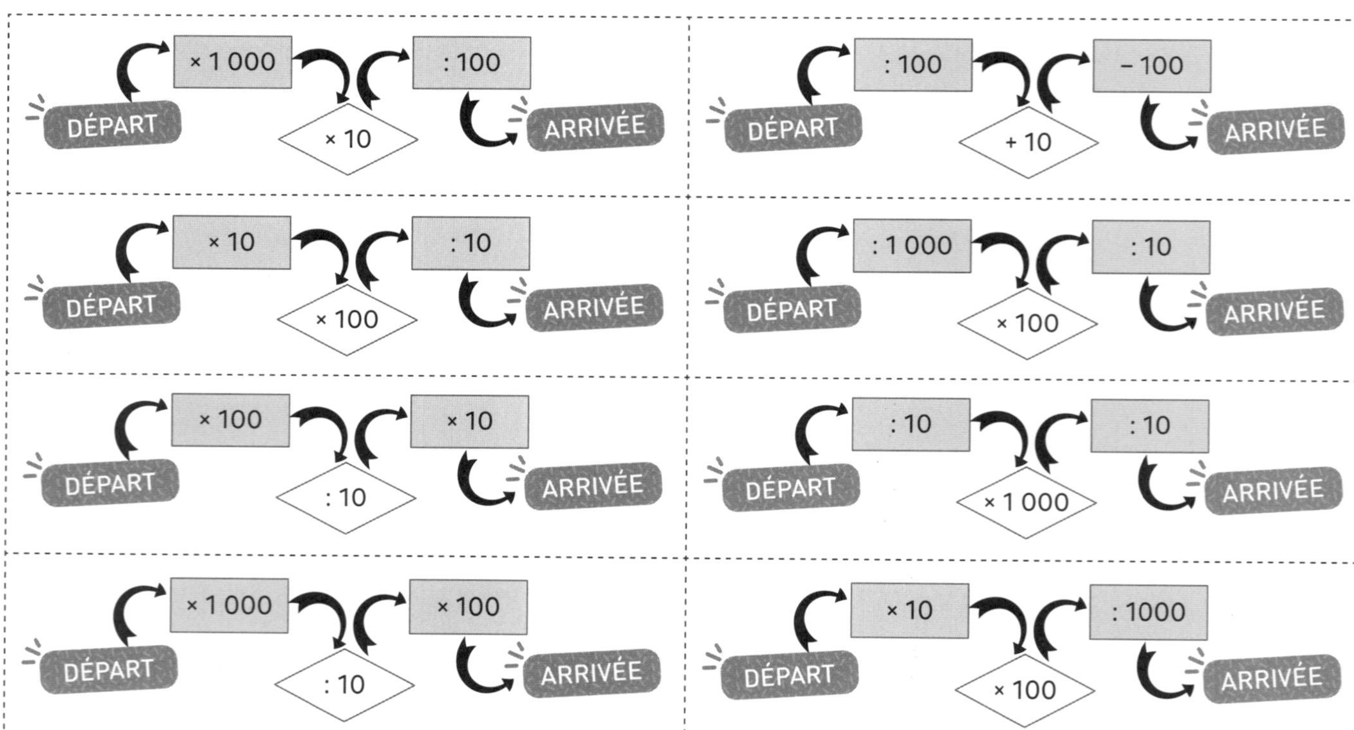

FRISES VIERGES

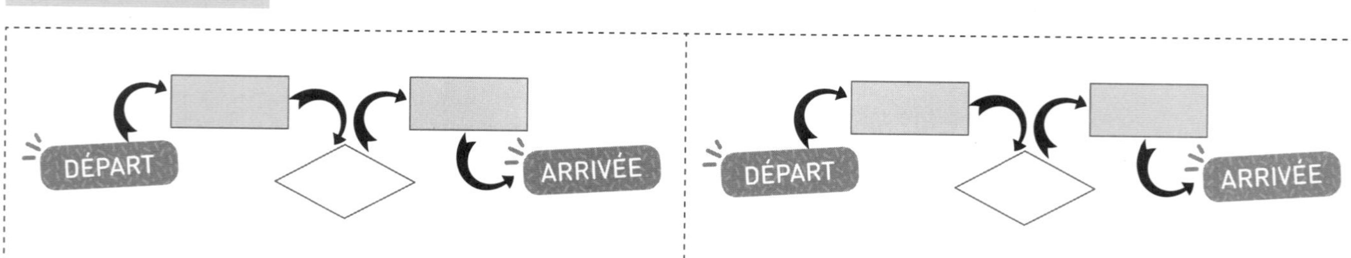

J'AI… QUI A ?

CARTES VIERGES

DÉPART Qui a 7 × 5 ?	J'ai 35. Qui a 7 × 4 ?	J'ai 28. Qui a 9 × 2 ?	J'ai 18. Qui a 5 × 6 ?
DÉPART Qui a	J'ai Qui a	J'ai Qui a	J'ai Qui a

COMBIEN ?

25	**Combien de fois 5 dans 30 ?**	**2 × 5 = …**	
45	**50**	**4 × … = 20**	

+ 9, + 11, + 99, + 101, – 99, – 101, – 9, – 11

À imprimer en nombre suffisant pour constituer une pioche pour chaque groupe de joueurs.

+ 9	**+ + 11**	**- 9**	**- 11**
+ 99	**- 99**	**- 101**	**+ 101**

QUI EST LE PLUS PROCHE ?

352 + 525 ♣	3 254 – 1 627 ♠	642 × 48 ♥	817 : 19 ♦
☆	💧	■	✪

40 (800 : 20) ♦	30 000 (600 x 50) ♥	1600 (3200 – 1600) ♠	850 (350 + 500) ♣
✪	■	💧	☆

D Le calcul posé

Le **calcul posé** repose sur une technique, un **algorithme**. Afin de maitriser cet algorithme, nous centrons les apprentissages autour de son **explicitation** d'abord (verbalisation et écriture) puis du **sens** donné aux nombres à travers le **renforcement du principe de position** et le **sens donné aux retenues**. Ainsi, le calcul posé vient assoir le principe de notre numération.
Lors des séances d'apprentissage, nous mettrons en parallèle l'algorithme en langage mathématique, c'est-à-dire la façon dont on pose l'opération, et l'algorithme en langage naturel, c'est-à-dire la façon dont on l'explique avec des phrases (de manière analogue à nos propositions sur l'initiation à l'algorithmique dans le module « Repérages et déplacements »).

L'organisation pédagogique

L'apprentissage du **calcul posé** est intégré aux 60 minutes de mathématiques quotidiennes, **au même titre que les modules d'apprentissage. Nous l'avons donc intégré aux temps d'apprentissage** (voir la programmation séance par séance pp. 59 à 67). **Les séances d'apprentissage en calcul posé sont détaillées dans une fiche dédiée dans le fichier ressources** (pp. 383 à 392). **Deux parcours d'entrainement différenciés * ou ** sont proposés dans le manuel**. Le guidage vers le parcours se fait en fonction des réussites et des difficultés de chaque élève, repérées lors d'**un test proposé dans la fiche d'apprentissage** de chaque algorithme opératoire.
Le parcours peut être réajusté en milieu de période puisque l'enseignant-e dispose d'un temps d'observation et d'étayage. L'ordre de grandeur du résultat est systématiquement demandé pour chaque opération. La correction est immédiate en recourant au fichier d'autocorrection ou en utilisant la calculatrice.

1. Une période-type de calcul posé

5 h par période / 25 h annuelles

Les temps sont donnés à titre indicatif et dépendent de l'organisation des autres modules. Un total de 5 h de calcul est systématiquement prévu par période.

Découpage dans la période		Organisation	Emplacement dans la méthode
Semaine 1	2 × 30 min **Apprentissage et test** pour positionnement parcours	**Présence** de l'enseignant-e	→ **Structuration des séances et test** dans le fichier ressources (fiches 1 à 5, pp. 383 à 392) → Rappel des algorithmes mathématiques dans le manuel
Semaine 2	**Régulation**		
Semaines 3, 4	30 min ou 45 min **Entrainement** * et/ou ** Problèmes / Jeux	**Autonomie** (autocorrection)	→ **Exercices d'entrainement** (« Entraine-toi ») ou **problèmes** (« Utilise tes connaissances dans les problèmes ») ou **jeux** (« Maintenant, va plus loin ! ») dans le manuel → **Autocorrection**

Calculer

Découpage dans la période		Organisation	Emplacement dans la méthode
Semaine 5	2 × 30 minutes **Étayage, remédiation** (redirection possible vers parcours)	**Présence** de l'enseignant-e	→ **Structuration de la séance**, précisée dans les fiches 1 à 5 (pp. 383 à 392) → **Exercices** (« Entraine-toi ») dans le manuel
Semaines 6, 7	30 min ou 45 min **Entrainement** * et/ou ** Problèmes / Jeux	**Autonomie** (autocorrection)	→ **Exercices d'entrainement** (« Entraine-toi ») ou **problèmes** (« Utilise tes connaissances dans les problèmes ») ou **jeux** (« Maintenant, va plus loin ! ») dans le manuel → **Autocorrection**

2. Une séance-type d'apprentissage de calcul posé

Les séances d'apprentissage des algorithmes opératoires sont des séances guidées en deux temps de 30 minutes. Une fiche de séance est proposée pour chaque algorithme (pp. 383 à 392). Nous partons du principe que les élèves ne peuvent pas « inventer » ces algorithmes. Nous privilégions l'écriture et la verbalisation des étapes (appelé aussi algorithme opératoire), ainsi que la compréhension des mécanismes (système de position et retenues).
Des vidéos-mémos sont disponibles sur le site compagnon :
- l'addition et soustraction posées de deux nombres décimaux ;
- la multiplication posée de deux nombres entiers ;
- la multiplication posée de deux nombres décimaux ;
- la division euclidienne ;
- la division avec quotient décimal.

SÉANCE 1
30 minutes

5 min Contextualisation et ordre de grandeur

On fait ici du lien entre opération et sens. Un **problème** simple, contextualisé, est proposé, justifiant l'utilisation de l'algorithme travaillé.

« Quelle opération permet de résoudre ce problème ? »

On donne ensuite, en collectif, l'**ordre de grandeur** de l'opération. Il aura été travaillé en amont sur un temps de calcul en ligne.

*« Quelle est la valeur approchée du premier terme (ou facteur, ou dividende).
Quelle est la valeur approchée du second terme (ou facteur, ou diviseur) ?
Quel est alors l'ordre de grandeur de l'opération ? »*

5 min Démonstration

L'enseignant-e exécute au tableau l'algorithme opératoire de l'opération tel que proposé dans chaque fiche de préparation, **en explicitant oralement les étapes, sans les écrire**. Il peut également lancer la vidéo correspondante. Il propose d'abord une opération « simple ». Il peut proposer ensuite une opération plus « complexe » avec des nombres plus grands et/ou la présence d'un ou plusieurs 0.

« Je vais vous montrer et vous expliquer comment poser cette opération, écoutez attentivement car vous allez écrire ensuite les étapes de cet algorithme. »

20 min Écriture de l'algorithme en langage naturel

Lors du tout premier apprentissage (soustraction posée d'entiers), l'enseignant-e aidera les élèves à formuler les étapes, en dictée à l'adulte.
Lors des apprentissages suivants, ou dès que les élèves seront familiers de cette écriture, nous pourrons procéder ainsi :

1. Un temps d'**écriture individuelle** de l'algorithme en langage naturel, l'élève se remémorant les étapes qui ont été décrites par l'enseignant-e lors de la démonstration et

les écrivant au brouillon. On ne cherche pas ici un algorithme parfait mais une verbalisation des grandes étapes de calcul et une justification des retenues qui s'appuie sur l'algorithme explicité par l'enseignant-e ou dans la vidéo durant la démonstration.

« À vous d'écrire les grandes étapes qui permettent de poser et de trouver le résultat de cette opération. »

2. Un temps d'**échanges** et de **confrontation** en binôme :

« Vous allez comparer votre écrit avec celui de votre binôme pour voir si vous n'avez pas oublié d'étapes. »

L'enseignant-e observe les élèves et prend note des idées intéressantes et/ou des erreurs pour concevoir la mise en commun.

3. Une **mise en commun** de tout le groupe permettant la construction d'une **trace provisoire** :

« Maintenant que vous vous êtes mis d'accord, nous allons mettre en commun pour écrire notre algorithme. »

L'enseignant-e note au tableau (ou sur une affiche) les grandes étapes de calcul. Cette trace provisoire est gardée pour la séance 2.

SÉANCE 2
30 minutes

15 min Institutionnalisation des savoir-faire

Après la réactivation des travaux de la séance précédente et en appui sur la trace provisoire, une **leçon** est construite avec un exemple d'algorithme mathématique et l'algorithme en langage naturel correspondant. Elle peut être rédigée à partir d'une photo du tableau ou bien distribuée. Une version modifiable des leçons est disponible sur le site compagnon. Un point méthode est également présent dans le manuel.

15 min Test

On propose ensuite un **test** comportant quelques opérations avec difficultés croissantes, qui permettra de guider l'entrainement à venir vers le parcours * ou **.

3. L'évaluation

Nous proposons une évaluation continue, par l'analyse régulière des travaux des élèves (visible par l'enseignant-e en observant le travail des élèves et en corrigeant leurs productions). L'enseignant-e peut toutefois choisir de proposer une évaluation plus traditionnelle, s'il le souhaite, en proposant des calculs similaires à ceux proposés lors des entrainements.

Les autres compétences liées au calcul posé travaillées dans la méthode

1. Le sens des opérations

Donner du sens au calcul et aux opérations nous parait indispensable. En effet, les élèves ont une image personnelle, souvent restrictive voire erronée du sens qu'ils donnent aux opérations. Il est fréquent, par exemple, qu'ils assimilent la soustraction à une situation de retrait ou la division à une situation de partage.

Cette vision faussée du sens des différentes opérations peut contribuer aux difficultés que rencontrent certains élèves dans la résolution de problèmes, quand il s'agit d'accéder à un langage mathématique symbolique. Par exemple, les élèves vont

résoudre une situation de diminution par une soustraction systématique alors que dans le cas où l'on recherche l'état initial, il faut avoir recours à une addition. Les opérations et les écritures symboliques liées à ces opérations n'ayant pas toujours de sens, les élèves font ainsi parfois un choix hasardeux parmi les quatre opérations.
L'objectif est donc ici d'aider les élèves à faire du lien entre les nombres, le calcul et la résolution de problèmes en les sensibilisant sur les raisons pour lesquelles on calcule. À cette fin, nous proposons, pour la plupart des compétences, des problèmes qui vont contextualiser les apprentissages. Cet aspect du sens est complété par une **séance spécifique en Tandem** en amont du travail sur chaque opération.
La séance envisagée pour le sens des opérations consiste en la création collective d'un « catalogue » d'exemples (deux exemples sont déjà présents dans le manuel), en procédant à un brainstorming, non exhaustif et en appui sur les propositions des élèves. Il pourra être illustré et complété au fur et à mesure de la rencontre d'autres sens qui n'auraient pas été explicités lors de cette première séance. À cette fin, il est possible par exemple, de manière simple, de demander aux élèves :

« À quoi sert une addition ? Dans quelles situations utilise-t-on une addition ? Écrivez un exemple de problème dont la solution peut être trouvée en utilisant une addition. »

La mise en commun des idées pourra être synthétisée sur une affiche ou collée dans le cahier de traces.

Exemples de situations à illustrer avec les élèves
« ajout »/« gain », « augmentation », « recomposition/décomposition »
« enlever », « pour aller à », « écart », « augmentation/diminution », « reste »
« répétition d'un même nombre », « augmentation/diminution », « configuration rectangulaire »
« partage/nombre de parts égales », « quotition/valeur d'une part »

2. L'ordre de grandeur d'un résultat

Chercher **l'ordre de grandeur** du résultat d'une opération permet de prévoir son résultat de manière approchée. Il permet d'avoir une idée du résultat avant même d'avoir commencé le calcul précis et de se rendre compte d'une erreur de calcul si le résultat final est loin de cet ordre de grandeur. On dit alors que le **résultat est vraisemblable** s'il est proche de l'ordre de grandeur.
À cette fin, il sera systématiquement demandé l'ordre de grandeur des résultats en calcul posé. **Une séance d'entrainement en amont de celle sur les algorithmes opératoires est systématiquement proposée dans le manuel.**
Pour chaque opération, il est possible de trouver son ordre de grandeur en donnant une valeur approchée de chacun des constituants de l'opération (termes, facteurs, dividende ou diviseur). En ce qui concerne l'addition ou la soustraction, on cherche les valeurs approchées de chacun des termes de l'opération. Elles doivent être de même ordre. De même, pour la multiplication ou la division, on cherche les valeurs approchées de chacun des facteurs ou du dividende et du diviseur. Il n'est pas nécessaire ici qu'elles soient de même ordre.
Par exemple, avant de poser l'opération 3 412 – 396, on demande aux élèves de donner l'ordre de grandeur de son résultat. La valeur approchée de 3 412 à la centaine près est 3 400. La valeur approchée de 396 à la centaine près est 400. 3 400 – 400 = 3 000. On vérifie que le résultat trouvé en effectuant l'opération posée est bien proche de 3 000.

3. Le choix de l'outil de calcul

Il est intéressant de mener un travail régulier sur le choix de la technique à utiliser avant de se lancer dans un calcul. Nous faisons ici du lien avec les problèmes présents dans chaque module. En effet, en fonction de paramètres tels que les nombres en jeu et/ou le type de problèmes proposés, les élèves seront amenés progressivement à faire des choix éclairés : calculer mentalement ou en ligne, poser l'opération ou avoir recours à la calculatrice. Nous invitons alors l'enseignant-e à attirer l'attention des élèves sur ce point, étant entendu que des calculs simples pour certains seront plus complexes pour d'autres. Une différenciation s'avèrera alors nécessaire.

FICHE 1

Additionner, soustraire deux nombres entiers

DURÉE

2 × 30 minutes

MATÉRIEL

- Mémo présent sur tandem.nathan.fr

COMPÉTENCES

- Calculer
- Chercher
- Raisonner
- Communiquer

pp. 186-187

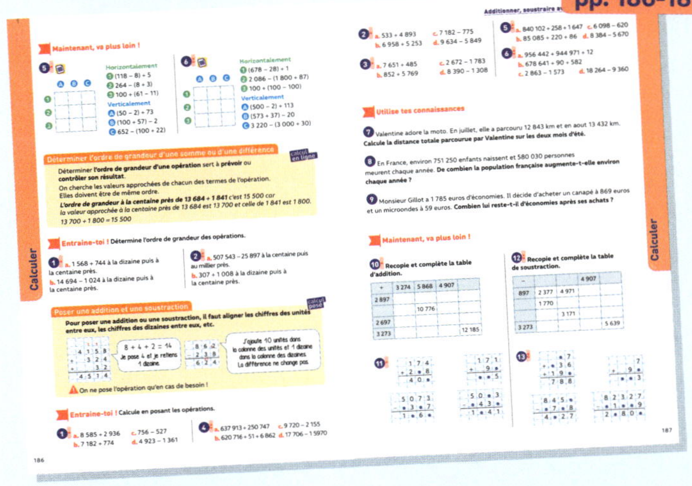

OBJECTIF

- Poser et calculer une soustraction de deux nombres entiers avec retenue.

POINT DIDACTIQUE

- **L'algorithme opératoire de l'addition** est le plus aisé à mettre en place. Il s'appuie sur le principe fondamental de la numération décimale : 10 unités = 1 dizaine. Une connaissance solide des tables d'addition est toutefois nécessaire, son automatisation pourra être reprise en calcul mental et permettra de libérer la mémoire de travail nécessaire. Cet algorithme n'a d'intérêt que pour additionner des nombres d'au moins deux chiffres dont la somme comporte une retenue. Au cycle 2, il a été longuement travaillé pour les nombres entiers, il ne fera d'ailleurs ici pas l'objet d'une séance d'apprentissage. Au cycle 3, il s'agit surtout d'entretenir ces acquisitions et de les adapter au contexte des nombres décimaux.
- L'apprentissage de **l'algorithme opératoire de la soustraction** est plus ardu. Il fait l'objet de séances d'apprentissage spécifiques même au cycle 3. Il existe plusieurs procédés possibles dont les fondements ne reposent ni sur les mêmes principes, ni sur les mêmes connaissances. La technique par cassage, plus utilisée au cycle 2, sert la construction du sens de cette opération mais une transition vers le principe de l'invariance d'une différence en cas d'ajout simultané du même nombre aux deux termes nous semble intéressante. En effet, il repose **sur une propriété que les élèves travaillent également en calcul en ligne : a – b = (a + c) – (b + c). NB : Il reste important de mettre en place une cohérence d'équipe sur ces choix du cycle 2 au cycle 3 afin d'assurer au mieux la transition entre les deux techniques.**

1. Construction de l'algorithme opératoire de la soustraction

SÉANCE 1
30 minutes

5 min Contextualisation à partir d'un problème support

Benoit a dépensé 1 358 €. Il a acheté une télévision à 769 € et un meuble pour la poser. Quel est le prix du meuble ?

Ordre de grandeur : 1 400 – 800 = 600

5 min Démonstration

Faire une démonstration en appui sur l'algorithme suivant, oralement, sans écrire les étapes de calcul.

1 Trouver l'ordre de grandeur de l'opération.
1 400 – 800 = 600.

2 Pour poser la soustraction, aligner les chiffres de même valeur l'un en dessous de l'autre en commençant par celui des unités.
Le chiffre 9 est positionné sous le chiffre 8.

3 Effectuer la différence entre le chiffre des unités du premier terme et celui du second terme. Si cette différence n'est pas possible, ajouter une dizaine au premier terme (sous la forme 10 unités), et une dizaine au second terme. On ne change ainsi pas la différence.
8 u – 9 u n'est pas possible. On ajoute 1 dizaine au premier terme et 1 dizaine au second, cela ne change pas la différence. 18 u – 9 u = 9 u.

4 Reproduire ce procédé pour les chiffres de valeurs supérieures en vérifiant bien que les différences sont possibles.
5 d – (6 + 1) d n'est pas possible. On ajoute 1 centaine au premier terme (sous la forme 10 dizaines) et 1 centaine au second. 15 d – 7 d = 8 d. Etc.

5 Conclure en vérifiant que le résultat est bien proche de l'ordre de grandeur :
589 est bien proche de l'ordre de grandeur 600.
1 358 – 769 = 589.

	1	13	15	18
–		7 (+1)	6 (+1)	9
	0	5	8	9

L'enseignant-e peut proposer une autre opération en réitérant le même algorithme : 2 031 – 106.

20 min Écriture de l'algorithme en langage naturel

- Écriture individuelle de l'algorithme en langage naturel ;
- échanges et confrontation en binôme ;
- mise en commun avec trace provisoire.

SÉANCE 2
30 minutes

15 min Institutionnalisation des savoir-faire

On réactive les apprentissages de la séance 1 et on garde une trace définitive (Mémo ⬇).

15 min Test

Proposer les soustractions suivantes :

756 – 525	9 720 – 2 155	2 672 – 1 783
7 182 – 775	17 706 – 1 597	6 098 – 620

2. Temps d'étayage en milieu de période

En observant les productions des élèves lors des temps d'entrainement, l'enseignant-e peut avoir repéré les erreurs ci-dessous. Il pourra alors utiliser les propositions de remédiation associées.

Difficultés rencontrées par les élèves	Remédiations possibles
Maitrise insuffisante des tables d'addition (ajout, différence, complément)	• Fournir un **outil table** aux élèves qui ne parviennent pas à mémoriser. • Des **jeux** pour travailler la mémoire et pour travailler les tables dans tous les sens sont proposés p. 438.
Mauvaise gestion des retenues **Disposition « en étages » ne respectant pas l'alignement des chiffres de même valeur**	• Proposer la **technique dite de « cassage »** pour comprendre différemment le principe de la retenue. • Le recours au **matériel de numération** et aux **abaques** permet utilement d'illustrer la technique, et donc de mieux la comprendre.
Soustraction du chiffre le plus petit au chiffre le plus grand sans prendre en compte l'ordre	• L'utilisation de **l'abaque** ou **boulier** simple permet à l'élève de visualiser et de se représenter le premier nombre auquel il faut soustraire le second.

FICHE 2

Multiplier deux nombres entiers

DURÉE

2 × 30 minutes

MATÉRIEL

- Vidéo présente sur tandem.nathan.fr
- Boites à retenues
- Mémo présent sur tandem.nathan.fr

COMPÉTENCES

- Calculer
- Chercher
- Raisonner
- Communiquer

p. 212

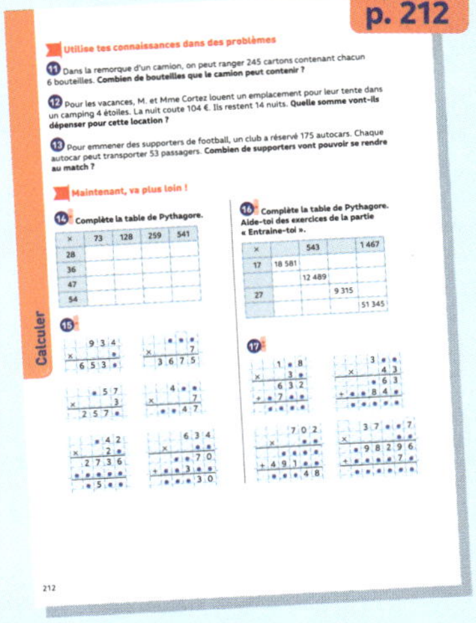

Utilise tes connaissances dans des problèmes

11 Dans la remorque d'un camion, on peut ranger 245 cartons contenant chacun 6 bouteilles. **Combien de bouteilles que le camion peut contenir ?**

12 Pour les vacances, M. et Mme Cortez louent un emplacement pour leur tente dans un camping 4 étoiles. La nuit coute 104 €. Ils restent 14 nuits. **Quelle somme vont-ils dépenser pour cette location ?**

13 Pour emmener des supporters de football, un club a réservé 175 autocars. Chaque autocar peut transporter 53 passagers. **Combien de supporters vont pouvoir se rendre au match ?**

Maintenant, va plus loin !

14 **Complète la table de Pythagore.**

×	73	128	259	541
28				
36				
47				
54				

15

9 3 4 × • = 6 5 3 •

• • • × 7 = 3 6 7 5

• 5 7 × 3 = 2 5 7 •

4 • • × 7 = • • 4 7

• 4 2 × 2 • ; 2 7 3 6 ; • • • • • ; • 5 • •

6 3 4 × • • ; • • 7 0 ; + • • 3 • • ; • • • 3 0

16 **Complète la table de Pythagore. Aide-toi des exercices de la partie « Entraine-toi ».**

×		543		1 467
17	18 581			
		12 489		
27			9 315	
				51 345

17

1 • 8 × 3 • ; 6 3 2 ; + • 7 • • ; • • • •

3 • • × 4 3 ; • 6 3 ; + • • 8 4 • ; • • • • •

7 0 2 × • • ; • • • • ; + 4 9 1 • • ; • • • 4 8

3 7 • • 7 × • • ; • 9 8 2 9 6 ; + • • • • 7 • ; • • • • • •

Calculer

212

ecole.nathan.fr/
multi-entiers

ecole.nathan.fr/
glissenombre

OBJECTIF

- Poser et calculer une multiplication de deux nombres entiers.

POINT DIDACTIQUE

- La compréhension de **l'algorithme opératoire de la multiplication** sollicite plusieurs types de savoirs et de savoir-faire :
  - **la compréhension du système de numération décimale** pour la gestion des retenues, dans les multiplications intermédiaires puis dans l'addition finale : pour les multiplications intermédiaires, nous proposons l'utilisation d'une boite à retenue permettant de comprendre à quel rang appartient chaque retenue ;
  - **la règle de multiplication par des puissances de 10** pour laquelle nous choisissons d'utiliser l'écriture explicite des « 0 » que nous préférons au traditionnel principe de décalage ;
  - **la distributivité de la multiplication sur l'addition :** pour cela, nous insistons sur l'écriture, en amont du calcul, des multiplications intermédiaires.
- L'algorithme opératoire de la multiplication de nombres à plusieurs chiffres par un nombre à un chiffre est plus simple, sa maitrise constitue un préalable à celle de la multiplication par un nombre à plusieurs chiffres et il pourra être proposé pour les élèves qui en auraient besoin (sur les temps d'APC, par exemple). Aussi, la maitrise des tables de multiplication est indispensable.

Dans une multiplication, les **nombres mis en jeu** s'appellent des **facteurs**.
Le **résultat** s'appelle le **produit**.

1. Construction de l'algorithme opératoire de la multiplication

SÉANCE 1
30 minutes

5 min Contextualisation à partir d'un problème support

Un groupe de 65 personnes décide de partir en séjour en Espagne. Chaque personne paye 753 €. Quel est le montant total du séjour ?
Ordre de grandeur : 800 × 60 = 48 000

5 min Démonstration

Lancer la vidéo ou faire une démonstration en appui sur l'algorithme suivant.

1 Commencer par trouver l'ordre de grandeur de l'opération. *800 × 60 = 48 000.*

2 Pour poser la multiplication, aligner les chiffres des unités l'un en dessous de l'autre.
5 est positionné en dessous de 3.

3 Écrire d'abord les multiplications intermédiaires en ligne, coller ou dessiner la boite à retenues.
753 × 5 et 753 × 60.

4 Effectuer la multiplication du premier facteur par le chiffre des unités du second facteur. *Multiplier 753 par 5, en utilisant la boite à retenue si nécessaire.*

5 Reproduire ensuite le même procédé en effectuant le produit du premier facteur par le chiffre des dizaines du second facteur. Faire attention à introduire alors le zéro correspondant à la dizaine.
On multiplie 753 par 60, c'est-à-dire par 6 dizaines, il faut donc écrire un zéro (car 6 × 10 = 60) avant d'effectuer la multiplication 753 × 6.

6 Additionner ensuite les produits intermédiaires.
On ajoute les deux produits 3 765 et 45 180.

7 Conclure en vérifiant que le résultat est bien proche de l'ordre de grandeur. *48 945 est bien proche de l'ordre de grandeur 48 000. 753 × 65 = 48 945.*

um	c	d
	2	1
3	1	

			7	5	3	
	×			6	5	
		3	7	6	5	753 × 5
+	4	5	1	8	0	753 × 60
	4	8	9	4	5	

L'enseignant-e peut proposer une autre opération ensuite en réitérant le même algorithme et en faisant remarquer l'inutilité de mettre une ligne de 0 pour calculer le nombre de dizaines : *412 × 103.*

20 min Écriture de l'algorithme en langage naturel

- Écriture individuelle de l'algorithme en langage naturel ;
- échanges et confrontation en binôme ;
- mise en commun avec trace provisoire.

SÉANCE 2
30 minutes

15 min Institutionnalisation des savoir-faire

On réactive les apprentissages de la séance 1 et on garde une trace définitive (Mémo).

15 min Test

Proposer les multiplications suivantes :
8 712 × 6   724 × 12   4 138 × 35   543 × 40

2. Temps d'étayage en milieu de période

En observant les productions des élèves lors des temps d'entrainement, l'enseignant-e peut avoir repéré les erreurs ci-dessous.

Difficultés rencontrées par les élèves	Remédiations possibles
Maitrise insuffisante des tables de multiplication	• Certains élèves peuvent être autorisés à utiliser un **répertoire écrit des tables de multiplication** pour alléger la mémoire de travail. • Utiliser les **jeux** pour travailler les tables dans tous les sens (cf. fichier ressources p. 438).
Mauvaise gestion des retenues	• Utiliser la **boite à retenues** avec autant d'étages que de chiffres au second facteur. Les entêtes des boites permettent de repérer à quel rang on se trouve. Par exemple, pour un second facteur à deux chiffres.
Mauvaise gestion des décalages dans les multiplications intermédiaires	• Utiliser le **glisse-nombre** qui montre que les chiffres prennent une valeur 10 fois, 100 fois, 1 000 fois plus grande peut être une aide utile.

Calculer

FICHE 3

Diviser deux nombres entiers, diviseur à un chiffre

DURÉE

2 × 30 minutes

MATÉRIEL

- Vidéo présente sur tandem.nathan.fr (partie 1)
- Mémo présent sur tandem.nathan.fr

COMPÉTENCES

- Calculer
- Chercher
- Raisonner
- Communiquer

p. 229

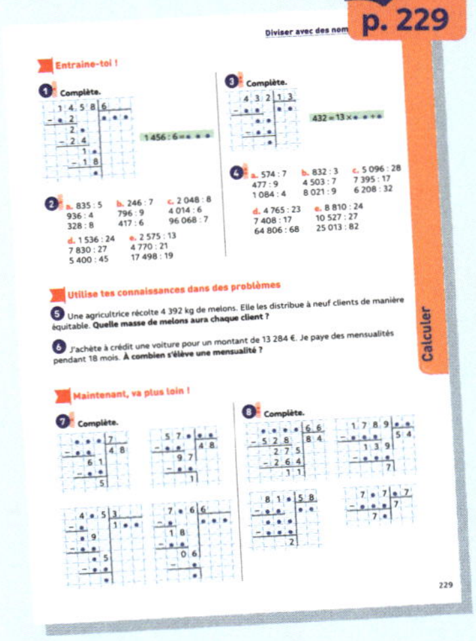
Diviser avec des nom

Entraine-toi !

1 Complète.

1 456 : 6 = • • •

2 a. 835 : 5 / 936 : 4 / 328 : 8
b. 246 : 7 / 796 : 9 / 417 : 6
c. 2 048 : 8 / 4 014 : 6 / 96 068 : 7
d. 1 536 : 24 / 7 830 : 27 / 5 400 : 45
e. 2 575 : 13 / 4 770 : 21 / 17 498 : 19

3 Complète.

432 = 13 × • • + •

4 a. 574 : 7 / 477 : 9 / 1 084 : 4
b. 832 : 3 / 4 503 : 7 / 8 021 : 9
c. 5 096 : 28 / 7 395 : 17 / 6 208 : 32
d. 4 765 : 23 / 7 408 : 17 / 64 806 : 68
e. 8 810 : 24 / 10 527 : 27 / 25 013 : 82

Utilise tes connaissances dans des problèmes

5 Une agricultrice récolte 4 392 kg de melons. Elle les distribue à neuf clients de manière équitable. **Quelle masse de melons aura chaque client ?**

6 J'achète à crédit une voiture pour un montant de 13 284 €. Je paye des mensualités pendant 18 mois. **À combien s'élève une mensualité ?**

Maintenant, va plus loin !

7 Complète.

8 Complète.

Calculer

229

ecole.nathan.fr/
division-entiers

OBJECTIF

- Poser et calculer une division de deux nombres entiers avec un diviseur à un chiffre.

POINT DIDACTIQUE

- La **division** est une **opération complexe** qui nécessite la maitrise d'un **algorithme opératoire sophistiqué**. Nous choisissons de le présenter en dernier dans la programmation des apprentissages des algorithmes opératoires car **il s'appuie sur la multiplication et la soustraction**.
Il nécessite donc une certaine aisance dans le domaine du calcul mental et particulièrement les tables de multiplication (En …, combien de fois… ?). Cette compétence est travaillée en amont en calcul mental.
L'outil « tables de multiplication » pourra toutefois être laissé à disposition.
L'algorithme opératoire de la division sollicite une **mémoire de travail importante** car il nécessite de retenir de nombreux résultats partiels.
Afin de ne pas parvenir à une surcharge cognitive, il est nécessaire pour la plupart des élèves de poser les soustractions partielles, surtout dans le cas d'un diviseur à deux chiffres ou plus. Elles peuvent toutefois ne plus apparaitre et être effectuées mentalement quand le diviseur est simple et/ou que l'élève est en mesure de gérer ces soustractions mentalement.
Dans une division, le nombre que l'on divise s'appelle le **dividende** et celui par lequel on divise s'appelle le **diviseur**. Le résultat est appelé **quotient** et le **reste** doit toujours être inférieur au diviseur.
(diviseur × quotient) + reste = dividende.

Calculer

1. Construction de l'algorithme opératoire de la multiplication

SÉANCE 1
30 minutes

5 min **Contextualisation à partir d'un problème support**

Un chocolatier a confectionné 639 chocolats. Il désire faire des paquets de 5 pour vendre dans son magasin. Combien de paquets pourra-t-il faire ? Restera-t-il des chocolats non empaquetés ?
Ordre de grandeur : 600 : 5 = 120

5 min **Démonstration**

Lancer la vidéo ou faire une démonstration en appui sur l'algorithme suivant.

1 Trouver l'ordre de grandeur de l'opération.
600 : 5 = 120.

2 S'appuyer sur l'ordre de grandeur pour déterminer le nombre de chiffres au quotient. *Ici, l'ordre de grandeur est 120, le quotient aura 3 chiffres.*

3 Partager d'abord le nombre de centaines.
En 6, combien de fois 5 ? 1 fois. 1c × 5 = 5. 6c – 5c = 1c. Il reste 1 centaine (soit 10 dizaines) qu'on ajoute aux dizaines du dividende.

4 Partager ensuite le nombre de dizaines.
En 13, combien de fois 5 ? 2 fois. 2d × 5 = 10d. 13d – 10d = 3d. Il reste 3 dizaines (soit 30 unités) qu'on ajoute aux unités du dividende.

5 Partager enfin les unités. *En 39, combien de fois 5 ? 7 fois. 7u × 5 = 35u. 39u – 35u = 4u.*

6 Vérifier si le reste est bien inférieur au diviseur.
Il reste 4 unités et 4 est bien plus petit que 5. On s'arrête.

7 Conclure en vérifiant que le résultat est bien proche de l'ordre de grandeur. *127 est bien proche de l'ordre de grandeur 120. (5 × 127) + 4 = 639.*

Avec soustractions intermédiaires

```
  6 3 9 | 5
– 5     |------
  1 3   | c d u
– 1 0   | 1 2 7
    3 9 |
  – 3 5 |
      4 |
```

Sans les soustractions intermédiaires (plus rapide)

```
6 3 9 | 5
1 3   |------
  3 9 | 1 2 7
    4 |
```

L'enseignant-e peut proposer une autre opération ensuite en réitérant le même algorithme et en insistant sur la nécessité de marquer par un 0 le fait que 6 unités ne peuvent pas être partagées en 8 unités : *406 : 8.*

20 min **Écriture de l'algorithme en langage naturel**

- Écriture individuelle de l'algorithme en langage naturel ;
- échanges et confrontation en binôme ;
- mise en commun avec trace provisoire.

SÉANCE 2
30 minutes

15 min **Institutionnalisation des savoir-faire**

On réactive les apprentissages de la séance 1 et on garde une trace définitive (Mémo).

15 min **Test**

Proposer les divisions suivantes :

335 : 5	936 : 4	329 : 8
1 414 : 6	1 243 : 4	7 205 : 9

2. Temps d'étayage en milieu de période

En observant les productions des élèves lors des temps d'entrainement, l'enseignant-e peut avoir repéré les erreurs ci-dessous.

Difficultés rencontrées par les élèves	Remédiations possibles
Maitrise insuffisante des tables de multiplication	• Certains élèves peuvent être autorisés à utiliser un **répertoire écrit des tables de multiplication** pour alléger la mémoire de travail.
Erreurs dans le calcul des multiplications et/ou soustractions intermédiaires	• Il est possible de proposer une vérification à l'aide de la **calculatrice** à chaque étape.
Oubli du 0 au quotient lorsque le reste du dividende est inférieur au diviseur	• L'**ordre de grandeur** permet d'avoir une idée du nombre de chiffres. Il est alors possible de déterminer le nombre de chiffres au quotient pour aider les élèves à se projeter dans les étapes nécessaires au calcul. En vérifiant la cohérence du résultats obtenu avec l'ordre de grandeur déterminé au début, les élèves peuvent davantage se rendre compte de ce type d'erreur.

FICHE 4

Additionner et soustraire deux nombres décimaux

DURÉE

2 × 30 minutes

MATÉRIEL

- Vidéo présente sur tandem.nathan.fr
- Mémo présent sur tandem.nathan.fr

COMPÉTENCES

- Calculer
- Chercher
- Raisonner
- Communiquer

p. 196

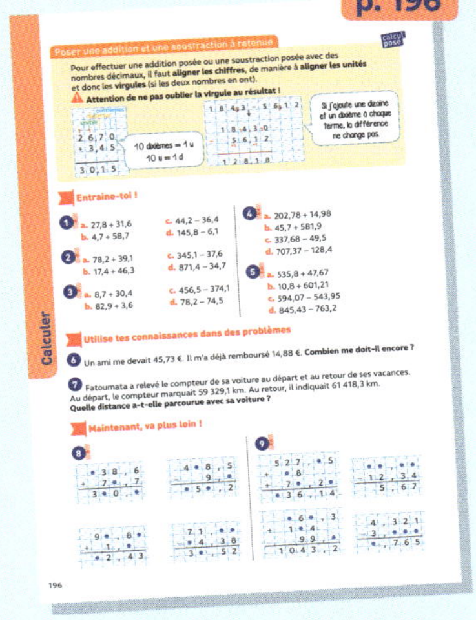

ecole.nathan.fr/addition-decimaux

ecole.nathan.fr/soustraction-decimaux

OBJECTIF

- Poser et calculer une addition et une soustraction de deux nombres décimaux.

POINT DIDACTIQUE

- Les élèves doivent ici prendre conscience du fait que les **techniques sont identiques à celles utilisées pour les nombres entiers**, à condition de respecter les alignements des chiffres de même valeur (et donc des virgules !). Dès qu'une première compréhension de l'écriture décimale des nombres décimaux est en place, le travail sur **l'algorithme opératoire de l'addition et de la soustraction** de nombres décimaux peut être envisagé. Il permet alors de renforcer la compréhension de la valeur attribuée à chaque chiffre en fonction de sa position dans l'écriture décimale et de celle des égalités du type 10 centièmes, c'est 1 dixième ou 10 dixièmes c'est 1 unité…

1. Construction de l'algorithme opératoire de l'addition et de la soustraction de nombres décimaux

Il est possible ici de faire deux groupes d'élèves : un groupe réfléchit à l'algorithme de l'addition et un autre à celui de la soustraction. L'échange sera d'autant plus intéressant lors de la mise en commun.

SÉANCE 1

30 minutes

5 min Contextualisation à partir d'un problème support

1. Paul achète une télévision à 243,72 € et un support pour l'accrocher au mur à 28,40 €. Quel est le montant total de ses achats ?
Ordre de grandeur : 240 + 30 = 270

2. Au marché, un boucher arrive avec 25,8 kg de viande à vendre. Il en vend 17,23 kg le matin. Quelle quantité de viande lui reste-t-il à midi ?
Ordre de grandeur : 26 - 17 = 9

5 min Démonstration

Lancer la vidéo ou faire une démonstration en appui sur les algorithmes suivants.

Addition de nombres décimaux

1 Trouver l'ordre de grandeur de l'opération.
240 + 30 = 270.

2 Pour poser l'opération, aligner les chiffres de même valeur y compris pour la partie décimale. Les virgules éventuelles le sont également.
Le chiffre 8 est en dessous du chiffre 3.
Les virgules sont alignées.

3 Additionner les chiffres de la plus petite valeur. On peut « compléter » l'écriture décimale des termes par des zéros inutiles. On traite les retenues de la même manière que pour additionner deux nombres entiers.
2 centièmes + 0 centièmes = 2 centièmes.

4 Reproduire ce procédé pour chaque valeur des chiffres. *7 dixièmes + 4 dixièmes = 11 dixièmes. Je « pose » 1 dixième et je retiens 1 unité car 10 dixièmes = 1 unité. Etc.*

5 Conclure en vérifiant que le résultat est bien proche de l'ordre de grandeur.
272,12 est proche de l'ordre de grandeur 270.
243,72 + 28,4 = 272,12.

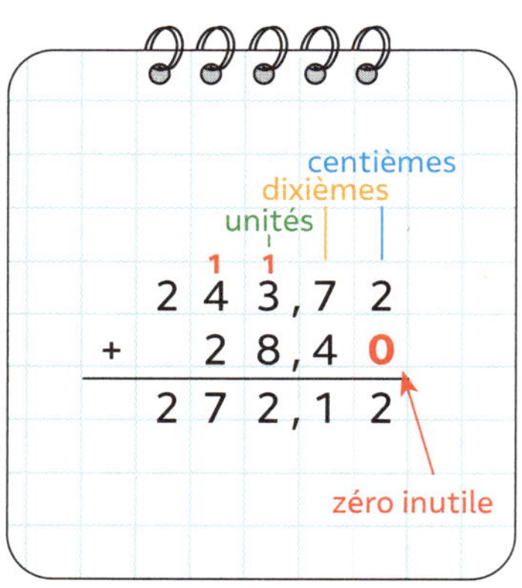

Soustraction de nombres décimaux

1 Trouver l'ordre de grandeur de l'opération.
26 – 17 = 9.

2 Pour poser l'opération, aligner les chiffres de même valeur l'un en dessous de l'autre en commençant par celui de l'unité et les virgules éventuelles.
Le chiffre 7 est positionné sous le chiffre 5.

3 Faire la différence entre le chiffre de plus petite valeur du premier terme et celui du second. Il est possible d'écrire des zéros inutiles. Si cette différence n'est pas possible, on ajoute un dixième au premier terme (sous la forme 10 centièmes), et un dixième au second terme. Cela ne change pas la différence. *0 centième – 3 centièmes n'est pas possible, on doit ajouter 1 dixième au premier terme sous la forme 10 centièmes et 1 dixième au second. 10 centièmes – 3 centièmes = 7 centièmes.*

4 Reproduire ce procédé pour les chiffres de valeurs supérieures. *8 dixièmes – (2 + 1) dixièmes, c'est possible, c'est 5 dixièmes.*

5 Conclure en vérifiant que le résultat est bien proche de l'ordre de grandeur. *8,57 est bien proche de l'ordre de grandeur 9. 25,8 – 17,23 = 8,57.*

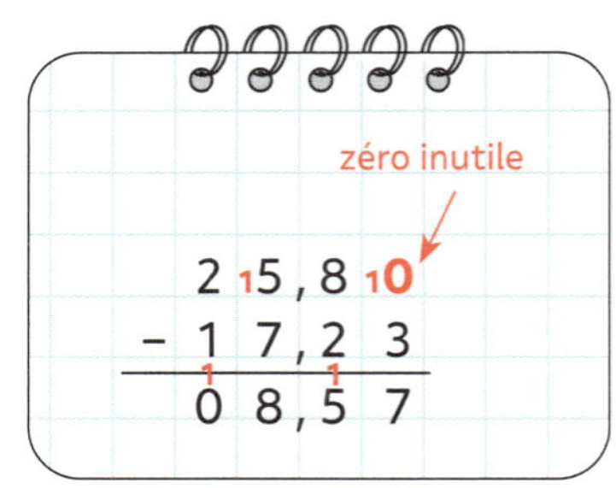

20 min Écriture de l'algorithme en langage naturel

- Écriture individuelle de l'algorithme en langage naturel ;
- échanges et confrontation en binôme ;
- mise en commun avec trace provisoire.

SÉANCE 2
30 minutes

15 min Institutionnalisation des savoir-faire

On réactive les apprentissages de la séance 1 et on garde une trace définitive (Mémo).

15 min Test

Proposer les additions et les soustractions suivantes.

78,2 + 39,1	345,1 – 37,6	45,7 + 53
707,37 – 128,4	5,8 + 47,6	594,07 – 543,95

2. Temps d'étayage en milieu de période

En observant les productions des élèves lors des temps d'entrainement, l'enseignant-e peut avoir repéré les erreurs ci-dessous.

Difficultés rencontrées par les élèves	Remédiations possibles
Mauvais alignement des chiffres des nombres décimaux (surtout lorsque les parties décimales n'ont pas tous les chiffres de même valeur)	• Le recours au **tableau de numération** peut aider à l'alignement. Aussi, l'abaque utilisé avec les nombres décimaux est un outil très intéressant : il renforce le mimétisme entre les techniques utilisées pour les nombres entiers et celles utilisées pour les décimaux, notamment dans la représentation des zéros inutiles parfois nécessaires.

FICHE 5

Diviser deux nombres entiers avec un diviseur à plusieurs chiffres

DURÉE

2 × 30 minutes

MATÉRIEL

- Vidéo présente sur tandem.nathan.fr (partie 2)
- Mémo présent sur tandem.nathan.fr

COMPÉTENCES

- Calculer
- Chercher
- Raisonner
- Communiquer

p. 229

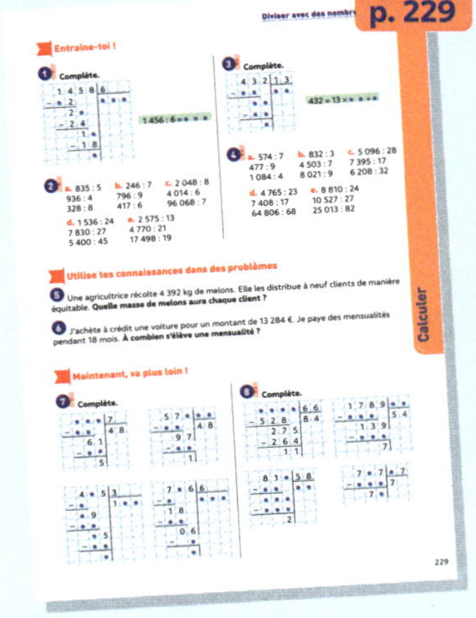

ecole.nathan.fr/
division-entiers

OBJECTIF

- Poser et calculer une division de deux nombres entiers avec un diviseur à plusieurs chiffres.

POINT DIDACTIQUE

- **L'algorithme opératoire, lorsque le diviseur possède plusieurs chiffres,** reste identique à celui avec un diviseur à un chiffre. Nous faisons le choix, toujours dans l'optique de soulager la mémoire de travail, de **faire construire les tables du diviseur** (lorsqu'il a deux chiffres ou plus) avant de commencer l'opération. Cette étape peut être menée mentalement ou à l'aide de la calculatrice.
On évite ainsi le procédé par essais/erreurs : les chiffres écrits successivement pour constituer le quotient sont le résultat d'une approximation (« En … combien de fois… ») qui peut conduire à essayer un chiffre erroné, donc provisoire.

1. Construction de l'algorithme opératoire de la division

SÉANCE 1
30 minutes

5 min Contextualisation à partir d'un problème support

La directrice d'un musée constate qu'elle a accueilli 5 986 visiteurs durant le mois de février. Sachant que le musée a été ouvert 17 jours, combien de visiteurs sont venus au musée en moyenne par jour ?
Ordre de grandeur : 6 000 : 20 = 300

5 min Démonstration

Lancer la vidéo ou faire une démonstration en appui sur l'algorithme suivant.

1 Trouver l'ordre de grandeur de l'opération.
6 000 : 20 = 300.

2 Poser l'opération en faisant attention à la présentation et en réservant l'espace de 3 chiffres pour le quotient. On cherche le nombre de chiffres au quotient en s'aidant de l'ordre de grandeur.
Ici, 300 a 3 chiffres, le quotient aura donc 3 chiffres.

3 Construire la table des 17.

4 Commencer la division en calculant le chiffre de la plus grande valeur du quotient. On utilise la table du diviseur, on se rapproche le plus possible du nombre de centaines du dividende. *Ici, en 59 combien de fois 17 ? 3 fois et 3 × 17c = 51c.*
Faire la soustraction intermédiaire.
Ici, 59c – 51c, c'est-à-dire 8c.

5 Calculer les autres chiffres du quotient en utilisant le même procédé.

6 Vérifier que le reste est plus petit que le diviseur.
Ici, 1 est plus petit que 17.

7 Vérifier si le résultat est cohérent avec l'ordre de grandeur. Puis compléter le résultat dans l'opération en ligne. *351 est proche de l'ordre de grandeur 300. (17 × 351) + 1 = 5 968.*

L'appui sur l'ordre de grandeur pour déterminer le nombre de chiffres au quotient est encore plus intéressant ici.

```
  5 9 6 8 | 1 7
- 5 1     | c d u
    8 6   | 3 5 1
  - 8 5   |
      1 8 |
    - 1 7 |
        1 |
```

La table des 17
1 × 17 = 17
2 × 17 = 34
3 × 17 = 51
4 × 17 = 68
5 × 17 = 85
6 × 17 = 102
7 × 17 = 119
8 × 17 = 136
9 × 17 = 153

L'enseignant-e peut proposer une autre opération ensuite en réitérant le même algorithme : 7 018 : 82.

20 min Écriture de l'algorithme en langage naturel

- Écriture individuelle de l'algorithme en langage naturel ;
- échanges et confrontation en binôme ;
- mise en commun avec trace provisoire.

SÉANCE 2
30 minutes

15 min Institutionnalisation des savoir-faire

On réactive les apprentissages de la séance 1 et on garde une trace définitive (Mémo).

15 min Test

2 675 : 25 7 936 : 34 1 328 : 18
10 014 : 46 6 638 : 109 12 243 : 114

2. Temps d'étayage en milieu de période

En observant les productions des élèves lors des temps d'entrainement, l'enseignant-e peut avoir repéré les erreurs ci-dessous.

Difficultés rencontrées par les élèves	Remédiations possibles
Difficulté à construire la table du diviseur	• Il est possible de la fournir ou de la faire construire à l'aide de la **calculatrice**.
Erreurs dans le calcul des multiplications et/ou soustractions intermédiaires	• Il est possible de proposer une vérification à l'aide de la **calculatrice** à chaque étape.
Oubli du 0 au quotient lorsque le reste du dividende est inférieur au diviseur	• L'**ordre de grandeur** permet d'avoir une idée du nombre de chiffres. Il est alors possible de déterminer le nombre de chiffres au quotient pour aider les élèves à se projeter dans les étapes nécessaires au calcul. En vérifiant la cohérence du résultats obtenu avec l'ordre de grandeur déterminé au début, les élèves peuvent davantage se rendre compte de ce type d'erreur.

A Nos choix didactiques

Les programmes et les repères de progressivité sont nos incontournables points d'appui. Ils guident à la fois nos choix didactiques et nos choix pédagogiques.

Intentions générales

L'ambition de ce module sur l'enseignement de la résolution de problème est de construire avec l'élève **une démarche-type,** associée à **une modélisation porteuse de sens**, correspondant à un type de problème basique donné. Pour cela, nous avons bâti une **programmation revisitée et simplifiée de la typologie de Vergnaud** : chaque période 1 à 4 est dédiée à l'étude d'une typologie (sur les deux niveaux CM1/CM2). L'élève, fort-e de la maitrise d'une méthodologie solide pour résoudre ces **problèmes basiques**, pourra alors résoudre de façon plus aisée les **problèmes à étapes** ou **complexes**.

On présente souvent l'énoncé d'un problème comme racontant une histoire. Cependant, il n'est pas toujours clair pour les élèves que cette histoire revêt un **caractère particulier** : il s'agit d'une **« histoire mathématique »** qui n'a rien à voir avec une narration imaginaire. Elle n'est qu'un support pour amener le lecteur à réaliser un nombre de tâches bien identifiées afin de résoudre mathématiquement et de manière abstraite (par le calcul) une situation.
Le passage du **registre de la langue écrite du problème** (l'énoncé, l'histoire racontée) à **la modélisation associée** (« l'histoire mathématique », avec traitement mathématique) est une **étape essentielle** à la réussite des élèves ; elle est franchie implicitement par les élèves performants en résolution de problèmes, elle doit être explicitée pour les élèves qui rencontrent des difficultés.
Cette tâche n'est pas habituelle et peu enseignée : l'énoncé de problème est un type de consigne très particulier. L'enjeu de la tâche doit être clarifié car elle reste implicite pour nombre d'élèves. Aussi avons-nous élaboré un **questionnement-recherche type** de l'énoncé qui permettra l'identification, l'appropriation et la mémorisation de repères forts chez l'élève, repères qui le guideront dans sa représentation de la situation afin d'utiliser la modélisation associée.
Cette étape de verbalisation est essentielle pour rendre visible le **lien étroit** qu'il existe entre **l'énoncé du problème** et son **traitement mathématique**. La résolution de problème étant une tâche complexe qui intègre à la fois des tâches de compréhension en lecture, des capacités de traitement d'informations, d'organisation puis de calcul, il est essentiel de développer chez les élèves des stratégies qui les aident à repérer et hiérarchiser leur cheminement intellectuel.
Dans les quatre séquences que nous proposons, il s'agit de construire avec les élèves un **questionnement-type de l'énoncé** qui permette d'abord de comprendre la situation et de renseigner la modélisation qui deviendra alors un outil d'organisation des données, puis un soutien à la mémorisation (modèle en barres). Cette démarche permet d'**accompagner le cheminement intellectuel des élèves** depuis la lecture de l'énoncé jusqu'à la résolution du problème par le calcul.
Grâce à cette démarche, nous visons deux aspects essentiels de l'enseignement de la résolution de problème :
- **identifier un type de situation** ;
- **associer cette situation à une modélisation** construite avec les élèves.

Au cours des quatre périodes, toutes les situations seront rencontrées et travaillées selon les mêmes modalités de manière à créer un **répertoire mental de situations de référence,** que **l'élève pourra reconvoquer** lorsqu'il/elle en aura besoin. La modélisation de départ, rencontrée dans la première période, sera légèrement modifiée ensuite et associée aux nouvelles situations. Cela constituera un outil d'appui fort, notamment pour les élèves en difficultés.

Il existe de nombreuses causes de difficultés que les élèves peuvent rencontrer dans la résolution de problèmes (voir ci-dessous puis dans le descriptif de chaque séquence). C'est pourquoi, dans les phases d'enseignement, les situations sont **volontairement simples**, afin de pouvoir rendre visible pour le plus grand nombre les particularités de chaque situation travaillée. Les énoncés sont **facilement représentables** pour des élèves de cycle 3 pour institutionnaliser une démarche adossée à l'outil de modélisation.

Répartition des typologies en quatre périodes

Quatre **grandes situations sont identifiées**, qui correspondent aux problèmes basiques que nous avons choisis d'enseigner.

Période 1. Les situations de partie-tout
Ex. : Dans une bibliothèque, il y un nombre de romans et un nombre d'albums.

Période 2. Les situations de partage équitable et regroupement
Ex. : On dispose d'un nombre total de perles. Toutes les perles sont réparties équitablement dans un nombre de paquets donné.

Période 3. Les situations de comparaison
Ex. : Ali possède un nombre de cartes. Bérénice en possède plus. Il existe donc un écart entre le nombre de cartes de Bérénice et Ali.

Période 4. Les situations de transformation
Ex. : Avant, il y avait un nombre de crêpes. Une quantité supplémentaire de crêpes a été réalisée. Maintenant il y a plus de crêpes.

Organisation de l'enseignement selon les niveaux 1 et 2

Dans la méthode Tandem CM, il est proposé deux niveaux qui correspondent à un découpage CM1/CM2. Dans le fichier ressources CM1, nous proposons tout ce qui concerne le niveau 1.
Cependant, le niveau réel des élèves dépendra de ce qui a déjà été travaillé dans les classes antérieures. C'est pourquoi, il reviendra à l'enseignant-e de questionner le niveau d'apprentissage de ses élèves en résolution de problèmes :

- *Les élèves ont-ils bénéficié d'un enseignement systématique sur la résolution de problème ?*
- *Cet enseignement a-t-il intégré une programmation structurée autour d'une typologie ?*
- *Cet enseignement a-t-il proposé une entrée méthodologique en lien avec les énoncés et la modélisation ?*
- *Quel est le niveau atteint par les élèves ?*

Notre méthode étant double niveau, l'enseignant-e, au regard du profil de sa classe, pourra déterminer :
- si toute la classe doit repartir d'un niveau 1 car il n'y a pas eu d'enseignement spécifique dans les classes antérieures ;
- s'il choisit l'un ou l'autre des niveaux au regard des acquis des élèves, les ressources du niveau 2 étant accessibles sur le site compagnon ;
- s'il organise sa classe sans tenir compte des niveaux de classe mais plutôt du niveau des élèves. Certains ayant besoin de partir du niveau 1 et certains devant partir du niveau 2, les ressources de celui-ci étant accessibles sur le site compagnon.

B La démarche-type

Les élèves vont devoir s'approprier la procédure pour **passer du registre de la langue écrite du problème (l'énoncé)** à **la modélisation associée (traitement mathématique)**. Pour cela, un travail de compréhension de la situation de l'énoncé est réalisé à travers **un questionnement et une verbalisation guidés**.

1. La reformulation de l'énoncé

L'énoncé fera l'objet d'une **première reformulation** par les élèves. Cette phase permet à l'enseignant-e d'accéder à la représentation que les élèves se font de la situation. Elle est essentielle pour identifier les éventuelles erreurs d'interprétation, les difficultés liées au vocabulaire, au contexte, afin de les aider à comprendre « correctement » la situation.

2. Le questionnement de l'énoncé : le pilier de la démarche

Le **questionnement de l'énoncé** vient après la reformulation de l'énoncé par les élèves. Il doit donc s'inscrire dans un échange fluide avec la classe. Cependant, au fur et à mesure de la verbalisation, les éléments essentiels doivent être mis en exergue.

a Identifier le type d'histoire mathématique

On retrouve ici les quatre typologies autour desquelles nous avons choisi de structurer notre démarche.

- Soit c'est une histoire dans laquelle on réunit ou on sépare des collections d'objets différentes. → **Situation de partie-tout**
- Soit c'est une histoire dans laquelle on réunit ou on partage des collections d'objets identiques. → **Situation de partage équitable et regroupement**
- Soit c'est une histoire dans laquelle on compare deux collections d'objets caractérisés. → **Situation de comparaison**
- Soit c'est une histoire dans laquelle une collection subit une transformation (augmentation ou diminution) dans un temps donné. → **Situation de transformation**

Chaque situation peut être mise en scène pour faciliter l'accès à la compréhension de ce qui se joue du point de vue mathématique. Cependant, ce type de remédiation est plus spécifiquement travaillée au cycle 2.

b Repérer des collections connues, repérer ce qui est cherché

Quelle que soit la situation, plusieurs données sont en jeu : des données sont **connues**, une est **inconnue**. Dans les problèmes de Vergnaud étudiés, il existe 3 ou 4 données. L'un des enjeux de l'analyse de l'énoncé consiste à reconnaitre les données que l'on connait, et celle que l'on cherche.
Le questionnement du type : *« Qu'est-ce que je connais, qu'est-ce que je sais... ? »* doit permettre de repérer, dans l'énoncé, les données numériques connues :
« Dans l'énoncé, on connait : le nombre de ... / la totalité / la somme / la masse / la distance, etc. »

Le questionnement du type : *« Qu'est-ce que je cherche, qu'est-ce qu'il faut trouver... ? »* doit permettre de repérer, dans l'énoncé, la question :
« On cherche... le nombre de ... / la totalité / la somme / la masse / la distance, etc. »
Le vocabulaire utilisé dépendra des notions abordées dans le problème. Ce vocabulaire spécifique étant rattaché aux notions travaillées, il faudra veiller à ce que les termes soient compris par les élèves.

c Identifier la plus grande quantité/collection

La démarche enseignée repose sur l'**utilisation du modèle en barres**. Cet outil s'avère être un étayage utile pour les élèves à condition qu'il ne soit pas complété de façon automatique, sans compréhension de la situation. En effet, la barre du haut doit toujours comporter la plus grande quantité (ou collection) mise en jeu dans le problème, **qu'on la connaisse ou pas**. Il est donc nécessaire, pour chaque typologie, d'identifier cette quantité.

- Pour les situations de partie-tout et les situations de partage équitable et regroupement : la plus grande quantité sera forcément la quantité du tout (réunion des parties différentes ou des parties réitérées).
- Pour les situations de comparaison, la plus grande quantité est l'une des deux quantités comparées.
- Pour les situations de transformation, la plus grande quantité est la quantité initiale (cas d'un problème de diminution) ou la quantité finale (cas d'un problème d'augmentation).

3. La modélisation en barres

a Un seul outil évolutif pour créer des repères stables au long de la scolarité

À chaque période, une nouvelle situation est abordée.
La première période vise l'appropriation du modèle en barres et la démarche qui la soutient à travers l'exemple d'une **situation de partie-tout**, situation simple pour des élèves de cycle 3. Au cours de cette période, l'enseignant-e explicite les **règles associées au modèle en barres** :
- il y a égalité entre la barre du haut et les barres du bas ;
- la plus grande quantité mise en jeu dans le problème est toujours dans la barre du haut.

Pour les trois autres périodes, le premier temps de la séquence est dédié à faire **évoluer le modèle en barres** pour qu'il corresponde à la nouvelle situation. À chaque période, l'objectif premier pour l'élève, consiste ainsi à s'approprier le modèle en barres. La démarche est déroulée en s'appuyant sur les repères déjà construits dans les séquences précédentes. Cette **approche spiralaire** permet de revoir les situations connues pour en découvrir de nouvelles. Finalement, l'élève comprend que toutes les situations peuvent être représentées à travers des modèles en barres **presque identiques**.

Nous avons choisi de démarrer systématiquement l'appropriation du modèle en barres à travers une **situation sans données numériques**.

Ex. : Dans la bibliothèque, il y a tous les livres de l'école. Il y a des romans et des albums.

Dans la bibliothèque, il y a tous les livres de l'école	
Il y a des romans	Il y a des albums

En effet, l'absence de données numériques contraint l'élève à s'appuyer sur la compréhension de la situation pour compléter le modèle en barres : ce **passage par les mots de l'énoncé** nous semble fondamental pour outiller correctement l'élève. C'est pour cette raison que les premiers exercices de la rubrique « Entraine-toi » demandent à l'élève de compléter le modèle en barres avec les mots de l'énoncé.
Après cette première approche, l'élève applique la méthode à trois énoncés de problèmes différents (travail sur les fiches missions de chaque séquence). Puis il s'entraine à l'utiliser jusqu'à ce qu'il ait créé des automatismes. Il peut alors se dégager de l'utilisation de cet outil mais pourra y revenir si besoin, en fonction de la complexité des énoncés proposés.

b Évolution du modèle en barres en fonction des situations

Au terme de « modélisation », l'enseignant-e pourra substituer l'expression « **machine à décoder** » utilisée dans les missions proposées aux élèves.

	CM1 Niveau 1	CM2 Niveau 2
LES SITUATIONS DE PARTIE-TOUT	Tout Partie 1 | Partie 2	Tout Partie 1 | Partie 2 | Partie 3
LES SITUATIONS DE PARTAGE ÉQUITABLE ET REGROUPEMENT	Tout Partie | … n fois	Tout Partie | … | Reste n fois
LES SITUATIONS DE COMPARAISON	Grande quantité Petite quantité | Écart	Grande quantité Petite quantité | … n fois
LES SITUATIONS DE TRANSFORMATION	Grande quantité (avant ou après) Petite quantité (avant ou après) | Diminution ou Augmentation	Grande quantité (avant ou après) Petite quantité (avant ou après) | … n fois

4. Les difficultés rencontrées par les élèves

a La compréhension de la situation

Dans la résolution de problème, les élèves rencontrent souvent des difficultés à se représenter la situation. Mais avant de se représenter la situation, il est nécessaire de la comprendre. C'est pourquoi l'un des enjeux de l'enseignement de la résolution de problème, au premier degré, est d'enseigner à comprendre les situations. Le **vocabulaire spécifique** aux situations aura donc une place primordiale dans l'enseignement. Si les élèves ne comprennent pas ce qui se joue derrière le mot « chacun », derrière la formulation « deux fois plus que… », il leur sera difficile d'accéder à la résolution du problème.

b La conception de l'outil de modélisation

Il est difficile pour les élèves de faire le lien entre l'énoncé et la modélisation proposée. Il est donc important de mettre en exergue :
– le lien entre les informations données par l'énoncé de la situation et leur organisation dans la modélisation pour que cet outil devienne une aide facilement utilisable. C'est à travers la reformulation, le questionnement et l'argumentation que ce lien prendra sens ;
– la rigueur des termes employés qui doivent clarifier les notions sous-jacentes et éviter de fausses interprétations.

c La représentation de la tâche attendue lors des séances de problèmes

À la question **« *Qu'est-ce qu'on cherche ?* »**, lorsque l'élève répond **« *On cherche le résultat* »**, c'est que l'enseignement de la résolution de problèmes est confondu avec une activité de calcul. L'objectif de la construction d'un répertoire mental d'énoncés basiques s'appuie sur la compréhension, l'identification et la catégorisation de l'énoncé. Bien évidemment, le résultat sera recherché mais ce n'est pas la première intention. Le statut de la question dans un énoncé de problème est spécifique. Pour certains élèves, ce statut n'est pas clair et ils le confondent avec des questions de lecture. Ils recherchent donc la réponse dans l'énoncé. On attend donc des formulations du type : « *On cherche le **nombre de** perles qu'il y a dans chaque sachet* ». On amènera les élèves, dans les phases de verbalisation, à ne pas utiliser les nombres mis en jeu dans les problèmes, mais à nommer les quantités par ce qu'elles représentent.

d La confusion entre « la plus grande quantité de la situation » et « le plus grand nombre donné dans l'énoncé »

Il s'agira de refuser cette interprétation et de prouver par des énoncés pertinents que, parfois, la plus grande quantité n'est pas donnée. C'est alors la compréhension de la situation qui permet d'estimer que la plus grande quantité est celle qu'on cherche. Par exemple, dans ce problème : « On réalise 5 sachets de 12 perles. Combien de perles a-t-on en tout ? ». Le plus grand nombre de l'énoncé est 12, mais la plus grande quantité mise en jeu est le nombre de perles en tout, qu'on ne connait pas puisque c'est ce qu'on cherche.

e Le manque de rigueur dans la verbalisation

Une certaine rigueur est nécessaire lorsque l'on désigne ce que l'on connait ou ce que l'on cherche.
Exemple : *« Dans la bibliothèque, il y a 60 livres. Il y a 36 albums et des romans. Combien de romans y a-t-il ? »*
À la question ***« Qu'est-ce qu'on connait ? »***, certains élèves répondent : *« On connait **combien il y a** de livres. »* La formulation doit être plus précise : *« On connait **le nombre de livres de la bibliothèque** et **le nombre de livres qui sont des albums**. »*
Au-delà de la formulation, la précision de la réponse permet de lever des confusions existant chez certains élèves. Ici, il est nécessaire de **faire conscientiser** que l'on connait **le nombre de livres qui sont des romans** et que l'on cherche le nombre **de livres qui sont des albums**. Les réponses ainsi formulées permettent en effet de reconnaitre une situation de partie-tout, avec des parties réunies sous un terme générique, même si chaque partie est caractérisée différemment.

f Le vocabulaire spécifique aux unités

On parlera du « nombre de livres » dans une situation mettant en jeu des livres, du « nombre de perles » dans une situation mettant en jeu des perles : on compte alors en unités « objets ».
Mais on parlera :
- d'une **quantité d'argent,** d'une **somme d'argent** pour une histoire avec des **euros** ;
- d'une **distance parcourue**, d'une **distance totale** pour une histoire de course à pied ;
- de **litres** ou de **contenance globale** pour une histoire de volumes ;
- d'une **masse** de pommes, de la **masse totale** de fruits dans une histoire d'arboriculteur.

Toutes les situations en lien avec les grandeurs et mesures utiliseront un vocabulaire spécifique qu'il s'agira de développer au fur et à mesure qu'il est rencontré.
Si le mot **« quantité »** est souvent utilisé dans ce type de problème, il fait référence à des grandeurs différentes : la masse (je cherche la quantité de pommes que l'on a ramassée), la contenance (je cherche la quantité totale d'eau que j'ai achetée), etc. Il sera nécessaire de clarifier chaque fois à quoi renvoie ce terme.

g Les conversions

Quand plusieurs unités sont utilisées dans un même énoncé, soit la conversion se fait :
- au moment du calcul ;
- au moment de la réflexion sur l'énoncé.

Ces différentes procédures sont à explorer avec les élèves quand elles apparaissent.

Situations de PARTIE-TOUT

Progression des apprentissages sur la séquence PARTIE-TOUT

	Situation de PARTIE-TOUT avec deux parties
SÉANCE 1	• **Recherche : découverte des situations PARTIE-TOUT, utilisation de la « machine à décoder »**
SÉANCE 2	• **Réactivation**
	• **Travail sur la fiche mission 1 : trois problèmes pour comprendre**
	• **Correction de la fiche mission 1**
	• **Appropriation du Bilan**
SÉANCE 3	• **Exercices « À toi de créer ! »**
	• **Correction des exercices « À toi de créer ! »**
	• **Exercices d'entrainement**
SÉANCE 4	• **Ateliers de différenciation**
	• **Évaluation**

CM2

• En CM2, les élèves travailleront sur les situations de PARTIE-TOUT avec plus de deux parties. Si vous le souhaitez, ou si une programmation le prévoit, vous pouvez donc aller plus loin et les proposer à vos élèves. Se référer alors au site compagnon sur lequel vous trouverez leur descriptif.

Apports didactiques

Situations de PARTIE-TOUT : la plus grande quantité sera forcément la quantité du TOUT (réunion des PARTIES/COLLECTIONS différentes).
Ex. : Dans une bibliothèque, il y a des romans et des albums.

TOUT	
PARTIE 1	PARTIE 2

• Selon l'énoncé, on peut être amené à chercher :
- une des parties ;
- le tout.

En CM1, nous étudierons uniquement des problèmes avec deux parties.

• Comme leur nom l'indique, les situations de PARTIE-TOUT désignent les situations dans lesquelles des parties différentes mais **présentant un caractère commun** sont réunies pour former un TOUT (la plus grande quantité). Le TOUT correspond au terme générique d'un ensemble de parties.

Par exemple, l'ensemble des livres d'une bibliothèque se décompose en parties correspondant à des livres d'une sous-catégorie (les romans, les albums…). Toutes les parties ont en commun un caractère mais elles diffèrent entre elles par certaines particularités. Il s'agira de permettre aux élèves de comprendre les caractéristiques d'une situation de PARTIE-TOUT et de construire avec eux la modélisation : les barres du dessous sont réunies pour former la grande barre du dessus. Au terme de « modélisation », avec les élèves, les enseignants peuvent substituer celui de « machine à décoder ».

• Du point de vue des calculs en jeu, ces situations appellent une résolution par une **addition** ou une **soustraction** (inverse de l'addition). Ainsi, lors de la phase de calcul, on trouvera, en fonction de l'inconnue recherchée, un calcul prenant la forme d'une addition, d'une soustraction ou d'une addition à trou.

Difficultés rencontrées par les élèves

Au cycle 3, ces situations de PARTIE-TOUT ne devraient pas poser de grandes difficultés car les élèves les ont déjà rencontrées très souvent. Cependant, certaines difficultés peuvent persister.

1 Difficultés liées au vocabulaire des situations de PARTIE-TOUT

- Les situations par PARTIE-TOUT mettent en jeu **une catégorie et des sous-catégories :** le TOUT est une sorte de catégorie générique ; les PARTIES sont des sous-catégories du TOUT.

Exemples
Catégorie « livres » (le tout) / sous-catégories de livres particuliers (les parties) : les BD, les albums, les documentaires…
Catégorie « feutres » (le tout) / sous-catégories : les feutres de Pierre, ceux de Léa, ceux de Max… (les parties).
Lors de la phase de reformulation, il sera nécessaire de bien faire identifier les catégories en jeu.
Cela aidera les élèves à définir une situation de PARTIE-TOUT :

Il y a des romans et des albums : ce sont les parties.
Ce sont tous des livres que l'on peut mettre ensemble.
Tous les livres ensemble, c'est le tout.

- Par ailleurs, dans les énoncés de problèmes, le TOUT est exprimé avec des **mots très variés** :
- des noms communs : l'ensemble, la totalité, l'intégralité, la globalité ;
- des adjectifs : total (par ex. : quelle est la surface totale ? quel est le montant total ?), complet ;
- des adverbes : entièrement, etc.

Les mots isolés ne sauraient être des indices suffisants. Il sera nécessaire de faire reformuler par les élèves la situation à leur manière, avec leurs mots pour vérifier si le sens est conservé.
On pourra en revanche compléter une affiche sur les situations de PARTIE-TOUT au fur et à mesure que des mots spécifiques seront rencontrés.

- Parfois, la recherche du TOUT n'est pas formulée par un mot précis mais sous-entendue, implicite.
Par exemple : Pour aller chez mes parents, nous roulons d'abord jusqu'à Lyon qui est à 180 km de chez moi puis nous prenons l'autoroute durant 235 km. **Quelle distance allons-nous parcourir ?** Sous-entendu (en tout).
La phase de reformulation – verbalisation permettra de rendre visible cet implicite à travers les échanges avec les élèves.

2 La recherche d'une des parties

La recherche d'une des parties peut dérouter certaines élèves : il est plus facile de rechercher une quantité globale qu'une partie de cette quantité.

Plus facile	Plus difficile
Chaque année, il se vend en France 5 500 millions de bouteilles d'eau plate et 4 500 millions de bouteilles d'eau pétillante. **Quelle quantité de bouteilles cela représente-t-il ?**	Chaque année, il se vend en France 5 500 millions de bouteilles d'eau. 4 500 millions de bouteilles d'eau pétillante et le reste en bouteilles d'eau plate. **Quelle quantité de bouteilles d'eau plate cela représente-t-il ?**

3 La taille des nombres et les rapports entre les nombres

La taille des nombres et les rapports entre les nombres : plus les quantités en jeu sont abstraites (grand nombre ou nombre non construit), plus le problème est difficile à résoudre.

Plus facile	Plus difficile
Chaque semaine, le magasin du coin vend 10 bouteilles d'eau plate et 15 bouteilles d'eau pétillante. **Combien de bouteilles d'eau vend-il en tout chaque semaine ?**	Chaque année, il se vend en France 5 500 millions de bouteilles d'eau plate et 4 500 000 bouteilles d'eau pétillante. **Quelle quantité de bouteilles cela représente-t-il ?**

4 Les conversions d'unités

Les conversions d'unités : si les données sont exprimées dans différentes unités, cela peut constituer une difficulté pour certains élèves.

Plus facile	Plus difficile
M. Maurice a récolté 25 kg de pommes de terre dans son jardin. Il en donne 5 kg à son voisin. **Quelle masse de pommes de terre lui reste-t-il ?**	M. Maurice a récolté 25 kg de pommes de terre dans son jardin. Il en donne 500 g à son voisin. **Quelle masse de pommes de terre lui reste-t-il ?**

5 La maitrise des techniques de calcul et des faits numériques

Une maitrise insuffisante en calcul et dans la mémorisation de faits numériques peut constituer une difficulté pour certains élèves. Il est important de détecter ces difficultés afin d'y remédier spécifiquement.

SÉANCE 1

Séance de recherche

DURÉE

60 min

MATÉRIEL

- Deux bandes de papier de même taille, fournies suffisamment larges pour pouvoir écrire à l'intérieur
- Ciseaux, crayons…
- Fiche Mission 1

COMPÉTENCES

- Chercher
- Représenter
- Raisonner
- Communiquer

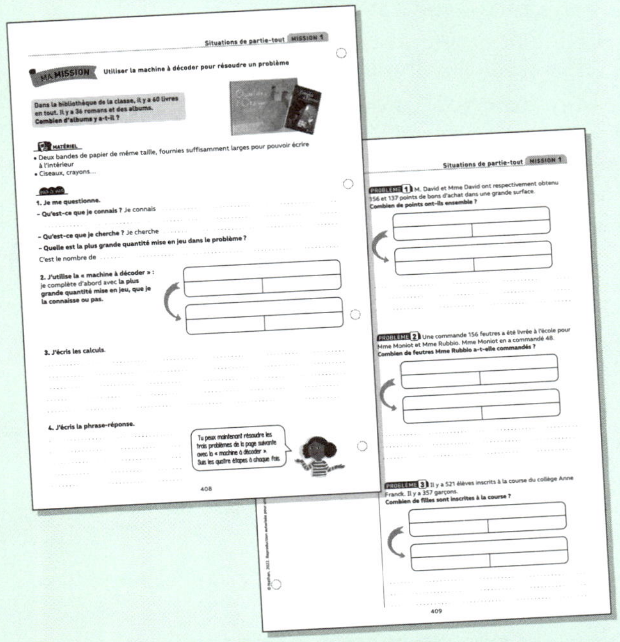
Situations de partie-tout MISSION 1

MA MISSION Utiliser la machine à décoder pour résoudre un problème

Dans la bibliothèque de la classe, il y a 60 livres en tout. Il y a 36 romans et des albums. Combien d'albums y a-t-il ?

MATÉRIEL
- Deux bandes de papier de même taille, fournies suffisamment larges pour pouvoir écrire à l'intérieur
- Ciseaux, crayons…

1. Je me questionne.
– Qu'est-ce que je connais ? Je connais
– Qu'est-ce que je cherche ? Je cherche
– Quelle est la plus grande quantité mise en jeu dans le problème ?
C'est le nombre de

2. J'utilise la « machine à décoder » : je complète d'abord avec **la plus grande quantité mise en jeu, que je la connaisse ou pas.**

3. J'écris les calculs.

4. J'écris la phrase-réponse.

408

Situations de partie-tout MISSION 1

PROBLÈME 1 M. David et Mme David ont respectivement obtenu 156 et 137 points de bons d'achat dans une grande surface.
Combien de points ont-ils ensemble ?

PROBLÈME 2 Une commande 156 feutres a été livrée à l'école pour Mme Moniot et Mme Rubbio. Mme Moniot en a commandé 48.
Combien de feutres Mme Rubbio a-t-elle commandés ?

PROBLÈME 3 Il y a 521 élèves inscrits à la course du collège Anne Franck. Il y a 357 garçons.
Combien de filles sont inscrites à la course ?

409

OBJECTIFS	PRINCIPE DE LA MISSION
• Chercher à représenter une situation de PARTIE-TOUT à l'aide des bandes. • S'approprier la « machine à décoder » et la démarche associée.	• À partir d'une situation donnée et du matériel à disposition, les élèves sont invités à représenter la situation à l'aide des bandes. Ils peuvent les découper et ils peuvent écrire à l'intérieur. Durant la phase de mise en commun, grâce à la présentation orale des élèves et au questionnement de l'enseignant-e, il s'agit de construire l'outil « machine à décoder » : une bande en haut qui est de la même longueur que la somme des longueurs des parties du bas. La « machine à décoder » est alors testée à travers un exemple avec des données numériques. • La mise en commun permet de faire reformuler et installer les repères permettant de renseigner la « machine à décoder ». Pendant cette phase, une affiche permet de garder une trace de ce qui vient d'être construit.

Distribuer à chaque élève deux bandes de papier de même taille, fournies suffisamment larges pour pouvoir écrire à l'intérieur.
Une situation est proposée au tableau :

> Dans la bibliothèque, il y a tous les livres de l'école.
> Il y a des romans et des albums.

Expliciter leur mission aux élèves :

> *Lisez la situation écrite au tableau, puis imaginez cette situation. Ensuite, essayez de représenter la situation avec vos deux bandes de papier. Vous pouvez les découper, écrire dedans. L'objectif est d'organiser les informations de l'énoncé au moyen des bandes.*

10 min — Recherche et confrontation en binôme

Durant cette phase, les élèves manipulent les bandes et cherchent à deux. L'enseignant-e passe près des élèves pour vérifier que la tâche est bien comprise. Il repère également les différentes procédures avancées par ses élèves pour anticiper la phase suivante.

20 min — Mise en commun et trace écrite provisoire

- La mise en commun doit permettre de construire le sens de la « machine à décoder » rattachée aux situations de PARTIE-TOUT. L'enseignant-e recueille les différentes propositions repérées lors de la phase précédente.

● Chaque procédure sera explorée, présentée par ses auteurs, validée ou non par la classe sans jugement mais grâce à une argumentation s'appuyant sur le sens de la situation. La dernière procédure présentée sera la procédure la plus experte. L'enseignant-e l'apportera si elle n'est pas trouvée par les élèves.
Il procède par un jeu de questions-réponses afin de faire émerger le vocabulaire (le TOUT, les PARTIES) et de faire expliciter l'organisation des données dans les bandes : on doit veiller à mettre la plus grande quantité dans la bande du dessus. Il est très important ici d'insister sur l'équivalence des longueurs des bandes (bande du TOUT = somme des bandes des PARTIES).

Réponses attendues

Dans la grande bande, on met TOUS les livres, l'ENSEMBLE des livres. L'ENSEMBLE de TOUS les livres, c'est la bande qui représente les ROMANS plus la bande qui représente les ALBUMS.

Dans la bibliothèque, il y a tous les livres de l'école	
Il y a des romans	Il y a des albums

Réponse experte attendue : Une des deux bandes est conservée en l'état : elle représente le TOUT. L'autre bande est découpée en 2 PARTIES. La réunion des PARTIES est égale à la bande du TOUT. À l'intérieur de chaque morceau de bande est écrit ce qu'il représente.
Réponse moins experte : Les bandes sont bien découpées et réunies comme souhaité mais les élèves n'ont pas écrit à quoi elles correspondent.
Autres réponses : Les bandes sont découpées mais les longueurs ne sont pas identiques.
Ce point devra être abordé lors de la mise en commun. Par exemple, avec des élèves qui auraient réalisé ce type de découpage :
« Est-ce possible, si on met ensemble les différents types de livres, de ne pas avoir TOUS les livres de la bibliothèque ? »
On fera ensuite comprendre que les livres désignés constituent l'ensemble des livres dans ce problème. Donc les deux bandes doivent bien être identiques.

▶ Trace provisoire possible

À construire en même temps que la verbalisation.

Dans cette situation, on a **2 PARTIES DIFFÉRENTES** que l'on rassemble pour constituer un **ensemble** (le **TOUT**).

TOUT	
PARTIE 1	PARTIE 2

Pour conclure cette phase, l'enseignant-e fera créer aux élèves des situations de PARTIE-TOUT. Il donnera un premier exemple :

« Nous avons travaillé sur une histoire avec des livres. Maintenant, nous allons inventer des situations de PARTIE-TOUT avec autre chose que des livres. Par exemple, on peut imaginer un jardin avec beaucoup de fleurs. L'ensemble des fleurs, c'est le TOUT. Les PARTIES, ce sont les différentes sortes de fleurs que l'on peut trouver dans ce jardin. À vous de créer des situations de PARTIE-TOUT avec ce que vous voulez, par exemple des voitures, de la nourriture, des bonbons, des crayons, etc.

10 min Validation de la modélisation à travers un énoncé

● Cette phase va permettre de valider la « machine à décoder » mise en place à travers un énoncé quasiment identique comportant des données numériques. L'exercice est volontairement simple car il est déjà couteux pour les élèves de s'approprier la démarche de questionnement de l'énoncé et l'utilisation de la « machine à décoder ».

Dans la bibliothèque de la classe, il y a 60 livres en tout. Il y a 36 romans et des albums.
Combien d'albums y a-t-il ?

● L'enseignant-e distribue la fiche mission aux élèves et les laisse compléter la mission jusqu'au premier tableau de la question 2 : ils remplissent la « machine à décoder » avec les morceaux de l'énoncé du problème. La suite de la fiche consiste à changer de registre pour remplacer les groupes de mots par les données numériques correspondantes. Elle se fera collectivement.

20 min Correction collective et guidage sur l'usage de la modélisation

L'enseignant-e mène les échanges en interrogeant les élèves pour chaque étape.

1. Je me questionne. Les réponses sont vérifiées collectivement : l'enseignant-e veille à faire préciser les réponses sous les deux formes chaque fois (par exemple : je connais le nombre de livres en tout : 60).
Il met en exergue certaines « bonnes pratiques et bonnes questions » à conserver :
– réaliser une ou deux lectures attentives de l'énoncé avec l'intention de répondre à la question de l'énoncé ;
– la nécessité de questionner l'énoncé :
« Qu'est-ce qu'on connait ? », « Qu'est-ce qu'on cherche ? » et de répondre à ces questions :
« On sait qu'il y a… », « On cherche ».

2. J'utilise la « machine à décoder ». L'enseignant-e insiste sur l'ordre dans lequel remplir la machine : on commence par la plus grande quantité mise en jeu, le TOUT. Puis on complète ensuite les PARTIES dans la bande du bas.

Le nombre total de livres	
Le nombre de romans	Le nombre d'albums

L'enseignant-e fait valider et justifier qu'il s'agit bien d'une situation de PARTIE-TOUT.
Puis, il invite les élèves à remplacer les blocs de mots par les données numériques qui correspondent.

l n'est pas inutile de reposer les questions pour vérifier a bonne compréhension de la situation et de sa eprésentation sous forme de « machine à décoder ».

60	
36	

)ernière étape, il s'agit de faire identifier ce que 'on cherche. Ce que l'on cherche sera symbolisé par n point d'interrogation.

60	
36	?

. **J'écris les calculs.** Il revient ensuite à l'enseignant-e e rendre visible et compréhensible le passage lu registre de la langue écrite au registre abstrait du calcul. C'est cet enseignement par la compréhension de la situation, sa représentation à travers la modélisation en barres (« machine à décoder ») qui soutiendra dans un premier temps le raisonnement de l'élève. Le calcul utilisé devient alors justifiable, pas seulement de manière mécanique, mais bien en lien avec la réalité de la situation proposée.

Le TOUT = PARTIE 1 + PARTIE 2
60 = 36 + ?
60 − 36 = ?
60 − 36 = 24

Faire finalement compléter la phrase-réponse.
Cet énoncé, ainsi que les autres énoncés possibles pour la même situation des « livres », est repris dans le bilan du manuel p. 234.

Aide / différenciation

Difficulté à comprendre la situation : revenir à des activités davantage proposées en cycle 2 : jouer la situation, manipuler des objets, retravailler le sens de l'addition et son inverse (la soustraction).

Difficulté à s'approprier la modélisation proposée
Les élèves de cycle 3 ont déjà acquis de nombreux automatismes en résolution de problèmes. Privilégier les activités suivantes :
– ôter les données numériques pour travailler la compréhension et la représentation (cela force l'élève à ne pas s'attacher uniquement aux techniques de calcul en jeu) ;
– créer des énoncés répondant aux critères des situations PARTIE-TOUT en veillant à équilibrer : recherche d'une partie et recherche du tout ;
– réaliser des exercices mobilisant la modélisation en barres sans aller jusqu'au calcul ;
– privilégier au début des situations très familières des élèves pour proposer ensuite des situations moins familières.

SÉANCE 2

Séance d'institutionnalisation

DURÉE
60 min

MATÉRIEL
▶ Fiche Mission 1

COMPÉTENCES
▶ Chercher
▶ Représenter
▶ Communiquer
▶ Modéliser

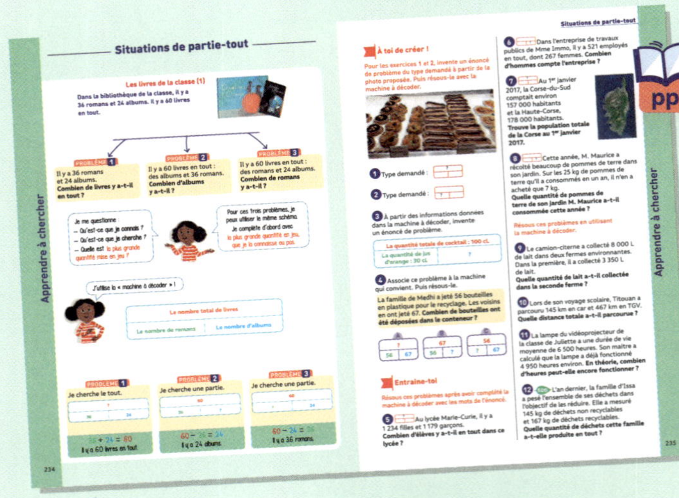

pp. 234-235

OBJECTIFS

- Identifier les situations de PARTIE-TOUT à travers des énoncés dont l'inconnue varie.
- Institutionnaliser la démarche et l'usage de la « machine à décoder » pour résoudre ces problèmes.

PRINCIPE DE LA SÉANCE

- Les élèves réalisent les problèmes de la fiche mission 1. Les trois énoncés sont des situations de PARTIE-TOUT. L'habillage de l'histoire change à chaque fois ainsi que l'inconnue à trouver (le TOUT ou une des PARTIES). Durant cette phase, les élèves vont installer des habitudes de repérage des situations de PARTIE-TOUT. Ils vont également s'entrainer à utiliser la « machine à décoder » pour résoudre des problèmes dont les énoncés feront varier l'inconnue recherchée. Ils prennent conscience que la représentation de la situation dans la « machine à décoder » permet d'organiser les données, que l'on recherche le TOUT ou l'une des PARTIES en s'appuyant sur la modélisation.
Les élèves travaillent enfin sur le bilan correspondant à la notion (page 234 du manuel).

10 min Réactivation

À partir de l'affichage de la séance 1, l'enseignant-e invite les élèves à reformuler ce qui a été fait en séance 1.

« Pouvez-vous rappeler ce qu'on a appris en séance 1 ? Qu'est-ce qu'on appelle une situation de PARTIE-TOUT ?

Ce qui doit être réactivé :

• Dans une situation de PARTIE-TOUT, on a **2 PARTIES DIFFÉRENTES** que l'on rassemble pour constituer un **ensemble** (le **TOUT**).

• Pour résoudre un problème de PARTIE-TOUT, on suit quatre étapes :
– reformulation et compréhension de l'énoncé, en s'aidant du questionnement (Qu'est-ce que je connais ? Qu'est-ce que je cherche ? Quelle est la plus grande quantité mise en jeu dans le problème ?) ;
– utilisation de la « machine à décoder » ;
– calculs et réponse.

• On complète la machine à décoder :
– d'abord avec le texte, puis avec les données numériques ;
– on place le TOUT (la plus grande quantité en jeu qu'on la connaisse ou pas) dans la grande bande ;
– on place les PARTIES qui constituent le TOUT dans la partie inférieure.

20 min Recherche des élèves

Travail sur la fiche mission 1 : finir la fiche (2 ou 3 problèmes à résoudre en fonction de la séance 1). Le travail est réalisé individuellement

auf pour les élèves à besoins qui peuvent être à deux
u davantage guidés.
.es « histoires » ainsi que les inconnues changent.
lais les situations sont toujours des situations
le PARTIE-TOUT.

15 min Correction de la fiche mission 1

roblème 1 : recherche de l'ensemble du nombre
le points (le TOUT).
roblème 2 : recherche du nombre de feutres
ommandés par Mme Rubbio (une des PARTIES).
roblème 3 : recherche du nombre de filles inscrites
. la course (une des PARTIES).
.es corrections de chaque énoncé permettent
le réaffirmer la démarche de questionnement selon
e déroulé vu dans la séance 1. La verbalisation par
es élèves, c'est-à-dire la justification des choix
éalisés, est essentielle pour faire le lien entre
ompréhension, la représentation et la modélisation.
.a fiche élève constitue un appui fort pour guider
e questionnement.

15 min Appropriation du bilan

Procéder à une lecture collective du bilan p. 234.
Annoncer que les objectifs de cette lecture seront :
1/ d'identifier les différents types de problèmes associés à une situation de PARTIE-TOUT ;
2/ de réexpliquer avec ses mots ce qui est dit dans le bilan et comment on peut s'en servir.

• Ce bilan propose :
– la situation de PARTIE-TOUT de la séance 1 déclinée en trois énoncés (recherche du TOUT ou recherche d'une PARTIE) ;
– un rappel des questions essentielles ;
– la « machine à décoder » complétée avec les mots de l'énoncé ;
– la résolution de chaque problème à l'aide de la « machine à décoder ».

• Les élèves dictent à l'enseignant-e comment ils pourront s'en servir :
– Pour identifier une situation de PARTIE-TOUT ;
– Pour retrouver tous les types de problèmes possibles ;
– Pour se rappeler les questions à se poser pour comprendre ;
– Pour se rappeler comment on « remplit » la « machine à décoder » ;
– Pour s'aider dans le calcul à réaliser.

SÉANCE 3

Séance d'entrainement

DURÉE
60 min

MATÉRIEL
- Pas de matériel particulier

COMPÉTENCES
- Représenter
- Raisonner
- Modéliser
- Calculer

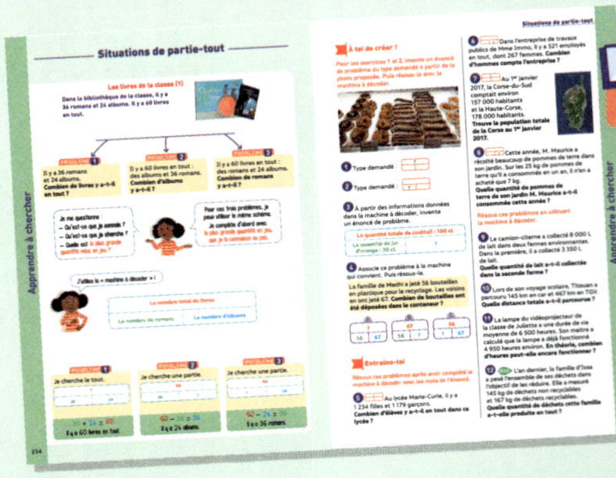

pp. 234-235

p. 238

OBJECTIFS

- S'entrainer à résoudre des problèmes de PARTIE-TOUT.
- S'entrainer à représenter ces problèmes grâce à la modélisation en barres (machine à décoder).

PRINCIPE DE LA SÉANCE

- Cette séance est une séance d'entrainement. Les élèves ont à leur disposition le bilan du manuel et les traces écrites réalisées en commun.
Réexpliquer ce qui est dit dans le bilan et comment on peut s'en servir.

15 min Exercices « À toi de créer ! »

Les élèves réalisent les exercices de la rubrique « À toi de créer ! » page 235. Laisser les élèves chercher individuellement ou en binôme.

15 min Correction des exercices « À toi de créer ! »

1 Énoncé possible : À la boulangerie, Mouna achète 8 tartelettes et 19 éclairs au chocolat.
Combien de gâteaux a-t-elle en tout ?

2 Énoncé possible : À la boulangerie, Mouna achète 27 gâteaux. Elle prend 8 tartelettes et des éclairs.
Combien d'éclairs a-t-elle ?

3 Énoncé possible : Pour l'anniversaire de Lya, il y a 100 cL de cocktail de jus de fruits. Il y a 30 cL de jus d'orange et du jus d'abricot.
Quelle est la quantité de jus d'abricot ?

4 Réponse **A.**

30 min Exercices « Entraine-toi »

L'enseignant-e propose un plan de travail aux élèves pour réaliser les problèmes de la rubrique « Entraine-toi » page 235. Des problèmes de la page 238 (colonne de gauche) peuvent également être proposés.
L'enseignant-e peut organiser des groupes de différenciation.

SÉANCE 4

Ateliers de différenciation

DURÉE

60 min

MATÉRIEL

- Pas de matériel particulier

COMPÉTENCES

- Chercher
- Représenter
- Communiquer
- Modéliser

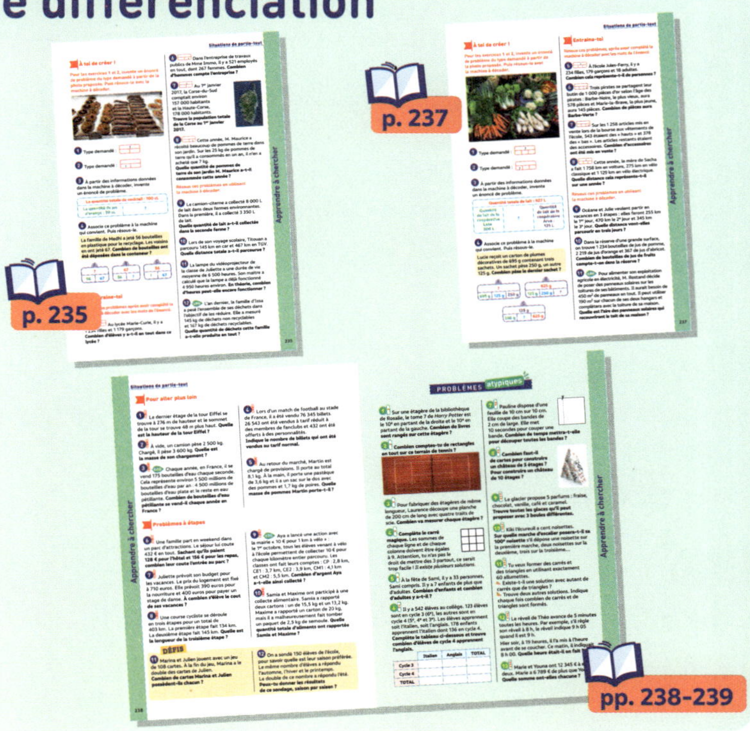

- En fonction de ce que l'enseignant-e aura observé durant la séance 3, il peut choisir de corriger certains exercices des rubriques « Entraine-toi » avec le groupe classe (ou avec un groupe en particulier) au début de cette séance.
- En fonction de sa classe et de l'avancement de celle-ci dans cet apprentissage, l'enseignant-e choisit l'objectif pour chaque groupe d'élèves. Il utilise les problèmes des pages 235, 237 et 238 (« Pour aller plus loin », « Problèmes à étapes », « Défis »). Page 238, il choisit en fonction des besoins des élèves : la colonne de gauche est plutôt destinée aux CM1 (problèmes avec 2 parties), alors que la colonne de droite est plutôt destinée aux CM2 (problèmes avec 3 parties).
- L'enseignant-e peut aussi proposer des problèmes atypiques dans le manuel p. 239 ou dans le cahier d'entrainement, même aux élèves les moins forts (des problèmes ● sont systématiquement proposés).
- Enfin, l'enseignant-e peut également proposer des problèmes des modules en cours d'apprentissage.

Évaluation

Trois problèmes sont proposés pour réaliser une courte évaluation de 10 minutes environ. L'enseignant-e peut la proposer en fin de séance 4 ou en différé. Il pourra obliger certains élèves à utiliser la « machine à décoder ».

Différenciation

Élèves moins autonomes, ou en difficulté : l'enseignant-e peut organiser un espace de travail avec ce groupe d'élèves afin de reprendre avec eux la compréhension des situations. Le choix des problèmes se fera dans les rubriques « Entraine-toi » ou page 238 (colonne de gauche problèmes avec 2 parties).
Pour ces élèves, les leviers décrits dans la séance 1 pourront être mis en œuvre pour simplifier la tâche demandée. La fiche de modélisation vierge sera à disposition de tous les élèves s'ils en ressentent le besoin.

MA MISSION Utiliser la machine à décoder pour résoudre un problème

Dans la bibliothèque de la classe, il y a 60 livres en tout. Il y a 36 romans et des albums.
Combien d'albums y a-t-il ?

MATÉRIEL

- Deux bandes de papier de même taille, fournies suffisamment larges pour pouvoir écrire à l'intérieur
- Ciseaux, crayons…

PAS à PAS

1. Je me questionne.

– Qu'est-ce que je connais ? Je connais …………………………………………

…………………………………………………………………………

– Qu'est-ce que je cherche ? Je cherche …………………………………………

– Quelle est la plus grande quantité mise en jeu dans le problème ?

C'est le nombre de …………………………………………

2. J'utilise la « machine à décoder » : je complète d'abord avec **la plus grande quantité mise en jeu, que je la connaisse ou pas.**

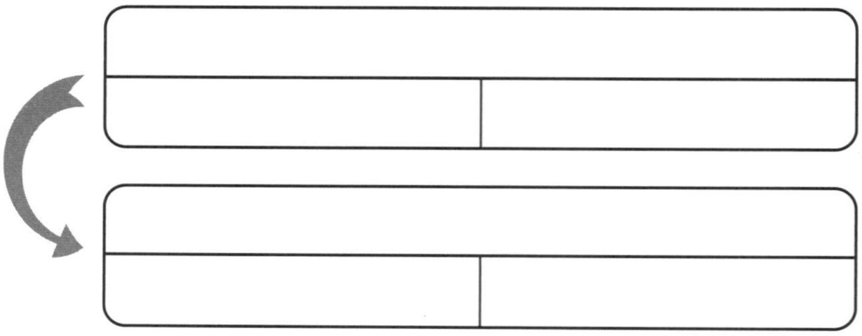

3. J'écris les calculs.

…………………………………………………………………………

…………………………………………………………………………

…………………………………………………………………………

…………………………………………………………………………

…………………………………………………………………………

4. J'écris la phrase-réponse.

……………………………………

……………………………………

……………………………………

……………………………………

……………………………………

Tu peux maintenant résoudre les trois problèmes de la page suivante avec la « machine à décoder ».
Suis les quatre étapes à chaque fois.

1. Je me questionne.

– Qu'est-ce que **je connais** ?
– Qu'est-ce que **je cherche** ?
– Quelle est **la plus grande quantité mise en jeu** ?

2. J'utilise la « machine à décoder ».

Pour ces trois problèmes, je peux utiliser le même schéma. Je complète d'abord avec la plus grande quantité en jeu, que je la connaisse ou pas.

3. J'écris les calculs.

4. J'écris la phrase-réponse.

PROBLÈME 1 M. David et Mme David ont respectivement obtenu 156 et 137 points de bons d'achat dans une grande surface.
Combien de points ont-ils ensemble ?

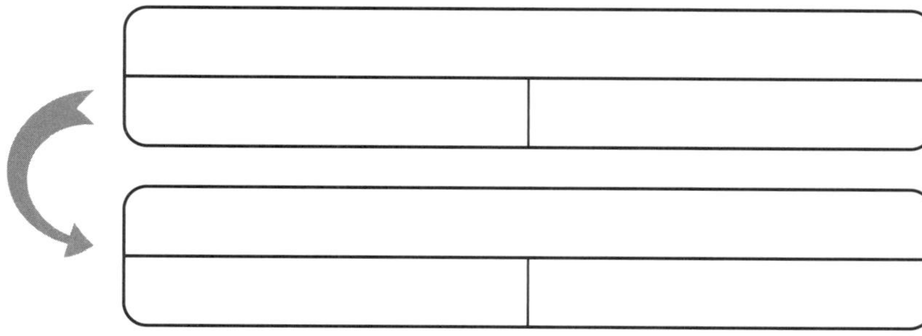

PROBLÈME 2 Une commande 156 feutres a été livrée à l'école pour Mme Moniot et Mme Rubbio. Mme Moniot en a commandé 48.
Combien de feutres Mme Rubbio a-t-elle commandés ?

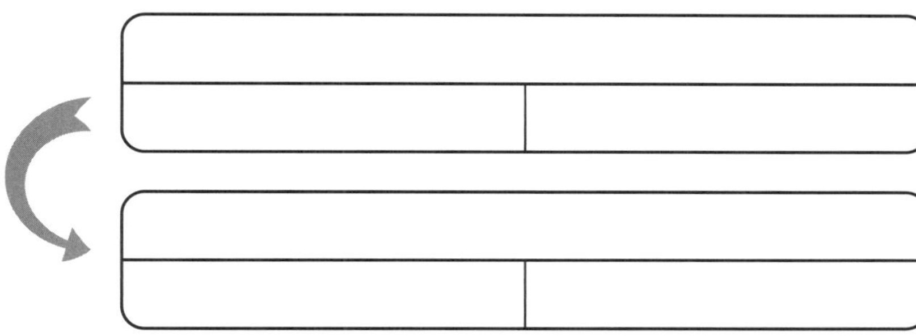

PROBLÈME 3 Il y a 521 élèves inscrits à la course du collège Anne Franck. Il y a 357 garçons.
Combien de filles sont inscrites à la course ?

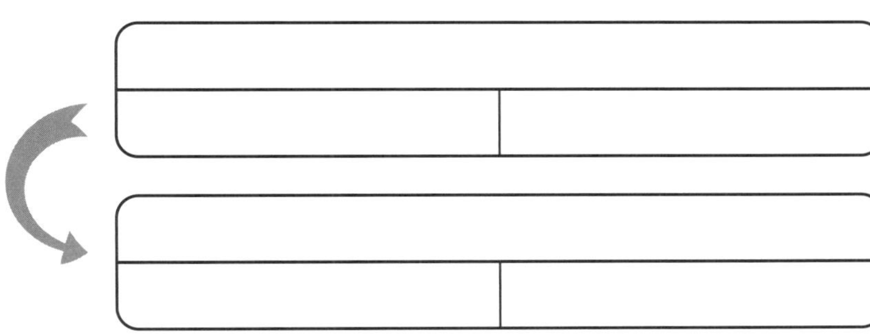

Situations de PARTAGE et GROUPEMENT

Progression des apprentissages sur la séquence PARTAGE et GROUPEMENT

	Situation de PARTAGE/GROUPEMENT sans reste
SÉANCE 1	• Recherche : découverte des situations PARTAGE ET GROUPEMENT, utilisation de la « machine à décoder »
SÉANCE 2	• Réactivation
	• Travail sur la fiche mission 1 : trois problèmes pour comprendre
	• Correction de la fiche mission 1
	• Appropriation du Bilan
SÉANCE 3	• Exercices « À toi de créer ! »
	• Correction des exercices « À toi de créer ! »
	• Exercices d'entrainement
SÉANCE 4	• Ateliers de différenciation
	• Évaluation

CM2

• En CM2, les élèves travailleront sur les situations de PARTAGE/GROUPEMENT avec reste.
Si vous le souhaitez, ou si une programmation le prévoit, vous pouvez donc aller plus loin et les proposer à vos élèves. Se référer alors au site compagnon sur lequel vous trouverez leur descriptif.

Apports didactiques

• Comme leur nom l'indique, les situations de PARTAGE/GROUPEMENT désignent les situations dans lesquelles des objets (un TOUT) sont :
- soit PARTAGÉS en un certain nombre de parties équitables (sac, paquet, équipe, sachet…) ;
- soit REGROUPÉS en un certain nombre de collections identiques.

• Convenons tout de suite d'utiliser indifféremment le terme de PART pour la partie ou la collection (car ces situations se modélisent exactement de la même façon mathématiquement).

Dans chaque PART, il y a le même nombre d'objets : c'est la VALEUR D'UNE PART.
Il peut y avoir un RESTE (CM2) ou pas (CM1).
Le TOUT est égal à la somme réitérée des PARTS (en fait des VALEURS DES PARTS) et du RESTE quand il y en a un.

Il est important de remarquer que, dans ces situations, le NOMBRE DE PARTS est une **quantité « virtuelle »**, alors que le TOUT ou la VALEUR D'UNE PART renvoient à des quantités réelles (des nombres de perles par exemple).

• Selon l'énoncé, on peut être amené à chercher :
- l'ensemble des PARTS réitérées (TOUT) ;
- le NOMBRE DE PARTS : c'est le nombre de fois que la PART est réitérée (N fois) ;
- la VALEUR D'UNE PART (P) ;
- le RESTE quand il y en a un.

Par ces séances, on amènera les élèves à comprendre les particularités d'une situation de PARTAGE/GROUPEMENT et à en construire une représentation rigoureuse. Celle-ci sera organisée dans une nouvelle modélisation spécifique. Peu à peu, il s'agira de montrer que le raisonnement est toujours le même et que l'on peut se passer de représenter exactement le nombre de PARTIES/COLLECTIONS. Ce travail sera mené en CM1 (mission 1).

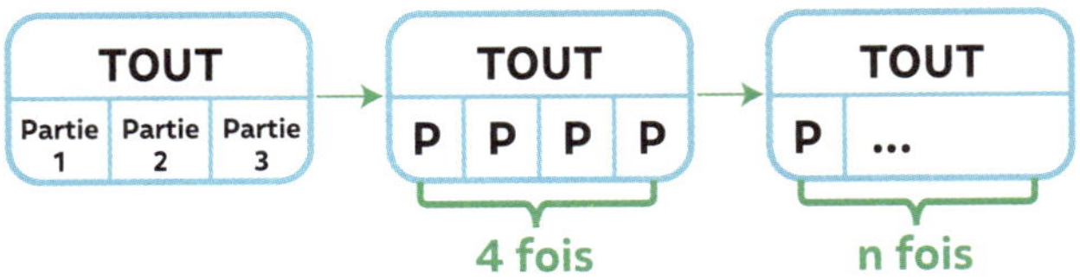

CM1 Situations SANS RESTE

• Nous abordons ici uniquement des situations sans reste. L'objectif est de se représenter et modéliser des situations de partage-groupement et de les associer aux opérations adéquates : multiplication et division.

• Comme pour les situations de PARTIE-TOUT, les bandes du dessous (qui constituent les PARTS) sont réunies pour former la grande bande du dessus (le TOUT). Mais cette fois-ci, toutes les bandes du bas représentent des PARTS IDENTIQUES. Elles devraient donc avoir toutes la même longueur. Lors de la découverte de ces situations, il est possible de faire correspondre la longueur des bandes si on choisit de travailler sur un nombre restreint de parts. Par exemple, il est possible de représenter 5 sachets de perles par 5 morceaux de bandes. Dans un premier temps, on pourra même faire apparaitre les 12 perles dans chaque bande (sachet). Mais rapidement, si on augmente le nombre de parts (de sachets), il ne sera plus possible de les représenter. On se **mettra** alors **d'accord sur un codage** : l'une des bandes est visible et trois petits points expriment la répétition de la même bande. Le nombre de fois que la partie est répétée est donné par l'accolade du dessous et le nombre associé.

• Comme pour les situations de PARTIE-TOUT, la plus grande quantité (le TOUT) sera placée dans la partie haute de la « machine à décoder », qu'on la connaisse ou pas. La plus petite quantité (VALEUR DE LA PART) est placée à gauche dans la barre du dessous. Le NOMBRE DE PARTS est noté dessous avec une accolade pour symboliser que la PART est répétée n fois pour obtenir le TOUT.

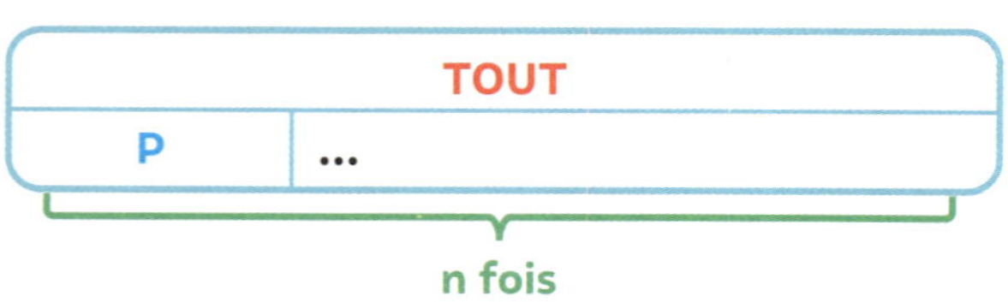

Ex. : « On dispose d'une quantité de perles. Ces perles sont réparties équitablement dans des sachets. Dans chaque sachet, il y a donc une quantité identique de perles. »

• Du point de vue des calculs en jeu, ces situations appellent une résolution par une **multiplication** ou par une **division** (inverse de la multiplication). En effet, deux types de calculs se rencontrent.
1/ On peut multiplier la VALEUR DE LA PART par le NOMBRE DE PARTS pour trouver le TOUT. Dans un premier temps, l'addition réitérée pourra être acceptée.
2/ On peut DIVISER le TOUT :
– par le NOMBRE DE PARTS pour trouver la VALEUR D'UNE PART (nombre d'objets contenus dans chacune des parts) ;
– par la VALEUR D'UNE PART pour trouver le NOMBRE DE PARTS.

CM2 Situations AVEC RESTE

• Nous abordons ici des situations avec reste, mais elles se limitent à la recherche d'une seule inconnue. Ces situations se distinguent donc des problèmes relevant de la division euclidienne où l'on porte sa réflexion sur le quotient et sur le reste pour trouver la solution, comme par exemple dans les problèmes : « La pâtissière a 50 macarons qu'elle range dans des boites de 6. De combien de boites a-t-elle besoin ? » ou « 260 supporteurs doivent se rendre à un match. Ils réservent des bus de 50 places. Combien de bus seront nécessaires ? ».
Le statut du reste n'est pas le même puisque dans le premier cas, les deux macarons restants ne seront pas suffisants pour remplir une boite ; le quotient de la division euclidienne est alors la réponse du problème. Dans le deuxième cas, il faut ajouter un bus au quotient car 10 passagers n'ont pas de place. Ces situations ne sont donc pas enseignées ici car plus complexes au niveau de la résolution, mais dans le module Calculer lorsque la division euclidienne est abordée. Dans ce présent module, la priorité est de se représenter, modéliser et résoudre des situations de partage-regroupement, connaissant trois données sur les quatre parmi le TOUT, la VALEUR D'UNE PARTIE, le NOMBRE DE PARTIES, le RESTE. Une fois ces situations maitrisées, il sera alors plus aisé, pour les élèves, de porter leur attention et donner du sens au quotient et au reste qu'ils trouveront lorsque sera mis en jeu la division euclidienne.

• Les situations étudiées sont très proches des précédentes. La seule différence réside dans l'existence d'un reste : le TOUT est partagé entre toutes les PARTS et il reste une certaine quantité d'objets. On fera évoluer la modélisation précédente en ajoutant une case pour le reste.

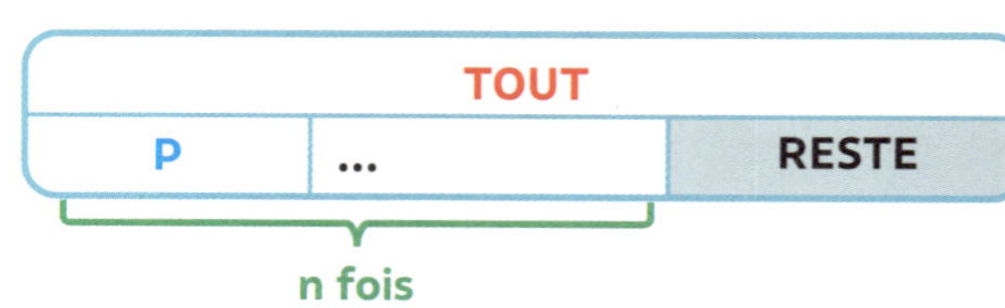

Ex. : « On dispose d'une quantité de perles. Ces perles sont réparties équitablement dans des sachets et il reste des perles non réparties. Dans chaque sachet, il y a une quantité identique de perles. »

• Ces situations se résolvent par étape (sauf dans le cas de la recherche du reste, qui se résout grâce à une division euclidienne).
Deux types de calculs se rencontrent.
1/ On peut multiplier la VALEUR DE LA PART par le NOMBRE DE PARTS puis ajouter le RESTE pour trouver le TOUT.
2/ On peut soustraire le RESTE au TOUT.
Puis DIVISER ce résultat :
– par le NOMBRE DE PARTS pour trouver la VALEUR D'UNE PART (nombre d'objets contenus dans chacune des parts) ;
– par la VALEUR D'UNE PART pour trouver le NOMBRE DE PARTS.

Difficultés rencontrées par les élèves

Au cycle 3, ces situations de PARTAGE/GROUPEMENT ne soulèvent pas de grandes difficultés du point de vue du calcul tant qu'il n'y a pas de reste. Cependant, des confusions persistantes sont observées entre le NOMBRE DE PARTS et la VALEUR de la PART. La modélisation en barres dédiée aux situations de PARTAGE/GROUPEMENT permet justement de pallier ces difficultés. Il faudra veiller à l'amener progressivement en rendant explicite l'évolution de la modélisation des situations de PARTIE-TOUT.

1 Confusion entre le NOMBRE DE PARTS et la VALEUR de la PART

Souvent, les élèves identifient correctement qu'ils sont face à une situation de PARTAGE/GROUPEMENT. Mais ils ne parviennent pas à démêler les différents éléments de la situation : ils multiplient ou divisent alors les données « au hasard ».
Ce type de difficulté peut être lié au fait que les élèves ne comprennent pas **le statut particulier du NOMBRE DE PARTS**. Ils manipulent les données en se déconnectant totalement du sens de la situation. Les élèves rentrent directement dans le problème par le calcul sans passer par une représentation juste. L'utilisation systématique de la modélisation permet alors de détecter ces mauvaises compréhensions de la situation : un élève pourra en effet produire un calcul et un résultat juste mais proposer cependant une modélisation incorrecte.
Exemple : « On dispose de 9 sachets de 6 perles. Combien de perles a-t-on en tout ? »

Erreur 1 :

Deux bandes sont conservées en dessous et on remplace les deux quantités par les facteurs de la multiplication.

Erreur 2 :

Le multiplicande (premier nombre dans le produit) et le multiplicateur (deuxième nombre dans le produit) sont confondus.
9 × 6, c'est la quantité 9 qui est répétée 6 fois, ce qui n'est pas la même situation que 6 × 9, dans laquelle la quantité 6 est répétée 9 fois.

2 Difficultés liées au vocabulaire des situations de PARTAGE/GROUPEMENT

- Les situations liées à ces problèmes sont extrêmement diverses et le vocabulaire associé est très large :
– des objets sont répartis en sachets, sacs, paquets, cagettes, chapitres…
– des personnes sont réparties par équipes, dans des cars…
De plus, ce sont parfois des grandeurs qui sont partagées ou regroupées, ce qui complexifie l'identification de la situation.
Exemple : « La brasserie a servi 45 menus à 17 € l'un. Combien la Brasserie a-t-elle encaissé ? »
- Par ailleurs, le partage ou le groupement s'exprime lui aussi de façon très variée. Les mots « chacun », « chacune », « chaque », « l'un », … sont souvent rencontrés et doivent être explicités.
Attention cependant, les mots isolés ne sauraient être des indices suffisants. Il sera nécessaire de faire reformuler par les élèves la situation à leur manière, avec leurs mots pour vérifier si le sens est conservé. On pourra en revanche compléter une affiche sur les situations de PARTAGE/GROUPEMENT au fur et à mesure que des mots spécifiques seront rencontrés.

3 La taille des nombres et les rapports entre les nombres : plus les quantités en jeu sont abstraites (grand nombre ou nombre non construit), plus le problème est difficile à résoudre.

Plus facile	Plus difficile
Chaque année, la famille Rebo consomme 730 bouteilles d'eau. La famille consomme chaque jour le même nombre de bouteilles. **Combien de bouteilles la famille consomme-t-elle par jour ?**	Chaque année, 600 000 tonnes de plastique sont rejetées dans la mer Méditerranée. **En moyenne, combien de tonnes par jour cela représente-t-il ?**

4 Les conversions d'unités : si les données sont exprimées dans différentes unités, cela peut constituer une difficulté pour certains élèves. La conversion sera un obstacle à la résolution.

Plus facile	Plus difficile
M. Maurice a récolté 25 kg de pommes de terre dans son jardin. Il en met 5 kg par sac. **Combien de sacs obtient-il ?**	M. Maurice a récolté 25 kg de pommes de terre dans son jardin. Il met 5 000 g de pommes de terre par sac. **Combien de sacs obtient-il ?**

SÉANCE 1

Séance de recherche

DURÉE

60 min

MATÉRIEL

- Deux bandes de papier de même taille, fournies suffisamment larges pour pouvoir écrire à l'intérieur
- Ciseaux, crayons…
- Fiche Mission 1

COMPÉTENCES

- Chercher
- Représenter
- Raisonner
- Communiquer

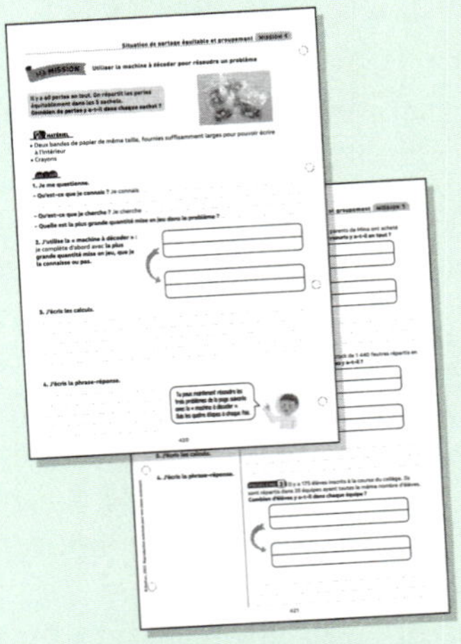

OBJECTIFS

- Comprendre les spécificités d'une situation de PARTAGE/GROUPEMENT.
- Faire évoluer la « machine à décoder » et la rendre opérante pour modéliser ce type de situations.

PRINCIPE DE LA MISSION

- À partir d'une situation donnée et du matériel à disposition, les élèves sont invités à représenter la situation à l'aide des bandes. Ils peuvent écrire à l'intérieur. Durant la phase de mise en commun, grâce à la présentation orale des élèves et au questionnement de l'enseignant-e, il s'agit de faire évoluer l'outil « machine à décoder ».

La représentation est d'abord assez concrète : une bande en haut (le TOUT), qui est de la même longueur que la somme des longueurs des PARTS IDENTIQUES du bas. Le NOMBRE DE PARTS peut être représenté car c'est un petit nombre. Puis la représentation devient plus abstraite : la bande en haut est le produit d'une PART de la bande du bas par le NOMBRE DE PARTS.

Distribuer à chaque élève deux bandes de papier de même taille, fournies suffisamment larges pour pouvoir écrire à l'intérieur.
Une situation est proposée au tableau :

> Il y a une collection de perles. On répartit toutes les perles équitablement dans un nombre de sachets. Il y a 5 sachets.

Expliciter leur mission aux élèves :

> *« Lisez la situation écrite au tableau, puis imaginez cette situation. Ensuite, représentez la situation avec vos deux bandes de papier. Il faudra expliquer votre raisonnement. »*

10 min — Recherche et confrontation en binôme

Durant cette phase, les élèves manipulent les bandes et cherchent à deux. L'enseignant-e passe près des élèves pour vérifier que la tâche est bien comprise.
Il repère également les différentes procédures avancée par ses élèves pour anticiper la phase suivante.
Il n'est pas nécessaire de faire découper les bandes, puisque la modélisation a été installée en première période. Des élèves peuvent représenter la situation en faisant apparaitre les différentes parts au crayon et en écrivant à l'intérieur. L'enseignant-e accepte cependant les procédures avec découpage.
On peut également proposer aux élèves de ne pas utiliser les bandes, mais de tracer au crayon une modélisation faisant apparaitre les différentes parts.

20 min Mise en commun et trace écrite provisoire

a mise en commun doit permettre de construire · sens de la « machine à décoder » rattachée aux tuations de PARTAGE-GROUPEMENT. La démarche st identique à celle de la séquence précédente : enseignant-e recueille les différentes propositions epérées lors de la recherche.
e guidage de l'enseignant-e reprend le uestionnement de la période 1. Cependant, ce uestionnement doit faire émerger les similitudes et s différences entre les situations de PARTIE-TOUT et s situations de PARTAGE-GROUPEMENT.
ans cette séance, le vocabulaire à mettre en place omprend : la TOUT ou la TOTALITÉ, la PART ou la VALEUR DE LA PART), le NOMBRE DE PARTS.
omme en période 1, insister sur le raisonnement qui ermet de placer la plus grande quantité dans la bande u dessus et sur l'équivalence des longueurs des bandes.

Réponses attendues

ans la grande bande, on met la TOTALITÉ des perles, collection complète. La bande du bas représente le artage : elle est donc PARTAGÉE selon le nombre de ıchets. Ce nombre est indiqué dessous. Chaque PART orrespond au nombre de perles par sachet.

La collection complète de perles				
Le nombre de perles dans un sachet	Le nombre de perles dans un sachet	Le nombre de perles dans un sachet	Le nombre de perles dans un sachet	Le nombre de perles dans un sachet

5 sachets

éponse experte attendue : La bande du haut est . plus grande et correspond à la TOTALITÉ. La bande u bas est découpée en cinq parties égales : chaque artie est une PART. La réunion des PARTS est égale la bande de la TOTALITÉ. Le NOMBRE DE PARTS st indiqué dessous. À l'intérieur de chaque morceau e bande est écrit ce qu'il représente.
emarque : une réponse n'indiquant pas le nombre e parts est tout à fait correcte. Mais l'enseignant-e fera ajouter si aucun élève ne l'a fait. C'est en effet n élément important permettant de passer ensuite la représentation plus générale.

éponses moins expertes :

Le nombre de parties n'est pas indiqué dessous.
Les bandes sont bien organisées mais les élèves n'ont as écrit à quoi elles correspondent.
Il y a bien 5 parties dans la bande du dessous mais lles ne sont pas égales. L'enseignant-e explicitera lors que les bandes doivent avoir la même longueur ar les sachets ont le même nombre de perles. Ce point st important en vue du passage à la représentation lus générale.
Si un ou plusieurs groupes ont proposé des eprésentations pour lesquelles les longueurs ne sont as équivalentes (entre le haut et le bas), l'enseignant-e borde le sujet lors de la mise en commun. Par exemple, avec des élèves qui auraient réalisé ce type de représentation, il fait comprendre que la réunion de toutes les parts constitue la totalité des perles et que les deux bandes doivent bien être identiques.

▶ Trace provisoire possible

À construire en même temps que la verbalisation.

Dans cette situation, on a une TOTALITÉ qui est partagée en un certain NOMBRE de PARTS.
À ce stade, l'enseignant-e introduit la représentation générale aux élèves. Par exemple :

« Ici, on avait 5 sachets. Mais on aurait pu en avoir 6, ou 10, ou 25… Pour pouvoir représenter toutes ces situations de la même façon, on va faire comme ceci.

TOTALITÉ	
PART	…

NOMBRE DE PARTS

10 min Validation de la modélisation à travers un énoncé

Cette phase va permettre de valider la « machine à décoder » mise en place à travers un énoncé quasiment identique comportant des données numériques.

Il y a 60 perles en tout. On répartit les perles équitablement dans les 5 sachets.
Combien de perles y a-t-il dans chaque sachet ?

L'enseignant-e distribue la fiche mission aux élèves et les laisse compléter la mission jusqu'au premier tableau de la question 2.

20 min Correction collective et guidage sur l'usage de la modélisation

L'enseignant-e mène les échanges en interrogeant les élèves pour chaque étape. Le questionnement institutionnalisé plus haut est réactivé pour guider les élèves. Les réponses sont vérifiées collectivement.

1. Je me questionne.
L'enseignant-e veillera à faire préciser les réponses sous les deux formes chaque fois (par exemple : je connais le nombre de perles en tout : 60).

2. J'utilise la « machine à décoder ». L'enseignant-e insiste sur l'ordre dans lequel remplir la machine : on commence par la GRANDE QUANTITÉ mise en jeu : c'est la TOTALITÉ des perles. Puis on complète ensuite les PARTS dans la bande du bas et on indique le NOMBRE DE PARTS.

Nombre total de perles	
Le nombre de perles dans un sachet	…

Nombre de sachets

L'enseignant-e fait valider et justifier qu'il s'agit bien d'une situation de PARTAGE-GROUPEMENT.
Puis, il invite les élèves à remplacer les blocs de mots par les données numériques qui correspondent.
Il n'est pas inutile de reposer les questions pour vérifier la bonne compréhension de la situation et de sa représentation sous forme de « machine à décoder ».

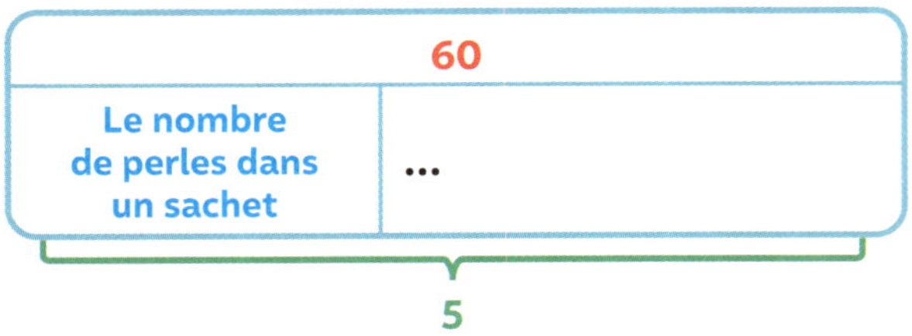

Dernière étape, il s'agit de faire identifier ce que l'on cherche (symbolisé par un point d'interrogation).

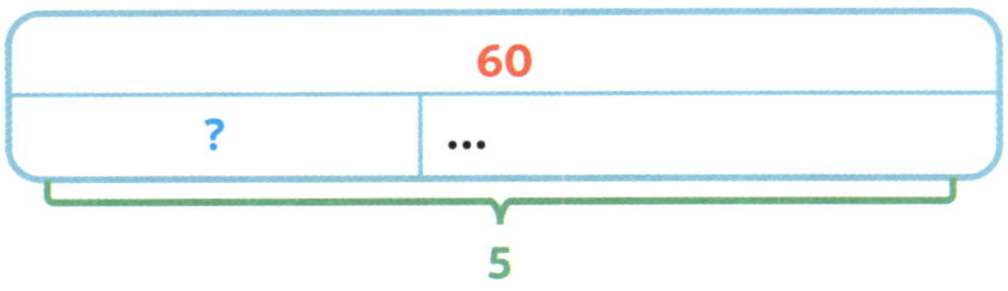

3. J'écris les calculs. Il revient ensuite à l'enseignant-e de rendre visible et compréhensible le passage du registre de la langue écrite au registre abstrait du calcul. C'est cet enseignement par la compréhension de la situation, sa représentation à travers la modélisation en barres (machine à décoder) qui soutiendra dans un premier temps le raisonnement de l'élève. Le calcul utilisé devient alors justifiable, pas seulement de manière mécanique, mais bien en lien avec la réalité de la situation proposée.

Le TOUT = une même PART × le nombre de parts
60 = ? × 5
60 : 5 = ?
60 : 5 = 12
Phase-réponse : Il y a 12 perles par sachet.

Faire finalement compléter la phrase-réponse.
Cet énoncé, ainsi que les autres énoncés possibles pour la même situation des « perles », est repris dans le bilan du manuel p. 240.

Aide / différenciation

Voir page 485.

SÉANCE 2

Séance d'institutionnalisation

DURÉE

60 min

MATÉRIEL

- Fiche Mission 1

COMPÉTENCES

- Chercher
- Représenter
- Communiquer
- Modéliser

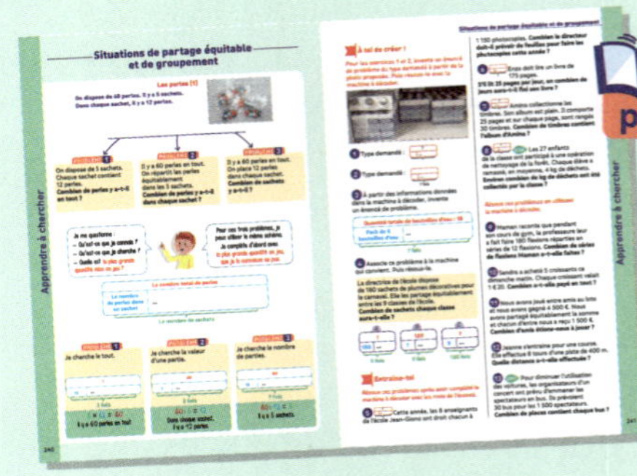

pp. 240-241

OBJECTIFS

- Identifier les situations de PARTAGE-GROUPEMENT à travers des énoncés quand la place de l'inconnue varie.
- Institutionnaliser la démarche et l'usage de la « machine à décoder » pour résoudre ces problèmes.

PRINCIPE DE LA SÉANCE

- Les élèves réalisent les problèmes de la fiche mission 1. Les trois énoncés sont des situations de PARTAGE-GROUPEMENT. L'habillage de l'histoire change à chaque fois ainsi que l'inconnue à trouver.
Durant cette phase, les élèves vont installer des habitudes de repérage des situations de PARTAGE-GROUPEMENT. Ils vont également s'entrainer à utiliser la « machine à décoder » pour résoudre des problèmes dont les énoncés feront varier l'inconnue recherchée. Ils prennent conscience que la représentation de la situation dans la « machine à décoder » permet d'organiser les données, que l'on recherche la TOTALITÉ, la PART, le NOMBRE DE PARTS en s'appuyant sur la modélisation.
Les élèves travaillent enfin sur le bilan correspondant à la notion (page 240 du manuel).

10 min Réactivation

partir de l'affichage de la séance 1, l'enseignant-e vite les élèves à reformuler ce qui a été fait en séance 1.

Pouvez-vous rappeler ce qu'on a appris en séance 1 ? Qu'est-ce qu'on appelle une situation de PARTAGE-GROUPEMENT ?

e qui doit être réactivé :

Dans une situation de PARTAGE-GROUPEMENT, y a une quantité TOTALE qui est PARTAGÉE n un certaine NOMBRE DE PARTS.

Pour résoudre un problème de PARTAGE-ROUPEMENT, on suit quatre étapes :
reformulation et compréhension de l'énoncé, n s'aidant du questionnement (Qu'est-ce que je onnais ? Qu'est-ce que je cherche ? Quelle est la plus rande quantité mise en jeu ?) ;
utilisation de la « machine à décoder » ;
calculs et réponse.

On complète la machine à décoder :
d'abord avec le texte, puis avec les données umériques ;
on place la TOTALITÉ (qu'on la connaisse ou pas) ans la grande bande ;
puis la PART dans la bande du bas avec des ... pour iontrer qu'il y a plusieurs parts ;
puis en dessous, le NOMBRE DE PARTS.

20 min Recherche des élèves

ravail sur la fiche mission 1 : finir la fiche (2 ou problèmes à résoudre en fonction de la séance 1). Le avail est réalisé individuellement sauf pour les élèves à esoins qui peuvent être à deux ou davantage guidés. es « histoires » ainsi que les inconnues changent. lais les situations sont toujours des situations e PARTAGE-GROUPEMENT.

15 min Correction de la fiche mission 1

Problème 1 : recherche de l'ensemble du nombre de yaourts (le TOUT).
Problème 2 : recherche du nombre de boites de feutres (Le NOMBRE DE PARTS).
Problème 3 : recherche du nombre d'élèves par équipe (la PART).
Les corrections de chaque énoncé permettent de réaffirmer la démarche de questionnement selon le déroulé vu dans la séance 1. La verbalisation par les élèves, c'est-à-dire la justification des choix réalisés, est essentielle pour faire le lien entre la compréhension, la représentation et la modélisation. La fiche élève constitue un appui fort pour guider le questionnement.

15 min Appropriation du bilan

Procéder à une lecture collective du bilan p. 240.
Annoncer que les objectifs de cette lecture seront :
1/ d'identifier les différents types de problèmes associés à une situation de PARTAGE-GROUPEMENT ;
2/ de réexpliquer avec ses mots ce qui est dit dans le bilan et comment on peut s'en servir

• Ce bilan propose :
– la situation de PARTAGE-GROUPEMENT de la séance 1 déclinée en trois énoncés ;
– un rappel des questions essentielles ;
– la « machine à décoder » complétée avec les mots de l'énoncé ;
– la résolution de chaque problème à l'aide la « machine à décoder ».

• Les élèves dictent à l'enseignant-e comment ils pourront s'en servir :
– Pour identifier une situation de PARTAGE-GROUPEMENT ;
– Pour retrouver tous les types de problèmes possibles ;
– Pour se rappeler les questions à se poser pour comprendre ;
– Pour se rappeler comment on « remplit » la « machine à décoder » ;
– Pour s'aider dans le calcul à réaliser.

SÉANCE 3

Séance d'entrainement

DURÉE

60 min

MATÉRIEL

- Pas de matériel particulier

COMPÉTENCES

- Représenter
- Raisonner
- Modéliser
- Calculer

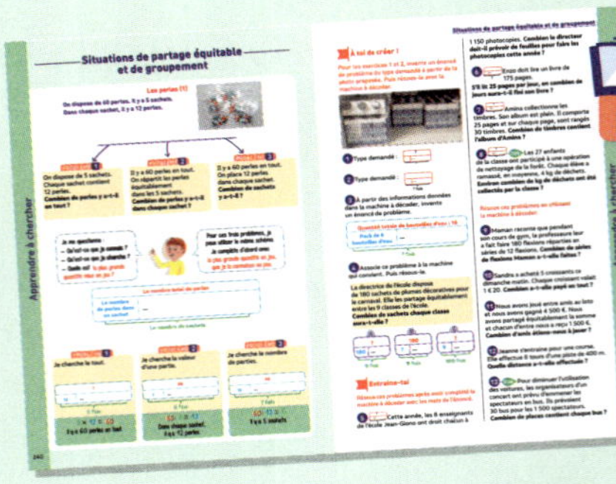

pp. 240-241

p. 244

OBJECTIFS

- S'entrainer à résoudre des problèmes de PARTAGE-GROUPEMENT.
- S'entrainer à représenter ces problèmes grâce à la modélisation en barres (ou « machine à décoder »).

PRINCIPE DE LA SÉANCE

- Cette séance est une séance d'entrainement. Les élèves ont à leur disposition le bilan du manuel et les traces écrites réalisées en commun.
Réexpliquer ce qui est dit dans le bilan et comment on peut s'en servir.

15 min Exercices « À toi de créer ! »

Les élèves réalisent les exercices de la rubrique « À toi de créer » page 241. Laisser les élèves chercher individuellement ou en binôme.

15 min Correction des exercices « À toi de créer ! »

1 Énoncé possible : Alice range des packs de 3 briquettes de crème légère. Elle en a mis 20 en rayon.
Combien de briquettes de crème y a-t-il en tout ?

2 Énoncé possible : Alice doit ranger une palette entière de packs de 3 briquettes de crème légère. Elle sait qu'il y a 90 briquettes.
Combien de packs va-t-elle ranger ?

3 Énoncé possible : Hector veut acheter 18 bouteille d'eau. Elles sont vendues en packs de 6. **Combien de packs doit-il acheter ?**
Après une remise de 30 € pendant les soldes, un smartphone coute 169 €.
Quel était son prix avant les soldes ?

4 Réponse **B.**

30 min Exercices « Entraine-toi »

L'enseignant-e propose un plan de travail aux élèves pour réaliser les problèmes de la rubrique « Entraine-toi » page 241. Des problèmes de la page 244 (colonne de gauche) peuvent également êtr proposés.
L'enseignant-e peut organiser des groupes de différenciation.

SÉANCE 4

Ateliers de différenciation

DURÉE

60 min

MATÉRIEL

- Pas de matériel particulier

COMPÉTENCES

- Chercher
- Représenter
- Communiquer
- Modéliser

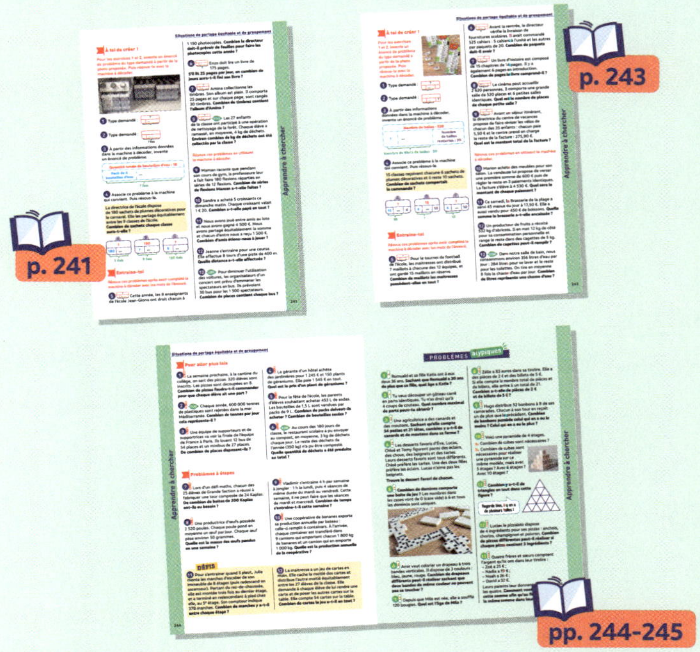

En fonction de ce que l'enseignant-e aura observé
urant la séance 3, il peut choisir de corriger certains
xercices des rubriques « Entraine-toi » avec le groupe
asse (ou avec un groupe en particulier) au début de
ette séance.

En fonction de sa classe et de l'avancement
e celle-ci dans cet apprentissage, l'enseignant-e
ioisit l'objectif pour chaque groupe d'élèves. Il utilise
s problèmes des pages 241, 243 et 244 (« Pour aller
lus loin », « Problèmes à étapes », « Défis »).
age 244, il choisit en fonction des besoins des élèves :
colonne de gauche est plutôt destinée aux CM1
ans reste), alors que la colonne de droite est plutôt
estinée aux CM2 (avec reste).

- L'enseignant-e peut aussi proposer des problèmes atypiques dans le manuel page 245 ou dans le cahier d'entrainement, même aux élèves les moins forts (des problèmes • sont systématiquement proposés).
- Enfin, l'enseignant-e peut également proposer des problèmes des modules en cours d'apprentissage.

Évaluation

Trois problèmes sont proposés pour réaliser une courte évaluation de 10 minutes environ. L'enseignant-e peut la proposer en fin de séance 4 ou en différé. Il pourra obliger certains élèves à utiliser la « machine à décoder ».

Différenciation

Élèves moins autonomes, ou en difficulté : l'enseignant-e peut organiser un espace de travail avec ce groupe d'élèves afin de reprendre avec eux la compréhension des situations. Le choix des problèmes se fera dans les rubriques « Entraine-toi » ou page 244 (colonne de gauche, sans reste).
Pour ces élèves, les leviers décrits page 485 pourront être mis en œuvre pour simplifier la tâche demandée. La fiche de modélisation vierge sera à disposition de tous les élèves s'ils en ressentent le besoin.

MA MISSION Utiliser la machine à décoder pour résoudre un problème

Il y a 60 perles en tout. On répartit les perles équitablement dans les 5 sachets.
Combien de perles y a-t-il dans chaque sachet ?

MATÉRIEL

- Deux bandes de papier de même taille, fournies suffisamment larges pour pouvoir écrire à l'intérieur
- Crayons

PAS à PAS

1. Je me questionne.

– Qu'est-ce que je connais ? Je connais ....

....

– Qu'est-ce que je cherche ? Je cherche ....

– Quelle est la plus grande quantité mise en jeu dans le problème ? ....

2. J'utilise la « machine à décoder » : je complète d'abord avec **la plus grande quantité mise en jeu, que je la connaisse ou pas.**

3. J'écris les calculs.

....

....

....

....

....

4. J'écris la phrase-réponse.

....

....

....

....

....

Tu peux maintenant résoudre les trois problèmes de la page suivante avec la « machine à décoder ».
Suis les quatre étapes à chaque fois.

1. Je me questionne.

– Qu'est-ce que **je connais** ?
– Qu'est-ce que **je cherche** ?
– Quelle est **la plus grande quantité mise en jeu** ?

2. J'utilise la « machine à décoder ».

Pour ces trois problèmes, je peux utiliser le même schéma. Je complète d'abord avec la plus grande quantité en jeu, que je la connaisse ou pas.

3. J'écris les calculs.

4. J'écris la phrase-réponse.

PROBLÈME 1 Pour les vacances, les parents de Mina ont acheté 8 paquets de 24 yaourts. **Combien de yaourts y a-t-il en tout ?**

. . . .

. . . .

. . . .

PROBLÈME 2 Dans l'école, il y a un stock de 1 440 feutres répartis en boites de 12 feutres. **Combien de boites y a-t-il ?**

. . . .

. . . .

. . . .

PROBLÈME 3 Il y a 175 élèves inscrits à la course du collège. Ils sont répartis dans 35 équipes ayant toutes le même nombre d'élèves. **Combien d'élèves y a-t-il dans chaque équipe ?**

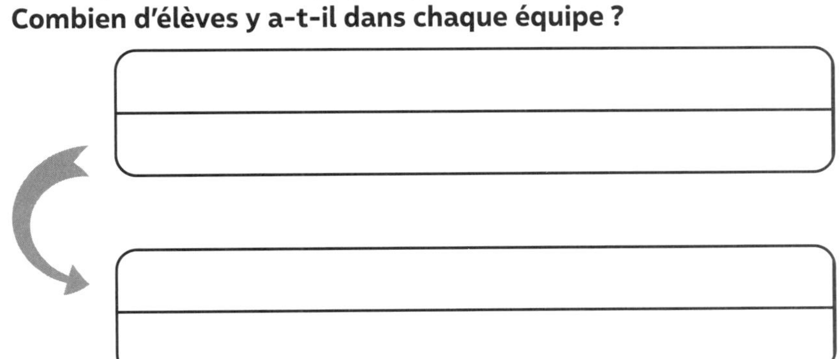

. . . .

. . . .

. . . .

Situations de COMPARAISON

Progression des apprentissages sur la séquence COMPARAISON

	Situation de COMPARAISON simple
SÉANCE 1	• Recherche : découverte des situations COMPARAISON, utilisation de la « machine à décoder »
SÉANCE 2	• Réactivation
	• Travail sur la fiche mission 1 : trois problèmes pour comprendre
	• Correction de la fiche mission 1
	• Appropriation du Bilan
SÉANCE 3	• Exercices « À toi de créer ! »
	• Correction des exercices « À toi de créer ! »
	• Exercices d'entrainement
SÉANCE 4	• Ateliers de différenciation
	• Évaluation

CM2

• En CM2, les élèves travailleront sur les situations de COMPARAISON avec « fois plus » ou « fois moins ».
Si vous le souhaitez, ou si une programmation le prévoit, vous pouvez donc aller plus loin et les proposer à vos élèves. Se référer alors au site compagnon sur lequel vous trouverez leur descriptif.

Apports didactiques

• Comme leur nom l'indique, les situations de COMPARAISON désignent des situations dans lesquelles on compare deux QUANTITÉS : une GRANDE et une PETITE.
On distingue deux situations de COMPARAISON :
- des situations de comparaisons dans lesquelles l'écart est une quantité nombrable ou une mesure (« de plus », « de moins ») : ces situations sont à destination des CM1 ;
- des situations de comparaisons dans lesquelles il y a un rapport entre les deux quantités (« fois plus » ou « fois moins ») : ces situations sont à destination des CM2.

• Il existe donc une **quantité « virtuelle »** que l'on appelle l'ÉCART (CM1) ou le RAPPORT (CM2). Dans le premier cas, la GRANDE QUANTITÉ est égale à la somme de l'ÉCART et de la PETITE QUANTITÉ. Dans le deuxième cas, la GRANDE QUANTITÉ est égale au produit du RAPPORT par la PETITE QUANTITÉ.
Si les deux QUANTITÉS (la petite et la grande) ont une existence tangible, l'ÉCART ou le RAPPORT n'existent que de manière abstraite.

• Selon l'énoncé on peut être amené à chercher :
– la GRANDE QUANTITÉ ;
– la PETITE QUANTITÉ ;
– l'ÉCART entre les deux quantités ou le RAPPORT entre les deux quantités.

• Dans ce module, on conduira les élèves à comprendre les spécificités d'une situation de COMPARAISON, les termes « de plus » et « de moins » pour les CM1, « fois plus » et « fois moins » pour les CM2. Peu à peu, les élèves construiront une représentation rigoureuse de ce type de situation qui les mènera vers une modélisation spécifique.
Du point de vue des calculs en jeu, ces situations appellent une résolution par une **addition** ou une **soustraction** (situations impliquant un **écart**), une **multiplication** ou une **division** (situations impliquant un **rapport**).

Situations de COMPARAISON

CM1 Situations avec un ÉCART

Rappelons que, si l'on se réfère au recodage sémantique évoqué par Emmanuel Sander, tout problème peut se ramener soit à une situation de PARTIE-TOUT, soit à une situation de PARTAGE et GROUPEMENT. D'un point de vue mathématique, une situation de COMPARAISON se ramène à une situation de PARTIE-TOUT et appelle les mêmes calculs.

Mais les énoncés de problèmes de COMPARAISON sont formulés d'une manière particulière, avec un vocabulaire spécifique. C'est pourquoi le travail sur la compréhension lors des phases de verbalisation, de représentation puis de modélisation est essentiel. Les formulations **« de plus »**, **« de moins »** sont caractéristiques d'une situation de comparaison. Comme pour les situations précédentes, la plus grande quantité sera placée dans la partie haute de la « machine à décoder », qu'on la connaisse ou pas. La case représentant l'ÉCART sera grisée de manière à mettre en avant le statut particulier de cette quantité « virtuelle ».

GRANDE QUANTITÉ	
PETITE QUANTITÉ	**ÉCART entre les deux**

Ex. : « Ali possède des cartes. Bérénice en possède également. Il existe un écart entre les quantités de cartes respectives de chacun. »

- Comme pour les autres situations :

– on peut additionner les parties du bas (petite quantité et écart) pour trouver la grande quantité ;

– on peut soustraire la petite quantité à la grande quantité pour trouver l'écart ;

– on peut soustraire l'écart à la grande quantité pour trouver la petite quantité.

CM2 Situations avec un RAPPORT

D'un point de vue mathématique, une situation de COMPARAISON avec RAPPORT se ramène à une situation de PARTAGE et GROUPEMENT et appelle les mêmes calculs.

S'agissant d'une situation de COMPARAISON, la plus grande quantité en jeu est placée dans la partie haute de la « machine à décoder », qu'on la connaisse ou qu'on la recherche. Le nombre de fois que la petite quantité est contenue dans la grande est noté dessous comme pour les situations de partage équitable.

GRANDE QUANTITÉ	
PETITE QUANTITÉ	...

NOMBRE DE FOIS

Ex. : « Ali possède des cartes. Bérénice possède plusieurs fois le nombre de cartes d'Ali. »

Comme pour les situations de GROUPEMENT-PARTAGE :

– on peut multiplier la PETITE quantité par le NOMBRE DE FOIS pour trouver la GRANDE ;

– on peut diviser la GRANDE quantité par le NOMBRE DE FOIS pour trouver la PETITE ;

– on peut diviser la GRANDE quantité par la PETITE pour trouver le NOMBRE DE FOIS.

Difficultés rencontrées par les élèves

Au cycle 3, lorsque les élèves sont confrontés à des situations de comparaison, ce n'est pas au niveau du calcul qu'ils rencontrent le plus de difficultés, mais face à l'emploi des expressions « de plus », « de moins », « fois plus » et « fois moins », qu'ils interprètent mal.

1 Interprétation comme un indice de la présence de certains mots pour en déduire l'opération à faire

→ *« Il y a le mot "plus" dans l'énoncé, donc je fais une addition. ». « Il y a le mot "moins" dans l'énoncé, donc je fais une soustraction. »*

2 Confusion entre les situations de PARTIE-TOUT et les situations de COMPARAISON

Les élèves entrent dans la situation par le calcul, sans développer une représentation juste de la situation. La grande quantité est confondue avec le TOUT. Cette confusion peut passer inaperçue si l'on ne passe pas par la modélisation car les élèves peuvent proposer des calculs et une réponse justes. C'est en les faisant verbaliser, en leur demandant de proposer une modélisation de la situation, que l'on peut se rendre compte qu'ils ont mal compris l'énoncé du problème proposé. Le questionnement est essentiel. *« Qu'est-ce que je cherche ? »*

Dans les deux cas, des quantités sont en jeu. Dans un cas, on veut les réunir, dans l'autre cas, on veut les comparer.

Examinons un exemple.

Situation de PARTIE-TOUT

Ali a 48 cartes. Bérénice a 60 cartes.
Ils ont 108 cartes ensemble.

L'ensemble des cartes 108	
Les cartes d'Ali 48	Les cartes de Bérénice 60

Dans ce cas, on met ensemble deux quantités de cartes. Dans un jeu de rôle dans lequel on jouerait la situation, on pourrait matériellement RÉUNIR les cartes d'Ali et les cartes de Bérénice. On trouverait alors le nombre total de cartes. Les deux PARTIES seraient réunies pour former le TOUT.

Situation de COMPARAISON (avec écart)

Ali possède 48 cartes. Bérénice a 60 cartes.
Ils ont 12 cartes de différence.

GRANDE QUANTITÉ Les cartes de Bérénice (60)	
PETITE QUANTITÉ Les cartes d'Ali (48)	ÉCART entre les deux (12)

Dans ce cas, on a également deux quantités de cartes, celle de Bérénice et celle d'Ali. Mais on ne va pas les mettre ensemble, on va les comparer.
Pour aider à la compréhension de cette situation, on pourrait utiliser par exemple des Kapla ou des Lego et constituer deux piles représentant les deux tas de cartes, celui de Bérénice et celui d'Ali. On peut également proposer une représentation intermédiaire, permettant de comparer les nombres de cartes de Bérénice et Ali :

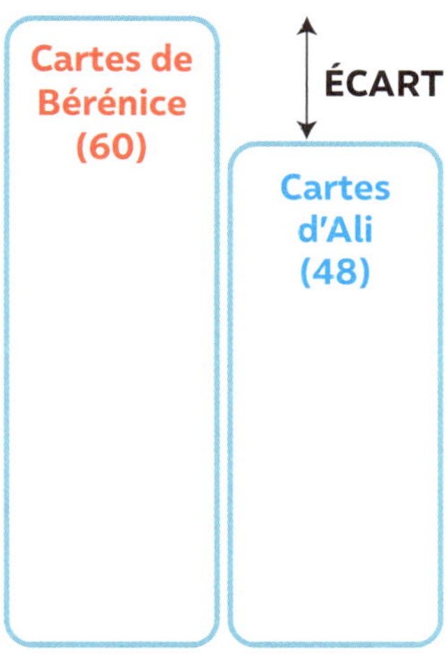

La verbalisation sera essentielle pour distinguer ces deux situations.

3 Difficultés liées au vocabulaire des situations de COMPARAISON

Dans ces situations, on retrouvera des mots variés associés à l'idée de « comparaison » :
– pour les situations avec ÉCART : « de plus », « de moins », « la différence », « l'écart » ;
– pour les situations avec RAPPORT : « fois plus », « fois moins ».
Mais les mots isolés ne sauraient être des indices suffisants. Il sera nécessaire de faire reformuler par les élèves la situation à leur manière, avec leurs mots pour vérifier si le sens est conservé.
On pourra en revanche compléter une affiche sur ce type particulier de situation de COMPARAISON au fur et à mesure que des mots spécifiques seront rencontrés.

4 La manière de questionner les énoncés des problèmes à étapes

Très souvent, l'étape intermédiaire n'est pas clairement formulée par une question. Cette question est sous-entendue, implicite. Il reviendra à l'enseignant-e, lors de la phase de verbalisation-questionnement de faire identifier les deux étapes invitant à deux traitements.
Les procédures des élèves pourront être différentes car certains auront besoin de séparer les deux étapes alors que d'autres accèderont directement à un traitement en une seule étape. Il sera alors pertinent d'explorer avec eux les différents cheminements possibles.

5 Le traitement des données à travers les graphiques, diagrammes et tableaux

Les situations de comparaison seront particulièrement investies à travers des problèmes faisant intervenir des données organisées sous forme de graphiques, diagrammes ou tableaux.
Dans ces situations, la tâche nécessite de commencer par prélever les données dans les supports proposés, ce qui peut constituer une première difficulté, pour ensuite pouvoir les traiter mathématiquement.

SÉANCE 1

Séance de recherche

DURÉE

60 min

MATÉRIEL

- Deux bandes de papier de même taille, fournies suffisamment larges pour pouvoir écrire à l'intérieur
- Ciseaux, crayons...
- Fiche Mission 1

COMPÉTENCES

- Chercher
- Représenter
- Raisonner
- Communiquer

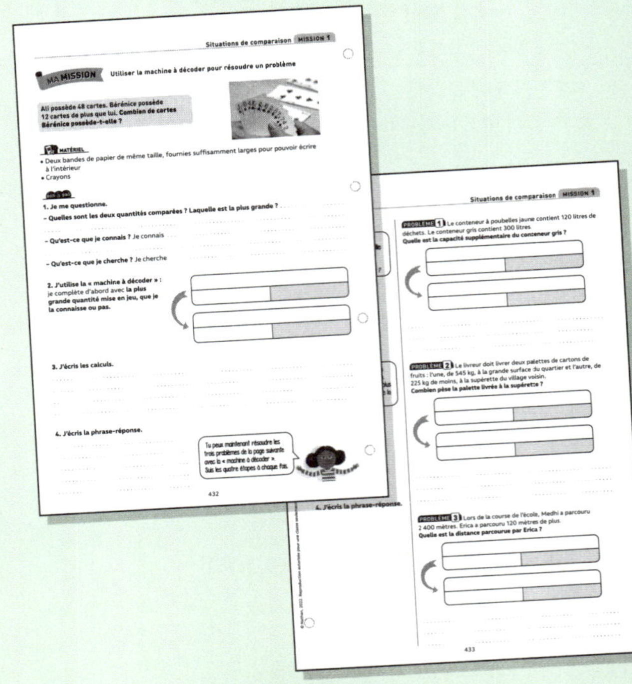

OBJECTIFS

- Comprendre les particularités d'une situation de COMPARAISON.
- Apprendre à la représenter de façon adaptée et accéder à la modélisation en lien avec ce type de situation.

PRINCIPE DE LA MISSION

- À partir d'une situation donnée et du matériel à disposition, les élèves sont invités à représenter la situation à l'aide des bandes. Ils peuvent écrire à l'intérieur. Durant la phase de mise en commun, grâce à la présentation orale des élèves et au questionnement de l'enseignant-e, il s'agit de faire évoluer l'outil « machine à décoder ».

La bande du haut représente la GRANDE QUANTITÉ. La bande du bas est de la même longueur mais elle est constituée de deux parties : la PETITE QUANTITÉ et l'ÉCART.
La mise en commun permet de faire reformuler et installer les repères permettant de renseigner la « machine à décoder ». Pendant cette phase, une affiche permet de garder une trace de ce qui vient d'être construit.

Distribuer à chaque élève deux bandes de papier de même taille, fournies suffisamment larges pour pouvoir écrire à l'intérieur.
Une situation est proposée au tableau :

> Ali possède des cartes. Bérénice en possède plus. Il existe un écart entre les quantités de cartes des deux enfants.

Expliciter leur mission aux élèves :

> *« Lisez la situation écrite au tableau, puis imaginez cette situation. Ensuite, représentez la situation avec vos deux bandes de papier. Il faudra expliquer votre raisonnement.*

10 min — Recherche et confrontation en binôme

Durant cette phase, les élèves manipulent les bandes et cherchent à deux. L'enseignant-e passe près des élèves pour vérifier que la tâche est bien comprise. Il repère également les différentes procédures avancées par ses élèves pour anticiper la phase suivante.
Il incite les élèves à ne pas découper les bandes, et à privilégier la modification des bandes en écrivant dessus (partage en plusieurs cases). Il acceptera cependant les procédures avec découpage.

20 min — Mise en commun et trace écrite provisoire

La mise en commun doit permettre de construire le sens de la « machine à décoder » rattachée aux situations de COMPARAISON. La démarche est identique à celle des séquences précédentes. L'enseignant-e recueille les différentes propositions repérées lors de la recherche.

Dans cette séance, le vocabulaire à mettre en place comprend : la GRANDE QUANTITÉ, la PETITE QUANTITÉ, l'ÉCART entre ces quantités.
Ici encore, insister sur le raisonnement qui permet de placer la plus grande quantité dans la bande du dessus et sur l'équivalence des longueurs des bandes.

Réponses attendues

Dans la grande bande, on met les cartes de Bérénice car c'est la GRANDE QUANTITÉ. Dans la bande du bas, on fait deux cases. Dans une case, on met les cartes d'Ali car c'est la PETITE QUANTITÉ. L'autre case est celle de l'ÉCART entre les deux quantités de cartes.

Les cartes de Bérénice	
Les cartes d'Ali	L'écart entre les nombres de cartes

Réponse experte attendue : La bande du haut est la plus grande et correspond à la GRANDE QUANTITÉ. La bande du bas est découpée en deux parties : une partie est la plus PETITE QUANTITÉ. L'autre partie est l'ÉCART, elle « complète » la petite quantité pour arriver à la même taille que la grande bande. À l'intérieur de chaque case de bande est écrit ce qu'elle représente.

Réponses moins expertes : Les bandes sont bien organisées mais les élèves n'ont pas écrit à quoi elles correspondent ou il est écrit : TOUT et PARTIE 1- PARTIE 2, comme dans une situation de PARTIE-TOUT.
Si un ou plusieurs groupes ont proposé des représentations pour lesquelles les longueurs ne sont pas équivalentes (entre le haut et le bas), l'enseignant-e aborde le sujet lors de la mise en commun. Par exemple, avec des élèves qui auraient réalisé ce type de représentation, il faut comprendre que l'écart permet de passer de la petite quantité à la grande et que les deux bandes doivent bien être identiques.

Trace provisoire possible

À construire en même temps que la verbalisation.

Dans cette situation, on a une GRANDE QUANTITÉ et une PETITE QUANTITÉ que l'on compare. Il existe un ÉCART entre ces deux quantités.

GRANDE QUANTITÉ	
PETITE QUANTITÉ	ÉCART

Pour conclure cette phase, l'enseignant-e fait créer aux élèves des situations de COMPARAISON. Il donne un premier exemple :

« Nous avons travaillé sur une histoire avec des cartes. Maintenant, nous allons inventer des situations de COMPARAISON avec autre chose que des cartes. Par exemple, on peut imaginer que l'on compare le nombre d'élèves dans deux classes. À vous de créer des situations de COMPARAISON avec ce que vous voulez, par exemple des voitures, de la nourriture, des bonbons, des crayons, etc.

10 min Validation de la modélisation à travers un énoncé

Cette phase va permettre de valider la « machine à décoder » mise en place à travers un énoncé quasiment identique comportant des données numériques.

Ali possède 48 cartes. Bérénice possède 12 cartes de plus que lui. **Combien de cartes Bérénice possède-t-elle ?**

L'enseignant-e distribue la fiche mission aux élèves et les laisse compléter la mission jusqu'au premier tableau de la question 2.

20 min Correction collective et guidage sur l'usage de la modélisation

L'enseignant-e mène les échanges en interrogeant les élèves pour chaque étape.

1. Je me questionne. Les réponses sont vérifiées collectivement : l'enseignant-e veillera à faire préciser les réponses sous les deux formes chaque fois (par exemple : je connais le nombre de cartes d'Ali : 48). Il insiste sur le questionnement-type mis en place.

2. J'utilise la « machine à décoder ». L'enseignant-e insiste sur l'ordre dans lequel remplir la machine : on commence par la GRANDE QUANTITÉ mise en jeu : c'est le nombre de cartes de Bérénice car elle a plus de cartes qu'Ali. Puis on complète la bande du bas par la petite quantité et l'écart.

GRANDE QUANTITÉ DE CARTES (celle de Bérénice)	
PETITE QUANTITÉ DE CARTES (celle d'Ali)	ÉCART entre les deux quantités

L'enseignant-e fait valider et justifier qu'il s'agit bien d'une situation de COMPARAISON.
Puis, il invite les élèves à remplacer les blocs de mots par les données numériques qui correspondent.
Il n'est pas inutile de reposer les questions pour vérifier la bonne compréhension de la situation et de sa représentation sous forme de « machine à décoder ».

48	12

Dernière étape, il s'agit de faire identifier ce que l'on cherche. Ce que l'on cherche sera symbolisé par un point d'interrogation.

?	
48	12

3. J'écris les calculs. Il revient ensuite à l'enseignant-e de rendre visible et compréhensible le passage du registre de la langue écrite au registre abstrait du calcul. C'est cet enseignement par la compréhension de la situation, sa représentation à travers la modélisation en barres (machine à décoder) qui soutiendra dans un premier temps le raisonnement de l'élève. Le calcul utilisé devient alors justifiable, pas seulement de manière mécanique, mais bien en lien avec la réalité de la situation proposée.

GRANDE QUANTITÉ = PETITE QUANTITÉ + ÉCART entre les deux quantités
? = 48 + 12
60 = 48 + 12
Phrase-réponse : Bérénice possède 60 cartes.

Faire finalement compléter la phrase-réponse.
Cet énoncé, ainsi que les autres énoncés possibles pour la même situation des « livres », est repris dans le bilan du manuel p. 246.

Aide / différenciation

Voir page 485.

SÉANCE 2

Séance d'institutionnalisation

DURÉE

60 min

MATÉRIEL

- Fiche Mission 1

COMPÉTENCES

- Chercher
- Représenter
- Communiquer
- Modéliser

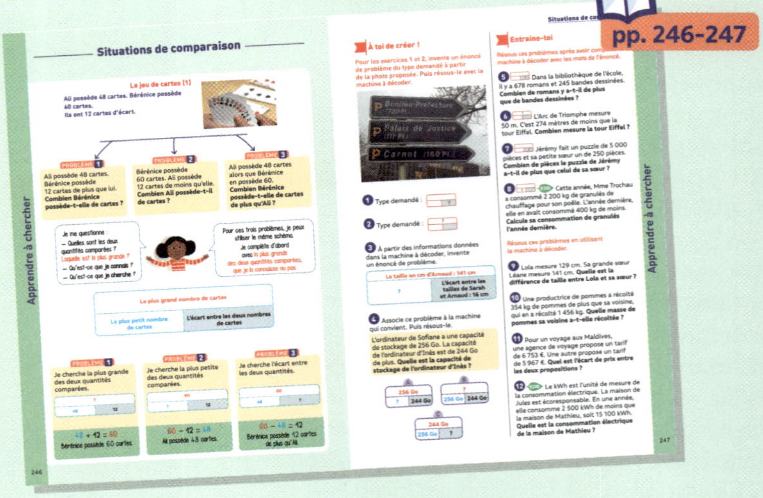

OBJECTIFS

- Identifier les situations de COMPARAISON à travers des énoncés quand la place de l'inconnue varie.
- Institutionnaliser la démarche et l'usage de la « machine à décoder » pour résoudre ces problèmes.

PRINCIPE DE LA SÉANCE

- Les élèves réalisent les problèmes de la fiche mission 1. Les trois énoncés sont des situations de COMPARAISON. L'habillage de l'histoire change à chaque fois ainsi que l'inconnue à trouver.
Durant cette phase, les élèves vont installer des habitudes de repérage des situations de COMPARAISON. Ils vont également s'entrainer à utiliser la « machine à décoder » pour résoudre des problèmes dont les énoncés feront varier l'inconnue recherchée. Ils prennent conscience que la représentation de la situation dans la « machine à décoder » permet d'organiser les données, que l'on recherche la GRANDE QUANTITÉ, la PETITE QUANTITÉ ou l'ÉCART entre les deux quantités en s'appuyant sur la modélisation.
Les élèves travaillent enfin sur le bilan correspondant à la notion (page 246 du manuel).

10 min Réactivation

À partir de l'affichage de la séance 1, l'enseignant-e invite les élèves à reformuler ce qui a été fait en séance 1.

« Pouvez-vous rappeler ce qu'on a appris en séance 1 ? Qu'est-ce qu'on appelle une situation de COMPARAISON ?

Ce qui doit être réactivé :

• Dans une situation de COMPARAISON, on compare deux quantités, une GRANDE et une PETITE ; il y a un ÉCART entre les deux quantités.

• Pour résoudre un problème de COMPARAISON, on suit quatre étapes :
- reformulation et compréhension de l'énoncé, en s'aidant du questionnement (Quelles sont les quantités que je compare ? Laquelle est la plus grande ? Qu'est-ce que je connais ? Qu'est-ce que je cherche ?) ;
- utilisation de la « machine à décoder » ;
- calcul et réponse.

• On complète la machine à décoder :
- d'abord avec le texte, puis avec les données numériques ;
- on place la GRANDE QUANTITÉ (qu'on la connaisse ou pas) dans la grande bande ;
- puis la PETITE QUANTITÉ dans la bande du bas ;
- puis à côté, L'ÉCART qui complète pour obtenir la grande bande.

20 min Recherche des élèves

Travail sur la fiche mission 1 : finir la fiche (2 ou 3 problèmes à résoudre en fonction de la séance 1).
Le travail est réalisé individuellement sauf pour les élèves à besoins qui peuvent être à deux ou davantage guidés.
Les « histoires » ainsi que les inconnues changent. Mais les situations sont toujours des situations de COMPARAISON.

15 min Correction de la fiche mission 1

Problème 1 : recherche de l'ÉCART entre deux contenances.
Problème 2 : recherche de la PETITE MASSE.
Problème 3 : recherche de la GRANDE DISTANCE parcourue.
Les corrections de chaque énoncé permettent de réaffirmer la démarche de questionnement selon le déroulé vu dans la séance 1. La verbalisation par les élèves, c'est-à-dire la justification des choix réalisés, est essentielle pour faire le lien entre la compréhension, la représentation et la modélisation. La fiche élève constitue un appui fort pour guider le questionnement.

15 min Appropriation du bilan

Procéder à une lecture collective du bilan p. 246.
Annoncer que les objectifs de cette lecture seront :
1/ d'identifier les différents types de problèmes associés à une situation de COMPARAISON ;
2/ de réexpliquer avec ses mots ce qui est dit dans le bilan et comment on peut s'en servir

• Ce bilan propose :
– la situation de COMPARAISON de la séance 1 déclinée en trois énoncés ;
– un rappel des questions essentielles ;
– la « machine à décoder » complétée avec les mots de l'énoncé ;
– la résolution de chaque problème à l'aide la « machine à décoder ».

• Les élèves dictent à l'enseignant-e comment ils pourront s'en servir :
– Pour identifier une situation de COMPARAISON ;
– Pour retrouver tous les types de problèmes possibles ;
– Pour se rappeler les questions à se poser pour comprendre ;
– Pour se rappeler comment on « remplit » la « machine à décoder » ;
– Pour s'aider dans le calcul à réaliser.

SÉANCE 3

Séance d'entrainement

DURÉE

60 min

MATÉRIEL

- Pas de matériel particulier

COMPÉTENCES

- Représenter
- Raisonner
- Modéliser
- Calculer

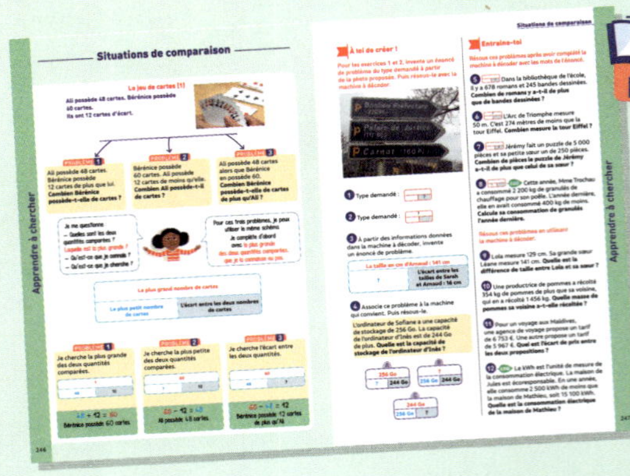

pp. 246-247

p. 250

OBJECTIFS

- S'entrainer à résoudre des problèmes de COMPARAISON.
- S'entrainer à représenter ces problèmes grâce à la modélisation en barres (machine à décoder).

PRINCIPE DE LA SÉANCE

- Cette séance est une séance d'entrainement. Les élèves ont à leur disposition le bilan du manuel et les traces écrites réalisées en commun.
Réexpliquer ce qui est dit dans le bilan et comment on peut s'en servir.

15 min Exercices « À toi de créer ! »

Les élèves réalisent les exercices de la rubrique « À toi de créer » page 247. Laisser les élèves chercher individuellement ou en binôme.

15 min Correction des exercices « À toi de créer ! »

1 Énoncé possible : Le parking de Bonlieu-Préfecture contient 720 places alors que celui du Palais de Justice n'en contient que 111. **Combien de places de plus le parking de Bonlieu-Préfecture a-t-il ?**

2 Énoncé possible : Lucie est garée dans le parking qui contient 560 places de plus que le parking du Palais de Justice. **Où est-elle garée ?**

3 Énoncé possible : **Sachant qu'Arnaud fait 141 cm et que Sarah mesure 16 cm de plus que lui, peux-tu trouver la taille en cm de Sarah ?**

4 Réponse **B.**

30 min Exercices « Entraine-toi »

L'enseignant-e propose un plan de travail aux élèves pour réaliser les problèmes de la rubrique « Entraine-toi » page 247. Des problèmes de la page 250 (colonne de gauche) peuvent également être proposés.
L'enseignant-e peut organiser des groupes de différenciation.

SÉANCE 4

Ateliers de différenciation

DURÉE

60 min

MATÉRIEL

- Pas de matériel particulier

COMPÉTENCES

- Chercher
- Représenter
- Communiquer
- Modéliser

p. 247

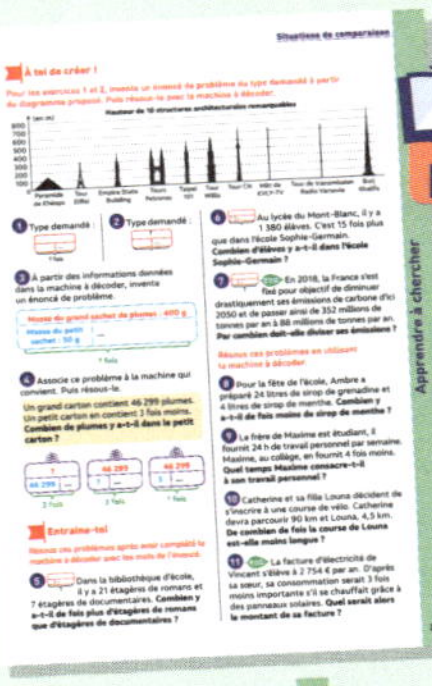

p. 249

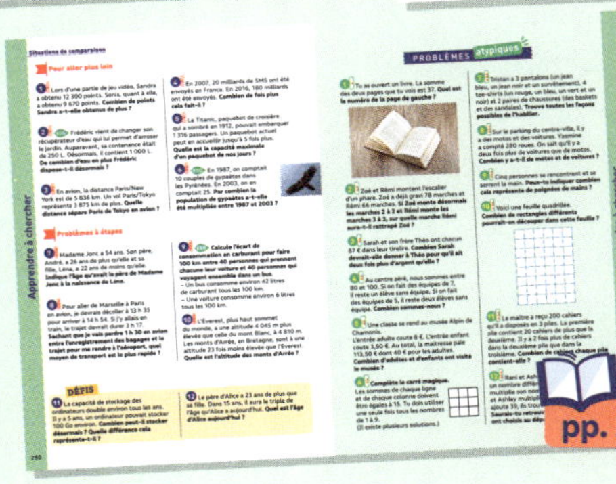

pp. 250-251

• En fonction de ce que l'enseignant-e aura observé durant la séance 3, il peut choisir de corriger certains exercices des rubriques « Entraine-toi » avec le groupe classe (ou avec un groupe en particulier) au début de cette séance.

• En fonction de sa classe et de l'avancement de celle-ci dans cet apprentissage, l'enseignant-e choisit l'objectif pour chaque groupe d'élèves. Il utilise les problèmes des pages 247, 249 et 250 (« Pour aller plus loin », « Problèmes à étapes », « Défis »). Page 250, il choisit en fonction des besoins des élèves : la colonne de gauche est plutôt destinée aux CM1 (comparaison avec un écart), alors que la colonne de droite est plutôt destinée aux CM2 (comparaison avec un rapport).

• L'enseignant-e peut aussi proposer des problèmes atypiques dans le manuel page 251 ou dans le cahier d'entrainement, même aux élèves les moins forts (des problèmes • sont systématiquement proposés).

• Enfin, l'enseignant-e peut également proposer des problèmes des modules en cours d'apprentissage.

Évaluation

Trois problèmes sont proposés pour réaliser une courte évaluation de 10 minutes environ. L'enseignant-e peut la proposer en fin de séance 4 ou en différé. Il pourra obliger certains élèves à utiliser la « machine à décoder ».

Différenciation

Élèves moins autonomes, ou en difficulté : l'enseignant-e peut organiser un espace de travail avec ce groupe d'élèves afin de reprendre avec eux la compréhension des situations. Le choix des problèmes se fera dans les rubriques « Entraine-toi » ou page 250 (colonne de gauche, comparaison avec un écart).
Pour ces élèves, les leviers décrits page 485 pourront être mis en œuvre pour simplifier la tâche demandée. La fiche de modélisation vierge sera à disposition de tous les élèves s'ils en ressentent le besoin.

MA MISSION Utiliser la machine à décoder pour résoudre un problème

Ali possède 48 cartes. Bérénice possède 12 cartes de plus que lui. **Combien de cartes Bérénice possède-t-elle ?**

MATÉRIEL

- Deux bandes de papier de même taille, fournies suffisamment larges pour pouvoir écrire à l'intérieur
- Crayons

PAS à PAS

1. Je me questionne.

– Quelles sont les deux quantités comparées ? Laquelle est la plus grande ? ....

....

– Qu'est-ce que je connais ? Je connais ....

....

– Qu'est-ce que je cherche ? Je cherche ....

2. J'utilise la « machine à décoder » : je complète d'abord avec **la plus grande quantité mise en jeu, que je la connaisse ou pas.**

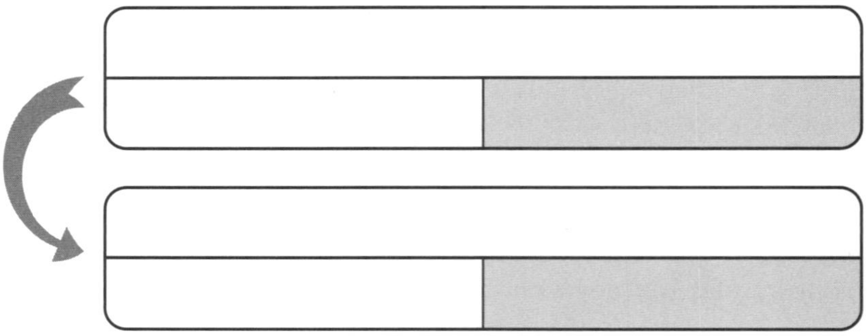

3. J'écris les calculs.

....

....

....

....

4. J'écris la phrase-réponse.

....

....

....

....

....

Tu peux maintenant résoudre les trois problèmes de la page suivante avec la « machine à décoder ». Suis les quatre étapes à chaque fois.

1. Je me questionne.

2. J'utilise la « machine à décoder ».

3. J'écris les calculs.

4. J'écris la phrase-réponse.

PROBLÈME 1 Le conteneur à poubelles jaune contient 120 litres de déchets. Le conteneur gris contient 300 litres.
Quelle est la capacité supplémentaire du conteneur gris ?

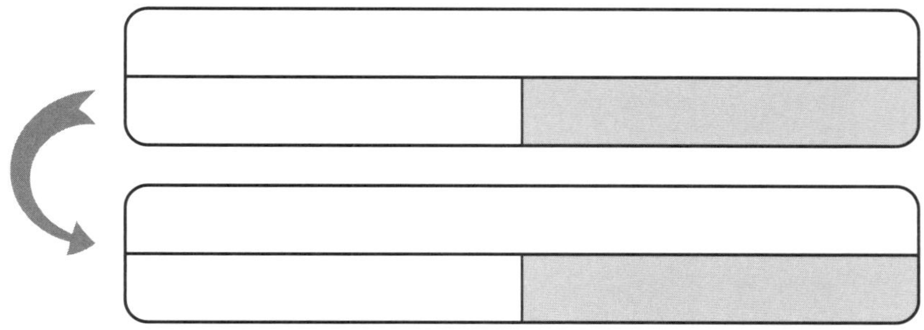

. . . .

. . . .

. . . .

PROBLÈME 2 Le livreur doit livrer deux palettes de cartons de fruits : l'une, de 545 kg, à la grande surface du quartier et l'autre, de 225 kg de moins, à la supérette du village voisin.
Combien pèse la palette livrée à la supérette ?

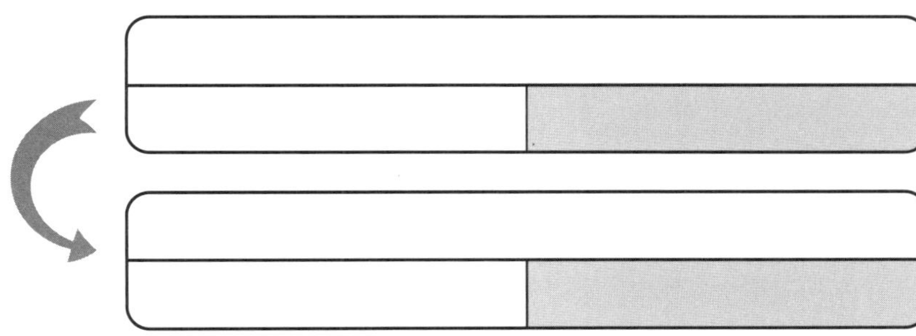

. . . .

. . . .

. . . .

PROBLÈME 3 Lors de la course de l'école, Medhi a parcouru 2 400 mètres. Erica a parcouru 120 mètres de plus.
Quelle est la distance parcourue par Erica ?

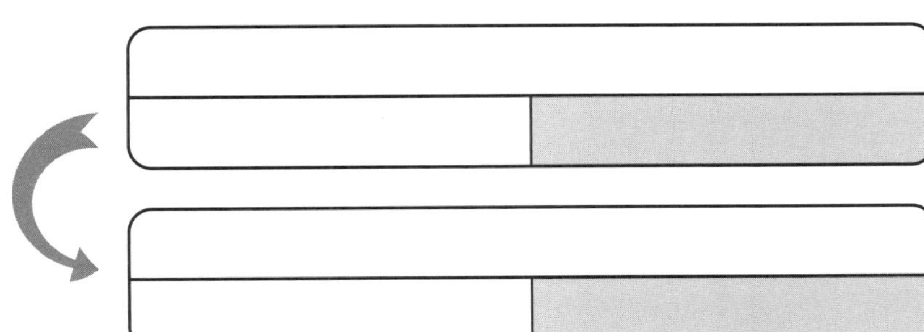

. . . .

. . . .

. . . .

Situations de TRANSFORMATION

rogression des apprentissages sur la séquence TRANSFORMATION

	Situation de transformation simple
ÉANCE 1	• Recherche : découverte des situations TRANSFORMATION, utilisation de la « machine à décoder »
ÉANCE 2	• Réactivation
	• Travail sur la fiche mission 1 : trois problèmes pour comprendre
	• Correction de la fiche mission 1
	• Appropriation du Bilan
ÉANCE 3	• Exercices « À toi de créer ! »
	• Correction des exercices « À toi de créer ! »
	• Exercices d'entrainement
ÉANCE 4	• Ateliers de différenciation
	• Évaluation

CM2

• En CM2, les élèves travailleront sur les situations de transformation (multiplication ou division par un nombre de fois).
Si vous le souhaitez, ou si une programmation le prévoit, vous pouvez donc aller plus loin et les proposer à vos élèves. Se référer alors au site compagnon sur lequel vous trouverez leur descriptif.

pports didactiques

omme leur nom l'indique, les situations de
ANSFORMATION désignent des situations
ns lesquelles une QUANTITÉ subit une
ANSFORMATION (une AUGMENTATION ou
e DIMINUTION). Elle évolue donc pour être plus
ANDE ou plus PETITE.

 distingue deux situations de TRANSFORMATION :
les situations dans lesquelles **une quantité** a
bi une **augmentation ou une diminution** pour
tenir une nouvelle quantité : ces situations sont à
stination des CM1 ;
les situations dans lesquelles **une quantité**
subi une **augmentation ou une diminution** en
ant **multipliée ou divisée un nombre de fois**
ur obtenir une nouvelle quantité : ces situations
nt à destination des CM2.

ans le premier cas, la GRANDE QUANTITÉ est
ale à la somme de l'ÉVOLUTION et de la PETITE
JANTITÉ. Dans le deuxième cas, la GRANDE
JANTITÉ est égale au produit de la PETITE
JANTITÉ par le RAPPORT. Si les deux QUANTITÉS
(la petite et la grande) ont une existence tangible, l'ÉVOLUTION ou le RAPPORT n'existent que de **manière « virtuelle »**.

• Selon l'énoncé, on peut être amené à chercher :
– la quantité initiale (AVANT) ;
– la quantité finale (APRÈS) ;
– la transformation (AUGMENTATION ou DIMINUTION) ou le RAPPORT entre les deux quantités.

Dans ce module, il s'agit de permettre aux élèves de comprendre en quoi une situation de transformation diffère des types de situations déjà rencontrées dans les modules précédents. Les élèves vont devoir en construire une représentation rigoureuse pour accéder à sa modélisation spécifique.

• Du point de vue des calculs en jeu, ces situations appellent une résolution par une **addition** ou une **soustraction** (situations impliquant une transformation simple), une **multiplication** ou une **division** (situations impliquant une transformation avec un **rapport**).

CM1 Situations avec une TRANSFORMATION simple

D'un point de vue mathématique, une situation de TRANSFORMATION appelle les mêmes calculs qu'une situation de PARTIE-TOUT. Rappelons que, si l'on se réfère au recodage sémantique évoqué par Emmanuel Sander, tout problème peut se ramener soit à une situation de PARTIE-TOUT, soit à une situation de GROUPEMENT-PARTAGE.
En effet, dans une situation de transformation, la grande quantité (qu'elle soit initiale ou finale) est l'addition de la petite quantité (finale ou initiale) à laquelle s'ajoute la transformation. Malgré cette proximité, il semble important, avec des élèves de CM1, de montrer que ces deux types de situation diffèrent dans la mesure où la deuxième implique une chronologie, un « avant » et un « après », contrairement à la première. Le travail sur la compréhension des situations, lors de la phase de verbalisation, est essentiel pour aboutir à une représentation puis à une modélisation correctes.

- On identifiera les situations de transformation grâce au repérage de connecteurs de temps : « **avant », « après », « maintenant », les dates de début et de fin**, etc. La notion de temporalité peut également être implicite (indication d'une saison, d'un mois de l'année, d'un jour de la semaine…). On parlera de **« baisse »**, **« augmentation »**, **« rabais »**, **« remise » ….**
- Comme pour toutes les situations déjà rencontrées, la plus grande quantité sera placée dans la partie haute de la « machine à décoder », qu'elle soit la quantité initiale ou finale. Comme pour les situations de COMPARAISON, la case représentant l'ÉVOLUTION sera grisée de manière à cibler le statut particulier de cette quantité.

La temporalité est essentielle dans les situations de transformation. Il est nécessaire de l'interroger. Lors de la première phase de lecture de l'énoncé, un temps sera consacré à la réorganisation des données dans l'ordre chronologique, pour identifier si la quantité initiale (celle qui a subi la transformation) est la PETITE ou la GRANDE. Une flèche du temps peut être utilisée. La représentation mentale de la situation et donc le traitement des données ensuite en dépendent.

AVANT ou APRÈS / GRANDE QUANTITÉ	
AVANT ou APRÈS / PETITE QUANTITÉ	ÉVOLUTION

Ex. : « Il existe une quantité de crêpes (PETITE ou GRANDE). Une transformation de cette quantité a lieu (soit une AUGMENTATION, soit une DIMINUTION). La quantité de crêpes évolue (soit elle augmente, soit elle diminue). »

- Comme pour les autres situations se ramenant à une situation de PARTIE-TOUT :

– on peut additionner les parties du bas (PETITE QUANTITÉ et ÉVOLUTION) pour trouver la GRANDE QUANTITÉ ;
– on peut soustraire la PETITE QUANTITÉ à la GRANDE QUANTITÉ pour trouver l'ÉVOLUTION ;
– on peut soustraire l'ÉVOLUTION à la GRANDE QUANTITÉ pour trouver la PETITE QUANTITÉ.

CM2 Situations avec une TRANSFORMATION avec un RAPPORT (CM2)

D'un point de vue mathématique, une situation de TRANSFORMATION avec RAPPORT se ramène à une situation de PARTAGE et GROUPEMENT et appelle le même calcul. Mais les énoncés de problèm de TRANSFORMATION sont formulés d'une manière particulière, avec un vocabulaire spécifique. C'est pourquoi le travail sur la compréhension lors des phases de verbalisation, représentation puis modélisation est essentiel.
Le repérage des connecteurs de temps et la réorganisation de la chronologie de la situation sur une ligne du temps permettent d'outiller les élèves. La plus grande quantité est placée dans la partie haute de la « machine à décoder » qu'elle soit la quantité initi ou finale. Le nombre de fois que la petite quantité est contenue dans la grande est noté dessous comme pou les situations de groupement ou partage équitable.

AVANT ou APRÈS / GRANDE QUANTITÉ	
AVANT ou APRÈS / PETITE QUANTITÉ	…

NOMBRE DE FOIS

Ex. : « Il existe une quantité de crêpes (PETITE ou GRANDE). Une transformation de cette quantité a li (soit une MULTIPLICATION, soit une DIVISION). »

Comme pour les autres situations se ramenant à une situation de PARTAGE et GROUPEMENT :
– on peut multiplier la PETITE QUANTITÉ par le NOMBRE DE FOIS pour trouver la GRANDE QUANTIT
– on peut diviser la GRANDE QUANTITÉ par le NOMBRE DE FOIS pour trouver la PETITE QUANTITE
– on peut diviser la GRANDE QUANTITÉ par la PETI QUANTITÉ pour trouver le NOMBRE DE FOIS.

Difficultés rencontrées par les élèves

Au cycle 3, ces situations de TRANSFORMATION ne soulèvent pas de grandes difficultés du point de vue du calcul.
Cependant, la compréhension de la situation et sa représentation par les élèves peuvent constituer un obstacle persistant.

La modélisation en barres dédiée aux situations de TRANSFORMATION permet de représenter ces situations mais afin qu'elle soit utilisée à bon escient, il faudra veiller à :
– installer la différence avec les autres situations, sans temporalité ;
– guider les élèves à repérer si la grande quantité est AVANT (initiale) ou APRÈS (finale).

Ce repère est lié au repérage suivant : identifier si la transformation est une DIMINUTION ou une AUGMENTATION.

Difficultés liées à la compréhension la chronologie
vocabulaire et la syntaxe liés à la chronologie nt variés. On trouve :
les dates ou des années ;
les adverbes : aujourd'hui, hier, demain, avant, aintenant, …
'usage de temps du passé, du futur, etc.
les connecteurs temporels, …

plus, la chronologie de la situation est parfois rmulée de manière complexe ou implicite, st alors la compréhension, puis la représentation la situation qui font obstacles à la résolution problème.

emples :

En 2020, mon village comptait 162 habitants. a enregistré 5 naissances et aucun décès. uelle est sa population actuelle ? »

Un bus transportant 53 passagers a fait e première halte à Poitiers. Arrivé à Nantes, s 23 derniers passagers sont descendus. ue s'est-il passé à Poitiers ? »

Difficultés liées au vocabulaire la TRANSFORMATION
ans ces situations, on retrouvera les mots à associer 'idée de « TRANSFORMATION » :
a TRANSFORMATION prend la forme soit d'une gmentation, soit d'une diminution. Il s'agit de oisir entre ces deux cas en analysant les mots sociés à la transformation (on a fait ou mangé s crêpes par ex.) ;
– pour les transformations avec RAPPORT, la petite quantité étant un nombre de fois plus petite que la grande et inversement, on retrouve les expressions : « fois plus », « fois moins », « le triple », « le double » ; l'idée de « multiple ou de diviseur » est associée à ces situations.

Ici encore, les mots isolés ne sauraient être des indices suffisants. Il est nécessaire de faire reformuler par les élèves la situation à leur manière, avec leurs mots pour vérifier si le sens est conservé. Cette phase de verbalisation peut être représentée par une ligne du temps, qui permet d'organiser les informations données chronologiquement.
On peut également réaliser une affiche sur les situations de TRANSFORMATION comme pour les autres situations.

3 Différence entre situations de TRANSFORMATION proposées en CM1 puis en CM2
Les deux situations ont comme point commun la transformation d'une quantité, mais les représentations et modélisations associées diffèrent de façon significative :
– en CM1, les situations traitent d'une augmentation ou d'une diminution de la quantité par ajout ou retrait ;
– en CM2, les situations traitent d'une augmentation ou d'une diminution, la grande quantité étant multiple de la petite.

4 La taille des nombres et les rapports entre eux, les conversions d'unités, la maitrise des techniques de calcul et des faits numériques restent comme pour toutes les autres situations des facteurs facilitateurs ou pas.

SÉANCE 1

Séance de recherche

DURÉE

60 min

MATÉRIEL

- Deux bandes de papier de même taille, fournies suffisamment larges pour pouvoir écrire à l'intérieur
- Ciseaux, crayons...
- Fiche Mission 1

COMPÉTENCES

- Chercher
- Représenter
- Raisonner
- Communiquer

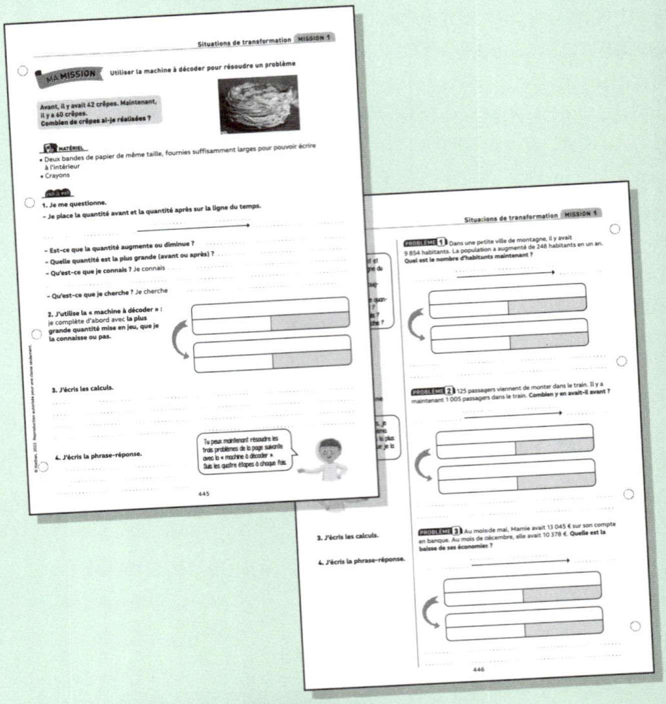

OBJECTIFS

- Comprendre la spécificité d'une situation de TRANSFORMATION (notions « d'avant », « d'après », « d'augmentation », « de diminution »)
- Acquérir la modélisation spécifique à une situation de TRANSFORMATION.

PRINCIPE DE LA MISSION

- À partir d'une situation donnée et du matériel à disposition, les élèves sont invités à représenter la situation à l'aide des bandes. Ils peuvent écrire à l'intérieur.
Durant la phase de mise en commun, grâce à la présentation orale des élèves et au questionnement de l'enseignant-e, il s'agit de faire évoluer l'outil « machine à décoder ». Une ligne du temps est préalablement utilisée pour organiser les données chronologiquement.
La bande du haut représente la GRANDE QUANTITÉ. La bande du bas est de la même longueur mais elle est constituée de deux parties : la PETITE QUANTITÉ et l'ÉVOLUTION.
La « machine à décoder » est alors testée à travers un exemple avec des données numériques.
La mise en commun permet de faire reformuler et installer les repères permettant de renseigner la « machine à décoder ». Pendant cette phase, une affiche permet de garder une trace de ce qui vient d'être construit.

Distribuer à chaque élève deux bandes de papier de même taille, fournies suffisamment larges pour pouvoir écrire à l'intérieur.
Une situation est proposée au tableau :

> Avant, il y avait un nombre de crêpes. Des crêpes sont réalisées. Après, le nombre de crêpes a augmenté.

Expliciter leur mission aux élèves :

> *Lisez la situation écrite au tableau, puis imaginez cette situation. Ensuite, représentez la situation avec vos deux bandes de papier. Il faudra expliquer votre raisonnement.*

10 min — Recherche et confrontation en binôme

Durant cette phase, les élèves manipulent les bandes et cherchent à deux. L'enseignant-e passe près des élèves pour vérifier que la tâche est bien comprise.
Il repère également les différentes procédures avancé par ses élèves pour anticiper la phase suivante.
Il incite les élèves à ne pas découper les bandes, et à privilégier la modification des bandes en écrivant dessus (partage en plusieurs cases). Il acceptera cependant les procédures avec découpage.

20 min Mise en commun et trace écrite provisoire

La mise en commun doit permettre de construire le sens de la « machine à décoder » rattachée aux situations de TRANSFORMATION. La démarche est identique à celle des séquences précédentes. L'enseignant-e recueille les différentes propositions repérées lors de la recherche.
Le questionnement évolue dans cette séquence, afin de prendre en compte les enjeux liés à la chronologie :

« Dans le texte, quel est le temps utilisé, Quels sont les connecteurs de temps ? Comment peut-on organiser les informations sur la ligne du temps à partir de ces indicateurs de temps ? Les deux quantités sont la QUANTITÉ AVANT et la quantité APRÈS. Quelle est la quantité AVANT ? Quelle est la quantité APRÈS ?

AVANT —— ÉVOLUTION ——→ APRÈS

« Quelle est la GRANDE QUANTITÉ ? À quel moment la quantité est-elle plus grande, AVANT ou APRÈS ?

Cette quantité, qu'on la connaisse ou pas, peut être placée sur la ligne du temps.

« Quelle est la PETITE QUANTITÉ ? À quel moment la quantité est-elle plus petite, AVANT ou APRÈS ?

Cette quantité, qu'on la connaisse ou pas, peut être placée sur la ligne du temps.

« Une fois la ligne du temps complétée, est-ce que le déroulé chronologique parait possible ?

Dans cette séance, le vocabulaire à mettre en place comprend : la GRANDE QUANTITÉ, la PETITE QUANTITÉ, l'ÉVOLUTION entre ces quantités.
Les expressions AVANT/APRÈS doivent également être utilisées à bon escient.
Ici encore, insister sur le raisonnement qui permet de placer la plus grande quantité dans la bande du dessus et sur l'équivalence des longueurs des bandes.

Réponses attendues

Dans la grande bande, on met la GRANDE QUANTITÉ : c'est la quantité d'APRÈS car on a réalisé des crêpes, donc leur nombre augmente. Dans la bande du bas, on met la PETITE QUANTITÉ : c'est la quantité d'AVANT. La dernière case grisée représente l'ÉVOLUTION du nombre de crêpes.

AVANT : petite quantité —— Des crêpes sont réalisées ——→ APRÈS : grande quantité car on dit qu'elle a augmenté.

Le nombre de crêpes après	
Le nombre de crêpes avant	L'évolution du nombre de crêpes

Réponse experte attendue : La bande du haut est la plus grande et correspond à la GRANDE QUANTITÉ/APRÈS. La bande du bas est découpée en deux parties : une partie est la plus PETITE QUANTITÉ/AVANT. L'autre partie est l'ÉVOLUTION, elle « complète » la petite quantité pour arriver à la même taille que la grande bande. À l'intérieur de chaque case de bande est écrit ce qu'elle représente.

Réponses moins expertes :
– Les bandes sont bien organisées mais les élèves n'ont pas écrit à quoi elles correspondent.
– Si un ou plusieurs groupes ont proposé des représentations pour lesquelles les longueurs ne sont pas équivalentes (entre le haut et le bas), l'enseignant-e aborde le sujet lors de la mise en commun. Par exemple, avec des élèves qui auraient réalisé ce type de représentation, il fait comprendre que l'évolution permet de passer de la petite quantité à la grande. Et que les deux bandes doivent bien être identiques.

▶ Trace provisoire possible

À construire en même temps que la verbalisation.

Dans cette situation, on a une QUANTITÉ AVANT qui augmente ou diminue pour se transformer en une autre QUANTITÉ APRÈS.

AVANT —— ÉVOLUTION ——→ APRÈS

GRANDE QUANTITÉ (avant ou après)	
PETITE QUANTITÉ (avant ou après)	ÉVOLUTION

Pour conclure cette phase, l'enseignant-e fait créer aux élèves des situations de TRANSFORMATION.
Il donne un premier exemple :

« Nous avons travaillé sur une histoire avec des crêpes. Maintenant, nous allons inventer des situations de TRANSFORMATION avec autre chose que des crêpes. Par exemple : « Au début du mois de mai, un grand nombre de narcisses a poussé dans mon jardin. À la fin du mois, un certain nombre est fané. » On a bien une quantité de fleurs AVANT. Cette quantité a subi une transformation pour devenir une quantité APRÈS. À vous de créer des situations de TRANSFORMATION avec ce que vous voulez.

10 min Validation de la modélisation à travers un énoncé

Cette phase va permettre de valider la « machine à décoder » mise en place à travers un énoncé quasiment identique comportant des données numériques.

Avant, il y avait 42 crêpes. Maintenant, il y a 60 crêpes.
Combien de crêpes ai-je réalisées ?

L'enseignant-e distribue la fiche mission aux élèves et les laisse compléter la mission jusqu'au premier tableau de la question 2.

20 min Correction commune et guidage sur l'usage de la modélisation

L'enseignant-e mène les échanges en interrogeant les élèves pour chaque étape. Le questionnement institutionnalisé plus haut est réactivé pour guider les élèves. La première étape du questionnement est ici de compléter une ligne du temps. Les réponses sont vérifiées collectivement.

1. Je me questionne.
Pour compléter la **ligne du temps**, la chronologie de l'énoncé est analysée. L'information qui décrit l'ÉVOLUTION est complétée également. On compare la quantité AVANT et la quantité APRÈS en se fondant sur la situation.
L'enseignant-e veillera à faire préciser les réponses sous les deux formes chaque fois (par exemple : je connais le nombre de crêpes avant : 42).

2. J'utilise la « machine à décoder ». L'enseignant-e insiste sur l'ordre dans lequel remplir la machine : on commence par la GRANDE QUANTITÉ mise en jeu : c'est le nombre de crêpes après. Puis on complète ensuite les PARTIES dans la bande du bas.

Nombre de crêpes APRÈS	
Nombre de crêpes AVANT	**ÉVOLUTION entre les deux quantités**

L'enseignant-e fait valider et justifier qu'il s'agit bien d'une situation de TRANSFORMATION.
Puis il invite les élèves à remplacer les blocs de mots par les données numériques qui correspondent.

60	
42	

Dernière étape, il s'agit de faire identifier ce que l'on cherche (symbolisé par un point d'interrogation).

60	
42	?

3. J'écris les calculs. Il revient ensuite à l'enseignant-e de rendre visible et compréhensible le passage du registre de la langue écrite au registre abstrait du calcul. C'est cet enseignement par la compréhension de la situation, sa représentation à travers la modélisation en barres (machine à décoder) qui soutiendra dans un premier temps le raisonnement de l'élève. Le calcul utilisé devient alors justifiable, pas seulement de manière mécanique, mais bien en lien avec la réalité de la situation proposée.

GRANDE QUANTITÉ AVANT = PETITE QUANTITÉ APRÈS + AUGMENTATION
60 = 42 + ?
60 – 42 = ?
60 – 42 = 18
Phrase-réponse : J'ai réalisé 18 crêpes.

Faire finalement compléter la phrase-réponse.
Cet énoncé, ainsi que les autres énoncés possibles pour la même situation des « crêpes », est repris dans le bilan du manuel p. 252.

Aide / différenciation

Voir page 485.

SÉANCE 2

Séance d'institutionnalisation

DURÉE

60 min

MATÉRIEL

- Fiche Mission 1

COMPÉTENCES

- Chercher
- Représenter
- Communiquer
- Modéliser

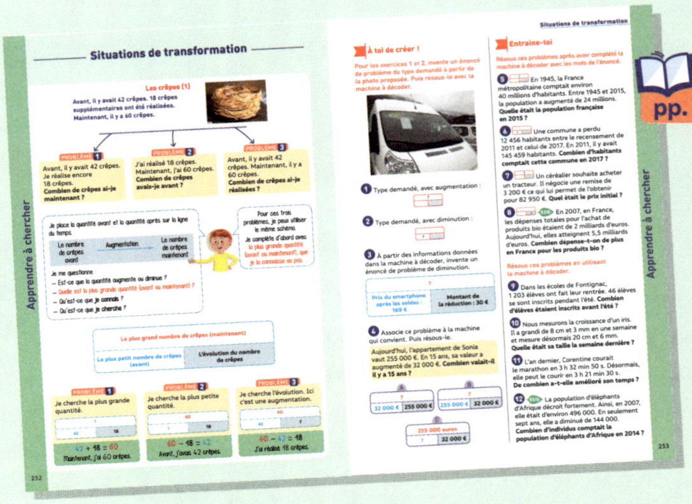

pp. 252-253

OBJECTIFS

- Identifier les situations de TRANSFORMATION à travers des énoncés quand la place de l'inconnue varie.
- Institutionnaliser la démarche et l'usage de la « machine à décoder » pour résoudre ces problèmes.

PRINCIPE DE LA SÉANCE

- Les élèves réalisent les problèmes de la fiche mission 1. Les trois énoncés sont des situations de TRANSFORMATION. L'habillage de l'histoire change à chaque fois ainsi que l'inconnue à trouver.
Durant cette phase, les élèves vont installer des habitudes de repérage des situations de TRANSFORMATION. Ils vont également s'entrainer à utiliser la « machine à décoder » pour résoudre des problèmes dont les énoncés feront varier l'inconnue recherchée. Ils prennent conscience que la représentation de la situation dans la « machine à décoder » permet d'organiser les données, que l'on recherche la GRANDE QUANTITÉ, la PETITE QUANTITÉ ou l'ÉVOLUTION entre les deux quantités en s'appuyant sur la modélisation.
Les élèves travaillent enfin sur le bilan correspondant à la notion (page 252 du manuel).

10 min Réactivation

partir de l'affichage de la séance 1, l'enseignant-e nvite les élèves à reformuler ce qui a été fait n séance 1.

« Pouvez-vous rappeler ce qu'on a appris en séance 1 ? Qu'est-ce qu'on appelle une situation de TRANSFORMATION ? »

e qui doit être réactivé :

Dans une situation de TRANSFORMATION, il y a une uantité « AVANT » qui se transforme en quantité APRÈS ». Il y a toujours une GRANDE et une PETITE uantité. Il existe une ÉVOLUTION qui prend la forme 'une AUGMENTATION ou d'une DIMINUTION.

• Pour résoudre un problème de TRANSFORMATION, on suit quatre étapes :
– reformulation et compréhension de l'énoncé, en s'aidant du questionnement (Est-ce que la quantité augmente ou diminue ? Quelle quantité est la plus grande (avant ou après) ? Qu'est-ce que je connais ? Qu'est-ce que je cherche ?) ;
– utilisation de la ligne du temps et de la « machine à décoder » ;
– calcul et réponse.

• On complète la machine à décoder :
– d'abord avec le texte, puis avec les données numériques ;
– on place la GRANDE QUANTITÉ (qu'on la connaisse ou pas) dans la grande bande ;
– puis la PETITE QUANTITÉ dans la bande du bas ;
– puis à côté, L'ÉVOLUTION qui complète pour obtenir la grande bande.

20 min Recherche des élèves

Travail sur la fiche mission 1 : finir la fiche (2 ou 3 problèmes à résoudre en fonction de la séance 1).
Le travail est réalisé individuellement sauf pour les élèves à besoins qui peuvent être à deux ou davantage guidés.
Les « histoires » ainsi que les inconnues changent. Mais les situations sont toujours des situations de TRANSFORMATION.

15 min Correction de la fiche mission 1

Problème 1 : recherche de la quantité d'APRÈS, qui a AUGMENTÉ.

Problème 2 : recherche de la quantité d'AVANT sachant qu'il y a eu une AUGMENTATION.

Problème 3 : recherche de l'ÉVOLUTION sachant que c'est une DIMINUTION.

Les corrections de chaque énoncé permettent de réaffirmer la démarche de questionnement selon le déroulé vu dans la séance 1. La verbalisation par les élèves, c'est-à-dire la justification des choix réalisés, est essentielle pour faire le lien entre compréhension, la représentation et la modélisation. La fiche élève constitue un appui fort pour guider le questionnement.

15 min Appropriation du bilan

Procéder à une lecture collective du bilan p. 252.
Annoncer que les objectifs de cette lecture seront :
1/ d'identifier les différents types de problèmes associés à une situation de TRANSFORMATION ;
2/ de réexpliquer avec ses mots ce qui est dit dans le bilan et comment on peut s'en servir

• Ce bilan propose :
– la situation de TRANSFORMATION de la séance 1 déclinée en trois énoncés ;
– un rappel des questions essentielles ;
– la « machine à décoder » complétée avec les mots de l'énoncé ;
– la résolution de chaque problème à l'aide de la « machine à décoder ».

• Les élèves dictent à l'enseignant-e comment ils pourront s'en servir :
– Pour identifier une situation de TRANSFORMATION ;
– Pour retrouver tous les types de problèmes possibles ;
– Pour se rappeler les questions à se poser pour comprendre ;
– Pour se rappeler comment on « remplit » la « machine à décoder » ;
– Pour s'aider dans le calcul à réaliser.

SÉANCE 3

Séance d'entrainement

DURÉE
60 min

MATÉRIEL
- Pas de matériel particulier

COMPÉTENCES
- Représenter
- Raisonner
- Modéliser
- Calculer

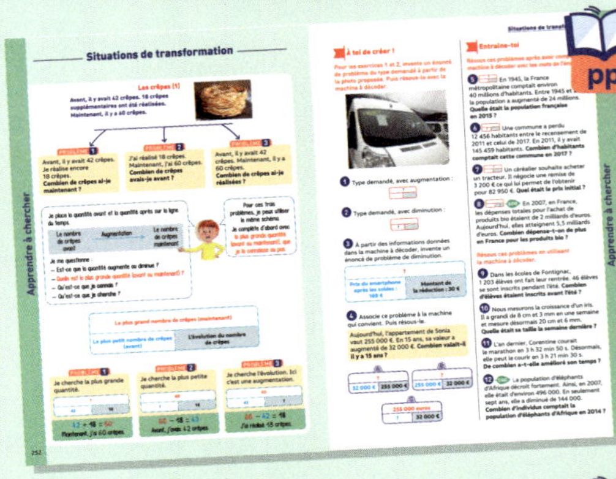

pp. 252-253

p. 256

OBJECTIFS

- S'entrainer à résoudre des problèmes de TRANSFORMATION.
- S'entrainer à utiliser la ligne du temps et à représenter ces problèmes grâce à la modélisation en barres (machine à décoder).

PRINCIPE DE LA SÉANCE

- Cette séance est une séance d'entrainement. Les élèves ont à leur disposition le bilan du manuel et les traces écrites réalisées en commun.
Réexpliquer ce qui est dit dans le bilan et comment on peut s'en servir.

15 min Exercices « À toi de créer ! »

Les élèves réalisent les exercices de la rubrique « À toi de créer » page 253. Laisser les élèves chercher individuellement ou en binôme.

15 min Correction des exercices « À toi de créer ! »

1 Énoncé possible : À la fin de la période de promotion, le prix d'un camion de 14 583 € est rehaussé de 950 €. **Quel est son prix maintenant ?**

2 Énoncé possible : Avant la remise de 1 450 €, le garage vendait un camion 14 583 €. **Quel est son prix actuel ?**

3 Énoncé possible : Après une remise de 30 € pendant les soldes, un smartphone coute 169 €. **Quel était son prix avant les soldes ?**

4 Réponse **C.**

30 min Exercices « Entraine-toi »

L'enseignant-e propose un plan de travail aux élèves pour réaliser les problèmes de la rubrique « Entraine-toi » page 253. Des problèmes de la page 256 (colonne de gauche) peuvent également être proposés.
L'enseignant-e peut organiser des groupes de différenciation.

SÉANCE 4

Ateliers de différenciation

DURÉE

60 min

MATÉRIEL

- Pas de matériel particulier

COMPÉTENCES

- Chercher
- Représenter
- Communiquer
- Modéliser

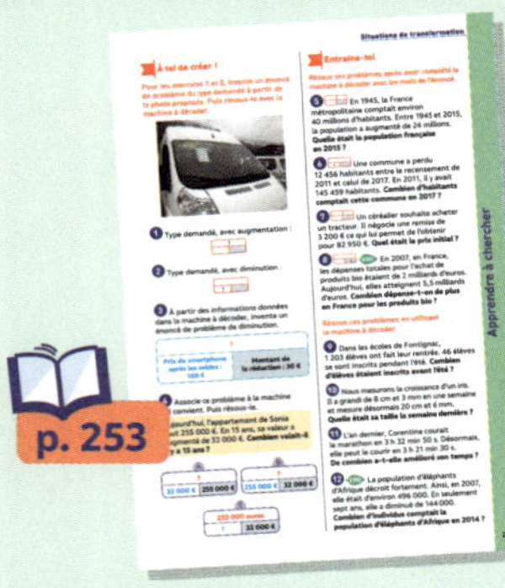

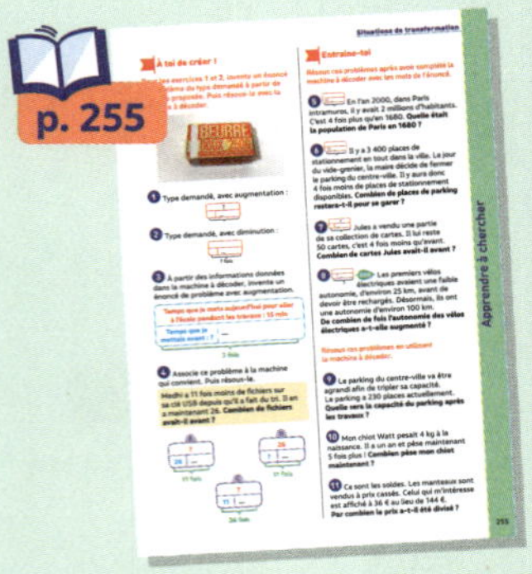

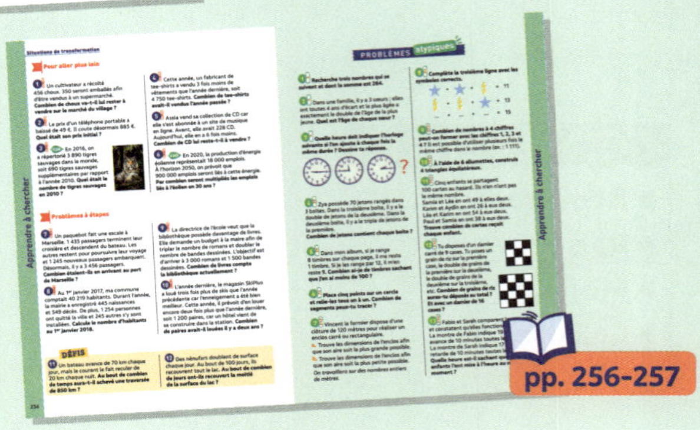

- En fonction de ce que l'enseignant-e aura observé durant la séance 3, il peut choisir de corriger certains exercices des rubriques « Entraine-toi » avec le groupe classe (ou avec un groupe en particulier) au début de cette séance.
- En fonction de sa classe et de l'avancement de celle-ci dans cet apprentissage, l'enseignant-e choisit l'objectif pour chaque groupe d'élèves. Il utilise les problèmes des pages 253, 255 et 256 (« Pour aller plus loin », « Problèmes à étapes », « Défis »). Page 256, il choisit en fonction des besoins des élèves : la colonne de gauche est plutôt destinée aux CM1 (transformation simple), alors que la colonne de droite est plutôt destinée aux CM2 (transformation avec un rapport).
- L'enseignant-e peut aussi proposer des problèmes atypiques dans le manuel p. 257 ou dans le cahier d'entrainement, même aux élèves les moins forts (des problèmes • sont systématiquement proposés).
- Enfin, l'enseignant-e peut également proposer des problèmes des modules en cours d'apprentissage.

Évaluation

Trois problèmes sont proposés pour réaliser une courte évaluation de 10 minutes environ. L'enseignant-e peut la proposer en fin de séance 4 ou en différé. Il pourra obliger certains élèves à utiliser la « machine à décoder ».

Différenciation

Élèves moins autonomes, ou en difficulté : l'enseignant-e peut organiser un espace de travail avec ce groupe d'élèves afin de reprendre avec eux la compréhension des situations. Le choix des problèmes se fera dans les rubriques « Entraine-toi » ou page 256 (colonne de gauche, transformation).
Pour ces élèves, les leviers décrits page 485 pourront être mis en œuvre pour simplifier la tâche demandée. La fiche de modélisation vierge sera à disposition de tous les élèves s'ils en ressentent le besoin.

MA MISSION Utiliser la machine à décoder pour résoudre un problème

Avant, il y avait 42 crêpes. Maintenant, il y a 60 crêpes.
Combien de crêpes ai-je réalisées ?

MATÉRIEL

- Deux bandes de papier de même taille, fournies suffisamment larges pour pouvoir écrire à l'intérieur
- Crayons

PAS à PAS

1. Je me questionne.

– Je place la quantité avant et la quantité après sur la ligne du temps.

. . . .

. . . . ⟶ . . . .

– Est-ce que la quantité augmente ou diminue ? . . . .

– Quelle quantité est la plus grande (avant ou après) ? . . . .

– Qu'est-ce que je connais ? Je connais . . . .

. . . .

– Qu'est-ce que je cherche ? Je cherche . . . .

2. J'utilise la « machine à décoder » : je complète d'abord avec **la plus grande quantité mise en jeu, que je la connaisse ou pas.**

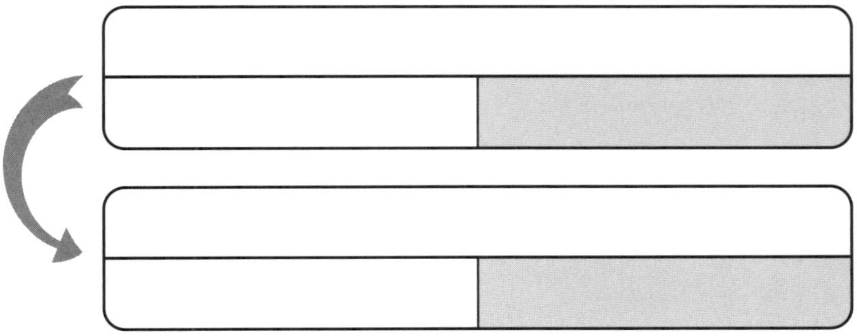

3. J'écris les calculs.

. . . .

. . . .

. . . .

. . . .

4. J'écris la phrase-réponse.

. . . .

. . . .

. . . .

1. Je me questionne.

Je place la quantité avant et la quantité après sur la ligne du temps.
– Est-ce que la quantité augmente ou diminue ?
– Quelle est la plus grande quantité (avant ou maintenant) ?
– Qu'est-ce que **je connais** ?
– Qu'est-ce que **je cherche** ?

2. J'utilise la « machine à décoder ».

Pour ces trois problèmes, je peux utiliser le même schéma. Je complète d'abord avec la plus grande quantité en jeu, que je la connaisse ou pas.

3. J'écris les calculs.

4. J'écris la phrase-réponse.

PROBLÈME 1 Dans une petite ville de montagne, il y avait 9 854 habitants. La population a augmenté de 248 habitants en un an. **Quel est le nombre d'habitants maintenant ?**

. . . .

. . . . → . . . .

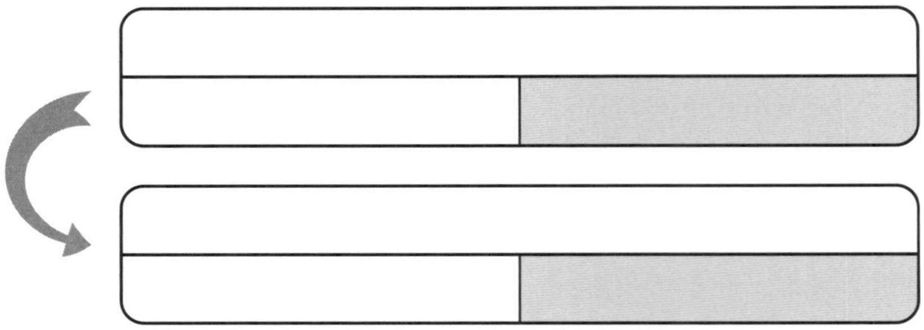

. . . .

. . . .

PROBLÈME 2 125 passagers viennent de monter dans le train. Il y a maintenant 1 005 passagers dans le train. **Combien y en avait-il avant ?**

. . . .

. . . . → . . . .

. . . .

. . . .

PROBLÈME 3 Au mois de mai, Mamie avait 13 045 € sur son compte en banque. Au mois de décembre, elle avait 10 378 €. **Quelle est la baisse de ses économies ?**

. . . .

. . . . → . . . .

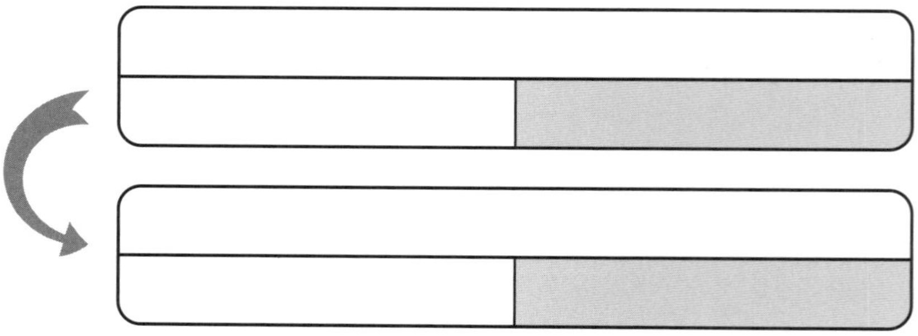

. . . .

. . . .

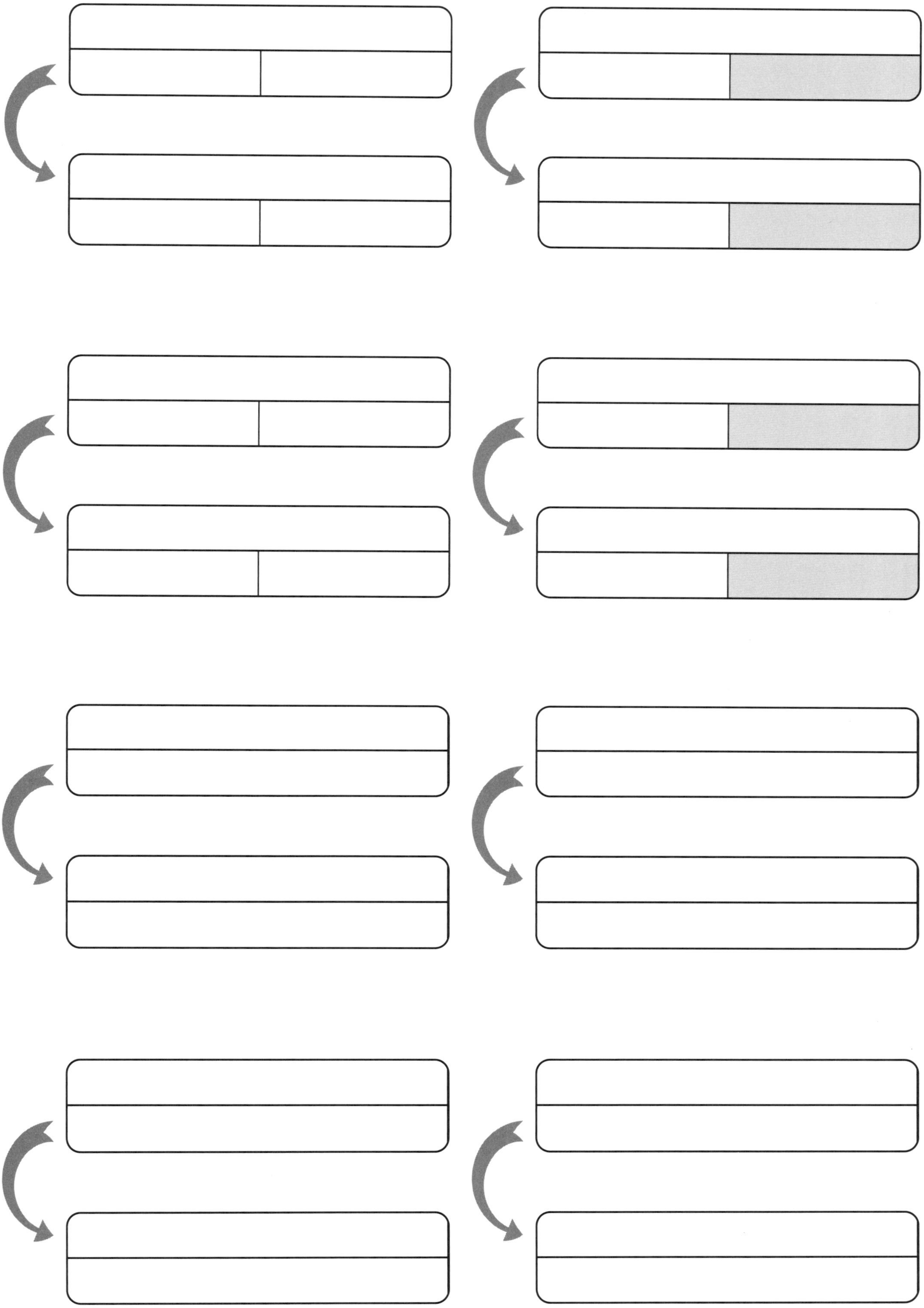

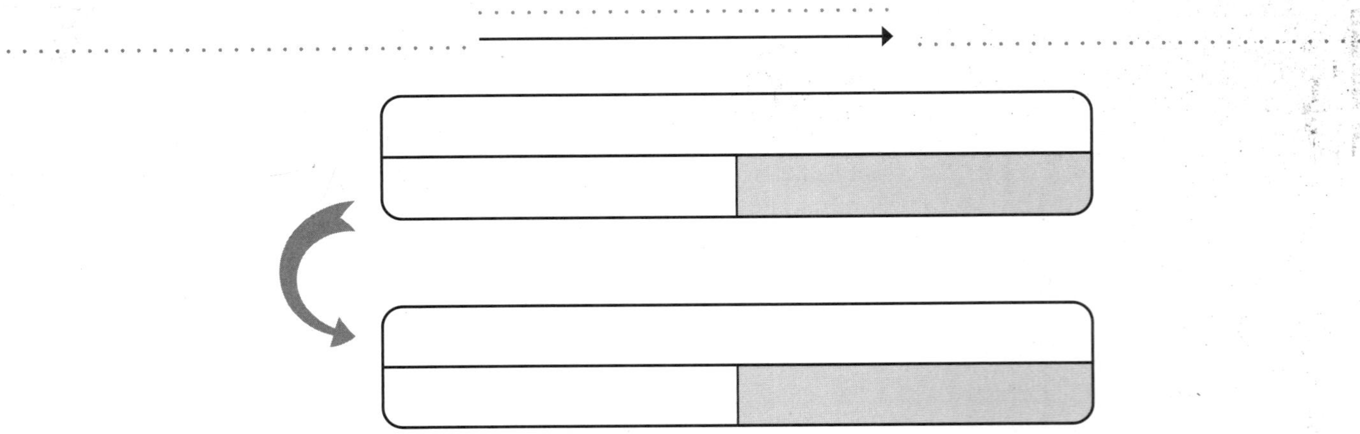

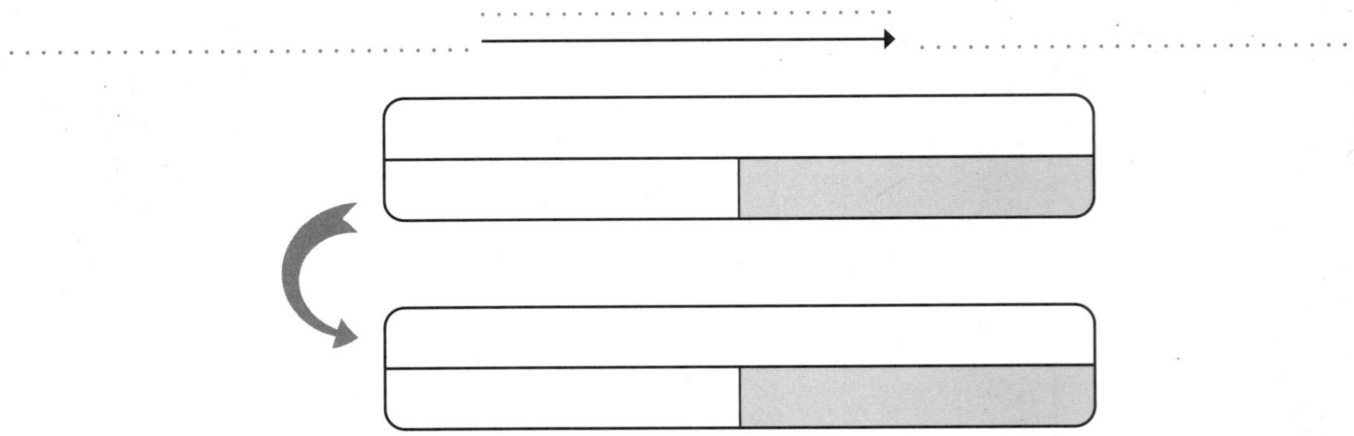

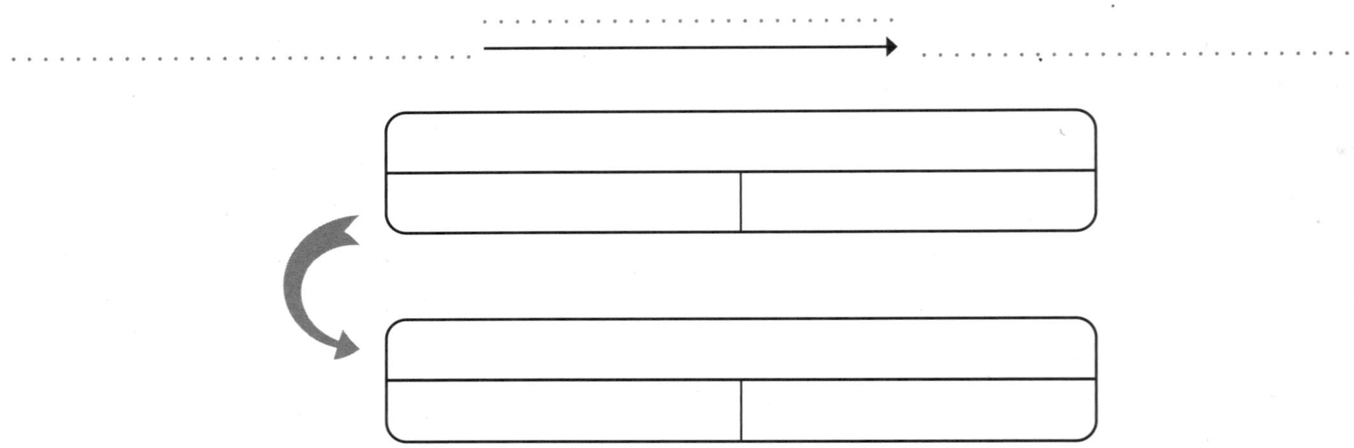

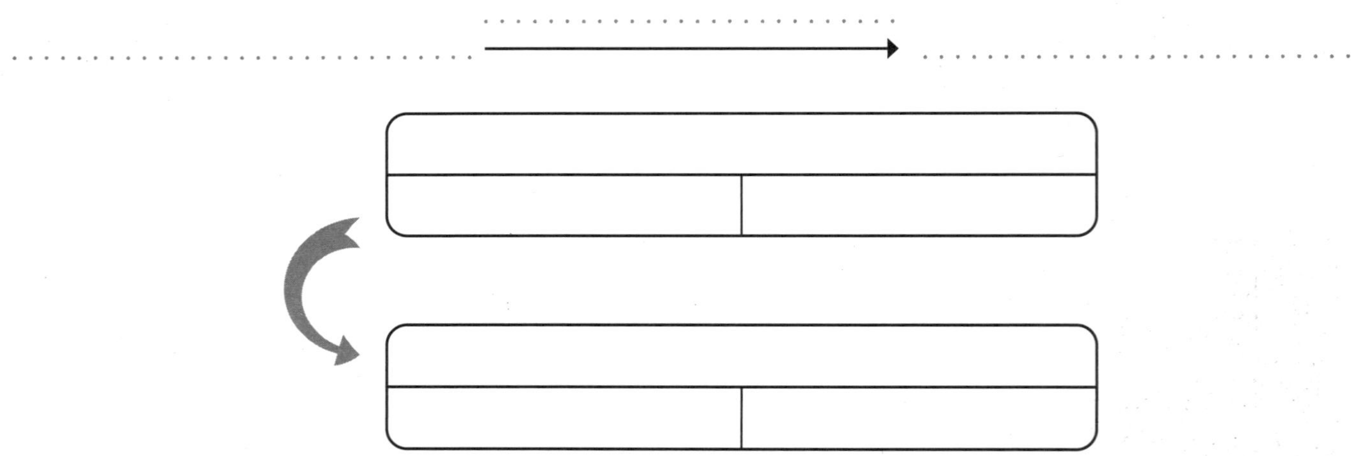

Achevé d'imprimer en juillet 2022 en France sur les presses de la Nouvelle Imprimerie Laballery
N° d'éditeur : 125198 - Code projet : 10278492 - Dépôt légal : Août 2022 - N° d'impression : 205586